MN
TC

일러두기

1 따로 표시하지 않은 경우 한글 성경은 개역개정 4판이다.

2. 성경에 나오는 지명과 인명은 개역개정의 표기를 따랐고, 성경에 나오지 않는 인명과 지명은 일반적인 표기를 따르되, 라틴어 인명과 지명의 경우 라틴어 본래 표기를 따랐다.

3. 개역개정성경을 인용할 때, 필요한 부분에 문장 부호(쉼표, 마침표, 물음표, 느낌표)를 넣었다. 문장이 끝나는 부분에서 어미나 조사를 문장에 맞게 수정했다.

4. 저자가 사용하며 여기서 병기되는 영어 번역은 NASB(New American Standard Bible, 1977)이다.

5. 성경 구절을 표시할 때(1a, 1b), 저자가 사용하는 NASB와 개역개정 4판이 다를 경우 후자에 맞춰 수정했다.

6. 헬라어 영문 표기를 한글로 옮길 때, d(δ)는 'ㄷ'으로, th(θ)는 'ㄸ'으로 표기했다

7. 굵은 글씨로 표시된 단어, 어구, 문장은 개역개정판 본문과 NASB 본문이다.

8. 모든 각주는 옮긴이가 붙인 것이다.

The MacArthur New Testament Commentary: 1 Corinthians

Copyright © 1984 by John Macarthur

This translation is published by arrangement
with Moody Publishers.
This Korean Edition Copyright © 2022 by Abba Book House,
Seoul, Republic of Korea.

맥아더 신약주석

고린도전서

The Macarthur

New Testament

Commentary

아바서원

목차

신약성경을 강해하면서 늘 보람되고 거룩한 교제를 누린다. 내 목적은 한결 같다. 하나님의 말씀을 깨달으며 그분과 깊이 교제하고, 이 경험을 바탕으로 한 단락의 의미를 그분의 백성에게 풀어주는 것이다. 느헤미야 8장 8절 말씀처럼, 나는 힘써 각 단락의 "뜻을 해석한다." 청중이 하나님의 말씀을 정확히 듣고, 그러는 중에 그분께 반응하게 하기 위해서다.

단언컨대, 하나님의 백성은 하나님을 알아야 한다. 그러려면 하나님의 말씀, 곧 진리의 말씀을 알아야 하고(딤후 2:15), 그 말씀이 우리 안에 풍성히 거해야 한다(골 2:16). 그러므로 내 목회의 핵심은 살아 있는 하나님의 말씀이 그분의 백성에게 살아 있도록 돕는 것이다. 이것은 즐겁고 보람된 모험이다.

이 신약성경 주석 시리즈는 이처럼 성경을 풀어내고 적용하는 데 목적이 있다. 어떤 주석은 무엇보다도 언어학적이다. 어떤 주석은 매우 신학적이다. 어떤 주석은 주로 설교 형식이다. 이 주석은 전문적으로 언어학적이지 않지만, 정확한 해석에 도움이 될 경우에 언어학적 면을 다룬다. 이 주석은 신학 논의를 폭넓게 다루지 않지만, 각 본문의 핵심 교리들(doctrines, 가르침)이 성경 전체와 어떻게 연결되는지에 초점을 맞춘다. 이 주석은 설교 형식을 띠지 않지만, 일반적으로 하나의 주제를 하나의 장(章)에서 다루면서 개요를 분명하게 제시하고 사고의 논리적 흐름을 따른다. 대다수 진리는 다른 성경 본문과 연결해 설명하고 적용했다. 한 단락의 문맥을 제시한 후, 저자의 전개와 추론을 세밀하게 따라가려 노력했다.

성령께서 하나님 말씀의 각 부분을 통해 하시는 말씀을 독자들이 온전히 이해하고, 이로써 하나님의 계시가 신자들의 마음에 뿌리 내려 더 큰 순종과 믿음의 열매가 맺히길, 그래서 우리의 크신 하나님이 영광을 받으시길 기도한다.

서론

─────────────────────────────────

지금의 고린도는 역사적 의미를 빼면 별다른 의미가 없는 작은 도시다. 그러나 신약성경 시대에, 고린도는 빠르게 성장하며 번영을 누리고 전략적으로 중요한 도시였다.

지리적으로 그리스는 두 지역으로 나뉜다. 남부, 곧 펠로폰네소스 반도는 폭이 6킬로미터 남짓한 매우 좁은 지협(地峽)[1] 을 통해 북부와 연결된다. 서쪽에는 고린도만과 항구 도시 레케움(Lechaeum)이 있었다. 동쪽에는 사로니코스만(Saronic Gulf)과 항구 도시 겐그레아가 있었다. 지협 중앙부 남쪽에 고린도가 우뚝 솟은 고원에 자리한다. 고대에 아테네를 들고나는 교통을 비롯해 북부와 남부를 오가는 모든 교통이 고린도를 거쳐야 했다.

펠로폰네소스 반도를 빙 두르는 해상 교통은 시간이 오래 걸릴 뿐 아니라 위험했다. 그냥 위험한 게 아니라 아주 위험했다. 그래서 뱃사람들 사이에 이런 말이 있었다. "말레아스(Malea, 펠로폰네소스 반도의 남쪽 끝에 자리한 곳)를 지나는 여정에 나서려면 유서부터 써라." 그러므로 대다수 선장은 미끄럼판이나 굴림대를 이용해 배를 지협 건너편 만으로 옮겼으며, 이때 고린도를 관통했다.[2] 이 방법이 반도를 도는 400킬로미터 항해보다 빠르고 경제적이며 안

─────────

1 두 개의 육지를 연결하는 좁고 잘록한 땅
2 이를테면 지금의 고린도운하로 옮기는 배를 육로로 옮겼다.

전했다. 사실, 이 지협은 '디알코스'(*dialcos*)로 알려졌는데, "질질 끌어 건너는 곳"(the place of dragging across)라는 뜻이다. 고린도는 모든 방향의 교통에서 이익을 얻었으며, 그래서 중요한 교역 중심지가 되었다.

지금은 두 만(고린도만과 사로니코스만)이 지협을 관통하는 운하로 연결되어 해상 여행이 훨씬 편리해졌다. 이 운하는 주전 6세기 페리안드로스(Periander) 가 처음 생각했으며, 주후 1세기 로마의 네로 황제가 시작했으나, 19세기 말 에야 완공되었다.

고린도는 오락의 중심지로도 성공했다. 당시 스포츠 제전의 양대 산맥이 있 었다. 올림픽 제전과 이스트미아 제전이었다. 이스트미아 제전(Isthmian Games) 은 고린도에서 개최됐으며, 그 이름은은 고린도 지협(Isthmus of Corinth)에서 따왔다.

고린도는 주전 146년 로마에 멸망했고, 약 100년 후 율리우스 카이사르 (Julius Caesar)가 재건했다. 처음에 고린도는 로마 식민지였고, 주로 로마인들 이 거주했으며, 마침내 로마제국에 속한 아가야 지방의 수도가 되었다. 위치 덕분에, 고린도는 곧 주요 교역지가 되었고, 그 결과로 대도시가 되었다. 고린 도 주민은 그리스인, 로마 관리와 사업가, 많은 유대인을 비롯해 근동[3] 민족들 로 구성되었다.

대다수 그리스(헬라) 도시처럼, 고린도 또한 아크로폴리스(문자적으로 "높은 도시")가 있어 아크로고린도(Acrocorinth)라 불렸으며, 이곳은 방어와 이교 예 배 장소로 활용되었다. 맑은 날이면, 이곳에서 약 72킬로미터 떨어진 아테네 (아덴)를 볼 수 있다. 아크로고린도는 해발 600여 미터의 화강암 언덕에 위 치했으나 아주 넓어, 포위될 경우 고린도와 주변 농경지의 주민 전체를 수용 할 수 있었다. 아크로고린도에는 유명한 신전, 곧 사랑의 여신 아프로디테의 신전도 있었다. 이 신전에는 보통 천 명에 이르는 여사제, 곧 신전 창녀(ritual prostitutes)가 있었으며, 이들은 밤마다 고린도에 내려와 많은 외국인 여행자

---

3 근동(Near East)은 유럽을 기준으로 한 명칭이며, 우리를 기준으로 하는 명칭은 중동 (Middle East)이다.

와 남성 주민에게 몸을 팔았다.

이교도 세계 내에서도, 고린도는 도덕적 타락으로 이름을 떨쳤다. 고린도의 도덕적 타락이 얼마나 극심했던지 고전 헬라어 단어 '코린띠아제스따이'(*corinthiazesthai*, "고린도 사람처럼 행동하다")는 총체적 부도덕과 방탕(drunken debauchery)을 상징하게 되었다. 고린도라는 이름 자체가 도덕적 타락의 동의어가 되었다. 고린도교회에 보낸 이 서신에서, 바울은 고린도의 특징적 죄를 열거한다. 곧 음행(*porneia*, pornography라는 단어가 여기서 나왔다), 우상숭배, 간음, 탐색(effeminacy),[4] 남색,[5] 도둑질, 탐욕, 술취함, 모욕(언어 학대), 속여 빼앗음(6:9-10) 등이다.

고린도 신자들 가운데 회심 전에 이런 죄를 지었으나 깨끗하게 된 사람들이 있었다(6:11). 그러나 고린도교회의 어떤 신자들은 여전히 부도덕하게 살고 있었으며, 어떤 신자들은 이보다 더 나쁜 죄에 빠져 살았다. 바울은 이들에게 이런 죄는 이방인들조차 짓지 않는다는 것을 일깨우는데, 그중 하나가 근친상간이다(5:1).

고린도교회 설립

바울은 2차 선교여행 때 고린도에 처음 왔다. 그는 한동안 마게도냐/헬라 도시들에서 복음을 전하고 있었다. 바울은 빌립보(바울이 유럽에서 처음 사역한 곳)를 떠나 데살로니가, 베뢰아, 아덴(아테네)을 거쳐 고린도에 이르렀다(행 16:11-18:1).

바울은 고린도에 도착해 아굴라와 브리스길라 부부를 만났다. 이들은 로마에서 추방된 유대인 부부로 바울처럼 천막 제조자(tentmaker)였다. 바울은 한동안 이들과 함께하면서 안식일마다 회당에서 복음을 전하기 시작했다. 실라와 디모데가 마게도냐에서 와서 바울과 합류했으며, 바울이 복음을 강하게

---

4 남자가 여자처럼 행동함

5 동성애

전파할수록 그의 메시지에 대한 저항도 거세졌다. 그러나 곧 유대인들을 비롯해 많은 고린도 사람들이 그리스도를 믿기 시작했다. 회당장 그리스보까지 온 집안과 더불어 주님을 믿었다(행 18:8).

바울은 고린도에 1년 6개월 머물며 활동했다(행 18:11). 유대인들의 반대가 아주 거세졌고, 결국 바울은 로마 법정에 서게 되었다. 그러나 유대인들의 고발이 순전히 종교적이었기에, 갈리오 총독은 사건 심리를 거부했다. 잠시 더 머문 후, 바울은 브리스길라와 아굴라 부부와 함께 고린도를 떠나 에베소로 갔다. 바울은 에베소에 친구들을 남겨두고 팔레스타인으로 돌아갔다(행 18:12-22).

고린도교회의 2대 지도자는 아볼로였다. 아볼로는 알렉산드리아 출신의 유대인 회심자로 달변가였으며, 에베소에 와서 예수를 전파하기 시작했는데, 그때 그곳에 아굴라와 브리스길라 부부가 있었다. 아볼로는 "성경에 능통한 자"였으나 그의 가르침에 몇몇 문제가 있었는데, 아굴라와 브리스길라 부부가 바로잡아 주었다. 아볼로가 아가야 지방으로 건너가 예수를 전하려 했을 때, 에베소교회가 그를 격려했을 뿐 아니라 그에게 추천장을 써주었고, 그는 고린도교회에서 2대 목회자로 사역을 시작했다(행 18:24-19:1).

바울은 고린도를 떠난 후 고린도전서를 쓰기 전에 고린도교회에 또 다른 편지를 썼는데(고전 5:9), 이 편지를 흔히 잃어버린 편지(lost epistle)라 부른다. 이 편지는 잘못을 바로잡기 위한 것이었다.

고린도교회의 문제

고린도교회는 심각한 문제가 많았다. 그중 하나는 분파주의(factionalism)였다. 아볼로가 한동안 고린도교회를 목회한 후, 그에게 특별한 충성을 보이는 신자들이 생겨났다. 이들과 바울에게 충성하는 신자들 사이에 마찰이 일어나기 시작했다. 그런가 하면, 베드로(게바는 그의 아람어 이름이다)에게 충성하는 신자들이 있었고, 자신들은 오로지 그리스도에게 속한다고 규정하는 그룹도 있었다. 바울은 다툼과 매우 영적이지 못한 분열을 일으킨다며 이들 모두를 강하게 꾸짖었다(1:10-13; 3:1-9).

그러나 이들의 가장 심각한 문제는 따로 있었다. 이들은 주변 사회의 세상적 방식을 버리지 못하고 있었다. 이들은 "이 세상이나 세상에 있는 것들을 사랑하지 말라"는 원칙을(요일 2:15) 이해할 수 없었고, 어쩌면 이해하고 싶지도 않았다. 이들은 "탈고린도화"(decorinthianized)할 수 없었다. 잃어버린 앞선 편지에서, 바울은 이들에게 "음행하는 자들을 사귀지 말라"고 구체적으로 경고했었다(고전 5:9). 고린도 그리스도인들 중에 더러는 바울의 경고를 부도덕한 불신자들과 사귀지 말라는 뜻으로 이해했다. 그러나 바울이 말하는 성적으로 타락한 자들, 탐하는 자들, 속여 빼앗는 자들, 우상을 숭배하는 자들은 방탕한 고린도 생활방식을 버리길 거부하거나 이런 생활로 되돌아간 동료 교인들이었다(5:9-11). 신실한 신자들은 이런 자들과 사귀지 말아야 했다. 교회를 깨끗하게 하려면, 이런 악한 형제들을 사실상 교회에서 내쫓아야 했다(5:13).

오늘의 많은 그리스도인처럼, 고린도 신자들도 믿지 않으며 타락한 주변 사회를 닮지 않기가 아주 어려웠다. 이들은 세상보다 조금 높은 수준을 가까스로 유지했으나 세상과 같은 방향으로 내려가고 있었다. 이들은 한쪽 발은 하나님 나라에 두고 한쪽 발은 세상 나라에 두길 원했다. 이들은 새 삶이 주는 복을 원하면서도 옛 삶이 주는 쾌락에 매달렸다. 이들은 자신들이 생각하는 두 세계의 가장 좋은 것을 갖길 원했다. 그러나 바울은 이것이 불가능하다고 이들에게 분명하게 경고했다(6:9-10).

고린도 신자들은 원칙을 흐트러뜨렸다. 이들은 죄악된 교인들, 교제를 끊어야 했을 사람들과 대놓고 오만하게 계속 사귀었다. 다른 한편으로, 이들은 믿지 않는 이웃들, 자신들이 [예수를] 전했어야 했던 사람들을 닮으면서도 이들과 사귀길 거부했다.

그러나 이들은 영적 자원이 부족하지 않았으며(1:5-7), 영적 능력을 갖고 영적 복을 누릴 잠재력이 컸다. 바울은 이 잠재력이 실현되는 광경을 보고 싶었다. 바울은 바로 이런 교회에 편지했다.

고린도전서 개요

성도의 부르심과 유익(1:1-9)

고린도교회의 잘못과 문제(1:10-16:4)

    하나됨에 관해(1:10-3:23)

    섬김에 관해(4:1-21)

    도덕성에 관해(5:1-6:20)

    결혼에 관해(7:1-40)

    자유에 관해(8:1-11:1)

    교회에서 남자와 여자에 관해(11:2-16)

    주의 만찬에 관해(11:17-34)

    영적 은사에 관해(12-14장)

    부활에 관해(15장)

    청지기직에 관해(16:1-4)

개인적 계획과 인사(16:5-24)

1

성도라 부르심을 받은 자들

하나님의 뜻을 따라 그리스도 예수의 사도로 부르심을 받은 바울과 형제 소스데네는 고린도에 있는 하나님의 교회, 곧 그리스도 예수 안에서 거룩하여지고 성도라 부르심을 받은 자들과 또 각처에서 우리의 주 곧 그들과 우리의 주 되신 예수 그리스도의 이름을 부르는 모든 자들에게 하나님 우리 아버지와 주 예수 그리스도로부터 은혜와 평강이 있기를 원하노라. (1:1-3)

편지를 쓸 때, 현대인들은 보내는 사람의 이름을 맨 끝에 적는다. 이와 달리, 고대 헬라인들은 자신의 이름을 편지 첫머리에 적었다. 그래서 수신자는 편지를 펼치는 순간 발신자가 누군지 곧바로 알 수 있었다. 발신자가 여럿이면 나머지 이름들도 적어 넣었다. **바울**은 편지를 쓸 때마다 자신의 이름을 첫머리에 넣었으며, 정도 차이가 있기는 하지만 공동 발신자인 교회 지도자들의 이름을 자주 덧붙였다. 바울은 고린도전서에서 **소스데네**를 언급하며, 고린도후서에서 디모데를 언급한다(고후 1:1; 참조. 빌 1:1; 골 1:1; 살전 1:1; 살후 1:1; 몬 1).

뒤이어 수신자들의 이름을 제시한다. 고린도전서에서 수신자는 **고린도에 있는 하나님의 교회**다. 3절에 나오듯이, 인사말과 축언이 자주 등장했다. 신약성경에 실린 자신의 편지들에서, 바울은 이러한 삼중 인사말을 사용했다.

바울은 또한 일반적으로 자신을 **사도**라 칭한다. 자신이 누군지 밝히기 위해서가 아니다. 다시 말해, 자신을 교회의 다른 바울들과 구분하거나 단지 독자들에게 자신의 직임(직함)을 알리기 위해서가 아니다. 자신이 무엇보다도 주님의 특사(特使)로서 편지를 쓰고 있음을 첫머리에서 밝히기 위해서다. 사도라는 사실이 그의 권위를 세워주었다. 바울은 아주 가까우며 "믿음 안에서 참 아들 된"(딤전 1:2) 디모데에게 쓴 편지들에서까지 자신이 사도라는 사실을 일깨운다(딤전 1:1; 딤후 1:1). 빌립보서와 데살로니가전·후서와 빌레몬서에서만, 바울은 편지를 시작하면서 자신이 사도라는 사실을 언급하지 않는다.

바울이 자신을 **하나님의 뜻을 따라 그리스도 예수의 사도로 부르심을 받은** 자라고 말하는 것은 교만하거나 오만해서가 아니었다. 어떤 강사들과 저자들은 자신의 타이틀과 학위(자격증)와 성취를 내세우며 그러기 일쑤지만, 바울은 자신의 권위 있는 위치를 과시하는 게 아니었다. 오만(self-glory)은 바울의 의도와 거리가 멀다. 같은 편지 뒤쪽에서, 바울은 자신을 가리켜 "사도 중에 가장 작은 자…하나님의 교회를 박해하였으므로 사도라 칭함 받기를 감당하지 못할 자"라고 말한다(15:9).

그러나 때로 어떤 주제를 권위 있게 말하기 위해 자신의 권리를 확고히 하는 게 중요하다. 예를 들면, 의학박사 학위가 없거나 의사 수련을 받지 않았거나 의사 경험이 없다면 절대로 의학 컨퍼런스에서 발표자로 나설 수 없을 것이다. 자격증(신임장)이 있느냐 없느냐를 보면, 한 사람의 말을 다른 사람들이 진지하게 받아들일지 여부를 얼마간 짐작할 수 있다. 바울이 자신을 사도라고 칭하는 목적은 개인으로서 명예를 얻기 위해서가 아니라 하나님의 말씀을 가르치는 선생으로서 존중받기 위해서였다. 바울이 사도였던 것은 스스로를 사도로 세우거나 심지어 교회가 그를 사도로 세웠기 때문이 아니라 하나님이 그를 사도로 세우셨기 때문이었다. **하나님의 뜻을 따라(by the will of God)**. 첫머리에서, 바울은 이제 하려는 말이 하나님의 권위로 하는 말이라는 점을 분명히 하고 싶었다. 그의 메시지는 잘못을 바로잡으려는 목적이 아주 강했으므로, 이것은 꼭 필요했다.

바울이 자신이 사도라 단언하는 다섯 가지 이유

내가 믿기로, 편지를 쓴 여느 사도들과 달리, 바울이 자신의 편지들에서 자신이 사도라고 아주 신중하게 단언하는 데는 다섯 가지 이유가 있다. 첫째, 바울은 열두 사도 중 하나가 아니었다. 바울은 예수님이 지상 사역을 하실 때 그분의 최측근 제자 중 하나로 부르심을 받아 "요한의 세례로부터 우리 가운데서 올려져 가신 날까지" 그분과 동행한 사람이 아니었다(행 1:22). 이 원 그룹 구성원 중 하나(유다)가 자격을 잃었고, 나중에 맛디아가 그 자리를 대체했다(행 1:21-26). 맛디아는 제비뽑기로 사도가 되었지만, 하나님이 선택하신 사도였다(24절). 맛디아가 뽑힘으로써, 사도 그룹은 다시금 완결되었다. 오순절을 시작으로, 사도들은 복음을 권위 있게 전했던 게 분명하다. 베드로는 오순절에 "열한 사도와 함께 서서" 메시지를 선포했고(행 2:14; 참조. 37절), 갓 태어난 예루살렘교회는 "사도의 가르침"을 힘써 따랐다(42절). 사도들은 땅에서 주님의 최고 대리자였으며, 그분의 권위로 전파하고 가르쳤다. 그리스도가 "모퉁잇돌"인 교회에서, 사도들은 기초였다(엡 2:20).

그러나 우리가 알기로, 바울은 이 기간에 예수님을 보았거나 그분의 말씀을 직접 들은 적이 없었다. 교회가 처음에 알았던 바울은 "주의 제자들에 대하여 여전히 위협과 살기가 등등한" 지독한 원수요 박해자였다(행 9:1; 참조. 8:1). 바울은 그리스도의 추종자가 되지 않기로 선택했을 뿐 아니라 그리스도의 추종자들을 힘껏 대적하기로 선택했다. 회심 후에도, 바울은 시간을 거슬러 열둘 중 하나가 될 방법이 없었다. 그러나 바울은 열둘의 기본 자격을 토대로 자신이 사도라고 선언했다. 바울도 부활하신 그리스도를 보았고(행 9:3-6, 17; 22:11-15; 고전 9:1; 15:8), 주님이 특별한 계시를 통해 그를 사도로 특별히 선택하셨다(고전 1:1). 바울은 계시된 진리를 가르치는 교사로서 자신이 열둘과 동등하다는 사실을 확고히 하려 했다.

둘째, 내가 믿기로, 바울이 자신이 사도라는 점을 강조한 이유는 계속해서 자신을 깎아내리는 자들과 자신에게 도전하고 자신을 괴롭히는 거짓 선생들을 상대하기 때문이었다. 특히 유대주의자들이 바울의 권위와 가르침

(doctrine)을 강하고 끈질기게 반대하며 그의 동기에 의문을 제기했다. 심지어 바울의 친구라고 주장하는 자들 중에도 그의 리더십에 맞서고 그의 가르침에 의문을 제기하는 자들이 있었다. 바울은 이러한 조롱과 박해를 사도의 표지 (badges of apostleship)로 여겼다. 바울은 이렇게 말했다. "내가 생각하건대, 하나님이 사도인 우리를 죽이기로 작정된 자 같이 끄트머리에 두셨으매, 우리는 세계 곧 천사와 사람에게 구경거리가 되었노라"(4:9). 사람들이 인정하려 들지 않았음에도 불구하고, 바울의 가르침은 참되고 신뢰할만했다. 그는 하나님의 뜻을 따라 부름을 받은 예수 그리스도의 사도였기 때문이다.

셋째, 바울이 자신이 사도라는 점을 강조한 것은 그와 그리스도의 관계 때문이었다. 그가 자신이 사도라는 점을 강조한 것은 동료 신자들의 유익을 위해서였다. 특히 예루살렘 그리스도인들은 바울의 믿음이 진짜인지 확신이 없었다. 이들이 그때껏 알고 있던 바울은 다소의 사울이었고 맹렬한 교회 박해자였다. 그래서 이들은 바울이 사도라는 것은 고사하고 이제 믿을만한 교회 지도자일 수 있다는 것도 믿기 어려웠다(행 9:26). 물론, 거짓 선생들의 비난과 중상이 이들의 두려움을 부추겼다. 바울에 대해 최악의 상황을 믿는 것은 어렵지 않았다. 다른 여러 지역 그리스도인들도 의혹과 불안을 품기는 마찬가지였다. 예를 들면, 율법주의적 유대주의자들은(Legalistic Judaizers) 복음에 관해(갈 1:6; 3:1-5), 복음을 가르치는 바울의 권위에 관해 많은 갈라디아 그리스도인을 혼란에 빠뜨렸다(1:11-2:10). 그러므로 바울은 고린도교회에 주의 깊게 일깨웠다. 자신은 온전한 사도의 권위로 이 편지를 쓰고 있으며, 자신이 그들과 함께하며 그들을 목양할 때 하나님의 능력과 지혜로 했다는 사실을 주의 깊게 상기시켰다(고전 2:1-7).

넷째, 바울이 자신이 사도라는 점을 강조한 것은 자신과 고린도교회의 특별한 관계를 강조하기 위해서였다. 다시 말해, 고린도교회는 그의 "사도됨 (apostleship)을 주 안에서 인친 것"("사도직을 보증하는 표," 새번역)이었다(9:2). 모든 사람 중에서, 이들은 바울의 특별한 부르심과 위치를 인식해야 했다. 이들이 신자들의 한 몸(a body of believers)으로 존재한다는 사실 자체가 바울이 이들에게 신적 권위로 말할 권리가 있다는 증거였다. 바울은 이들을 구원으로 인도하는 하나님의 도구였다.

다섯째, 바울이 자신이 사도라는 점을 강조한 것은 하나님과 그분의 특사(特使)인 자신의 특별한 관계를 보여주기 위해서였다. 그는 **하나님의 뜻을 따라 그리스도 예수의 사도로 부르심을 받은** 자였다. 그는 사실 이렇게 말하고 있었다. "저는 하나님의 대사로서 여러분에게 말하려 합니다. 저는 사도이며, 제가 여러분에게 전하는 메시지는 하나님이 여러분에게 주시는 메시지입니다."

유대 최고법정 산헤드린(공회)은 심각한 분쟁을 중재하거나 유대 율법이나 전통을 해석해 달라는 요청을 받을 때, '사도'(apostolos)를 당사자들에게 보내 자신들의 결정을 전했는데, 흔히 회당이 당사자들을 대표했다. 메시지와 관련해, '사도'는 산헤드린의 권위를 고스란히 가졌다. 그는 스스로 말하지 않았고 산헤드린을 대신해 말했다. 그러나 그는 메신저 그 이상이었다. 그는 특사, 사절, 대사였다. 바울은 하나님의 사절, 하나님의 대사(참조. 고후 5:20; 엡 6:20), 하나님의 **사도**였다. 그는 고린도 신자들과 함께 있을 때, 자신의 메시지가 아니라 하나님의 메시지를 전했다. 그는 지금 이들에게 자신의 메시지가 아니라 하나님의 메시지를 쓰고 있었다.

열둘에 비춰보고, 거짓 선생들에 비춰보며, 그와 그리스도의 관계, 그와 고린도교회의 관계, 그와 아버지 하나님의 관계에 비춰볼 때, 바울은 온전히 사도였다. 바울이 자신의 사도직이 적법함을 확고히 하려 했던 것은 자신이 전하려는 메시지가 적법함을 확고히 하기 위해서였다.

사도들의 목적과 책임

하나님이 사도들을 택하신 목적은 교회를 세워 틀을 갖추게 하기 위해서였다. 따라서 이 시기가 끝났을 때, 사도직도 종결되었다. 모든 사도가 죽었을 때, 사도의 직무가 더는 계속되지 않았다. 하나님은 교회사에서 이 시대를 위해 사도들을 택하고 능력을 주어 이들을 보내셨다. 사도들의 일생이 끝났을 때, 이 시대도 끝났다. 교회의 인간 설립자요 기초로서, 사도들에게는 특별한 목적과 책임이 있었다.

첫째, 목격자로서 사도들은 복음을 전해야 했다. 다시 말해, 그리스도께서 자신의 죽음과 부활을 통해 죄를 대속하셨고 그분을 믿으면 구원받는다는 참되고 완전하며 권위 있는 복음을 전해야 했다(고전 1:17-18; 참조. 9:14). 사도들의 가르침은 그리스도의 가르침과 동등했다. 뒤에서 살펴보겠지만, 어떤 해석자들의 주장과 달리, 바울이 (또는 베드로나 야고보나 요한이) 신약성경에서 가르치는 것과 하나님이 가르치시는 것 사이에 아무 차이가 없다. 예를 들면, 바울은 고린도전서 7:12에서 "내가 말하노니(이는 주의 명령이 아니라)"고 말하는데, 이것은 예수님이 지상 사역 때 여기서 논의되는 주제(신자가 불신자 배우자와 함께 살아야 하는가?)에 관해 구체적 가르침을 주지 않으셨다는 뜻일 뿐이다. 사도로서, 바울은 그리스도를 대신해 가르칠 자격이 있었으며, 그의 가르침은 마치 예수님의 입술에서 나온 것처럼 권위가 있었다.

사도들은 기도와 말씀 사역에도 힘써야 했고(행 6:4), 그리스도의 몸을 세우기 위해 신자들을 훈련해서 섬기게 하는 데도 힘써야 했다(엡 4:11-12). 마지막으로, 사도들은 능력(miracles)을 행함으로써 자신이 사도라는 사실을 입증해야 했다(고후 12:12).

바울이 이 편지를 쓸 때, **형제 소스데네**는 대필자 또는 비서였을 것이다. 그러나 그의 이름이 인사말에 포함되었다는 사실은 그가 편지를 대필했을 뿐 아니라 편지의 메시지에 관해 생각이 바울과 완전히 일치했다는 것을 암시한다.

이 소스데네가 사도행전 18장에 등장하며 고린도 상황을 잘 알았던 소스데네와 동일 인물이라는 데는 의심의 여지가 없다. 그는 고린도 회당의 회당장으로, 신자가 된 전임 회당장 그리스보를 대신했을 것이다(행 18:8). 언젠가 소스데네는 고린도에서 바울을 법정에 세우는 데 관여했다가 맞았다(행 18:12-17). 어떤 고대 사본들은 유대인들이 그를 때렸다고 하고, 어떤 사본들은 헬라인들이 그를 때렸다고 한다. 유대인들이 그를 때렸다면, 그가 법정에서 유대인들을 제대로 대변하지 못했기 때문인 게 분명하다. 헬라인들이 그를 때렸다면, 그가 단지 유대 종교 문제를 자신들의 법정에 가져온 것에 이들이 분노했기 때문이었다.

그러나 이제 바울은 소스데네를 "형제"(our brother)라 칭할 수 있었다. 이것은 방금 언급한 사건이 있은 지 얼마 후, 아마도 부분적으로 이 사건 때문에, 바울 자신처럼 복음을 대적했던 소스데네가 그리스도인이 되었다는 것을 시사한다. 소스데네는 고린도에서 바울이 전하는 복음을 듣고 회심해 그곳에서 바울과 1년 남짓 동역했을 테고, 그래서 고린도 신자들은 바울과 함께 이 편지를 쓴 그를 알았고 존경했을 것이다.

성도의 신분

고린도에 있는 하나님의 교회, 곧 그리스도 예수 안에서 거룩하여지고 성도라 부르심을 받은 자들과 또 각처에서 우리의 주 곧 그들과 우리의 주 되신 예수 그리스도의 이름을 부르는 모든 자들에게 (1:2)

바울이 편지를 쓰고 있던 교회는 고린도인들의 교회가 아니라 고린도에 위치한 **하나님의 교회**였다. 교회는 그들 자신이나 그 어느 지도자나 그룹이 아니라 하나님에게 속한 사람들로 구성된 한 몸이다. 교회의 목사든 임직자든 평신도든 간에, 신자들은 함께 이 땅에서 그리스도의 몸을 구성하며, 모두 그 몸의 청지기로 부르심을 받았다(엡 4:11-13). 개인으로든 집단으로든, 우리는 우리의 것이 아니라 모두 그리스도의 피로 산 것이다(고전 6:20).

위치와 행위

모든 신자는 **그리스도 예수 안에서 거룩하여지고 성도라 부르심을 받은 자들**이다. 신약에서 사용되듯, 성도(saint, 성인)는 특별히 경건하거나 자신을 희생했기 때문에 교회가 성인으로 공표한 그리스도인이 아니다. **성도(saint)**로 번역된 헬라어 '하기오스'(*hagios*)는 "구별된 사람"(set apart one) 또는 "거룩한 사람"(holy one)을 뜻한다. 그들의 죄악된 삶 및 뒤틀린 가르침과 무관하게, 고린도 신자들은 하나님이 보시기에 거룩했다. 이들이 성도였던 것은 **그리스도 예수 안에서 거룩하여졌기**(*hagiazō*에서 나왔다) 때문에, 즉 죄로부터 구별(분리)되었기 때문이다. 성경에 따르면, 예수 그리스도를 믿는 참 신자는 누구나—신실하든 그러지 못하든 간에, 유명하든 그러지 못하든 간에, 지도자든 따르는 자든 간에—구별된 사람, 거룩한 사람, 성도다. 성경적 의미에서, 우리 시대의 가장 모호한 신자라도 사도 바울만큼이나 성도다. 이것이 신자가 그리스도 안에서 갖는 위치다.

위치적 의미에서, 거룩은 선한 행위의 문제가 아니라 거룩한 삶의 문제다. 그리스도인으로서, 우리는 거룩하게 살아야 한다. 그러나 거룩하게 산다고 거룩해지는 것은 아니다. 우리의 삶이 거룩하다면, 그리스도 안에서 우리가 이미 거룩하며('are' holy) 그리스도의 성령의 조언과 능력을 가졌기 때문이다. 우리가 거룩한 것은 거룩하게 하시는 분이 그분을 향한 우리의 신뢰에 답해 이미 우리를 거룩하게 하셨기 때문이다(히 2:11). 우리의 행위가 아니라 그리스도의 행위가 우리를 거룩하게 한다. 우리는 "성도라 부르심을 받은 자들"(saints by calling, 부르심을 받았기에 성도다)이다. 이것은 구원에 이르는 하나님의 유효한 부르심을 가리킨다(1:24, 26).

모든 신자처럼, 고린도 신자들도 **성도**였던 것은 하나님이 이들을 성도로 부르셨기 때문이다(참조. 갈 1:6; 엡 4:1, 4; 골 3:15; 딤전 6:12; 벧전 2:9, 21; 3:9; 벧후 1:3; 유 1). "이 뜻을 따라 예수 그리스도의 몸을 단번에 드리심으로 말미암아 우리가 거룩함을 얻었노라"(히 10:10; 참조. 14절). 십자가에서 자신을 희생하는 행위로써, 예수 그리스도께서 자신을 믿는 자들을 거룩하게 하신다. 그분은 자신을 위해 이들을 구별하고(*hagiazō*의 기본 의미), 깨끗하게 하며, 온전하게 하신다. 하나님은 자신의 아들을 통해 거룩을 공급하신다. 사람의 몫은 아들을 믿음으로써 거룩을 요구하고(claim), 성도의 신분(sainthood)을 요구하는 것이다(행 26:18). 우리는 새 본성, 곧 신적 본성(divine nature, 신의 성품)을 갖고 있으며, 세상의 부패로부터 벗어났고, 생명과 경건에 속한 모든 것을 소유하고 있다(벧후 1:3-4).

바울은 모든 고린도 신자가 성도라고 선언했다. 이들의 삶을 특징짓는 것들—편지 나머지 부분에서 아주 분명하게 드러난다—에 비춰볼 때 놀라운 선언이다. 거룩한(saintly)이란 단어가 사용될 때 흔히 갖는 의미에 비춰보면,

고린도교회는 거룩과 거리가 멀었다. 이들은 특히 세상적이고 부도덕했다. 그러나 편지 첫머리에서, 바울은 예수 그리스도를 진정으로 믿은 모든 사람이 구원받았고 성도라는 사실을 강조했다. 성도는 모두 구원받았을 뿐 아니라 구원받은 자는 모두 성도다. 모든 신자는 자신을 성도라 부를 권리가 있다. 우리 가운데 그 누구도 성도라는 칭호를 받을 자격이 없다. 그러나 우리가 하나님의 아들을 믿었기 때문에, 하나님은 우리가 성도라고 선언하셨다. 우리가 인간으로서 하는 행위는 우리가 "성도"로서 갖는 새 본성, 곧 신적 본성에 걸맞아야 한다.

바울은 이 진리를 고린도 신자들에게 분명하게 가르치겠다고 아주 단단히 마음을 먹은 것으로 보인다. 1:10부터, 사실상 고린도전서 전체가 잘못된 가르침(doctrine, 교리)과 잘못된 행위를 다룬다. 상상할 수 있는 거의 모든 심각한 교리적 오류와 도덕적 잘못을 고린도교회에서 찾아볼 수 있다. 그러나 바울은 이들을 성도라 부르면서 편지를 시작한다. 실제로, 이들은 큰 죄인이었다. 그러나 위치적으로, 이들은 순전한 성도였다. 여기서 짚고 넘어가야 할 점이 있다. 전부 다 성도는 아닌 교회에 얼마간 불신자가 있다는 데는 의심의 여지가 없다(16:22).

모든 그리스도인이 자신의 위치와 행위 사이에, 자신의 신분과 상태 사이에 큰 차이가 있음을 늘 염두에 두는 게 중요하다. 하나님은 우리가 의롭다고 보신다. 하나님은 우리를 대신하신 자신의 아들을 통해 우리를 보시기 때문이며, 우리 안에 의로운 새 본성을 심으셨기 때문이다. 중요하고 힘이 되는 이 진리를 늘 염두에 두지 않으면, 고린도전서나 신약성경의 그 어느 부분이라도 분명하게 이해하기란 불가능하다.

대통령이라고 늘 대통령답게 행동하지는 못하며, 외교관이라고 늘 외교관답게 행동하지는 못하고, 왕이라고 늘 왕답게 행동하지는 못한다. 그렇더라도 이들은 여전히 대통령이고 외교관이며 왕이다. 그리스도인이라고 늘 그리스도인답게 행동하지는 못한다. 그러나 이들은 여전히 그리스도인이다.

몇 년 전, 한 소년이 백화점에서 상품을 훔치다 잡혀 유치장에 갇혔다. 그의 아버지는 목사였다. 아버지는 교회 지도자들과 골프를 치다가 전화를 받고 유치장으로 향했다. 목사는 뭔가 오해가 있었으리라 생각했고, 함께 골프를 치던 사람들을 데리고 경찰서에 갔다. 다들 당혹스러워했다. 이 사건은 소년의 마음에 아주 깊은 인상을 남겼다. 아버지와 함께 경찰서로 자신을 찾아온 사람들과 그 이후에 다른 많은 사람이 그의 아버지가 누구인지 그에게 거듭 일깨워 주었기 때문이다. 이들이 그에게 물었다. "네 아버지가 이런 분인데, 어떻게 그런 짓을 할 수 있었니?" 이 경험은 소년에게 아주 창피하고 고통스러웠다. 그러나 소년은 자신이 여전히 아버지의 아들이라는 것을 알았다. 그는 아버지의 아들답게 행동하지 못했다. 그러나 그는 여전히 그 아버지의 아들이었다.

우리가 그리스도인으로서 받을 수 있는 가장 강한 꾸짖음 가운데 하나는 죄를 지을 때마다 우리의 아버지가 누구인지 일깨움을 받는 것이다. 우리가 누구인지 자신에게 일깨우는 일이 우리에게 가장 강력한 죄 억제책 가운데 하나여야 한다. 우리의 위치를 기억하면, 우리의 행위가 나아질 수 있다.

더 나아가, 바울은 고린도 신자들에게, 이들이 영적 생명이란 부분에서 **각처에서 우리의 주 곧 그들과 우리의 주 되신 예수 그리스도의 이름을 부르는 모든 자들**과 연결되어 있음을 일깨웠고, 이로써 이들의 책임 의식을 고취했다. 이렇게 덧붙인 것은 이들이 "동일하게 보배로운 믿음을 우리와 함께 받은 자들" 모두와 하나이며 함께 책임을 갖는다는 의식을 고취하기 위해서다(벧후 1:1).

바울은 고린도 신자들에게 이들이 그리스도인이라는 사실을 주의 깊게 사랑으로 일깨우며, 그런 후에 이들이 그리스도인으로서 실패한 부분들을 지적한다. 이들은 하나님께 속했고, 광범위한 교제 안에서 서로에게 속했다. 이들은 이 말 자체를 꾸짖음으로 들었어야 했고, 영적으로 예민하다면 양심이 뜨끔했어야 했다. 1:2-9에서, 바울은 이들이 예수 그리스도를 믿는 신자로서, 하나님의 자녀로서, 성도로서 갖는 위치와 받은 복을 요약한다. "너희가 누구인지 보라! 너희가 무엇을 가졌는지 보라!" 그런 후에야, 바울은 이렇게 말한다. "형제들아, 내가…너희를 권하노니"(1:10).

하나님 우리 아버지와 주 예수 그리스도로부터 은혜와 평강이 있기를 원하노라.

(1:3)

바울은 그리스도인이 나누는 일반적 형태의 인사를 건넸다(참조. 롬 1:7;
갈 1:3; 엡 1:2; 벧전 1:2; 요이 3; 계 1:4 등). **은혜(grace)**는 호의(favor)이며, **평강
(peace)**은 그 열매 중 하나다. 평강(헬. *eirēnē*)은 지금도 유대인들이 인사말로
가장 널리 사용하는 히브리어 '샬롬'(*shālôm*)의 등가어였다. 바울이 여기서 말
하는 평강(평화, 평안)은 "모든 지각에 뛰어난 하나님의 평강"이다(빌 4:7). 이것
은 그리스도인들만 가질 수 있는 평강이다. 오직 그리스도만 이 평강(평안)을
주실 수 있기 때문이다(요 14:27). 세상은 이 평강을 가질 수도 없고 줄 수도 없
다. "은혜와 평강"이란 인사말은 오직 신자가 신자에게 건네는 인사말로만 적
절하다. 이것은 오직 신자들만 누리는 복을 말하기 때문이다.

2

━━━━━━━━━━━━━━━━ 성도의 유익

(1:4-9)

그리스도 예수 안에서 너희에게 주신 하나님의 은혜로 말미암아 내가 너희를 위
하여 항상 하나님께 감사하노니, 이는 너희가 그 안에서 모든 일, 곧 모든 언변과
모든 지식에 풍족하므로 그리스도의 증거가 너희 중에 견고하게 되어, 너희가
모든 은사에 부족함이 없이 우리 주 예수 그리스도의 나타나심을 기다림이라.
주께서 너희를 우리 주 예수 그리스도의 날에 책망할 것이 없는 자로 끝까지 견
고하게 하시리라. 너희를 불러 그의 아들 예수 그리스도 우리 주와 더불어 교제
하게 하시는 하나님은 미쁘시도다. (1:4-9)

앞장에서 살펴보았듯이, 바울이 '성도'(saint)라는 단어를 사용할 때마다 가리
키는 대상은 그리스도인이었다. 죽은 그리스도인이 아니라 살아 있는 그리스
도인이었고, 소수 그리스도인이 아니라 모든 그리스도인이었다. 생각건대, 성
도는 바울이 그리스도인을 가리킬 때 가장 즐겨 사용했던 단어가 틀림없다. 그
는 자신의 편지들에서 이 단어를 약 60회 사용했다. 이 편지 첫머리에서(1:2),
바울은 고린도 신자들에게 단언했다. 이들 중 많은 수가 부도덕하고 신실하지
못했으나, 주 예수 그리스도의 이름을 부르는 모든 사람과 마찬가지로 이들 모
두 성도였다.

　순전하고 경건하게 살라는 권면이 이 편지의 핵심이다. 그러나 바울이 이
렇게 권면하는 근거가 되는 사실이 있다. 신자들은 성도이며, 그리스도를 믿

었기 때문에 거룩하게 되었다. 바울은 이들에게 거룩하게 행동하라고 촉구한다. 이들이 거룩하다고 선언되었고 거룩한 본성을 받았기 때문이다. "너희는 ~이다"(you are, 존재)라는 서술이 "너희는 ~해야 한다"(you ought, 당위)라는 명령의 기초이며, 신약성경 전체가 가르치는 기본 원리다. 몇 년 후 바울이 빌립보 신자들에게 썼듯이, "너희 안에서 착한 일을 시작하신 이가 그리스도 예수의 날까지 이루시는" 것이 하나님의 계획이며(빌 1:6), 그리스도 '안에' 있는 자들의 최고 목적은 그리스도'처럼' 되는 것, 그분의 마음을 갖고 그분의 태도를 가지며 그분이 생각하고 사셨던 방식으로 생각하고 사는 것이어야 한다(2:5; 참조. 요일 2:6).

예수님은 간음하다 현장에서 잡혀 끌려온 여인을 용서하신 후, 그 여인을 돌려보내며 말씀하셨다. "가서 다시는 죄를 범하지 말라"(요 8:11). 예수님은 창녀로 더럽게 살았던 여인에게, 간음하다 현장에서 잡혀 끌려온 여인에게 죄악된 삶을 버리라고 명령하셨다. 예수님은 여인에게 그녀의 길을 아주 철저하게 바꾸라고 요구하셨다. 이것은 예수님이 그녀가 자신의 위치뿐 아니라 마음과 생각, 곧 자기 삶의 본질 자체에서 변화를 경험했다고 보셨다는 뜻이다. 요한은 분명하게 언급하지 않는다. 그렇더라도 이 여인은 그리스도를 믿고 구원받은 게 분명하다. 예수님이 신자가 아닌 사람에게 죄짓길 그치라고 명하셨다면, 그것은 조롱이었으리라. 순종할 수 없는 명령이었을 터이기 때문이다. 예수님은 이 여인에게 새 생명을 주셨고, 이제 새로운 삶의 길을 따르라고 촉구하셨다. 예수님은 먼저 "나도 너를 정죄하지 아니하노니"라고 하셨다. 그런 후에야, "가서 다시는 죄를 범하지 말라"고 하셨다. 주님은 여인에게 이렇게 말씀하고 계셨다. "이제부터 당신에게 아무 죄도 지우지 않겠습니다. 내 눈에, 하나님의 눈에, 당신은 거룩합니다. 가서 거룩하게 사십시오."

동일한 진리가 신약성경 전체에서 선포된다. 그리스도인으로서, 우리는 정죄 받는 게 아니라 거룩하다고 선언된다. 우리의 죄는 용서되었고 영원히 치워졌다. 우리가 그리스도 안에서 갖는 새 본성이 거룩하며, 따라서 우리의 삶도 거룩해야 한다. 바울은 이렇게 가르친다. "그러므로 땅에 있는 지체를 죽이라. 곧 음란과 부정과 사욕과 악한 정욕과 탐심이니, 탐심은 우상숭배니라"(골

3:5). 바꾸어 말하면, 세상으로 향하는 우리의 성향, 죄악되고 육적인 우리의 욕망들을 제거하고 더는 존재하지 않는 것으로 여겨야 한다. 우리는 "죽었고 너희[우리의] 생명이 그리스도와 함께 하나님 안에 감추어졌기" 때문이다 (3:3). 몇 절 뒤에서, 바울은 거짓말을 버려야 하는 이유를 설명한다. "너희가 서로 거짓말을 하지 말라. 옛 사람과 그 행위를 벗어 버리고 새 사람을 입었으니, 이는 자기를 창조하신 이의 형상을 따라 지식에까지 새롭게 하심을 입은 자니라"(3:9-10). 우리는 그리스도를 통해 하나님과 특별한 관계가 되었다. 따라서 우리의 삶에는 이런 것들을 위한 적법한 자리가 없다. 거룩한 삶에는 거룩하지 못한 것들이 발붙일 자리가 없다. 우리는 거짓말하거나 훔치거나 탐하거나, 그 외에 어떤 죄도 짓지 말아야 한다. 모든 죄는 예수 그리스도 안에 있는 우리의 신분(who we are in Jesus Christ)과 어울리지 않기 때문이다. 새 사람은 그리스도의 형상을 닮았다. 그분이 거룩하므로 우리가 거룩하며, 우리는 성도다. 우리는 그리스도 안에 있으므로 그리스도처럼 행동해야 한다. 우리는 무엇이든 그분이 생각하지 않으실 것을 절대로 생각하지 말아야 하고, 무엇이든 그분이 말하지 않으실 것을 절대로 말하지 말아야 하며, 무엇이든 그분이 하지 않으실 것을 절대로 하지 말아야 한다. 그분이 거룩하므로 삶이 거룩해야 한다. 이것이 그리스도인의 삶을 떠받치는 기초다.

바울은 고린도전서 첫 아홉 절에서 신자들에게 그들이 누군지 보여준다. 신자들은 성도이고, 거룩한 자들(holy ones)이며, 거룩하게 된 자들(sanctified ones)이다. 고린도전서 나머지 부분은 이 기초 위에 세워진다. "여러분은 거룩'합니다.' 그러므로 거룩하게 '행동하십시오.' 여러분의 신분에 걸맞게 사십시오."

1:4-9에서, 바울은 그리스도를 믿는 것, 곧 성도됨의 유익을 요약한다. 유익은 세 부분으로 나뉜다. 어떤 유익은 과거이며, 우리가 그리스도를 구주와 주님으로 영접하는 순간 주어진다. 어떤 유익은 현재이며, 우리가 그분 안에서 살 때 작동한다. 어떤 유익은 미래이며, 우리가 천국에서 그분과 함께할 때 비로소 경험된다. 과거에는 은혜가 있고, 현재에는 은사(선물)가 있으며, 미래에는 보증이 있다. 우리의 과거는 이미 처리되었고, 우리의 현재는 공급되며,

우리의 미래는 보장된다.

은혜가 준 과거의 유익

그리스도 예수 안에서 너희에게 주신 하나님의 은혜로 말미암아 내가 너희를 위하여 항상 하나님께 감사하노니…그리스도의 증거가 너희 중에 견고하게 되어,

(1:4,6)

성도의 첫째 유익은 구원의 은혜다. **주신(was given)**과 **견고하게 되어(was confirmed)**는 헬라어 본문에서 둘 다 부정과거 시제(aorist tense)이며 구체적이고 분명한 시점에 완결된 행위를 말한다. 한 사람이 예수 그리스도를 믿는 순간, 그는 하나님의 은혜를 받고 그리스도의 증거가 그 안에서 견고해진다. 우리가 그리스도 안에 있으면, 하나님의 은혜는 우리의 것이다. 바울은 구원의 은혜를 받은 자들에 관해 감사한다. **내가 너희를 위하여(concerning you**, 너희에 대하여) **항상 하나님께 감사하노니.** 바울은 사람들이 구원받는 것을 보길 갈망했고, 이런 일이 일어날 때 더없이 기뻤다. 바울은 적절한 시각을 유지했고, 그의 감사는 하나님을 향했다.

　은혜('charis')는 그리스도인이 나누는 일반적 인사였으며, 바울은 인사말을 쓰면서 바로 앞 절에서 이 단어를 사용했다. 이 단어의 기본 의미는 "호의"(favor)다. 그러나 하나님이 자신의 아들을 통해 사람들을 구원하시는 일과 연결되어 사용될 때마다, 죄인들에게 베푸시는 과분하고 되갚을 수 없는 인자(kindness) 또는 자비라는 특별하고 뚜렷한 의미를 갖는다. 이것은 너무나 엄청난 베풂이며, 전적으로 과분하고 공로와 무관한(undeserved and unmerited) 베풂이다. 이것은 되갚을 필요가 없고 되갚을 수도 없다. 구원하시는 하나님의 은혜는 값 없이 거저 주어지는 것이다(free and unearned).

　하나님이 베푸시는 은혜의 참 의미를 이해하려면, 은혜와 공존할 수 없는 셋을 알아야 한다. 그 셋은 죄책(guilt), 인간의 의무(human obligation), 인간의 공로(human merit)이다.

은혜는 죄책과 공존할 수 없다

첫째, 은혜는 죄책(guilt)과 공존할 수 없다. 은혜는 죄책을 제거한다. 하나님은 이렇게 말씀하실 수 없다. "나는 은혜로우며 너에게 구원을 준다. 그러나 네가 한 번 잘못하면 그 구원을 회수하겠다." 이것은 은혜의 선물(gracious gift)이 아니라 우리가 하나님의 요구 조건을 충족하지 못할 때마다 회수될 수 있으며 자격 요건이 있는 법적 증여(a qualified, legal gift)일 것이다. 하나님이 "네가 죄를 짓지 않으면 내가 너를 구원하겠다"고 말씀하신다면, 은혜는 은혜가 아닐 것이다. 우리가 죄짓지 않을 수 있다면 은혜가 필요하지 않을 것이다. 우리는 구원받을 공로가 있고(merit), 구원받을 자격이 있을(deserve) 터이기 때문이다. 은혜가 주어졌다가 나중에 아주 조그마한 죄 때문에라도 회수된다면, 성경이 가르치는 은혜가 아닐 것이다. 은혜는 공로와 무관하고(unmerited), 자격과 무관하며(undeserved), 영구적 용서다. 은혜는 죄가 있는 곳에서만 작동한다. 용서가 필요 없으면 은혜도 필요 없다.

인간은 자신의 죄에서 벗어날 수도 없고 자신의 죄를 속할(atone) 수도 없다. 인간은 유죄이며(guilty) 스스로 어찌할 수 없다. 하나님은 거룩하고 공의롭기 때문에 죄를 못 본 체하실 수 없다. 죄는 반드시 벌해야 하며, 죄에 상응하는 벌은 죽음이다("죄의 삯은 사망이요," 롬 6:23). 그러나 죄에 상응하는 벌을 말하는 바로 이 구절이 죄를 제거하는 방법, 죄를 속하는 방법을 제시한다. "하나님의 은사(grace, 은혜)는 그리스도 예수 우리 주 안에 있는 영생이니라." 자신이 십자가에서 이루신 일로, 그리스도께서 우리의 죄에 상응하는 벌을 친히 받음으로써 하나님의 공의가 요구하는 바를 충족하셨다. 여기서 하나님은 최고의 은혜를 베푸셨다. 예수 그리스도께서 우리의 죄 때문에 유죄(guilty)가 되셨을 때, 그분의 죽음이 우리의 죗값을 지불했다. 어떤 사람이 하나님의 아들이 하신 일을 믿기 때문에 하나님이 주권적 은혜로 그의 죄를 용서하시면, 그 사람은 죄책으로부터 완전히 그리고 영원히 자유롭다. 그는 은혜 안에 서 있으며, 은혜가 계속해서 그에게 주어진다(롬 5:1-3). 모든 죄책이 제거되며, 절대 되돌아올 수 없다. 은혜는 죄책을 완전하게, 영구적으로 폐기하는 하나님의 선물이다.

내가 만나 얘기를 나눈 그리스도인 중에 죄책감에 극심하게 짓눌려 더는 정상적인 생활을 하지 못하는 사람들이 있다. 이들은 용서가 실재라는 사실을 받아들이지 못한다. 이들은 그리스도를 구주로 믿은 지 오래며, 은혜의 진리를 신학적·이론적으로 이해한 지도 오래다. 그러나 이들은 은혜의 진리를 실제적으로 이해하지는 못한다. 이것은 흔히 이들이 죄에서 기인하는 죄책감과 유죄인 자가 받는 궁극적 심판(the ultimate condemnation of the guilty, 정죄)을 구분하지 못하기 때문이다. 죄는 죄책감뿐 아니라 실제로 죄책을 낳는다. 우리는 우리가 짓는 죄 때문에 유죄'이기' 때문이다. 그러나 바로 이 죄책을 그리스도께서 십자가에서 지셨고, 하나님의 은혜가 그리스도 안에서 이것을 제거한다. 우리는 죄책을 느끼며, 죄책 때문에 징계를 받을 수도 있지만(히 12:3-11), 결코 이것이 우리를 정죄하지는 못한다. 죄에 수반되는 아픔은 하나님의 정죄나 배척의 표시가 아니라 우리가 죄를 지었음을 일깨우는 상기물이며, 더는 죄를 짓지 않게 하는 억제물이기도 해야 한다.

성도의 유익을 가졌으나 의심하기 때문에 그 온전한 복을 경험하지 못하는 것은 비극이다. 여전히 어떤 그리스도인들은 하나님이 아주 완전히 은혜로우실 수 있음을 믿지 못하는 게 분명하다. 그러나 불완전하고 일시적인 은혜라면 은혜가 아닐 것이다. 물론, 우리는 은혜를 벌(earn) 수 없다. 물론, 우리는 결코 은혜를 받을 자격을 갖출 수 없다. 물론, 우리는 결코 은혜를 되갚을 수 없다. 그래서 은혜가 은혜다. 그리스도 안에서 모든 죄—과거의 죄, 현재의 죄, 미래의 죄—가 영원히 용서되었다. 이것이야말로 불신자가 그리스도인이 되기 위해 가질 수 있는 가장 큰 동기이고, 신자가 가질 수 있는 가장 큰 위로가 아니겠는가? 그리스도 안에서, 모든 죄책과 모든 형벌이 영원히 제거되었다. 그리스도 안에서, 우리는 남은 영원 내내 완전히 무죄하고 거룩한 상태로 서 있을 것이다. 구원하실 때 하나님은 모든 죄를, 모든 죄책을, 모든 형벌을 궁극적으로 제거하신다. 이것이 은혜다.

은혜는 인간의 의무와 공존할 수 없다

둘째, 은혜는 인간의 의무와 공존할 수 없다. 우리는 이렇게 말해서는 안 된다. "하나님께서 은혜를 베풀어 나를 구원하셨으니 이제 내가 그분께 갚아드려야 해요." 은혜는 대출금이 아니라 거저 주시는 선물이다. 은혜는 우리가 하나님께 완전히 빚지게 하지만 그 값이 너무나 엄청나기에 도저히 갚을 수 없다. 또한, 하나님의 은혜는 너무나 크기에 갚을 필요가 없다. 바꿔 말하면, 우리는 완전히 빚을 졌지만, 빚이 없다. 구원받기 전이든 구원받은 후든 간에, 우리는 우리 구원의 값을 지불할 수 없다.

바울은 믿음과 행위(works)가 하나님의 은혜와 어떤 관계인지 논하면서 이렇게 썼다. "일하는 자에게는 그 삯이 은혜(charis)로 여겨지지 아니하고 보수로 여겨지거니와"(롬 4:4). 우리가 어느 때나 어떤 방식으로든 하나님의 용서를 벌(earn) 수 있다면, 그것은 우리의 보수(due, 마땅히 받아야할 몫)일 것이다. 우리는 은혜를 벌고 하나님은 우리에게 은혜를 빚지는 게 된다. 고용주가 임금을 제때 기꺼이 준다면, 우리는 그에게 감사할 수 있다. 그러나 단순히 임금을 준다는 사실 때문에 고용주에게 감사하지는 않는다. 우리가 임금을 위해 일해야 할 만큼 일했다면, 우리는 그 돈을 받을 자격이 있고 고용주는 그 돈을 지불할 의무가 있다. 고용인들이 번 것을 그들에게 지불할 때, 고용주는 은혜로운 게 아니라 정직하고 정의로울 뿐이다. 어떤 이유로든 고용주가 노동의 대가를 지불하지 않으려 한다면, 고용인은 자신의 돈을 요구할 수 있다. 당연하게도, 그 돈은 고용인의 것이기 때문이다.

그러나 은혜는 일(works, 행위)의 원리, 벌기(earning)의 원리에 따라 작동하지 않는다. 은혜란 벌지 않았거나 받을 자격이 없는 것을 주는 것이다. 하나님이 자신의 아들을 통해 주시는 선물은 우리가 벌 수 있거나 받을 자격을 갖출 수 있는 게 아니다. 돈은 주어질 수도 있고 벌 수 있다. 그러나 하나님의 은혜는 오로지 주어질 수 있을 뿐이다.

무한히 값진(priceless) 것의 값을 어떻게 지불할 수 있겠는가? 우리가 할 수 있는 가장 큰 사랑과 헌신과 순종과 섬김을 하나님에게 드리더라도, 그분이 예수 그리스도 안에서 우리에게 주시는 것의 값을 티끌만큼도 지불할 수 없다. 이렇게 한다면, 동전 몇 개를 내놓으며 국가 채무를 갚겠다는 것과 같다. 하나님의 은혜에 비하면, 우리의 최고 행위라도 동전 몇 닢에 지나지 않는다.

그리스도의 메시지가 그렇게도 좋은 소식인 이유는 우리가 구원의 값을 지불할 필요가 없기 때문이다. 우리가 구원을 벌 수 없다는 진리는 그 자체로 나쁜 소식, 가장 최악의 소식일 것이다. 이 진리는 인간을 전혀 무기력한 상태에 버려둘 터이기 때문이다. 그러나 은혜 때문에 이 진리는 좋은 소식, 가장 위대한 소식이 된다. 은혜는 구원의 값을 지불할 필요가 없게 하기 때문이다. 우리의 죄악된 한계들 때문에, 구원의 값을 지불하기란 불가능하다. 그러나 넘치는 하나님의 은혜 때문에, 지불이 불필요해진다. 하나님이 그리스도 안에서 구원의 값을 지불하셨다. 우리는 그리스도를 통해 구원을 받기만하면 된다.

감사 표현으로, 우리는 하나님께 가장 고상한 사랑을, 가장 깊은 헌신을, 가장 큰 섬김을 드려야 한다. 이렇게 하면 하나님이 우리에게 주신 사랑과 자비의 선물을 조금이라도 사거나 값을 수 있기 때문이 아니다. 우리의 모든 것이 그분의 것이기 때문이다. 우리는 하나님을 사랑한다. 그러나 우리가 하나님을 사랑할 수 있는 이유는 단 하나, 먼저 "하나님이 우리를 사랑하사 우리 죄를 속하기 위하여 화목제물로 그 아들을 보내셨기" 때문이다(요일 4:10). 우리는 모든 것을 감사함으로 하나님께 드린다. 그 무엇도 의무감으로 하나님께 드리지 않는다.

은혜는 인간의 공로와 공존할 수 없다

셋째, 은혜는 인간의 공로와 공존할 수 없다. 은혜는 단지 "선한" 사람들에게 주어지는 게 아니다. 서로 비교해 보면, 어떤 사람들은 도덕적으로 다른 사람들보다 나은 게 분명하다. 그러나 하나님의 의와 비교하면, 우리의 가장 좋은 것이라도 "더러운 옷 같다"(사 64:6). 하나님의 은혜는 한 사람의 선을, 다른 사람들과 비교하고 하나님과 비교해, 고려하지 않는다. 죄책과 의무처럼, 공로(merit)도 은혜에 들어설 자리가 없다. 예수님은 유대 종교 및 도덕의 지도자들을 충격에 몰아넣으셨다. (동족의 배신자이며 대개 부정직한) 세리들과 (사회에서 가장 천한) 창녀들이 종교 지도자들보다 먼저 하나님 나라에 들어가리라고 하셨기 때문이다(마 21:31-32). 누가복음 18:9-14은 도덕적으로 선한 사람이 지옥에 가고 도덕적으로 나쁜 사람이 천국에 갔다는 고전적인 이야기를 들려준다.

　오랜 세월, 이스라엘은 하나님이 자신들을 그분의 특별한 언약 백성으로 선택하신 것은 자신들이 다른 민족들보다 낫기 때문이라고 믿었다. 하나님이 애초에 이들에게 그렇지 않다고 말씀하셨다. 그런데도 이들은 이것을 굳게 믿었다. "여호와께서 너희를 기뻐하시고 너희를 택하심은 너희가 다른 민족보다 수효가 많기 때문이 아니니라. 너희는 오히려 모든 민족 중에 가장 적으니라. 여호와께서 다만 너희를 사랑하심으로 말미암아, 또는 너희의 조상들에게 하신 맹세를 지키려 하심으로 말미암아 자기의 권능의 손으로 너희를 인도하여 내시되 너희를 그 종 되었던 집에서 애굽 왕 바로의 손에서 속량하셨나니"(신 7:7-8).

　바울은 이렇게 지적한다. 유대인들은, 특히 하나님의 특별한 자기 계시를 받은 자로서, 많은 복을 받았고 이점이 많았지만, 그럴 자격이 있어 선택받은 게 아니었다. 숱한 부분에서, 이들은 그럴 자격이 없었다(롬 2:17-3:20). 바울은 이방인들에도 똑같이 경고했다. 이방인들이라고 나을 게 없었다. "유대인이나 헬라인이나 다 죄 아래에 있다고 우리가 이미 선언하였느니라"(3:9). 우리들끼리라면, 인간적으로 더 나은 사람들과 더 나쁜 사람들을 구분할 수는 있다. 그러나 하나님 앞에서라면, 모든 사람이 '영적으로' 똑같다. 즉, 자신의 공로, 자신의 의와 관련해, 모든 사람이 죄악되고 정죄되었다. "차별이 없느니라. 모든 사람이 죄를 범하였으매 하나님의 영광에 이르지 못하더니"(3:22-23). 바울은 자신도, 특히 자신이 하나님 앞에 아무런 의도 없고 아무런 공로도 없음을 깨달았다. 자신이 보기에, 그는 죄인 중의 괴수였고(딤전 1:15) "모든 성도 중에 지극히 작은 자보다 더 작은" 자였다(엡 3:8).

　그러나 이번에도 하나님의 은혜가 나쁜 소식을 좋은 소식으로 바꾼다. 하나님의 은혜 때문에, 우리는 공로로 구원을 얻을(merit salvation) '필요'가 없다. **그리스도 예수 안에서…주신 하나님의 은혜로 말미암아(for the grace,** 은혜에 대해) 바울은 늘 감사했다.

　캄보디아, 아프가니스탄, 중앙아메리카, 중동 등에서 사람들이 겪는 끔찍한 고통과 어려움을 잡지나 신문이나 텔레비전을 통해 생생하게 볼 수 있다. 자유롭고 평화로운 나라에 살며 감수성이 강한 그리스도인들이라면 이렇게 묻지 않을 수 없다. "주님, 왜 제게 이렇게 많이 주셨나요? 왜 저는 이렇게 자유롭고 평화롭게 살며, 제가 선택하는 곳에서 제가 선택하는 방식으로 자유롭게 예배하고, 자유롭게 일하며, 제가 최선이라고 생각하는 방식으로 자녀를 양육하고, 다른 신자들과 자유롭게 교제하나요?" 우리는 안다. 이것은 우리가 복을 받을 자격이 더 많기 때문이 아니다. 우리가 복을 받은 것은 하나님의 은혜 때문일 뿐 다른 이유는 없다.

하나님의 은혜, 그 세 가지 이유

하나님이 우리에게 은혜를 베푸시는 데는 세 가지 이유, 세 가지 동기가 있다. 첫째, 하나님이 구원을 베푸심은 구원받은 자들이 선한 일(good works)을 하게 하기 위해서다. 선한 일은 다른 사람들에게 예수 그리스도 안에 있는 하나님의 은혜를 들려주는 것을 비롯해 이들의 삶에 감동과 도움을 준다. 바울은 에베소 신자들에게 이렇게 말한다. "우리는 그가 만드신 바라. 그리스도 예수 안에서 선한 일을 위하여 지으심을 받은 자니, 이 일은 하나님이 전에 예비하사 우리로 그 가운데서 행하게 하려 하심이니라"(엡 2:10). 또 다른 편지에서, 바울은 디도에게 이렇게 말한다. "그가[그리스도께서] 우리를 대신하여 자신을 주심은 모든 불법에서 우리를 속량하시고 우리를 깨끗하게 하사 선한 일을 열심히 하는 자기 백성이 되게 하려 하심이라"(딛 2:14). 같은 편지 뒷부분에서, 바울은 이렇게 설명한다. "이 말이 미쁘도다. 원하건대, 너는 이 여러 것에 대하여 굳세게 말하라. 이는 하나님을 믿는 자들로 하여금 조심하여 선한 일을 힘쓰게 하려 함이라. 이것은 아름다우며 사람들에게 유익하니라"(3:8). 하나님이 우리를 구원하신 목적은 선한 일을 하게 하기 위해서다. 선한 일은 사람들에게 유익하기 때문이다. 하나님은 자신의 자녀들이 그들의 선, 그분의 아들을 통해 가능해진 선으로 온 세상을 감동시키길 원하신다.

둘째, 구원하는 은혜(saving grace)는 신자들에게 복을 가져다주어야 한다. "긍휼이 풍성하신 하나님이 우리를 사랑하신 그 큰 사랑을 인하여, 허물로 죽은 우리를 그리스도와 함께 살리셨고[살리셨으니]…이는 그리스도 예수 안에서 우리에게 자비하심으로써 그 은혜의 지극히 풍성함을 오는 여러 세대에 나타내려 하심이라"(엡 2:4-7). 하나님이 은혜로 우리를 구원하심은 그분의 큰 복을 우리에게 영원히 부어주시기 위해서다.

셋째, 가장 중요하게도, 하나님이 은혜로 우리를 구원하심은 자신을 영화롭게 하기 위해서다. 은혜를 주심은 "교회로 말미암아…하나님의 각종 지혜를 알게 하려 하심"이며, "교회 안에서와 그리스도 예수 안에서 [하나님께] 영광이 대대로 영원무궁하게" 하기 위함이다(엡 3:10, 21). 예수님은 우리의 빛이 사람들 앞에 비치게 하는(우리의 구원이 이것을 가능하게 한다) 주된 목적은 이들로 "하늘에 계신 너희[우리] 아버지께 영광을 돌리게 하는" 것이라고 가르치셨다(마 5:16). 예수님이 십자가를 지신(이것이 우리의 구원을 가능하게 한다) 주된 목적은 그분의 아버지를 영광스럽게 하고 자신도 영화롭게 되는 것이었다(요 12:28; 17:1, 4-5). 하나님의 영광이 은혜롭고 강력한 구원 사역에서 분명하게 드러난다.

하나님이 은혜로 구원을 베푸심은 구원받은 자들이 선한 일을 통해 다른 사람들에게 복을 가져다주고, 신자들 자신에게 복을 가져다주며, 무엇보다도 그분 자신에게 영광을 돌리게 하기 위해서다. 하나님은 세상을 위해, 자신의 자녀들을 위해, 자신을 위해 은혜를 베푸신다.

그리스도의 증거 [6]가 너희 중에 견고하게 되어, (1:6)

그리스도의 증거가 우리 안에 견고하게 될 때—다시 말해, 자리를 잡고 견실하고 단단해질 때—우리는 하나님의 은혜를 받는다. **증거(testimony)**로 번역된 헬라어 '마르투리온'(marturion)은 때로 그렇게 번역되듯 "증인"(witness, 증언)을 뜻한다(행 1:8을 보라). 영어 단어 'martyr'(순교자)가 여기서 파생했다. 우리가 그리스도를 주님과 구주로 믿을 때, 그리스도의 증언이 우리 안에 자

---

6 the testimony concerning Christ(NASB). 새번역과 공동번역개정판은 "그리스도에 관한 증언"으로 옮겼다.

리 잡고 견고해진다. 그 순간, 그리고 그 순간부터 영원히, 우리는 하나님의 은혜 안에 있다.

신약성경에서 '마르투리온'은 가장 일반적으로 복음과 연결되어, 무엇보다도 복음 선포와 연결되어 사용된다. 자신의 증인이 되도록, 성령께서 사도들에게 능력을 주셨고 그리스도의 모든 제자에게 계속해서 능력을 주신다(행 1:8). 바울이 받은 부르심의 핵심은 "유대인과 헬라인들에게 하나님께 대한 회개와 우리 주 예수 그리스도께 대한 믿음을 증언한 것"이다(행 20:21; 참조. 24절). 사람들이 그의 증언을 받아들이든 말든 상관없다(행 22:18). 주님은 바울에게 확신을 주셨다. 그가 예수님을 증언하는 일이 완결될 때까지, 로마에서 마지막 증언을 할 때까지, 죽지 않으리라는 것이다(23:11).

그러나 문맥을 보면, '마르투리온'(marturion, 또는 '마르투리아' marturia)의 가장 깊은 의미는 이것이 단지 복음 선포가 아니라 복음 자체를 대변한다는 데 있다. 바울이 디모데에게 증언(testimony, 증거)을 부끄러워하지 말라고 했으며, 이 증언은 "우리 주님의 증언"(testimony of our Lord, 개역개정은 "우리 주를 증언함," 딤후 1:8), 곧 주님의 복음이었다. 요한은 이렇게 말한다. "또 증거(witness, 증언)는 이것이니, 하나님이 우리에게 영생을 주신 것과 이 생명이 그의 아들 안에 있는 그것이니라"(요일 5:11). 가장 큰 증언은 구원 메시지에 관한 것이 아니라 구원 메시지'이다'. 우리가 그리스도에 관한 증언을 들을 때가 아니라 **그리스도의 증거**(**the testimony concerning Christ**, 그리스도에 관한 증언)가 우리 안에 **견고하게** 될 때, 우리는 하나님의 은혜에 참여하는 자가 된다.

그래서 바울은 고린도전서 1:4에서 은혜를 주겠다는 하나님의 제의를 말하고, 1:6에서 은혜에 대한 인간의 긍정적 반응을 말한다. 사람이 하나님의 제의를 믿음으로 받아들일 때 은혜가 작동한다. 모든 죄가 용서되고 모든 죄책이 제거된다. 영원히. 그 순간, 하나님이 자신의 복과 부를 자신의 새로운 자녀에게 더없이 풍성하게 쏟아 붓기 시작하며 영원토록 멈추지 않으실 것이다. 하나님의 은혜는 이렇게 크다.

은혜가 주는 현재의 유익

**이는 너희가 그 안에서 모든 일, 곧 모든 언변과 모든 지식에 풍족하므로…너희
가 모든 은사에 부족함이 없이** (1:5, 7a)

은혜가 신자들에게 끼치는 첫 유익들은 과거에 확고해졌다. 다시 말해, 우리가
그리스도를 믿을 때 완결되었다. 이 외에도 현재와 관련된 유익들이 있다. 우
리가 이 땅에 사는 내내 계속 주어지는 풍성한 보화다. 그리스도 안에서, 우리
는 계속해서 모든 것에 **풍족하다(enriched)**. 5절의 핵심 단어는 **안에서/에(in)**
이다. 우리는 **그 안에서(in Him) 모든 일…에(in everything)** 풍족하다. '그 안에
서'(in Him)가 '모든 일…에'(in everything)를 한정한다. 다시 말해, 우리는 그리
스도께서 주시는 모든 것("모든 일")을 가지며, 우리가 원하는 모든 것을 주지 않
으실 때가 많더라도 그분은 우리에게 필요한 모든 것을 주신다. 하나님이 "그
의 신기한 능력(divine power)으로 생명과 경건에 속한 모든 것을 우리에게 주
셨으니"(벧후 1:3), 이것이 신자에게 필요한 전부이며, 또한 신자가 원하는 전
부여야 한다. 예수 그리스도 안에서, 우리는 "충만하여졌다"(have been made
complete, 완전해졌다, 골 2:10). "만물이 다 너희[우리] 것"이다(고전 3:21).

우리가 그리스도 안에서 갖는 가장 중요한 것 중에 **모든 언변과 모든 지식**이
있다. 이번에도 '모든'(all)이 한정된다. 하나님은 우리가 이것저것을 하길 원
하신다. 우리는 이 모든 것을 하는 데 필요한 모든 언변(all speech)과 모든 지
식이 있다. 하나님이 우리가 말하길 원하시는 모든 것을 우리는 늘 말할 수 있
을 것이며, 하나님이 우리가 알길 원하시는 모든 것을 우리는 늘 알 수 있을
것이다. 하나님은 자신의 뜻을 우리가 알 수 있게 하신다.

모든 언변

바울이 여기서 염두에 두는 구체적 **언변(speech)**은 하나님의 진리 말하기
이다. 하나님은 '모든' 신자에게 그분을 위해 말하는 능력을 주신다. 우리 모
두 유창한 말솜씨나 인상적인 어휘력이나 상대를 매료시키는 성격을 갖고 있

지는 못하다. 그러나 우리는 모두 하나님이 주신 필수 능력을, 하나님이 우리가 말하길 원하시는 특별한 방식으로 그분을 위해 말하는 동일한 능력과 역량을 갖고 있다.

거룩함이 부족하다는 것 외에, 그리스도인들의 가장 일반적 실패는 자신들의 주님을 위해 말하지 않는 것이라고 나는 믿는다. "무슨 말을 해야 할지 모르겠어요", "어떻게 말해야 할지 모르겠어요", 또는 "저는 할 수 없을 거 같아요" 등이 가장 흔한 변명이다. 바울은 이런 변명을 산산조각 낸다. 우리는 **그 안에서…모든 언변과 모든 지식에 풍족하다.** 증언은 사도들에게 선택 사항이 아니듯이 "보통" 신자들에게도 선택 사항이 아니다. "오직 성령이 너희에게 임하시면 너희가 권능을 받고('shall' receive) 예루살렘과 온 유대와 사마리아와 땅 끝까지 이르러 내 증인이 되리라('shall' be My witnesses)"(행 1:8). 우리는 증언할 수 있으며 증언해야 한다. 우리가 그리스도를 증언하지 않는다면, 그 어떤 변명도 통하지 않는다. 우리는 말'할 수 있다.' 우리는 증언'할 수 있다.' 초기 교회 신자들이 증언했듯이 말이다. 초기 교회 성도들은 이렇게 기도했다. "종들로 하여금 담대히 하나님의 말씀을 전하게 하여 주시오며"(행 4:29). 하나님은 재빨리 응답하고 공급하셨으며, 이들은 "다 성령이 충만하여 담대히 하나님의 말씀을 전했다"(31절). 신자로서, 우리에게도 성령이 계시며, 성령께서 우리도 그들처럼 확신을 갖고 담대하게 주님을 위해 말할 수 있게 하실 것이다.

모든 신자는 담대하게 증언해야 한다. 그렇더라도 우리 모두가 담대하게 증언하지는 못하는 게 분명하다. 확신을 갖고 신실하게 증언하려면, 하나님의 능력뿐 아니라 우리의 의지도 필요하다. 바울은 에베소교회에 이렇게 부탁했다. "또 나를 위하여 구할 것은 내게 말씀을 주사 나로 입을 열어 복음의 비밀을 담대히 알게 하옵소서 할 것이니"(엡 6:19). 극지방의 한겨울 강처럼, 우리의 입이 얼어붙었다. 다른 사람들에게 복음을 전하지 않도록 자신을 설득하기란 그야말로 식은 죽 먹기다.

한 사람을 주님께 인도할 때, 그리스도인들은 새 생명이 태어나는 기적보다 하나님이 실제로 자신들을 사용하셨다는 사실에 더 놀란다. 이들은 '자신들이' 유효하게 증언할 수 있다는 사실에 깜짝 놀란다.

젊은 신학생 시절, 버스 터미널에서 복음을 전한 적이 있다. 두 주가량 지난 후, 이 방법이 그다지 효과적이지 못하다고 결론 내렸다. 집중력을 흐트러뜨리는 것이 많았기 때문이다. 표를 사려고 줄을 선 사람들이나 버스를 타거나 버스에서 내리는 사람들은 내 말에 별로 관심을 보이지 않았다. 그래서 거리를 오가면서 개개인에게 복음을 전했다. 열매가 훨씬 많았다. 어느 날, 또 다른 학생과 함께 복음을 전하러 나갔다가 두 사람을 만났는데, YMCA에 댄스 강습을 받으러 가는 길이었다. 각자 한 사람씩 붙잡고 복음을 전했다. 나는 불안해하는 사람에게 복음을 짧게 전한 후, 예수님을 주님으로 고백하고 자신의 삶에 영접하겠느냐고 물었다. 그는 "네"라고 답했다. 처음에 나는 기뻐하기보다 놀랐다. 주님이 실제로 나를 사용해 한 사람을 그분께 인도하셨다! 이것은 언제나 놀라운 축복이다.

여러 해가 지났다. 나는 이제 복음 선포와 관련된 훈련을 많이 받았고 경험도 많다. 어느 날, 교회 밖에서 한 사람이 내게 다가와 말했다. "저는 유대인입니다. 어떻게 그리스도인이 되는지 알고 싶습니다." 나는 그에게 복음을 들려주기만 하면 되었다. 우리는 함께 성경을 찾아보고 기도했고, 그는 주님을 영접했다. 주님이 우리를 사용하시리라 확신하며 기대하더라도, 그분이 실제로 우리를 사용하실 때 우리의 놀라움은 절대 덜하지 않다. 우리의 경험이 많든 적든 간에, 증언하겠다는 우리의 의지야말로 하나님이 우리를 사용하시는 열쇠다.

우리가 입을 열어 그분을 위해 말하려 할 때, 해야 할 바른말을 그분이 우리에게 주시리라 확신할 수 있다. 우리는 우리의 마음을 중립 상태로 두지 않고 그분께 복종시킨다. 그분이 적절하다고 보는 대로 사용하시고 그분이 약속한 대로 능력을 주시게 하기 위해서다. 우리는 하나님의 말씀을 아는 지식, 기도, 깨끗함, 심지어 증언 기술까지 준비되어 있어야 한다. 우리는 "진리의 말씀을 옳게 분별하며 부끄러울 것이 없는 일꾼으로 인정된 자로 자신을 하나님 앞에 드리기를 힘써야" 하며(딤후 2:15), 우리 "속에 있는 소망에 관한 이유를 묻는 자에게는 대답할 것을 항상 준비해야" 한다(벧전 3:15). 우리는 믿음을 제시할 때 인내하고 부지런하며 온유해야 한다(딤후 2:24-25). 그러나 우리가 성경을 연구하고 신실하며 기도로 준비되어 있더라도, 한 생명을 하나님께 인도하는 분은 오직 그분의 성령이다.

모든 지식

하나님은 우리에게 능력을 주신다. 그러더라도, 하나님은 우리가 백지상태에서 말하길 기대하지 않으신다. 하나님은 우리가 해야 할 모든 말(모든 언변)을 공급하실 뿐 아니라, 우리에게 필요한 **모든 지식**도 공급하신다. 우리는 모든 것을 다 알지는 못하며, 복음에 관해서도 마찬가지다. 지금 우리는 "부분적으로" 알 뿐이다(고전 13:12). 그러나 우리는 주님을 위해 유효하게 말하기 위해 알아야 할 모든 것을 받았다. 하나님은 우리가 그분의 진리를 세상에 전하는 데 필요한 계시를 충분히 주셨고, 또한 이 계시를 충분히 깨닫게 하실 것이다. 우리에게는 하나님의 말씀이 있으며, 그 말씀을 해석해주시는 그분의 성령이 있다. "기록된 바, 하나님이 자기를 사랑하는 자들을 위하여 예비하신 모든 것은 눈으로 보지 못하고 귀로 듣지 못하고 사람의 마음으로 생각하지도 못하였다 함과 같으니라. 오직 하나님이 성령으로 이것을 우리에게 보이셨으니, 성령은 모든 것 곧 하나님의 깊은 것까지도 통달하시느니라"(고전 2:9-10). 육에 속한 사람은(natural man) 이런 것들을 알 수 없거나 받아들일 수 없다. "이는 그것들이 그에게는 어리석게 보임이요, 또 그는 그것들을 알 수도 없나니, 그러한 일은 영적으로 분별되기 때문이라"(14절). 하나님은 이것들을 "지혜롭고 슬기 있는 자들에게는 숨기시고 어린아이들에게는 나타내신다"(마 11:25). 하나님은 오직 신자들에게만 "예수 그리스도의 얼굴에 있는 하나님의 영광을 아는 빛을" 비추신다(고후 4:6).

우리의 증언이 유효하려면, 하나님이 우리에게 공급하시는 지식을 요구하고 활용하지 않으면 안 된다. 그리스도 안에서, 우리는 하나님을 알고, 그분의 성령을 알며, 그분의 진리를 알고, 그분의 계시를 알며, 그분의 능력을 안다. 그러나 바울은 에베소 신자들을 위해, 하나님이 "지혜와 계시의 영을 너희[이들]에게 주사 하나님을 알게 하시길" 기도했다(엡 1:17). 마찬가지로, 그는 골로새교회를 위해 이렇게 기도했다. "너희로 하여금 모든 신령한 지혜와 총명에 하나님의 뜻을 아는 것으로 채우게 하시고…모든 선한 일에 열매를 맺게 하시며 하나님을 아는 것에 자라게 하시고"(골 1:9-10). 하나님이 주시는 지식이 진정으로 우리의 지식이 되려면 그 지식을 내면화해야 한다.

하나님은 우리에게 모든 언변(all speech)을 주셨다. 그러나 그 언변을 활용하려면 우리의 입을 열어야 한다. 하나님은 우리에게 모든 지식을 주셨다. 그러나 우리가 그 지식을 활용해야 한다. 우리는 은혜로 구원받았듯이, 은혜로 은사를 받는다. 하나님은 우리를 하나님 나라에 맞춤하게, "빛 가운데서 성도의 기업의 부분을 얻기에 합당하게" 빚으셨다(골 1:12).

모든 은사

바울은 하나님이 우리에게 모든 언변과 모든 지식을 구체적으로 공급하신다는 사실에서 신자가 하나님을 섬기는 데 필요한 모든 은사를 하나님이 전체적으로 공급하신다는 사실로 옮겨간다. 그리스도인은 충만하고 신실하게 사는 데 필요한 **모든 은사**에 절대로 **부족함이 없다**.

부족함이 없다(not lacking)는 현재 시제이며, 따라서 믿음이 주는 현재의 유익까지 가리킨다. 고린도교회의 타락에 비춰볼 때, 바울이 이들에게 부족함이 없다고 단언하는 것은 이상해 보일지 모른다. 데살로니가교회 및 빌립보교회와 달리, 고린도교회는 영적 성숙과 도덕적 정결이 심히 부족했다. 그러나 바울은 이들이 그 어느 영적 은사에도 부족함이 없다고 말한다. 이들은 다른 여러 교회의 신자들에게 있는 것과 같은 영적 성숙이나 도덕적 성품이 없었으나 동일한 자원을 모두 갖고 있었다.

바울은 하나님의 공급을 말하고 있을 뿐 이들이 그것을 활용하는지 말하고 있지 않았다. 하나님은 이들에게 모든 것을 이미 주셨으며, 이들이 그분의 은사(선물)를 활용하고 그 은사에 대해 그분께 감사하는 일에 너무나 불성실하고 비뚤어져 있는데도 이들에게 모든 것을 계속 주셨다. (그리고 고린도전서 14장에서 보듯이, 이들은 자신들에게 없는 은사들을 구했다.) 바울은 이 진술에서 둘을 강조하는 것으로 보인다. 첫째, 고린도 신자들은, 모든 곳의 신자들과 마찬가지로, 추가로 특별한 복이나 은사를 찾을 필요가 없었고 찾으려 해서도 안 되었다. 하나님은 자신의 자녀들이 필요하거나 갖고 있을 모든 은사를 이미 주셨다. 둘째, 신자들은 주님이 자신들에게 주신 은사를 자신의 것이라 주장하고 활용하기 시작해야 한다. 고린도 신자들은 은사가 부족한 게 아니라 은사를 활용할 의지가 부족할 뿐이었다.

은사(gift)로 번역된 헬라어 '카리스마'(*charisma*)는 구체적으로 은혜의 선물이며, 3-4절에 사용된 은혜(*charis*)라는 단어에서 파생했다. 고린도 신자들에게 부족함이 없는 은사는 "그리스도 예수 안에서 너희에게 주신 하나님의 은혜로 말미암은" 은사였다(1:4). 언변과 지식이라는 구체적인 복은 일차적으로 세상을 향한 복음 전파를 가리키는 것으로 보인다. 7절의 전체적인 은사는 일차적으로 동료 신자들을 향한 사역을 가리키는 것으로 보인다. 하나님이 교회들에게 주신 자원은 세상에 나아가 교회를 세우기에 충분하다.

영어 단어 'charismatic'(은사의, 은사적, 은사주의적)이 여기 사용된 단어의 복수형(*charismata*)에서 왔으며, 하나님이 자신의 교회를 섬기도록 자신의 백성에게 은혜로 은사를 주신다는 것을 가리킨다. 일반적으로 은사주의운동(charismatic movement)으로 알려진 진영에 속한 많은 사람의 주장에 따르면, 이것은 하나님이 이른바 더 영적이고 믿음이 더 진보한 사람들에게 특별하고 예외적인 은사를 부여하신다는 것을 가리킨다. 그러나 이들의 주장과 달리, 이것은 하나님이 특별하고 예외적인 은사를 부여하신다는 것을 가리키지 않는다. 하나님은 모든 신자에게 '카리스마타'(*charismata*)를 주신다. 그러나 그분이 주시는 여러 복처럼, 이 은사들도 무시되거나 오용되기 일쑤다.

신자로서, 우리는 모두 영적 은사, 곧 주님이 우리를 구속하셨기 때문에 주신 은사가 있으며, 이 은사를 필요한 만큼, 가질 수 있는 만큼 충분히 갖고 있다. 무관심과 무지 때문에, 은사를 인지하기까지 여러 해가 걸리고 은사를 개발하기까지 더 많은 시간이 걸릴지 모른다. 그렇더라도 우리는 이미 은사가 있다. 고린도 신자들처럼(고전 12:1), 우리 가운데 많은 사람이 우리의 영적 은사를 알지 못하며, 우리에게 은사가 있다는 사실조차 알지 못한다. 우리에게 영적 은사가 있다는 사실을 인식해야 하고, 그 은사를 규명하고 활용해야 한다. 가르치는 은사, 전하는 은사(preaching), 권면하는 은사, 관리하는 은사

(administration), 돕는 은사, 나누는 은사(giving) 등 여러 은사 가운데 우리에게 무슨 은사가 있는지 알아야 한다. 그런 후, 성령께서 자신이 우리에게 주신 은사를 통해 우리를 사용하려 하실 때 그분께 반응해야 한다.

육체적으로 태어날 때처럼 영적으로 태어날 때도, 우리는 모든 것을 완전하고 온전히 갖춘 채 태어난다. 육체적으로 성숙하면서 팔이나 다리나 신체 기관이 더해지는 게 아니다. 이것들은 자라고 발달하지만 추가되지는 않는다. 마찬가지로, 영적으로 태어날 때도 우리는 발달하지는 않았지만 완전하다. 우리는 성장하기 위해 영적 음식과 운동이 필요하다. 그러나 "영적인 부분들이" 추가로 필요하지 않으며 추가로 받지도 않을 것이다. 다시 말해, 우리가 퇴보하면, 우리에게 하나님의 자원이 부족해서가 아니라 그 자원을 활용하지 않기 때문일 뿐이다. 그리스도인이 죄나 게으름이나 비효율적인 섬김(ineffective service)이나 부정함(impurity)에 빠진다면, 주님에게서 무엇이라도 받은 게 부족해서가 아니다. 이미 받은 것을 활용하지 않기 때문이다. 그리스도 안에서, 우리는 "충만하여졌다"(have been complete, 완전해졌다, 골 2:10). 우리는 영적 건강과 활력과 성장과 재생산(번식)에 필요한 모든 것을 이미 받았다. 그리스도인은 결코 "나는 이 영적 복이, 또는 저 영적 은사나 능력이 필요해"라고 말할 수 없다. 우리는 하나님에게서 더 받아야 할 게 전혀 없다. 하나님은 지금껏 넘치도록 신실하셨다. 그분은 우리에게 모든 것을 주셨다. 실패는 결코 하나님의 탓이 아니라 언제나 우리 탓이다. 유일하게 부족한 것, 유일하게 결핍된 것은 하나님이 우리에게 주신 자원을 활용하겠다는 우리의 헌신이다.

은혜가 줄 미래의 유익

우리 주 예수 그리스도의 나타나심을 기다림이라. 주께서 너희를 우리 주 예수 그리스도의 날에 책망할 것이 없는 자로 끝까지 견고하게 하시리라. 너희를 불러 그의 아들 예수 그리스도 우리 주와 더불어 교제하게 하시는 하나님은 미쁘시도다. (1:7b-9)

하나님의 은혜는 과거의 유익과 현재의 유익뿐 아니라 미래의 유익까지 준다. 하나님은 은혜로 우리를 구원하셨다. 하나님은 은혜의 선물로 지금 우리에게 능력을 주신다. 하나님은 자신의 은혜의 최종 성취를 보증하신다. 가장 좋은 것은 아직 오지 않았다. 신실한 신자는 종말론적이지 않을 수 없다. 우리는 과거의 은혜에 감사하고, 현재의 은혜를 책임 있게 활용하려 한다. 그러나 우리의 가장 큰 기쁨은 미래의 은혜를 고대하는 것이다. 우리는 깨어 주님의 재림을, 그분의 최종 도래를 기다리며 소망한다. 우리는 주님을 위해 이 땅에서 해야 할 일이 있고 활용해야 할 은사가 있다. 주님이 여기서 우리에게 시키실 일이 있는 한, 우리가 이 땅을 떠나기보다 이 땅에 남는 게 "더 유익하다"(more necessary). 그러나 미래의 삶에 들어가는 것, 영원히 그리스도와 함께하는 것이 "훨씬 더 좋은 일이다"(빌 1:23-24). 우리의 진정한 집, 우리의 진정한 시민권이 천국에 있기 때문이다(3:20). 우리는 오는 세상이 우리를 잡아당기는 것을 끊임없이 느낀다. 우리는 **우리 주 예수 그리스도의 나타나심을** 간절히(**eagerly**) **기다린다.** 우리는 예수님이 오시길 고대한다. 우리는 그분이 오시리라 확신하며, 그분이 곧 오실 수도 있음을 안다.

헬라어 '아페크데코메누스'(*apekdechomenous*, **기다림이라, awaiting eagerly**)는 간절한 기대를 품고 행동하며 기다린다는 뜻이다. 정류장에 앉아 버스를 기다리듯 가만히 수동적으로 기다리는 게 아니다. 이것은 깨어 기다리며 소망하는 동안 일하는 것을 포함한다. 우리는 하나님이 그분의 일을 하신다는 것을 안다. 우리는 간절히 기다리지만 초조해하지 않는다. 우리는 소망 없는 세상에 살며, 예수님이 예루살렘을 보고 우셨듯이(눅 13:34) 이런 세상을 보며 울지 않을 수 없을 때가 잦다. 그러나 세상에 소망이 없다고 우리에게도 소망이 없는 게 아니다. 우리는 바울처럼 말할 수 있다. "내가 믿는 자를 내가 알고, 또한 내가 의탁한 것을 그 날까지 그가 능히 지키실 줄을 확신함이라"(딤후 1:12). **우리 주 예수 그리스도의 나타나심**이 바로 그 날이다. **나타나심** **(revelation)**은 그분이 성육신 중에 썼던 베일을 벗고 나타나심을 가리킨다. 재림 때, 그분은 눈부신 광휘로 완전히 나타나실 것이다.

우리는 적어도 다섯 이유에서 주님의 재림을 고대한다.

그리스도의 재림은 그분의 높아지심을 의미한다

우리 주 예수 그리스도의 나타나심은 그분의 높아지심(exaltation, 승귀), 곧 오랫동안 기다렸고 영원히 합당한 높아지심으로 이어질 것이다. 그분은 마침내 "만주의 주시요 만왕의 왕"으로 등극하실 것이다(계 17:14). 그분은 초림 이후 2,000여 년 동안 대체로 무시당하고 치욕과 경멸과 배척을 받으셨다. 그분의 재림은 이런 상황을 종결지을 것이다. 그분이 재림하시면, "하늘에 있는 자들과 땅에 있는 자들과 땅 아래에 있는 자들로 모든 무릎을 예수의 이름에 꿇게 하실" 터이기 때문이다(빌 2:10). 그분은 재림하실 때 죄를 담당하는 자로 (히 9:28) 오시지 않고 그분의 충만한 영광과 존귀와 권능으로 오시기 때문이다(계 4:11; 5:12).

그리스도의 재림은 사탄의 패배를 의미한다

주님의 재림은 사탄의 최종 패배와 치욕과 형벌로 이어진다. 그리스도께서 높임을 받기에 지금도 합당하고 그 때도 합당하실 터이듯이, 사탄은 이러한 패배와 치욕과 형벌을 받아 마땅하다. 사탄이 더는 "이 세상의 임금"(요 14:30) 또는 "공중의 권세 잡은 자"가 아닐 것이다(엡 2:2). 사탄은 천 년 동안 결박당하고, 잠시 풀려난 후, 다시 결박되어 영원히 불못에 던져질 것이다(계 19:20; 20:10).

그리스도의 재림은 순교자들에게 정의를 의미한다

주님의 재림은 신실한 하나님의 백성을 박해하고 괴롭힌 모든 자를 향한 보응으로 이어질 것이다. 요한은 인(印) 심판들에 관한 환상에서 다음과 같은 것을 보았다. "하나님의 말씀과 그들이 가진 증거로 말미암아 죽임을 당한 영혼들이 제단 아래에 있어 큰 소리로 불러 이르되, 거룩하고 참되신 대주재여, 땅에 거하는 자들을 심판하여 우리 피를 갚아 주지 아니하시기를 어느 때까지 하시려 하나이까?"(계 6:9-10). 원수 갚는 일은 하나님의 몫이며(신 32:35; 롬 12:19), 아들이 재림하실 때 하나님이 원수를 갚으실 것이다. 이것은 오랫동안 마땅했고 오랫동안 미뤄진 일이다. "너희로 환난을 받게 하는 자들에게는 환난으로 갚으시고 환난을 받는 너희에게는 우리와 함께 안식으로 갚으시는 것이 하나님의 공의시니, 주 예수께서 자기의 능력의 천사들과 함께 하늘로부터 불꽃 가운데에 나타나실 때에"(살후 1:6-7). 이들은 이러한 하나님의 보응을 받는 게 지극히 마땅하다.

그리스도의 재림은 그리스도를 거부하는 자들의 죽음을 의미한다

그리스도의 재림은 그분을 거부한 모든 자의 죽음으로 이어질 것이다. "주 예수께서 자기의 능력의 천사들과 함께 하늘로부터 불꽃 가운데에 나타나실 때에, 하나님을 모르는 자들과 우리 주 예수의 복음에 복종하지 않는 자들에게 형벌(retribution)을 내리시리니, 이런 자들은 주의 얼굴과 그의 힘의 영광을 떠나 영원한 멸망의 형벌을 받으리로다"(살후 1:7-9). 주님이 다시 오셔서 자신을 미워하고 거부한 자들을 심판하실 것이다. 이들은 심판받아 마땅하기 때문이다.

그리스도의 재림은 믿는 자들에게 천국을 의미한다

주 예수 그리스도를 믿는 모두에게, 그분의 재림은 영원한 천국을 의미한다. 사탄의 패배, 순교자들의 정의, 그리스도를 거부하는 자들의 죽음과 달리, 천국이란 선물은 우리에게 전혀 마땅하지 않다(undeserved, 과분하다, 받을 자격이 없다). 이런 까닭에, 우리는 하나님의 은혜 아래 있다. 우리 자신 안에서, 우리는 그들과 같은 운명에 처해 마땅하다. 그러나 그리스도 안에서, 우리는 용서, 구속, 거룩, 바래지 않는 우리 주님의 영광 가운데 거하는 영생을 받았다.

재림하실 때, 그리스도께서는 그분의 하늘 아버지 앞에서 우리를 **견고하게 하시거나(confirm)**, 단단히 세우시거나(establish), **책망할 것이 없게(blameless, 흠이 없게)** 하실 것이다. 우리가 천국에 들어갈 때, 대중 신학에서 이따금 듣는 것과 달리, 우리의 모든 죄와 흠이 모두가 볼 수 있게 드러나지는 않을 것이다. 그리스도께서 영원한 하나님의 보좌 앞에서 이제 우리가 책망할 것이 없다(흠이 없다)고 단언하실 것이다. 그 때에야 우리는 책망할 것이 없음이 확인되고(be confirmed blameless), 책망할 것이 없게 되며(made blameless), 실제로 책망할 것이 없을 것이다('be' blameless). 즉 책망할 것이 없는 상태로 영원히 안전하게 거할 것이다.

주 예수 그리스도의 날이 이르면, 그분은 교회를 "영광스러운 교회로 세우사 티나 주름 잡힌 것이나 이런 것들이 없이 거룩하고 흠이 없게(blameless)" 하사 아버지께 드릴 것이다(엡 5:26-27). 신부는 영원히 "정결한 처녀"일 것이다(고후 11:2).

우리는 이 은혜—과거의 은혜, 현재의 은혜, 미래의 은혜—를 확신한다. **하나님은 미쁘시기**(God is faithful, 신실/성실하기) 때문이다. 헬라어 본문은 어순이 거꾸로다("faithful is God"). 이 형태가 의미를 더 강조하기 때문이다. 하나님은 **너희를 부르신** 자신의 주권적 뜻에 성실하다(faithful, 신실하다, 충실하다). 하나님은 누군가를 구원에 이르도록 부르실 때, 그 부르심에 성실하다. 그래서 그리스도께서 나타나실 때 우리가 누릴 미래의 영광이 확실하다. 그분은 "부르신 그들을 또한 의롭다 하시고, 의롭다 하신 그들을 또한 영화롭게 하셨기" 때문이다(롬 8:30). 바울 서신들에서 하나님의 부르심은 언제나 구원에 이르는 유효한 부르심으로 여겨진다는 사실에 주목하면 도움이 된다.

우리가 구원받는 것은 하나님이 우리가 구원받길 원하셨기 때문이며, 우리의 구원이 유지되는 것은 하나님이 자신의 바람을 바꾸지 않으시기 때문이다. 우리를 부르시려는 하나님의 원 바람에서 우리는 아무 역할도 하지 않았으며, 우리는 어떻게 하더라도 그분의 바람을 바꿀 수 없다. 하나님이 우리가 잃은 자와 죄인일 때 우리를 부르셨다면, 지금 우리가 **그의 아들과 더불어 교제하게** 되었으므로 그 부르심에 성실하길 그치지 않으실 게 확실하다. '코이노니아'(koinōnia, 교제)는 동반자 관계(partnership), 하나됨(oneness)의 의미하기도 한다. 우리는 하나님의 사랑받는 아들과 하나됨으로써 확실하게 영광에 이른다. 우리는 은혜로 천국에 들어왔으며, 은혜로 천국에 머물 것이다.

바울은 데살로니가교회를 위해 이렇게 기도했다. "평강의 하나님이 친히 너희를 온전히 거룩하게 하시고 또 너희의 온 영과 혼과 몸이 우리 주 예수 그리스도께서 강림하실 때에 흠 없게 보전되기를 원하노라"(살전 5:23). 바울은 이 기도가 틀림없이 응답되리라는 것을 알았다. 그러므로 다음 절에서 분명히 드러나듯, 이 기도는 간구가 아니라 인정이다. "너희를 부르시는 이는 미쁘시니(faithful), 그가 또한 이루시리라."

3

교회의 분쟁과 다툼
(1:10-17)

형제들아, 내가 우리 주 예수 그리스도의 이름으로 너희를 권하노니, 모두가 같
은 말을 하고, 너희 가운데 분쟁이 없이 같은 마음과 같은 뜻으로 온전히 합하라.
내 형제들아, 글로에의 집 편으로 너희에 대한 말이 내게 들리니, 곧 너희 가운데
분쟁이 있다는 것이라. 내가 이것을 말하거니와 너희가 각각 이르되, 나는 바울
에게, 나는 아볼로에게, 나는 게바에게, 나는 그리스도에게 속한 자라 한다는 것
이니, 그리스도께서 어찌 나뉘었느냐? 바울이 너희를 위하여 십자가에 못 박혔
으며 바울의 이름으로 너희가 세례를 받았느냐? 나는 그리스보와 가이오 외에
는 너희 중 아무에게도 내가 세례를 베풀지 아니한 것을 감사하노니, 이는 아무
도 나의 이름으로 세례를 받았다 말하지 못하게 하려 함이라. 내가 또한 스데바
나 집 사람에게 세례를 베풀었고, 그 외에는 다른 누구에게 세례를 베풀었는지
알지 못하노라. 그리스도께서 나를 보내심은 세례를 베풀게 하려 하심이 아니요
오직 복음을 전하게 하려 하심이로되, 말의 지혜로 하지 아니함은 그리스도의
십자가가 헛되지 않게 하려 함이라. (1:10-17)

우리 시대에 사교(邪敎, cults)가 세상에 그렇게 강한 영향을 미치는 주요 이유
가 있으며, 그중 하나는 이들의 일치(unity, 하나됨)다. 사람들은 불협화음을 견
디지 못한다. 이러한 일치는 오도되고 오용되며, 흔히 전체주의적이다. 그렇더
라도 이러한 일치는 종교적 불확실성과 모호함과 혼란에 지친 많은 사람에게

매력적이다.

교회에 제법 오래 다닌 사람들치고, 교인들 간의 분쟁이나 최소한 심각한 다툼에 가담하거나 이런 분쟁이나 다툼을 본 적이 있는 사람 찾는 일은 어렵지 않다. 교인들 간의 분쟁과 다툼은 신약성경 시대부터 있었다. 고린도 신자들은 여러 면에서 주님의 기준에 미치지 못했으며, 바울이 이들을 가장 먼저 꾸짖은 것도 바로 이 부분이었다.

다툼은 삶의 일부다. 우리는 다투면서 자라고 다툼을 보면서 자란다. 유아들은 자신이 원하는 것을 주지 않을 때나 자신이 좋아하는 것을 빼앗길 때 지체 없이 불쾌감을 표현한다. 어린아이들은 자기 마음대로 못해 소리를 지르고 싸우며 성질을 부린다. 우리는 평생 다투고 싸운다. 딸랑이를 두고, 장난감을 두고, 축구공을 두고, 축구팀에서 포지션을 두고, 치어리더 구성을 두고, 비즈니스를 두고, 사친회를 두고, 정치를 두고 다투고 싸운다. 친구와 친구가 싸우고, 남편과 아내가 싸우며, 사업체와 사업체가 싸우고, 도시와 도시가 싸우며, 심지어 국가와 국가가 싸운다. 때로 전쟁에 돌입한다. 모든 싸움의 근원은 하나다. 타락하고 자기중심적이며 이기적인 인간의 본성이다.

인간은 기본적·태생적으로 죄악되며, 인간의 죄악됨의 중심에 자기 의지(self-will, 아집)가 있다. 성경은 이 진리를 더없이 분명하게 가르친다. 태어날 때부터 죽을 때까지, 모든 인간의 타고난 성향은 "첫째"(number one)가 되려는 것이다. 즉 자신이 원하는 것이 되고, 자신이 원하는 것을 하며, 자신이 원하는 것을 가지려 한다. 신자들까지도 자기 의지와 자기 본위와 전체적인 자기중심의 삶으로 돌아가고픈 유혹을 끊임없이 받는다. 죄의 중심에 자아, 곧 "나"(I)가 있다. 자기중심이 인간 타락(depravity)의 뿌리다. 아담과 하와 이후, 예수 그리스도를 제외하고, 모든 인간이 이 타락 가운데 태어난다. 그리스도인들이라도 여전히 죄인이다. 의롭다 칭함을 받았지만(justified), 그 자신은 여전히 죄악되다. 이 죄가 우리의 육신에서 자기 뜻대로 하도록 내버려 두면, 갈등은 필연이다. 둘이나 그 이상이 각자의 생각을 고집할 때, 이내 다툼이 일어날 것이다. 이들의 이익과 관심사와 우선순위가 조만간 서로 충돌할 것이기 때문이다. 구성원들의 바람과 목표와 목적과 이상이 이들의 자아에서 비롯된다면, 신자들로 이루어졌더라도, 그 그룹은 조화를 이룰 수 없을 것이다.

야고보는 동료 그리스도인들에게 쓴 편지에서 이렇게 묻는다. "너희 중에 싸움이 어디로부터 다툼이 어디로부터 나느냐? 너희 지체 중에서 싸우는 정욕으로부터 나는 것이 아니냐? 너희는 욕심을 내어도 얻지 못하여 살인하며, 시기하여도 능히 취하지 못하므로 다투고 싸우는도다"(약 4:1-2). 모든 다툼과 분쟁과 싸움의 원인은 이기적 바람(욕망)이다.

싸움은 하나님이 금하신 것이며, 구속받은 우리의 본성에 전혀 어울리지 않고, 우리 주님이 그분의 교회를 위해 기도하고 의도하신 모든 것과 완전히 정반대다. 그런데도 안타깝게도, 신자들 사이에, 주 예수 그리스도 안에서 하나가 되도록 부르심을 받은 자들 사이에 싸움이 일어난다.

주님이 탄식하고 반대하시는 것을 사탄은 갈채를 보내고 조장한다. 구성원들 간의 말다툼과 험담과 싸움만큼 교회를 부도덕하게 하고 낙담시키며 약하게 하는 것도 없다. 이것들만큼 세상을 향한 교회의 증언을 효과적으로 무너뜨리는 것도 없다.

다툼이 교회에 실재하는 이유는 이기심을 비롯한 여러 죄가 교회에 실재하기 때문이다. 다툼 때문에 아버지께서 모욕을 당하시며, 아들이 치욕을 당하시고, 그분의 백성이 부도덕해지고 신뢰를 잃으며, 세상이 이들에게 귀를 막고 더욱더 믿지 않게 된다. 교제가 깨지면, 그리스도인들의 기쁨과 효력이 사라지고, 하나님의 영광이 사라지며, 세상은 진정한 복음의 증언을 듣지 못한다. 자기중심적 행위는 이렇듯 큰 대가를 치른다.

바울은 고린도교회의 숱한 죄와 단점 중에서 다툼을 가장 먼저 다루었다. 그리스도인들이 하나 될 때, 이들의 사역에 기쁨이 있고 이들의 증언이 신뢰를 얻는다. 대제사장으로서 드린 기도에서, 주님은 자신의 교회가 하나 되길 거듭 기도하셨다(요 17:11, 21-23). 주님은 자신이 하나님과 하나이며 그분과 교제하듯이, 제자들도 서로 하나 되고 교제하길 기도하셨다. 이러한 하나됨이 실제 삶으로 "체현되었다." 오순절 직후, 이제 막 능력을 받은 신자들이 서로 완벽하게 조화를 이루었다. 이들은 함께 나누고 기뻐하며, 예배하고 증언했다. "날마다 마음을 같이하여 성전에 모이기를 힘쓰고 집에서 떡을 떼며 기쁨과 순전한 마음으로 음식을 먹고 하나님을 찬미하며 또 온 백성에게 칭송을 받으니 주께서 구원 받는 사람을 날마다 더하게 하시니라"(행 2:46-47). 이들의 일치(하나됨)는 서로를 향한 이들의 사역에서, 세상을 향한 이들의 증언에서, 이들이 하나님을 기쁘게 하고 영화롭게 하는 일에서 큰 열매를 맺었다.

고린도교회에 가장 필요한 것은 바로 이러한 조화였다. 이것은 오늘의 많은 교회에 필요한 것이기도 하다. 이 부분을 논한 후, 바울은 이 서신의 나머지 부분을 차지하는 권면과 교훈으로 옮겨간다.

10-17절에서, 바울은 하나됨과 연결되는 기본적인 네 부분을 다룬다. 곧 교리적 일치를 위한 '호소', 사람에게 충성하는 '파당들'(parties), 그리스도 안에서 하나 되는 '원리', 전파(preaching)의 '우선성'이다.

호소: 교리적 일치[7]

형제들아, 내가 우리 주 예수 그리스도의 이름으로 너희를 권하노니, 모두가 같은 말을 하고, 너희 가운데 분쟁이 없이 같은 마음과 같은 뜻으로 온전히 합하라.

(1:10)

권하노니(exhort)로 번역된 헬라어 동사는 원형이 '파라칼레오'(*parakaleō*)이며, 이 동사의 명사형 '파라클레토스'(*paraklētos*)는 요한복음 14:16, 26, 15:26, 16:7에서 "보혜사"(Helper 또는 Comforter)로, 요한일서 2:1에서 "대언자"(Advocate)로 번역되었다. 이 동사의 기본 의미는 누군가를 도우려고 그 사람 곁으로 가다(come alongside)이다. 바울은 고린도에 사는 형제자매들을 도와 이들의 죄와 단점을 바로잡으려고 이들 곁에 가길 원했다. 그는 빌레몬서를 쓰면서 같은 단어를 사용했다. 바울은 자신이 빌레몬에게 노예 오네시모를 용

---

7 일반적으로 교리라고 번역되는 doctrine은 신약성경에서 '교리'라기보다 '가르침,' '교훈'이란 의미에 가깝다. 따라서 doctrinal agreement는 '교리적 일치'라고 번역하기는 했으나 '일치된 가르침'이란 의미에 가깝다.

서하고 그를 자신에게 돌려보내라고 명할 권리가 있다고 밝힌 후 이렇게 말한다. "도리어 사랑으로써 간구하노라(*parakleō*)"(몬 9; 참조, 10절).

마찬가지로, 바울은 고린도 신자들에게 간구(호소)했다. 그는 이 편지를 시작하면서 주의를 기울여 자신의 사도적 권위를 확고히 했다. 그러나 이제 그는 이들을 **형제들**이라 부르며 호소한다. 그러면서 심각성을 축소하지 않은 채 거친 꾸짖음을 완화한다. 이들은 바울의 형제이며 서로의 형제다. 그러므로 형제로서 조화롭게 행동해야 한다.

바울은 하나님이 이들을 "불러 그의 아들 예수 그리스도 우리 주와 더불어 교제하게 하셨다"고 했으며(1:9), 이제 **우리 주 예수 그리스도의 이름으로** 이들을 사랑으로 권면한다. **같은 말을 하고(agree)**, 분쟁을 없애며, **같은 마음과 같은 뜻으로 온전히 합하라.** 이들은 주님과의 교제에서 하나였으며, 따라서 서로 간의 교제에서 하나여야 했다. 이들은 예수 그리스도 안에서 하나였고, 이를 근거로 바울은 이들에게 서로 하나 되라고 호소했다. 많은 바울 서신에서 보듯, 바울은 신자들과 그리스도가 하나라는 사실에 기초해 이들에게 거룩하게 살라고 촉구한다.

그리스도의 **이름**은 그분의 전부(all that He is)를, 그분의 성품과 뜻을 대변한다. "예수님의 이름으로" 기도한다는 것은 단지 이 어구를 사용하기 때문에 하나님이 우리의 바람이나 요구를 들어주시리라 기대한다는 뜻이 아니다. 예수님의 이름으로 기도한다는 것은 그분의 말씀과 뜻에 맞게 기도한다는 뜻이다. 예수님은 이렇게 기도하라고 가르치셨다. "[아버지의] 이름이 거룩히 여김을 받으시오며 … [아버지의] 뜻이 … 이루어지이다"(마 6:9-10). 그리스도의 말씀, 그분의 성품과 뜻을 완벽하게 반영하는 말씀이 그리스도인이 취하는 모든 행동의 최고 기초다. 우리의 생각과 말과 행동이 옳은지 그렇지 않은지 판단하는 주된 기준은 이것들이 우리나 다른 사람들에게 어떤 영향을 미치느냐가 아니라, 그리스도를 닮고 그분을 존귀하게 하느냐 그러지 못하느냐이다. 우리가 신자로서 취하는 행동은 예수 그리스도와 더없이 직접적으로 연결된다. 우리는 죄를 짓거나 불평하거나 다툴 때, 교회와 교회 지도자들과 동료 신자들에게 해를 끼친다. 우리는 또한 불신자들과 복음 사이에 장벽을 친다. 그러나 무엇보다도 우리의 주님에게 수치를 안기게 된다.

바울은 예루살렘으로 가는 길에 에베소 장로들을 밀레도로 불러 이렇게 권면했다. "여러분은 자기를 위하여 또는 온 양 떼를 위하여 삼가라. 성령이 그들 가운데 여러분을 감독자로 삼고 하나님이 자기 피로 사신 교회를 보살피게 하셨느니라"(행 20:28). 바울은 이렇게 말하고 있었다. "여러분이 누구의 것이고 그들이 누구의 것인지 잊지 마십시오. 여러분 모두 예수 그리스도께 속했고 그분께 소중합니다. 여러분은 주님을 대신하는 감독입니다."

이것은 어느 지교회에 쓴 편지다. 바울이 이 단락에서 강조하는 것은 보편교회의 신비로운 일치(mystical unity)가 아니라 신자들로 구성된 지역 회중의 일치다. 예를 들면, 바울은 지교회를 언급하지 않는[8] 일반 서신(general letter, 수신자를 특정하지 않는 서신) 에베소에서 보편 교회(universal church)의 신비로운 일치를 강조하지만, 고린도전서에서는 그러지 않는다. 그뿐 아니라, 바울은 교단의 일치(denominational unity)를 말하고 있지도 않다. 그는 지역 회중(지교회) 안에 일치가 있어야 한다고, **모두가 같은 말을 해야**(you should all agree) 한다고 말하고 있다.

이것은 불가능한 기준으로 보인다. 그러나 주님이 자신을 따르는 자들에게 친히 명하셨다. "하늘에 계신 너희 아버지의 온전하심과 같이 너희도 온전하라"(마 5:48). 하지만 인간적으로 이보다 더 불가능한 게 있을 수 있을까? 그리스도의 이름과 능력으로, 그 기준이 가능하다. 이 기준도 마찬가지다. 하나님은 인간의 능력이 아니라 자신의 공급(divine provision)을 토대로 자신의 기준을 제시하신다. 하나님은 자신의 기준을 인간의 한계에 맞추지 않으시며, 인간의 성향이나 바람에는 더더욱 맞추지 않으신다. 아무리 불가능해 보여도, 지교회 모든 신자는 하나님의 일에 일치해야("같은 말을 해야") 한다.

모두가 같은 말을 하다(that you all agree)는, KJV이 (그리고 개역개정이) 그렇게 옮겼듯이, 헬라어 본문에서 문자적으로 "너희 모두 같은 것을 말한다"(that

---

8 개역개정의 에베소서 1:1에 나오는 "에베소서에 있는 성도들"라는 어구가 많은 초기 사본에는 없다(『MNTC 맥아더 신약주석 에베소서』의 "저작 연대 및 수신지" 참조).

you all speak the same thing)는 뜻이다. 새내기 그리스도인들이나 그리스도의 주장들을 고려하는 불신자들에게, 이른바 성숙하고 지식을 갖춘 그리스도인들에게서 복음이나 성경이나 그리스도인의 삶에 관해 서로 상충하는 말을 듣는 일보다 혼란스러운 것도 없다. 그리고 구성원마다 믿음을 다르게 생각하고 해석하거나 회중이 여러 분파로 갈라져 저마다 자신만의 견해를 갖는 것보다 한 교회를 황폐하게 하는 것도 없다.

한 지교회가 영적으로 건강하고 조화로우며 효과적이려면, 무엇보다도 교리적 일치(doctrinal unity, 일치된 가르침)가 있어야 한다. 교회의 가르침은 구성원들이 취향대로 고를 수 있는 뷔페여서는 안 된다. 또한 교회에 다양한 그룹이 있어 그룹마다 자신만의 특징과 지도자가 있어서도 안 된다. 설령 그룹들이 서로 잘 지내며 서로의 견해를 감내하더라도, 교리가 혼란해지고 교회가 영적으로 약해지는 것을 피할 수 없다. 안타깝게도, 오늘의 어떤 교회들, 심지어 어떤 신학교들도 이런 부류의 교리적·윤리적 선택을 한다. 이들은 흔히 사회적·조직적 수준에서 일치를 보인다. 그러나 교리적으로, 윤리적으로, 영적으로, 이들은 혼란스러우며 혼란을 일으킨다. 이들에게는 붙잡을만한 확실한 것들이 없으며, 여기에는 성경의 확실한 것들과 절대적인 것들이 포함된다. 이들에게는 지속적이거나 구속력 있는 헌신이 없다. 사람들은 일시적 신념에 영구적으로 헌신하지 않는다. 물론, 그리스도인을 자칭하는 사람들을 비롯해 많은 사람이 교리와 윤리에서 절대적인 것들을 원치 않는다. 이유는 간단하다. 절대적 진리와 기준은 절대적 수용과 순종을 요구하기 때문이다.

하나님의 진리에 관해, 상충하는 두 견해가 모두 옳을 수는 없다. 분명히, 우리는 온전히 또는 분명하게 계시가 되지 않은 것을 독단으로 알 수는 없다(신 29:29). 그러나 하나님은 혼란스럽거나 자기 모순적이지 않다. 하나님은 자신과 상충하지 않으며, 그분의 말씀도 자신과 상충하지 않는다. 그래서 바울은 고린도 신자들이, 그리고 모든 신자가 교리적 일치를 갖는다고 주장한다. 이것은 단순히 그 '어떤' 교리적 일치가 아니라 하나님의 말씀에 분명하고 완전하게 기초한 일치다. 바울은 이들에게 **우리 주 예수 그리스도의 이름으로** 호소한다. 다시 말해, 그분 안에서, 그분의 뜻 안에서, 그분의 말씀 안에서 일치가 있어야 한다.

오늘의 교회가 어떤 부분들에서 그러하듯이, 고린도교회의 많은 파당이 자신들끼리는 하나 되었으나 예수 그리스도 안에 있는 다른 신자들과는 하나 되지 못했다. 바울이 요구하는 합치(agreement)는 단순히 그 어떤 부분에 관한 합치가 아니라 계시된 하나님의 진리, 예수 그리스도 안에서 주어졌고 완성되었으며 그분의 사도들의 가르침을 통해 완결된 진리에 관한 합치다. "그러므로 누구든지 우리 온전히 이룬 자들은 이렇게 생각할지니, 만일 어떤 일에 너희가 달리 생각하면 하나님이 이것도 너희에게 나타내시리라. 오직 우리가 어디까지 이르렀든지 그대로 행할 것이라"(빌 3:15-16). 이 기준은 바울이 이들에게 직접 주었고 이들과 함께 있을 때 본을 보였던 사도의 가르침(apostolic doctrine)이었다(17절). 그가 고린도 신자들에게 주었던 가르침이 "하나님의 뜻을 따라 그리스도 예수의 사도로 부르심을 받은" 사람이 "성령의 나타나심과 능력으로" 주었던 것이었듯이 말이다(고전 1:1; 2:4).

분쟁(divisions)으로 번역된 헬라어 '스키스마타'(*schismata*)에서 분열을 뜻하는 영어 단어 'schism'이 나왔다. 이것은 물리적 의미에서 "찢거나 벗기다"(to tear or rip), 다시 말해, 마태복음 9:16에서처럼("헤어짐, tear") 분리하다(separate)라는 뜻이다. 은유적으로는 다른 견해를 갖다, 판단이 갈리다, 의견 차이가 생기다 등의 뜻이다. 예수님이 예루살렘에서 전파하실 때, 듣는 사람들은 그분이 누구냐를 두고 합치를 이룰 수 없었다. 어떤 사람들은 그분이 위대한 선지자라고 생각했고, 어떤 사람들은 그분이 그리스도라고 생각했으며, 어떤 사람들은 그분이 특별한 주장을 하는 보통 사람일 뿐이라고 생각했다. 그래서 요한은 이렇게 썼다. "예수로 말미암아 무리 중에서 쟁론(division, *schisma*)이 되니"(요 7:43). 오늘날에도 그리스도가 누구냐를 두고, 그분의 이름을 부르는 사람들 사이에서조차, 합치가 이루어지지 않기에 분쟁(쟁론)이 일어난다.

교회가 겪을 수 있는 가장 심각한 분쟁은 교리에 관한 것이다. 바울은 로마서를 마무리하면서 이렇게 경고했다. "형제들아, 내가 너희를 권하노니, 너희가 배운 교훈을 거슬러 분쟁을 일으키거나 거치게 하는 자들을 살피고 그들에게서 떠나라"(롬 16:17). 무엇이든 성경과 모순된 것을 가르치는 자들은 그리스도가 아니라 자신과 자신의 이익을 섬기고 있다. 성경이 분명하게 말하지 않은 부분들에서는 의견이 다를 여지가 있다. 그러나 성경이 분명하게 가르치는 부분들에서는 의견이 다를 여지가 없다. 성경과 의견이 다르다는 것은 하나님과 의견이 다르다는 뜻이기 때문이다. 이런 부분들에서, 교회는 반드시 일치해야 한다.

내가 믿기로, 성경이 구체적으로 가르치지 않더라도 장로들과 목사들이 의견 일치에 이르렀다면, 교회가 한 마음이 되어야 하는 부분들이 있다. 그러지 않으면, 지교회에 혼란이 일어나고 많은 경우 분쟁과 파벌 다툼이 일어난다. 구성원들은 자신이 동의하는 선생들과 지도자들에게 줄을 서는 경향이 있을 테고, 곧 바울이나 아볼로나 베드로나 그리스도에게 줄을 섰던 고린도 신자들처럼 될 것이다(고전 1:12). 이 선생들 사이에 교리적 불일치는 없었다. 분쟁은 고린도 신자들이 선호하는 인물이나 스타일에 관한 것이었다. 이를테면, 인기 경쟁이었다. 바울은 이들을 다른 파당들과 다를 바 없다고 보았으며, 따라서 우리가 보기에 오직 그리스도께 충성한다고 주장한 자들이라도 사실은 자신들의 견해에 충성했을 뿐이다.

내가 믿기로, 지교회 지도자들의 결정 과정에도 합치(agreement)가 있어야 하며, 교회의 다른 구성원, 특히 책임을 맡고 영향력을 끼치는 위치에 있는 선생과 같은 사람들이 이들의 결정을 받아들이고 따라야 한다. 물론, 이들의 결정이 성경과 동일한 권위를 갖지는 않는다. 그러나 이들의 결정이 성경의 가르침과 일치하며 이들이 기도하고 결정했다면, 교회의 모든 구성원이 조화와 일치를 위해 이들의 결정을 따라야 한다. 교회의 삶과 실천을 이끄는 지도자들 사이의 일치를 구하는 사람들을 위한 좋은 말씀이 빌립보서 1:27에 나온다. 여기서 바울은 신자들에게 이렇게 권면한다. "너희가 한마음으로 서서 한 뜻으로 복음의 신앙을 위하여 협력하라."

분명히, 교리와 결정에서 일치를 이루는 비결은 성령의 뜻 안에서 일치를 이룬 경건한 지도자들을 갖는 것이다. 주님과 가깝지 않고 그분의 말씀으로 가르침을 잘 받지 못한 사람들은 견실한 교리(sound doctrine)[9]를 인식할 수 없거나, 견실한 교리에 동의할 수 없거나, 견실한 결정을 내릴 수 없다. 하나님의 말씀을 알지 못하기 때문에, 이들은 오류를 감지하고 싶어도 감지할 수 없다. 위조지폐를 식별하는 확실한 방법은 단 하나, 진짜 지폐와 비교하는 것이다. 오직 성경을 배웠고 성령의 인도를 받는 사람들만이 교회를 일치된 진리로 이끌어 들이고 교회를 오류로부터 지킬 수 있다. 교회에 이런 사람들이 없다면, 그 어떤 형태의 지도력도 영적으로 작동하지 못할 것이다. 이런 사람들은 하나님의 사람이며 예수 그리스도를 대변한다. 그리스도께서 이들을 통해 교회를 다스리시며, 교인들은 이들의 결정에 동의하고 이들의 결정을 따라야 한다. 이런 사람들은 교회를 신약성경이 일관되게 요구하는 일치된 믿음과 실천으로 인도할 수 있다(참조. 히 13:7). 이들은 회중을 완전히 **같은 마음과 같은 뜻으로** 이끌 수 있다.

온전히 합하라(made complete)로 번역된 헬라어 '카타르티조'(*katartizō*)는 신약성경 뿐 아니라 고전 헬라어에서 그물, 뼈, 어긋난 관절, 고장 난 기구, 찢어진 옷 등을 고치는 행위를 말할 때 사용되었다. 기본 의미는 깨지거나 찢어진 것을 다시 맞추다(to put back together) 또는 다시 만들다(make one again) 등이다. 그리스도인들은 내적으로(**같은 마음으로, in the same mind**), 외적으로(**같은 뜻으로, in the same judgment**) **온전히 합해졌다(made complete**, "perfectly joined together, 완벽하게 하나로 맞춰졌다," KJV). 우리 개개인의 마음과 우리 자신들 사이에서 영적 삶을 위한 우리의 신념, 기준, 태도, 원리가 하나여야 한다.

서신서들은 교회 정치에서 회중의 역할에 관해 할 말이 전혀 없지만, 교회 지도자의 역할에 관해서는 할 말이 아주 많다. "형제들아, 우리가 너희에게 구하노니, 너희 가운데서 수고하고 주 안에서 너희를 다스리며 권하는 자들을 너희가 알고, 그들의 역사로 말미암아 사랑 안에서 가장 귀히 여기며 너희끼리 화목하라"(살전 5:12-13). 지도자가 바를 때에야 회중이 바를 수 있다. 이들

---

9 영어 성경들이 sound doctrine으로 번역한 표현을 개역개정은 디모데전서 1:10, 디모데후서 4:3, 디도서 1:9, 2:1에서 "바른 교훈"으로 옮겼다.

은 결코 완벽하거나 무오(無誤)하지도 않을 것이다. 그러나 경건한 사람들은 그리스도의 백성을 이끌고 목양하는 그리스도의 도구다. 이들은 주님 안에서 회중을 인도하고 회중을 위해 결정을 내릴 권한이 있으며, 회중은 이들을 존경하고 사랑하며 따라야 한다. 히브리서 기자는 이렇게 말한다. "너희를 인도하는 자들에게 순종하고 복종하라. 그들은 너희 영혼을 위하여 경성하기를 자신들이 청산할 자인 것 같이 하느니라. 그들로 하여금 즐거움으로 이것을 하게 하고 근심으로 하게 하지 말라. 그렇지 않으면 너희에게 유익이 없느니라"(히 13:17).

하나님의 백성은 하나님의 말씀과 뜻에 관해 한마음인 경건한 지도자들을 불평이나 의문을 품지 말고 따라야 한다. 하나님의 질서에서, 자녀가 부모의 다스림을 받아야 하듯이 회중은 그 지도자의 다스림을 받아야 한다. 이것이 하나님의 방식이다.

같은 마음…같은 뜻은 마지못한 일치나 위선적 일치를 배제한다. 일치는 진심이어야 한다. 우리 속에 다른 생각과 반대를 품은 채 단순히 같은 것을 말하고 일치를 가장해서는 안 된다. 마음과 뜻(judgment)이 같지 않은 일치는 참된 일치가 아니다. 위선자들은 회중의 규모는 늘리겠지만 유효성(effectiveness)을 앗아갈 것이다. 교회의 교리는 말할 것도 없고 교회의 지도자와 방침에 강하게 반대하는 구성원은 그리스도인으로서 행복하거나 생산적으로 살 수 없으며, 어떤 식으로도 회중을 긍정적으로 섬길 수 없다.

신자들이 서로 복사판이어야 한다는 게 아니다. 하나님은 우리를 개개인으로, 각자 특별한 존재로 지으셨다. 그러나 우리는 기독교 교리와 기준과 기본 생활방식에서 의견이 같아야 한다. 사도들은 서로 성격이 다르고 기질이 다르며 능력이 다르고 은사가 달랐다. 그러나 교리(doctrine, 가르침)와 교회 정책에서는 한마음이었다. 서로 다른 이해와 해석이 나타날 때, 가장 먼저 해야 할 일은 이런 차이를 조정하는 것이다. 자아를 위한 자리는 없으며, 오직 하나님의 뜻이 있을 뿐이다.

예를 들면, 안디옥에서 유대주의 논쟁이 심각해졌을 때였다. "형제들이 이 문제에 대하여 바울과 바나바와 및 그 중의 몇 사람을 예루살렘에 있는 사도와 장로들에게 보내기로 작정하니라"(행 15:2). 나중에 예루살렘 공의회(Jerusalem Council)라 일컬어지는 회의가 이 문제를 다루었고 이 문제를 두고 기도했으며 이 문제를 해결했다. 그리고 결정을 서한으로 작성해 관련 교회들이 회람하게 했다(6-30절). 이것은 영향력과 설득력이 있는 한 그룹의 사람들이 제멋대로 다스린 게 아니었다. 이것은 경건한 사도들과 장로들이 계시된 하나님의 뜻과 성령의 인도를 따라 내린 결정이었다. 이 지도자들은 자신들의 결정에 대해 "이것이 성령과 우리에게 좋아 보였기 때문입니다"라고 말할 수 있었다(28절, NASB 직역).[10] 이 후로도 오랫동안 이 문제가 초기 교회를 괴롭혔던 것을 보면, 많은 유대주의자가 이 결정을 납득하지 못했거나 탐탁하게 여기지 않았던 게 분명하다. 그러나 신실한 신자들에게는 이 문제가 해결되었고, 이들은 "그 위로한 말을 기뻐하더라"(31절).[11] 장로의 자격 요건이 영적인 것은 이 때문이다(딤전 3:1 이하; 딛 1:5 이하).

목양 장로들은(pastoral elders) 만장일치로 결정을 내려야 한다. 4분의 3 찬성으로 가결해서도 안 된다. 아무리 오래 걸리더라도, 모두가 완전히 한 마음이 아니라면 그 어떤 결정도 내려서는 안 된다. 성령의 뜻은 오직 하나이기 때문에, 교회는 성령의 뜻과 완전히 일치해야 하므로, 지도자들은 성령의 뜻 안에서 서로 완전히 일치해야 한다. 그러면 회중은 장로들에게 복종해야 한다. 장로들의 결정이 성령의 인도와 능력 아래 이루어졌다고 확신하기 때문이다. 회중은 장로들이 성령 안에서 하나라고 믿기에 장로들과 하나 되기로 결정한다. 이러한 일치에 이르기까지, 고린도교회에서 그러했듯이, 다툼이 있을 수 있다. 그러나 여기서 성령께서 바울을 통해 이러한 일치를 명하신다.

일치는 언제나 자신의 백성을 향한 하나님의 길이었고, 이들에게 복의 근원이었다. "보라. 형제가 연합하여(in unity, 일치를 이루어) 동거함이 어찌 그리 선하고 아름다운고"(시 133:1). 바울은 로마서에서 그리스도인의 자유를 크게

---

10 "For it seemed good to the Holy Spirit and to us"(NASB).
개역개정은 "성령과 우리는…옳은 줄 알았노니"

11 "they rejoiced because of its encouragement"(그들은 이것이 주는 위로 때문에 기뻐했다, NASB). "그 권면을 기쁘게 받아들였다"(새번역).

논하면서 마지막에 이렇게 기도했다. "이제 인내와 위로의 하나님이 너희로 그리스도 예수를 본받아 서로 뜻이 같게 하여 주사 한 마음과 한 입으로 하나님, 곧 우리 주 예수 그리스도의 아버지께 영광을 돌리게 하려 하노라. 그러므로 그리스도께서 우리를 받아 하나님께 영광을 돌리심과 같이 너희도 서로 받으라"(15:5-7). 그리스도께서 우리에 관해 한마음이기 때문에, 우리는 서로에 관해 한마음이어야 한다. 누가는 오순절 직후 "믿는 무리가 한마음과 한 뜻(soul)이 되었다"고 기록한다(행 4:32). 바울은 "마음을 같이하여 같은 사랑을 가지고 뜻을 합하며 한마음을 품으라"며 빌립보 신자들을 독려했다(빌 2:2). 마음과 사랑과 생각과 목소리와 목적과 영이 하나 되는 것은 하나님이 자신의 백성에게 주시는 놀라운 은사이다.

일치의 최우선 '목적'은 하나님을 영화롭게 하는 것이어야 한다. 일치는 늘 회중에게 복이 되고 그 지도자들에게 기쁨이 될 것이다(히 13:17). 그러나 일치의 주된 목적은 하나님의 영광이다. 그리스도께서 우리를 받아들여 하나님께 영광을 돌리셨듯이(롬 15:7), 우리는 서로를 받아들이고 지도자들의 다스림을 받아들여 하나님께 영광을 돌린다. 그러므로 우리는 언제나 "평안의 매는 줄로 성령이 하나 되게 하신 것을 힘써 지켜야" 한다(엡 4:3).

일치의 '근원'은 주님 자신이다. 우리는 일치(하나됨)를 보존하도록 부르심을 받았으며, 일치를 깰 수는 있어도 일치를 만들어낼 수는 없다. 교회의 일치는 성령께서 이미 견고히 하셨다. 우리는 이것을 지키거나 해칠 수 있을 뿐이다. 교회의 일치를 유지하려면 "아무 일에든지 다툼이나 허영으로 하지 말고" 겸손하게 다른 사람들을 자신보다 낫게 여겨야 한다(빌 2:3). 주목해야 할 문제가 하나 발생하면, 당사자들이나 권위 있는 사람들에게 우리의 견해를 조심스럽게 사랑으로 제시해야 하며, 교만하거나 다투려는 태도로 제시해서는 안 된다. 교회에, 그리고 어느 집단에서든, 분쟁과 파벌 싸움이 일어나는 것은 거의 언제나 허영과 자기 의지(self-will, 아집) 때문이다. 일치를 유지하려면 자기 생각을 고집하지 말고, 말다툼과 언쟁을 피하며, 우리 주님과 그분 백성의 유익을 무엇보다 우선시해야 한다.

파당: 사람에게 충성

내 형제들아, 글로에의 집 편으로 너희에 대한 말이 내게 들리니, 곧 너희 가운데 분쟁이 있다는 것이라. 내가 이것을 말하거니와 너희가 각각 이르되, 나는 바울에게, 나는 아볼로에게, 나는 게바에게, 나는 그리스도에게 속한 자라 한다는 것이니, (1:11-12)

바울은 고린도에서 1년 반을 목회했다. 그 후, 아볼로를 제2대 목회자로 파견했다. 고린도교회에 베드로(게바)의 사역을 통해 구원받은 유대인들이 있었던 게 분명하다. 이들 하나하나의 이름을 딴 파당이 곧 형성되었다. 바울은 글로에를 통해 고린도교회에 파벌이 있다는 것을 알았다. 글로에는 고린도교회의 유력 인물로 에베소에 있는 바울에게 편지를 썼거나 그를 직접 찾아갔을 것이다. 두 그룹은 각각 자신들의 전임 목회자를 가장 좋아했고, 셋째 그룹은 베드로에게 강한 충성심을 보였으며, 넷째 그룹, 아마도 가장 경건했고 스스로를 의롭게 여겼을(self-righteous) 그룹은 자신들이 그리스도에 관해 특별한 권리가 있다고 생각했던 것 같다. 이들은 바른 이름을 가졌으나, 바울이 이들을 꾸짖은 데서 알 수 있듯이, 바른 영을 갖지는 못했던 게 분명하다. 어쩌면 우리 시대에 "오직 그리스도"를 외치는 그룹들처럼, 이들은 자신들에게 인간 선생이 필요 없다고 느꼈을 것이다. 주님이 자신의 교회에 인간 설교자들과 교사들을 비롯해 지도자들을 구체적으로 공급하고 세우시는데도 불구하고 말이다(고전 1:1; 12:28; 엡 4:11; 딤후 1:11 등).

각 그룹은 저마다 자신의 목소리를 냈고, 자신만의 쉽볼렛[12]이 있었으며, 자신의 정체성과 암묵적 우월성을 표현하는 자신만의 슬로건이 있었다. **나는 아볼로에게, 나는 게바에게, 나는 그리스도에게 속한 자라.** 이들은 초기 기독교의

---

12 쉽볼렛은 시내라는 의미로 이에 관한 일화가 사사기 12:6에 나온다("쉽볼렛이라 발음하라 하여 에브라임 사람이 그렇게 바로 말하지 못하고 십볼렛이라 발음하면 길르앗 사람이 곧 그를 잡아서 요단 강 나루턱에서 죽였더라"). 한 집단을 외부인이나 다른 집단과 구별하기 위해 사용하는 단어나 문구를 가리킨다.

훌륭한 선생이었으며, 사람들이 이들 주변에 몰려들었고 이들을 통해 구원의 메시지를 들었다. 사람들은 자신들에게 복음을 전하고 자신들을 가르쳤던 사람에게 들러붙었고, 자신의 그룹과 다른 지도자들에게 충성하는 그룹들이 경쟁 관계라고 보았다. 고린도교회에서 보듯이, 흔히 이런 파당들이 중심에 두는 지도자들은 이러한 분쟁에 아무 책임이 없다. 많은 경우, 이들은 이러한 분쟁을 알지도 못한다. 그러나 지도자들이 자신들에게 특별히 충성하는 그룹들을 알거나 심지어 이 그룹들을 독려할 때, 지도자들의 죄는 배로 늘어난다. 이들은 파벌 싸움에 가담할 뿐 아니라 자신이 파벌 싸움의 중심에 자리하도록 허용한다.

이런 당파심이 초래하는 필연적 결과는 언쟁과 다툼과 실랑이와 분쟁이다. 즉 교회가 쪼개진다. 우리를 그리스도께 인도한 사람에게, 오랜 세월 우리를 말씀으로 먹인 목회자에게, 유능한 교회학교 교사에게, 우리에게 조언과 상담을 아끼지 않은 장로나 집사에게 특별한 애정을 갖는 것은 자연스럽다. 그러나 우리를 교회 내 다른 사람들에게서 분리하거나 다른 지도자들에 대한 우리의 충성을 약화한다면, 이런 애정은 그릇된 길로 이끌리며 육적인 것이 되고 만다. 그러면 이것은 일치를 깨며 자기중심적이고 자기 뜻을 고집하는 배타주의가 되고 만다.

영성은 겸손과 일치를 낳는다. 육욕(carnality)은 교만과 분쟁을 낳는다. 다툼과 분쟁의 유일한 치료약은 새로워진 영성(renewed spirituality)이다. 내 경험으로 보건대, 다투고 분쟁하는 사람을 가장 효과적으로 바로잡는 방법은 육욕 및 그 결과와 관련된 성경 구절을 나누는 것, 그 사람으로 자신이 지은 죄의 원인을 직접 마주하게 하는 것이다.

원리: 그리스도 안에서 하나됨

그리스도께서 어찌 나뉘었느냐? 바울이 너희를 위하여 십자가에 못 박혔으며 바울의 이름으로 너희가 세례를 받았느냐? (1:13)

바울이 제시하는 논증의 중심 원리가 있다. 신자들은 그리스도 안에서 하나이며, 따라서 이러한 일치를 훼손하거나 깨는 그 어떤 일도 절대 하지 말아야 한다는 것이다. 아무리 은사가 많고 유능하더라도, 그 어떤 인간 지도자라도 오직 주님에게만 합당한 충성을 가로채서는 안 된다. 바울은 이 편지 첫머리에서 자신이 사도로서 갖는 권위를 분명히 했다. 바울은 결코 그 누구를 위해서도 **십자가에 못 박히지** 않았다. 그 누구도 바울의 이름으로 **세례를 받지** 않았다. 바울의 권위는 그에게 위임된 권위일 뿐 그 자신의 권위가 아니었으며, 그의 목적은 사람들을 자신이 아니라 그리스도께 인도하는 것이었다.

그리스도의 교회가 나뉜다는 것은 모순이다. "주와 합하는 자는 [그분과] 한 영이니라"(고전 6:17). "몸은 하나인데 많은 지체가 있고 몸의 지체가 많으나 한 몸임과 같이 그리스도도 그러하니라. 우리가 유대인이나 헬라인이나 종이나 자유인이나 다 한 성령으로 세례를 받아 한 몸이 되었고 또 다 한 성령을 마시게 하셨느니라"(고전 12:12-13). "우리 많은 사람이 그리스도 안에서 한 몸이 되어 서로 지체가 되었느니라"(롬 12:5). "몸이 하나요 성령도 한 분이시니, 이와 같이 너희가 부르심의 한 소망 안에서 부르심을 받았느니라. 주도 한 분이시요 믿음도 하나요 세례도 하나요 하나님도 한 분이시니, 곧 만유의 아버지시라. 만유 위에 계시고, 만유를 통일하시고, 만유 가운데 계시도다"(엡 4:4-6). 그리스도의 몸이 나뉜다는 것은 구속받은 우리의 본성을 침해하며, 우리 주님의 뜻과 정반대다. 기록된 그분의 가장 긴 기도에서, 예수님은 자신에게 속한 사람들과 자신에게 속할 사람들을 위해 기도하셨다. 이들이 하나 되길 구하는 그분의 아름다운 간구에 다음과 같은 부분이 있다. "아버지여, 아버지께서 내 안에, 내가 아버지 안에 있는 것 같이 그들도 다 하나가 되어 우리 안에 있게 하사 세상으로 아버지께서 나를 보내신 것을 믿게 하옵소서. 내게 주신 영광을 내가 그들에게 주었사오니, 이는 우리가 하나가 된 것 같이 그들도 하나가 되게 하려 함이니이다"(요 17:21-22).

주님의 백성이 다투고 분쟁하며 싸울 때, 그들은 세상에 주님을 좋지 않게 투영하고, 그분의 교회를 약화하며, 무엇보다도 그들을 사신 분, 즉 그들을 그분 안에서 하나 되게 하려고 돌아가신(died) 분을 슬프게 하고 수치스럽게 한다.

우선순위: 복음 전파

나는 그리스보와 가이오 외에는 너희 중 아무에게도 내가 세례를 베풀지 아니한 것을 감사하노니, 이는 아무도 나의 이름으로 세례를 받았다 말하지 못하게 하려 함이라. 내가 또한 스데바나 집 사람에게 세례를 베풀었고, 그 외에는 다른 누구에게 세례를 베풀었는지 알지 못하노라. 그리스도께서 나를 보내심은 세례를 베풀게 하려 하심이 아니요 오직 복음을 전하게 하려 하심이로되, 말의 지혜로 하지 아니함은 그리스도의 십자가가 헛되지 않게 하려 함이라. (1:14-17)

그리스보는 바울이 고린도에서 처음 사역할 때 그 지역의 회당장이었으며 바울이 전하는 복음을 듣고 회심했다. 그의 회심을 계기로, 많은 고린도 사람이 회심했다(행 18:8). 바울은 고린도에서 로마서를 썼다. 그러므로 이 **가이오**는 바울이 로마서 16:23에서 고린도에 있는 자신과 교회를 "돌보아 준다"고 말한 바로 그 가이오일 것이다. 바울은 자신이 두 사람을 비롯해 몇 사람에게만 직접 세례를 베풀었다는 사실에 감사했다.

예수님은 누구에게도 친히 세례를 베풀지 않으셨다(요 4:2). 주님에게 직접 세례를 받았다면 교만해지려는 유혹을 거의 뿌리치지 못했을 테고, 본인들이 원하든 원하지 않든 간에, 사람들이 이들을 따로 떼어 놓으려 했을 것이다. 사도로서, 바울은 비슷한 위험에 직면했다. 그러나 그에게 또 다른 위험도 있었다. 자신만의 사교(邪教, cult)를 만들 위험이었다. 그래서 바울은 이렇게 선언했다. **너희 중 아무에게도 내가 세례를 베풀지 아니한 것을 감사하노니.**

이미 언급했듯이, 우리에게 세례를 베푼 사람처럼 특별한 사람들에게 특별한 애정을 품는 것은 잘못이 아니다. 특히 우리가 그 사람의 사역을 통해 회심했다면 말이다. 그러나 그 사실을 특별히 자랑하거나 어떤 기독교 지도자와 조금이라도 가깝다고 자랑한다면, 아주 잘못된 것이다. 바울은 고린도의 한 그룹이 자신에게 특별히 충성한다는 소식에 우쭐하지 않았다. 이미 말했듯이, 그는 이 소식에 심란하고 수치스러웠다. "바울이 너희를 위하여 십자가에 못 박혔으며 바울의 이름으로 너희가 세례를 받았느냐?"(1:13). 바울은 이렇게 말하고 있었다. "어떻게 여러분이 내게 충성할 생각을 할 수 있단 말입니까? 충성은 오직 주 예수 그리스도께만 합당합니다." 그는 자신은 물론이고 그 어느 교회 지도자를 중심으로도 사교가 형성되길 원치 않았다.

바울은 자신이 고린도에서 세례를 베푼 사람이 정확히 몇 명인지 알지 못했다. **내가 또한 스데바나 집 사람에게 세례를 베풀었고, 그 외에는 다른 누구에게 세례를 베풀었는지 알지 못하노라.** 이 말은 성경의 영감에 관한 흥미로운 통찰을 제시한다. 하나님의 말씀을 기록하는 사도로서, 바울은 오류를 범하지 않았다. 그러나 그는 전지(全知)하지 않았다. 하나님은 자신의 말씀을 오류로부터 보호하려고 자신의 사도들을 오류로부터 보호하셨다. 그러나 바울은 하나님이나 심지어 자신에 관해서도 모든 것을 다 알지는 못했으며, 절대로 다 안다고 주장하지 않으려고 조심했다. 바울은 하나님이 계시하신 것을 알았다. 자기 힘으로는 절대 알 수 없는 것이었다. 그가 자기 힘으로 알 수 있는 것은 잊어버리기 쉬웠다. 바울은 우리와 같은 사람이었다.

바울이 극소수 회심자들에게만 세례를 베푼 또 다른 이유가 있었다. 바울의 주된 소명은 다른 데 있었기 때문이다. **그리스도께서 나를 보내심은 세례를 베풀게 하려 하심이 아니요 오직 복음을 전하게 하려 하심이로되, 말의 지혜로 하지 아니함은 그리스도의 십자가가 헛되지 않게 하려 함이라.** 바울이 보내심을 받은 목적은 자신에게 세례를 받은 사람들로 이뤄진 사교(cult)를 시작하기 위해서가 아니었다. 예수님은 바울에게 친히 사명을 주셨다. "내가 네게 나타난 것은 곧 네가 나를 본 일과 장차 내가 네게 나타날 일에 너로 종과 증인을 삼으려 함이니, 이스라엘과 이방인들에게서 내가 너를 구원하여 그들에게 보내어 그 눈을 뜨게 하여 어둠에서 빛으로, 사탄의 권세에서 하나님께로 돌아오게 하고 죄 사함과 나를 믿어 거룩하게 된 무리 가운데서 기업을 얻게 하리라"(행 26:16-18). 바울의 소명은 세례를 베풀어 자신을 중심으로 파당을 만드는 게 아니라 복음을 전하여 사람들을 그리스도 안에서 하나 되게 하는 것이었다.

우리 각자의 삶에는 올바른 우선순위가 있다. 마찬가지로, 우리는 육욕을 따라 살면서 다툼과 분쟁이 초래하는 혼란에 빠질 게 아니라 진리와 하나됨으로 주님을 섬기겠다고 결심해야 한다.

4

하나님의 어리석음 1
(1:18-25)

십자가의 도가 멸망하는 자들에게는 미련한 것이요 구원을 받는 우리에게는 하나님의 능력이라. 기록된 바, 내가 지혜 있는 자들의 지혜를 멸하고 총명한 자들의 총명을 폐하리라 하였으니, 지혜 있는 자가 어디 있느냐? 선비가 어디 있느냐? 이 세대에 변론가가 어디 있느냐? 하나님께서 이 세상의 지혜를 미련하게 하신 것이 아니냐? 하나님의 지혜에 있어서는 이 세상이 자기 지혜로 하나님을 알지 못하므로 하나님께서 전도의 미련한 것으로 믿는 자들을 구원하시기를 기뻐하셨도다. 유대인은 표적을 구하고 헬라인은 지혜를 찾으나 우리는 십자가에 못 박힌 그리스도를 전하니, 유대인에게는 거리끼는 것이요 이방인에게는 미련한 것으로되 오직 부르심을 받은 자들에게는 유대인이나 헬라인이나 그리스도는 하나님의 능력이요 하나님의 지혜니라. 하나님의 어리석음이 사람보다 지혜롭고 하나님의 약하심이 사람보다 강하니라. (1:18-25)

바울은 고린도전서 1:18-25에서 교회 내 분쟁 문제를 계속 다루며, 자신이 이름을 붙인 "하나님의 어리석음"에 초점을 맞춘다(25절). 사람들이 지혜로 여기는 인간의 어리석음과 사람들이 어리석음으로 여기는 하나님의 지혜가 대비(對比)된다. 하나님의 참 지혜와 인간의 추정된 지혜(supposed wisdom)가 대비되고, 하나님의 추정된 어리석음과 인간의 참(진짜) 어리석음이 대비된다.

인간의 지혜, 그 열등함

고대 헬라인들은 철학을 사랑했으며, 철학은 헬라 문화의 중심이었다. 이들의 구분할 수 있는 철학 분파와 운동만도 50여 개에 이르렀고, 이것들이 사람들에게 수용되고 영향을 미치려 서로 경쟁했다. 각각은 인간의 기원과 의미와 운명, 인간과 신들—이들에게는 신이 아주 많았다—의 관계를 설명하는 자신만의 견해가 있었다. 어떤 철학들은 종교, 정치, 사회, 경제, 교육에 관한 자세한 틀을 제시했다. 헬라인들은 인간의 지혜를 사랑했다. 이들은 철학(philosophia, "지혜 사랑")이 매우 중요하다고 믿었다. 철학은 삶의 의미, 가치, 관계, 목적, 운명을 보는 시각, 곧 인간이 만든 시각을 제시했다. 따라서 철학자 수만큼 철학이 많았고, 저마다 좋아하는 철학자를 따랐다. 어느 철학이 가장 진실하고 믿을만한지를 두고 저마다 의견이 크게 달랐다. 그래서 분파가 생겨났고, 분파마다 지도자와 지지자들이 있었다. 절대 진리의 기준이 없었기에, 순전히 인간의 생각을 토대로 옳고 그름을 판단했다.

안타깝게도, 많은 고린도 회심자가 철학적 분파주의에 물들었던 사고를 교회에 들여왔다. 이들 중에 이전에 신봉했던 이교 철학을 고수하는 사람들이 있었다. 이들은 기독교 지도자들뿐 아니라(1:12) 철학적 관점들에서도 나뉘었다. 이들은 인간의 지혜를 향한 사랑에서 벗어날 수 없었다. 이들은 그리스도를 믿었고 자신들이 십자가를 통한 은혜로 구원받았다는 것을 알았으나 그리스도께서 자신들을 위해 하신 일에 인간의 지혜를 덧붙이고 싶었다.

사실, 인간은 삶에 관한 진리를 많이 인식했다. 그렇더라도 그리스도인은 인간의 철학이 필요 없다. 인간의 철학은 불필요하며, 대개 그릇 인도한다. 인간의 철학이 어쩌다 옳다면, 그 부분이 성경과 일치할 터이므로 불필요하다. 인간의 철학이 옳지 않다면, 성경과 일치하지 않을 터이므로 우리를 그릇 인도한다. 인간의 철학은 필요하거나 믿을 만한 것을 전혀 주지 못한다. 본질상, 인간의 철학은 사변(思辨, speculation)이며, 제한적이고 오류가 가득한 인간의 통찰과 이해에 근거한다. 인간의 철학은 잠시도 신뢰할 수 없고 늘 분열을 일으킨다. "누가 철학과 헛된 속임수로 너희를 사로잡을까 주의하라. 이것은 사람의 전통과 세상의 초등학문을 따름이요 그리스도를 따름이 아니니라"(골 2:8).

바울이 철학적 성향이 강한 고린도 신자들에게 하는 말의 일반적 의도를 이렇게 말할 수 있겠다. "여러분은 그리스도인이 되었으며, 하나님의 성령으로 충만하고, 성경을 하나님의 말씀으로 인정하며, 더는 철학이 필요 없습니다. 철학은 여러분이 불신자였을 때 여러분을 돕지 못했으며, 지금은 여러분이 신자이기 때문에 여러분을 돕지 못할 게 분명합니다. 철학을 버리십시오. 철학은 혼란과 분쟁 외에 줄 게 하나도 없습니다. 여러분은 이제 예수 그리스도 안에서 드러나 하나님의 최고 계시를 중심으로 하나 되었습니다. 인간의 사변에 그릇 이끌리거나 인간의 사변 때문에 나뉘지 마십시오."

우리 시대의 사회도 다양한 철학에 매혹된다. 철학은 대개 헬라인들이 가졌던 철학처럼 체계적으로 표현되지는 않는다. 그렇더라도 철학은 인간이 삶의 의미와 가치를 이해하고 적용하는 방식이다. 바울 시대와 마찬가지로 오늘의 세상도 인간의 견해, 인간의 지혜, 인간의 욕망과 열망에 놀라며 이것들을 숭배한다. 인간은 삶이란 무엇인지—삶(생명)이 어디서 왔고, 어디로 가며, 어떤 의미가 있는지(의미가 있다면)—나름대로 알아내려고 늘 애쓴다. 현대인에게 교육과 인간의 견해는 신이 되었다. 인간의 사상들은 끊임없이 변하며, 나타났다가 사라지고, 시도되었다가 부족하다고 드러나며, 서로 모순되고 충돌한다. 그런데도 인간은 인간의 사상들을 끈질기게 믿는다. 인간이 하나님의 권위를 거부한다면 다른 선택이 없다.

바울 당시처럼, 오늘의 교회도 이 문제에서 벗어나지 못했다. 우리 자신이 유행하는 인간 사상의 먹이가 될 수 있다. 어떤 그리스도인들은 가치, 의미, 인도, 도움을 찾아 하나님과 그분의 말씀만 빼고 거의 모든 곳을 미친 듯이 돌아다닌다. 또는 인간의 사상과 통찰을 성경'에'(to) 덧붙이거나 인간의 사상과 통찰에 성경'으로'(with) "세례를 주려" 한다. 때로 우리는 하나님의 말씀보다 인간의 의견에 더 신경 쓴다. 성경을 "사용"하지만 성경을 온전히 믿지도 신뢰하지도 않고 성경에 온전히 복종하지도 않는다.

바울은 1장 앞부분에서 이 문제를 공격하기 시작했다. "그리스도께서 나를 보내심은 세례를 베풀게 하려 하심이 아니요 오직 복음을 전하게 하려 하심이로되, 말의 지혜로 하지 아니함은 그리스도의 십자가가 헛되지 않게 하려 함이라"(1:17). "말의 지혜"(cleverness of speech, *sophia logou*)는 [개역개정의 번역처럼] "말의 지혜"(wisdom of words) 또는 "교리의 지혜"(wisdom of doctrine, 가르침의 지혜)를 의미한다. 바울은 사람의 말(이것이 *sophia logou*이다)이 아니라 하나님의 말씀(이것은 복음이다)을 전하러 왔다. 1:18부터 3장 끝까지, 바울은 하나님의 말씀이 인간의 말보다 우월함을 계속해서 보여준다. 이 단락에서, 바울은 *sophia*(지혜)라는 단어를 13회 사용한다. 때로는 하나님의 참된 지혜를 가리키고(1:24, 30, 2:6-7에서처럼), 때로는 인간의 추정된 지혜를 가리킨다 (1:17, 19, 22, 2:4-5에서처럼). 하나님의 말씀이 유일하게 참된 지혜이며, 신뢰할 수 있고 필요한 모든 지혜다. 하나님이 우리가 갖길 원하시며 우리에게 필요한 모든 진리가 하나님의 말씀에 있다. 하나님의 말씀은 인간의 지혜가 추가로 필요하지 않다. 인간의 지혜는 늘 하나님의 말씀에 미치지 못하고 더없이 자주 하나님의 말씀과 모순되고 하나님의 말씀을 왜곡하기 때문이다. 성경은 홀로 선다. 신뢰할 수 있고 부족함이 없으며 완전하다.

인간의 지혜, 곧 철학으로 집약되는 지혜는 언제나 계시를 위협했다. 마틴 로이드 존스(Martyn Lloyd-Jones)는 이렇게 말했다. "하나님의 교회를 황폐하게 했으며 하나님의 교회의 살아 있는 복음을 거의 파괴한 현대주의 (modernism 모더니즘)로 물길이 완전히 바뀐 것은 인간이 계시에서 철학으로 돌아서기 시작한 때였을 것이다." 그러나 우리가 현대주의라 부르는 인간의 지혜를 신뢰한 것은 거의 현대적이지 않다. 이것은 아담과 하와가 자신의 판단을 하나님의 판단 위에 두었을 때 시작되었으며, 바울 시대에 만개했다. 인간의 지혜가 확고한 철학 체계든 아니든, 하나님의 계시와 섞일 때마다 계시가 사라진다.

예를 들면, 성경은 첫 다섯 책(창세기-신명기)을 모세가 썼다고 단언한다. 성경은 많은 곳에서 이 다섯 권을 가리켜 "모세의 율법"(the law of Moses)이라 부르면서 "율법"을 가장 넓은 의미로 사용한다. 그러나 합리주의 학자들이 18세기 말에 "문서가설"(documentary hypothesis)을 내놓았으며, 이 가설은 약

100년 후 절정에 이르렀다. 이들은 세세한 부분들에서 일치하지 않았으나, 이들의 주된 주장은 오경(성경의 첫 다섯 책)을 상당한 기간에 걸쳐 서로 다른 사람들이 썼다는 것이다. 이들 중에 어떤 학자들은 이렇게 세세한 법률이 모세 당시에 존재하지 않았으며 모세가 오경의 '한 부분이라도' 썼을 가능성이 없다고 강하게 단언했다. (덧붙이자면, 고고학은 모세보다 수 백 년 전 중동에 고도로 발달된 법전이 있었다는 것을 이미 오래 전에 증명했다.) 이들은 오경의 일부가 바벨론 포로기 후에 기록되었거나 최종 편집되었다고 주장했다. 이들은 오경을 이른 바 J, E, D, P로 잘게 쪼갰다(각각 이른바 야웨 문서, 엘로힘 문서, 신명기 문서, 제사장 문서를 가리킨다).

이 이론의 배후에, 인간의 지성이 이해할 수 있는(합리적인) 것만 참이고 믿을 수 있다는 가정이 자리했다. 이 이론의 배후에, 진화라는 특정 개념이 있었고, 이 개념은 당시 많은 지성인 사이에 유행했다. 이들은 이렇게 추론했다: 인간과 그의 사상은 진화하며, 따라서 오경에서 더 "원시적인" 이야기와 신념을 반영하는 부분들이 더 "진보된" 부분들보다 앞서 기록된 게 분명하다. 후대 편집자들이 이것들을 한데 모아 현재 형태를 만들어냈다는 것이다. 이들은 일신론(monotheism, 한 하나님을 믿음)이 오경 시대 초기에 신론으로 발전하지 않았으며, 따라서 성경에서 이 부분은 후대 저작이 틀림없다고 가르쳤다. 이렇게 철학이 성경의 권위를 판단하게 되었다. 그리고 성경이 믿을만하지 못하다고 선언했다.

합리주의자들이 오경에서 가장 받아들이기 어려운 부분은 창조 기사다. 진화론에는 창세기 1-2장에 기술된 즉각적이고 완성된 형태의 창조가 들어설 여지가 없다. 어떤 학자들은 일종의 진화뿐 아니라 일종의 창조가 들어설 여지를 주려고, 하나님이 원재료 또는 어쩌면 원시 형태의 생명체를 창조함으로써 모든 것을 시작하셨고 그 후에 진화가 일어났으며 하나님이 적절한 때에 영(soul)을 주입하셨다고 주장한다. 그러나 이러한 "유신론적 진화론"(theistic evolution) 또는 "점진적 창조론"(progressive creationism)도 성경과 모순된다. 이것은 문자적 성경 해석이 허용하지 않는 철학과 과정을 창조에 부과한다. 이번에도, 계시가 인간 자아에 굴복하도록 강요받았다.

심리학은 하나님의 말씀과 흔히 모순되거나, 하나님의 말씀을 수정 또는 "강화하려고" 사용되는 인간 지혜의 또 다른 형태다. 심리학은 참되거나 정밀한 학문이 아니라 기본적으로 철학적이다. 심리학은 인간 내적 작동(inner workings)—인간의 지성, 감성, 영(spirit)—을 인간의 관찰과 이론으로 이해하거나 수정하려 한다. 그러나 모든 형태의 심리학은 그 밑바닥에 사전에 형성된 철학(preconceived philosophy)이 있어서, 이 철학이 심리학의 방법과 심리학의 발견에 대한 해석에 영향을 미치고, 대부분 이것들을 미리 결정한다. 다른 모든 형태의 철학처럼, 심리학은 인간의 이성과 이해(understanding, 오성)라는 렌즈를 통해 사람과 세상을 본다. 본질상, 심리학은 절대로 죄를 발견하거나 이해할 수 없다. 죄는 하나님을 거스르는 범죄(offense against God)이기 때문이다. 하나님의 본성과 뜻은 완전히 심리학의 범위 밖에 있다. 심리학은 사람이 사람에게 짓는 범죄(men's offending men)를 이해하고, 죄와 죄책에 대한 사람의 '느낌'을 다루려 할 수는 있을지 모른다. 그러나 인간의 이성과 지혜는 무엇이 하나님을 거스르는 죄(sin against God)인지, 결정은 고사하고, 규정할 수 없거나 이에 대한 치료책을 제시할 수 없다. 오직 하나님의 말씀만이 죄를 규정할 수 있고, 오직 하나님의 용서만이 죄를 제거할 수 있다. 죄는 하나님을 거스르는 범죄이기 때문에, 오직 하나님만이 무엇이 죄인지 결정하고 죄를 용서하실 수 있다. 성경은 모든 인간 문제—육체적, 정신적, 사회적, 경제적, 영적 문제—의 중심에 죄가 있다고 분명하게 말한다. 죄를 정확히 이해하는 일은 심리학의 영역을 완전히 넘어선다. 그러나 그리스도는 죄책감을 제거하실 수 있을 뿐 아니라 죄책(guilt) 자체를, 사실 죄 자체를 제거하실 수 있다.

심지어 어떤 신학자들은(신학자들이란 "하나님을 연구하는 학생이나 연구자"라는 뜻이다) 자신의 이해로 하나님의 말씀을 개선하려 한다. 예를 들면, 자신의 철학이 기적을 허용하지 않기 때문에, 영향력이 매우 컸던 독일 신학자 루돌프 불트만(Rudolph Bultmann, 1884-1976)은 성경을 "비신화화하기로"(demythologize) 결정했다. 즉 추정된 신화(supposed myths)를 모두 걷어내고 남아 있는 것만 하나님의 말씀으로 보겠다는 것이었다. 다시 말해, 그는 무엇이 하나님의 말씀일 수 있고 무엇이 하나님의 말씀일 수 없는지 미리 결정했다. 그는 자신의 지혜를 토대로 하나님의 지혜를 결정했다. 그는 이렇게 하면서, 자신의 인간 형상으로 하나님을 만들어내려 했다. 인간이 자기 힘으로 하나님이 무엇과 같으며, 앞으로 어떠할 것이고, 무엇을 할 수 있고 무엇을 할 수 없는지 결정하려 할 때, 피조물이 가상의 신을 자신의 형상대로, 자신의 이기적 만족을 위해 우상을 만들 뿐이다. 인간의 철학이 어떤 식으로든 하나님의 계시에 부과될 때, 계시가 사라진다.

예외 없이, 인간의 지혜는 인간을 높이고 하나님을 낮춘다. 아무리 진지하고 객관적이며 학문적으로 보이더라도, 인간의 지혜는 인간의 자기 의지(self-will, 아집)와 교만과 육적 성향과 독립심에 영합한다. 이것들은 육에 속한 사람(natural man)의 기본 특징이며, 육에 속한 사람의 생각과 바람과 결론을 언제나 주무르고 결정한다. 인간이 복잡하고 정교한 철학들과 종교들을 좋아하는 이유는 이것들이 인간의 자아에 호소력이 있기 때문이다. 이것들은 복잡하고 어려운 것을 이해하고 실행하는 도전을 제시한다. 같은 이유로, 어떤 사람들은 복음을 비웃는다. 복음은 이들에게 아무것도 하지 말고—복음은 이들이 그 무엇이라도 하도록 허용하지 않는다—하나님이 하신 일을 단지 믿음으로 받아들이라고 요구한다. 십자가는 인간의 죄를 부수고 인간의 교만을 부순다. 십자가는 죄로부터의 해방과 교만으로부터의 해방을 제시한다.

자신의 지혜로, 인간은 필연적으로 하나님의 진리를 거짓말과 맞바꾸고, 창조주 대신 피조물을 예배한다(롬 1:25). 인간의 지혜는 자신의 뜻에 기초하며, 언제나 자신의 뜻을 성취하려 한다. 그 결과, 인간의 지혜는 언제나 하나님의 지혜와 하나님의 뜻을 거스른다. 인간의 지혜("지혜의 말")는 언제나 하나님의 지혜("복음"과 "그리스도의 십자가")를 헛되게 할 것이다(고전 1:17).

물론, 인간은 여러 세기에 걸쳐, 특히 지난 50년 남짓한 기간에, 주목할 만한 발견을 하고 놀라운 업적을 이루었다. 과학과 기술이 무수한 상품과 기계와 도구와 의약품을 개발했고, 인간의 복지에 크게 기여한 발전을 이루어냈다.

그리스도인이 된다고 해서 모든 것에 대한 모든 해답을 얻는 게 아닌 것도 사실이다. 과학이나 전기나 수학이나 그 외에 인간의 학습이 엄격하게 적용되는 그 어떤 분야에서도 그렇지 않은 게 분명하다. 많은 불신자가 많은 신자보다 교육을 많이 받고 똑똑하며, 재능이 많고 경험도 많다. 우리는 자동차를 고쳐야 할 때, 찾을 수 있는 최고의 정비소에 간다. 설령 그 정비소 주인이 그리스도인이 아니더라도 말이다. 수술이 필요할 때, 최고의 외과의사에게 간다. 교육을 받고 싶을 때, 공부하고 싶은 분야에서 최고의 교수진을 갖춘 학교에 가려 한다.

적절하고 지혜롭게 사용되는 한, 의학 기술과 과학을 비롯해 인간의 학습 및 성취와 관련된 모든 분야가 크게 가치 있을 수 있다. 그리스도인들은 이것들에 대해 하나님께 감사해야 한다.

그러나 우리가 삶이란 무엇에 관한 것인가라는 질문의 해답—우리가 어디서 왔고, 어디로 가며, 왜 이곳에 있으며, 무엇이 옳고 무엇이 그른가라는 질문의 해답—을 원한다면, 인간의 학습은 우리를 도울 수 없다. 우리가 인간 삶의 궁극적 의미와 목적을, 행복과 기쁨과 성취와 평화의 근원을 알고 싶다면, 최고의 인간 지성이 찾아낼 수 있는 것 너머에 눈을 돌려야 한다. 인간이 자신의 힘으로 이런 질문의 해답을 찾으려 한다면 실패할 수밖에 없다. 인간은 하나님에 관한 해답은 고사하고 자신에 관한 해답을 찾는 데 필요한 자원도 없다. 가장 중요한 진리—인간 본성, 죄, 하나님, 도덕과 윤리, 영적 세계, 인간 삶의 변화와 미래에 관한 진리—에 관해, 철학은 파산했다.

하나님의 지혜, 그 우월함

십자가의 도가 멸망하는 자들에게는 미련한 것이요 구원을 받는 우리에게는 하나님의 능력이라. (1:18)

자신의 지혜를 높일 때, 인간은 자동으로 하나님의 지혜를 낮추려 한다. 하나님의 지혜는 인간의 생각과 충돌하며, 따라서 인간에게 어리석어 보이기 때문이다. 하나님이 인간에게 죄 용서와 천국행을 제시하려고 사람의 형상을 취하고, 십자가에 달려 죽으며, 다시 살아나신다는 것은 너무나 단순하고 어리석으며 초라한 사상이라 육에 속한 사람(natural man)이 받아들일 수 없다. (그가 하나님의 아들이더라도) 한 사람이 세상의 별 볼 일 없는 구석에 위치한 별 볼 일 없는 언덕에서 별 볼 일 없는 나무에 달려 죽으며, 이로써 이 땅에 살아온 모든 사람의 운명을 결정한다는 것은 어리석어 보인다. 이것은 인간의 공로, 인간의 성취, 인간의 이해, 인간의 자랑을 위한 자리를 허용하지 않는다. 이러한 **십자가의 도**는…**미련한 것**(*mōria*, 멍청이를 뜻하는 단어 'moron'이 여기서 나왔다)이다. 자신의 지혜를 의지하는 불신자들에게, **멸망하는 자들에게**, 이것은 멍청하며 절대 난센스다. 이 어구는 그리스도를 거부하는 자들을 생생하게 묘사한다. 이들은 영원한 심판을 받아 멸망하는 과정에 있기 때문이다.

18절의 **도(word)**와 17절의 "말"(speech)은 헬라어로 같은 단어이다(*logos*). 바울은 인간의 지혜를 반영하는 인간의 말과 하나님의 지혜를 반영하는 하나님의 말씀을 대비(對比)시킨다. 따라서 **십자가의 도**는 복음의 메시지와 일, 인간의 구속을 위한 하나님의 계획과 실행 전체를 포함한다. 하나님의 구속사 전체와 그분의 구속 과정 전체가 불신자들에게는 어리석어 보인다. 그리스도께서 십자가에서 성취하신 일이 계시된 하나님의 말씀과 일의 절정이며, 따라서 십자가를 거부하는 것은 하나님의 계시를 거부하는 것, 곧 멸망하는 것이다.

처음 고린도에 왔을 때, 바울은 자신이 아덴에서 다투었던 철학의 소용돌이와 줄곧 마주쳤다(행 17:18-21). 그러나 바울은 "예수 그리스도와 그가 십자가에 못 박히신 것 외에는 아무것도 알지 아니하기로 작정하였다"(고전 2:2). 어떤 고린도 사람들은 어떤 아덴 사람들과 똑같이 반응했다. "그들이 죽은 자의 부활을 듣고 어떤 사람은 조롱도 하고"(행 17:32). 그러나 바울은 자신의 메시지를 청중의 구미에 맞게 바꾸지 않았다. 아덴 사람들을 비롯해 대다수 헬라인들처럼, 고린도 사람들도 철학이 차고 넘쳤다. 이들은 자신들의 견해에 바울의 견해를 덧붙일 필요가 없었고, 바울은 이들에게 자신의 견해가 아니라 **십자가의 도(the words of the cross)**를 제시하기로 결심했다. 바울은 이들에게 다른 사람의 복잡하고 주관적인 사변이 아니라 더없이 단순하지만 역사적이고 객관적인 하나님의 진리만 제시할 터였다.

인간의 지혜는 십자가를 이해할 수 없다. 예를 들면, 베드로는 예수님이 십자가를 말씀하시는 것을 처음 들었을 때 이해할 수 없었다. 사실, 베드로는 예수님을 "붙들고 항변하여(rebuke, 꾸짖어) 이르되, 주여 그리 마옵소서 이 일이 결코 주께 미치지 아니하리이다"라고 했다(마 16:22). 베드로의 메시아 이해에 십자가를 위한 자리가 없었다. 베드로는 메시아가 곧 지상 왕국을 세우고, 그를 따르는 자들에게 모든 것이 잘되리라 생각했다. 그러나 베드로의 지혜는 하나님의 지혜를 거슬렀으며, 하나님의 지혜를 거스르는 것은 무엇이든 사탄에게 유리하게 작용한다. 예수님은 제자에게 신속하고 날카롭게 답하셨다. "사탄아, 내 뒤로 물러가라. 너는 나를 넘어지게 하는 자로다. 네가 하나님의 일을 생각하지 아니하고 도리어 사람의 일을 생각하는도다"(23절). 군병들이 예수님을 체포하러 겟세마네 동산에 왔을 때, 베드로는 여전히 이해하지 못했다. 그는 여전히 하나님의 계획에 끼어들려 했다. 그는 검을 빼 어느 종의 귀를 잘랐다. 예수님은 이러한 행동에 관해서도 베드로를 꾸짖으셨다(요 18:10-11). 예수님이 부활하고 승천하신 후에야, 베드로는 십자가를 이해하고 받아들였다(행 2:23-24; 3:13-15). 베드로는 이제 하나님의 성령과 하나님의 지혜를 가졌으며, 더는 자신의 지혜를 의지하지 않는다. 여러 해 후, 베드로는 이렇게 썼다. "친히 나무에(on the cross) 달려 그 몸으로 우리 죄를 담당하셨으니, 이는 우리로 죄에 대하여 죽고 의에 대하여 살게 하려 하심이라. 그가 채찍에 맞음으로 너희는 나음을 얻었나니"(벧전 2:24).

유대인이든 이방인이든 간에, 육에 속한 사람의 마음에 십자가는 역겹고 받아들일 수 없는 것이다. 그러나 **구원을 받는 우리에게는 하나님의 능력이다.** 모든 사람은 구원의 과정에 있거나(현재의 구원은 몸이 구속/속량될 때에야 완성된다. 롬 8:23; 13:11) 멸망의 과정에 있다. 십자가를 어떻게 보느냐에 따라 어느 쪽인지 결정된다.

바울은 뒤이어 하나님의 지혜가 인간의 지혜보다 우월한 다섯 가지 이유, 즉 하나님 지혜의 영속성, 능력, 역설, 목적, 제시를 설명한다(1:19-2:5).

하나님의 지혜, 그 영속성

기록된 바, 내가 지혜 있는 자들의 지혜를 멸하고 총명한 자들의 총명을 폐하리라 하였으니, 지혜 있는 자가 어디 있느냐? 선비가 어디 있느냐? 이 세대에 변론가가 어디 있느냐? 하나님께서 이 세상의 지혜를 미련하게 하신 것이 아니냐?

(1:19-20)

바울은 이사야 29:14에서 질문을 가져와 하나님이 인간의 지혜를 멸하시리라는 것을 강조한다. 이사야의 가르침은 말세에, 하나님이 인간의 모든 철학과 복음에 대한 반대를 쓸어버리실 때 최종적으로 성취될 것이다. 그리스도께서 만주의 주와 만왕의 왕으로서 반대와 방해 없이 다스리실 것이고(계 17:14), 인간의 모든 지혜는 재가 될 것이다.

그러나 이 예언은 더 즉각적인 의미와 성취도 담고 있으며, 미래에 있을 최종 성취를 설명한다. 이사야가 이 예언을 했을 때, 앗수르 왕 산헤립이 유다를 정복할 계획을 세우고 있었다. 하나님은 자신의 선지자에게 걱정하거나 두려워하지 말라고 하셨다. 산헤립 왕의 계획이 실패할 것이기 때문이다. 그러나 이것은 유다의 군사력 때문이거나 히스기야 왕과 그 책사들의 전략 때문이 아닐 터였다. "그들 중에서 지혜자의 지혜가 없어지고 명철자의 총명이 가려지리라"(사 29:14). 유다는 인간의 도움 없이 오로지 하나님의 능력으로 구원받을 것이었다. 하나님은 앗수르 군대 185,000명을 단 한 천사로 멸하셨다(37:36). 자세한 기사는 열왕기하 17장에 나온다.

하나님은 계속해서 이스라엘에게 말씀하셨다. 자신이 이스라엘을 위해 싸우리라는 것이었다. 이스라엘은 신뢰하고 순종하기만 하면 되었다. 이런 까닭에, 이스라엘이 전투에 나갈 때, 찬양대가 흔히 군대보다 앞서 나가며 하나님을 찬양했다.

인간은 너나없이 자신의 재주와 힘으로 자신의 문제를 해결하고 자신의 싸움을 싸우려는 경향이 있다. 인간 자신의 노력은 하나님을 돕기보다 하나님이 하시는 일을 방해한다. "어떤 길은 사람이 보기에 바르나 필경은 사망의 길이니라"(잠 14:12). 많은 사람을 그리스도와 성경과 구원에서 떼어놓는 원인 중 하나는 이들이 복음에 동의하지 않는다는 것이다. 복음이 이들의 사고방식에 맞지 않기 때문이다. 이들은 자신의 철학이나 종교가 흔들린다는 것을 알면서도, 하나님을 그분의 말씀 그대로 단순하게 믿기보다 머리를 모래에 처박고 최선을 바라기 일쑤다. 이것은 바울이 로마서 1:18-23에서 기술한 고집스러운 불신앙의 무지다. 이런 사람들은 지혜로운 척하지만 어리석다.

예레미야는 이렇게 물었다. "지혜롭다 하는 자들은 부끄러움을 당하며 두려워 떨다가 잡히리라. 보라, 그들이 여호와의 말을 버렸으니, 그들에게 무슨 지혜가 있으랴?"(렘 8:9). 인간이 하나님의 계시를 거부하면, 그에게 무슨 진리가 남아 있으며 무슨 지혜가 있겠는가? "이러한 지혜는 위로부터 내려온 것이 아니요 땅 위의 것이요 정욕의 것이요 귀신의 것이다"(약 3:15). 땅의 것이기에, 인간이 보고 만지며 측량할 수 있는 것을 절대 넘어서지 못한다. 정욕의 것이기에, 인간의 욕망과 기준에 근거한다. 귀신의 것이기에, 진짜 근원은 사탄이다. 이것이 인간의 지혜다. 야고보는 뒤이어 이렇게 말한다. "오직 위로부터 난 지혜는 첫째 성결하고 다음에 화평하고 관용하고 양순하며 긍휼과 선한 열매가 가득하고 편견과 거짓이 없나니"(약 3:17).

지혜 있는 자가 어디 있느냐? 선비가 어디 있느냐? 이 세대에 변론가가 어디 있느냐? 하나님께서 이 세상의 지혜를 미련하게 하신 것이 아니냐? (1:20)

이 구절은 인간의 지혜는 믿을 수 없을 뿐 아니라 영구적이지 않다는 것을 구체적으로 가르친다. 이 생각을 뒷받침하려고, 바울은 몇 가지 질문을 던진다. 그러나 이 질문들은 세 부분으로 구성된 하나의 질문이다. 각 질문은 조금씩 다른 형태로 묻는다. "해답을 가진 똑똑한 사람들이 모두 어디 있느냐?" 백년 전보다, 또는 천 년 전보다, 인간이 평화에 얼마나 더 가까워졌는가? 바울 당시보다, 우리는 가난과 굶주림과 무지와 범죄와 부도덕을 제거하는 데 얼마나 더 가까워졌는가? 우리는 지식과 기술과 통신에서 진보했지만, 이런 진보가 실제로 우리를 진보시키지 못했다. 최악의 착취자들과 사기꾼들과 압제자들은 지적이고 똑똑한 사람이다. 우리는 선조들보다 교육을 많이 받았지만, 그들보다 도덕적이지 못하다. 우리는 서로를 돕는 수단이 더 많지만, 결코 덜 이기적이지 않다. 우리는 소통 수단이 더 많지만, 서로를 조금이라도 더 잘 이해하지 못한다. 우리는 심리학과 교육이 더 많지만, 범죄와 전쟁도 더 잦다. 인간의 본성을 표현하고 변명하는 더 많은 방법을 찾아내는 것을 제외하면, 우리는 달라지지 않았다. 역사 내내, 인간의 지혜는 기본적으로 전혀 바뀌지 않았으며 인간의 기본 문제들을 전혀 해결하지 못했다.

　지혜 있는 자에 관해 물으면서, 바울은 이사야가 던졌던 "너의 지혜로운 자가 어디 있느냐?"라는 질문을(사 19:12) 부연했다. 이사야 선지자는 애굽의 지혜자들—점쟁이들, 영매들, 마법사들—을 말하고 있었을 텐데, 이들은 늘 약속만 할 뿐 실제로 좋은 조언을 전혀 내놓지 못했다. "그들이 애굽을 매사에 잘못 가게 함이 취한 자가 토하면서 비틀거림 같게 하였으니"(14절). **선비(the scribe)**는 앗수르인들을 가리켰을 것인데, 앗수르인들은 군대와 함께 서기관들을(scribes) 보내 전리품을 기록하게 했다. 그러나 하나님은 이들이 기록할 것이 없게 하고, 수를 세거나 무게를 잴 것이 없게 하실 터였다(사 33:18).

　이 세대에 변론가(the debater of this age)에 상응하는 존재가 구약성경에 없는 것 같다. **변론가**는 지극히 헬라적인 단어이며(*suzētētēs*) 철학 논쟁을 가리켰는데, 헬라인들은 철학 논쟁을 아주 좋아했다. 바울은 거의 냉소적으로 묻는다. "지금 변론가가 어디 있습니까? 그 모든 교묘한 논증과 감동적 언변이 여러분을 어디로 이끌었습니까? 여러분이 그것들 때문에 더 나아졌습니까? 아니면 자기만족과 안일에 더 빠졌을 뿐입니까? 여러분의 지혜로운 자들, 여러분의 선비들(scribes), 여러분의 변론가들의 모든 지혜가 어리석다는 게 보이지 않습니까?" 실제로 아무것도 달라지지 않았다. 삶은 여전히 같은 문제와 씨름한다. 인간은 똑같은 싸움을 계속한다.

　바울이 우리 시대를 위해 이보다 적절하게 쓸 수 있었을까? 철학자, 사회학자, 심리학자, 경제학자, 과학자, 정치가 등 대사상가들이 우리를 어디로 데려왔는가? 인류가 지금처럼 자멸을 심히 두려워하거나 스스로 의식할 만큼 당황하고 혼란스러워하며 타락한 적이 결코 없었다. 고대의 인간 지혜가 실패했듯이, 현대의 인간 지혜도 실패했다. 실패가 더 빨라졌고 더 확산한다는 사실이 다를 뿐이다. 외면의 삶이 물질 면에서 향상되었다. 반면에, 그럴수록 내면의 삶은 의미가 줄어든 것 같다. 진짜 문제는 하나도 해결되지 않았다.

인간의 지혜는 때로 문제의 즉각적 원인을 보지만 정작 문제의 뿌리를 보지 못한다. 문제의 뿌리는 언제나 죄다. 인간의 지혜는 이기심을 불의의 원인으로 볼는지 모른다. 그러나 인간의 지혜는 이기심을 제거할 방법이 없다. 인간의 지혜는 미움을 비극과 고통과 파멸의 원인으로 볼는지 모른다. 그러나 인간의 지혜는 미움을 치료할 방법이 없다. 인간의 지혜는 사람이 사람과 잘 지내지 못하는 사실을 분명하게 볼 수 있다. 그러나 인간의 지혜는 진짜 원인은 사람이 하나님과 잘 지내지 못하는 것이라는 사실을 보지 못한다. 인간의 지혜는 보지 '않으려' 하기 때문에 볼 '수 없다.' 인간의 지혜가 하나님의 지혜를 어리석음으로 보는 한, 그 자신의 지혜는 어리석을 것이다. 바꾸어 말하면, 인간의 지혜 자체가 문제의 기본적인 부분이다.

인간이 평화, 기쁨, 희망, 조화, 형제애를 비롯한 모든 열망을 자기 방식으로 성취하려 애쓰는 한 이것들을 성취하기란 불가능하다. 십자가를 어리석은 것으로 보는 사람이라면 그 자신이 어리석을 수밖에 없다.

하나님의 지혜, 그 능력

하나님의 지혜에 있어서는 이 세상이 자기 지혜로 하나님을 알지 못하므로 하나님께서 전도의 미련한 것으로 믿는 자들을 구원하시기를 기뻐하셨도다. 유대인은 표적을 구하고 헬라인은 지혜를 찾으나 우리는 십자가에 못 박힌 그리스도를 전하니, 유대인에게는 거리끼는 것이요 이방인에게는 미련한 것이로되 오직 부르심을 받은 자들에게는 유대인이나 헬라인이나 그리스도는 하나님의 능력이요 하나님의 지혜니라. 하나님의 어리석음이 사람보다 지혜롭고 하나님의 약하심이 사람보다 강하니라. (1:21-25)

인간은 자신의 모든 추정된 지혜로 결코 하나님을 알 수 없었고, 하나님과 인격적 관계를 갖기란 더더욱 불가능했다. 인간의 지식과 철학이 늘수록 인간의 문제가 해결되는 게 아니라 오히려 늘어나는 경향이 있다. 미움이 늘어나고, 오해가 늘어나며, 갈등이 늘어나고, 전쟁이 늘어나며, 술 취함이 늘어나고, 범죄가 늘어나며, 신경 쇠약이 늘어나고, 가정 문제가 늘어난다. 수만 늘어나는 게 아니라 범위와 심각성도 늘어난다. 인간이 자신에게 집중하고 자신을 의지할수록 인간의 상황은 더 나빠진다. 인간이 자신의 지혜를 의지할수록 인간의 문제가 늘어난다.

하나님의 지혜에 있어서는(in the wisdom of God)이 암시하듯이, 이것은 하나님의 계획이다. 하나님은 그분의 지혜로 이렇게 정하셨다. 인간이 세상 지혜로 하나님을 알 수 없게 하신 것이다. 인간은 자신의 문제를 해결할 수 없다. 문제의 근원인 죄를 인정하려 하지 않거나, 문제의 해결책인 구원을 인정하려 하지 않기 때문이다. 인간 자신의 죄악된 본성이 인간 문제의 원인이며, 인간은 자신의 본성을 바꿀 수 없다. 설령 인간의 지혜는 문제를 인정하더라도 해결할 능력이 없다. 그러나 하나님은 그럴 능력이 있다. **하나님께서 전도의 미련한 것으로 믿는 자들을 구원하시기를 기뻐하셨도다.** 하나님은 세상 지혜가 멍청하고 **미련한 것(foolishness)**으로 여기는 것을 사용해 세상 사람 중에 **믿는** 자들을 구원하기로 하셨다. 믿는다는 것은 구원하는 복음의 모든 진리에 완전히 동의한다는 것을 암시한다. 자신의 지혜와 하나님의 지혜를 맞바꾸려는 자들에게, 하나님은 자신의 아들 예수 그리스도의 십자가 능력을 통해 변화와 거듭남과 새 출생(new birth)과 새 생명을 주신다. 이 "미련한 것"이 인간의 유일한 희망이다.

인간이 자신의 지혜가 파산했음을 인정하고 믿음으로 예수 그리스도—그분의 구원 사역이 **전도(the message preached,** 전파된 메시지)이다—께 돌아설 때, 가난을 부로, 죄를 용서로, 절망을 희망으로, 죽음을 생명으로 맞바꿀 수 있다. 이 단순한 복음이 복잡한 인간의 지혜가 약속하지만 절대 주지 못하는 것을 준다. "아무도 자신을 속이지 말라. 너희 중에 누구든지 이 세상에서 지혜 있는 줄로 생각하거든 어리석은 자가 되라. 그리하여야 지혜로운 자가 되리라"(3:18). 우리가 (세상의 눈에) 십자가로 내려올 때, 하나님이 우리를 영생으로 일으키신다.

하나님의 지혜를 입증하는 증거로 에워싸이더라도, 인간은 자신의 지혜를 신뢰하는 쪽을 선택한다. "하나님의 진노가 불의로 진리를 막는 사람들의 모든 경건하지 않음과 불의에 대하여 하늘로부터 나타나나니, 이는 하나님을 알 만한 것이 그들 속에 보임이라 하나님께서 이를 그들에게 보이셨느니라. 창세로부터 그의 보이지 아니하는 것들, 곧 그의 영원하신 능력과 신성이 그가 만드신 만물에 분명히 보여 알려졌나니, 그러므로 그들이 핑계하지 못할지니라"(롬 1:18-20). 인간의 지혜는 완전히 기소되었다. 인간의 지혜는 하나님의 지혜를 모를 뿐 아니라 비웃는다. 인간의 무지는 의도적이다. 왜냐하면 인간은 "보이는"(evident, 분명한) 것, "분명히 보여 알려진"(clearly seen) 것을 인정하길 거부하기 때문이다.

산을 볼 때마다, 하나님의 위대하심을 생각해야 한다. 석양을 볼 때마다, 하나님의 영광을 생각해야 한다. 세상에 나오는 새 생명을 볼 때마다, 창조하시는 하나님의 손을 보아야 한다. 그러나 천문학자가 망원경으로 수십만 개의 별을 보면서도 하나님의 위대하심을 보지 못할 수 있다. 자연 과학자가 현미경으로 형언할 수 없이 복잡한 생명체의 신비를 보면서도 하나님의 창조를 보지 못할 수 있다. 핵물리학자가 파괴력이 수천 메가톤에 이르는 물질을 생산하면서도 하나님의 능력을 인지하지 못할 수 있다.

바울은 아덴에 갔을 때, "알지 못하는 신에게"라고 새겨진 단을 보았다. 그는 아레오바고에서 주위 사람들에게 이렇게 선언했다. "그런즉 너희가 알지 못하고 위하는 그것을 내가 너희에게 알게 하리라"(행 17:23). 모든 배움과 철학과 논쟁 끝에, 이들은 무수한 신을 알게 되었다. 그러나 참 하나님은 알지 못했다. 이들은 스스로 많은 신을 만들었다. 그러나 자신들을 지으신 하나님은 알지 못했다. **이 세상이 자기 지혜로 하나님을 알지 못한다.**

하나님은 인간이 자신의 지혜로 그분께 나오길 '기대하지' 않으신다. 하나님은 인간이 그럴 수 없다는 것을 아신다. 그러나 인간은 '하나님의' 지혜를 통해 하나님께 나올 수 있다. **하나님께서 전도의 미련한 것으로 믿는 자들을 구원하시기를 기뻐하셨도다.** 전도(message preached)는 헬라어로 한 단어

(*kērugmatos*)이며, "선포"(proclamation)로도 번역될 수 있다. 이것은 메시지를 선포하는 행위가 아니라 메시지의 내용을 가리킨다. 하나님의 메시지는 그 내용이 복음이고 "십자가의 도"이며 "하나님의 능력"이다(18절). 사실, 그 내용은 "하나님의 능력이요 하나님의 지혜"이신 예수 그리스도다(24절).

바울은 어리석은 전파(foolish preaching)를 말하는 게 아니다. 어리석은 전파는 늘 차고 넘쳤다. 바울은 세상의 눈에 어리석은 것을—인간의 지혜나 행위나 영광을 위한 자리를 허락하지 않는 진리, 곧 단순하고 꾸밈이 없으며 복잡하지 않은 예수 그리스도의 십자가의 진리를—전파하는 것을 말한다. 지혜와 행위(work)와 영광은 모두 하나님의 것이다. 그러나 이것들이 주는 복은 인간의 것일 수 있다.

구원은 철학이나 지적 이해나 인간의 지혜를 통해 오는 게 아니라 믿음을 통해 온다. 하나님은 오직 **믿는 자들을** 구원하신다. 인간은 구원을 "생각해 낼" 수 없다. 인간은 믿음으로 구원을 받아들일 수 있을 뿐이다.

> **유대인은 표적을 구하고 헬라인은 지혜를 찾으나 우리는 십자가에 못 박힌 그리스도를 전하니, 유대인에게는 거리끼는 것이요 이방인에게는 미련한 것이로되**
> (1:22-23)

하나님의 뜻과 하나님의 길을 받아들이지 않는 근본 원인은 언제나 불신앙이다. 그러나 불신앙은 다양하게 표현된다. **유대인들**은 복음을 믿으려 하기 전에 초자연적 **표적**을 구했다. **헬라인**으로 대표되는 이방인들은 인간의 **지혜**를 통해, 자신들이 내세우고 논쟁할 수 있는 사상을 통해 증거를 구했다.

증거를 구하는 열망은 아주 빈번하게도 회피, 곧 믿지 않음에 대한 변명이다. 예수님은 유대교의 중심에서 연이어 기적을 행하셨고, 대부분 공개적으로 행하셨다. 그러나 기적을, 초자연적 표적을 목격한 사람들은 대부분 그분을 믿지 않았다. 예수님은 예루살렘에서 맹인으로 태어났으며 그곳 사람들이 잘 아는 거지를 고쳐주셨다. 고침을 받은 후, 그는 자신이 바로 그 맹인 거지라고 했다. 그런데도 이웃 중에 그가 바로 그 사람이라는 사실을 믿지 않으려는 사람들이 있었다(요 9:9). 사람들이 그를 바리새인들에게 데려갔고, 그는 바리새인들에게 자신이 기적적으로 나았다고 증언했다. 바리새인들도 이 **표적**을 믿길 거부했으며, 이 사람의 부모가 추가로 증언했는데도 믿으려 들지 않았다. 바리새인들은 초자연적인 것을 믿었으나, 초자연적인 것 중에 자신들의 이해틀에 들어맞는 것만 믿었다.

다른 때에, 한 그룹의 서기관들과 바리새인들이 예수님께 나와 그분이 하나님에게서 왔음을 증명하는 표적을 요구했다. 예수님은 이들의 진실하지 못함과 위선을 아셨기에 이들에게 표적을, 적어도 이들이 원하는 부류의 표적을 행하길 거부하셨다. 예수님은 이렇게 말씀하셨다. "악하고 음란한 세대가 표적을 구하나 선지자 요나의 표적밖에는 보일 표적이 없느니라"(마 12:38-40). 요나의 표적은 예수님의 십자가 죽음과 부활을 상징했다. 사건들이 증명하듯이, 대다수 유대인은 가장 큰 표적을 보고도 믿지 않았다.

예수님과 바울 당시에, 대다수 유대인은 메시아가 십자가에 달린다는 것을 받아들일 수 없었다. 이것은 이들에게 **거리끼는 것**(stumbling block, 걸림돌)이었다(참조. 롬 9:31-33). 이들에게 메시아는 지상 권력을 갖고 화려하게 등장해 지상의 보좌와 나라를 세워야 했다. 이들은 메시아에 관한 분명한 가르침, 이를테면 시편 22편과 이사야 43장에 나오는 가르침을 얼버무리거나 무시했다. 성경이 자신들의 기존 관념(선입관)에 맞지 않을 때, 이들은 그 부분을 재해석하거나 회피했다.

다른 한편으로, **헬라인**들은 지적 증거, 자신들의 지성으로 숙고하고 이해할 수 있는 것을 원했다. 이들도 진실하지 못했다. 바울이 아덴에서 발견했듯이, 그곳의 헬라 철학자들은 진리를, 특히 하나님에 관한 진리를 찾는 데 관심이 없었다. 이들은 오로지 흥미로운 새 사상과 문제를 듣고 논쟁하는 데만 관심이 있었다(행 17:21). 이들은 믿고 받아들이며 따라야 할 영원한 진리를 구하는 데 관심이 없었다. 이들이 구하는 **지혜**는, 아덴 철학자들이 보여주듯이, 신적 진리가 아니라 지적으로 새로운 것이었다.

유대인들처럼, 이들도 신이 할 수 있는 것과 할 수 없는 것에 관해, 또는 하려는 것과 하지 않으려는 것에 관해 선입관이 있었다. 헬라인들은 일반적으로 물질은 모두 악하고 영적인 것은 모두 선하다고 믿었다. 그러므로 이들은 신이 인간으로 땅에 올 '수 있다'는 것을 생각조차 할 수 없었다. 신이 '그렇게 하길 원한다'는 것은 더더욱 생각할 수 없었다. 이들에게 신들은 인간과 달랐다. 신들은 땅에서 일어나는 일에 완전히 무관심했다.

기독교를 공격했던 2세기 철학자 켈수스(Celsus)는 이렇게 썼다. "하나님은 선하고 아름다우며 행복하다. 가장 아름답고 가장 좋은 그분이 인간으로 내려온다면, 그분에게 변화를 의미한다. 선한 것에서 악한 것으로, 아름다운 것에서 추한 것으로, 행복에서 불행으로, 가장 좋은 것에서 가장 나쁜 것으로 바뀌는 변화다. 하나님이라면 절대로 이런 변화를 받아들이지 않을 것이다." 십자가는 말할 것도 없고, 성육신 개념은 헬라인의 생각에 더없이 어리석었다. 이 합리주의자들에게, 성육한 하나님이 타락한 세상에 구원과 거룩과 영생을 주려고 스스로 십자가에 달려 죽는다는 것보다 터무니없는 게 있을 수 없었다.

바울이 여기서 언급하는 두 그룹은 믿지 않는 인류 전체를 대표한다. 전형적인 유대인들처럼 초자연적 표적으로 증거를 요구하든 전형적인 헬라인들처럼 자연적 지혜로 증거를 원하든 간에, 불신자들은 복음을 거부할 구실을 찾을 것이다.

바울은 초자연적인 것을 굳게 믿었다. 어느 기준으로든, 그는 매우 지적이었다. 그는 가장 좋은 의미에서 초자연주의자이자 합리주의자였다. 그러나 무엇보다도 그는 신자, 곧 하나님을 믿는 자였다. 복음은 초자연적인 동시에 감지될 수 있다(sensible). 그러나 복음은 초자연적 표적을 통해 발견하거나 자원하는 마음(willing heart) 없이 자연적 지혜를 통해 제 것으로 만들 수 있는 게 아니다.

바울은 십자가에 달려 돌아가신 그리스도만을, 유일하게 참된 표적이요 유일하게 참된 지혜만을 전하려 했다. 이 표적을 믿지 않거나 이 지혜를 받아들이지 않을 자들은 하나님을 받아들이지 않을 것이다. 다른 표적들을 구하는 자들에게, 십자가는 **거리끼는 것**(stumbling block, 걸림돌)이다. 다른 지혜를 구하는 자들에게, 십자가는 **미련한 것**(foolishness)이다.

그리스도인이 전해야 할 유일한 메시지는 십자가의 메시지다. 즉 성자 하나님이 사람이 되셨고, 우리의 죗값을 치르려고 돌아가셨으며, 우리를 살리려고 죽은 자 가운데서 다시 살아나셨다는 메시지다.

> **오직 부르심을 받은 자들에게는 유대인이나 헬라인이나 그리스도는 하나님의 능력이요 하나님의 지혜니라. 하나님의 어리석음이 사람보다 지혜롭고 하나님의 약하심이 사람보다 강하니라.** (1:24-25)

바울은 자신이 '믿지 않는' 유대인들과 이방인들을 대변하도록 **유대인**과 **헬라인**이란 용어를 일반적 방식으로 사용해 왔다는 것을 분명히 한다. 하나님이 부르신 사람들에 **유대인이나 헬라인이나** 다 포함된다. 하나님의 아들을 믿는 자들에게, 십자가에 달리신 **그리스도**는 **하나님의 능력이요 하나님의 지혜**다. 믿지 않는 유대인에게 거리끼는 것(걸림돌)이신 분이 믿는 자들의 구원자이며, 믿지 않는 이방인에게 미련한 것(foolishness)이신 분이 믿는 자들에게는 구속자(Redeemer)이다.

물론, 바울은 하나님의 어리석음(foolishness)과 약하심(weakness)을 언급하면서 불신자의 관점에서 말하고 있다. 아이러니하게도, 그리고 비극적이게도, 하나님의 계획과 일 중에 인간의 자연스런(natural, 육적인) 관점에서 가장 터무니없고 쓸모없어 보이는 것이 실제로 그분의 '가장 큰' 능력과 '가장 큰' 지혜를 드러낸다.

바울은 또한 설령 하나님에게 그 어떤 어리석음이 있을 수 있더라도 인간의 가장 큰 지혜보다 **지혜롭다(wiser)**고 말한다. 하나님에게 그 어떤 약함이 있을 수 있더라도 인간이 가질 수 있는 가장 큰 힘보다 **강하다(stronger)**.

하나님의 능력은 실제 능력이며 뜻하는 것을 성취하는 능력이다. 이 능력은 인간'의' 것이 아니지만 인간을 '위해' 주어진다. 이것은 죄에서 구원하는 능력이며, 사탄에게서 해방하는 능력이고, 하나님 앞에서 영원한 삶을 누리는 능력이다.

5

하나님의 어리석음 2
(1:26-2:5)

형제들아, 너희를 부르심을 보라. 육체를 따라 지혜로운 자가 많지 아니하며, 능한 자가 많지 아니하며, 문벌 좋은 자가 많지 아니하도다. 그러나 하나님께서 세상의 미련한 것들을 택하사 지혜 있는 자들을 부끄럽게 하려 하시고, 세상의 약한 것들을 택하사 강한 것들을 부끄럽게 하려 하시며, 하나님께서 세상의 천한 것들과 멸시받는 것들과 없는 것들을 택하사 있는 것들을 폐하려 하시나니, 이는 아무 육체도 하나님 앞에서 자랑하지 못하게 하려 하심이라. 너희는 하나님으로부터 나서 그리스도 예수 안에 있고, 예수는 하나님으로부터 나와서 우리에게 지혜와 의로움과 거룩함과 구원함이 되셨으니, 기록된 바, 자랑하는 자는 주 안에서 자랑하라 함과 같게 하려 함이라. 형제들아, 내가 너희에게 나아가 하나님의 증거를 전할 때에 말과 지혜의 아름다운 것으로 아니하였나니, 내가 너희 중에서 예수 그리스도와 그가 십자가에 못 박히신 것 외에는 아무 것도 알지 아니하기로 작정하였음이라. 내가 너희 가운데 거할 때에 약하고 두려워하고 심히 떨었노라. 내 말과 내 전도함이 설득력 있는 지혜의 말로 하지 아니하고, 다만 성령의 나타나심과 능력으로 하여, 너희 믿음이 사람의 지혜에 있지 아니하고 다만 하나님의 능력에 있게 하려 하였노라. (1:26-2:5)

하나님의 지혜, 그 우월함(계속)

하나님의 지혜, 그 역설

바울은 고린도교회 신자들을 염두에 두고 26절을 썼을 것이다. 바울은 이들 대부분이 주 예수 그리스도를 믿을 때 유명했거나, 부유했거나, 교육을 많이 받았거나, 힘이 있었거나, 영향력이 있었던 사람이 거의 없었다는 것을 일깨웠다. 그리스도인이 될 때, 이들은 특권과 영향력과 수입 중에 많은 부분을 잃었을 것이다. 바울은 이렇게 말한다. **형제들아, 너희의 부르심을 보라.** 바울은 '부르심'이란 용어를 사용할 때마다 구원하는 하나님의 부르심(the saving call of God), 구속으로 이어지는 유효한 부르심을 가리킨다. 바울은 이렇게 말한다. "하나님이 여러분을 어둠에서 불러내실 때, 여러분은 자신이 어떤 부류였는지 아십니다. 여러분은 아십니다. 하나님이 여러분을 그분의 자녀로 받아들이신 것은 여러분이 똑똑하거나 부유하거나 지적이거나 힘이 있어서가 아닙니다. 이 가운데 하나라도 여러분에게 해당하더라도, 여러분은 이것들 때문이 아니라 이것들에도 불구하고 구원받은 것입니다. 오히려 이것들은 여러분에게 걸림돌이었고 여러분과 하나님의 은혜 사이에 놓인 장애물이었습니다." 바울은 이들이 **육체를 따라 지혜로운 자, 능한 자, 문벌 좋은(noble) 자가 많지 않은** 것을 **기뻐해야** 한다고 넌지시 말한다. 이런 것들은 흔히 사람들로 구원으로 이어져야 할 필요 의식을 느끼지 못하게 한다. 이들 가운데 **지혜로운 자**였거나 **능한(mighty) 자**였거나 **문벌 좋은(noble)** 자가 더 많았다면, 구원받은 사람들이 더 적었을 것이다.

하나님은 구원하고 자신의 일을 하려고 파이 베타 카파들(Phi Beta Kappas)을 찾고 계신 게 아니다.[13] 그뿐 아니라, 하나님은 억만장자들이나 유명 운동선수들이나 연예인들이나 정치인들을 찾고 계시지도 않는다. 하나님의 구원

---

13 Phai Beta Kappas는 1776년에 시작된 천재들의 모임 Phai Beta Kappa Society의 회원들을 가리킨다. 창립 이래, 이 단체는 미국 대통령 17명, 미국 연방 대법원 판사 41명, 노벨상 수상자 140여 명을 배출했다고 한다(위키피디아 '파이 베타 카파 사회' 참조).

은 다른 사람들에게 확실히 열려 있는 만큼이나 이들에게도 확실히 열려 있지만, 오직 동일한 믿음을 토대로 열려 있을 뿐이다. 이들로 세상에서 두각을 나타나게 해주는 바로 그것들이 실제로 이들로 하나님과의 관계에서 뒤처지게 할 수도 있다. 자신이 부족하다는 느낌이 사람들로 자신에게 필요한 게 있음을 알게 하며, 흔히 이들을 복음으로 이끈다.

예수님은 언젠가 이렇게 기도하셨다. "천지의 주재이신 아버지여, 이것을 지혜롭고 슬기 있는 자들에게는 숨기시고 어린아이들에게는 나타내심을 감사하나이다"(마 11:25). 문맥이 분명히 하듯이, 이것은 예수님이 무리를 향한 설교의 일부로서 공개적으로 하신 기도다. 이 기도를 하실 때, 예수님은 자신의 아버지만큼이나 자신의 청중에게 말씀하고 계셨다. 예수님은 하나님이 이들의 믿음 외에 아무것도 원하지 않으신다는 것을 이들이 알길 원하셨다. 예수님은 또한 "지혜롭고 슬기 있는 자들이" 영적 삶과 이해에서는 불리하다고 경고하고 계셨다. 이들은 받아들이고 믿을 수 없었던 게 아니다. 자신들의 성취와 능력에 취해 교만하고 이것들을 의지하기 때문에 하나님 나라에 들어가는 문이 막혔다. 연약함과 부족함은 하나님의 강함이 드러나는 환경이다.

하나님의 지혜는 일종의 역설이다. 인간의 생각에, 강함은 강함이고 약함은 약함이며 지성은 지성이다. 그러나 하나님의 경륜에서는 가장 강해 보이는 것 중 어떤 것은 가장 약하고, 가장 약해 보이는 것 중 어떤 것은 가장 강하며, 가장 지혜로워 보이는 것 중 어떤 것은 가장 어리석다. 이러한 역설은 우연이 아니라 하나님의 계획이다.

단순하며 배우지 못했고 재능이 없으며 어설프지만 예수 그리스도를 구주로 믿고 자신의 주님을 신실하고 겸손하게 따르는 신자가 복음을 비웃는 똑똑한 박사보다 무한히 지혜롭다. 단순한 신자는 용서, 은혜, 생명, 소망, 하나님의 말씀—하나님 자신—을 안다. 그는 영원을 볼 수 있다. 반면에, 믿지 않는 박사는 자신의 책과 지성과 경험 너머를 전혀 알지 못한다. 그는 이생 너머를 전혀 보지 못하며, 어리석다고 여겨질 수밖에 없다.

우리는 흔히 이런저런 훌륭한 운동선수—또는 뛰어난 과학자, 인기 있는 연예인, 세계 지도자—가 그리스도인이 되면 멋지리라 생각하고픈 유혹을 자주 받는다. 그러나 예수님은 제자들을 택할 때 이렇게 생각하지 않으셨다. 몇몇은 지역 사회에서 꽤 유명했을 테고, 몇몇은 부자였을 것이다. 그러나 예수님은 이들의 부나 영향력 때문에 이들을 택하신 게 아니다. 이들을 훈련하실 때도, 이런 것들을 강조하지 않으셨다. 이들 중 누구도 그리스도를 따르기 위해 기꺼이 버리지 못할 만큼 대단한 것을 갖고 있지 않았다.

주후 178년, 철학자 켈수스는 이런 글로 그리스도인들을 조롱했다.

교양 있는 사람이나 지혜로운 사람이나 분별 있는 사람은 얼씬도 못 하게 하라. 우리는 이 모든 것을 악으로 여기기 때문이다. 그러나 무지한 자라면 누구라도, 감각과 교양이 부족한 자라면 누구라도, 바보라면 누구라도, 당당하게 [그리스도인이 되게] 하라…이들은 집에서 털옷을 입으며, 구두 수선공들이고, 최악의 사람들이며, 가장 천박한 자들이고, 가장 못 배운 자들이다. 이들은 둥지에서 나오는 박쥐 떼, 굴에서 기어 나오는 개미 떼, 연못가에서 심포지엄을 여는 개구리 떼, 진흙탕을 구르는 벌레 떼 같다.

당시 세상의 다른 많은 사람도 그리스도인들을 이렇게 생각했다. 단순한 복음과 신실한 신자들의 겸손은 세상이 보기에 이해할 수 없는 것이었다. 더없이 어리석어 보였다. 하나님이 이것을 이렇게 계획하셨다. **하나님께서 세상의 미련한 것들을 택하사 지혜 있는 자들을 부끄럽게 하려 하시고, 세상의 약한 것들을 택하사 강한 것들을 부끄럽게 하려 하시며, 하나님께서 세상의 천한 것들과 멸시받는 것들과 없는 것들을 택하사 있는 것들을 폐하려 하시나니.** 흥미롭게도, **멸시받는 것들(the despised)**은 원형에서 "아무것도 아닌 것(nothing)으로 여겨지다"라는 뜻이다. 헬라어 본문에서는 완료시제이며, 한 번 멸시받은 것이 계속 멸시받으리라는 것을 말한다. 따라서 세상에서 아무것도 아니라(nobodies)고 여겨졌던 사람들이 계속 아무것도 아니라고 여겨질 터였다. **없는 것들(things that are not)**이란 헬라어에서 가장 경멸적인 표현을 번역한 것이다. "존재"(being, 있음)는 헬라인들에게 모든 것이었고, 따라서 무(nothing)로 불린다는 것은 최악의 모욕이었다. 이 어구는 노예들에게 사용되었을 것이다.

세상은 많은 기준으로 위대함(greatness, 큼)을 측정한다. 맨 위에 지성, 부, 특권, 지위가 있다. 그런데 하나님은 이것들을 맨 밑바닥에 두기로 결정하셨다. 하나님은 세상의 아무것도 아닌 사람들이(nobodies) 자신의 대단한 사람들(somebodies)이라는 것을 보여줌으로써 자신의 능력의 위대함을 드러내신다.

하나님에 따르면, 예수님을 제외하고, 이 세상에 살았던 가장 큰 사람은 세례 요한이었다. 그는 정식 교육을 받지 않았고, 생업이나 직업 훈련도 받지 않았으며, 돈도 없었고, 군인의 지위도 없었으며, 정치적 위치도 없었고, 사회적 연줄도 없었으며, 특권도 없었고, 인상적 외모나 언변도 없었다. 그러나 예수님은 이렇게 말씀하셨다. "내가 진실로 너희에게 말하노니, 여자가 낳은 자 중에 세례 요한보다 큰 이가 일어남이 없도다"(마 11:11). 이 사람은 세상의 어느 기준에도 맞지 않았으나 하나님의 모든 기준에 맞춤했다. 그가 그 된 것은 모두 하나님의 능력 덕이었다.

하나님의 지혜, 그 목적

이는 아무 육체도 하나님 앞에서 자랑하지 못하게 하려 하심이라. 너희는 하나님으로부터 나서 그리스도 예수 안에 있고, 예수는 하나님으로부터 나와서 우리에게 지혜와 의로움과 거룩함과 구원함이 되셨으니, 기록된 바, 자랑하는 자는 주 안에서 자랑하라 함과 같게 하려 함이라. (1:29-31)

구원을 이루는 하나님의 지혜의 첫째 되는 목적은 하나님이 영광을 받으시는 것이다. **아무 육체도(no man) 하나님 앞에서 자랑할** 이유가 하나도 없을 것이다. 미련하고 약하며 천한 사람이 자신을 위해 할 수 있는 게 전혀 없다. 하나님이 모든 것을 다 하셨다. "너희는 그 은혜에 의하여 믿음으로 말미암아 구원을 받았으니, 이것은 너희에게서 난 것이 아니요 하나님의 선물이라. 행위에서 난 것이 아니니, 이는 누구든지 자랑하지 못하게 함이라. 우리는 그가 만드신 바라"(엡 2:8-10).

하나님에게는 구원받은 자들을 위한 목적도 있다. 자신이 구속한 이들을 위한 하나님의 목적은 여러 면이 있다. 그 가운데 넷이 30절에 나온다. 이들은 **그리스도 예수 안에 있기** 때문에, 하나님의 **지혜와 의로움과 거룩함과 구원함**(redemption, 구속함)을 받는다.

첫째, 신자들은 하나님의 **지혜**를 받는다. 신자들은 자신의 지혜가 아니라 하나님의 지혜로 '구원받았으며', 자신의 지혜를 대체하는 하나님의 지혜를 '받았다'. 이 세상의 참으로 지혜로운 자들은 이 세상의 지혜를 가진 자들이 아니라 하나님이 주시는 지혜를 가진 자들이다. 그리스도인들은 교만하거나 자랑하지 않으면서, 자신이 예수 그리스도 안에서 지혜로워졌다고 말할 수 있다. 그리스도인들은 언제나 증인, 곧 하나님이 죄악되고 연약하며 지혜롭지 못한 자들을 의롭고 강하며 지혜롭게 하려고 그분의 지혜로 선택하셨음을 보여주는 증인이다. 하나님이 이들에게 그분의 지혜를 주시는 것은 그분 자신이 영광을 받기 위해서이며, 그리스도인들이 가진 지혜가 그들의 지혜가 아니라 그분의 능력과 은혜로 받은 지혜라는 것을 분명하게 드러내기 위해서다.

인간은 자신의 지성이나 성취나 지혜로 구원받는 게 아니다. 이것들을 신뢰하는 자들은 결코 하나님의 구원과 생명과 지혜를 받지 못할 것이다. 이것들은 오직 하나님의 아들이 십자가에서 우리를 위해 행하신 일을 겸손하게 받음으로써 가질 수 있기 때문이다. 예수님은 이렇게 말씀하셨다. "내가 곧 길이요 진리요 생명이니 나로 말미암지 않고는 아버지께로 올 자가 없느니라"(요 14:6). 그리고 다른 상황에서 이렇게 말씀하셨다. "너희가 내 말에 거하면 참으로 내 제자가 되고 진리를 알지니 진리가 너희를 자유롭게 하리라"(8:31-32).

그리스도를 통해 하나님에게서 받는 지혜는 즉각적이면서도 점진적이다. 고린도후서에서, 바울은 이렇게 썼다. "어두운 데에 빛이 비치라 말씀하셨던 그 하나님께서 예수 그리스도의 얼굴에 있는 하나님의 영광을 아는 빛을 우리 마음에 비추셨느니라"(고후 4:6). 물리적 빛을 지으시고 주시는 분이 영적 빛의 근원이요 이 빛을 주시는 분이기도 하다. 신자가 가장 먼저 배우는 것은 하나님의 영광을 아는 지식이다.

하나님의 영광은 그분의 위엄과 위대함을 상징한다. 가장 충만한 의미에서,

이것은 하나님의 전부(all that God is)—하나님의 속성, 그분의 완전한 본성, 그분의 신적 존재의 충만(the fullness of His divine being) 전부—를 상징한다. 우리는 우주의 창조자와 모든 생명과 모든 선(goodness, 좋은 것)의 근원을 직접 알게 된다.

하나님의 지혜는 점진적인 면도 있다. 하나님의 성령으로 살 때, 그리스도를 통해 알게 된 하나님을 더 잘 알게 된다. 바울은 에베소 신자들을 위해 이렇게 기도했다. "우리 주 예수 그리스도의 하나님, 영광의 아버지께서 지혜와 계시의 영을 너희에게 주사 하나님을 알게 하시고"(엡 1:17). 이들은 하나님의 지혜를 이미 얼마간 갖고 있었으며, 처음 믿을 때 받았다. 그러나 바울은 이들이 하나님의 지혜와 진리에서 계속 자라길 바랐다(참조. 벧후 3:18).

하나님의 지혜는 미래적 측면도 있다. 같은 기도에서, 바울은 이렇게 간구한다. "너희 마음의 눈을 밝히사, 그의 부르심의 소망이 무엇이며 성도 안에서 그 기업의 영광의 풍성함이 무엇이며…너희로 알게 하시기를 구하노라"(엡 1:18-19). "소망"과 "기업" 둘 다 지혜와 지식이 미래에 성취되리라는 것을 암시한다. 하나님은 우리에게 지혜를 주셨고, 우리에게 지혜를 주고 계시며, 궁극적으로 우리에게 지혜를 주실 것이다.

세상에 속한 사람은 하나님의 지혜를 보거나 받을 수 없다. 하나님의 지혜는 하나님 자신을 보여줄 수 있고, 세상과 그분의 백성을 향한 하나님의 계획을 보여줄 수 있으며, 하나님이 그분의 아들을 통해 주시는 영원한 미래를 보여줄 수 있다. 그래서 사람들은 자신이 어디서 와서 어디로 가며 여기서 무엇을 하는지 애초에 전혀 모른 채 오로지 순간을 위해, 지금을 위해 살 뿐이다. 그러나 가장 단순하고 못 배운 사람이라도 자신의 삶을 겸손히 그리스도께 맡기면, 이 모든 것에 관한 진리를 얻는다. 그는 모든 시대의 모든 현자와 철학자가 전혀 찾을 수 없었거나 찾으려 해도 찾지 못하는 것을 안다. 그에게는 하나님의 지혜가 있으며, 이 지혜는 그의 구원자가 주시는 귀한 선물이다.

둘째, 신자들은 하나님의 **의(righteousness)**를 받는다. 신자들은 하나님 앞에서 의롭게 되었으며(made right with God), 하나님의 의, 곧 하나님의 옳음(rightness)에 참여한다. 옳음이란 무엇이나 누군가가 어떠해야 하는('should' be) 그대로인 것, 즉 그르다(wrong)와 반대되는 옳다(right), 악하다(evil)와 반대되는 선하다(good), 죄악되다(sinful)와 반대되는 죄없다(sinless)를 의미한다. 하나님은 완전히 의롭다. 하나님은 완전히 자신이 어떠해야 하는 그대로이기 때문이다. 하나님은 자신의 옳음에서 벗어나실 수 없다. 우리가 하나님의 아들을 믿을 때, 하나님은 그 아들의 의를 우리에게 나눠주신다. "일을 아니할지라도 경건하지 아니한 자를 의롭다하시는 이를 믿는 자에게는 그의 믿음을 의로 여기시나니"(롬 4:5). "하나님이 죄를 알지도 못하신 이를 우리를 대신하여 죄로 삼으신 것은 우리로 하여금 그 안에서 하나님의 의가 되게 하려 하심이라"(고후 5:21). 하나님은 그리스도인을 보실 때 자신의 아들과 그 아들의 의를 보신다. 사람이 그리스도를 믿을 때, 그의 불의와 그리스도의 의가 맞교환된다. 이 "의는 율법에서 난 것이 아니요 오직 그리스도를 믿음으로 말미암은 것이니, 곧 믿음으로 하나님께로부터 난 의라"(빌 3:9). 인간은 자신의 의가 조금도 없었으며, 자신의 의, 곧 자신에게서 비롯된 의를 조금도 가질 수 없다. 인간이 가질 수 있는 유일한 의는 하나님이 그분의 아들을 통해 주시는 의다. 이것이 인간에게 필요한 유일한 의다. 이것은 완벽한 의이기 때문이다.

셋째, 신자들은 하나님의 **거룩함(sanctification,** 성화, 거룩하게 하심)을 받는다. 그리스도 안에서, 우리는 구별되고 거룩하게 된다. 우리는 그리스도 안에서 의롭다고 선언되고, 그리스도 안에서 거룩하게 된다. 우리는 그리스도의 본성을 받을 때, 그분의 썩지 않는 씨를, 절대로 죄 때문에 썩지 않을뿐더러 썩을 수도 없는 씨를 받는다. 우리는 여전히 육체 가운데 살기 때문에 죄에 빠질 수 있으나 간헐적으로 그럴 뿐이다. 우리가 성숙할수록 죄짓는 빈도도 줄어든다. 우리에게 법정적으로 선언된 의가 실제로 거룩함과 성화에서 우리의 의가 된다. 우리는 성령 안에서 생명을 얻었고, 성령으로 행하기(walk) 시작한다(롬 8:4-11). 우리는 그리스도의 형상으로 변화되면서(고후 3:18) 성령의 열매를 맺기 시작한다(갈 5:22-23). 우리의 새 본성이 "그리스도 예수 안에서 선한 일을 위하여," 거룩을 위해 "지으심을 받는다"(엡 2:10).

넷째, 신자들은 하나님의 **구원함(redemption,** 구속)을 받는다. 구속하다(to redeem, 속량하다)라는 말은 되사다(buy back)라는 뜻이다. 하나님은 그리스도로(by Christ) 우리를 죄의 권세로부터 사셨다. 그리스도께서 "우리 기업의 보증이 되사 그 얻으신 것을 속량하시고 그의 영광을 찬송하게 하려 하심이라"(엡 1:14). 베드로는 우리에게 이렇게 일깨운다. "너희가 알거니와 너희 조상이 물려 준 헛된 행실에서 대속함을 받은(redeemed) 것은 은이나 금같이 없어질 것으로 된 것이 아니요 오직 흠 없고 점 없는 어린 양 같은 그리스도의 보배로운 피로 된 것이니라"(벧전 1:18-19).

기록된 바, 자랑하는 자는 주 안에서 자랑하라 함과 같게 하려 함이라. (1:31)

그리스도 안에서, 우리는 하나님의 지혜와 의와 거룩함과 구원함을 받았다. 그렇더라도, 우리는 교만하거나 자랑할 근거가 없다. 이 중 하나라도 우리가 받을 자격이 있었거나 벌었거나(earn) 낳은 게 아니기 때문이다. 인간의 지혜는 이 중 하나도 낳을 수 없다. 인간의 지혜는 교만과 오해와 다툼과 분쟁을 낳을 수 있을 뿐이다. 예레미야가 바울이 그를 인용하기 수백 년 전에 썼듯이, **자랑하는 자는 주 안에서 자랑하라.** 바울은 갈라디아 신자들에게 이렇게 썼다. "내게는 우리 주 예수 그리스도의 십자가 외에 결코 자랑할 것이 없으니"(갈 6:14).

하나님의 지혜, 그 제시
고린도교회의 분쟁은 철학과 인간의 지혜가 낳은 결과였다. 고린도 신자들은 믿음이 나뉘었고 충성이 나뉘었다. 이들의 믿음은 인간의 믿음이었고 이들의 충성은 인간의 충성이었기 때문이다. 바울은 이들에게 상기시켰다. 자신이 처음 고린도에 가서 복음을 전했을 때 인간의 논리에서 나오는 감동적인 말로 전하지 않았다는 것이다.

형제들아, 내가 너희에게 나아가 하나님의 증거를 전할 때에 말과 지혜의 아름다운 것으로 아니하였나니, 내가 너희 중에서 예수 그리스도와 그가 십자가에 못 박히신 것 외에는 아무 것도 알지 아니하기로 작정하였음이라. (2:1-2)

앞서 말했듯이, 하나님의 지혜와 의와 거룩함과 구원함의 복음은 인간의 지혜로 얻을 수 없다. 여기서 바울은 이 복음이 인간의 지혜를 통해 제시되지 않는다는 것도 보여준다. 바울은 철학자가 아니라 증인으로 고린도에 갔다. 그는 고린도에 가서 **하나님의 증거를 전했다. 증거**(testimony, *marturion*)는 증언이나 증인이다. 증인은 직접 보았거나 들었거나 경험한 것만 증언할 수 있다. 증인은 법정에서 오직 객관적으로, 사실대로, 직접 아는 것만 말해야 한다. 증인은 추측하거나 짐작하거나 추론해서는 안 된다. 바울은 자신의 인간적 이해나 추리나 의향이 아니라 오직 하나님의 계시를 말하는 증인이었다. 하나님의 계시가 전부였다. 인간의 지혜는 아무것도 아니었다.

목사가 정치나 심리학이나 경제나 심지어 종교에 관해 제시하는 의견을 들으러 교회에 와서는 안 된다. 목사를 '통해' 주어지는 하나님의 말씀을 들으러 와야 한다. 하나님의 말씀은 덕을 세우고 하나 되게 한다. 인간의 견해는 혼란과 분열을 일으킨다.

바울은 고린도 신자들에게 단언했다. 그는 장황한 인간의 말이나 의견을 가지고 그들에게 간 게 아니었다. 바울은 이들에게 오로지 하나님의 증거 (testimony of God, 하나님에 관한 증거/증언)를 제시했다. 몇 년 후, 바울은 이들에게 다시 단언했다. "이에 숨은 부끄러움의 일을 버리고 속임으로 행하지 아니하며 하나님의 말씀을 혼잡하게 하지 아니하고 오직 진리를 나타냄으로 하나님 앞에서 각 사람의 양심에 대하여 스스로 추천하노라"(고후 4:2).[14] 목회자의 주된 과제, '유일한' 과제는 하나님의 진리를 분명하게 드러내는 것이다.

바울은 디모데에게 이렇게 경고했다. "성령이 밝히 말씀하시기를, 후일에 어떤 사람들이 믿음에서 떠나 미혹하는 영과 귀신의 가르침을 따르리라 하셨으니, 자기 양심이 화인을 맞아서 외식함으로 거짓말하는 자들이라"(딤전 4:1-2). 디모데는 "읽는 것과 권하는 것과 가르치는 것에 전념"해야 했다(13절). 이

---

14 새번역은 이렇게 옮겼다. "우리는 부끄러워서 드러내지 못할 일들을 배격하였습니다. 우리는 간교하게 행하지도 않고, 하나님의 말씀을 왜곡하지도 않습니다. 우리는 진리를 환히 드러냄으로써, 하나님 앞에서 모든 사람의 양심에 우리 자신을 떳떳하게 내세웁니다."

것이 그의 일이었다. 이것이 모든 전파자(preacher, 설교자)의 일이다. 다른 방식은 무엇이든 강단 매춘이다.

젊은 목사에게 보내는 둘째 편지에서, 바울은 "말씀을 전파하라"고 "하나님 앞과…그리스도 예수 앞에서" 엄히 명했다(딤후 4:1-2). 나는 이해할 수 없다. 자신을 하나님의 일꾼이라 부르는 사람이라면 누구라도 하나님의 말씀을 전하고 "때를 얻든지 못 얻든지"(2절) 전할 준비를 갖추는 외에 어떻게 다른 일을 할 수 있단 말인가! 그러나 많은 회중이 목회자가 오로지 말씀만 전하길 '원치' 않는다. 이들은 "바른 교훈(sound doctrine)을 받지 아니하며, 귀가 가려워서 자기의 사욕을 따를 스승을 많이 둔다"(3절). 어느 주석가의 말처럼, "불안정한 믿음, 회의주의, 종교 문제에 관한 단순한 호기심에서 비롯된 고찰이 판치는 시대에는 온갖 선생들이 이집트 파리 떼처럼 몰려든다. 수요가 공급을 낳는다. 청중이 설교자를 초대하고 주무른다. 사람들이 송아지 숭배를 원하면, 송아지 만드는 목회자를 쉽게 찾을 수 있다." 미숙한 신자들을 비롯해 어떤 사람들은 바른 설교자를 찾아 교회를 옮겨 다닌다. 안타깝게도, 이들이 생각하는 "바른" 설교란 견실한 성경 해석이 아니라 설교자 개인의 철학에 근거한 흥미로운 관찰이나 의견이다. 이들은 믿으려고 하나님의 말씀을 찾는 게 아니라 고려해 보려고 사람의 말을 찾는다.

어디서나 그렇게 했듯이 고린도에서 복음을 전할 때, 바울은 청중 **중에서 예수 그리스도와 그가 십자가에 못 박히신 것 외에는 아무것도 알지 아니하기로 작정했다.** 그는 자신이나 그 누구의 것이든 인간의 사상이나 통찰을 논하는 데 관심이 없었다. 그는 예수 그리스도, 십자가에 달려 죽었고 부활했으며 구속하시는 예수 그리스도 외에 아무것도 선포하지 않으려 했다. 예수님을 단지 완벽한 선생이나 완벽한 본보기나 완벽한 인간으로 전하지 않았다. 그분은 이 모두였지만 말이다. 그가 전파한 모든 것의 기초는 하나님이신 구원자(divine Savior) 예수였다.

분명히, 바울은 자신이 복음의 메시지 외에 그 무엇도 전하거나 가르치지 않았다고, 성경에서 그리스도의 대속을 직접 다루는 부분만 설명했다고 말하고 있었던 게 아니다. 그의 서신들에서 분명하게 드러나듯이, 바울은 하나님의 모든 뜻(counsel, 새번역은 "경륜")을 가르쳤다(행 20:27). 그는 고린도에서 1년 반을 사역하면서, "그들 가운데 하나님의 말씀을 가르쳤다"(행 18:11). 그러나 예수 그리스도의 십자가는 불신자들에게 거리끼는 것(stumbling, 걸림돌)이었고(고전 1:23), 지금도 마찬가지다. 그리고 십자가에 나타난 하나님의 계시를 받아들일 때까지, 다른 어떤 계시도 중요하지 않다. 십자가를 가르치는 일(preaching, 전하는 일)이 초기 교회에 아주 지배적이었고, 그래서 그리스도인들이 죽은 자를 예배한다며 많은 유대인과 이방인이 이들을 비난했다. 한 사람이 복음을 이해하도록 돕기 위해서라면, 바울은 십자가를 얼마든지 길게 설명하고 분명하게 제시할 테지만, 십자가를 수정하거나 부정하는 말은 한마디도 하지 않을 터였다.

> 내가 너희 가운데 거할 때에 약하고 두려워하고 심히 떨었노라. 내 말과 내 전도함이 설득력 있는 지혜의 말로 하지 아니하고, 다만 성령의 나타나심과 능력으로 하여, 너희 믿음이 사람의 지혜에 있지 아니하고 다만 하나님의 능력에 있게 하려 하였노라. (2:3-5)

약함, 두려움, 떨림은 바울에게 적절해 보이지 않는다. 이것들은 일반적 의미에서 그에게 적절하지 않았다. 바울은 **약함** 가운데 고린도에 왔으며, 이것은 복음의 약함이지만 실제로는 하나님의 능력이다(고전 1:25, 27). 바울은 **두려움**과 **떨림**이라 할 때 정신적 소심함이나 육체적 떨림을 가리켜 말하지 않았을 것이다. 그는 담대하게 전했고, 담대하게 살았으며, 신자들에게 주님의 일에 담대하라고 했다(행 13:46; 19:8; 엡 3:12; 6:19). 바울은 "두려움과 떨림"이란 표현을 여러 단락에서 사용했으며, 각각은 중요하고 긴급한 문제에 대한 깊은 관심과 관련이 있었다(고후 7:15; 엡 6:5; 빌 2:12).[15]

고린도에 오기 전, 바울은 빌립보에서 매를 맞고 감옥에 갇혔으며, 데살로니가와 베뢰아로 탈출했고, 아덴에서 조롱당했다(행 16:22-24; 17:10, 13-14,

---

15 "두려움과 떨림"(고후 7:15), "두려워하고 떨며"(6:5), "두렵고 떨림"(빌 2:12)

32). 그는 "고린도화되다"(to be "Corinthianized")라는 말이 도덕적으로 심히 타락하다는 뜻이라는 것을 알게 되었다. 고린도는 이교 신앙(paganism)과 도덕적 타락의 전형이었다. 인간적으로 낙담할 이유가 넘쳐나고 사탄이 타협하려 온갖 유혹을 한다는 데는 의심의 여지가 없었다. 그렇더라도 바울은 자신의 메시지를 바꾸려 하지 않았다. 그는 오직 한 의미로 두렵고 떨렸다. 그것은 가장 가망이 없는 이곳에 복음이 어떻게든 뿌리내리길 간절히 바란다는 것이었다. 바울은 자신의 생명이나 안전 때문에, 또는 복음이 능력을 잃을까 두려운 게 아니었다. 그는 복음이 거부당하는 것이, 이 거부가 끔찍한 결과를 낳는 것이 두려웠을 뿐이다. 분명히, 바울은 자신의 사역을 약화할 수 있을 자신의 부족함과 죄도 두려웠다(참조. 고전 9:16, 27).

그러므로 바울은 특별히 결심했다. **내 말(message)과 내 전도함(preaching)이 설득력 있는 지혜의 말로 하지 아니하고.** 인간의 지혜로운 말로 했다면, 그 말이 아무리 감동적이고 설득력이 컸더라도 복음이 능력을 잃었을 것이다. 바울은 계산된 눈속임과 기교를 활용해 반응을 조작해서는 안 된다고 보았다. 많은 사람이 하나님을 진정으로 알지도 확신하지도 못한 채 감정적 호소에 반응했다. 바울은 이런 종류의 전도(preaching, 설교)를 하지 않았다. 이렇게 했다면, 틀림없이 더 많은 사람이 그의 말을 듣고 받아들였을 테지만, 그의 청중은 여전히 구원자를 알지 못한 채 자신들의 죄 가운데 있었을 것이다. 위대한 설교자 조나단 에드워즈(Jonathan Edwards, 1703-1758)는 인간적 설득 기술을 사용해 반응을 끌어내는 죄를 피하려고 설교 원고를 그대로 읽었다고 한다. 그는 오직 메시지가 결과를 낳길 원했다.

바울은 타고난 능력이 컸으나 이것을 의지하지 않았다. 사도가 제시하는 인간의 말과 지혜라도 한 사람을 구원할 수 없었다. 바울은 청중이 자신의 지혜에 동화되길 원치 않았다. 이렇게 되면, 예수 그리스도 안에 있는 하나님의 지혜, 곧 이들에게 영생을 줄 수 있는 지혜가 아니라 또 하나의 철학을 이들에게 줄 위험이 있었기 때문이다.

어느 목사가 어느 날 아침 예배 후 내게 했던 말이 기억한다. "저기 저 사람 보이세요? 제 회심자 중 하나에요." 그러더니 이렇게 설명했다. "주님의 사람이 아니라 제 사람이에요." 그는 그리스도의 제자가 아니라 목사의 제자가 되었다.

존 스토트(John Stott, 1921-2011)는 이렇게 썼다. "하나님이 존귀하게 여기시는 설교가 있는 것 같다. 하나님의 능력과 지혜를 표현하는 설교다. 자신이 연약하고 어리석은 자가 되길 자처하는 사람의 설교다."

불신자들 뿐 아니라 믿지 않는 그리스도인들에게도 성령과 능력이 입증되어야 했다. 그래서 바울은 이들에게 이렇게 했다. 이것이 바울이 이들 가운데서 전하고 행한 전부였다. 오직 하나님의 성령과 능력만이 이들을 죄에서 건져내어 그분께 인도할 수 있었다. 바울은 이들이 새로운 철학이 아니라 새 생명을 갖길 원했다.

찰스 스펄전(Charles Spurgeon, 1834-1892)은 이렇게 설교했다.

> 복음의 능력은 설교자의 유창함에 있지 않습니다. 만약 그렇다면, 사람이 영혼을 회심시키는 게 될 것입니다. 복음의 능력은 설교자의 학식에 있지도 않습니다. 만약 그렇다면, 복음의 능력은 인간의 지혜에 있는 게 될 것입니다. 우리가 우리의 혀가 썩을 때까지, 우리의 폐가 기진해 죽을 때까지 전하더라도, 성령께서 하나님의 말씀과 함께하셔서 그 말씀에 능력을 주어 영혼을 회심시키지 않으시면, 단 한 영혼도 회심하지 않을 것입니다.

고린도 사람들이 바울의 지혜라도 **사람의 지혜**를 믿게 되었다면, 지적으로 변했을지 몰라도 영적으로 변하지는 않았을 것이다. 이들은 여전히 영적으로 죽어 있었을 테고, 바울은 성도요 형제인 이들에게 편지를 쓸 수 없었을 것이다(1:2, 10). 바울은 이들에게 올 때 자신의 메시지를 가지고 온 게 아니라 단지 하나님의 메시지가 전달되는 통로로 왔을 뿐이었다. 오직 하나님의 메시지만 **하나님의 능력**을 수반한다.

교회는 철학을 토대로 분쟁해서는 안 되듯이 개개인을 토대로 분쟁해서도 안 된다. 우리는 인간의 지혜가 아니라 하나님의 지혜를 중심으로 하나 되어야 한다. 우리는 예수 그리스도 안에서 하나이며, 그분의 말씀과 능력에서, 그분에게 속한 자들의 교제에서 하나여야 한다.

6

하나님의 지혜 이해하기
(2:6-16)

그러나 우리가 온전한 자들 중에서는 지혜를 말하노니, 이는 이 세상의 지혜가
아니요 또 이 세상에서 없어질 통치자들의 지혜도 아니요 오직 은밀한 가운데
있는 하나님의 지혜를 말하는 것으로서, 곧 감추어졌던 것인데 하나님이 우리
의 영광을 위하여 만세 전에 미리 정하신 것이라. 이 지혜는 이 세대의 통치자들
이 한 사람도 알지 못하였나니, 만일 알았더라면 영광의 주를 십자가에 못 박지
아니하였으리라. 기록된 바, 하나님이 자기를 사랑하는 자들을 위하여 예비하신
모든 것은 눈으로 보지 못하고 귀로 듣지 못하고 사람의 마음으로 생각하지도
못하였다 함과 같으니라. 오직 하나님이 성령으로 이것을 우리에게 보이셨으니,
성령은 모든 것 곧 하나님의 깊은 것까지도 통달하시느니라. 사람의 일을 사람
의 속에 있는 영 외에 누가 알리요? 이와 같이 하나님의 일도 하나님의 영 외에는
아무도 알지 못하느니라. 우리가 세상의 영을 받지 아니하고 오직 하나님으로부
터 온 영을 받았으니, 이는 우리로 하여금 하나님께서 우리에게 은혜로 주신 것
들을 알게 하려 하심이라. 우리가 이것을 말하거니와 사람의 지혜가 가르친 말
로 아니하고 오직 성령께서 가르치신 것으로 하니, 영적인 일은 영적인 것으로
분별하느니라. 육에 속한 사람은 하나님의 성령의 일들을 받지 아니하나니, 이
는 그것들이 그에게는 어리석게 보임이요, 또 그는 그것들을 알 수도 없나니, 그
러한 일은 영적으로 분별되기 때문이라. 신령한 자는 모든 것을 판단하나 자기
는 아무에게도 판단을 받지 아니하느니라. 누가 주의 마음을 알아서 주를 가르

치겠느냐? 그러나 우리가 그리스도의 마음을 가졌느니라. (2:6-16)

이 단락은 고린도교회의 분열 문제, 특히 이 분열에 기여한 인간의 철학들과 지도자들을 줄곧 향하는 충성을 연이어 다룬다. 인간의 지혜가 신자들을 하나님의 지혜로부터, 영적 성장과 일치로부터 떼어 놓고 있었다.

바울은 이렇게 말했다. **그러나 우리가 온전한(mature) 자들 중에서는 지혜를 말하노니.** 거짓된 인간의 지혜는 복음에 큰 방해물이다. 반면에, 참된 하나님의 지혜는 복음에서 흘러나온다. 신자들에게, "부르심을 받은 자들에게", 그리스도는 "하나님의 능력이요 하나님의 지혜"다(1:24). 개역개정에서 "온전한"으로 번역된 **mature**(*teleios*, 성숙한)는 "완벽한"(perfect, KJV) 또는 "완전한"(complete)을 의미할 수 있지만, 정회원 자격을 가진 사람, 정식으로 입회한 사람을 가리킬 수도 있다. 바울이 여기서 이 용어를 사용하는 방식은 히브리서 저자가 다른 형태로 사용해(6:2; 10:14) 구원을 가리켰던 방식과 같다.[16] **온전한 자들(those who are mature)**은 구속받았으며 예수 그리스도를 완전히 신뢰하는 자들이다. 바울은 이렇게 말하고 있다: 자신은 믿음이 진보한 신자들과 함께 있을 때만 하나님의 지혜를 말하는 게 아니라, 참으로 믿음 안에 있는 신자들—구원받은 자들—가운데 있을 때만 하나님의 지혜를 말한다는 것이다. 그들 가운데서 복음이 지혜일 수 있는 자들만 참 신자다. 다른 모두에게, 복음은 꺼리는 것(stumbling block, 걸림돌) 또는 미련한 것이다(1:23). 분명히, 어떤 그리스도인들은 다른 그리스도인들보다 하나님의 지혜 안에서 더 잘 배우고 더 잘 순종한다. 그러나 모든 그리스도인에게, "그가 모든 지혜와 총명을 우리에게 넘치게 하사 그 뜻의 비밀을 우리에게 알리신 것이요 그의 기뻐하심을 따라 그리스도 안에서 때가 찬 경륜을 위하여 예정하신 것이

---

16 저자가 사용하는 NASB는 히브리서 6:1에서 "let us press on to maturity"(성숙으로 나아갑시다)라고 옮겼고, 개역개정은 6:2에서 이 부분을 "완전한 데로 나아갈지니라"라고 옮겼다(새번역은 1절에서 "성숙한 경지로 나아갑시다"). 또한 NASB는 10:14에서 "He has perfected"(그가 완전하게 하셨다)로 옮겼고, 개역개정은 이 부분을 "그가…온전하게 하셨느니라"로 옮겼다.

다"(엡 1:8-9).[17] 그리스도를 거부하는 자들은 그의 메시지를 미련한 것으로 듣지만, 신자들에게는 이것이 지혜, 곧 하나님의 지혜다.

고린도전서 2:6-16에서, 바울은 두 핵심을 강조한다. 즉 참 지혜는 인간이 찾을 수 없으며, 참 지혜는 하나님이 계시하신다.

참 지혜는 인간이 찾아낼 수 없다

하등 생물이 고등 생물을 이해하기란 불가능하다. 자신보다 복잡하고 진보한 존재를 어떻게 이해할 수 있겠는가? 벼룩이 개를 이해하려면, 적어도 개만큼 진보해야 한다. 개가 사람을 이해하려면, 적어도 사람만큼 진보해야 한다. 창조자와 피조물 사이에 얼마나 더 큰 거리가 있겠는가? 인간은 하나님이 무엇과 같은지 상상할 수 있으며, 사람들은 하나님에 관해 숱한 개념을 갖는다. 거의 모든 사람이 하나님이 무엇과 같은지, 또는 그분의 존재 여부에 관해 견해를 갖는다. 그러나 인간의 견해는 적실하지 못하다. 인간의 견해는 결코 추측을 넘어설 수 없기 때문이다. 피조물은 자기 자원으로 자신의 창조자를 이해할 수 없다.

하나님의 지혜, 곧 하나님에 관한 진리와 인간을 향한 하나님의 메시지는 **이 세상의 지혜가 아니요 또 이 세상에서 없어질 통치자들의 지혜도 아니다. 세상** (**age**, *aiōnos*)은 시기, 역사의 시대를 가리킨다. 바울은 자신이 사는 특정 시대뿐 아니라 역사의 모든 시대를 말하고 있었다. 인간의 모든 지혜는 **없어진다** (**passing away**). 인간의 지혜는 공허하고 헛되며 물거품이 된다. **통치자들**(**the rulers,** *archontōn*, 지도자들 또는 권위자들)의 지혜일지라도 다르지 않다.

바울은 거듭 단언한다. 자신은 참으로 지혜를 말하고 있다는 것이다. **그러나 우리가…지혜를 말하노니, 이는…하나님의 지혜…곧 감추어졌던 것이다.** 육

---

17 새번역은 에베소서 1:8-9을 이렇게 옮겼다. "하나님은 우리에게 모든 지혜와 총명을 넘치게 주셔서, 그리스도 안에서 미리 세우신 하나님이 기뻐하시는 뜻을 따라 하나님의 신비한 뜻을 우리에게 알려 주셨습니다."

에 속한 사람(natural man)은 하나님의 지혜를 알지 못하고 이해하지도 못하며 어리석음으로 여긴다. 이것은 **은밀한 가운데 있는 하나님의 지혜(God's wisdom in a mystery), 감추어졌던 것(the hidden wisdom)**이기 때문이다. 은밀(**mystery**, *mustērion*, 비밀)은 이상하고 수수께끼 같은 게 아니라 비밀로 유지되는 것을 가리킨다. 하나님은 자신의 지혜를 육에 속한 사람과 그가 가진 세상 지혜에게 의도적으로 비밀로 하신다(참조. 마 11:25; 13:10-13).

그러나 하나님의 백성에게, 하나님이 부르셨고 완전하게 하신 자들에게, **하나님이 자신의 아들을 통해 자신의 지혜를 주기로 우리의 영광을 위하여 만세전에 미리 정하셨다.** 시간이 시작되기 전, 하늘에 계신 우리 아버지께서 구원하는 자신의 지혜, 곧 궁극적으로 우리의 영원한 영화(glorification)로 이어지는 지혜를 우리에게 주기로 결정하셨다(롬 8:18).

> **이 지혜는 이 세대의 통치자들이 한 사람도 알지 못하였나니, 만일 알았더라면 영광의 주를 십자가에 못 박지 아니하였으리라.** (2:8)

예수님의 십자가 죽음은 **이 세대의 통치자들이** 하나님의 지혜가 없었다는 증거다. 이들이 **만일 알았더라면, 영광의 주를 십자가에 못 박지 아니하였으리라.** 복음이 걸림돌이었던 유대 지도자들뿐 아니라 복음이 어리석음이었던 이방인 지도자들도 하나님의 신적 지혜를 알지 못했다. 하나님에 관한 무지, 의지적 무지(willing ignorance) 때문에, 이들은 하나님의 아들을 죽였다. 바울의 증언이 이들의 무지를 드러낸다(딤전 1:12-13). 이것이 인간의 지혜가 낳는 결과다. 세상의 눈에, 예수님은 전혀 영광스럽지 않다. 그러나 하나님의 눈에, 그분은 바로 **영광의 주이다.** 그러나

> **하나님이 자기를 사랑하는 자들을 위하여 예비하신 모든 것은 눈으로 보지 못하고 귀로 듣지 못하고 사람의 마음으로 생각하지도 못하였다.** (2:9)

이사야 64:4과 65:17을 자유롭게 인용한 이 구절은 자주 암송된다. 그러나

이 구절은 번번이 잘못 적용되기도 한다. 바울은 놀라운 천국이 아니라 하나님이 신자들을 위해 준비하신 지혜를 말하고 있다. 그의 핵심은 인간의 육적인(natural) 눈과 귀와 마음은 하나님의 지혜를 알 수 없거나 이해할 수 없다는 것이다. 하나님의 지혜는 오직 **자기를**, 곧 하나님을 **사랑하는 자들을 위하여 예배하신** 것이다.

외적으로도 내적으로도, 객관적으로도 주관적으로도, 인간은 하나님을 찾아낼 수 없다. 인간의 외적 탐색은 경험적이고 실험적이다. 즉 보기와 듣기로 대변된다. 하나님의 진리는, 우리가 섬세한 도구를 아무리 많이 사용하더라도, **눈**이나 **귀**로 지각할 수 있는 게 아니다.

우리의 지성(**마음**)을 통해 하나님의 진리를 주관적으로 찾아내려는 노력도 쓸모없기는 마찬가지다. 합리주의는 하나님의 진리를 추론해낼 수 없다. 인간이 가진 가장 위대한 두 자원, 경험주의와 합리주의, 인간의 관찰과 이성도 하나님의 진리를 찾아내는 데 쓸모없기는 마찬가지다. 사실, 이것들은 늘 결국 인간이 하나님의 진리에 등을 돌리게 한다. 결국, 이것들이 인간으로 그리스도를 십자가에 못 박게 했다.

그러나 하나님의 진리, 하나님의 계획, 하나님의 지혜가 하나님의 자녀들에게는 숨겨져 있지 않다. **하나님이 자기를 사랑하는 자들을 위하여 예비하신 모든 것**이다.

참 지혜는 하나님이 계시하신다

인간이 자신의 힘으로 하나님의 진리를 찾아내는 것은 불가능한 만큼이나 불필요하다. 인간이 찾을 수 없는 것을 하나님이 주셨다. 인간은 자신의 힘으로 하나님께 나올 수 없다. 그러나 하나님이 인간에게 오셨다. 성령께서 인간의 닫힌 상자를 뚫고 들어와, 계시와 영감과 조명을 통해, 하나님을 보여주셨다.

계시로

> 오직 하나님이 성령으로 이것을 우리에게 보이셨으니, 성령은 모든 것 곧 하나
> 님의 깊은 것까지도 통달하시느니라. 사람의 일을 사람의 속에 있는 영 외에 누
> 가 알리요? 이와 같이 하나님의 일도 하나님의 영 외에는 아무도 알지 못하느니
> 라. (2:10-11)

성령은 삼위일체 중에서 전달하고 소통하신다. 성령께서 하나님의 진리를
전달하시는 첫 단계가 '계시'다. 삼위일체의 한 위격으로서, **성령**께서는 하나
님의 마음을 완벽하게 아신다. 하나님은 천사들을 이용해 인간에게 크고 놀
라운 일을 숱하게 행하셨다. 그러나 하나님은 새 언약의 계시를 천사에게 맡
기지 않으셨다. 말씀의 진리를 **하나님이 성령으로…보이셨다**(God revealed
through the Spirit, 하나님이 성령을 통해 계시하셨다). 성령은 성경의 신적 저자
다. 성령께서 많은 인간 대리자를 사용하셨으나, 메시지는 전적으로 그분의
것이다. 계시는 순전히 하나님의 말씀이다.

성령께서 말씀을 계시하실 특별한 자격이 있음을 설명하려고, 바울은 성령
께서 하나님의 마음을 아신다는 것을 인간이 자신의 마음을 안다는 것에 비
유한다. 그 누구도 자신을 아는 만큼 다른 사람을 잘 알 수는 없다. 수십 년을
함께 살면서 생각과 꿈과 문제와 기쁨을 나눈 부부라도 절대로 자신을 아는
만큼 배우자를 친밀하게 알 수는 없다. 우리의 가장 깊은 **생각**, 우리 마음의
깊은 내면은 자신만 안다.

이와 비슷하게, 오직 하나님의 영만 하나님을 친밀하게 알 수 있다. 그런데
놀랍고 놀라운 사실이 있다. 믿는 자들, 곧 **우리에게** 자신의 지혜를 계시하도
록 **하나님의 영**, 곧 **하나님의 깊은 것**과 **하나님의 일**(the thoughts of God, 하나님
의 생각)을 친밀하게 아시는 분을 하나님이 보내셨다.

영감/감동으로

> 우리가 세상의 영을 받지 아니하고 오직 하나님으로부터 온 영을 받았으니, 이
> 는 우리로 하여금 하나님께서 우리에게 은혜로 주신 것들을 알게 하려 하심이
> 라. 우리가 이것을 말하거니와 사람의 지혜가 가르친 말로 아니하고 오직 성령
> 께서 가르치신 것으로 하니, 영적인 일은 영적인 것으로 분별하느니라. (2:12-13)

성령께서 하나님의 진리를 전달하시는 과정을 '영감'(inspiration)이라 한다. 하나님의 진리는 인간이 찾아낼 수 없다. 하나님의 진리는 오로지 **받을** 수 있을 뿐이다. 무엇을 받으려면, 먼저 그것이 주어져야 한다. 하나님의 진리를 받을 수 있는 것은 그것이 값없이 주어졌기**(freely given, 은혜로 주신)** 때문이다. **세상의 영이**(즉, 인간의 지혜가) 아니라 **하나님으로부터 온 영이** 하나님의 말씀을 가져다주셨다. 이 하나님의 말씀은 **하나님께서 우리에게 은혜로 주신 것**들로 구성된다. 성경은 하나님의 계시를 실어 나르는 성령의 수레다.

12-13절의 **우리와 우리에게**는(6-7, 10절에서처럼) 그리스도인 전체가 아니라 바울 자신을 가리킨다. 하나님의 말씀은 모든 신자를 위한 것이지만, 오직 사도들을 비롯해 성경 저자들에게만 '계시되었다'. 오직 이들만 '영감되었다'(inspired, 감동되었다)고 말하는 것은 적절하다. 요한복음 14:26의 약속은 ("보혜사…성령 그가 너희에게 모든 것을 가르치고 내가 너희에게 말한 모든 것을 생각나게 하리라") 모든 신자의 유익을 위한 것이지만 오직 사도들에게만 주어졌다. 바울을 비롯한 성경 저자들은 자신들의 생각과 해석을 기록한 게 아니다. 하나님이 자신들에게 '주신' 것, 오직 그것만 기록했다. **우리가…받았으니, 이는 우리로 하여금…알게 하려 하심이라.** 성령께서 인간 저자들이 알고 사용하는 말(words, 단어들)을 사용하셨으나 이것들을 선택해 정확히 자신이 원하는 순서로 배열하셨다. 그러므로 성경은 하나님의 말씀(God's Word)일 뿐 아니라 하나님의 말(God's words)이다.

많은 자유주의와 신정통주의 해석자들의 주장과 달리, 성경은 하나님에게서 오는 "말 뒤에 있는 말씀"(Word behind the words)일 뿐이지 않다. "모든

성경은 하나님의 감동으로 된(inspired, 문자적으로 '하나님의 호흡으로 된 God-breathed') 것"이다(딤후 3:16). '성경'은 "기록"(writings)을 의미하며, 구체적으로 하나님이 선택하신 사람들이 그분의 계시와 영감(감동)으로 쓴 것을 가리킬 뿐 이들이 말하고 쓴 '모든 것'을 가리키지 않는다. 바울이 설명하듯이, 이것은 **우리에게 은혜로 주신 것들**, 이들이 기록한 "하나님의 호흡으로 된" 말을 가리킨다.

예수님은 광야에서 사탄의 첫 시험(유혹)에 (신명기 8:3을 인용하면서) 이렇게 답하셨다. "사람이 떡으로만 살 것이 아니요 하나님의 입으로부터 나오는 모든 말씀(every word)으로 살 것이라"(마 4:4). 하나님은 자신의 말씀(Word)을 자신의 말로(in His own words) 주셨다. "하나님의 입으로부터 나오는 모든 말씀(word, 말)"은 계시되고 영감되며 권위 있다. **우리가 이것을 말하거니와 사람의 지혜가 가르친 말로(in words) 아니하고 오직 성령께서 가르치신 것으로 하니, 영적인 일(spiritual thoughts)은 영적인 '것'(spiritual words)으로 분별하느니라.**

조명으로

육에 속한 사람은 하나님의 성령의 일들을 받지 아니하나니, 이는 그것들이 그에게는 어리석게 보임이요, 또 그는 그것들을 알 수도 없나니, 그러한 일은 영적으로 분별되기 때문이라. 신령한 자는 모든 것을 판단하나 자기는 아무에게도 판단을 받지 아니하느니라. 누가 주의 마음을 알아서 주를 가르치겠느냐? 그러나 우리가 그리스도의 마음을 가졌느니라. (2:14-16)

성령께서 하나님의 진리를 전달하는 셋째 단계는 '조명'(illumination, 비침)이다. 성경을 읽어도, 심지어 여러 번역본을 읽어도 성경을 이해하지 못할 수 있다. 성경을 여러 해 연구하고 성경의 상당 부분을 암송하더라도 여전히 성경을 이해하지 못할 수 있다. 예수님 당시, 서기관들과 바리새인들은 구약성경과 관련해 고도의 훈련을 받았으나 그 중심 메시지를 놓쳤다. 약속된 메시아가 와서 자신들 가운데 사는데도, 이들은 그 메시아를 전혀 알아보지 못했다(요

5:37-39). 이들은 예수님을 믿지 않았다. 자신들이 소망을 두는 위대한 입법자 모세를 진정으로 믿지 않았기 때문이다(45-47절). 이들은 **하나님의 성령의 일들을 받지 아니**했다. 이것들이 이들에게 **어리석게** 보였기 때문이다. 이들은 하나님께 속하지 않았기 때문에, **그것들을 알 '수도 없었다'. 그러한 일은 영적으로 분별되기 때문이다.** 하나님을 거부하는 모든 사람처럼, 이 서기관들과 바리새인들은 **육에 속한 사람(natural man)**의 영역에 살았을 뿐이다. 이들은 하나님 말씀의 초자연적 성격을 알 방법이 없었고 알고 싶은 마음도 없었다.

육에 속한 사람(natural man)은 **하나님의 성령의 일들**을 알거나 이해할 수 없다. 이것들은 오직 **영적으로 분별되기** 때문이다. **영적(spiritual)**은 육에 속한 **(natural)**과 정반대이며, 따라서 구속받은 자들이 하나님의 진리를 파악하는 내적 능력을 가리킨다. 하나님의 말씀은 영적으로 평가되고, 영적으로 분별되며, 영적으로 이해된다. 그리고 육에 속한 사람은 영적으로 죽었다.

시편 기자는 하나님이 그분의 말씀을 조명해주셔야 한다는 것을 알았다. 그는 이렇게 기도했다. "내 눈을 열어서 주의 율법에서 놀라운 것을 보게 하소서"(시 119:18). 그는 하나님의 말씀을 읽는 데는 그분의 도움이 필요하지 않으나 그 말씀을 이해하기 위해서는 그분의 도움이 필요하다는 것을 알았다.

마르틴 루터(Martin Luther, 1483-1546)는 이렇게 말했다. "성경은 단순히 연구나 재능으로 이해할 수 있는 게 아니다. 오직 성령의 영향을 의지하지 않으면 안 된다."

장 칼뱅(John Calvin, 1509-1564)은 이렇게 썼다. "성령의 증언이 이성보다 우월하다. 따라서…성령의 내적 증언이 인칠 때까지 이 말이 그의 마음에서 완전한 신뢰를 얻지 못할 것이다."

누군가 말하듯이, 인간이 자신의 힘으로 제아무리 발버둥 쳐봐야 "성경의 겉만 핥을 뿐 그 속에 이르지 못한다."

우리가 하나님의 진리를 진정으로 알고 바르게 해석할 수 있으려면, 먼저 하나님이 우리의 이해의 눈을 여셔야 한다. 영이 거듭났고 성령이 내주하시는 사람들만 하나님의 진리를 알 수 있다. 오직 성령만 성경을 조명하실 수 있기 때문이다. 육체적으로 눈이 먼 사람이 해를 볼 수 없듯이, 영적으로 눈이 먼 사람은 아들(the Son)을 볼 수 없다. 둘 다 적절한 조명이 없다. 마르틴 루터는 이렇게 말했다. "인간은 롯의 아내처럼 소금 기둥 같다. 인간은 통나무나 돌 같다. 인간은 생명 없는 동상 같다. 동상은 눈도 입도 쓰지 못하고 감각도 없으며 마음도 없다. 인간이 성령의 비췸을 얻고 회심하며 거듭나지 못하면 이와 같다."

반대로, **신령한(spiritual) 자는 모든 것을 판단한다.** 진리 교사(Truth Teacher)가 신자 안에 거하면서 그가 하나님에 관해 알아야 할 모든 것을 그에게 조명해주신다. 요한은 이렇게 썼다. "너희는 주께 받은 바 기름 부음이 너희 안에 거하나니, 아무도 너희를 가르칠 필요가 없고, 오직 그의 기름 부음이 모든 것을 너희에게 가르치며 또 참되고 거짓이 없으니, 너희를 가르치신 그대로 주 안에 거하라"(요일 2:27). 성령께서 하나님의 말씀, 곧 자신이 계시했고 감동시킨 말씀을 취해 자신이 내주하는 자들에게 조명하신다.

성경 저자들에게 주어진 하나님의 계시 및 영감과 달리, 하나님의 조명은 '모든' 그리스도인에게 해당한다. 말씀을 주시는 분을 의지할 때, 누구나 그 말씀을 바르게 판단할 수 있다.

육에 속한 사람은 하나님의 말씀을 바르게 판단할 수 없기 때문에 하나님의 백성도 바르게 판단할 수 없다. **신령한 자는…아무에게도 판단을 받지 아니하느니라.** 세상은 하나님과 그분의 말씀을 이해할 수 없듯이 신실한 그리스도인들도 이해할 수 없다. 물론, 이들은 신자들을 판단하려 하지만 늘 잘못 판단한다. 이들은 우리의 잘못과 단점, 우리의 믿음에 부합하지 못하는 우리의 삶을 정확히 평가할 수 있을지 모른다. 그러나 우리의 믿음을 정확히 평가할 수는 없다. 복음 자체가 이들에게 걸림돌이고 어리석음이라면, 복음에 기초한 믿음도 다르지 않다.

그리스도께서 오해와 박해를 받으셨듯이 그리스도 안에 있는 자도 오해와 박해를 받을 것이다(요 15:20). 세상은 우리를 비웃고 조롱하며, 세상 많은 곳에서 여전히 우리를 죽이기까지 한다. 세상은 그리스도를 십자가에 못 박았고, 그분을 따르는 자들을 십자가에 못 박을 것이다.

바울은 묻는다. **누가 주의 마음을 알았는가?** 육에 속한 자가 하나님의 생각에 대해 무엇을 생각하는가? 아무것도 생각하지 않는다. 불신자들은 흔히 신자들을 바로잡길 원하고, 우리가 믿고 따르는 진리에 대해 논쟁하길 원한다. 그러나 성경의 가르침을 거스를 때, 이들은 우리가 아니라 하나님과 논쟁하는 것이며, 자신들이 그 생각을 알지 못하는 분과 논쟁하는 것이다. 이들은 **주를 가르치려** 한다. 어리석기 짝이 없다.

그러나 하나님이 우리 그리스도인들을 가르치신다. 우리는 하나님 말씀의 **모든 것**을 이해할 수 있다. **우리가 그리스도의 마음을 가졌기** 때문이다. 그리스도는 하나님의 생각을 생각하고 하나님의 지혜를 이해하신다. 우리는 그분의 **마음(mind,** *nous***)**을 가졌다. 이 용어는 14:14, 15, 19에서 "understanding"으로 번역되었다(개역개정에서는 모두 "마음"으로 번역되었다). 여기서 이 용어의 용례는 누가복음 24:45의 용례, 곧 예수님이 엠마오로 가는 두 제자에게 주신 계시—"이에 그들의 마음을 열어 성경을 깨닫게 하시고"—를 토대로 이해하는 게 최선일 것이다.

조명 교리(doctrine of illumination)는 우리가 모든 것을 알고 이해할 수 있다거나(신 29:29), 우리에게 인간 교사들이 필요 없다거나(엡 4:11-12), 연구가 힘들지 않다는 뜻이 아니다(딤후 2:15). 이것은 부지런하고 순종하는 모든 그리스도인에게 성경이 이해될 수 있다는 뜻이다.

7

육적인 그리스도인
(3:1-9)

형제들아, 내가 신령한 자들을 대함과 같이 너희에게 말할 수 없어서 육신에 속한 자, 곧 그리스도 안에서 어린아이들을 대함과 같이 하노라. 내가 너희를 젖으로 먹이고 밥으로 아니하였노니, 이는 너희가 감당하지 못하였음이거니와 지금도 못하리라. 너희는 아직도 육신에 속한 자로다. 너희 가운데 시기와 분쟁이 있으니, 어찌 육신에 속하여 사람을 따라 행함이 아니리요? 어떤 이는 말하되, 나는 바울에게라 하고, 다른 이는 나는 아볼로에게라 하니, 너희가 육의 사람이 아니리요? 그런즉 아볼로는 무엇이며, 바울은 무엇이냐? 그들은 주께서 각각 주신 대로 너희로 하여금 믿게 한 사역자들이니라. 나는 심었고 아볼로는 물을 주었으되, 오직 하나님께서 자라나게 하셨나니, 그런즉 심는 이나 물주는 이는 아무 것도 아니로되, 오직 자라게 하시는 이는 하나님뿐이니라. 심는 이와 물주는 이는 한가지이나 각각 자기가 일한 대로 자기의 상을 받으리라. 우리는 하나님의 동역자들이요 너희는 하나님의 밭이요 하나님의 집이니라. (3:1-9)

자신의 저서 『새로운 삶』(*The New Life*)에서, 마이클 그린(Michael Green)은 이런 이야기를 들려준다. 친구가 그를 찾아와 자신이 이제 막 찾은 그리스도인의 삶을 이렇게 설명했다. "사이클을 타는 사람 같다네. 긴 오르막길을 오를 때면 반대쪽 내리막길을 페달을 밟지 않고 내려갈 생각을 하는 거지. 그런데 그 오르막길 정상에 이르면, 이제 시작일 뿐이고 방금 오른 오르막길보다 훨씬 가파른 오르막길들이 앞에 있다는 걸 알게 되는 거지."

많은 그리스도인이 같은 결론에 이르렀다. 신실한 그리스도인의 삶이 점점 어렵고 힘들어진다. 자전거로 내리막길 내닫기와는 까마득히 멀다. 그리스도께서 우리의 중요한 문제를 모두 해결하신다. 평안, 기쁨, 의미, 목적을 비롯해 신자가 전혀 알지 못하는 숱한 복을 주신다. 그러나 그리스도인의 삶은 쉽지 않다. 다양한 면에서, 구원받기 전보다 훨씬 힘든 삶이다.

어떻게 이럴 수 있는가? 우리 안에 하나님의 영을, 그리스도의 마음을, 하나님의 능력을 가졌는데, 어떻게 옳은 일을 하고 주님이 우리에게 원하시는 일을 하는 게 더 어려워질 수 있단 말인가? 이유는 두 가지다. 세상과 육신이다. 첫째는 우리 밖에 있고, 둘째는 우리 안에 있다. 이 둘은 사탄이 신자들을 유혹하고 신자들을 신실함과 승리로부터 차단하려고 사용하는 최고의 도구다.

그리스도 안에 있는 새 언약의 약속은 새 영과 새 마음을 주시겠다는 약속이다(겔 36:25-27). 한 사람이 그리스도인이 될 때, 또한 새로운 피조물이 되고, 새로운 본성, 새로운 내적 존재, 하나님을 향한 호의적 성향을 갖게 된다. 이 가운데 어느 하나도 그리스도 없이 가질 수 없다(벧후 1:4; 고후 5:17). 이 순간부터, 주님이 그를 데려가 그분과 함께하게 하실 때까지, 그는 물살을 거슬러 헤엄친다. 산란을 위해 회귀하는 연어처럼, 그는 중력과 물살이 계속 자신을 거스르는 것을 발견한다. 그의 새 마음은 그를 주변 세상과는 영원히 다른 방향으로 몰아간다.

교회는 흔히 세속(worldliness)을 춤과 음주 같은 것들의 측면에서 생각해 왔다. 그러나 세속은 나쁜 습관보다 훨씬 깊다. 세속은 방향성, 곧 생각하고 믿는 방식이다. 기본적으로, 세속은 세상의 철학을 사는 것(buying), 인간의 지혜를 사는 것이다. 세속은 우리의 기준과 태도와 의미를 세상에서—인간 지도자들, 영향력 있고 인기 있는 사람들, 이웃들, 지인들, 동료 학생들에게서—찾는다. 세속은 세상의 정의(definitions), 세상의 척도, 세상의 목표를 받아들인다.

그리스도인이 직면하는 둘째 큰 장애물은 육신이다. 사실, 세상이 우리에게 이르려고 사용하는 다리를 만드는 것은 육신이다. 우리가 그리스도의 신성한 성품(divine nature)을 받을 때, 우리의 육신이 제거되지 않는다. 이런 일은 우리가 영화롭게 될 때에야 일어난다(롬 8:18-25). 그 때까지, 육신은 새 마음에 끊임없이 저항하고 반대한다. 바울은 자신의 삶에서 벌어지는 싸움을 말한다.

> 내가 행하는 것을 내가 알지 못하노니 곧 내가 원하는 것은 행하지 아니하고 도리어 미워하는 것을 행함이라···내가 원하는 바 선은 행하지 아니하고 도리어 원하지 아니하는 바 악을 행하는도다···내 속사람으로는 하나님의 법을 즐거워하되 내 지체 속에서 한 다른 법이 내 마음의 법과 싸워 내 지체 속에 있는 죄의 법으로 나를 사로잡는 것을 보는도다. (롬 7:15, 19, 22-23)

육체적으로 태어날 때, 우리는 아담에게서 죄를 향하는 성향을 가진 육신을 물려받았다. 우리가 영적으로 태어나고 새 영, 곧 새 마음을 받았을 때, 하나님이 죄의 척추를 꺾고 죄의 능력을 무기력하게 하며 죄의 값을 지불하셨다. 그러나 악을 향하는 성향은 남아 있다. '이기적'(selfish)이란 단어가 육신을, 우리의 인간됨을(humanness), 우리의 아담적 본성을 가장 잘 특징짓는다. 아담의 죄는, 그가 타락할 때 그를 유혹한 자의 죄처럼(사 14:13), 자신의 뜻과 이익을 하나님과 맞세우는 데 집중했다. 그 이후, 이것이 죄의 중심이다.

세상과 육신은 밀접하게 연결된다. 둘은 같은 세력인 사탄에게 이용되고, 같은 목적인 악을 섬긴다. 둘은 상호보완적이며, 구분이 어렵기 일쑤다. 그러나 둘을 엄격히 구분할 필요가 없다. 둘 다 영적 원수이며, 둘 다 같은 무기, 곧 하나님의 말씀과 하나님의 성령으로 맞서 싸워야 하기 때문이다.

우리가 세상과 육신에 궁극적으로 승리하리라는 것은 확실하다. 그러나 우리와 이들의 싸움이 이생에서 계속되리라는 것도 확실하다. 우리는 궁극적 전투에서 승리할 테지만, 그 과정에서 숱한 소규모 접전에서 패배할 수도 있다.

고린도 신자들은 이 쌍둥이 원수와 맞서 싸우기가 특히 힘들었고, 좀체 승리하지 못했다. 이들은 세상이나 육신과 단절하려 하지 않았고, 둘 다에 계속 굴복했다. 그 결과, 이들은 심각한 죄에 잇따라 빠졌다. 이 서신의 대부분이 이러한 죄를 밝히고 바로잡기와 관련이 있다.

분쟁의 죄는 다른 숱한 죄와 밀접하게 연결되었다. 죄들은 언제나 서로 연결된다. 고립된 죄란 없다. 죄는 또 다른 죄로 이어지고, 둘째 죄는 첫째 죄를 강화한다. 모든 죄는 죄들의 결합이며, 죄짓는 신자는 그 악을 한 차원으로 한정할 수 없다.

1:18부터 2:16까지, 바울은 고린도 신자들의 분쟁은 세속(worldliness) 때문이며, 이들이 인간의 지혜를 계속 사랑하기 때문이라고 지적한다. 3:1-9에서, 바울은 이들의 분쟁은 육신 때문이며, 이들이 자신들의 인성(humanness)에 자리한 악에 계속 굴복하기 때문이기도 하다는 것을 보여준다. 그는 원인과 증상과 치료책을 제시한다.

분쟁의 원인: 육신

형제들아, 내가 신령한 자들을 대함과 같이 너희에게 말할 수 없어서 육신에 속한 자, 곧 그리스도 안에서 어린 아이들을 대함과 같이 하노라. 내가 너희를 젖으로 먹이고 밥으로 아니하였노니, 이는 너희가 감당하지 못하였음이거니와 지금도 못하리라. 너희는 아직도 육신에 속한 자로다. (3:1-3a)

고린도교회가 분쟁한 것은 단지 외적이며 세상적인 영향 때문이 아니었다. 내적이며 육신적인(fleshly) 영향 때문이기도 했다. 고린도 신자들은 이전에 세상의 압박에 굴복했으나, 자기 육신의 압박과 유혹에 굴복하고 있기도 했다.

바울은 이들의 미성숙과 죄악을 꾸짖기 전에 이들에게 다시 일깨운다. 자신이 이들에게 말할 때, **형제들**, 곧 동료 신자들에게 말하고 있다는 것이다. **형제들**은 인정과 사랑의 용어다. 이것은 그리스도 안에 있는 그의 형제들이 여전히 구원받았으며, 이들이 짓는 끔찍하고 변명할 수 없는 죄 때문에 이들의 구원이 취소되지는 않는다는 것을 상기시켰다. 바울은 이들이 지은 심각한 여러 죄를 축소하려 하지 않았으나 자신의 책망이 초래할지 모를 낙심을 줄이거나 방지하려 했다. 그는 재판관으로서 이들 위에 선 게 아니라 형제로서 이들 편에 섰다.

그러나 바울은 고린도 신자들에게 말할 때 이들을 **신령한 자들(spiritual men)**로 보고 말할 수는 없었다. 이들은 믿음의 문을 통과했으나 더는 전진하지 못했다. 이들의 대다수는 예수 그리스도를 몇 해 전 영접했으나 마치 방금 거듭난 것처럼 행동했다. 이들은 여전히 **그리스도 안에서 어린아이들**이었다.

신약성경은 '영적'(spiritual, "신령한")이란 단어를 다양하게 사용한다. 중립적 의미에서, 이것은 단지 육체적(physical, 물리적) 영역과 대비되는 영적 영역을 의미한다. 그러나 사람들에게 적용될 때, 이 용어는 이들과 하나님의 관계, 즉 둘 중 한 방식으로—위치적으로(positionally) 또는 실제적으로(practically, 실천적으로)—이뤄지는 관계를 가리키는 데 사용된다. 불신자들은 둘 다의 의미에서 완전히 비영적(unspiritual, 신령하지 못한)이다. 이들은 새 영도 없고 성령도 없다. 이들은 위치도 육적이고(natural) 행위도 육적이다. 반대로, 신자들은 위치적 의미에서 완전히 영적이다. 신자들은 하나님을 사랑하는 새로운 내적 존재를 받았으며, 하나님의 성령이 이들 안에 거하시기 때문이다. 그러나 실제적으로, 신자들도 비영적일 수 있다.

2:14-15에서 바울은 신자들과 불신자들을 대비시키며, 따라서 이 문맥에서 그가 사용하는 "신령한"이란 표현은 위치적 영성(positional spirituality)을 가리킨다. "육에 속한 사람"은(natural man, 14절) 구원받지 못한 자다. "신령한 자"는(15절) 구원받은 자다. 위치적 의미에서, 비영적인(unspiritual, 신령하지 못한) 그리스도인이나 부분적으로 영적인(신령한) 그리스도인이란 없다. '영적'(spiritual, "신령한")은 영혼에 하나님의 생명을 소유함, 또는 2:16에서 보았듯이, 그리스도의 마음을 가짐과 동의어다.

위치적으로, 영적인 사람은 새 마음을 가졌으며 자신 속에 거하시는 성령의 다스림을 받는 사람이다. "만일 너희 속에 하나님의 영이 거하시면, 너희가 육신에 있지 아니하고 영에 있나니, 누구든지 그리스도의 영이 없으면 그리스도의 사람이 아니라"(롬 8:9; 참조. 14절). 우리가 예수 그리스도를 믿을 때, 그분의 성령께서 우리의 삶을 맡아 죽을 때까지 책임지신다. 우리가 복종하든 그러지 않든 간에, 성령께서 우리를 다스려 그분의 궁극적 목적에 이르게 하실 것이다. "우리가 알거니와 하나님을 사랑하는 자 곧 그의 뜻대로 부르심을 입은 자들에게는 모든 것이 합력하여 선을 이루느니라"(롬 8:28). 우리의 저항과 불순종 때문에 불필요하게 둘러가고 지체하며 마음 아픈 일이 숱하게 일어날 수 있지만, 그분은 우리 안에서 자신의 일을 이루'실 것이다'. "너희 안에서 착한 일을 시작하신 이가 그리스도 예수의 날까지 이루실 줄을 우리는 확신하노라"(빌 1:6).

그러나 실제적으로, 신자들이 전혀 영적이지 않을 수도 있다. 고린도 그리스도인들이 이러했다. 바울은 이들을 형제라 불렀으나, 이들에게 가능한 가장 낮은 영적 수준에서 말해야 한다는 것을 분명히 했다. 바울은 이들이 **육신에 속한 자(men of flesh)**인 것처럼 이들에게 말해야 했다.

육신에 속한 자(men of flesh, *sarkinos*)는 문자적으로 "육적인 자들"(fleshly ones)이다. 이 문맥에서, 이 표현은 인간의 타락한 인성(humanness), 인간의 아담적 자아—하나님께 반역하고 자신을 영화롭게 하며 죄로 기울어지는 인간의 육신적 욕망들—를 가리킨다. 앞서 언급했듯이, 육신은 우리가 구원받을 때 뿌리 뽑히지 않는다. 육신이 더는 우리를 궁극적으로 지배하거나 무너뜨리지 못하더라도 여전히 우리에게 큰 영향을 미칠 수 있다. 이런 까닭에, 우리는 우리 몸의 속량(redemption, 구속)을 갈망한다(롬 8:23). 어떤 의미에서, 영화(glorification)는 변화라기보다 칭의(justification)일 것이다. 칭의는 내적 존재의 변화였다. 영화는 저주받은 외적 존재의 제거다.

그러므로 그리스도인의 특징은 죄가 아니다. 죄는 더 이상 그리스도인의 기본 본성이 아니다. 그러나 그리스도인은 여전히 죄를 지을 수 있으며, 그리스도인의 죄는 불신자의 죄만큼 죄악되다. 죄는 죄다. 그리스도인은 죄를 지을 때, 실제적으로 비영적이며, 불신자와 동일한 실제적 수준에서 살고 있다. 그래서 바울은 고린도 신자들에게 말하면서 마치 이들이 불신자인 것처럼 대하지 않을 수 없다.

아마도 책망을 얼마간 누그러뜨리려고, 바울은 이들을 **그리스도 안에서 어린 아이들(babies in Christ)**에 비유한다. 이 말은 칭찬과 거리가 멀지만, 이들이 참으로 그리스도께 속한다는 것을 인정한다.

고린도 신자들은 영적으로 무지했다. 바울은 이들을 18개월 동안 목양했고, 그의 뒤를 이어 은사가 빼어난 아볼로가 이들을 목양했다. 이들 중 얼마는 베드로를 알았고, 또 얼마는 예수님의 말씀을 직접 들었던 게 분명하다(1:12). 히브리서 5:13의 "어린아이"(babies)처럼, 이들은 자신들의 미성숙을 변명할 수 없었다. 그러나 이들은 정반대였다. 이들이 어린아이였던 것은 이제 막 구원받았기 때문이 아니라 변명할 여지없이 미성숙했기 때문이었다.

고린도 신자들이 지적이지 못했던 게 아니다. 이들의 문제는 지능지수가 낮거나 가르침을 못 받은 게 아니었다. 이들이 믿음을 무시했던 것은 멍청했기 때문이 아니라 육신적이었기 때문이다. 원인은 정신적인 게 아니라 영적인 것이었다. 이들은 세상의 방식과 자신의 육적 욕망을 버리길 거부했고, 야고보가 말한 "듣고 잊어버리는 자"가 되었다(약 1:25). 정보를 활용하지 않는 자는 그 정보를 잃어버린다. 영적 진리도 예외가 아니다. 영적 진리를 무시하고 소홀히 여기면, 그 진리는 점점 잊히고 의미도 약해진다(참조. 벧후 1:12-13). 하나님의 진리를 사랑하지 않음이야말로 그 진리를 무시하는 가장 큰 원인이다. 죄짓는 그리스도인은 하나님의 진리가 자신을 비추면 불편하다. 그는 자신의 육신의 행위에서 돌아서거나 하나님의 빛을 차단하기 시작한다. "모든 악독과 모든 기만과 외식과 시기와 모든 비방하는 말," 곧 육신의 것을 버릴 때에야 "순전하고 신령한 젖을 사모할" 수 있고 "구원에 이르도록 자랄" 수 있다(벧전 2:1-2).

내가 너희를 젖으로 먹이고 밥으로 아니하였노니, 이는 너희가 감당하지 못하였음이거니와 지금도 못하리라. 너희는 아직도 육신에 속한 자로다. (3:2-3a)

바울은 처음 고린도 신자들에게 전할(설교할) 때, 쉽게 소화되는 기본 진리, 곧 **젖(milk)**을 먹었다. 그러나 5년쯤 지났는데도, 이들은 여전히 젖을 먹어야 했다. 영적으로, 이들은 아직도 **밥(solid food,** 단단한 음식)을 아직 소화할 수 없었다.

오늘의 숱한 그리스도인처럼, 고린도 신자들도 줄곧 젖만 먹는 데 꽤 만족했던 것 같다. 어떤 회중들은 목사가 "너무 깊이" 들어가길 원치 않는다. 예를 들어, 설교자가 주로 복음 전도 메시지를 전하면 이들의 육신적 습관이 그다지 위협받지 않는다. 복음 전도(evangelism)는 교회의 예리한 날이지만 불신자들에게만 예리할 뿐 신자들에게는 그렇지 않다. 어떤 회중은 설교자가 성경을 겉핥기로 전함으로써 자신들의 죄가 드러나지 않길 원하며, 자신들이 책망받고 바로잡히는 것은 더더욱 원치 않는다.

영적 젖의 진리와 영적 밥의 진리는 세세함과 깊이 외에 아무 차이도 없다. 모든 교리에는 젖도 있고 고기도 있다. 성장하려면 새로운 교리를 계속 배워야 하는 게 아니라 이미 여러 해 알고 있는 교리를 더 배워야 한다. 새내기 그리스도인은 이를테면 속죄(atonement)를 "그리스도께서 내 죄를 위해 돌아가셨습니다"로 설명할 것이다. 반면에, 말씀을 오래 공부한 신자는 거듭남, 칭의, 대속(substitution), 유화(propitiation) 같은 것들로 들어갈 것이다. 한 설명이 다른 설명보다 참된 것은 아니다. 그러나 전자는 **젖**일 테고 후자는 **밥(solid food)**일 것이다.

설교자나 교사가 매주, 매년 젖만 주는 것은 하나님의 말씀과 성령을 거스르는 범죄다. 이는 말씀의 많은 부분을 소홀히 여기고, 최고의 교사요 조명자이신 성령의 인도와 능력주심을 소홀히 여기는 것이다. 청중이 단지 젖에 만족하든 그러지 않든 간에, 이것은 청중에게도 끔찍한 폐해를 끼친다.

어린아이는 무엇보다 귀하고 놀라운 존재다. 그러나 스무 살에도 생각이 어린아이 같다면 가슴 아픈 일이다. 아이가 아이처럼 행동하는 것은 기쁜 일이다. 그러나 어른이 아이처럼 행동하는 것은 비극이다. 고린도 그리스도인들은 영적 유아기를 전혀 벗어나지 못했다. 바울이 이것을 슬퍼했듯이, 성령께서도 이것을 슬퍼하셨던 게 분명하다. 이 비극은 신체 발육이나 정신 발육의 지체보다 훨씬 안 좋다. 후자는 자신의 상태에 아무 책임이 없기 때문이다. 그러나 영적 지체는 언제나 일차적으로 우리 자신의 일이다. 우리에게 최고의 인간 설교자나 교사가 없을 수 있다. 그러나 모든 신자는 자신 안에 완벽한 교사가 있으며, 그분은 그에게 하나님의 일을 간절히 가르치려 하신다(참조. 요일 2:20, 27). 영적으로 성장하지 못한다면, 그 이유는 언제나 **아직도 육신에 속한 자(still fleshly)**이기 때문이다.

신자는 성령으로 행할 때 성장한다(갈 5:16-17). 육성(carnality)이란 신자가 그 안에 존재하는 절대적 상태가 아니라(롬 8:4-14) 신자가 순간마다 선택하는 행동 패턴이며, 이것을 이해하는 게 아주 중요하다. 달리 말하면, 그리스도인은 존재가 아니라 행동에서 육신에 속한다.

분쟁의 증상: 시기와 다툼

너희 가운데 시기와 분쟁(strife, 다툼)이 있으니, 어찌 육신에 속하여 사람을 따라 행함이 아니리요? 어떤 이는 말하되, 나는 바울에게라 하고, 다른 이는 나는 아볼로에게라 하니, 너희가 육의 사람이 아니리요? (3:3b-4)

그리스도인이 성숙하지 못하고 육신적이라면, 절대로 영적 유전자에 결함이 있거나 영적으로 장애를 갖고 태어났기 때문이 아니다. 자신의 선택 때문이다. 교회가 직면할 수 있는 최악의 실망스러운 문제들이 있다. 이를테면, 회중이 온통 어린아이로, 육신의 욕구를 채우려 하기에 도무지 자라지 않는 그리스도인으로 넘쳐나는 것이다.

육신적 행동의 중심은 자기중심적 태도다. 그러므로 성숙하지 못한 회중은 **시기와 분쟁(strife, 다툼)**이 끊이지 않는다. 시기는 태도이며, 분쟁(strife, 다툼)은 시기에서 비롯되는 행동이다. 시기는 내적 감정 상태이며, 분쟁은 이기심의 외적 표현이다.

그러나 시기와 분쟁은 숱한 육신의 증상들 가운데 대표적인 것일 뿐이다. 죄악된 욕망은 암과 같다. 형태가 다양하며, 교회 구석구석에 다양하게 영향을 미친다. 모두 파괴적이다. 육성(carnality)은 일반적인 악이며 다양하게 발현된다. 육성은 도덕을 타락시키고, 인간관계를 약화하며, 하나님과 그분의 말씀을 의심하게 하며, 기도 생활을 무너뜨리고, 이단에게 비옥한 토양을 제공한다. 육성은 바른 교리와 바른 삶을 공격하고, 바른 믿음과 바른 행위를 공격할 것이다.

시기와 분쟁(다툼)은 육신적 삶의 가장 작은 증상이 아니다. 두 죄는 많은 그리스도인이 생각하는 것보다 파괴적이다. 둘은 결코 사소한 죄가 아니다. 둘은 여러 문제를 일으키고, 그러면서 그리스도께서 자신의 생명을 주고 사신 그분의 몸, 곧 교회를 분열시키기 때문이다. 일치는 거룩한 변화(divine transformation)의 가장 확실한 표식 중 하나다. 마찬가지로, 시기와 분쟁은 타락한 인성(fallen humanness)의 가장 확실한 표식이다.

시기는 심각한 형태의 이기심이며, 자신이 갖길 바랐던 것을 가진 사람을 향한 질투다. 이기심은 유아기의 아주 뚜렷한 특징이다. 유아의 삶은 거의 완전히 자기중심적이고 이기적이다. 유아는 자신의 편안함, 배고픔, 잠, 그리고 자신에 대한 주목에 모든 관심을 쏟는다. 자기중심적 태도는 어린아이의 전형이지만 어른, 특히 그리스도인 어른의 전형이어서는 안 된다. 동료 신자들을 시기하고 이들 사이에 분쟁을 일으키는 것은 영적 어린아이의 모습이며, 육신적 시각을 드러내는 것이다.

분쟁(division, 분열)은 이기심이 있는 곳에서만 일어날 수 있다. 육신적이며 성숙하지 못한 사람들은 자신들이 동의하거나 개인적으로 끌리거나 자신들에게 아첨하는 지도자들과 동료 신자들하고만 협력한다. 시기와 분쟁(다툼), 또는 그 어떤 형태의 육성이라도 있는 곳이면, 당쟁을 피할 수 없다. 한 회중(교회)이 개개인을 중심으로 충성심을 기른다면, 영적 미성숙과 문제의 확실한 증상이다. **바울**과 **아볼로**를 중심으로 당파들이 형성된 것이 죄였듯이, 오늘의 교회에서 그 어느 지도자를 중심으로든 분열을 초래하는 당파를 형성하는 것은 죄다. **사람을 따라 행함이 아니리요(are you not walking like mere men)?**[18] 이것은 "여러분은 육신적 방식으로 생각하며 행동하고 있습니다"라고 말하는 또 다른 방식이다.

분쟁의 해결책: 하나님을 영화롭게

그런즉 아볼로는 무엇이며, 바울은 무엇이냐? 그들은 주께서 각각 주신 대로 너

---

18 "인간의 방식대로 살고 있는 것이 아닙니까?"(새번역)

희로 하여금 믿게 한 사역자들이니라. 나는 심었고 아볼로는 물을 주었으되, 오직 하나님께서 자라나게 하셨나니, 그런즉 심는 이나 물주는 이는 아무 것도 아니로되, 오직 자라게 하시는 이는 하나님뿐이니라. 심는 이와 물주는 이는 한가지이나 각각 자기가 일한 대로 자기의 상을 받으리라. 우리는 하나님의 동역자들이요 너희는 하나님의 밭이요 하나님의 집이니라. (3:5-9)

분쟁을 치료하려면 자아에서 돌아서고 한 분 하나님께 시선을 고정하며 그분께 모든 영광을 돌려야 한다. 늘 그래야 하듯이, 우리 주님께 주의를 집중할 때, 분쟁이 일어날 시간도 없고 기회도 없을 것이다. 그분께 주의를 집중할 때, 우리 자신이나 인간 지도자나 인간 당파에 주의를 집중할 수 없다.

아볼로와 바울은 **너희로 하여금 믿게 한 사역자들(servants)**일 뿐이었다. 이들은 구원의 근원이 아니라 도구였다. 바울이 앞서 이들에게 상기시켰듯이, 그는 이들을 위해 죽지 않았고 이들은 그의 이름으로 세례를 받지 않았다 (1:13). 물론, 아볼로와 바울의 경우가 그러하듯이, 시대를 막론하고 주님을 섬기는 모든 일꾼도 마찬가지다. 이런 사람들까지 포함해, 주님이 아주 강력하게 사용하신 그리스도인은 너나없이 그분의 **사역자들(servants,** *diakonoi*), 또는 일꾼들(ministers, KJV)일 뿐이다. 이것은 흔히 "servant, slave, or bond-servant"로 번역되는(7:21-23; 롬 1:1 등) 단어(*doulos*)와[19] 다르지만, 자유민이든 노예든 간에, 모든 부류의 하찮은 노동자를 의미할 뿐이었다. 이 단어는 흔히 식사 시중을 드는 자(table waiter) 또는 우리가 식당 보조(busboy)라 부를 법한 사람을 가리키는 데 사용되었다.

바울은 사실 이렇게 말하고 있었다. "그 누구도 웨이터나 식당 보조를 중심으로 운동을 일으키거나 이들을 위해 기념비를 세우지 않습니다. 아볼로와 저는 주님이 여러분에게 음식을 가져다주라고 사용하신 웨이터나 식당 보조일 뿐입니다. 그러니 우리를 존귀하게 여김으로써 우리를 기쁘게 하지 마십시오. 여러분은 엉뚱한 곳에 존귀와 영광을 돌리고 있습니다. 여러분은 세상

---

19 개역개정은 doulos를 고전 7:21-23, 롬 1:에서 모두 "종"으로 옮겼다.

처럼, **사람을 따라**(like mere men, 단지 사람들처럼) 행동하고 있습니다. 우리가 배달하는 영적 음식을 준비하신 그분을 위해 영적 기념비를 세우고 그분을 찬양하십시오."

세상은 위대한 사람들을 높이고 불멸의 존재로 만들려 한다. 세상이 아는 가장 높은 존재가 인간이기 때문이다. 세상은 자신 너머를 보지 못한다. 그러나 그리스도인들은 하나님을 안다. 하나님은 우주의 창조자, 유지자, 구원자, 주인(Lord)이며, 만물의 근원이다. 하나님만 존귀를 받기에 합당하다. 우리는 그분의 사역자(servants), 그분의 도구일 뿐이다. 어느 예술가를 존귀하게 여길 때, 그의 붓이나 팔레트 동상을 세우지는 않는다. 그리스도인들이 대가의 손에 들린 붓이나 팔레트에 지나지 않는 사람들을, 그게 바울이라 아볼로이더라도, 영화롭게 한다는 것도 앞뒤가 맞지 않는다. 이들은 자신들이 한 일 때문에 존경받고 사랑받아야 하지만(살전 5:12-13), 이들을 숭배하거나 맞세워서는 안 된다.

이들은 하나님이 맡기신 일이 있었다. 농업을 비유로 들면서, 바울은 **자신이 심었고 아볼로는 물을 주었다**고 인정했다. 이들은 맡은 일을 성실히 수행했다. 그러나 진짜 일은 주님의 것이었다. **오직 하나님께서 자라나게 하셨다.** 그 어느 인간도, 최고 농부나 최고 원예가라도 식물에 물리적 생명을 주거나 식물이 자라게 할 수는 없다. 하물며 누구라도, 사도일지라도, 한 사람에게 영적 생명을 주거나 그 생명이 자라게 할 수 있겠는가? 어느 경우든 땅을 준비하고 물을 주며 씨앗을 심는 것이 인간이 할 수 있는 최대치다. 나머지는 하나님 몫이다. **그런즉 심는 이나 물주는 이는 아무 것도 아니로되, 오직 자라게 하시는 이는 하나님뿐이니라.** 인간 도구는 **아무것도 아니고**, 연장일 뿐이다. 성취와 관련된 모든 영광은 하나님 몫이다.

바울은 여기서 두 형태의 사역만 언급하며, 이 둘은 심기와 물주기로 대변된다. 그러나 바울의 원리는 모든 형태의 사역에 적용된다. 우리 눈에, 그리스도인들이 하는 어떤 일은 다른 일보다 멋지거나 중요하거나 의미 있어 보인다. 그러나 하나님이 어떤 일을 하도록 어떤 사람을 부르셨다면, 그 일은 그가 할 수 있는 가장 중요한 사역이다. 하나님의 일은 모두 중요하다. 그리스도인이 하는 어떤 일을 다른 일보다 칭송한다면, 한 지도자를 다른 지도자보다 칭송하는 것과 마찬가지로 육적이며 분열을 일으킨다.

주님이 마태복음 20:1-16에서 들려주신 비유는 상 받는 날에 우리의 사역들이 동등하게 여겨지리라는 것을 보여준다. 예수님은 자신들이 다른 사람들보다 자격이 더 있다고 느끼는 제자들을 바로잡으려고 이 비유를 들려주셨다(19:27-30). 우리는 모두 약속된 영생을 수반되는 모든 복과 더불어 동등하게 받을 것이다. 이것이 미래 영광의 동일성(sameness of future glory)이다.

심는 이와 물주는 이는 한 가지(one)이다. 하나님의 일꾼들은 모두 그분 안에 하나이며, 모든 영광은 그분께 돌아가야 한다. 우리가 주님 안에서 하나님을 인식하는 것이 분열을 해결하는 확실하고 유일한 방법이다. 이것을 인식하면, 육신과 그 질투와 다툼과 분쟁이 발붙일 자리가 없다.

하나님은 자신의 사역자들이 성실하게 수행한 일을 꼭 알아주신다. **각각 자기가 일한 대로(according to his own labor) 자기의 상을 받으리라.** 하나님은 "종 선지자들과 성도들과 또 작은 자든지 큰 자든지 주의 이름을 경외하는 자들에게 상 주실" 것이다(계 11:18). 이것이 미래 영광의 특별함(uniqueness of future glory)이다.

하나님은 성공이나 결과가 아니라 **일(labor, 수고)**을 기준으로 상을 주신다. 어떤 선교사는 40년을 성실하게 일하고도 회심자를 몇밖에 얻지 못할 수도 있다. 어떤 선교사는 훨씬 짧게 일하고도 훨씬 많은 회심자를 얻을 수도 있다. 예레미야는 더없이 성실하고 헌신 된 하나님의 선지자였으나 사역의 결과가 거의 없었다. 그는 조롱당하고 박해받으며, 전하는 메시지와 더불어 배척받기 일쑤였다. 반대로, 요나는 옹졸했고 마지못해 사역했지만 하나님은 그를 통해 니느웨 성 전체를 그것도 그의 한 차례 단기 사역으로 구원하셨다. 우리의 쓸모와 효용은 순전히 하나님의 은혜다(참조. 고전 15:10).

성실한 하나님의 사역자들이 땅에 살면서 인정과 격려를 받는 것이 적절하다. 그러나 영광을 받거나 구별되거나 특별한 그룹이나 운동의 중심이 되어서는 안 된다.

바울과 아볼로는 **하나님의 동역자(God's fellow workers)**였을 뿐이다. 이들은 자신들의 사역이 아니라 하나님의 사역을 했다. 참으로 신성한 동료애가 아닌가! 고린도교회는 바울이나 아볼로나 베드로의 교회가 아니라 '하나님의' 교회였다. 고린도 신자들은 **하나님의 밭이요 하나님의 집이었다.** 오직 하나님의 밭이요 집이었다. 거기서, 또는 어디서든, 무슨 일이 이루어졌든 간에, 영광은 오직 하나님 몫이다.

8

신자들의 일에 대한 심판

(3:10-17)

내게 주신 하나님의 은혜를 따라, 내가 지혜로운 건축자와 같이 터를 닦아 두매,
다른 이가 그 위에 세우나, 그러나 각각 어떻게 그 위에 세울까를 조심할지니라.
이 닦아 둔 것 외에 능히 다른 터를 닦아 둘 자가 없으니, 이 터는 곧 예수 그리스
도라. 만일 누구든지 금이나 은이나 보석이나 나무나 풀이나 짚으로 이 터 위에
세우면, 각 사람의 공적이 나타날 터인데, 그 날이 공적을 밝히리니, 이는 불로
나타내고 그 불이 각 사람의 공적이 어떠한 것을 시험할 것임이라. 만일 누구든
지 그 위에 세운 공적이 그대로 있으면 상을 받고, 누구든지 그 공적이 불타면 해
를 받으리니, 그러나 자신은 구원을 받되 불 가운데서 받은 것 같으리라.
너희는 너희가 하나님의 성전인 것과 하나님의 성령이 너희 안에 계시는 것을
알지 못하느냐? 누구든지 하나님의 성전을 더럽히면 하나님이 그 사람을 멸하시
리라. 하나님의 성전은 거룩하니 너희도 그러하니라. (3:10-17)

이 단락에서, 바울은 고린도교회의 분쟁을 계속 논한다(1:10-3:23). 그러나 좀
더 직접적인 배경은 주님의 재림이다. 바울은 세속적·육신적 행위와 여기서
촉발되는 영적 분쟁이 주님이 다시 와서 주실 상에 어떻게 영향을 미치는지 보
여준다. 더 나아가, 바울은 상의 역설을 논하면서 상이 (우리 모두가 똑같이 받을
자격이 없기 때문에)확실하고 (우리들 각자 개별적으로 상을 받는다는 점에서)특별하다
고 말한다. 바울은 두 진리 모두 단언하면서 영광이 최종적으로 이 역설을 해

결하길 기다린다.

주님이 다시 와서 자신의 백성에게 상을 주신다. 이것은 바울을 움직이는 더없이 큰 동기였다. 어떤 의미에서, 이 진리가 바울이 하는 모든 일의 동기였다. 바울의 최고 목적은 자신의 하나님이요 구원자를 영화롭게 하는 것이다. 그리고 이러한 최고의 목적 안에서, 바울의 또 다른 목적은 주님 앞에 서서 "잘하였도다 착하고 충성된 종아"(마 25:21, 23)라는 평가를 들을 수 있게 자신을 준비하는 것이었다. 그는 빌립보 신자들에게 이렇게 썼다. "오직 한 일, 즉 뒤에 있는 것은 잊어버리고 앞에 있는 것을 잡으려고 푯대를 향하여 그리스도 예수 안에서 하나님이 위에서 부르신 부름의 상을 위하여 달려가노라"(빌 3:13-14). 바울은 자신의 영광이나 영예를 원하지 않았으며, 자신이 다른 그리스도인들보다 낫다고 증명함으로써 그리스도인의 섬김이란 부분에서 이들을 당혹스럽게 하길 원했던 것도 아니다. 바울이 주님의 가장 높은 상을 원했던 이유는 이것이 주님을 가장 기쁘게 할 테고 감사로 넘치는 자신의 사랑을 가장 생생하게 드러낼 터였기 때문이다.

고린도후서에서, 바울은 자신이 그리스도를 위해 최선을 다한 구체적 동기 셋을 말한다. 첫째, 바울은 주님을 기쁘게 하고 싶었다. 그는 이렇게 말했다. "그런즉 우리는 몸으로 있든지 떠나든지 주를 기쁘시게 하는 자가 되기를 힘쓰노라"(고후 5:9). 둘째, 그리스도의 큰 사랑이 그가 하는 모든 일을 지배했다(14절). 하나님을 향한 사랑이 그의 사역 전체를 지배했다. 셋째, 그는 그리스도께서 하신 일이 완전하다는 것을, "그가 모든 사람을 대신하여 죽으심"을(15절), 그러므로 복음 사역이 '언제나' 유효하며 실패할 수 없다는 것을 알았다. 사람들이 구원받는 데 필요한 모든 일을 예수 그리스도께서 이미 다 이루셨다.

바울은 일을 하다마는 사람이 아니었다. 그가 경주하거나 싸우는 목적은 승리하기 위해, 주님이 주실 썩지 않을 화관을 받기 위해서였다(고전 9:24-27). 그는 다른 신자들과 경쟁했던 게 아니라 자신의 연약함과 지침과 죄에 맞섰다. 이때까지 구체적으로 기록되지는 않았지만, 바울은 이것을 알고 있었다. "보라. 내가 속히 오리니, 내가 줄 상이 내게 있어 각 사람에게 그가 행한 대로 갚아 주리라"(계 22:12).

신자들이 받을 상을 말하면서, 바울은 우리가 다른 신자들의 일을 판단한다거나 하나님이 죄를 심판하신다는 것에 관해 말하지 않았다. 모든 신자는 "하나님의 심판대 앞에 서서" 각자 "자기 일을 하나님께 직고할" 것이므로, 우리는 다른 신자들의 일을 판단할 권리가 없다(롬 14:10-12). 우리는 자신이 무슨 상을 받을지 알지 못한다. 그러니 다른 사람이 무슨 상을 받을지 더욱 알지 못한다. 유리한 판단과 불리한 판단 둘 다 배제된다. 우리는 교회 내 불신자들을, 알곡에 섞여 있는 가라지를 판단하는 데 필요한 통찰력조차 없다(참조. 마 13:24-30). 분명히, 우리는 죄를 꾸짖어야 하고 죄짓는 형제를 못 본 체하지 말아야 한다(마 18:15-19; 고전 5:1-13). 그러나 이것은 우리가 그 죄를 '볼' 수 있기 때문이다. 동기와 상 받을 자격을 판단하는 일은 하나님의 몫이며, 그분만이 사람의 마음을 아신다.

한 사람을 추어올리는 것은 깎아내리는 것만큼이나 잘못이다. 바울은 이 편지에서 자신을 비롯해 기독교 지도자들을 이렇게 세상적으로 추어올리지 말라고 이미 두 차례 경고했다(고전 1:12-13; 3:4-9). 우리는 다른 사람에게 무슨 상이 합당하거나 합당하지 않은지 알만큼 그 사람의 마음과 동기와 신실함을 알지 못한다. 그래서 바울은 이렇게 경고한다. "그러므로 때가 이르기 전, 곧 주께서 오시기까지, 아무것도 판단하지 말라. 그가 어둠에 감추인 것들을 드러내고 마음의 뜻을 나타내시리니, 그 때에 각 사람에게 하나님으로부터 칭찬이 있으리라"(고전 4:5).

하나님이 죄를 심판하신다는 것도 이 단락의 주제가 아니다. 어느 날 모든 신자가 "심판대" 앞에 설 것이다(롬 14:10; 고후 5:10). 여기서 심판대로 번역된 헬라어 '베마'(bēma)는 재판정이다. 그러나 두 구절 모두 분명히 하듯이, 그 때 거기서 거행될 심판은 죄에 대해 정죄하고(condemnation) 선행에 대해 상을 주기—이것은 신자들에게만 해당된다— 위한 게 아니다. 그리스도께서 십자가에서 죄를 심판하셨으며, 우리는 그분 안에 있으므로 결코 우리의 죄 때문에 정죄 받지는 않을 것이다. 그분이 우리의 죄 때문에 정죄를 받으셨다(was condemned, 고전 15:3; 갈 1:4; 벧전 2:24 등). 그분이 우리의 '모든' 죄에 대한 벌을 친히 받으셨다(골 2:13; 요일 2:12). 하나님은 자신의 아들을 믿는 자들, 곧 자신이 택한 자들을 정죄하지 않으시며, 어느 누구도 이들을 고발하도록 허용하지 않으실 것이다(롬 8:31-34). "그러므로 이제 그리스도 예수 안에 있는 자에게는 결코 정죄함이 없나니"(롬 8:1). 뒤에서 살펴볼 텐데, "각 사람에게 하나님으로부터 칭찬이 있으리라"(고전 4:5).

고린도전서 3:10-17에서, 바울은 비유를 농업에서 건축으로 옮긴다. 그는 자신이 심었고 아볼로가 물을 주었으며 하나님이 자라게 하셨다고 했다(6-8절). 9절 끝에서, 그는 은유를 전환한다. "너희는 하나님의 밭이요 하나님의 집이니라."

바울은 건축을 비유로 들어 주님의 백성이 땅에서 하는 일의 다섯 측면을 논한다: 건축자, 터(기초), 재료, 테스트, 일꾼들.

건축자: 바울

내게 주신 하나님의 은혜를 따라, 내가 지혜로운 건축자와 같이 터를 닦아 두매, 다른 이가 그 위에 세우나, 그러나 각각 어떻게 그 위에 세울까를 조심할지니라.

(3:10)

바울 자신이 고린도 프로젝트를 맡은 **건축자(master builder)**였다. **Master builder**는 헬라어로 한 단어(*architektōn*)이며, 짐작할 수 있듯이, 'architect'(건축가)라는 단어가 여기서 나왔다. 그러나 바울 당시, 이 단어는 건축자 뿐 아니라 설계자(designer)라는 의미도 내포했다. 바울은 건축자와 전체 시공자의 결합이었다.

사도로서, 바울의 기초는 특별함이었다. 바울이 회심하고 여러 해 동안, 주님은 소아시아와 마게도냐와 그리스 지역에 많은 교회를 세우고 가르치는 일에 바울을 사용하셨다. 그러나 자신이 자랑한다고 오해하지 않도록, 바울은 자신의 부르심과 쓸모는 전적으로 **내게 주신 하나님의 은혜였다**고 분명하게 밝히며 시작했다. 바울은 선하고 **지혜로운** 건축자였다. 그러나 바울이 하는 일이 아니라 하나님이 하시는 일이었다. 바울은 이미 이렇게 선언했다. "심는 이나 물주는 이는 아무 것도 아니로되 오직 자라게 하시는 이는 하나님뿐이니라"(3:7). 동일한 진리가 터를 놓는 사람들과 그 터에 건축하는 사람들에게도 적용되었다. 몇 년 후, 바울은 로마 신자들에게 이렇게 말했다. "그리스도께서…나를 통하여 역사하신 것 외에는 내가 감히 말하지 아니하노라"(롬 15:18). 그가 사도적 토대로서 큰 성공을 거둔 것은 전적으로 하나님 덕분이었다. "내가 나 된 것은 하나님의 은혜로 된 것이니, 내게 주신 그의 은혜가 헛되지 아니하여 내가 모든 사도보다 더 많이 수고하였으나 내가 한 것이 아니요 오직 나와 함께 하신 하나님의 은혜로라"(고전 15:10). 바울은 하나님의 능력으로 힘을 다해 수고했으며(골 1:29), 따라서 주님 안에서(주님을) 자랑하는 외에 자랑할 게 없었다(고전 1:31). 바울은 스스로 건축자가 되겠다고 선택하지 않았고, 스스로 건축자가 되지도 않았다. 그는 "하나님의 은혜의 선물을 따라 내가 일꾼이 되었노라(was 'made' a minister)"라고 고백했으며, 자신을 "모든 성도 중에 지극히 작은 자보다 더 작은" 자로 여겼다(엡 3:7-8). 바울은 자신을 자랑하지 말고(고전 9:15-16) 오히려 자신을 위해 기도해 달라고 부탁했다(엡 6:19).

바울은 18개월 동안 고린도에서 사역하면서(행 18:11) 오로지 복음만 성실하게 전하고 가르쳤다(고전 2:2). 이렇게 함으로써, 바울은 자신이 **지혜로운 건축자**라는 것을 보여주었다. **지혜로운(wise, *sophos*)**은 이 문맥에서 영적 지혜뿐 아니라 실제적 지혜, 곧 기술과도 연결된다. 바울은 왜 자신이 고린도에 보내심을 받았는지 알았다. 바울은 그곳에 교회의 기초를 놓으라고 보내심을 받았으며, 그 일을 신중하고 능숙하게 잘해냈다. 그에게는 바른 동기와 바른 메시지와 바른 능력이 있었다.

바울은 또한 바르게 접근했다. 그는 대전략가였다. 바울은 일차적으로 이방인의 사도였지만(행 9:15) 먼저 회당을 찾아가 복음을 전했다. 복음은 무엇보다 먼저 유대인을 위한 것이기 때문이다(롬 1:16). 바울은 유대인들이 자신의 말을 들을 때 자신을 그들 중 하나로 여기리라는 것을 알았고, 회심하는 유대인들이 자신이 이방인들에게 다가가도록 도울 수 있다는 것도 알았다. 유대인들은 그에게 열린 가장 좋은 문이었을 뿐 아니라 그의 마음에 자리한 간절한 바람이었다(참조. 롬 9:1-3; 10:1). 바울은 회당에서 회심자들을 얻은 후 회당에서 쫓겨나기 일쑤였고, 그러면 그 지역 이방인들에게 복음을 전하고 그들을 대상으로 사역했다(행 17:1-4; 18:4-7). 그는 세밀하고 부지런히 계획을 세우고 견고하게 기초를 놓았다. 기초는 깊었기에 오래 갈 것이었다.

기초는 건축 과정의 첫 부분일 뿐이다. 바울의 과제는 복음의 기초를 튼튼히 놓고, 하나님이 자신에게 계시하신 믿음과 실천을 위한 교훈(doctrines)과 원리를 세우는 것이었다(고전 2:12-13). 이것은 새 언약의 비밀을 전하는 일이었다(참조. 엡 3:1-9). 그가 떠난 후, **다른 이가 그 위에 세우기** 시작했다. 에베소의 경우, 그 사람은 디모데였다(딤전 1:3). 고린도의 경우, 그 사람은 아볼로였다. 바울은 자신을 잇는 사역자들을 시기하지 않았다. 자신은 기초를 놓는 자이며 다른 건축자들이 자신의 뒤를 이어야 한다는 것을 알았다. 예를 들면, 고린도 신자들 대다수는 후임 목회자들에게 세례를 받았다. 바울은 이것이 기뻤다. 이로써 고린도 신자들이 자신을 향해 세상적 충성을 도모할 구실이 줄어들었기 때문이다(1:14-15).

그러나 바울은 자신이 놓은 기초 위에 건축하는 자들이 자신처럼 일을 성실하게 잘 할 수 있을지 꽤 걱정이었다. **각각 어떻게 그 위에 세울까를 조심할지니라. 세우다(builds)**로 번역된 헬라어 동사는 현재 능동태 직설법으로 지속적 행위를 강조한다. 모든 신자는 일평생, 그리고 역사 내내, 예수 그리스도 위에 계속 세워져야 한다.

각각(each man)은 일차적으로 사도들이 놓은 기초 위에 계속 건축해 온 복음전도자들(evangelists)과 목회자들과 교사들을 가리킨다. 이들은 기독교 교리를 가르치는 특별하고 가장 직접적인 책임을 부여받았다. 나중에 디모데에게 바울은 세우는(가르치는) 자들이 성실하고 유능해야 한다고 했다(딤후 2:2).

그러나 문맥을 보면, 바울이 더 넓고 포괄적인 적용도 염두에 두었던 게 분명하다. 바울은 "각각"(each man, 각 사람)과 "누구든지"(any man)라는 표현을 자주 사용한다(10-18절). 이 원리가 모든 신자에게 적용된다는 뜻이다. 우리는 모두 우리의 말과 행동으로 얼마간 복음을 가르친다. 그 어떤 그리스도인도 주님과 그분의 말씀을 대변하는 일에 부주의할 권리가 없다. 모든 신자는 주의 신중한 건축자여야 한다. 우리 모두 같은 책임을 맡았다.

터: 예수 그리스도

이 닦아 둔 것 외에 능히 다른 터를 닦아 둘 자가 없으니, 이 터는 곧 예수 그리스도라. (3:11)

바울은 건축자였고, 사도로서 그의 주 과제는 복음의 기초를 놓는 것이었다. 그러나 그는 이 기초(터)를 설계하지 않았다. 이 기초를 놓았을 뿐이다. 성경적 기독교의 유일한 기초는 **예수 그리스도**다. 이 기초는 신약성경의 윤리가 아니다. 신약성경의 윤리 가운데 많은 것이 타 종교에도 있다. 이 기초는 역사도 아니고 전통도 아니며, 교회와 교회 지도자들이 오랜 세월에 걸쳐 내린 결정도 아니다. 이 기초는 오직 예수 그리스도다. 어떤 의미에서, 이 기초는 성경 전체다. 성경 전체가 예수 그리스도에게서 왔고 그분에 관한 것이기 때문이다. 구약성경은 그분의 성육신을 예언하고 준비했다. 복음서는 그분이 땅에서 하신 사역의 역사를 들려주며, 사도행전은 그분의 교회의 초기 역사를 들려준다. 서신서는 그분의 메시지와 사역에 관한 주석이며, 요한계시록은 그분의 다스림과 임박한 재림에 대한 최종 증언이다. 예수님이 구약에 관해서 하신 말씀은, 이게 가능하다면, 신약에 관해서 하신 말씀보다 훨씬 참 되다. "너희가…성경을 연구하거니와 이 성경이 곧 내게 대하여 증언하는 것이니라"(요 5:39).

어떤 건축자들은 교회 전통을, 어떤 건축자들은 인간 예수의 도덕적 가르침을, 어떤 건축자들은 다른 윤리적 인본주의를, 어떤 건축자들은 일종의 유사 과학주의(pseudo-scientism)나 감정적 사랑과 선한 행위를 기독교의 기초로 삼으려 했다. 그러나 교회와 그리스도인의 삶의 유일한 기초는 예수 그리스도다. 이 기초가 없으면, 그 어떤 영적 건축도 하나님과 무관하거나 유지될 수 없다.

나면서부터 걷지 못하던 사람이 성전 미문에서 나음을 받았고, 무리가 깜짝 놀랐다. 베드로가 현장에서 즉석 설교를 했다. 베드로는 구약성경이 어떻게 예수님에게 초점을 맞추었고 예수님이 어떻게 구원과 영생을 줄 수 있는 유일한 분인지 설명했다. 그러자 제사장들과 사두개인들이 베드로와 요한을 잡아 가두었다. 이튿날, 둘은 대제사장을 비롯해 많은 제사장들 앞에 끌려 나가 자신들의 전파와 치유를 설명해야 했다. 베드로는 전날 전한 메시지를 계속 전했으며, 이들이 십자가에 못 박은 나사렛 예수를 통해 하나님이 걷지 못하던 자를 걷게 하셨고, 바로 이 예수, 곧 이들이 버린 돌이 하나님 나라의 모퉁잇돌이라고 했다(행 3:1-4:12). 베드로는 유대 지도자들이 하나님 나라의 복음을 받아들일 수 없는 것은 그 나라의 핵심 자체, 기초 자체, 곧 주 예수 그리스도를 받아들이길 거부하기 때문이라고 말하고 있었다.

이 사람들은 하나님의 선민(選民) 이스라엘의 건축자로 여겨졌으며, 전통과 행위로 구성된 종교 체계를 세우려 했으나 기초가 없었다. 이들은 종교라는 집을 모래 위에 세웠다(마 7:24-27). 기초는 이들의 성경에, 이사야를 비롯한 선지자들에 의해, 오랫동안 계시되었다. 그러나 베드로가 이들에게 다시 상기시키듯이, 이들은 그 기초를 거부했다(벧전 2:6-8). 인간의 모든 철학과 종교 체계와 윤리 규범은 기초가 없어 실패하고 무너질 수밖에 없다. 기초는 오직 하나 뿐이며, 따라서 아무리 노력하더라도, **이 닦아 둔 것 외에 능히 다른 터를 닦아 둘 자가 없으니, 이 터는 곧 예수 그리스도라.** 하나님 나라는 예수 그리스도 위에 세워지며, 하나님을 기쁘게 하는 모든 개인의 삶은("각각," 10절) 이 기초 위에 주의 깊게 세워져야 한다.

재료: 신자의 일

만일 누구든지 금이나 은이나 보석이나 나무나 풀이나 짚으로 이 터 위에 세우면, (3:12)

고대 건물은 흔히 귀한 금속과 보석으로 지어졌다. 어느 그리스도인도 자기 믿음의 **터**(foundation, 기초)를 걱정할 필요가 없다. 이 터는 그리스도와 그분이 하신 일로 구성된 대리석이고 화강암이며, 안전하고 안정적이며 완벽하다. 우리의 관심을 다른 곳에 두어야 한다. 우리가 이 터 위에 무엇을 세우든 최고의 재료로 세워야 한다는 것이다. 터는 하나뿐이다. 그러나 영적 건물을 세우는 재료는 여러 가지다. 신자들은 살아 있는 동안 '세우고 있다'. 신자들은 일종의 삶을, 일종의 교회를, 일종의 그리스도인의 교제와 섬김을 세우고 있다. 아름다운 건축물일 수도 있고 돼지우리 같을 수도 있으며, 이는 의도적일 수도 있고 소홀함 때문일 수도 있다. 그러나 중요한 것일 수밖에 없다.

사도행전과 서신서에 나오는 초기 교회사에서, 그리고 요한계시록 2-3장에 나오는 일곱 교회에 관한 기사부터 오늘에 이르기까지, 그리스도인들과 이들이 형성하는 회중은 아주 다양한 게 분명하다. 처음부터 **금** 같은 그리스도인들과 **나무** 같은 그리스도인이 있었고, **은** 같은 교회들과 **풀** 같은 교회들이 있었으며, **보석** 같은 노력과 **짚** 같은 노력이 있었다. 이 모든 수준과 결합이 가능하다.

12절에 언급된 건축 재료는 두 범주로 나뉘며, 각각 가치가 덜한 순서로 나열된다. 첫째 범주인 **금이나 은이나 보석**은 고 품질 재료를 상징하는 게 분명하다. 둘째 범주인 **나무나 풀이나 짚**도 마찬가지로 저 품질 재료를 상징하는 게 분명하다. 금은 주님을 위한 더없는 신실함, 즉 주님을 위해 한 가장 신중하고 세밀한 일을 상징한다. 짚은 정반대로 가장 가치 없는 것, 즉 찌꺼기를 상징한다.

이 재료들은 부나 재능이나 기회를 상징하지 않는다. 영적 은사를 상징하지도 않는다. 모든 영적 은사는 선하며, 각 신자에게 주님이 맞춤하게 주신다(고전 12:11). 재료는 자신이 가진 것에 대한 신자들의 반응, 즉 주님이 자신들에게 주신 것으로 그분을 얼마나 잘 섬기는지를 상징한다. 우리는 선한 일(good works, 선한 행위)로 구원받을 수 없으며, 선한 일로 구원을 유지할 수도 없다. 그러나 모든 그리스도인은 "그리스도 예수 안에서 선한 일을 위하여 지으심을 받은 자니, 이 일은 하나님이 전에 예비하사 우리로 그 가운데서 행하게 하려 하심"이며(엡 2:10), "모든 선한 일에 열매를 맺어야" 한다(골 1:10). 일(works, 행위)은 그리스도인의 삶의 근원이 아니라 표식이다.

모든 그리스도인은 건축자이며, 모든 그리스도인은 일종의 재료로 짓는다. 하나님은 우리가 가장 좋은 재료로 건축하길 원하신다. 가장 좋은 재료만이 그분에게 합당하고, 가장 유효하며, 지속되기 때문이다.

처음 세 재료는 똑같이 가치 있다는 데 주목해야 한다. 차등이 없다. 고대 세계에서, 어떤 보석들은(이를 테면, 진주) 금보다 더 가치 있게 여겨졌고, 은은 금이 사용될 수 없는 곳에 사용될 수 있었기 때문이다. 기능이 다른 것들은 똑같이 귀할 수 있다(참조. 마 13:23).

오직 주님만 어느 작품(works, 일)이 질이 높고 낮은지 결정하실 수 있다. 그리스도인들과 그들이 하는 일에 등급을 매기는 것은 신자의 역할이 아니다. 바울이 여기서 제시하는 핵심은 분명하다. 우리의 목적은 언제나 주님이 주신 가장 좋은 것으로, 그분을 온전히 의지하면서 그분을 섬기는 것이야 한다. 그분만이 각 사람이 한 일의 최종 가치를 결정하신다.

그리스도가 우리 삶의 기초(터)라면, 그분이 우리가 그 기초 위에 세우는 일(건축물)의 중심이기도 해야 한다. 다시 말해, 우리가 하는 일은 단순히 외적 행위나 종교적인 분주한 일이 아니라 참으로 그분의 일이어야 한다. 풀 같은 일에 지나지 않는 온갖 종류의 교회 프로그램과 활동과 프로젝트에 깊이 관여하기란 어렵지 않다. 이것들은 나쁜 프로그램이나 프로젝트는 아니지만 사소하다. **나무나 풀이나 짚**은 분명하게 죄악된 것은 아니지만 미묘하게 죄악된 것이다. 각각은 무엇인가를 지을 때 유용할 수 있다. 짚이나 풀은 어떤 경우에 지붕을 만드는 데 사용될 수 있다. 그러나 불로 테스트했을 때, 둘째 범주의 세 재료는 모두 타버릴 것이다.

바울은 디모데후서 2:20-21에서도 비슷한 생각을 했을 것이다. 거기서 바울은 이렇게 말한다. "큰 집에는 금 그릇과 은 그릇 뿐 아니라 나무 그릇과 질 그릇도 있어 귀하게 쓰는 것도 있고 천하게 쓰는 것도 있나니, 그러므로 누구든지 이런 것에서 자기를 깨끗하게 하면 귀히 쓰는 그릇이 되어 거룩하고 주인의 쓰심에 합당하며 모든 선한 일에 준비함이 되리라."

우리는 기본적인 세 방식으로 주님을 위해 건축하고, 주님을 위해 다양한 재료를 사용한다: 우리의 동기로, 우리의 행동으로, 우리의 섬김으로.

첫째, 우리는 우리의 '동기'로(by our motives) 건축한다. 어떤 일을 왜 하느냐는 무엇을 하느냐 만큼 중요하다. 강요 때문에 이웃을 방문하는 것은 나무지만, 같은 사람들을 주님께 인도하려고 사랑으로 방문하는 것은 금이다. 교회에서 독창하고 사람들이 우리의 목소리를 얼마나 좋아하는지에 관심을 두는 것은 풀이지만, 주님을 영화롭게 하려고 노래하는 것은 은이다. 의무감이나 사람들의 압박 때문에 후하게 헌금하는 것은 짚이지만, 복음을 확장하고 주님의 이름으로 다른 사람들을 섬기려고 기쁨으로 후하게 헌금하는 것은 보석이다. 겉보기에 금 같은 일이 하나님의 눈에는 풀일 수도 있다. 그분은 "마음의 뜻"을(the motives of men's hearts, 마음의 동기를) 아신다(고전 4:5).

둘째, 우리는 우리의 '행동'으로(by our conduct) 건축한다. "이는 우리가 다 반드시 그리스도의 심판대 앞에 나타나게 되어 각각 선악 간에 그 몸으로 행한 것을 따라 받으려 함이라"(고후 5:10). 여기서 "악"(bad, *phaulos*)은 "무가치하다"(worthless)로 이해하는 게 최선이다. 이것은 아무런 유익을 낳지 못한다. 그러므로 우리의 행동은, **나무나 풀이나 짚**이 불로 테스트 받을 때처럼, "선하거나"(*agathos*, "본래 질이 좋다") 악하거나 쓸모없을 수 있다. 그러므로 우리의 행위들은 금이나 나무, 은이나 풀, 보석이나 짚일 수 있다.

셋째, 우리는 우리의 '섬김'으로(by our service) 건축한다. 우리가 하나님이 주신 영적 은사를 사용하는 방법, 우리가 그분의 이름으로 사역하는 방법은 우리가 그분을 위해 건축하는 데 더없이 중요하다. 그리스도를 섬길 때, 우리는 "귀히 쓰는 그릇이 되어 거룩하고 주인의 쓰심에 합당하길" 구해야 한다(딤후 2:21).

몇 년 전, 어느 청년이 내게 사역을 그만두겠다고 했다. 그가 말한 이유는 이러했다. "제가 하는 일은 제가 가장 잘하는 일이 아닙니다. 저의 재능을 활용하기는 하지만, 저의 영적 은사를 활용하지는 않습니다." 그가 해 온 일은 전혀 잘못된 게 아니었다. 사실, 다른 사람에게, 그 일은 금일 수 있었다. 그러나 그 청년에게는 그 일이 나무나 풀이나 짚이었다. 그는 주님이 특별히 은사를 주시고 자신을 불러 하라고 하신 일이 아니라 다른 사람들이 그가 해야 한다고 생각하는 일을 하고 있었기 때문이다.

테스트: 불로

각 사람의 공적이 나타날 터인데, 그 날이 공적을 밝히리니, 이는 불로 나타내고

그 불이 각 사람의 공적이 어떠한 것을 시험할 것임이라. (3:13)

새 건물은 대개 입주하거나 사용하기 전에 꼼꼼히 점검한다. 시, 카운티, 주마다 건물이 충족해야 하는 기준과 관련된 규정이 있다. 하나님은 우리가 우리의 삶에서, 우리의 삶으로 짓는 것에 관해 엄격한 기준을 제시하신다. 그리스도께서 다시 오실 때, 모든 신자의 일(work, 공적)이 **어떠한 것을**(quality, 질) 테스트(시험) 받는다. 불은 테스트를 상징한다. 불이 금속을 정화하듯이, 분별하는 하나님의 불은 찌꺼기를 태우고 순전하며 귀한 것을 남길 것이다(참조. 욥 23:10; 슥 13:9; 벧전 1:17; 계 3:18).

뒤이은 구절이(14-15절) 분명히 하듯이, 그 때는 형벌을 받는 때가 아니라 상을 받는 때일 것이다. 나무나 풀이나 짚으로 지은 자라도 정죄받지 않을 것이다. 그러나 그가 받을 상은 그가 사용한 재료가 **어떠한 것**(quality, 질)이었느냐에 상응할 것이다. 나무나 풀이나 짚은 불에 닿으면 타버린다. 재만 남는다. 이것들은 테스트를 통과하지 못한다. 그러나 금과 은과 보석은 타지 않는다. 이것들은 테스트를 통과하며, 큰 상을 부를 것이다.

일꾼들: 모든 신자

만일 누구든지 그 위에 세운 공적이 그대로 있으면 상을 받고, 누구든지 그 공적이 불타면 해를 받으리니, 그러나 자신은 구원을 받되 불 가운데서 받은 것 같으리라. 너희는 너희가 하나님의 성전인 것과 하나님의 성령이 너희 안에 계시는 것을 알지 못하느냐? 누구든지 하나님의 성전을 더럽히면 하나님이 그 사람을 멸하시리라. 하나님의 성전은 거룩하니 너희도 그러하니라. (3:14-17)

두 유형의 일꾼들이 두 범주의 재료에 상응한다. 즉 귀중한 재료와 쓸모없는 재료, 건설적 일꾼들과 무가치한 일꾼들이다. 또 다른 유형의 일꾼이 있다. 그는 전혀 건축하지 않으며 무너뜨리는 자다.

건설적 일꾼들

바른 동기와 바른 행동과 유효한 섬김을 갖춘 신자들은 금과 은과 보석으로 짓는다. 이들은 주님을 위해 건설적인 일을 하고 상응하는 상을 받을 것이다. **상을 받고(he shall receive a reward).** 이 단순하고 희망찬 약속은 영원한 기쁨과 영광의 메시지다. 우리가 어떤 섬김으로 하나님을 영화롭게 하든 간에, 그분이 상을 주실 것이다.

바르고 견고한 교리(doctrine, 가르침)를 전할 때, 목회자는 건설적으로 짓고 있는 것이다. 말씀을 일관되고 온전하게 가르칠 때, 선생은 좋은 재료로 짓고 있다. 주님의 이름으로 다른 사람들을 섬길 때, 돕는 은사를 가진 사람은 테스트를 통과하고 큰 상을 부를 재료로 짓고 있는 것이다. 삶이 거룩과 순종과 예배로 넘칠 때, 신자는 귀한 재료로 지은 삶을 사는 것이다.

주님이 자신을 신실하게 따르는 모두에게 주실 상은 다양하고 놀라우며 전혀 썩지 않을 것이다(고전 9:25). 신약성경은 이것들을 면류관이라 한다. "나를 위하여 '의의 면류관'이 예비되었으므로, 주 곧 의로우신 재판장이 그 날에 내게 주실 것이며, 내게만 아니라 '주의 나타나심을 사모하는 모든 자에게'[20]도니라"(딤후 4:7-8). '신실한 자들은 진리를 선포하기 때문에' "자랑의 면류관"(crown of exultation)을 '약속받는다'(살전 2:19-20). '구속받은 자들은 섬김 때문에' "시들지 아니하는 영광의 관"을 '받는다'(벧전 5:4). 주님을 사랑하는 모든 자가 "생명의 면류관"을 받을 것이다(약 1:12). '각각은 헬라어에서 동격의 소유격(즉, 의인 면류관, 자랑인 면류관, 영광인 면류관, 생명인 면류관)으로 이해하는 게 최선이다. 모두 신자에게 약속된 온전한 상을 가리킨다.'

무가치한 일꾼들

그리스도인들이 주님의 이름으로 하며 인간적으로 감동적이고 아름다우며

---

20 NASB: For those who have true saving faith and thus are faithful to live in hope until Jesus comes(구원하는 참믿음이 있으며, 따라서 예수님이 오실 때까지 소망 안에서 신실하게 사는 자들에게).

가치 있어 보이는 숱한 일이 "그 날" 테스트를 통과하지 못할 것이다. 사용된 재료가 나무나 풀이나 짚이라는 게 "나타날" 것이다(분명해질 것이다, 13절). 일꾼들이 구원을 잃지는 않겠지만 어떤 것이든 기대했을 상의 일부를 잃을 것이다. 이들은 **구원을 받되 불 가운데서 받은 것 같으리라.** 이런 의미다. 어떤 사람이 타지 않고 불길을 통과하지만, 그에게서 연기 냄새가 난다. 즉 가까스로 탈출했다! 상 받는 날, 쓸모없고 악한 것들은 타버리지만 구원을 잃지는 않을 것이다.

우리는 스스로 속아 이렇게 생각하기 쉽다. 우리가 주님의 이름으로 무엇을 하든 진지하게, 열심히, 좋은 뜻으로 하면 그분을 섬기는 일이라고 말이다. 그러나 우리의 재료를 하나님의 기준—순수한 동기, 거룩한 행동, 이타적 섬김—으로 판단하지 않았기 때문에, 우리에게 금처럼 보이는 것이 짚으로 드러날 수도 있다.

무가치한 재료로 지어 기회를 허비하지 않도록 주의해야 한다. 이렇게 짓는다면, 무가치한 일꾼이 되기 때문이다. 바울은 골로새 신자들에게 경고했다. "아무도 꾸며낸 겸손과 천사 숭배를 이유로 너희를 정죄하지 못하게 하라.[21] 그가 그 본 것에 의지하여 그 육신의 생각을 따라 헛되이 과장하고"(골 2:18). 하나님의 말씀이 아니라 인간의 지혜나 초자연적 환상을 의지한다면, 육적이며 "육신의 생각"을 따르는 것이다. 이런 육적인 근원에서 나왔다면, 그 어떤 교리나 원리나 실천도 그저 무가치하다고 확신해도 좋다.

파괴적 일꾼들

셋째 그룹의 일꾼들은 불신자들이 분명하다. 하나님은 구속하고 영생을 주신 자들을 절대 **멸하시지** 않기 때문이다. 이들은 하나님의 백성과 하나님의 일을 공격하는 악하고 구원받지 못한 자들이다. 이 파괴적 그룹은 교회 안팎에서 일하면서 하나님이 세우신 것을 무너뜨리려 들 수 있다.

---

21 "Let no one keep defrauding you of your prize"(아무도 너희 상을 빼앗지 못하게 하라, NASB).

모든 신자는 **하나님의 성전**이며 **하나님의 성령**이 그 안에 계신다. 그러므로 교회는 하나님의 성전이며, 하나님이 택하신 모든 자로 구성된 일종의 종합 성전(a composite temple)이다. 그리스도인 개개인처럼, 교회도 거룩하며 (is holy, 성전), 하나님은 거룩한 것을 빈틈없이 보호하신다. 구약 시대에는 오로지 대제사장만 속죄일에 지성소에 들어갈 수 있었다. 대제사장 외에 누구라도 감히 지성소에 들어갔다가는 그 자리에서 죽을 터였다. 백성이 그를 죽일 필요가 없었다. 하나님이 그를 죽이실 터였다. 하나님은 자신의 거룩한 백성을 위협하거나 더럽히는 자들에게 더더욱 자비를 베풀지 않으신다(참조. 마 18:6-10).

상 받을 날이 다가온다. 예수님이 다시 오시는 날이다. 예수님이 친히 상을 가지고 오실 것이기 때문이다(계 22:12). 그때 우리가 여전히 이 땅에 살고 있다면, 준비할 시간이 남아 있지 않을 것이다. 우리가 그 전에 주님과 함께하게 된다면, 죽은 후에는 준비할 기회가 없을 것이다. 상을 가져다줄 주님의 일을 할 시간은 지금뿐이다.

9

분쟁을 없애는 법
(3:18-23)

아무도 자신을 속이지 말라. 너희 중에 누구든지 이 세상에서 지혜 있는 줄로 생각하거든 어리석은 자가 되라. 그리하여야 지혜로운 자가 되리라. 이 세상 지혜는 하나님께 어리석은 것이니, 기록된 바, 하나님은 지혜 있는 자들로 하여금 자기 꾀에 빠지게 하시는 이라 하였고, 또 주께서 지혜 있는 자들의 생각을 헛것으로 아신다 하셨느니라. 그런즉 누구든지 사람을 자랑하지 말라. 만물이 다 너희 것임이라. 바울이나 아볼로나 게바나 세계나 생명이나 사망이나 지금 것이나 장래 것이나 다 너희의 것이요 너희는 그리스도의 것이요 그리스도는 하나님의 것이니라. (3:18-23)

이 단락은 바울이 이미 세밀하게 기술한 문제, 곧 분쟁과 불일치 문제에 이어진다. 바울이 전형적으로 그렇듯, 문제의 해결책은 바른 생각에서 찾을 수 있다. 교회의 일치를 이루고 유지하려면, 우리 자신, 다른 사람들, 우리의 소유, 우리의 소유주를 보는 적절한 시각이 있어야 한다.

우리 자신을 보는 적절한 시각

아무도 자신을 속이지 말라. 너희 중에 누구든지 이 세상에서 지혜 있는 줄로 생각하거든 어리석은 자가 되라. 그리하여야 지혜로운 자가 되리라. 이 세상 지혜는 하나님께 어리석은 것이니, 기록된 바, 하나님은 지혜 있는 자들로 하여금 자기 꾀에 빠지게 하시는 이라 하였고, 또 주께서 지혜 있는 자들의 생각을 헛것으로 아신다 하셨느니라. (3:18-20)

개개인이 자기 지혜에 그렇게 감동하지 않는다면, 많은 교회 분쟁이 해결될 것이다. 자신이 **이 세상에서(in this age) 지혜 있는 줄로 생각하는** 사람, 즉 자신이 사는 시대에서 지혜롭다고 생각하는 사람은 **자신을 속일** 뿐이다. 누구든 스스로 속이는 자는 **어리석은 자**(*mōros*)가 된다. 다시 말해, 우리 자신의 지혜를 포함해 인간의 지혜는 하나님이 없으면 **어리석은 것**(*mōria*)일 뿐임을 알게 되는 자들과 다르지 않게 된다. 두 헬라어 용어는 영어 단어 'moron'(멍청이, 바보)과 어근이 같다. 인간의 지혜는 주님이 보시기에, **하나님께(before God)** 멍청하다. 인간의 지혜가 하나님이 선언하시듯 **어리석다**는 것을 깨닫지 않고는 교회 일치가 절대 불가능하다. 그리스도인들이 하나님의 지혜를 따름으로써 세상의 눈에 어리석게 되지 않고는 일치가 절대 불가능하다.

인간의 지혜는 영적 진리 부분에서 어리석다. 바울은 비즈니스, 수학, 과학, 기계학 같은 것을 말하는 게 아니다. 인간은 하나님의 특별한 조명 없이도 이런 것들을 꽤 많이 알 수 있다. 인간의 지혜는 하나님, 구원, 영적 진리에 관한 일에서 어리석고 쓸모없어진다. 인간의 지혜는 하나님의 일을 알거나 이해할 길이 없다.

그러므로 그리스도인이라도 하나님이 계시하신 것들에 자기 의견을 제시할 권리가 없다. 그리스도인들이 복음과 교회와 그리스도인의 삶에 관해 자신만의 생각을 표현하고 따르기 시작할 때, 성도들은 분열할 수밖에 없다. 육신적인 면에서, 그리스도인들은 불신자들보다 지혜롭지 않다. 그리스도인이 참으로 지혜로워지는 첫 단계가 있다. 자신의 인간 지혜가 어리석은 것(foolishness)이며 하나님께 어리석은 이 세상 지혜, 곧 하나님께 어리석은 것의 투영임을 인식하는 것이다. 이것은 지적 교만의 산물이며, 하나님의 계시를 대적하는 원수다.

교회는 하나님의 말씀을 존중하고 그 말씀에 복종하는 분위기, 즉 절대로 인간의 의견으로 계시를 판단하거나 제한하지 않는 환경을 조성해야 한다. 하나님의 일에 관해서라면, 그리스도인들은 전적으로 성경의 가르침과 성령의 조명을 받아야 한다. 그럴 때 우리는 하나님의 지혜에 열리고 참으로 **지혜로운 자가 될** 수 있다. 하나님의 말씀에 함께 헌신함이 일치의 기본이다.

하나님의 말씀이 최고 권위로 확립되지 못할 때, 분쟁은 필연이다. 이런 일은 복음주의 교회들에서도 일어나며, 목회자를 비롯해 지도자들이 자기 생각으로 성경의 진리를 대체하기 시작할 때 일어난다. 이러한 대체가 의도적일 경우는 드물지만, 성경을 소홀히 할 때 늘 일어날 것이다. 성경을 주의 깊게 연구하지 않으면 성경을 주의 깊게 따를 수 없다. 성경을 따르지 않는 곳에 분쟁이 있을 것이다. 그곳에는 신앙과 실천을 위한 공통 기반이 없을 것이기 때문이다. 성경의 진리가 유일한 권위가 아닐 때, 인간의 다양한 의견이 권위가 된다.

어떤 사람들은 사실상 모든 일에 자기 의견을 표현하지 못하면 만족하지 않는다. 어떤 사람들은 다수의 반대편에 서지 않으면 행복하지 않다. 지적 교만은 경청하고 칭찬하는 데 만족하지 못한다. 언제나 목소리를 높이고 비판해야 한다. 본질상, 지적 교만은 언제나 이기려 든다. 또한, 반대나 반박을 견디지 못하며 어떻게 해서든 자신을 정당화해야 하며 배타적이다. 지적 교만은 자신에게 동의하지 않는 모든 사람을 깔본다.

교만은 언제나 인간의 지혜, 곧 **이 세상 지혜**의 중심에 자리하며, 이 세상 지혜는 **하나님께 어리석은 것이다(is foolishness before God).** 자신이 모르는 게 없다고 생각하는 사람을 가르치기란 어렵다. 1세기 로마 웅변가 퀸틸리아누스(Quintilian)는 자신의 학생들 몇몇에 대해 이렇게 말했다. "이들이 자신의 학문에 철저히 설득당하지 않으면 탁월한 학자가 될 게 틀림없다." 유명한 아랍 속담이 있다. "알지 못하면서 알지 못한다는 것도 모르는 자는 바보다. 그를 피하라. 알지 못하면서 알지 못한다는 것을 아는 자는 단순하다. 그를 가르쳐라."

어느 교회에서, 박사학위가 있으나 하나님과 그분의 말씀에 대한 헌신은 이름뿐인 열 사람이 있고 고등학교만 나왔으나 하나님께 전적으로 헌신하고 그분의 말씀에 잠긴 열 사람이 있다면, 어느 열 사람이 교회를 이끄는 데 가장 적합할지 결정하는 일이 어렵지 않아야 한다. 하나님의 기준에서, 이것은 경쟁이 아니다. 달란트가 많고 잘 훈련된 신자들은 교회에 상당한 도움이 될 수 있지만, 이런 능력을 소유한 사람들이 성경의 진리와 기준에 복종할 때만 그러하다. 그리스도의 말씀에 헌신한 순전한 통로가 있다면, 그리스도께서 이 통로를 통해 다스리심으로써 교회가 하나 되게 하실 것이다.

신자들이 개인 문제나 물질 문제나 도덕 문제의 해답을 찾으려고 하나님의 말씀 대신 심리학만 들여다볼 때, 영적 재난이 일어난다. 그리스도인 사업가들이 사업 윤리를 결정하려고 성경의 원리를 들여다보는 대신 편의만 좇는 대중적 방법에 눈을 돌릴 때, 이들의 영적 삶과 증언이 약해진다. 인간은 과학과 기술에서 큰 진보를 이루었다. 우리는 이것을 기뻐해야 하며, 여기서 유익을 얻을 수 있다. 그러나 하나님의 일과 인간을 향한 하나님의 계획과 뜻과 관련해, 인간의 생각과 이해는 전혀 공허하며 도움이 되지 않는다.

19세기와 20세기 초, 자유주의 성경학자들과 신학자들은 많은 영역에서 많이 배우고 똑똑한 사람들이었다. 이들은 교리와 해석을 두고 의견이 다르기 일쑤였다. 그러나 이들이 만장일치를 이룬 믿음이 있었다. 성경은 본질적으로 인간의 책이라는 것이다. 이들은 성경이 일종의 신적 인도를 받았을 테지만 일차적으로 인간의 책이라고 여겼다. 그래서 성경의 어느 부분이든 자신들의 이해에 부합하지 않으면 전혀 거리낌 없이 거부하거나 수정했다. 오경이 모세 시대 저작이라고 믿지 않았고, 따라서 모세가 오경을 썼을 리 없다고 결론지었다. 초자연적 예언을 믿지 않았고, 따라서 자신이 살았던 시대보다 수백 년 이후의 사건들을 말하는 다니엘서를 다니엘이 썼을 가능성이 있다고 믿지 않았다. 성경이 자신들의 신관에 맞지 않는 말씀이나 행동을 하나님이 하셨다고 말할 때, 이들은 하나님이 그렇게 말씀하거나 행하셨다는 것을 부정했다. 지성주의의 이름으로, 이들은 하나님의 말씀에서 아주 많은 부분을 걷어내고 자신들의 개인적 편견에 맞는 부분만 남겨두었다. 이들은 하나님의 교회의 많은 부분도 걷어냈으며, 상상할 수 없는 혼란과 의심과 불신앙과 영적 분열을 일으켰다. 이들의 유산이 아직도 전 세계 신학교와 대학과 교회를 오염시키고 있다.

자신의 지혜를 높이는 자는 언제나 성경을 낮잡아 본다. 그러나 더 중요한 진리는 하나님이 그 사람의 지혜의 가치를 아신다는 것이다. 그의 지혜는 어리석고 우둔하며, 전혀 믿을 수 없고 쓸모없다. 결국, 하나님의 말씀을 반대하는 자들을 하나님이 넘어뜨리실 것이다. **하나님은 지혜 있는 자들로 하여금 자기 꾀에 빠지게 하시는 이라.** 하만처럼, 이들은 자신이 세운 교수대에 달린다(에 7:1-10). 하나님이 이들로 자신들이 놓은 덫에 빠지게 하실 때, 이들의 교활한 계획은 자신들을 향한 정죄로 바뀐다. 하나님은 **지혜 있는 자들의 생각을 헛것으로 아신다.**[22]

인간의 철학은 사람들을 하나님께로 인도하고 사람들에게 어떻게 구원받고 어떻게 사는지를 보여주기에 절대로 부족하다. 인간의 지혜는 늘 자기 꾀에 빠지며, 그것을 신뢰하는 자들을 덫에 빠뜨린다. 인간의 이해를 신뢰하는 자는 자신을 제대로 이해하지 못한다. 그는 자신의 영적 의견과 사상과 **생각 (reasonings)**이 **헛것(useless,** mataios), 곧 공허한 것임을 알지 못한다.

하나님의 진리가 없으면 우리는 공허한 생각을 하는 어리석은 자다. 이것은 우리 자신을 보는 적절한 시각이며 경건하고 참된 시각이다. 이 진리를 알면, 참된 지혜의 문이 열리고 분쟁의 문이 닫힌다.

다른 사람들을 보는 적절한 시각

그런즉 누구든지 사람을 자랑하지 말라. 만물이 다 너희 것임이라. 바울이나 아볼로나 게바나 (3:21-22a)

교회 분쟁을 극복하기 위한 둘째 조건은 다른 사람들을 보는 바른 시각을 갖는 것이다. 바울은 교회 지도자들을 향한 특별한 충성심을 품지 말라고 강력하게

---

22 "The Lord knows the reasonings of the wise, that they are useless"(주님은 지혜로운 자들의 추론/논리를 아시고, 그것들이 쓸모없음을 아신다, NASB).

경고했는데(1:12-14: 3:4-9), 여기서 그 세 지도자를 다시 언급한다. 그러나 강조점이 다르다. 이들을 특별히 높이거나 숭상하지 말았어야 했다. 그렇지만 이들은 큰 도움과 복의 근원이었다. 주님이 이들을 고린도 신자들에게 보내셨고, 따라서 이들의 말을 경청하고 이들을 존경했어야 했다. 이들은 하나님이 보내신 선생들이었다. 이들은 하나님에게서 나온 동일한 진리를 가르쳤고, 하나님은 이들을 분쟁이 아니라 일치의 근원이 되게 하려 하셨다.

이들을 중심으로 분쟁이 일어난 것은 사람들이 이들의 개인 스타일과 개성에 끌렸고, 이들이 다양한 고린도 신자들에게 매력적이었기 때문이다. 교인들이 바울이나 베드로(게바)나 아볼로를 **자랑하기** 시작했고, 한 사람을 다른 사람보다 높였다. 그래서 교회에 분쟁이 일어났다.

부연 설명을 위해, 덧붙여야 할 게 있다. 때로 어떤 지도자들을 다른 지도들보다 존경'해야 한다'는 것이다. 하나님의 말씀을 세밀하게 전하고 자신이 설교한 대로 사는 목회자라면 존경하고 따라야 마땅하다. 반대로, 설교와 삶이 부주의한 목회자라면 존경하고 따르는 게 마땅하지 않다. 두 경우 모두, 지도자의 개성이나 스타일이 아니라 그가 말씀에 충실한지를 토대로 반응해야 한다. 그가 충실하다면, 존경받을 자격이 있다(살전 5:12-13).

몇 년 전이었다. 다양한 교회의 사람들이 참석한 컨퍼런스에서 메시지를 전했다. 참석자 중에는 개신교인도 있었고 가톨릭 교인도 있었으며, 자유주의자도 있었고 복음주의자도 있었다. 나는 히브리서 13장을 본문으로 기독교 윤리에 관해 시리즈로 메시지를 전했다. "너희를 인도하는 자들에게 순종하고 복종하라. 그들은 너희 영혼을 위하여 경성하기를…"이란 구절을 설명하기 시작했을 때, 흥미로운 반응들이 있었다. 많은 사람이 자기 목회자에게 순종하고 복종하는 것이 정당하다고 생각하기 어려웠다. 이유는 충분했다. 목회자들은 성경을 하나님의 말씀으로 믿지 않았고 이들의 삶은 불신앙과 일치했다. 나는 히브리서가 '경건한'(godly) 지도자들에게, 즉 가르침과 삶 둘 다 성경에 충실한 지도자들에게 복종하라고 가르친다는 사실을 지적했다(히 13:7, 17).

고린도 신자들은 운이 좋았다. 빼어난 하나님의 사람 셋이 이들을 섬겼고,

그 가운데 둘은 사도였다. 베드로는 고린도에서 직접 섬기지는 않았을 테지만, 고린도 신자 중에 그의 사역에 혜택을 입은 사람들이 있었다. 이들은 각각 특별한 은사와 재능이 있었고, 하나님은 이것들을 사용해 신자들을 가르치고 인도하셨다. 이러한 다양한 리더십이 교회를 분열시키는 게 아니라 풍성하게 했어야 했다.

오늘의 그리스도인들은 많은 좋은 선생과 지도자에게서 배울 수 있다. 그 방법은 라디오, 텔레비전, 책, 잡지, 테이프, 컨퍼런스 등 여러 가지가 있다. 지도자들은 성경적이고 경건한 만큼, 섬기는 사람들을 영적으로 하나 되게 할 것이다. 우리의 첫째 책임은 자신의 지교회를 향해야 하며, 우리의 영적 복종은 무엇보다도 자신의 목회자를 향해야 한다. 그러나 누구라도 자신의 교인들에게 영적 복을 준다면, 어느 목회자라도 시기해서는 안 된다. 이것이 바울이 매우 힘든 상황에서도 빌립보서 1:12-18에서 표현하는 그의 마음이다.

바울이 3:22a에서 제시하는 핵심은 이것이다: 우리는 **바울이나 아볼로나 게바나**(whether Paul or Apollos or Cephas, 바울이든 아볼로든 게바든 간에) 하나님이 우리에게 보내신 모든 신실한 지도자를 기뻐하고 이들에게 유익을 얻어야 한다. 고린도 신자들이 예를 들어 이 세 사람의 외모나 말투가 아니라 이들이 '가르친' 것을 이해하고 따르려고 주의를 기울였다면, 교회가 분열하지 않고 하나 되었을 것이다. 다른 사람들을 보는 이들의 시각이 교정되어야 했다.

소유를 보는 적절한 시각

세계나 생명이나 사망이나 지금 것이나 장래 것이나 다 너희의 것이요 (3:22b)

분쟁을 극복하기 위한 셋째 조건은 우리의 소유를 보는 바른 시각을 갖는 것이다.

이 구절에서(22b절) 우리의 것인 "만물"(21절)의 목록이 계속된다. 모든 경건한 지도자가 우리의 것일 뿐 아니라, 하나님에게서 오는 나머지 모든 것도 우리의 것이다. 신자로서, 우리는 "그리스도와 함께 한 상속자"다(롬 8:17). 우리는 그리스도의 영광까지 상속했으며, 우리 주님이 자신의 영광을 친히 우리에게 주셨다(요 17:22). "우리가 알거니와 하나님을 사랑하는 자 곧 그의 뜻대로 부르심을 입은 자들에게는 모든 것이 합력하여 선을 이루느니라"(롬 8:28).

세계나 생명이나 사망이나 지금 것이나 장래 것은 모든 것을 다 포함한다. 바울은 **만물이 다 너희 것임이라**는 선언으로 시작하고 끝맺는다(참조. 21b). 그리스도 안에서, '만'물이 우리를 위한 것이고, 하나님의 영광을 위한 것이다(고후 4:15).

구체적으로, 지금도 **세계**(*kosmos*)는 우리의 것이다. 여기서 바울의 핵심은 우리가 천년왕국에서, 그리고 새 하늘과 새 땅에서 영원히 땅을 더 풍성하게 소유하게 되리라는 것이다(마 5:5; 계 21장). 그러나 지금도 우주는 하나님 백성의 소유다. 우리의 것이다. 하늘에 계신 우리 아버지께서 우리를 위해 우주를 지으셨다. 우주가 여전히 악한 자의 손아귀에 있지만(요일 5:19), 어느 날 그리고 영원히 그가 아니라 우리에게 속할 것이다.

조셉 파커(Joseph Parker)는 첫 목회지에 얽힌 재미있는 이야기를 들려준다.

저는 밴버리에서 목회를 시작했습니다. 뒤쪽 창문으로는 어느 부자의 거대한 땅이 보였습니다. 사실, 제가 그 거대한 토지를 물려받았습니다. 그 땅은 1피트도 제 소유가 아니었지만, 전부 제 것이었습니다. 소유주가 매년 한 번씩 와서 보았지만, 저는 그 땅을 매일 몇 킬로미터씩 걸었습니다.

우리가 보좌에 계신 예수님과 함께 세상을 온전히 물려받을 때, 세상은 완전해지고 더욱 우리의 소유가 될 것이다. 한편 지금 세상은 그 경이와 영광, 불완전과 실망과 함께 이미 우리의 것이다. 신자는 어느 불신자도 못하는 방식으로 세상을 인식할 수 있다. 우리는 세상이 어디서 왔으며, 왜 만들어졌고, 왜 우리가 세상에 있으며, 세상의 마지막 운명이 무엇일지 안다. 우리는 기쁨과 확신으로 노래할 수 있다. "참 아름다워라 주님의 세계는…" 우리는 그분의 상속자다.

모든 **생명**이 우리의 것이다. 그러나 문맥으로 볼 때, 바울은 일차적으로 영적 생명, 영원한 생명을 가리키는 게 분명하다. 그리스도 안에서 우리는 새 생명, 결코 변색되거나 줄어들거나 잃지 않을 생명을 가집니다. 하나님 자신의 생명이 지금 우리 안에 있다. 그리스도를 통해, 하나님이 우리 안에 거하시며(요 14:23), 우리는 그분의 본성과 생명을 공유한다(참조. 벧후 1:3-4).

사망(죽음)까지도 우리의 것이다. 인류의 큰 원수가 패배했다. 그리스도께서 사망을 이기셨고, 그분을 통해 우리도 사망을 이겼다(참조. 고전 15:54-57). 우리가 들림을 받지 않는다면, 사망을 통과해야 할 것이다. 그러나 우리는 사망의 종이 아니라 주인으로서 사망을 통과할 것이다. 사망이 신자에게 할 수 있는 거라곤 신자를 예수님에게 건네는 것뿐이다. 사망은 우리를 우리 구원자의 영원한 임재 속으로 이끈다. 이런 까닭에, 바울은 크게 기뻐하며 말할 수 있었다. "내게 사는 것이 그리스도니 죽는 것도 유익함이라"(빌 1:21). 그는 잠시 더 이 땅에 남든 아니면 떠나 주님과 함께하든 간에, 패배할 수 없었다. 그리스도인들에게 사망은 상황을 더 좋게 할 수 있을 뿐이기 때문이다. 이곳에 남아 그리스도께서 우리에게 맡기신 일을 마무리하는 게 "더 유익할"는지 모르지만, "차라리 세상을 떠나서 그리스도와 함께 있는 것이 훨씬 더 좋은 일이다"(빌 1:23-24). 하나님의 백성에게 현세는 좋지만, 사망은—우리를 영생으로 인도해 들이기에—더 좋다.

지금 것(things present)도 우리의 것이다. 여기에는 우리가 이생에서 소유하거나 경험하는 모든 것이 포함된다. 사실, 이것은 이생(this life)의 동의어다. 이것은 좋은 것과 나쁜 것, 즐거운 것과 고통스러운 것, 기쁨과 실망, 건강과 질병, 만족과 슬픔을 포함한다. 하나님의 손에서, 이 모두는 우리를 섬기고 우리가 영적으로 더 부유해지게 한다. "이 모든 일에 우리를 사랑하시는 이로 말미암아 우리가 넉넉히 이기느니라." 그리고 그 무엇도 "우리를 우리 주 그리스도 예수 안에 있는 하나님의 사랑에서 끊을 수 없기" 때문에, 그 무엇도 우리에게 실질적 해를 조금도 끼칠 수 없다(롬 8:37-39). 하나님이 '모든' 것이 합력하여 우리에게 선을 이루게 하신다(28절).

장래 것(things to come)도 우리의 것이다. 여기서 이것은 지금 우리 삶의 미래를 일차적으로 가리키지는 않는다. 지금 우리 삶의 미래는 **지금 것**에 포함되며, 우리가 땅에서 경험할 모든 것을 의미한다. **장래 것**은 하늘의 복이며, 지금 우리는 이것을 흘낏 볼 뿐이다. 그러나 하늘의 복은 가장 큰 복이 될 것이다. 다소 중복되는 이 용어들은 모든 것이 우리가 하나님의 영광의 상속자로서 똑같이 공유하도록 있다는 사실과 연결된다. 그런데 왜 우리가 스스로 분쟁하겠는가? 이 기업 중 어느 하나도 인간에게서 비롯되지 않는다. 그러므로 "사람을 자랑할" 이유가 없다(21a절).

우리의 소유주를 보는 적절한 시각

너희는 그리스도의 것이요 그리스도는 하나님의 것이니라. (3:23)

분쟁을 극복하기 위해 단연 가장 중요한 조건은 우리의 소유주 예수 그리스도를 보는 바른 시각을 갖는 것이다. 예수 그리스도 자신이 영적 일치의 근원이요 분쟁 치유의 근원이다. 우리가 그분에게서 눈을 뗄 때 분쟁이 시작되고, 그분에게 시선을 다시 고정할 때 분쟁이 끝난다. "주와 합하는 자는 한 영이니라"(고전 6:17). 신자들은 모두 같은 주님께 속하며, 따라서 서로 하나다. 그러므로 우리가 서로 하나임을 부정하는 것은 무엇이든 우리가 그분 안에서 하나임을 부정하는 것이다(참조. 빌 2:1-4).

성령이 하나 되게 하신 것을(the unity of the Spirit, 엡 4:3) 유지하고 교회 분쟁을 피하기 위한 가장 큰 동기는 우리가 **그리스도의 것이요 그리스도는 하나님의 것**임을 아는 것이다. 우리는 모두 그리스도의 것이며(그리스도에게 속하며), 따라서 모두 서로의 것이다(서로에게 속한다).

대제사장의 기도에서, 우리 주님은 하나됨에 관해 놀랍도록 풍성한 가르침을 주신다. 주님은 신자들에 관해 이렇게 말씀하신다. "그들은 아버지의 것이로소이다. 내 것은 다 아버지의 것이요 아버지의 것은 내 것이온데…아버지여, 아버지께서 내 안에, 내가 아버지 안에 있는 것 같이 그들도 다 하나가 되어 우리 안에 있게 하사…우리가 하나가 된 것 같이 그들도 하나가 되게 하려 함이니이다. 곧 내가 그들 안에 있고 아버지께서 내 안에 계시어 그들로 온전함을 이루어 하나가 되게 하려 함은…"(요 17:9-10, 21-23).

우리는 아버지 하나님 및 예수 그리스도와 영원한 하나됨으로 묶여 있으며, 따라서 하나님과 예수 그리스도 안에서 서로 연결되어 있다. 어떻게 이렇게 하나인 사람들이 분쟁할 수 있는가? 분쟁은 우리가 우리의 소유주이신 분 안에서 영적으로 하나라는 사실을 이해하지 못하는 데서 시작된다. 공통된 소유주와 소유가 있고, 공통된 지도자들과 선생들이 있으며, 공통으로 성경을 의지한다면, 분열과 불일치가 없어야 한다.

10

진정한 그리스도의 일꾼들
(4:1-5)

사람이 마땅히 우리를 그리스도의 일꾼이요 하나님의 비밀을 맡은 자로 여길지어다. 그리고 맡은 자들에게 구할 것은 충성이니라. 너희에게나 다른 사람에게나 판단 받는 것이 내게는 매우 작은 일이라. 나도 나를 판단하지 아니하노니, 내가 자책할 아무것도 깨닫지 못하나 이로 말미암아 의롭다 함을 얻지 못하노라. 다만 나를 심판하실 이는 주시니라. 그러므로 때가 이르기 전, 곧 주께서 오시기까지 아무것도 판단하지 말라. 그가 어둠에 감추인 것들을 드러내고, 마음의 뜻을 나타내시리니, 그 때에 각 사람에게 하나님으로부터 칭찬이 있으리라. (4:1-5)

많은 그리스도인에게 인기 있는 게임이 있다. 목회자 평가하기다. 온갖 기준을 사용해 누가 가장 성공했고, 가장 영향력이 크며, 가장 유능하고, 가장 인상적인지 측정한다. 어떤 잡지들은 정기적으로 설문조사를 해 폭넓은 보고서를 작성하며 교인 수, 예배 출석 인원, 교회 직원과 교회학교 규모, 학위나 명예 학위, 발표한 저서나 글, 컨퍼런스와 컨벤션에서 메시지를 전한 횟수 등으로 꼼꼼하게 목회자 순위를 정한다. 이런 행위는 인기 있어 보이지만 하나님이 보시기에 더없이 역겹다.

고린도전서 4:1-5은 하나님의 사역자들이(God's ministers) 갖는 진정한 본성과 표식에 초점을 맞춘다. 이 단락은 사역자들이 사역하고 평가받는 기본 지침과 기준을 제시한다. 이 단락은 회중이 사역자에게 어떤 태도를 가져야 하고, 사역자가 자신에게 어떤 태도를 가져야 하는지를 다룬다. 간단히 말해, 이 단락은 하나님의 사역자를 하나님의 시각에서 본다. 바울은 인기와 개성과 학위와 숫자는 하나님의 시각에서 아무 역할도 하지 않는다—우리의 시각에서도 아무 역할을 하지 않아야 한다—는 것을 분명히 한다.

이 단락의 핵심은 여전히 서로 다른 사역자들을 두고 벌어지는 분쟁과 관련이 있다. 메시지는 하나님의 일꾼들이(servants of God) 다른 사람들이나 자신들에 의해 절대로 순위가 매겨져서는 안 된다는 것이다. 자신의 설교와 삶이 성경에 충실하다면, 모두 동등하게 여겨야 한다. 바른 교훈(sound doctrine)과 개인적 거룩이 있는 곳이라면, 하나님의 일꾼들에게 순위를 매기는 것은 절대로 옳지 않다. (그러나 로마서 16:17과 디모데전서 5:20은 두 본질이 빠진 곳이라면 평가와 대면[23]이 반드시 있어야 한다고 지적한다.)

자신의 일꾼들을 향한 하나님의 목적을 우리가 이해하도록 도우려고, 바울은 참 사역자, 그리스도의 참 일꾼의 특징 셋을 제시한다: 그의 정체성, 그의 요건, 그에 대한 평가.

사역자의 정체성

사람이 마땅히 우리를 그리스도의 일꾼이요 하나님의 비밀을 맡은 자로 여길지어다. (4:1)

여기서 **우리를(us)**은 3:22로 돌아가 바울과 아볼로와 게바를 가리키며, 확대하면 나머지 모든 "동역자"를 가리킨다(참조. 9절). **사람(a man)**은 대상을 특정하지 않으며, 무엇보다도 그리스도인들에게 적용된다. 다시 말해, "모든 그리스도인은 **마땅히 우리를…로 여길지어다.**" 그러나 더 넓은 의미에서, 이것은 불신자를 가리킬 수도 있다. 즉 세상이 하나님의 사역자들을 어떻게 대해야 하느냐뿐 아니라 교회가 세상 앞에서 하나님의 사역자들을 어떻게 그려내야 하느냐

---

23 confrontation: 교회가 문제를 회피하지 않고 직접 해결하는 것을 말한다.

를 가리킬 수도 있다. 불신자는 하나님의 일을 이해하지 못한다. 하나님의 일은 영적으로 분별되거나 인식되기 때문이다(2:14). 그러나 그리스도인들은 불신자들 앞에 사역의 세상적 기준을 자랑해서는 안 되며, 이 기준을 자신들끼리 자랑해서도 안 된다. 우리는 세상적 기준—이를테면 인기, 개성, 학위, 숫자—을 사용해 복음을 더 매력적으로 보이도록 할 권리가 없다. 우리는 세상이 겸손한 하나님의 메신저들을 그분이 그렇게 세우신 존재, 곧 **그리스도의 일꾼(servants)이요 하나님의 비밀을 맡은 자(stewards,** 청지기)가 아닌 다른 무엇으로도 보게 하려 해서는 안 된다.

그리스도의 일꾼들

일꾼(servants, *huperētēs*)은 문자적으로 "아래 노잡이"(under rowers)이며, 본래 가장 낮은 갤리선 노예들, 배 밑창에서 노를 젓는 노예들을 가리킨다. 이들은 노예 중에서도 가장 천하고 부러움을 사지 않으며 경멸받는 노예였다. 이런 의미에서, 이 용어는 모든 종류의 종속된 자들, 다른 사람의 권위 아래 있는 자들을 가리키게 되었다.

그리스도인 사역자들은 무엇보다도 **그리스도의 일꾼**이다. 모든 면에서, 이들은 그리스도께 종속되고 그분의 지배를 받는다. 이들은 그리스도의 이름으로 사람들을 섬기도록 부르심을 받았다. 그러나 이들은 자신들의 주님을 바르게 섬기지 못하면, 사람들을 바르게 섬길 수 없다. 이들은 자신들을 바르게 보지 못하면, 그분을 바르게 섬길 수 없다. 이들은 자신들을 그분의 아래 노예(under-slaves), 그분의 천한 일꾼(servants, 종)으로 보아야 한다.

사람들의 필요를 가장 우선시하면, 주님뿐 아니라 사람들을 실망하게 한다. 사역자가 자신의 회중과 지역사회를 상담하고 돕는 데 매인 나머지 하나님의 말씀에 시간을 거의 쏟지 못한다면, 그 사람들의 가장 깊은 필요를 채워줄 수 없다. 그는 그러한 필요를 정확히 알고 제대로 충족시키는 데 필요한 가장 큰 근원을 소홀히 했기 때문이다. 이런 경우, 대개 사람들의 욕구에 맞추려고 하나님의 진리에서 타협하게 된다. 그는 무엇보다도 먼저 예수 그리스도의 일꾼(servant)이어야 하며, "모든 겸손…으로 주를 섬겨야" 한다(행 20:19). 그런 후에, 오직 그런 후에야, 사람들을 가장 잘 섬길 수 있다.

바울은 사도지만 자신을 자기 주님의 '후페레테스'(*huperētēs*), 곧 갤리선 노예로 여겼고, 모두가 자신을 그리고 하나님의 사역자들 모두를 그렇게 여겨주길 원했다. 갤리선 노예들은 동료 노예보다 높임을 받지 않았다. 이들은 같은 등급으로 가장 낮았다. 이들은 가장 힘든 노동을 했고, 가장 잔인한 벌을 받았으며, 가장 인정받지 못했고, 일반적으로 모든 노예 중에 가장 희망이 없는 존재였다. 바울이 이미 썼듯이, "그런즉 아볼로는 무엇이며, 바울은 무엇이냐? 그들은 주께서 각각 주신 대로 너희로 하여금 믿게 한 사역자들(servants, *diakonoi*)이니라"(3:5). 그리스도의 사역자는 주님이 기회와 능력을 주실 때만 유용할 수 있다. "심는 이나 물주는 이는 아무것도 아니로되, 오직 자라게 하시는 이는 하나님뿐이니라"(3:7).

누가는 "말씀의 일꾼"들을(servants[*huperētēs*] of the Words) 말하는데, 이들은 예수님의 가르침과 사역에 관한 목격 기사를 전해주었다(눅 1:2). 그리스도를 섬기는 것은 그분의 말씀을 섬기는 것이며, 그분의 말씀은 계시된 그분의 뜻이다. 그리스도의 종은 또한 성경의 일꾼(servant), 갤리선 노예여야 한다. 그의 역할은 그분의 말씀에 계시된 하나님의 명령에 순종하는 것이다.

바울은 나중에 이 서신에서 이렇게 말한다. "내가 복음을 전할지라도 자랑할 것이 없음은 내가 부득불 할 일임이라. 만일 복음을 전하지 아니하면 내게 화가 있을 것이로다"(고전 9:16). 그가 복음을 전하는 것은 자랑하거나 칭찬받을 이유가 아니었다. 그는 자신의 주인이 명하신 대로 자신의 의무를 수행할 뿐이었다(눅 17:10). 바울은 그리스도인이 되겠다는 생각을 꿈에도 하지 않았다. 복음을 전하겠다는 생각은 더더욱 하지 않았다. 다메섹으로 가는 그에게 주님이 느닷없이 나타나셨다. 그전까지, 바울(그때는 사울)이 그리스도를 섬길 가능성은 눈곱만큼도 없었다(행 9:1-6).

고린도후서에서, 바울은 하나님의 사역자로 살아가는 삶이 어떠한지 조금 자세히 기술한다. 그는 환난과 궁핍과 고난과 매맞음과 갇힘과 난동과 수고로움과 자지 못함과 먹지 못함을 예상할 수 있다. 그뿐 아니라, 깨끗함과 지식과 오래 참음과 자비함과 성령의 감화와 거짓 없는 사랑과 진리의 말씀과 하나님의 능력과 의의 무기도 예상할 수 있다(고후 6:4-7). 하나님의 일꾼 (servant)은 때로 수수께끼와 역설처럼 보인다.

> 영광과 욕됨으로 그러했으며, 악한 이름과 아름다운 이름으로 그러했느니라. 우리는 속이는 자 같으나 참되고, 무명한 자 같으나 유명한 자요, 죽은 자 같으나 보라 우리가 살아 있고, 징계를 받는 자 같으나 죽임을 당하지 아니하고, 근심하는 자 같으나 항상 기뻐하고, 가난한 자 같으나 많은 사람을 부요하게 하고, 아무 것도 없는 자 같으나 모든 것을 가진 자로다. (고후 6:8-10)

하나님의 사역자(minister of God)는 다른 사람들이 보는 자신의 모습을 믿어서는 안 된다. 다른 사람들의 의견은 다양하고 바뀌며, 절대로 믿을만하지 않다. 일꾼은 오로지 주인에게 순종해야 하며, 오로지 주인을 기쁘게 하길 바라야 한다. 바울은 주님이 자신을 불러서 명하신 일만 하려 했다. 그의 부르심은 하나님의 말씀을 전하는 것(골 1:25), 말씀을 취해 선포하는 것이었다. 그는 이 일에 충실했다.

하나님의 사역자들은 창의적이 아니라 순종하라고, 혁신적이지 않고 충실하도록 부르심을 받았다.

하나님의 비밀을 맡은 자들

복음의 사역자들(ministers of the Gospel)은 하나님의 **비밀을 맡은 자 (stewards of the mysteries of God,** 하나님의 비밀의 청지기들)이기도 하다. **맡은 자(stewards)**로 번역된 헬라어는(*oikonomos*) 문자적으로 "집안 관리자"(house manager, 집사), 한 집안을 전적으로 관리하는 위치에 있는 사람이다. 청지기 (steward, "맡은 자")는 주인을 대신해 집안의 재산, 경작지와 포도밭, 재정, 양식, 그리고 다른 일꾼들까지 관리하고 감독한다.

베드로는 모든 그리스도인이 "각각 은사를 받은 대로 하나님의 여러 가지 은혜를 맡은 선한 청지기"라고 말한다(벧전 4:10). 그러나 사역자들(ministers, 목회자들)은 특별히 중요한 면에서 청지기다. 사역자는 "하나님의 청지기로서 책망할 것이 없어야" 한다(딛 1:7).[24] 그는 **하나님의 비밀**을 선포하는 일을 맡았기 때문이다.

앞장에서 말했듯이, 비밀(mystery, *mustērion*)은, 신약성경에서 사용되듯이, 감추어졌으며 하나님의 계시로만 알 수 있는 것을 말한다. 하나님의 비밀을 맡은 자(청지기)로서, 사역자는 계시된 하나님의 말씀을 취해 하나님의 가정에 나누어주어야 한다. 그는 하나님의 말씀을 모두 나누어야 하며, 하나라도 남겨두어서는 안 된다. 바울은 에베소 장로들에게 이렇게 말할 수 있었다. "[내가] 유익한 것은 무엇이든지 공중 앞에서나 각 집에서나 거리낌이 없이 여러분에게 전하여 가르치고, 유대인과 헬라인들에게 하나님께 대한 회개와 우리 주 예수 그리스도께 대한 믿음을 증언한 것이라…하나님의 뜻을 다 여러분에게 전하였음이라"(행 20:20-21, 27). 유익한 것은 "모든 성경"이다(딤후 3:16). 너무나 많은 그리스도인이 영적 영양실조에 걸리는 이유는 너무나 많은 설교자가 성경의 진리를 균형 잡히지 않은 식단으로 내놓기 때문이다. 이들의 설교가 성경적일는지 모르지만, 이들은 하나님의 온전한 뜻, 그분의 온전한 목적을 전하지 않는다.

몇 년 전, 어느 잡지에서 한 유명한 목사의 인터뷰를 읽었다. 인터뷰 요지는 이러했다.

저는 강단이 더는 가르치는 자리가 아니라 영적 치유의 도구가 되게 하기로 결정했습니다. 저는 더 이상 설교를 하지 않습니다. 체험을 만들어냅니다. 제가 직관적으로 아는 것을 뒷받침하는 견고한 신학적 기초를 제시하려고 조직신학을 쓸 시간이 없습니다. 제가 직관적으로 믿는 것이 옳습니다. 모든 설교는 마음에서 시작해야 합니다. 제가 간음하지 말라고 설교하는 것을 듣는다면, 제 문제가 무엇인지 알 것입니다. 제가 예수 그리스도의 재림을 설교한다면, 제 마음이 거기 있다는 것을 알 것입니다. 어쩌다 보니, 저는 둘 중 어느 쪽에도 집착하지 않

---

24 이것은 "감독"(장로)의 자격이며, 저자는 여기서 사역자(minister)를 장립 받은 (ordained) 목회자로 본다.

기에, 지금껏 어느 쪽도 설교하지 않았습니다. 저는 그리스도의 동정녀 탄생이나 예수 그리스도의 육체적 부활이나 그리스도의 재림을 인쇄물을 통해서나 공적으로 부인할 수 없습니다. 그러나 제가 이해할 수 없는 것이 있을 때, 저는 그냥 그것을 다루지 않습니다.

전적으로 부패하고 뒤틀린 목회자를 보여주는 글이다. 이런 사람에게 귀기울이는 자들은 하나님이 하셔야 하는 모든 말씀을 듣지 않고 있다. 그는 사람들을 하나님께 인도하기는커녕 사람들과 하나님 사이를 막고 있다. 하나님의 말씀은 간음, 예수님의 동정녀 탄생, 그분의 재림에 관해 분명하게 말한다. 하나님의 사역자들은 이런 진리를 완전히 이해해야 하는 게 아니라 온전히, 충실하게 선포해야 한다. 그러지 않으면, "수많은 사람들처럼 하나님의 말씀을 혼잡하게" 할 것이며(고후 2:17), 본질적 진리를 제거해 입에 더 맞게 만든 싸구려 복음과 싸구려 성경을 팔 것이다. 이런 잡상인의 메시지를 받아들이면 파멸에 이를 수 있다.

바울은 이렇게 말했다. "그러므로 우리가 이 직분(ministry)을 받아…이에 숨은 부끄러움의 일을 버리고 속임으로 행하지 아니하며 하나님의 말씀을 혼잡하게(adulterating) 하지 아니하고"(고후 4:1-2). 설교자나 교사가 자기 생각과 프로그램을 뒷받침하려고 어떤 성경 본문을 무시하거나 왜곡한다면, 하나님의 말씀을 혼잡하게 하는(adulterate, 물을 타거나 다른 것을 섞는) 것이다. 사교(邪敎, cults)는 자신들의 거짓 교리를 뒷받침하려고 성경 본문을 문맥에서 분리해 본문과 확연히 모순되게 해석한다. 그러나 성경은 인간의 의견을 보관하는 저장소나 인간의 의견을 뒷받침하는 증거 본문이 아니다. 성경은 하나님의 진리가 보관된 저장소다. 하나님의 사역자는 이것을 맡은 청지기다. 그는 자신의 청중을 기쁘게 하거나 자신의 견해를 제시하는 데 관심을 두지 말고, "진리의 말씀을 옳게 분별하며 부끄러울 것이 없는 일꾼으로 인정된 자로 자신을 하나님 앞에 드리기를 힘써야" 한다(딤후 2:15).

말씀을 연구하지 않는 사역자는 말씀을 제대로 가르칠 수 없다. 그는 자신이 알지 못하는 것을 정확히 다룰 수 없다. 그의 보살핌 아래서는, 밀턴

(Milton)이 썼듯이, "배고픈 양들이 눈을 들어도 꼴을 얻지 못한다."

사역자의 요건

그리고 맡은 자들에게 구할 것은 충성이니라. (4:2)[25]

선한 청지기(**맡은 자**)의 가장 중요한 조건은 단연 성실성(faithfulness), 곧 신뢰성
(trustworthiness)이다. 그는 주인의 집안과 소유를 맡는다. 성실하지 못하면, 양
쪽 모두를 무너뜨릴 것이다. 무엇보다도 하나님은 자신의 사역자들, 즉 자신
의 일꾼-청지기들(servant-stewards)에게 **충성(trustworthy, 신뢰성)**을 원하신
다. 하나님은 자신의 영적 사역자들이 자신의 말씀에 일관되게 순종하고 변함
없이 성실하길 바라신다. 하나님은 걸출함이나 똑똑함이나 창의성이나 인기를
요구하지 않으신다. 하나님은 이런 자질을 갖춘 일꾼들을 사용하실 수 있지만,
신뢰성만이 절대 필수다. 이것이 **구할 것**이다(it is required, 이것이 요구된다).

바울은 디모데를 고린도교회에 사역자로 보냈다. 청년 디모데가 그에게
"사랑받고 성실하기"(beloved and faithful, 개역개정은 "내 사랑하고 신실한") 때문
이었다(고전 4:17). 바울은 디모데가 하나님의 말씀을 전하고(preach) 가르치는
일에 전적으로 믿을만하다는 것을 알았다. 그는 디모데가 복음을 혼잡하게
하거나(adulterating, 복음에 다른 것을 섞거나) 혼란에 빠져 포기하리라고 걱정할
필요가 없었다. 바울 자신처럼, 디모데는 "주의 자비하심을 받아서 충성스러
운(trustworthy, 신뢰할만한) 자"가 됨으로써 하나님의 부르심에 충실했다(7:25).
골로새서에서, 바울은 신뢰성이 뛰어난 동역자 둘을 언급한다. 하나는 "우리
와 함께 종된 사랑하는 에바브라"였는데, 그는 "그리스도의 신실한(faithful) 일
꾼"이었다(골 1:7). 또 하나는 "사랑 받는 형제요 신실한(faithful) 일꾼이요 주

---

25 "In this case, moreover, it is required of stewards that one be found
trustworthy"(이 경우, 더욱이 청지기에게 요구되는 것은 신실한 사람으로 드러나는 것이
다. NASB). 새번역이 NASB와 더 가깝다. "이런 경우에 관리인에게 요구하는 것은 신실성
입니다."

안에서 함께 종이 된" 두기고였다(4:7).

일꾼 정신(servanthood, 종의 정신)과 청지기 정신(stewardship)은 성실성(faithfulness)과 떼려야 뗄 수 없다. 성실하지 못한 일꾼(servant, 종)이나 신뢰할 수 없는 청지기는 자기모순이다. 예수님이 물으셨다. "충성되고(faithful) 지혜 있는 종이 되어 주인에게 그 집 사람들을 맡아 때를 따라 양식을 나눠 줄 자가 누구냐? 주인이 올 때에 그 종이 이렇게 하는 것을 보면 그 종이 복이 있으리로다"(마 24:45-46). 주님이 다시 오실 때, 자신의 일꾼들을 판단하는 유일한 절대 기준은 이들이 주님의 명령에 충실했는지에 대한 성실함이다.

하나님은 자신의 말씀, 자신의 성령, 자신의 은사, 자신의 능력을 공급하신다. 사역자들이 공급할 수 있는 것은 이러한 자원을 활용하는 성실함이 전부다. 이 일은 힘들지만 기본적으로 단순하다. 하나님의 말씀을 취해 그분의 백성에게 성실하게 먹이는 것이다. 즉 하나님의 비밀을 나누는 것, 하나님이 알려주신 숨은 진리를 선포하는 것이다. 여기에 영광이 있어서는 안 된다. 순위를 매겨서는 안 된다. 사역자가 할 수 있는 최선은 성실한 것이며, 이것으로 기본 요건이 충족된다.

사역자에 대한 평가

너희에게나 다른 사람에게나 판단 받는 것이 내게는 매우 작은 일이라. 나도 나를 판단하지 아니하노니, 내가 자책할 아무것도 깨닫지 못하나 이로 말미암아 의롭다 함을 얻지 못하노라. 다만 나를 심판하실 이는 주시니라. (4:3-4)

바울은 자신을 자랑하거나 다른 사역자들이나 그리스도인들 위에 두고 있는 게 아니다. 바울은 자신에 관한 자신의 태도를 말하며, 이것은 모든 사역자와 그리스도인이 말해야 한다. 우리의 사역이나 영적 삶이 동료 그리스도인에게서, **다른 사람에게(by any human court, 그 어느 인간 법정에 의해)**, 또는 그 어느 인간 법정에서든 비판이나 칭찬을 받는 것은 우리 가운데 누구에게나 **매우 작은 일**이어야 한다. 우리는 지혜롭고 영적인 친구의 조언에서 큰 유익을 얻을 수 있고, 때로 불신자들의 비판에서도 그럴 수 있다. 그러나 그 어떤 인간 존재도 우리가 주님을 위해 하는 일과 관련해 적법성이나 질이나 성실성을 판단할 자격이 없다. 우리는 이것들을 스스로 판단할 자격조차 없다. 외적인 죄 문제는 디모데전서 5:19-21이 지시하는 대로 판단해야 한다. 그러나 죄를 지은 일꾼들을(servants) 징계하는 일 외에, 그 어느 하나님의 일꾼에 관해서도 우리는 마음과 생각과 몸의 성실성을 절대적으로 정확히 판단할 수 없다.

판단 받다(examined)와 **판단하다(examine)**는 '아나크리노'(*anakrinō*)에서 왔으며, 이 헬라어 동사는 "조사하다, 묻다, 평가하다"(to investigate, question, evaluate)라는 뜻이다. KJV("judged, judge")의 암시와 달리, 이것은 유죄나 무죄를 결정한다는 뜻이 아니다. **사람(human court,** 인간 법정, *anthrōpinēs hēmeras*) 은 문자적으로 "인간의 날"(human day), 곧 인간 법정의 어느 날을 의미한다. 어느 인간이나 인간 집단도 하나님의 일꾼들을 판단하고 평가할 자격이 없다. 그 어느 그리스도인도, 이 문맥에서 특히 하나님의 사역자들은 이런 평가에 신경 쓰지 말아야 한다. 오직 하나님만 진실을 아신다.

다른 사람들의 평가

사람들이 우리를 비판할 때 불쾌해하거나 우리를 칭찬할 때 거짓 겸손을 보여서는 안 된다. 단지 바울처럼 말해야 한다. "우리가 다 수건을 벗은 얼굴로 거울을 보는 것 같이 주의 영광을 보매, 그와 같은 형상으로 변화하여 영광에서 영광에 이르니"(고후 3:18). 우리의 초점은 우리 주 예수 그리스도다. 우리는 안다. 우리는 변화되어 예수 그리스도의 형상을 닮아간다. 우리가 볼 수 있는 것이나 다른 사람들이 볼 수 있는 것 때문이 아니라 그분이 그렇다고 말씀하시기 때문이다.

그리스도의 사역자는 자신이 보살피는 사람들의 느낌과 필요와 의견에 무감각할 수 없다. 그러려고 해서도 안 된다. 설교 후에 건네는 진심 어린 감사의 말은 힘이 되며, 듣는 사람이 영적인 것에 관심 있고 그의 삶이 영적으로 성장하고 있음을 보여준다. 유익한 비판은 필요한 교정이자 심지어 복이 될 수 있다. 그러나 그 어느 사역자라도 자신의 회중이나 그 누구라도 자신의 동기가 어떠한지 판단하거나 자신이 주님의 뜻 안에서 일하는지 판단하게 둔다면, 자신의 부르심에 충실할 수 없다. 사실에 관한 이들의 지식과 이해가 불완전하기 때문에, 이들의 비판과 칭찬도 불완전하다. 겸손과 사랑으로, 하나님의 사역자는 자신의 사역에 대한 다른 사람들의 평가에 신경 쓰지 말아야 한다.

자신의 평가

사역자는 자기 사역에 대한 자신의 평가에도 신경 쓰지 말아야 한다. 우리는 모두 본래 자기 마음에 자신을 세우려는 경향이 있다. 우리는 모두 장밋빛 거울을 들여다본다. 특히 다른 사람들 앞에서 자신을 깎아내릴 경우에도, 우리는 그저 인정이나 아첨을 구하고 있기 일쑤다. 성숙한 사역자는 이런 것들에서 다른 사람들의 판단을 신뢰하지 않듯이 자신의 판단도 신뢰하지 않는다. 그는 자신의 평가도 그 누구의 평가와 마찬가지로 믿을 만하지 않다는 바울의 생각에 동의한다.

영적 자기성찰은 위험하다. 아는 죄는 반드시 마주하고 고백해야 하며, 아는 단점에 관해서는 기도하고 개선하려 노력해야 한다. 그러나 그 어느 그리스도인도, 아무리 믿음이 성장했더라도, 자신의 영적 삶을 정확히 평가할 수는 없다. 우리는 알기도 전에 자신의 등급을 매기고 자신을 분류할 것이다. 그리고 오로지 자신을 생각하느라 많은 시간을 허비했다는 것을 알게 될 것이다. 우리 자신에게 유리한 편견과 자신을 정당화하려는 육신의 성향 때문에, 이것은 위험한 프로젝트가 된다.

바울은 자신의 삶에 심각한 죄나 결함이 없다는 것을 알았다. **내가 자책할 아무것도 깨닫지 못하나**(참조. 고후 1:12).[26] 그러나 그는 이러한 자기 평가가 틀릴 수도 있다는 것을 알았다. 사도지만, 자신이 자기 마음에 관해 틀릴 수도 있다는 것을 알았다. 그는 자신이 서 있을 때 넘어지지 않도록 조심해야 한

---

26 "I am conscious of nothing against myself"(NASB). "나는 양심에 거리끼는 것이 없습니다"(새번역).

다는 것도 기억해야 했다(고전 10:12). 그래서 바울은 고린도 신자들에게 계속 설명했다. 그러나 **이로 말미암아 의롭다 함을 얻지 못하노라.** 그러나 이것도 그에게는 중요하지 않았다. 바울은 자신이 알기에 자신에게 잘못된 것이 없다는 것을 자랑하지 않았고, 자신이 실수할 수도 있다는 것을 걱정하지도 않았다. 호의적이든 비호의적이든 간에, 그 자신의 평가 때문에 달라지는 것은 없었다.

달라지게 하는 유일한 평가는 주님의 평가다. **다만 나를 심판하실(examine)이는 주시니라.** 오직 그분의 심판(examination, 검사)만 중요하다. 바울은 디모데에게 했던 조언을 오래 따랐다. "부끄러울 것이 없는 일꾼으로 인정된 자로 자신을 하나님 앞에 드리기를 힘쓰라"(딤후 2:15). 바울은 다른 사람들에게 인정받거나 심지어 자신에게 인정받는 데 관심이 없었고, 오로지 자신의 주님에게 인정받는 데만 관심이 있었다.

사역자는 그리스도의 성실한 종이요 하나님의 비밀을 맡은 청지기일 때에야 자신의 사람들을 영적으로 섬긴다. 오직 하나님만 이 섬김의 진정한 영적 가치를 판단하신다.

하나님의 평가

> 그러므로 때가 이르기 전, 곧 주께서 오시기까지 아무것도 판단하지 말라. 그가 어둠에 감추인 것들을 드러내고, 마음의 뜻을 나타내시리니, 그 때에 각 사람에게 하나님으로부터 칭찬이 있으리라. (4:5)

하나님이 계획하신 날이 있다. 그날, 하나님은 **어둠에 감추인 것들을 드러내고, 마음의 뜻을 나타내실** 것이다. 두 어구는 속사람의 태도를 가리키며, 이것은 하나님만 보실 수 있다. 하나님의 일꾼들이 한 사역에 대한 평가를 비롯한 모든 종류의 최종 판단은 하나님이 그분의 시간에 하실 것이다. 사역자들 자신을 비롯해 하나님의 백성은 그 **때가 이르기 전**에 **아무것도 판단하지 말아야** 한다. 우리는 오로지 겉을, 보이는 것만을 볼 뿐 마음 깊이 숨겨진 것을 볼 수 없다.

바울은 여기서 **각 사람에게 하나님으로부터 칭찬이 있으리라**고 말한다. 따라서 내가 믿기로, **어둠에 감추인 것들**은 죄 또는 악한 것을 가리키는 게 아니라 단순히 지금 우리에게 드러나지 않은 것들을 가리킨다. 이 구절은 모든 신자가, 그의 행위와 동기가 무엇이든 간에, 칭찬받으리라는 것을 강조한다. "그리스도 예수 안에 있는 자에게는 결코 정죄함이 없기" 때문이다(롬 8:1). 모든 그리스도인이 얼마간 상과 칭찬을 받을 것이다. 누가 많이 받고 적게 받을지는 하나님만 아신다. 그러나 나무와 풀과 짚은 타버리고 금과 은과 보석은 남아 영원히 상을 받을 것이다.

하지만 우리는 안다. 우리의 이름 앞에 붙는 학위, 우리가 전했거나 증언한 사람의 수, 우리가 계획하고 실행한 프로그램의 수, 우리가 쓴 책의 수, 심지어 우리를 통해 그리스도께 나온 회심자들의 수를 토대로 상을 받지는 않을 것이다. 오로지 하나를 토대로 상을 받을 것이다. **우리 마음의 뜻**(motives, *boulē*, "숨은 생각들")이다.

우리가 그 날 하게 될 놀라운 경험이 있다. 그중 하나는 숱한 귀한 성도들, 세상이 전혀 모르며 어쩌면 동료 신자들도 거의 모르는 신자들이 주님에게 상을 받고, 받고, 또 받는다—이들이 한 일이 금과 은과 보석이기 때문에—는 것을 알게 된다. 이들의 마음은 깨끗할 테고, 이들의 일은 보석일 터이며, 이들의 상은 클 것이다.

하나님은 **마음의 뜻**(the motives of men's hearts, 마음의 동기)을 따라 상을 주실 것이다. 그러므로 "먹든지 마시든지 무엇을 하든지 다 하나님의 영광을 위하여"가 우리 삶의 유일한 목적이어야 한다(고전 10:31). 이 동기가 우리의 모든 생각과 행동을 결정해야 한다.

동료 그리스도인들이 우리를 진심으로 좋게 말할 수 있다면 좋은 일이다. 우리 자신의 양심이 우리를 고발하지 않는다면 좋은 일이다. 그러나 그날 주님에게 이런 칭찬을 들을 수 있다면 더할 나위 없이 좋을 것이다. "잘하였도다. 착하고 충성된 종아!"(마 25:23).

여기서 바울의 목적은 이 사실을 보여주는 것이다: 모든 사역자는 일꾼

(servants, 종)과 청지기일 뿐이며, 그들이 하는 사역의 가치를 우리도 그들도 정확히 평가할 수 없고 하나님만 결산 날 정확히 평가하실 터이기 때문에, 누가 가장 존귀한 일꾼(종)인지를 두고 다툼으로써 교회를 분열시키는 것은 파괴적일 뿐 아니라 어리석은 짓이다.

11

교만과 겸손

(4:6-13)

형제들아, 내가 너희를 위하여 이 일에 나와 아볼로를 들어서 본을 보였으니, 이는 너희로 하여금 기록된 말씀 밖으로 넘어가지 말라 한 것을 우리에게서 배워 서로 대적하여 교만한 마음을 가지지 말게 하려 함이라. 누가 너를 남달리 구별하였느냐? 네게 있는 것 중에 받지 아니한 것이 무엇이냐? 네가 받았은즉 어찌하여 받지 아니한 것 같이 자랑하느냐? 너희가 이미 배부르며, 이미 풍성하며, 우리 없이도 왕이 되었도다. 우리가 너희와 함께 왕 노릇 하기 위하여 참으로 너희가 왕이 되기를 원하노라. 내가 생각하건대, 하나님이 사도인 우리를 죽이기로 작정된 자 같이 끄트머리에 두셨으매, 우리는 세계 곧 천사와 사람에게 구경거리가 되었노라. 우리는 그리스도 때문에 어리석으나 너희는 그리스도 안에서 지혜롭고, 우리는 약하나 너희는 강하고, 너희는 존귀하나 우리는 비천하여, 바로 이 시각까지 우리가 주리고 목마르며, 헐벗고 매맞으며, 정처가 없고, 또 수고하여 친히 손으로 일을 하며, 모욕을 당한즉 축복하고, 박해를 받은즉 참고, 비방을 받은즉 권면하니, 우리가 지금까지 세상의 더러운 것과 만물의 찌꺼기 같이 되었도다. (4:6-13)

아브라함은 소돔을 위해 하나님께 중보할 때 이렇게 말했다. "나는 티끌이나 재와 같사오나 감히 주께 아뢰나이다"(창 18:27). 야곱은 에서가 자신을 공격하려 할 때 두려워 이렇게 기도했다. "나는 주께서 주의 종에게 베푸신 모든 은총과 모든 진실하심을 조금도 감당할 수 없사오나"(창 32:10). 하나님이 모세에게 바로 앞에 가서 이스라엘을 놓아주라고 요구하라 명하셨을 때, 모세는 이렇게 답했다. "내가 누구이기에 바로에게 가며 이스라엘 자손을 애굽에서 인도하여 내리이까?"(출 3:11). 이와 비슷하게, 기드온은 하나님의 백성을 미디안 족속에게서 건져내라는 하나님의 부르심에 이렇게 답했다. " 오 주여, 내가 무엇으로 이스라엘을 구원하리이까? 보소서. 나의 집은 므낫세 중에 극히 약하고, 나는 내 아버지 집에서 가장 작은 자니이다"(삿 6:15).

세례 요한은 자신이 그리스도에게 세례를 베풀리라고는 상상도 못 했다. "내가 당신에게서 세례를 받아야 할 터인데 당신이 내게로 오시나이까?"(마 3:14). 그 전날, 요한은 무리에게 이렇게 말했다. "나는 물로 세례를 베풀거니와 너희 가운데 너희가 알지 못하는 한 사람이 섰으니, 곧 내 뒤에 오시는 그이라. 나는 그의 신발 끈을 풀기도 감당하지 못하겠노라"(요 1:26-27). 자신만만하던 베드로까지도, 물고기가 엄청나게 잡히는 기적을 체험한 후, "예수의 무릎 아래에 엎드려 이르되, 주여 나를 떠나소서. 나는 죄인이로소이다"라고 했다(눅 5:8). 바울은 "모든 겸손"으로 주님을 섬겼고(행 20:19), "우리가 무슨 일이든지 우리에게서 난 것 같이 스스로 만족할 것이 아니니 우리의 만족은 오직 하나님으로부터 나느니라"라고 인정했으며(고후 3:5), 자신을 "모든 성도 중에 지극히 작은 자보다 더 작은" 자로 여겼다(엡 3:8). 하나님이 선택하신 사람들은 늘 겸손했다.

예수 그리스도께서 성육신으로 가장 큰 겸손의 본을 친히 보여주셨다. 바울은 그분을 이렇게 말한다. "그는 근본 하나님의 본체시나 하나님과 동등됨을 취할 것으로 여기지 아니하시고, 오히려 자기를 비워 종의 형체를 가지사 사람들과 같이 되셨고, 사람의 모양으로 나타나사 자기를 낮추시고 죽기까지 복종하셨으니, 곧 십자가에 죽으심이라"(빌 2:6-8). 예수님은 자신이 "마음이 온유하고 겸손하다"고까지 하셨다(마 11:29).

그러나 고린도 그리스도인들은 이 덕을 배우지 못했다. 구약의 성도들에게서, 바울에게서, 심지어 주님 자신에게서도 배우지 못했다. 바울은 자만이라는 이들의 죄와 사도들이 보인 겸손의 본을 대비(對比)함으로써 문제에 정면으로 맞선다.

고린도 신자들의 교만

형제들아, 내가 너희를 위하여 이 일에 나와 아볼로를 들어서 본을 보였으니, 이는 너희로 하여금 기록된 말씀 밖으로 넘어가지 말라 한 것을 우리에게서 배워 서로 대적하여 교만한 마음을 가지지 말게 하려 함이라. 누가 너를 남달리 구별하였느냐? 네게 있는 것 중에 받지 아니한 것이 무엇이냐? 네가 받았은즉 어찌하여 받지 아니한 것 같이 자랑하느냐? 너희가 이미 배부르며, 이미 풍성하며, 우리 없이도 왕이 되었도다. 우리가 너희와 함께 왕 노릇 하기 위하여 참으로 너희가 왕이 되기를 원하노라. (4:6-8)

고린도 신자들은 교만했고 자랑했다. 이들 사이에 일어난 파벌싸움—어떤 사람들은 바울에게, 어떤 사람들은 아볼로에게, 어떤 사람들은 게바에게 충성했다(1:12; 3:4, 22)—의 원인은 기본적으로 교만(pride, 자랑)이었다. 이들은 자신들의 인간 지혜를 자랑했고 자신들의 인간 지도자들을 자랑했다. 이러한 세상적이고 육적인 자랑(교만)이 교회에 만연한 심각한 분쟁을 일으켰다. 지도자들 자신은 경건하고 겸손한 주님의 일꾼(servants, 종)이었고, 고린도 신자들은 자신들에게 이런 사람들을 보내신 하나님께 감사할 이유가 많았다. 그러나 이들은 감사하는 대신 자랑(교만)했다.

지금까지 이 서신 대부분에서, 바울은 고린도 신자들에게 인간의 지혜와 인간 지도자들을 높이지 말라고 가르쳤다. **형제들아, 내가 너희를 위하여 이 일에 나와 아볼로를 들어서 본을 보였으니.**[27] **이 일(these things)**은 농부 비유(3:6-9), 건축자 비유(3:10-15), 일꾼-청지기(맡은 자) 비유를(4:1-5) 가리키며, 농부

---

27 "Now these things, brethren, I have figuratively applied to myself and Apollos for your sakes"("형제들이여, 여러분을 위해 제가 이것들을 제 자신과 아볼로에게 비유로 적용했습니다, NASB).

와 건축자와 일꾼-청지기(servant-stewards)는 주님을 위해 사역하는 자들을 가리킨다. 바울은 고린도 **형제들**에게, 이 비유들과 유비들을 자신과 아볼로에게 적용했다고 말한다. 이들에게 그들도 자신을 높이지 말라는 가르침을 시작하기 위해서다. **이는 너희로 하여금 기록된 말씀 밖으로 넘어가지 말라 한 것을 우리에게서 배워 서로 대적하여 교만한 마음을 가지지 말게 하려 함이라.**[28] 바울(나)과 **아볼로**가 참 사역자가 어떠해야 하는지를 보여주는 본보기로 제시되었다: 참 사역자는 겸손한 일꾼과 청지기(맡은 자)여야 한다(4:1). 일꾼들(servants, 종들)은 성실하고 온유해야 하고 교만하지 않아야 한다. 청지기들은 신뢰할만하고 복종해야 하며 오만하지 않아야 한다. 어느 그리스도인도 교만하거나 오만해서는 안 된다.

성실한 하나님의 일꾼들은 적절하게 존경과 존중을 받아야 한다. 우리 "가운데서 수고하고 주 안에서 너희[우리]를 다스리며 권하는 자들을 너희[우리]가 알아야(appreciate, 알아주어야)" 하며(살전 5:12), 충성스런 장로들을 "배나 존경할 자로 알되, 말씀과 가르침에 수고하는 이들에게는 더욱 그리해야" 한다(딤전 5:17). 그러나 이들은 이러한 성경의 범위 안에서만 존경받아야 한다. 우리가 **기록된 말씀 밖으로 넘어갈** 때, 경건한 존경이 불경건한 높임으로 바뀐다. 사랑이 가득한 감사와 적절한 충성이 교만과 자만으로 오염될 때, 그리스도의 교회는 분열하고 약해진다. 하나님이 일치의 수단으로 목적하신 것을 사탄이 분쟁의 수단으로 바꾼다.

고린도 신자들은 사역자들을 성경적으로 존경하는 수준을 훨씬 넘어 파당을 지었으며, 이것은 사실상 파벌이었다. 흔히 그렇듯이, 추종자들이 지도자들을 추어올렸다. 그러나 지도자들이 아니라 추종자 자신들을 위한 것이었다. 지도자들은 높임을 받는 데 아무 역할도 하지 않았고, 단지 고린도 신자들의 교만이 집중되는 초점으로 이용되었을 뿐이다. 사실, 이 지도자들은 겸손의 본을 보였으나 고린도 신자들은 받아들이지 않았다. 그래서 바울은 이들에게

---

28 그것은 "기록된 말씀의 범위를 벗어나지 말라"는 격언의 뜻을 여러분이 우리에게서 배워서, 어느 한 편을 편들어 다른 편을 얕보면서 뽐내지 않도록 하려는 것입니다(새번역).

자신과 아볼로의 겸손을 상기시켜야 했다. 파당은 고린도 신자들이 **서로 대적하여 교만한**(arrogant, 오만한) **마음을 가지는** 수단이 되었다.

이스라엘이 애굽으로부터 해방될 때, 모세는 분명히 지도자였다. 모세는 바로 앞에 서서 자신의 백성을 보내라고 요구했다. 모세를 통해, 하나님은 큰 기적들을 행하셨고, 바로는 마침내 굴복하고 이스라엘을 보냈다. 모세는 논란의 여지없이 자기 백성의 머리였다. 하나님이 70장로에게 특별히 자신의 영을 내리셨을 때, 다른 사람들이 다 멈춘 후에도 엘닷과 메닷이 진에서 계속 예언했다. 모세가 상황을 보고 받았을 때, 젊은 부관 여호수아가 화를 내며 "내 주모세여, 그들을 말리소서"라고 했다. 그러자 모세가 이렇게 답했다. "네가 나를 두고 시기하느냐? 여호와께서 그의 영을 그의 모든 백성에게 주사 다 선지자가 되게 하시기를 원하노라"(민 11:28-29). 모세를 향한 여호수아의 충성이 부적절했다. 부적절한 충성은, 설령 충성스러운 하나님의 사람들을 향하더라도, 하나님의 다른 일꾼들을 향해 적대감을 일으킬 수밖에 없다. 이것은 질투와 경쟁과 분열을 일으킨다.

모세는 자신을 높이지 않았고, 다른 사람들이 자신을 높이게 두지도 않았다. 이것이 바울과 아볼로의 태도였다. 바울은 고린도 신자들에게 이렇게 말하고 있었다. "하나님의 사도요 사역인인 저희가 자신을 높이길 거부하고 여러분이나 누구라도 저희를 높이지 못하게 하는데, 여러분이 스스로를 높일 이유가 어디 있겠습니까?" (이 본문과 비교되는 흥미로운 본문이 행 14:8-18에 나온다).

이유는 교만(arrogant, 오만)이다. **교만한**(arrogant, 오만한,[29] *phusioō*)은 문자적으로 "부풀리다(puff up, KJV), 팽창시키다(inflate), 바람을 넣다(blow up)"라는 뜻이다. 이 용어는 은유적으로 사용되어 교만(pride, 자랑)을 가리키며, 교만은 자신에 관해 부풀려진 시각을 갖는 것이다. 바울은 고린도 신자들을 묘사하면서 이 단어를 네 차례 사용하며(4:18, 19, 5:2도 보라), 그 외에 이들에게 교만하지 말라고 경고하면서 이 단어를 세 차례 사용한다(8:1; 13:4; 고후 12:20).

---

29 여기서는 "교만"(pride)과 구분하기 위해 arrogant라는 단어가 나오면 "오만한"(오만)으로 옮기겠다.

교만의 기본 의미는 "나는 나를 위해 존재한다"는 것이다. 모든 사람이 자신 쪽으로 당기면, 그 과정에서 교제와 조화가 찢어진다.

교만과 밀접하게 연결된 죄가 자랑(boasting)이다. 교만은 반드시 자랑한다. 그러나 자랑도 오만과 마찬가지로 변명할 수 있는 게 아니다. 바울이 물었다. **어찌하여…자랑하느냐?** 사실, 바울은 이 질문을 세 차례 한다. **누가 너를 남달리 구별하였느냐?** 그는 이렇게 말한다. "왜 여러분은 교회에서 자신이 다른 신자들 위에 있다고 생각하십니까? 왜 여러분은 자신의 그룹이 어느 그룹보다 낫다고 생각하십니까? 여러분은 그들과 같은 것으로 지음을 받았고 같은 주님에 의해 구원받았습니다. 여러분이 더 나을 게 없습니다. 여러분은 자랑할 게 없습니다."

둘째, 그는 이렇게 묻는다. **네게 있는 것 중에 받지 아니한 것이 무엇이냐?** 누가 무엇을 가졌다면, 이렇게 저렇게 그에게 주어진 것이 아닌가? 우리는 자신에게 생명, 아기 때 받은 음식과 보살핌과 보호, 교육, 달란트, 태어난 나라, 생계를 유지할 기회, 지능지수, 그 외에 그 무엇도 주지 않았다. 우리가 학교에서 아무리 열심히 공부했거나 직장에서 아무리 열심히 일했더라도, 주님과 많은 사람이, 그분의 섭리의 손으로, 우리에게 주신 것을 빼면 아무것도 남지 않을 것이다.

그리스도인들은 훨씬 많이 받았다. 우리는 구원, 영생, 우리 안에 있는 하나님의 임재, 그분의 말씀, 그분의 영적 은사, 그분의 사랑, 그 외에 무수한 복을 받았다. 그러나 우리가 이것들을 받기 위해 한 일이 전혀 없으며 할 수 있는 일도 전혀 없다. 이 모두는 하나님이 은혜로 주시는 선물이다. 우리가 가진 좋은 것 중에 **받지 아니한 것**이 전혀 없다(참조. 약 1:17; 대상 29:11-16). 그러니 누구라도 자랑할 게 있겠는가?

우리에게 좋은 목회자가 있다면, 하나님이 그를 우리에게 주신 것이다. 우리에게 좋은 부모가 있다면, 하나님이 그들을 우리에게 주신 것이다. 우리가 좋은 나라에 산다면, 하나님이 그 나라를 우리에게 주신 것이다. 우리에게 좋은 지성이나 창의적 재능이 있다면, 하나님이 그것을 우리에게 주신 것이다. 우리는 사람이든 소유든 자랑할 이유가 없다. 사역자들 뿐 아니라 모든 그리스도인은 하나님의 청지기일 뿐이다. 우리가 가진 모든 것은 주님께 빌린 것이며, 그분을 섬기는 데 사용하라고 잠시 맡겨진 것이다.

셋째 질문이 논리적으로 이어진다. **네가 받았은즉 어찌하여 받지 아니한 것 같이 자랑하느냐?** 바꾸어 말하면, 이들의 모든 소유가 누군가 이들에게 준 것이라면, 왜 마치 자신들이 그것을 만들었거나 번(earn) 것처럼 자랑했는가? 이들의 자랑은 전적으로 교만에서 비롯되었다. 교만만큼 자신을 속이는 게 없다. 우리는 자신에 관해 호의적이라면 거의 모든 것을 믿는 경향이 있다.

그러나 바울은 고린도 신자들이 계속 스스로 속도록 두려 하지 않았다. 그는 모든 핑계를 벗겨내고 모든 방어벽을 무너뜨렸다. 그는 이들을 너무나 사랑했기에, 사탄이 이들을 오도하고 악용하도록 둘 수 없었다. 바울은 심히 염려했고, 강하게 결단했다. 고린도 신자들이 자신들의 죄가 얼마나 심각한지 깨닫게 하고, 자신이 말하려는 핵심을 예리한 비꼬기로 표현하는 것이었다.

> **너희가 이미 배부르며, 이미 풍성하며, 우리 없이도 왕이 되었도다. 우리가 너희와 함께 왕 노릇 하기 위하여 참으로 너희가 왕이 되기를 원하노라.** (4:8)

이들의 자만을 드러내려고, 바울은 이들에게 억지 칭찬을 퍼붓는다. 그는 고린도 신자들에게 이들이 훌륭하고 놀랍다고 말한다. 이들은 모든 좋은 것으로 만족한다. 이들은 부유하다. 이들은 고상하다. 이들은 모든 것을 가졌다. 이들은 달성했다. 문맥을 제외하면, 고린도 신자들은 바울이 8절에서 하는 말을 액면 그대로 받아들였을 것이다. 이들은 자신들을 정확히 이렇게 생각했다. 라오디게아 신자들처럼, 이들은 자신들이 부유하며 부족한 게 전혀 없다고 생각했다. 그러나 라오디게아 신자들처럼, 이들은 실제로 "곤고한 것과 가련한 것과 가난한 것과 눈먼 것과 벌거벗은 것" 투성이였다(계 3:17).

이들은 자기만족에 빠졌고, 그래서 "의에 주리고 목마른" 자들이 얻는 복과 만족을 놓치고 있었다(마 5:6). 이들은 자신들의 이전 목회자와 달리 "내가 이미 얻었다 함도 아니요 온전히 이루었다 함도 아니라"라고 말하려 하지 않았다(빌 3:12). 이들의 생각에, 자신들은 '이미' 얻었기 때문이다. 마치 자신들의

1 Corinthians ——

천년왕국이 시작된 것처럼, 이들은 이미 자신들이 왕 노릇하고 있다고 생각했다. **너희가…우리 없이도 왕이 되었도다.** 계속 비꼬면서, 바울은 이들이 자신과 아볼로나 그 어느 사도의 도움 **없이**(*chōris*, 중재 없이; 참조. 요 1:3) 그리스도부터 면류관을 받았다는 것을 암시했다.

이 시점에서 비꼬기가 바뀌고, 바울은 질책에서 숙고로 옮겨간다. **우리가 너희와 함께 왕 노릇 하기 위하여 참으로 너희가 왕이 되기를 원하노라.** 바울은 이것이 실제로 이들 모두에게 대관식이길 바랐다. 천년왕국이 정말로 시작되었다면 이들은 참 영광, 즉 주님이 이들과 공유하신 영광을 가졌을 테고, 참으로 그분과 함께—그리고 바울과 아볼로와 함께—왕 노릇할 터였다. 그러나 이게 아니었다. 고린도 신자들은 왕 노릇하고 있지 않았고, 영광스러울 이유가 전혀 없었다.

사도의 겸손

내가 생각하건대, 하나님이 사도인 우리를 죽이기로 작정된 자 같이 끄트머리에 두셨으매, 우리는 세계 곧 천사와 사람에게 구경거리가 되었노라. 우리는 그리스도 때문에 어리석으나 너희는 그리스도 안에서 지혜롭고, 우리는 약하나 너희는 강하고, 너희는 존귀하나 우리는 비천하여, 바로 이 시각까지 우리가 주리고 목마르며, 헐벗고 매맞으며, 정처가 없고, 또 수고하여 친히 손으로 일을 하며, 모욕을 당한즉 축복하고, 박해를 받은즉 참고, 비방을 받은즉 권면하니, 우리가 지금까지 세상의 더러운 것과 만물의 찌꺼기 같이 되었도다. (4:9-13)

아버지께서 아들이 사형선고를 받고 구경거리가 되도록 허락하셨다. 이제 **하나님이 사도인 우리를 죽이기로 작정된 자 같이 끄트머리(last of all)에 두셨다.**[30] 세상에게, 이들은 무가치한 사상을 가르치고 인류에 아무 기여도 못하는 무가

---

30 "하나님께서는 사도들인 우리를 마치 사형수처럼 세상에서 가장 보잘것없는 사람들로 내놓으셨습니다"(새번역).

치한 선생이었다. 이들에게 마땅한 것은 죽음뿐이었다. 바울은 여기서 원형경기장에 범죄자로 끌려 나와 죽을 운명에 처한 사람들의 이미지를 사용했다. 살육을 위해 끌려 나오는 마지막 사람들(last ones, "끄트머리")은 대단원이었다. 이 경우, 하나님은 **사도**들이 사람들의 구경거리가 되게 하셨다. 자신의 영광을 보여주기 위해서다.

9-13절을 네 단어로 요약할 수 있다: 구경거리들, 어리석은 자들, 고난받는 자들, 더러운 것.

구경거리들

로마 장군이 큰 승리를 거두면, 개선행진(triumph)이란 이름으로 축하했다. 장군이 지휘관들과 군대를 이끌고 아주 화려하게 도시에 들어왔다. 포로들이 사슬에 매인 채 뒤따랐다. 특히 패배한 왕과 그의 지휘관들이 두드러지게 노출되어 모두가 보고 조롱했다. 포로들은 사형선고를 받고 원형 경기장에서 맹수와 싸워야 했다. 이것이 바울이 말하는 **구경거리**다. 자신이 해온 영적 전쟁에서, 바울은 이런 종류의 포로, 패배한 군대의 포로, **죽이기로 작정된**(condemned to death) 포로로 여겨졌다. 제임스 모팻(James Moffatt)은 이렇게 번역한다. "하나님은 우리 사도들이 사형선고를 받은 검투사들처럼 원형경기장에 끄트머리로 들어오게 하신다."

변모한 지 얼마 후, 예수님은 제자들에게 자신의 체포와 죽음과 부활이 임박했다고 말씀하셨다. 제자들은 예수님이 무슨 말씀을 하시는지 이해하지 못했다. 그러나 예수님께 설명을 요구하는 대신, 자신들 중에 누가 가장 크냐며 다투기 시작했다. 예수님이 제자들에게 무슨 토론을 하는지 물으셨을 때, 이들은 당연히 부끄러워 대답을 못했다.

예수께서 앉으사 열두 제자를 불러서 이르시되, 누구든지 첫째가 되고자 하면 뭇 사람의 끝이 되며 뭇 사람을 섬기는 자가 되어야 하리라 하시고, 어린 아이 하나를 데려다가 그들 가운데 세우시고 안으시며 제자들에게 이르시되, 누구든지 내 이름으로 이런 어린 아이 하나를 영접하면 곧 나를 영접함이요 누구든지 나를

영접하면 나를 영접함이 아니요 나를 보내신 이를 영접함이니라. (막 9:35-37)

제자의 삶은 종의 삶이며, 종의 삶은 겸손의 삶이다. 세상을 심히 위협하기에 죽을 위험에 처하는 삶이다(참조. 요 10:2).

천년왕국 때, 열두 사도는 땅에서 그리스도와 함께 다스릴(reign, 왕 노릇 할) 것이다. 이들은 "열두 보좌에 앉아 이스라엘 열두 지파를 심판할" 것이다(마 19:28). 그러나 땅에서 사역할 때, 이들은 전혀 다스리지 않았다. 이들은 **세계 곧 천사와 사람에게 구경거리가 되었다.** 이들은 조롱받았고, 침 뱉음을 당했으며, 감옥에 갇혔고, 매를 맞았으며, 비웃음을 샀고, 대개 범죄자 취급받았다. 그 때 이들은 끄트머리였다. 그러나 다가오는 그리스도의 나라에서, 이들은 첫째가 될 것이다.

어리석은 자들

바울은 다시 비꼰다. **우리는 그리스도 때문에 어리석으나 너희는 그리스도 안에서 지혜롭고, 우리는 약하나 너희는 강하고, 너희는 존귀하나 우리는 비천하다.** "여러분은 사실 여전히 복음이 어리석고 복음 사역자들이 어리석다고 생각합니다. 여러분은 그리스도의 일꾼인 것을 부끄러워합니다. 여러분은 영광과 존귀와 세상의 인정을 원합니다." 고린도 신자들은 여전히 인간의 지혜를 사랑했다. 이들은 아덴 철학자들이 그랬듯이(행 17:18) 여전히 복음 전파자들을 말쟁이로 보려는 유혹을 받았다. 이들은 **그리스도 때문에 어리석은** 자가 되는 것을 참을 수 없었으며, 자신들이 **지혜롭고, 강하며, 존귀하다**고 생각했다.

고난받는 자들

사도들은 그리스도 때문에 구경거리이자 어리석은 자들이었을 뿐 아니라 그리스도를 위해 고난받는 자들이었다. **바로 이 시각까지 우리가 주리고 목마르며, 헐벗고 매맞으며, 정처가 없다.** 이들은 사회에서 가장 낮은 수준으로 살았다. 고린도 신자들은 왕처럼 살았으나 사도들은 노예처럼 살았다. 사도들은 "여우도 굴이 있고 공중의 새도 거처가 있으되 인자는 머리 둘 곳이 없다"는 예수님의 말씀이 무슨 뜻인지 몸으로 알게 되었다(마 8:20).

고린도후서에서, 바울은 자신이 사역하며 받은 고난을 열거한다.

> 내가 수고를 넘치도록 하고, 옥에 갇히기도 더 많이 하고, 매도 수없이 맞고, 여
> 러 번 죽을 뻔하였으니, 유대인들에게 사십에서 하나 감한 매를 다섯 번 맞았으
> 며, 세 번 태장으로 맞고, 한 번 돌로 맞고, 세 번 파선하고, 일주야를 깊은 바다에
> 서 지냈으며, 여러 번 여행하면서 강의 위험과 강도의 위험과 동족의 위험과 이
> 방인의 위험과 시내의 위험과 광야의 위험과 바다의 위험과 거짓 형제 중의 위
> 험을 당하고, 또 수고하며 애쓰고, 여러 번 자지 못하고, 주리며 목마르고, 여러
> 번 굶고, 춥고 헐벗었노라. 이 외의 일은 고사하고 아직도 날마다 내 속에 눌리는
> 일이 있으니, 곧 모든 교회를 위하여 염려하는 것이라. (고후 11:23-28)

바울은 또한 **수고하여**(kopiaō, "탈진하도록 일하다") **친히 손으로 일을 했다.** 헬
라인들은 자신들의 품위에 맞지 않다고 여겼던 종류의 일이었다. 육체노동
은 노예들의 몫이었다. 그러나 바울은 주님을 위해 받는 그 어떤 대우나 주님
을 위해 해야 하는 그 어떤 일도 부끄러워하지 않았다(참조. 행 18:3; 20:34; 살전
2:9; 살후 3:8).

바울은 분개하거나 억울해하지도 않았다. 우리는 **모욕을 당한즉**(loidoreō, "말
로 학대하다") **축복하고, 박해를 받은즉 참고, 비방을 받은즉 권면했다.** 사도들은 진
정으로 자신을 그리스도의 갤리선 노예와 청지기로 여겼다. 이들의 관심사는
겸손과 성실이었다. 이들은 분개하거나 시기할 시간이 없었다. 이들은 자신들
을 박해하는 자들보다 자신들이 헤아릴 수 없이 부유하다는 것을 알았다. 자
신들이 오는 세상에서 첫째가 되리라는 것을 알았기에, 이 세상에서 조금도
주저 없이 끄트머리가 되려 했다. 그래서 하나님은 이들의 약함에서 자신의
능력을 드러낼 기회를 얻으셨다.

더러운 것

우리가 지금까지 세상의 더러운 것과 만물의 찌꺼기 같이 되었도다. 다음 절에

서(14절) 분명하게 나타나듯이, 바울은 여전히 자신을 비롯한 사도들과 고린도 신자들을 대비시키고 있었다. 교만하게도, 이들은 자신들이 정상에 있다고 보았다. 겸손하게도, 사도들은 자신들이 밑바닥에 있다고 보았다.

더러운 것(scum)과 **찌꺼기(dregs)**는 동의어이며, 더러운 접시나 주전자에서 씻어내 버려지는 부스러기나 오물을 가리킨다. 두 단어는 대개 비유로 사용되어 이교도 의식에서 흔히 제물로 이용된 최하 등급의 짐승을 가리켰다. 세상은 사도들을 이렇게 보았다. 사도들은 종교적 더러운 것과 찌꺼기였으며, 범죄자들보다 나을 게 없었고, 범죄자 취급을 당하기 일쑤였다.

신자들이 복음을 자신들 속에만 간직한다면, 세상과 잘 지내기란 어렵지 않다. 그러나 신자들이 하나님의 뜻을 전하고 가르치며 살아낸다면, 세상은 아주 못마땅해 한다(참조. 딤후 3:12). 세상은 진리의 빛이 자신을 비추면 분노한다. 사탄은 이 세상 임금이며 어둠의 통치자다. 사탄의 나라는 복음의 빛을 견디지 못하며, 복음의 편에 서고 복음을 살아내는 자들을 가능하면 박해하고 무너뜨리려 할 것이다. 누구라도 말씀을 담대하게 선포하면, 세상을 그를 없애려 할 것이다.

하나님이 보시기에, 우리는 더러운 것과 찌꺼기가 아니다. 그럼에도 우리는 일꾼(servants, 종)이요 청지기다. 그러므로 이 세상의 눈에도 하나님의 눈에도, 우리는 자신을 자랑할 이유가 없다. 주님이 자신의 일꾼들에게서 사랑하시는 것과 마침내 이들에게 상과 영광을 안겨줄 것은 겸손하게 순종하는 마음이다. "그러므로 하나님의 능하신 손아래에서 겸손하라. 때가 되면 너희를 높이시리라"(벧전 5:6).

이렇게 바울은 교만하고 분쟁하며 파벌 싸움을 하는 고린도 신자들의 마음을 더없이 맹렬히 꾸짖는다.

12

영적 아버지의 표식
(4:14-21)

내가 너희를 부끄럽게 하려고 이것을 쓰는 것이 아니라. 오직 너희를 내 사랑하
는 자녀 같이 권하려 하는 것이라. 그리스도 안에서 일만 스승이 있으되 아버지
는 많지 아니하니, 그리스도 예수 안에서 내가 복음으로써 너희를 낳았음이라.
그러므로 내가 너희에게 권하노니, 너희는 나를 본받는 자가 되라. 이로 말미암
아 내가 주 안에서 내 사랑하고 신실한 아들 디모데를 너희에게 보내었으니, 그
가 너희로 하여금 그리스도 예수 안에서 나의 행사 곧 내가 각처 각 교회에서 가
르치는 것을 생각나게 하리라. 어떤 이들은 내가 너희에게 나아가지 아니할 것
같이 스스로 교만하여졌으나 주께서 허락하시면 내가 너희에게 속히 나아가서
교만한 자들의 말이 아니라 오직 그 능력을 알아보겠으니, 하나님의 나라는 말
에 있지 아니하고 오직 능력에 있음이라. 너희가 무엇을 원하느냐? 내가 매를 가
지고 너희에게 나아가랴? 사랑과 온유한 마음으로 나아가랴? (4:14-21)

이 서신에서 바울은 영적 지도자와 선생을 사역자(servant,[31] 3:5), 농부(3:6),
하나님의 동역자(3:9), 건축자(3:10), 갤리선 노예("일꾼 servant," 4:1), 청지기
(steward, "맡은 자," 4:1)로 묘사했다. 이제 바울은 그를 영적 아버지로 묘사하고,
자신을 그 본보기로 제시한다.

---

31 servant는 주로 일꾼(종)으로 옮겼고, 구분을 위해 minister는 주로 사역자로 옮겼다.

바울은 고린도 신자들의 죄를 엄하게 꾸짖고 비꼬기까지 했다(4:8-10). 이제 바울은 이들에게 자신이 왜 그렇게 가혹했는지 설명한다. 바울은 아버지가 자녀를 사랑하듯 이들을 사랑한다. 바울은 이들이 하나님의 말씀에서 떠나고 충만한 그리스도인의 삶에서 떠나는 것을 견딜 수 없었다. 바울은 이들의 영적 아버지였고, 따라서 이들의 영적 전쟁에 배나 책임이 있었다. 바울은 요한처럼 말할 수 있었다. "내가 내 자녀들이 진리 안에서 행한다 함을 듣는 것보다 더 기쁜 일이 없도다"(요삼 4; 참조. 갈 4:19; 빌 1:23-27).

고린도전서 4:14-21에서, 바울은 성실한 영적 아버지의 특징 여섯 가지를 암시와 패턴으로 제시한다: 그는 권하고, 사랑하며, 낳고, 본을 보이며, 가르치고, 징계한다. 바울은 이러한 특징들을 구체적으로 명시하거나 시간 순서나 중요도 순서로 제시하지 않는다. 이것들은 그의 말에 암시되며, 성실한 아버지가 자녀를 책임지는 다양한 방식을 보여준다. 이것들은 유효한 제자도 관계(discipleship relation)에 필수 요소다.

성실한 영적 아버지는 권한다

내가 너희를 부끄럽게 하려고 이것을 쓰는 것이 아니라. 오직 너희를 (내 사랑하는 자녀 같이) 권하려(admonish, 훈계하려) 하는 것이라. (4:14a, c)

바울은 고린도 신자들을 단단히 바로잡으려 했다. 이들을 **부끄럽게 하려고**, 이들이 움츠리고 위축되게 하려고 이러는 게 아니었다. 이들은 부끄러운 게 많았다. 따라서 이들이 바울의 말을 마음 깊이 받아들였다면 부끄러워하지 않을 수 없었을 것이다. 그러나 바울의 최종 목적은 이들을 부끄럽게 하는 게 아니었다. 바울은 이것을 이들의 양심에 맡길 터였다. 바울의 목적은 이들을 **권하고**(**admonish**, 꾸짖고), 권면하며, 회개하고 자신들의 길에서 돌아서도록 간청하는 것이었다. 바울은 이들을 무너뜨리려는 게 아니라 바로잡길 원했다.

부모가 자녀를 바로잡으려다 세워주기는커녕 도리어 무너뜨릴 수도 있다. 에베소서에서, 바울은 이렇게 경고한다. "또 아비들아, 너희 자녀를 노엽게 하지 말고, 오직 주의 교훈과 훈계(discipline)로 양육하라"(엡 6:4). 훈계라는 이름으로, 심지어 그리스도인의 훈계라도, 자녀를 노엽게 하고 학대해 지워지지 않을 상처를 남길 수도 있다. 자녀는 흔히 비판과 징계에 넘어지지만 꾸짖음(admonish)과 격려로 일어서는 경우는 드물다.

권하다(admonish, *noutheteō***)**는 문자적으로 경고하거나 꾸짖을 목적으로 "마음에 집어넣다"(put in mind)라는 뜻이다. 이것은 뭔가 잘못이 있음을 전제하며, 교정하고 바로잡으려는 의도를 내포한다. 그 목적은 신념, 태도, 습관, 생활방식을 비롯해 필요하다면 어떤 것에서든 변화를 일으키는 것이다. 사실, 이것은 변화하든지 아니면 심판을 받으라는 경고다.

엘리는 실로의 회막을 총괄하는 대제사장이었다. 그러나 무책임한 아버지였다. 그는 매우 늙은 후에야, 두 아들이 극도로 죄악된 습관에 빠진 게 아닌지 의문이 들었다. 이들은 희생제물을 제멋대로 챙겼고, 회막에서 일하는 여인들과 동침했다. 엘리는 사람들이 얘기해 줄 때까지 두 아들이 무슨 짓을 하는지 알지도 못했던 것 같다. 성경은 엘리가 엄하고 보살피며 사랑하는 아버지로서 두 아들을 꾸짖지(admonished) 않았기 때문에 그와 두 아들의 삶이 비극으로 끝났다고 말한다. 그는 두 아들을 하나님보다 높였고, 그러면서 하나님을 실망시켰으며 두 아들을 망쳤다(삼상 2-4장).

영적 자녀들을 꾸짖지 못하면, 마찬가지로 비극이 닥칠 수 있다. 우리가 다른 신자를 영적으로 책임지고 있다면, 특히 그 사람을 주님께 인도했다면, 그 사람을 '반드시' 꾸짖어야 할 때가 있을 것이다. 영적 아버지로서, 우리는 바로잡고 바꿀 목적으로 잘못된 믿음과 행동을 사랑으로 비판해야 한다(마 18:15-20; 살전 5:14을 보라). 윽박지르거나 창피를 주거나 독선적으로 판단해서는 안 된다. 사랑하는 아버지는 이런 짓을 하지 않는다. 그러나 사랑하는 아버지는 언제나 꾸짖고 나무라며, 바로잡고 필요하면 훈계(징계)까지 한다. 자녀의 행복을 위해 옳고 적절하다면 무엇이든 할 것이다. 이를 위한 도구는, 디모데후서 3:16-17이 말하듯이, 하나님의 말씀이다.

바울은 데살로니가 신자들에게 이렇게 말했다. "우리가 너희 믿는 자들을 향하여 어떻게 거룩하고 옳고 흠 없이 행하였는지에 대하여 너희가 증인이요 하나님도 그러하시도다. 너희도 아는 바와 같이 우리가 너희 각 사람에게 아버지가 자기 자녀에게 하듯 권면하고 위로하고 경계하노니, 이는 너희를 부르사 자기 나라와 영광에 이르게 하시는 하나님께 합당히 행하게 하려 함이라"(살전 2:10-12).

성실한 영적 아버지는 사랑한다

내 사랑하는 자녀 같이 (4:14b)

바울은 고린도 신자들을 여러 차례 자신의 형제라고 불렀지만(1:10; 2:1; 3:1) 이제 이들을 자신의 자녀라 부르는데, 훨씬 친밀한 관계를 의미한다. 이들은 단순히 자녀가 아니라 **사랑하는 자녀(beloved children)**, 즉 영적 아버지에게 특히 소중한 자녀다. 바울이 이들에게 지금껏 한 말에서 보듯이, 이들이 순종하지 않았고 도덕적으로 바르지 않았으며, 교리적으로 건전하지 않았고 성숙하지도 못했던 게 분명하다. 그러나 이들은 사랑을 받았다.

사랑하는(beloved, 사랑받는)은 동사 '아가파오'(*agapaō*)에서 왔으며, 가장 강한 사랑, 가장 깊은 사랑을 가리킨다. 형제 사랑(*philia*), 부드러운 애정 그 이상이다. 결단하는 의지적 사랑이며, 사랑하는 대상을 섬기려는 목적을 갖는다.

몇 년 후, 바울은 또다시 고린도 신자들을 깊이 사랑한다고 했다. "너희에게 폐를 끼치지 아니하리라. 내가 구하는 것은 너희의 재물이 아니요 오직 너희니라. 어린 아이가 부모를 위하여 재물을 저축하는 것이 아니요 부모가 어린 아이를 위하여 하느니라. 내가 너희 영혼을 위하여 크게 기뻐하므로…"(고후 12:14-15). 고린도 신자들은 바울의 사랑을 받을만한 일을 거의 하지 않았으나 그의 사랑을 한껏 받았다. 이들을 향한 바울의 사랑은 모든 것을 주었고 아무것도 요구하지 않았다. 자신을 희생하고 광범위하게 영향을 미치며 지속되는 사랑이었다.

사랑하는 아버지는 자녀를 최대한 깊이 '이해하고' 싶어 한다. 자녀가 어디가 아픈지 알고 싶어 한다. 치료를 돕고 싶기 때문이다. 자녀가 언제 두려

위하는지 알고 싶어 한다. 자녀의 두려움이 사라지도록 돕기 위해서다. 자녀가 어디가 약한지 알고 싶어 한다. 자녀가 강해지도록 돕기 위해서다. 자녀의 필요를 알고 싶어 한다. 그 필요가 충족되도록 돕기 위해서다. 바울은 고린도 신자들을 이렇게 사랑했다. 그는 이들을 사랑했고, 이들의 처지와 필요를 이해했다.

사랑하는 아버지는 '온유하다'(gentle). 예수님은 "마음이 온유하고 겸손"하셨고(마 11:29), 바울은 고린도 신자들을 "그리스도의 온유와 관용으로" 대하려 했다(고후 10:1). 영적 자녀는 육신의 자녀처럼 천천히 자란다. 이들은 성숙한 채 태어나지 않으며 세밀하게, 때로 엄하게 훈련받아야 할 뿐 아니라 사랑으로 부드럽게 훈련받아야 한다(참조. 살전 2:7-8).

사랑하는 아버지는 '맹렬하다'(intense). 사랑하는 사람이 위험에 처하면 걱정하지 않을 수 없다. 우리 아이들이 어릴 때, 나는 이들이 찻길로 뛰어나가는 게 걱정이었다. 그래서 자동차에 치일 위험을 가르치고 설명했다. 자다가 깜짝 놀라 일어나기도 했다. 우리 아이가 차에 치는 꿈을 꿨기 때문이다. 사랑은 맹렬한 걱정과 때로 흥분을 느끼지 않을 수 없다. 우리가 사랑하는 사람들이 위협받고 위험할수록, 우리의 사랑은 더 맹렬해진다. 우리가 영적으로 사랑하는 사람들, 주님 안에서 우리의 자녀 된 사람들을 향해서도 동일한 걱정을 해야(관심을 가져야) 한다. 바울은 에베소 장로들에게, 자신이 믿음의 자녀를 위한 사랑으로 이들을 "삼 년이나 밤낮 쉬지 않고 눈물로" 훈계했다(admonished)고 증언한다(행 20:31).

성실한 영적 아버지는 낳는다

그리스도 안에서 일만 스승이 있으되 아버지는 많지 아니하니, 그리스도 예수 안에서 내가 복음으로써 너희를 낳았음이라. (4:15)

이미 말했듯이, 바울은 영적 부성(父性)을 시간 순서로 논하지 않는다. 육신의 아버지처럼 사랑이나 꾸짖음(admonition)이 있으려면, 먼저 출산이 있어야 한다. 자녀를 돌보고 훈련시키려면, 먼저 자녀가 태어나야 한다.

바울은 여기서 부성의 특별함을 설명한다. 어느 자녀든 육신의 아버지는 하나뿐이다. 영적 영역에서도, 고린도 신자들은 그리스도 안에서 **일만 스승** (**countless tutors**)이 있었지만 영적 **아버지**는 하나뿐이었다. 바울은 대다수 고린도 신자들의 영적 아버지였다. 여기서 짚고 넘어가야 할 중요한 점이 있다. 바울은 자신이 영적 생명의 근원이 아니라(마 23:9의 유대 종교 지도자들에 관한 언급을 참조하라. 거기서 이들은 자신들이 생명의 참 근원이라고 생각했다) 하나님이 사용하시는 도구라고 말하고 있다.

일만(**countless**, *murios*)은 KJV에서처럼 만이라는 구체적 숫자를 가리키거나 단순히 크고 셀 수 없는 양을 가리킬 수 있다. **스승**(**tutors**, *paidagōgos*)은 어린 자녀들을 기본적으로 훈련시키고 도덕적으로 성장시키는 책임을 맡은 가정교사를 가리키는데, 대개 노예였다. 이들은 공식적인 스승이라기보다 보호자(guardians)와 조력자에 가까웠다.

바울은 고린도 신자들에게 다양한 종류의 영적 스승이 무수히 많았을 수 있으며, 그들 모두 얼마간 도움이 되었을 거라 말한다. 그러나 바울은 이들의 하나뿐인 영적 아버지였다.

정의하자면, 아버지는 자녀가 있는 남자다. 아버지는 생명을 창조하는 하나님의 대리자다. 자녀가 없어도 남자일 수 있고 남편일 수 있다. 그러나 자녀가 없으면 아버지일 수 없다. 하나님이 영적 자녀들에게 생명을 주시는 일에 쓰임 받지 못하는 그리스도인은 영적 아버지일 수 없다.

안타깝게도, 많은 그리스도인이 전혀 영적 아버지가 되지 못했다. 영적 후손을 전혀 낳지 못했다. 단 한 사람이라도 그리스도께 인도해 하나님의 길로 훈련시키지 못했다. 그리스도인은 그리스도 안에서 새 생명을 받은 사람이며, 생명의 가장 큰 특징 중 하나는 생식(reproduction, 재생산, 번식)이다. 그러나 많은 신자가 전혀 신자를 낳지 못했다. 어떤 의미에서, 그리스도인의 정의에 모순된다. 모든 신자는 영적 아버지가 되어야 하며, 하나님이 새 생명을 그분의 나라에 들이려고 사용하시는 도구여야 한다. 제자삼기 과정은 여기서 시작된다.

바울은 가서 사역하는 곳마다 영적 자손을 남겼다. 갈라디아 지방에 무수한 교회를 세웠고, 이들에 편지할 때 이들을 형제라 불렀을 뿐 아니라(갈 1:11; 4:12) 자신의 자녀라고도 불렀다(갈 4:19). 바울은 디모데를 "믿음 안에서 참 아들"이라 불렀고(딤전 1:2), 디도를 "같은 믿음을 따라 나의 참 아들"이라고 했다(딛 1:4). 도망친 노예 오네시모는 바울이 "갇힌 중에서 낳은 아들"이었다(몬 10). 바울은 가는 곳마다 사람들을 그리스도께 인도했고, 이로써 이들의 영적 아버지가 되었다.

바울은 영적 생식 능력이 자신에게 있다고 주장하지 않았다. **그리스도 예수 안에서 내가 복음으로써 너희를 낳았음이라.** 모든 영적 출생의 근원은 하나님의 말씀과 짝을 이룬 능력, 곧 그리스도 안에 있는 하나님의 능력이다. 오직 "영으로 난 것은 영이며"(요 3:6), 하나님이 "자기의 뜻을 따라 진리의 말씀으로 우리를 낳으셨다"(약 1:18).

그러나 주님도 우리를 자신의 인간 대리자로 선택하셨다. 우리가 그분의 증인이 되어(행 1:8), "모든 민족을 제자로 삼게"하기 위해서다(마 28:19). 예수님은 우리에게 이렇게 기도하라고 명하셨다. "추수하는 주인에게 청하여 추수할 일꾼들을 보내 주소서"(마 9:38). 추수는 전적으로 주님의 손에 달렸지만 그분은 우리를 동역자로 불러 그분의 들판에 투입하신다. 찰스 하지(Charles Hodge, 1797-1878)는 이렇게 말했다. "곡식이 농부 없이도 이곳저곳에서 자라 듯이 사역자의 개입 없이 말씀을 통해 성령으로 회심하는 사람들이 많다. 그러나 영혼 추수는 이 목적을 위해 지명된 일꾼들이 하는 것이 하나님의 섭리다."

하나님의 추수꾼들은 자신들이 주님을 위해 "거두는" 자들의 영적 아버지가 된다.

성실한 영적 아버지는 본을 보인다

그러므로 내가 너희에게 권하노니, 너희는 나를 본받는 자가 되라. 이로 말미암아 내가 주 안에서 내 사랑하고 신실한 아들 디모데를 너희에게 보내었으니, 그가 너희로 하여금 그리스도 예수 안에서 나의 행사…생각나게 하리라. (4:16-17a, c)

좋은 본이 빠진 부모의 가르침은 효과적일 수 없다. 바울이 주의 깊게 했듯이, 영적 아버지는 영적 자녀에게 본을 보여야 한다. 바울은 자신 있게, 그러나 자랑하지 않으면서 **나를 본받는 자가 되라**고 말할 수 있었다. 그는 "내가 말하는 대로 행하라"뿐 아니라 "내가 행하는 대로 행하라"고 말할 수 있었다. **본받는 자(imitators)**로 번역된 헬라어 단어[32] 어근은 영어 단어 'mimic'(흉내 내다)과 같다(참조. 마 23:3).

흔히, 제자 삼기가 가장 어려운 곳은 가정이다. 우리가 가족이 아닌 사람들을 제자 삼을 때, 그들은 흔히 이상적 상황에서, 영적으로 성숙한 행동을 하기 쉬운 상황에서 우리를 볼 뿐이다. 그러나 자녀들은 우리의 모든 분위기와 태도와 행동을 본다. 자녀들은 우리가 그들을 가르치는 대로 사는지를 직접 눈으로 보고 안다. 우리가 그렇게 살지 못하면, 우리의 가르침과 훈계는 대부분 소귀에 경 읽기다. 우리가 진심으로 자녀를 사랑하더라도, 그들은 우리의 말보다 행동을 따를 것이다. 장로는 경건한 자녀를 두어야 한다(딤전 3:4-5).[33] 적어도 부분적으로 이것은 자신이 경건하다는 좋은 증거이기 때문이다. 제자삼는다는 것은 단순히 바른 원리를 가르친다는 게 아니다. 제자 삼는 사람들 앞에서 그 원리를 살아내는 것이기도 하다(참조. 딤전 4:12).

바울은 제자로서 아주 성공적이었고, 그래서 자신이 제자 삼은 자들에게 제자 삼는 일을 맡길 수 있었다. **이로 말미암아 내가 주 안에서 내 사랑하고 신실한 아들 디모데를 너희에게 보내었으니, 그가 너희로 하여금 그리스도 예수 안에서 나의 행사…생각나게 하리라. 이로 말미암아(for this reason)**는 고린도 신자들로 바울을 본받는 자가 되게 하려는 것을 가리킨다. 이를 위해, 바울은 디모데를 보냈다. 얼마나 멋진 생각인가! 디모데는 바울을 매우 닮았기에 바울적 모델로 파견될 수 있었다. 바울은 디모데에게 영적 아버지 역할을 완벽하게 했고, 그래서 고린도 신자들을 계속 제자로 훈련하도록 디모데를 자기 대신 보낼 수 있었다. 디모데는 복사판이었다. 이것은 영적 자녀 양육의 전형이다: 우

---

32 *mimētai*, 원형은 *mimētēs*
33 딤전 3:4-5은 감독의 조건을 말한다.

리 대신 보내 일하게 할 수 있는 것이다. 우리가 그리스도를 닮을 때, 우리가 제자 삼는 자들이 그리스도를 닮고 다른 사람들이 그리스도를 닮도록 도울 가능성이 더 높다. 이렇게 되면, 사역이 폭발적으로 배가할 게 분명하다. 바울은 디모데를 사랑했고, 자신이 보여준 그리스도를 닮는 삶의 패턴을 생각나게 할 성실한 자녀라며 그를 칭찬했다. 이것이 디모데 자신의 삶의 패턴이기도 했기 때문이다.

성실한 영적 아버지는 가르친다

곧 내가 각처 각 교회에서 가르치는 것을(4:17b)

알지 못하는 진리를 믿을 수는 없으며, 전혀 듣지 못한 원리를 살아낼 수도 없다. 제자 삼기의 핵심은 하나님의 말씀을 가르치는 일, 그 말씀의 진리를 들려주고 설명하는 일이다.

고린도교회의 경우, 바울은 이들을 이미 18개월간 정성 들여 가르쳤다(행 18:11). 바울은 이들을 말씀 위에 세웠다. 디모데의 일은 바울이 이들과 함께 있을 때 가르쳤던 것과 살았던 방식을 이들로 **생각나게 하는(remind)** 것이었다. 디모데의 제자 삼기는 사도바울이 했던 제자 삼기의 후속 조치였다. 바울은 **각처 각 교회에서(everywhere in every church)** 동일한 진리를 가르쳤는데, 이것은 그가 구체적 조언이 아니라 교훈(doctrine)을 말하고 있다는 뜻이다. 디모데의 일은 이 크고 영원한 진리를 자신의 가르침과 본보기로 강화하는 것이었다.

우리가 바로 가르치는 것으로는 부족하다. 우리 자신이 이해될 수 있어야 한다. 우리의 학위와 학문적 성취와 어려운 신학 용어를 치우고, 그저 사랑으로 진리를 말해야 한다(엡 4:15). 우리가 증언하고 제자 삼는 사람들을 사랑한다면, 우리의 목적은 우리의 지식으로 그들을 감동시키는 게 아니라 그들이 배우도록 돕는 것이다. 존 라일(John Ryle, 1816-1900) 주교는 웨슬리와 휫필드 같은 사람들의 단순한 설교가 18세기 영국 부흥운동의 열쇠 중 하나였다고 확신했다. 그는 이렇게 말했다. "이들은 자신들의 스타일을 십자가에 못 박거나 자신들의 학식이 가져다준 평판을 버리길 부끄러워하지 않았다. 이들은 나무 열쇠는 황금 열쇠만큼 아름답지 않지만 황금 열쇠가 열지 못하는 문을 연다면 황금 열쇠보다 훨씬 쓸모 있다는 아우구스티누스의 금언을 실천했다." 필요한 것은 장황하거나 똑똑함을 드러내는 설교가 아니라 성경에서 나온 견실하고 참된 교훈(doctrine), 인간의 지혜를 반박하는 교훈이다(참조. 2:1-8).

예수님의 가르침은 능력과 깊이뿐 아니라 단순함을 보여주는 최고의 모델이었다. 그의 말씀을 듣는 큰 무리는 대부분 평범하고 못 배운 사람들이었다. 그러나 이들은 그분의 말씀을 "즐겁게 들었다." 또는 KJV에서처럼, "보통 사람들이 그분의 말씀을 들으며 기뻐했다"(the common people heard him gladly, 막 12:37).

성실한 영적 아버지는 징계한다

어떤 이들은 내가 너희에게 나아가지 아니할 것 같이 스스로 교만하여졌으나 주께서 허락하시면 내가 너희에게 속히 나아가서 교만한 자들의 말이 아니라 오직 그 능력을 알아보겠으니, 하나님의 나라는 말에 있지 아니하고 오직 능력에 있음이라. 너희가 무엇을 원하느냐? 내가 매를 가지고 너희에게 나아가랴? 사랑과 온유한 마음으로 나아가랴? (4:18-21)

육신의 아버지들처럼, 영적 아버지들도 자녀를 징계해야 할 때가 있다. 그리스도인이 잘못된 교리나 행동에 빠지면 바로잡아주어야 한다. 그에게 사랑으로, 그러나 단호하게 말해주어야 한다. "당신의 증언은 마땅하지 않습니다. 당신은 자신이 배운 성경 원리대로 살고 있지 않아요. 달라져야 합니다." 이런 지적은 결코 쉽지 않지만 필요할 때가 많다.

고린도 신자 중에 죄에 빠졌으나 이에 대해 **교만해진(become arrogant,** *phusioō,* 오만해진, "팽창시키다, 부풀리다, 바람을 넣다") 사람들이 있었다. 이들은 바울을 다시 볼 일이 절대 없으리라 생각하고, 그가 **나아가지 아니할 것 같이**, 하고 싶은 대로 하고 살아도 아무 일 없으리라 생각했다. 교회는 교만과 아집으로 심각한 문제에 직면했으며, 강력한 영적 지도자가 없었기에 많은 신자가 예전 사고방식과 행동으로 쉽게 되돌아갔다.

그러나 이들의 바람과 달리, 바울은 이들을 **속히** 다시 볼 계획이라고 단언했다. 바울은 주님의 변경에 따르지 않는 계획을 세울 만큼 어리석지 않았고, 그래서 **주께서 허락하시면(if the Lords wills)**이라고 덧붙였다. 그는 사역 계획을 세웠으나 실행에 옮길 수 없을 때가 몇 차례 있었다. 2차 선교 여행 때, 바울과 실라와 디모데는 "비두니아로 가고자 애쓰되 예수의 영이 허락하지 아니하셨다"(행 16:7). 이들을 향한 하나님의 계획은 훨씬 서쪽, 지금의 유럽으로 들어가 복음을 전하는 것이었다. 그래서 비두니아 대신 마게도냐로 갔다. 주님의 일을 위해서라 하더라도, 그분의 승인과 변경에 기꺼이 열려 있지 않은 계획을 세우는 것은 주제넘은 짓이다.

이들은 바울이 그러길 두려워하리라 생각했다. 그런데도 바울은 고린도에 다시 간다면, 무엇보다도 먼저 대놓고 이전으로 돌아간 자들을 폭로할 터였다. 곧바로 **교만한 자들의 말이 아니라 오직 그 능력을 알아볼** 터였다. 이들의 죄를 모른 체하지 않을 터였다. 이들 자신을 위해, 또한 복음을 위해, 이들을 기필코 징계할 것이었다. 부모가 자녀를 징계하지 않는다면, 자녀의 행복에 별 관심이 없는 것이다. 바울은 사랑이 넘치는 영적 아버지였기에 징계하지 않을 수 없었다. 바울은 고린도 신자들이 자신을 본받길 기대했듯이, 자신은 하나님을 본받으려 했다. "대저 여호와께서 그 사랑하시는 자를 징계하시기를 마치 아비가 그 기뻐하는 아들을 징계함 같이 하시느니라"(잠 3:12; 참조. 히 12:6; 계 3:19).

오만한 퇴행자들은 자신들의 자유와 독립과 권리를 많이 내세웠다. 오늘날 스스로 신자라면서 세상 철학을 따르고 세상 방식을 흉내 내는 숱한 신자들처럼 말이다. 이들은 바울이 오더라도 스스로 충분히 변호할 수 있다고 생각했다. 그러나 바울은 이들의 말이 아니라 영적 능력을, 밖이 아니라 안을 점검할 터였다. 하나님의 백성은 하나님 **나라**를, 하나님의 통치와 영광을 드러내야 하며, 이것은 **말이 아니라 오직 그 능력**에 있다. 이것은 매우 중요한 핵심 원리다. 바른 삶을 낳지 못하는 믿음은 뒷받침할 말이야 많겠지만 능력은 없을 것이다. 한 사람의 영성을 결정하는 것은 그가 하는 감동적인 말이 아니라 그가 살아가는 삶의 능력이다(참조. 마 7:21-23).

바울은 자신이 가기 전에 고린도 신자들이 오만(교만)을 회개하고 달라지길 바랐다. 바울은 이들에게 선택권을 주었다. **너희가 무엇을 원하느냐? 내가 매를 가지고 너희에게 나아가랴? 사랑과 온유한 마음으로 나아가랴?** 바울은 어느 쪽을 좋아하는지 분명히 했다. 그는 이들을 부끄럽게 하길 원한 게 아니라 자신이 진정 사랑하는 자녀로서 이들을 꾸짖길(admonish, 타이르길, "권하려") 원했다(14절). 이것이 모든 경건한 아버지의 표식이다.

바울은 이들을 바로잡기 위해 매를 들어야 한다면 그렇게 할 터였다. 바울이 생각하는 것은 이들을 때릴 물리적 매가 아니라 강하고 고통스럽게 징계하는 태도와 마음이다. 바울은 이들의 교만, 곧 하나님이 가장 싫어하시는 죄를 엄히 다룰 것이었다. 그러나 이들이 바울의 편지에 좋게 반응하면, 자제하고 인내하며 따뜻하게 이들을 대할 것이었다.

자신이 그렇게도 사랑하지만 제멋대로인 교회를 대할 때, 바울은 영적 자녀를 효과적으로 징계하는 데 필요한 요소를 보여준다.

13

<h2 style="text-align:right">교회 내 음행</h2>
(5:1-13)

너희 중에 심지어 음행이 있다 함을 들으니, 그런 음행은 이방인 중에서도 없는 것이라. 누가 그 아버지의 아내를 취하였다 하는도다. 그리하고도 너희가 오히려 교만하여져서, 어찌하여 통한히 여기지 아니하고, 그 일 행한 자를 너희 중에서 쫓아내지 아니하였느냐? 내가 실로 몸으로는 떠나 있으나 영으로는 함께 있어서 거기 있는 것 같이 이런 일 행한 자를 이미 판단하였노라. 주 예수의 이름으로, 너희가 내 영과 함께 모여서 우리 주 예수의 능력으로 이런 자를 사탄에게 내주었으니, 이는 육신은 멸하고 영은 주 예수의 날에 구원을 받게 하려 함이라. 너희가 자랑하는 것이 옳지 아니하도다. 적은 누룩이 온 덩어리에 퍼지는 것을 알지 못하느냐? 너희는 누룩 없는 자인데, 새 덩어리가 되기 위하여 묵은 누룩을 내버리라. 우리의 유월절 양 곧 그리스도께서 희생되셨느니라. 이러므로 우리가 명절을 지키되 묵은 누룩으로도 말고, 악하고 악의에 찬 누룩으로도 말고, 누룩이 없이 오직 순전함과 진실함의 떡으로 하자. 내가 너희에게 쓴 편지에 음행하는 자들을 사귀지 말라 하였거니와, 이 말은 이 세상의 음행하는 자들이나 탐하는 자들이나 속여 빼앗는 자들이나 우상숭배하는 자들을 도무지 사귀지 말라 하는 것이 아니니, 만일 그리하려면 너희가 세상 밖으로 나가야 할 것이라. 이제 내가 너희에게 쓴 것은 만일 어떤 형제라 일컫는 자가 음행하거나, 탐욕을 부리거나, 우상숭배를 하거나, 모욕하거나, 술취하거나, 속여 빼앗거든, 사귀지도 말고 그런 자와는 함께 먹지도 말라 함이라. 밖에 있는 사람들을 판단하는 것이야 내

게 무슨 상관이 있으리요마는 교회 안에 있는 사람들이야 너희가 판단하지 아니
하랴? 밖에 있는 사람들은 하나님이 심판하시려니와, 이 악한 사람은 너희 중에
서 내쫓으라. (5:1-13)

바울 당시, 고린도는 오늘의 서구 사회와 흡사했다. 사람들은 자기 방식을 고
집하는 경향이 강했다. 이런 경향은 육체적 욕구를 채우려는 부분에서 가장 강
했다. 하나같이 성적으로 관대했고, 지금처럼 교회도 영향을 받았다.

고린도전서 5장 전체가 교회 내 부도덕을 다루며, 그중에 많은 부분이 성
적 부도덕(음행)을 구체적으로 다룬다. 음행 자체만큼 심각한 것은 음행에 대
한 교회의 관용이었다. 이들이 동료 신자들의 음행을 합리화했던 것은 이들
의 철학적 성향과 인간의 지혜에 대한 사랑 때문이었을 것이다. 어쨌든, 이들
은 음행을 바로잡으려 하지 않았다. 음행에 가담하지 않은 사람들까지 이 문
제에 관해 교만해졌으며(2절), 오늘의 많은 신자처럼 자신들이 "그리스도 안
에서 갖는 자유"를 들먹였을 것이다. 분명하게도, 많은 사람이 교회에서 자신
의 악을 오만하게 과시했다.

5장은 죄짓는 신자들 또는 신자라 "일컫는 자"들(11절)이 아니라, 이것을 수
수방관하는 사람들, 곧 이에 관해 뭐라도 하길 오만하게 '거부하는' 나머지 교
인들을 향한다.

1:10부터 4:21까지, 바울은 좀 더 철학적이고 심리학적인 형태의 죄, 곧 지
성과 태도의 죄를 다루었다. 고린도교회의 분쟁은 당파심이 주된 원인이었다.
당파심은 고린도교회 내부의 배타적인 여러 그룹에서 나타났고, 각 그룹은
자신들의 영성이 더 뛰어나다고 생각했다.

그러나 바울은 5장에서 주로 육신의 죄에 초점을 맞춘다. 그렇더라도 육신
의 죄는 생각과 마음의 죄와 분리되지 않는다. 모든 죄는 서로 연결되기 때
문이다. 한 부분의 죄는 늘 우리 나머지 부분의 죄에 더 취약하게 한다. 우리
시대에 성적인 죄와 폭력적인 죄의 증가는 인본주의 교육과 무도덕한 철학
(amoral philosophy)의 증가와 밀접한 관련이 있으며, 교만과 자기만족의 증가
및 하나님의 일에 대한 관심 축소와 상응한다.

5장에서, 바울의 요지는 고집스럽게 죄를 짓는 교인들을 징계하는 것이다. 그는 징계의 필요성, 방법, 이유, 영역을 제시한다.

징계의 필요성

너희 중에 심지어 음행이 있다 함을 들으니, 그런 음행은 이방인 중에서도 없는 것이라. 누가 그 아버지의 아내를 취하였다 하는도다. 그리하고도 너희가 오히려 교만하여져서, 어찌하여 통한히 여기지 아니하고, (5:1-2a)

고린도 신자들은 무엇보다도 먼저 징계가 필요하다는 것을 알아야 했다. 이들은 자신들 가운데 있는 음행(immorality)을 합리화하거나 축소했으며 징계가 필요하지 않다고 보았다. 바울은 먼저 음행은 음행이며, 음행은 심각하고 용납되어서는 안 된다는 것—이들이 이미 알고 있어야 했던 것—을 이들에게 보여주었다. **너희 중에 심지어 음행이 있다 함을 들으니**는 이것이 누구나 아는 사실이었고 바울만큼이나 그들 자신에게도 충격이었어야 했음을 암시한다.

바울을 비롯한 사역자들이 고린도교회를 주의 깊게 가르쳤다. 고린도 신자들은 기독교 교리와 도덕에서 기초가 잘 잡혀 있었다. 이들은 이전 편지, 곧 성경에 없는 바울의 편지에서 고집스럽게 죄를 짓는 신자들은 징계를 받아야 한다는 말을 들었다. "내가 너희에게 쓴 편지에 음행하는 자들을 사귀지 말라 하였거니와"(9절). 그러나 안타깝게도, 바울이 5장에서 다루는 문제는 고린도 신자들에게 새로운 게 아니었고, 이들이 용납하는 것이었다.

고린도교회는 음란하다고 소문이 났고, 바울은 이 소문을 여러 차례 들었다. 앞서 말했듯이, 바울은 이에 관해 이들에게 편지했었다. 그러나 바울이 가장 먼저 언급하는 구체적 문제는 이것이었다. **그런 음행은 이방인 중에도 없는 것이라. 누가 그 아버지의 아내를 취하였다 하는도다.**

음행(immorality)으로 번역된 헬라어 '포르네이아'(*porneia*)는 '포르노그래피'(pornography)의 어원이며, 모든 부정한 성행위를 가리킨다. 이 경우, 이것은 근친상간이었다. 한 남자가 아버지의 아내, 곧 계모와 살고 있었다. **아버지**

의 아내라는 표현은 이 여자가 이 남자의 생모가 아니라 생모가 죽거나 이혼당한 후 이 남자의 아버지와 결혼했다는 것을 말한다.

하나님이 이런 관계를 근친상간으로 여기신다는 것은 구약성경에 분명하게 나온다. 한 남자와 계모 간의 성관계는 그와 생모 간의 성관계와 동일 범주에 속했다. 이를 비롯해 성적인 "가증한" 죄를 짓는 자는 누구든지 자기 백성에서 끊어져야 했으며(레 18:7-8, 29; 참조. 신 22:30), 이것은 사형을 의미했다. 키케로(Cicero, 주전 106-43)를 비롯해 여러 사람을 통해 알 수 있듯이, 이런 근친상간은 로마법에서도 엄격히 금지되었다. 바울이 말하듯이, 이것은 **이방인 중에서도 없는 것이다.** 고린도교회의 어느 교인이 이교도 이웃들조차 범하거나 용납하지 않는 죄를 지었다. 이로써 고린도교회의 증언이 심각하게 방해를 받았다.

이 특정 관계에 관해 세 가지가 분명해 보인다. 첫째, 현재시제(has)는 죄악된 행위가 한동안 계속되었고 계속되고 있었다는 것을 말한다.[34] 이 일은 한 번뿐이었거나 짧은 기간에 끝난 게 아니라 지속적이고 공개적이었다. 이들은 마치 남편과 아내처럼 함께 살았을 것이다. 둘째, 간음을 고발하지 않은 것으로 볼 때, 아들과 계모의 관계 때문에 여자가 남자의 아버지와 이혼했을 것이다. 당시, 어느 쪽도 법적으로 결혼한 상태가 아니었다. 셋째, 바울이 여자를 징계하라고 요구하지 않은 것으로 볼 때, 여자는 그리스도인이 아니었을 것이다. 그러므로 남자는 신자였고, 여자와 음란할 뿐 아니라 평등하지 못한(신자와 불신자 간의) 관계를 맺었다(고후 6:14).

바울은 이 죄 자체보다 교회가 이 죄를 용납했다는 사실이 더 충격이었다. **그리하고도 너희가 오히려 교만하여져서(have become arrogant), 어찌하여 통한히 여기지(mourn) 아니하고.** 그 무엇도 이들의 교만과 자랑을 깨뜨리지 못할 것 같았다(참조. 1:12; 3:3, 21; 4:6-7, 18). 이들은 자기만족과 자기 확신에 깊이

---

34 개역개정에서 "누가 그 아버지의 아내를 취하였다"(과거)로 번역된 부분이, NASB에서는 someone has his father's wife(현재)로 번역되었다. 헬라어 본문에서도 현재 부정사 능동태이다(echein).

빠져 회중 내에서 벌어지는 더없이 악한 행위를 변명하거나 합리화했다. 이들은 근친상간을 자신들이 그리스도인으로서 갖는 자유의 한 표현으로 보았거나, 이것을 용납하는 것을 그리스도인이 가진 사랑의 한 표현으로 보았을 것이다. 어쨌든, 이들은 오만해 눈이 멀어 하나님의 기준이 제시하는 분명한 진리를 보지 못했다. 이들은 자신들이 떠받드는 훌륭한 영적 지도자(바울, 아볼로, 베드로; 1:12을 보라)를 중심에 둔 당파의 구성원으로서 아주 안전하다고 느꼈고, 그래서 죄를 지어도 별일 없으리라 생각했을 것이다.

이들은 **통한히 여겨야**(mourn instead) 했다. 죄를, 특히 구성원들의 죄를, 통한히 여기지(애통하지) 않는 교회에게는 영적 재앙이 임박하다. 죄에 충격받길 그칠 때, 죄를 막는 강력한 방어벽을 잃는다. 알렉산더 포프(Alexander Pope, 1688-1744, 영국 시인)는 이렇게 썼다.

> 악은 표정이 더없이 섬뜩한 괴물,
> 미워해야 하지만, 볼 필요는 없지.
> 그러나 더없이 자주 보이고, 얼굴이 익숙해지거든.
> 처음에는 견디고, 다음에는 애처롭게 여기며, 결국에는 안게 되지.

고린도교회는 이 패턴을 따랐다. 고린도교회는 하나님의 말씀을 따르기보다 오만하게 자신의 감정을 따르고 합리화했으며, 자신들 가운데 있는 노골적인 죄를 무시했고 어쩌면 정당화했을 것이다.

두아디라교회는 많은 면에서 모델 교회였다. 이 교회는 "사랑과 믿음과 섬김과 인내"에서 강했으며, 선한 행위도 갈수록 늘어났다. 그러나 이 교회는 이런 면도 있었다. "자칭 선지자라 하는 여자 이세벨을 네가 용납함이니, 그가 내 종들을 가르쳐 꾀어 행음하게 하고 우상의 제물을 먹게 하는도다"(계 2:19-20). 교회에서 누군가 하나님을 대언 한다면서, 실제로는 신자들을 꾀어 행음하게 하고 있었다. 책망을 받았으나, 이 여자는 회개하길 거부했다. 그 결과, 이 여자를 비롯해 이 여자와 행음한 모두 맹렬한 하나님의 심판을 받게 되었다. 이 형벌은 모든 그리스도인에게 경고여야 했고, 하나님이 자신의 백성을 향해 제시하신 의로운 기준을 상기시키고 그분이 이들의 생각과 마음을 아신다는 사실을 상기시켜야 했다(21-23절). 하나님은 자신의 교회의 정결을 아주 중요하게 여기시며, 자신의 자녀들에게 이것을 똑같이 중요하게 여기라고 명하신다.

회개하고 깨끗해지지 않을 때마다, 죄는 더 커지고 더 많이 감염시킨다. 바울은 고린도후서를 쓸 때, 고린도교회의 영적 · 도덕적 상태를 여전히 깊이 걱정했다. "또 내가 다시 갈 때에 내 하나님이 나를 너희 앞에서 낮추실까 두려워하고 또 내가 전에 죄를 지은 여러 사람의 그 행한 바 더러움과 음란함과 호색함을 회개하지 아니함 때문에 슬퍼할까 두려워하노라"(고후 12:21). 고린도 신자들은 통한히 여기길(애통하길) 거부했기 때문에, 바울로 애통하게 했고 성령으로 근심하게(슬퍼하게) 했다(엡 4:30).

그리스도인들은 교회 안에서 죄를 용납해서는 안 되며, 자신의 삶에서도 죄를 용납해서는 안 된다. "음행과 온갖 더러운 것과 탐욕은 너희 중에서 그 이름조차도 부르지 말라 이는 성도에게 마땅한 바니라…너희는 열매 없는 어둠의 일에 참여하지 말고 도리어 책망하라"(엡 5:3, 11). 교회 안의 죄악된 행위를 드러내는 것은 단순히 목회자와 지도자들의 책임이 아니라 모든 교인의 책임이다. 우리는 독선적이거나 캐내려 들지 말고, 우리 주님의 몸인 교회의 정결을 위협하는 그 어떤 음행이나 죄라도 계속 경계해야 한다. 우리는 교회 안의 죄를 밝히고 씻어내야 한다는 것을 인식해야 한다. 죄가 드러나면, 제거될 때까지 영적으로 애통해야 한다.

징계의 방법

그 일 행한 자를 너희 중에서 쫓아내지 아니하였느냐? 내가 실로 몸으로는 떠나 있으나 영으로는 함께 있어서 거기 있는 것 같이 이런 일 행한 자를 이미 판단하였노라. 주 예수의 이름으로, 너희가 내 영과 함께 모여서 우리 주 예수의 능력으로 이런 자를 사탄에게 내주었으니, 이는 육신은 멸하고 영은 주 예수의 날에 구원을 받게 하려 함이라. (5:2b-5)

바울은 노골적 음란을 회개하고 버리길 거부하는 자를 징계했어야 한다고 분명하게 말한다. 그를 공동체에서 쫓아냈어야 했다. **너희 중에서 쫓아내지 아니하였느냐?**

예수님은 교회 징계(권징)의 기본 방법을 제시하셨다.

> 네 형제가 죄를 범하거든 가서 너와 그 사람과만 상대하여 권고하라. 만일 들으면 네가 네 형제를 얻은 것이요, 만일 듣지 않거든 한두 사람을 데리고 가서 두세 증인의 입으로 말마다 확증하게 하라. 만일 그들의 말도 듣지 않거든 교회에 말하고, 교회의 말도 듣지 않거든 이방인과 세리와 같이 여기라. (마 18:15-17)

징계는 사랑과 모순되지 않는다. 사실, 징계하지 않음이 사랑과 모순된다. "주께서 그 사랑하시는 자를 징계하시고, 그가 받아들이시는 아들마다 채찍질하심이라"(히 12:6). 주님은 자신의 자녀들을 사랑하기 때문에 징계하신다. 그러므로 우리가 주님을 진정으로 사랑하고 주님 안에 있는 우리의 형제자매를 진정으로 사랑한다면, 이들을 징계할 것이다. **내가 실로 몸으로는 떠나 있으나 영으로는 함께 있어서 거기 있는 것 같이 이런 일 행한 자를 이미 판단하였노라.** 바울은 고린도교회에게 자신과 함께 죄의 심각성을 인정하고, 징계의 필요성을 인식하며, 적절한 행동을 취하라고 요구했다. 바울이 마치 그곳에 있듯이 이미 했던 것처럼 말이다. 바울은 죄를 짓는 사람에 대해 자신은 이미 마음으로 판단을 내렸고 꼭 필요한 조치를 단언했다고 말한다.

교회는 **주 예수의 이름으로…우리 주 예수의 능력으로** 모여야 했다. 다시 말해, 이 문제와 관련해 자신들이 그리스도의 뜻이라고 아는 것, 즉 그분이 그곳에 계셨다면 하실 것을 모여서 해야 했다. 이들은 예수님이 가르치신 원칙을 알았으며(마 18장), 바울은 이들에게 이 원칙을 적용하라고 요구한다. 주님이 가르치셨듯이, 징계는 지교회(개별 교회)의 몫이었다. 지교회는 예수의 **이름**으로, 즉 그분의 말씀을 따라 행할 때, 그분의 **능력**으로 행한다고 확신할 수 있다. 주님은 교회 징계(권징)를 가르치는 대목에서 이렇게 말씀하셨다. "진실로 너희에게 이르노니, 무엇이든지 너희가 땅에서 매면 하늘에서도 매일 것이요 무엇이든지 땅에서 풀면 하늘에서도 풀리리라. 진실로 다시 너희에게 이르노니, 너희 중의 두 사람이 땅에서 합심하여 무엇이든지 구하면 하늘에 계신 내 아버지께서 그들을 위하여 이루게 하시리라. 두세 사람이 내 이름으로 모인 곳에는 나도 그들 중에 있느니라"(마 18:18-20). 주님은 우리가 진정 그분의 이름으로 하는 일에 늘 복과 능력을 주실 것이다. 우리는 "말마다 확증하게 하라"는 그분의 지시를 확실히 따랐다면(16절), 유죄냐 무죄냐(묶느냐 푸느냐)에 관한 우리의 결정이 하늘의 결정과 일치하리라는 것을 안다. 우리가 그분의 이름으로 만날 때, 그분이 늘 우리와 함께하시며 친히 징계하신다(참조. 엡 5:25-27). 정결을 유지하려고 죄를 처리할 때야말로, 교회는 하늘과 가장 큰 조화를 이루고 자신의 주님과 완벽한 일치를 이루며 움직인다.

고린도 신자들이 **모여서** 징계할 때, 바울이 **영으로** 이들과 함께할 터였다. 바울은 목회자로서 이들을 가르쳤고, 이제 이들에게 두 번째 편지를 쓰고 있었다(고전 5:9). 그는 이들과 직접 함께할 수 없을 때라도 주님의 뜻을 행하는 일과 관련해 자신이 계속해서 이들에게 조언하고 격려하려 했다.

신앙을 고백한 신자(professed believer)를 공동체에서 쫓아내는 일은 **육신은 멸하도록 이런 자를 사탄에게 내주**는 것일 터였다. 사탄은 이 세상 임금(ruler)이며, 따라서 신자를 사탄에게 넘겨준다는 것은 그리스도인 공동체의 보살핌과 지원을 배제한 채 신자를 홀로 세상으로 밀어내는 것이었다. 이 사람은 예수 그리스도의 교회에 참여할 권리를 포기했으며, 그리스도께서는 어떤 희생이 따르더라도 자신의 교회를 정결하게 지키려 하신다. **내주다**(deliver, *paradidōmi*)는 의미가 강한 단어이며, 법적 판결 행위로 형벌에 넘겨주는 행위를 가리킨다. 죄짓는 신자에게 내려지는 판결은 **사탄에게** 내어주는 것이다. 바울은 후메내오와 알렉산더를 공동체에서 내쫓았다. 이들이 끈질기게 신성을 모독하고 회개하지 않았기 때문이다. 이들은 거짓 복음을 전하는 목회자였다. 바울이 이들을 "사탄에게 내준 것은 그들로 훈계를 받아 신성을 모독하지 못하게 하려 함"이었다(딤전 1:20).

이런 징계의 결과는 **육신은 멸하는**(the destruction of the flesh, 육신의 멸망) 것이다. **멸하는**(destruction, 멸망, *olethros*)은 심지어 죽음을 가리킬 수도 있다.

이 단어는 죄에 대한 하나님의 심판을 말할 때 자주 사용된다. 그러나 사탄은 신자들의 영을 어찌할 힘이 없다. 욥을 공격할 때, 사탄은 하나님의 사람을 육신만 해하도록 허락받았다. 사탄은 욥의 소유를 멸하고 그의 몸을 괴롭힐 수 있었으나 그의 영혼을 멸할 수는 없었다. 내적 신자는 전적으로 그리스도께 속했으며, 우리는 그가 **주 예수의 날에 구원을 받게** 되리라고 절대적으로 확신한다. 그러나 그 때까지, 회개하지 않는 신자는 사탄의 손에 넘겨져 큰 고난을 당할 것이다.

예수님은 모든 고난과 고통이 욥의 고난처럼 죄의 직접적 결과는 아니라는 것을 분명히 하셨다. 제자들은 맹인으로 태어난 사람이 죄 때문에 벌을 받는다고 생각했다. 그때 예수님이 이렇게 답하셨다 "이 사람이나 그 부모의 죄로 인한 것이 아니라 그에게서 하나님이 하시는 일을 나타내고자 하심이라"(요 9:2-3). 그러나 성경은 질병이 죄의 직접적 결과일 수도 있음을 아주 분명히 한다. 고린도 그리스도인 중에 주의 만찬을 오용하고 주의 만찬에 합당하지 않게 참여하는 사람들이 있었다. 그래서 바울은 이들에게 이렇게 말했다. "그러므로 너희 중에 약한 자와 병든 자가 많고 잠자는 자도 적지 아니하니"(고전 11:30). 육체적 연약함, 질병, 심지어 죽음까지도 끈질긴 죄의 결과일 수 있다. 아나니아와 삽비라는 재산을 파는 과정에서 교회에 거짓말했을 때, 성령께도 거짓말을 했다. 이들은 악했기 때문에 그 자리에서 죽었다. "온 교회와 이 일을 듣는 사람들이 다 크게 두려워하니라"(행 5:1-11). 이들은 신자였기 때문에, 주님이 이들을 데려가 자신과 함께 있게 하셨다. 그러나 주님은 이런 악이 교회를 더럽히도록 두실 수 없었다.

육신은 멸하는(the destruction of the flesh, 육신의 멸망)은 고린도교회의 근친상간하는 사람이 죄를 회개하지 않으면 결국 죽으리라는 것을 암시한다. 구체적 고통이나 질병이나 환경은 언급되지 않지만, 그의 몸은 어떤 특별한 징계로 멸망을 향해 가고 있었다. 계속 죄를 짓는다면, 그는 제 명대로 살지 못하고 죽을 것이다. 참 신자라면, 그는 천국에 갈 것이다. 그러나 그에게 합당한 시간보다 먼저 갈 것이다. 자신의 교회를 지키려고, 주님은 그를 일찍 데려가셔야 할 터였다. 어떤 신자들은 천국을 보는 시각이 아주 제한적이어서 이생을 아주 단단히 붙잡는다. 그래서 생명을 앗아가는 징계(deadly discipline)는 죄 때문에 이들에게 일어날 수 있는 일을 경고한다.

이 사람은 회개했을 것이다. 그는 바울이 고린도후서에서 말하는 사람일 것이다. 바울은 고린도교회에게 그를 용서하고 위로하며, 그에 대한 교회의 사랑을 재확인해야 한다고 했다. "이는 우리로 사탄에게 속지 않게 하려 함이라. 우리는 그 계책을 알지 못하는 바가 아니로라"(고후 2:5-11). 징계받은 형제는 여전히 형제이며, 설령 회개하지 않을 때라도, 절대로 경멸해서는 안 된다(살후 3:14-15). 그가 회개하면, 용서하고 사랑으로 회복시켜야 한다(갈 6:1-2).

징계의 이유

너희가 자랑하는 것이 옳지 아니하도다. 적은 누룩이 온 덩어리에 퍼지는 것을 알지 못하느냐? 너희는 누룩 없는 자인데, 새 덩어리가 되기 위하여 묵은 누룩을 내버리라. 우리의 유월절 양 곧 그리스도께서 희생되셨느니라. 이러므로 우리가 명절을 지키되 묵은 누룩으로도 말고, 악하고 악의에 찬 누룩으로도 말고, 누룩이 없이 오직 순전함과 진실함의 떡으로 하자. (5:6-8)

징계는 때로 엄해야 한다. 징계하지 않으면 결과가 훨씬 나쁘기 때문이다. 죄는 영적 암이며, 금세 퍼진다. 제거하지 않으면, 사방으로 번지고 마침내 신자들의 공동체 전체가 병든다.

고린도 신자들은 이 진실을 오래전에 배웠는데도 직시하지 못했다. 이들은 교만해 이 진실을 잊거나 소홀히 했다. 그래서 바울은 이들에게 **너희가 자랑하는 것이 옳지 아니하도다**라고 했다. "여러분의 오만과 자랑이 여러분을 어디로 끌고 왔는지 보십시오. 여러분은 여전히 인간의 지혜와 인정과 이 세상 것들을 사랑합니다. 그래서 제거하지 않으면 여러분의 교회를 무너뜨릴 노골적인 죄를 전혀 보지 못합니다." **적은 누룩이 온 덩어리에 퍼지는 것을 알지 못하느냐?** 좀 더 현대적인 비유로 하자면, 바울은 이렇게 말하고 있었다. "썩은 사과 하나가 한 상자 전체를 망친다는 걸 모르십니까?"

하나님은 오로지 자신의 의를 기준으로 영적 건강을 진단하신다. 우리는 크게 은사를 받았고, 크게 복을 받았으며, 크게 성공했고, 크게 존경받을 수 있다. 또한 크게 죄를 지을 수 있다. 이것이 고린도교회의 상황이었다. 바울과 아볼로와 베드로가 고린도교회 목회자였다. 고린도교회는 "그[그리스도] 안에서 모든 일, 곧 모든 언변과 모든 지식에 풍족"했고, "그리스도의 증거가 너희[이들] 중에 견고하게" 되었으며, "모든 은사에 부족함이 없었다"(1:5-7). 그러나 이들은 교만했고 오만했으며, 자랑했고 부도덕했다. 이교도들이 비난하는 죄를 비롯해 여러 죄를 용납하기까지 했다.

이와 비슷하게, 예수님 당시에 서기관들과 바리새인들은 자신들에게 꽤 만족했다. 이들은 "잔치의 윗자리", "시장에서 문안 받는 것", "랍비라 칭함을 받는 것"을 사랑했다(마 23:6-7). 자신들이 이렇게 인정받을 자격이 있다고 생각했다. 그러나 예수님은 이들에게 길게 연속해서 "화 있을진저!"를 선언하셨다. 여기서 예수님은 이들의 죄를 하나씩 지적하셨다. 이들이 눈이 멀었고 위선자라고 하셨다. 이들은 고삐 풀린 교만 때문에 완전히 눈이 멀어 가장 분명한 영적 원리조차 보지 못했고, 무지해서 줄곧 가식적으로 살았다. "뱀들아 독사의 새끼들아, 너희가 어떻게 지옥의 판결을 피하겠느냐?"(13-33절). 그러나 이런 교만은 주님이 말씀하신 유대인들의 영적 위선에서 나타날 때보다 신자들의 모임에서 나타날 때 더 역겹다.

큰 교회, 감동적인 교회학교, 적극적인 전도와 심방과 상담을 비롯해 온갖 좋은 프로그램이 스스로 정화하는 일에 충실하지 않은 교회를 보호하거나 의롭게 하지 못한다. 알면서도 죄를 짓거나 몰라서 죄를 지을 때라도, 그 죄를 문제 삼지 않고 징계하지 않는다면, 큰 교회는 더 큰 암 덩어리가 생길 위험이 있다.

고대에 빵을 구울 때, 반죽을 조금 떼어 따로 보관했다. 이 **적은 누룩**, 즉 효모균을 물에 넣고 발효시켜 새 반죽에 넣으면 반죽이 부풀었다.

성경 전체에서 그렇듯이, 바울의 설명에서도 **누룩**은 영향력을 상징한다. 대개 누룩은 나쁜 영향력을 가리키지만, 마태복음 13:33에서는 천국의 좋은 영향력을 가리킨다. 그러나 여기서 바울은 악한 영향력을 염두에 두었다. **온 덩**

어리는 지교회다. 죄는 기회만 생기면 누룩이 온 덩어리에 침투하듯 온 교회에 침투한다. 발효되고 더럽히며 퍼트리는 것이 죄의 본성이다.

유대인들에게 누룩은 과거에서 현재로 옮겨온 나쁜 것을 상징하기도 했다. 하나님은 애굽을 떠나도록 이스라엘을 준비시킬 때, 자신의 백성에게 어린양의 피를 문설주와 인방에 바르라고 명하셨다. 애굽에 열 재앙 중 마지막 재앙이 내릴 때, 죽음의 천사가 이들의 집을 지나감으로써 이들의 맏배를 죽이지 않게 하기 위해서였다(출 12:23). 애굽을 떠날 준비를 하며 빵을 구울 때, 이스라엘은 누룩을 넣지 말라는 지시를 받았다. 한편으로, 누룩을 반죽에 이겨 넣고 반죽이 부풀길 기다릴 시간이 없었다. "지체할 수 없었기" 때문이다(39절). 다른 한편으로, 빵은 생명 유지를 상징했고, 유월절과 출애굽은 (애굽에서의) 옛 삶에서 벗어나 (약속의 땅에서의) 새 삶을 상징했다. 누룩은 완전히 버려야 할 옛 삶—애굽의 방식, 세상의 방식—을 상징했다. 결과적으로, 이들이 애굽을 나와 유월절을 지킬 때마다, 하나님은 "네 땅에서 누룩을 네게 보이지 아니하게 하라"고 명하셨다(13:3, 7). 누룩은 마지막 한 조각까지 버려야 했다.

마찬가지로, 그리스도인들도 옛 삶으로부터 분리되어야 한다. 옛 삶을 한 조각이라도 새 삶에 들여와서는 안 된다. **너희는 누룩 없는 자인데, 새 덩어리가 되기 위하여 묵은 누룩을 내버리라. 우리의 유월절 양 곧 그리스도께서 희생되셨느니라. 내버리라(clean out)**는 완전히 내버려야 함을 강조하기 위해 합성어 (*ekkathairō*, "철저히 제거하거나 씻다")로 표현된다. 이스라엘이 애굽에서 지킨 유월절에서 보듯이, 하나님의 완전한 유월절 어린양 예수 그리스도의 희생으로, 그분의 피가 우리를 덮음으로 우리는 죄의 지배와 심판의 형벌로부터 완전히 분리되었다. 우리도 새 삶을 더럽히고 새 삶에 침투하려는 옛 삶의 모든 것을 제거해야 한다. 이스라엘이 유월절의 결과로 애굽에서 해방되어 압제자와 깨끗하게 단절되었듯이, 신자도 자신의 옛 삶, 그 옛 삶의 죄악된 태도와 기준과 습관으로부터 완전히 분리되어야 한다. 그리스도께서 우리를 죄의 속박에서 분리하고 의에 새롭게 속박되게—이것이 유일하게 참된 자유다—하려고 돌아가셨다(롬 6:19).

데이비드 브레이너드(David Brainerd, 1718-1747)는 짧은 생애를 아메리카

인디언 선교사로 살았는데, 일기장에 이렇게 썼다.

나는 절대로 예수님을, 십자가에 못 박히신 그분을 떠나지 않았다. 나의 사람들이 그리스도와 십자가에 못 박히신 그분의 위대한 복음에 사로잡히는 것을 보았을 때, 그들에게 도덕을 가르칠 필요가 없었다. 후자는 전자의 확실하고 필연적인 열매였다.…나의 인디언들은 그리스도와 십자가에 못 박히신 분의 가르침에 사로잡힐 때, 거룩의 옷을 입기 시작했고, 이들의 삶은 작은 일에서도 거룩해지기 시작했다.

우리가 그리스도인으로서 죄를 막는 가장 좋은 방법 중 하나는 주님과 그분이 우리를 위해 하신 희생에 초점을 맞추는 것이다. 그리스도께서 우리를 위해 돌아가셨으므로, 우리는 죄를 버리고 옛 삶의 방식을 끊어야 한다. 이것을 이해한다면, 십자가의 성화 사역을 이해하는 것이다(딛 2:11-14을 보라). 이 진리에 정복되는 동시에 죄에 정복되기란 불가능하다.

바울의 결론은 **우리가 명절을 지키되 묵은 누룩으로도 말고, 악하고 악의에 찬 누룩으로도 말고, 누룩이 없이 오직 순전함과 진실함의 떡으로 하자**는 것이다. 구약의 유월절은 애굽에서 해방된 것을 기념하려고 매년 한 번씩 지켰다. 그리스도인들은 계속 지켜야 한다. 우리의 모든 생각, 모든 계획, 모든 의도를 그리스도의 다스림 아래 두어야 한다. 그분이 우리가 먹길 바라시는 **누룩이 없는** 완전한 **떡**은 **순전함과 진실함**의 떡이다. **순전함(sincerity)**은 참으로 정직하고 고결한 태도이며, **진실함(truth)**은 그 결과다. 이 문맥에서 두 단어는 정결, 즉 예수 그리스도 안에서 깨끗해진 새 삶의 정결과 동의어다. 여기에는 **악하고 악의에 찬 누룩(the leaven of malice and wickedness)**, 더러움이 들어설 자리가 없다. **악하고(malice, 악의)**는 악한 본성이나 성향을 말한다. **악의(wickedness, 사악함)**는 악한 성향을 드러내는 행위다. 우리는 그리스도 안에서 유월절을 지켜야 하며, 매년 여는 축제로 지키는 게 아니라 끊임없이 정결하게 살고 죄를 거부함으로써 지켜야 한다.

교회의 징계(권징)는 교회를 더럽히고 오염시킬 더러운 것을 제거함으로써 이렇게 유월절을 지키도록 돕는다. 징계는 그리스도의 몸이 악에 물드는 것을 막는다.

징계의 영역

내가 너희에게 쓴 편지에 음행하는 자들을 사귀지 말라 하였거니와, 이 말은 이 세상의 음행하는 자들이나 탐하는 자들이나 속여 빼앗는 자들이나 우상숭배하는 자들을 도무지 사귀지 말라 하는 것이 아니니, 만일 그리하려면 너희가 세상 밖으로 나가야 할 것이라. 이제 내가 너희에게 쓴 것은 만일 어떤 형제라 일컫는 자가 음행하거나, 탐욕을 부리거나, 우상숭배를 하거나, 모욕하거나, 술취하거나, 속여 빼앗거든, 사귀지도 말고 그런 자와는 함께 먹지도 말라 함이라. 밖에 있는 사람들을 판단하는 것이야 내게 무슨 상관이 있으리요마는 교회 안에 있는 사람들이야 너희가 판단하지 아니하랴? 밖에 있는 사람들은 하나님이 심판하시려니와, 이 악한 사람은 너희 중에서 내쫓으라. (5:9-13)

하나님은 자신의 교회에게 회개하지 않는 자들을 징계하라고 명하신다. 이 징계는 특정한 종류이며 특정 범위 안에서 이뤄져야 한다. 이 단락에서, 바울은 징계해야 하는 몇몇 죄를 말하고, 징계를 어떻게 시행해야 하는지 더 자세히 설명한다.

이전 편지에서(서론을 보라), 바울은 고린도 그리스도인들에게 **음행하는 자들을 사귀지 말라**고 명했다. **사귀다(associate with)**로 번역된 헬라어 '순아나미그누미'(*sunanamignumi*)는 문자적으로 "섞다"라는 뜻이다. 이 합성어 형태에서, 이 단어는 의미가 더 강하며, "친밀하고 가깝게 지내다"라는 뜻이다.

신실한 신자들은 동료 신자 중에 여기 언급된 것들과 같은 심각한 죄를 고집스럽게 짓는 사람이라면 누구와도 가까이 지내지 말아야 한다. 죄짓는 사람들이 두세 신자뿐 아니라 교회 전체의 조언이나 경고까지 무시한다면, 이들과 교제하지 말아야 한다. 이들을 그 어떤 교회 활동—예배, 교회학교, 성경 공부, 심지어 외부 행사—에 참여시키지 말아야 한다. 분명하게도, 그리고 가장 중요하게도, 이들이 그 어떤 지도자 역할도 하지 못하게 해야 한다. 이들이 식탁 교제를 비롯해 다른 그리스도인들과 개인적으로든 단체로든 어떤 교제도 나누지 못하게 해야 한다(11절; 참조. 살후 3:6-15).

예외를 두면 안 된다. 회개하지 않는 사람이 가까운 친구거나 가족이더라도 내쫓아야 한다. 그가 참 신자라면, 죄 때문에 구원을 잃지는 않을 것이다(5절). 그러나 그가 동료 신자들과 접촉하지 못하게 해야 한다. 그가 자신의 악함으로 동료 신자들을 더럽히지 못하게 하고 자기 죄의 결과를 당하게 하기 위해서다. 이러한 고통스런 고립이 그를 회개로 이끌지 모른다.

교회가 죄짓는 교인을 징계하지 않는다면, 암에 걸렸다고 믿을 이유가 충분한데도 문제나 치료를 마주하고 싶지 않아 병원에 가길 거부하는 사람과 같다. 너무 오래 기다리면, 암이 온몸에 퍼져 치료가 효과를 내기 어렵다. 내부의 끈질긴 죄가 교회를 더럽히지 못하도록 막을 수 있을 만큼 건강한 교회란 없다. 이것은 가장 싱싱하고 영양가 높은 사과가 가득한 상자라도 상한 사과 하나가 일으키는 부패를 막지 못하는 것과 같다. 양쪽 모두, 유일한 해결책은 분리다.

고린도 신자들은 음행하는 자들을 사귀지 말라는 바울의 경고를 오해했다. 그래서 바울이 설명했다. **이 말은 이 세상의 음행하는 자들이나 탐하는 자들이나 속여 빼앗는 자들이나 우상숭배하는 자들을 도무지 사귀지 말라 하는 것이 아니니, 만일 그리하려면 너희가 세상 밖으로 나가야 할 것이라.** 고린도교회는 회개하지 않는 신자들과의 접촉이 아니라 불신자들과의 접촉을 끊었던 게 분명하다. 바울은 지구를 떠나지 않고는 이것이 불가능하다고 지적했다. 게다가, 교회 외부의 죄는 내부의 죄만큼 교회에 위험하지 않다. 이러한 잘못된 반응에서, 이들이 교회 내부의 죄를 용납하길 원했다는 것도 드러났다. 이들이 구원받지 못한 자들을 대하는 방식에서 이들의 영적 교만이 드러났을 것이다.

우리가 증언하고 복음을 전해야 하는 대상은 세상이다. 우리는 세상을 본받지 말아야 한다(롬 12:2). 그러나 우리는 세상에 있으며, 구원받지 못한 사람들과 접촉한다. 그러지 않으면 결코 이들에게 복음을 전할 수 없다. 대제사장 기도에서, 주님은 이렇게 기도하셨다. "내가 비옵는 것은 그들을 세상에서 데려가시기를 위함이 아니요 다만 악에 빠지지 않게 보전하시기를 위함이니이다.…아버지께서 나를 세상에 보내신 것 같이 나도 그들을 세상에 보내었고"(요 17:15, 18). 우리는 "흠이 없고 순전하여 어그러지고 거스르는 세대 가운데서 하나님의 흠 없는 자녀로 세상에서 그들 가운데 빛들로 나타"나야 한다(빌 2:15). 하나님은 우리가 세상 속에 있어 세상의 소금과 빛이고(마 5:13-16), 세상을 향해 그분의 증인이길 원하신다(행 1:8).

교회의 영적 전쟁에 위협이 되며, 따라서 **사귀지 말아야** 하는 사람은 **형제라 일컫는**(so-called, *onomazō*, "~라는 이름을 가지다") **자**이다. 우리는 누가 참 신자이고 누가 참 신자가 아닌지 알 수 없다. 그러나 그리스도인이라 고백하는 그 **어떤(any)** 사람에게라도 징계를 시행해야 한다. 구분할 수 없기 때문에, 가라지도 알곡처럼 다뤄야 한다. 그리스도의 이름을 가진 자는 누구라도 징계의 대상이다.

바울은 출교(excommunication)가 계모와 살며 근친상간을 하는 형제의 경우처럼 극단적 죄에 국한되지 않는다는 것을 분명히 한다. 신앙을 고백하는 신자이지만 **음행하거나, 탐욕을 부리거나, 우상숭배를 하거나, 모욕하거나, 술취하거나, 속여 빼앗는** 자라면 누구에게나 적용해야 한다.

참 신자들은 새 본성—신의 성품(divine nature, 신성한 성품), 속사람에 자리한 하나님의 생명, 새롭고 거룩한 자아—을 받았다. 그렇더라도 육신은 여전히 있어 온갖 죄를 지을 잠재력을 준다. 신자가 자신이 가진 새 생명의 근원을 사용하길 거부하고 육신에 굴복한다면, 여기 언급된 것들 같은 악의 패턴이 몸에 배게 된다. 여러 죄를 정의하려고 여기서 사용된 헬라어 용어들은 명사화된 것들로 행동 '패턴'을 가리킨다.

신자들이 이러한 죄의 패턴을 기를 수 있는가? 답은 '그렇다'이다. 구원받을 때, 죗값이 지불되고 죄의 지배가 끊어졌다. 따라서 죄에 대한 복종은 필연이 아니라 자원(自願)이다. '죄를 선택하는' 신자들은 회개하지 않으면 죄악된 패턴을 기르게 된다. 6:9-11에서, 바울은 '불신자들'은 하나님 나라(구원)에 들어가지 못한다고 말하며, 고린도 신자들에게 그들이 더는 이런 사람들과 같지 않다고 확신시킨다. 그러나 6:8에서, 바울은 고린도 신자들이 이런 사람들처럼 행동한다고 말한다. 핵심은 이것이다. 불신자들은 그들 속에 죄를 짓는 깨지지 않는 패턴이 있지만 이것을 억제하지 못한다. 그러나 신자들 안에서는 깨지지 않는 이 패턴이 깨지고 죄의 빈도와 양이 달라진다. 의와 선이 자리를 찾고, 삶에 덕이 나타난다. 그러나 우리는 인간이기 때문에, 때로 죄가 의의 패턴을 끊을 것이다. 이런 일이 계속되면, 죄악된 패턴이 형성되고 새 본성에서 비롯되는 거룩이 드러나는 데 방해가 된다. 교회 징계(권징)에 순종하라는 명령과 요청이 그토록 많은 것은 이런 이유 때문이다. 신자는 절대 전적으로 죄악되지는 않겠지만 삶의 특정 시점들에서 불신자로 특징될 만큼 죄악될 수도 있다.

이 본문과 6:9-11을 연결해 볼 때, 바울의 생각은 신자들이 불신자들처럼, 하나님 나라에 들어가지 못하는 자들처럼 행동할 수 있다는 것이다. 우리는 늘 알곡과 가라지를 구분하거나 **형제라 일컫는 자**가 진짜인지 아닌지 알 수 없다. 이런 죄를 짓는 행위들 때문에, 세상이 보기에, 교회가 보기에, 심지어 자신이 보기에, 신자와 불신자가 구분되지 않는다. 모든 확언이 소용없다(참조. 벧후 1:5-10; 요일 2:5). 구속받지 못한 자들과 달리, 참 신자 속에서는 죄의 흐름이 방해를 받으리라는 것을 깨닫는 게 중요하다. 상당한 의의 열매가 있을 것이다. 새 본성이 '반드시' 드러나야 하기 때문이다(요 15-17장).

고린도교회에 이 모든 죄를 다 짓는 사람들이 있었다. '음란한'(immoral) 교인이 고린도전서 5장의 주된 주제다. '탐욕스런' 교인들도 있었다는 사실이 10:24에서 암시된다. '우상숭배'에 참여하는 교인들도 있었다(10:21-22). 교인 중에 모욕하는 자 또는 비방하는 자가 많았는데, 이들은 다른 파당의 사람들을 깎아내렸고(3:3-4) 디모데가 목회자로 왔을 때 멸시했을 것이다(16:11). 이들 중에 '주정꾼들'이 있었고(11:21) '사기꾼들'도 있었다(6:8). 고린도전서 전체가 신자들에게 죄짓는 능력이 있음을 일깨운다. 죄짓는 자들이 회개하고 달라지지 않으면, 모두 공동체에서 내쫓아야 했다. 나머지 신자들은 용납을 암시하는 그 어떤 사회적 상황에서도 이들을 멀리해야 했고, **그런 자와는 함께 먹지도 말아야** 했다.

밖에 있는 사람들을(outsiders) 판단하는 것은 우리 몫이 아니다. 우리는 외부 사람들에게 증언해야 하지만 이들을 판단해서는 안 된다. 우리는 이들을 벌할 수 없으며, 그 어떤 교정책도 경건치 못한(ungodly, 하나님 없는) 자들의 죄를 바꾸지 못할 것이다. **밖에 있는 사람들은 하나님이 심판하신다.** 그러나 우리는 **교회 안에 있는 사람들을…판단할** 책임이 있다. **이 악한 사람은 너희**[우리] **중에서 내쫓아야** 한다.

징계는 힘들고 고통스러우며 가슴 아프기 일쑤다. 죄짓는 자들을 (offenders) 징계하는 것은 이들을 사랑하지 말아야 하기 때문이 아니라 그리스도와 그분의 교회와 그분의 말씀을 훨씬 더 사랑해야 하기 때문이다. 죄짓는 자들을 향한 사랑은 감성적 관용이 아니라 바로잡는 사랑이어야 한다(참조. 잠 27:6).

모든 교인이 완전해야 하는 것은 아니다. 이것은 불가능하기 때문이다. 사람은 누구나 죄에 빠지고 불완전하며 단점이 있다. 교회는 어떤 면에서 자신이 아프다는 사실을 아는 사람들을 위한 병원이다. 이들은 그리스도를 구주로 믿었으며 그분을 주님으로 따르길 원하며, 하나님이 자신들에게 원하시는 사람이 되길 원한다. 공동체에서 내쫓아야 할 사람들은 자기 죄를 깨닫고 의에 주린 자들이 아니라 이미 조언과 경고를 받은 부분에서 어떤 패턴으로 고집스럽게 죄를 짓고 회개할 줄 모르는 자들이다. 이들을 계속 사랑해야 하고, 이들이 회개하고 정결한 삶으로 돌아오도록 기도해야 한다. 이들이 회개하면, 기쁘고 즐겁게 이들을 "용서하고 위로하며" 이들을 공동체로 다시 반겨 맞아들여야 한다(고후 2:7).

14

금지된 송사
(6:1-11)

너희 중에 누가 다른 이와 더불어 다툼이 있는데, 구태여 불의한 자들 앞에서 고발하고 성도 앞에서 하지 아니하느냐? 성도가 세상을 판단할 것을 너희가 알지 못하느냐? 세상도 너희에게 판단을 받겠거든, 지극히 작은 일 판단하기를 감당하지 못하겠느냐? 우리가 천사를 판단할 것을 너희가 알지 못하느냐? 그러하거든 하물며 세상 일이랴? 그런즉 너희가 세상 사건이 있을 때에 교회에서 경히 여김을 받는 자들을 세우느냐? 내가 너희를 부끄럽게 하려 하여 이 말을 하노니, 너희 가운데 그 형제간의 일을 판단할 만한 지혜 있는 자가 이같이 하나도 없느냐? 형제가 형제와 더불어 고발할 뿐더러 믿지 아니하는 자들 앞에서 하느냐? 너희가 피차 고발함으로 너희 가운데 이미 뚜렷한 허물이 있나니, 차라리 불의를 당하는 것이 낫지 아니하며, 차라리 속는 것이 낫지 아니하냐? 너희는 불의를 행하고 속이는구나. 그는 너희 형제로다. 불의한 자가 하나님의 나라를 유업으로 받지 못할 줄을 알지 못하느냐? 미혹을 받지 말라. 음행하는 자나 우상숭배하는 자나, 간음하는 자나, 탐색하는 자나, 남색하는 자나, 도적이나, 탐욕을 부리는 자나, 술취하는 자나, 모욕하는 자나, 속여 빼앗는 자들은 하나님의 나라를 유업으로 받지 못하리라. 너희 중에 이와 같은 자들이 있더니, 주 예수 그리스도의 이름과 우리 하나님의 성령 안에서 씻음과 거룩함과 의롭다 하심을 받았느니라.

(6:1-11)

고린도 신자들은 인간의 철학에 심취했고 자신들이 원하는 것을 믿고 행하길 고집했다. 그래서 이들은 분쟁했고 다투었으며 더없이 부도덕(음란)했다. 옛 사고방식과 행동방식이 이들의 삶에 다시 침투했고, 의의 패턴, 곧 신의 성품을 따라 지음받은 새로운 속사람의 모습이 이들이 계속 짓는 죄 때문에 심하게 손상되었다. 그래서 이들 가운데 많은 사람을 이교도 이웃과 구분하기 어려웠을 것이다. 이 단락은 이들이 동료 그리스도인들을 시기하고 비난했으며 사업을 하면서 서로를 이용해 먹었다고 폭로한다. 이들은 서로를 세상 법정에, 그것도 이교도 법정에 세울 만큼 이런 짓을 심하게 했다. 이들은 자신들의 추한 모습을 온 세상이 보도록 내다 걸었다.

고린도의 법적 상황은 소송이 일상이었던 아덴(아테네)과 사뭇 비슷했을 것이다. 소송이 일종의 도전이나 심지어 오락이 되었다. 어느 고대 저자는 말하는 방식에서 모든 아테네 사람이 변호사였다고 했다. 양자 간에 스스로 해결할 수 없는 문제가 생기면, 첫째 방법은 개인의 중재였다. 양쪽이 사건과 무관한 시민을 중재자로 세웠고, 두 중재인은 중립적인 제삼자와 함께 문제를 해결하려 했다. 이들이 실패하면, 사건은 40인 법정으로 넘어갔고, 법정은 양 진영에 공적 중재자를 임명했다. 흥미롭게도, 모든 시민은 60대에 공적 중재자로 봉사해야 했다. 공적 중재가 실패하면, 사건은 배심원 법정으로 넘어갔고, 배심원 법정은 수백에서 수천에 이르는 배심원으로 구성되었다. 30세 이상 모든 시민은 배심원으로 봉사해야 했다. 소송 당사자로, 중재자로, 또는 배심원으로, 대다수 시민은 정기적으로 이런저런 법적 절차에 참여했다.

고린도 신자들은 구원받기 전에 논쟁하고 반박하며 서로를 법정에 세우는 일에 아주 익숙했다. 그래서 이러한 이기적 태도와 습관을 그리스도인으로서 살아가는 새로운 삶에 가지고 들어왔다. 이러한 행로는 영적으로 잘못일 뿐 아니라 실제로 불필요했다.

오랜 세월, 유대인들은 모든 분쟁을 개인적으로 또는 회당 법정에서 해결했다. 유대인들은 자신들의 문제를 이교도 법정에 가져가길 거부했다. 그렇게 하는 것은 하나님이 자신의 성경 원리를 사용하는 자신의 백성을 통해 모든 문제를 해결하실 능력이 없음을 암시하는 것이라고 믿었다. 유대들은 이방인의 법정에 가는 것을 일종의 신성모독으로 여겼다. 헬라와 로마 통치자들은 유대인들이 이런 관습을, 팔레스타인 밖에서까지, 유지하도록 허용했다. 로마법 아래, 유대인들은 사실상 모든 범죄를 재판하고 사형을 제외한 거의 모든 판결을 내릴 수 있었다. 예수님의 재판에서 알 수 있듯이, 산헤드린은 자신들이 원하는 대로 예수님을 가두고 때릴 수 있었으나 그분을 죽이려면 빌라도로 대변되는 로마의 허락을 받아야 했다.

로마인들은 그리스도인들을 유대교의 한 분파로 여겼다. 그래서 고린도 신자들은 자신들의 분쟁을 자신들끼리 해결할 자유가 있었을 것이다. 그러나 이들은 동료 그리스도인들에게서 유리한 해결책을 얻을 수 없었고, 그래서 이들 중 많은 사람이 서로를 회당에서 유대인 판결자들에게, 또는 이교도의 공적 법정에 고소했을 것이다. 공적 소송은 이들의 육신적 태도를 드러내는 것, 다시 말해 자신들이 그리스도 안에서 살아가는 새로운 삶에 또 한 덩어리의 누룩을(5:6-8) 집어넣는 것이었다.

바울은 고린도교회의 이러한 악을 지적하면서 고린도 신자들이 오해하는 세 부분을 언급한다. 이들은 세상과의 관계에서 갖는 참된 지위, 서로에 대해 가져야 했던 참된 태도, 하나님의 의의 기준과 관련해서 가져야 했던 참된 성품을 오해했다.

그리스도인의 참된 지위

너희 중에 누가 다른 이와 더불어 다툼이 있는데, 구태여 불의한 자들 앞에서 고발하고 성도 앞에서 하지 아니하느냐? 성도가 세상을 판단할 것을 너희가 알지 못하느냐? 세상도 너희에게 판단을 받겠거든, 지극히 작은 일 판단하기를 감당하지 못하겠느냐? 우리가 천사를 판단할 것을 너희가 알지 못하느냐? 그러하거든 하물며 세상 일이랴? 그런즉 너희가 세상 사건이 있을 때에 교회에서 경히 여김을 받는 자들을 세우느냐? 내가 너희를 부끄럽게 하려 하여 이 말을 하노니, 너희 가운데 그 형제간의 일을 판단할 만한 지혜 있는 자가 이같이 하나도 없느냐? 형제가 형제와 더불어 고발할 뿐더러 믿지 아니하는 자들 앞에서 하느냐?(6:1-6)

다툼(a case against)[35]은 일반적으로 소송을 말할 때 사용하는 헬라어 단어 셋 (명사, 동사, 전치사)을 번역한 것이다. 다른 이(his neighbor)는 문자적으로 "다른 사람"(another)이며, 이렇게 번역하는 게 최선이겠다. 불의한(unrighteous)은 도덕성을 가리키는 게 아니라 그리스도인들이 제기한 소송(case, "다툼")을 맡은 자들의 영적 위치를 가리킨다. 공적 중재자들이나 배심원들은 구원받지 못했고, 따라서 의롭다함을 얻지 못했거나(unjustified) 불의했다. 그리스도인들은 자신들 간의 송사를 불신자들에게 가져갔고, 바울은 여기에 충격을 받았고 슬펐다. 그는 이미 해답을 알았고, 그래서 그의 질문은 수사학적이었다. 그는 이렇게 말하고 있었다. "어떻게 그럴 수 있습니까? 여러분 중에 실제로 서로를 고소하고, 심지어 공적인 이교도 법정에 고소한다는 게 정말 사실입니까?" 동사 '톨마오'(tolmaō, dare, 구태여…하고)는 현재시제이며, 계속되는 현실을 암시한다.

바울의 걱정은 신자들이 공적 법정에서 불공정한 심리를 받는 게 아니었다. 이들은 동료 그리스도인들에게 받았을 판단만큼이나 공정한 판단을 이곳에서 받았을 것이다. 바울이 걱정한 것은 이들이 교회 내 다툼을 해결할 교회의 권위와 능력을 거의 존중하지 않았기 때문이다. 그리스도인들은 그리스도의 몸을 이루는 지체들이며, 그리스도의 성령께서 내주하시는 사람들이다. 그리스도인들은 성도(saints), 곧 하나님의 거룩한 자들로 "그 안에서…풍족하며"(enriched in Him) "모든 은사에 부족함이 없는" 사람들이다(1:2-7). 바울은 묻는다. "어떻게 여러분이 자신들의 문제를 집 밖으로 가져나가 해결하려고 생각할 수 있습니까?" 진리와 지혜와 공평과 정의와 사랑과 친절과 관용과 이해의 모든 자원이 하나님의 백성 안에 있다.

그리스도인들은 서로를 세상 법정에 세워서는 안 된다. 우리 자신을 이런 식으로 세상의 권위 아래 둔다면, 바른 행동과 바른 태도가 우리에게 없다고 고백하는 것이다. 신자들이 서로를 법정에 세운다면, 몸(the Body)의 일치와 예수 그리스도의 영광보다 앙갚음과 이익에 더 관심을 두는 것이다. 그리스도인들 간의 다툼은 그리스도인들끼리 해결해야 한다. 우리 그리스도인들

---

35 *pros ton eteron*. 새번역은 "소송할 일"이라고 옮겼다.

은 그리스도 안에 놀라운 은사와 자원이 있다. 이러한 우리가 다툼을 해결할 수 없다면, 어떻게 불신자들이 해결하리라 기대할 수 있겠는가? 바울은 그리스도인들이 다툼을 늘 해결할 수 '있다'고 주장한다. **성도가 세상을 판단할 것을 너희가 알지 못하느냐? 세상도 너희에게 판단을 받겠거든, 지극히 작은 일 판단하기를 감당하지 못하겠느냐?** "여러분은 어느 날 하나님의 대법원에 앉아 세상을 심판할 것입니다. 그런 여러분이 지금 여러분 사이에서 일어나는 조그마한 일상의 문제를 판단할 능력이 없겠습니까?" **일**(law courts, 법정)은 "소송"(law suits)으로도 번역될 수 있다는 데 주목해야 한다.

예수 그리스도께서 다시 와서 그분의 천년왕국을 세우실 때, 모든 시대의 신자들이 그분과 공동 통치자가 되어 그분과 함께 그분의 보좌에 앉을 것이다(계 3:21; 참조. 단 7:22). 그리스도와 함께 통치하는 자로서, 우리의 책임 중 하나는 세상을 심판하는 것이다. 사도들은 특별한 권세를 가지며, "열두 보좌에 앉아 이스라엘 열두 지파를 심판할" 것이다(마 19:28). 그러나 모든 신자가 어떤 식으로든 참여할 것이다. "이기는 자와 끝까지 내 일을 지키는 그에게 만국을 다스리는 권세를 주리니, 그가 철장을 가지고 그들을 다스려 질그릇 깨뜨리는 것과 같이 하리라. 나도 내 아버지께 받은 것이 그러하니라"(계 2:26-27).

어느 날, 성도들이 온 땅을 다스리는 일을 도울 것이다. 그렇다면 성도들은 지금 교회 안에서 자신들을 다스릴 수 있어야 한다. 그 미래의 기초는 하나님의 말씀을 온전히 붙잡고 올바르고 경건한 태도를 취하는 것이며, 이것은 지금 가능하다. 그 때도 지혜와 공의의 원리가 지금 성경에서 우리에게 계시된 것과 조금도 다르지 않을 것이다.

그러나 고린도 그리스도인들은 자신들을 다스리지 못했을 뿐 아니라 불신자들에게 구경거리가 되었으며, 온 세상 앞에, 어느 날 자신들이 주님을 도와 의로 심판하고 다스릴 그 세상에게, 교만과 육성(carnality)과 탐욕과 악독(bitterness)을 드러냈다.

어느 날, 신자들은 심지어 **천사를 판단할(judge angels)** 것이다. 성경은 우리가 어떤 천사들을 판단할지 분명하게 말하지 않는다. 타락한 천사들은 하나님이 심판(판단)하실 것이다(벤후 2:4; 유 6). 신자들이 이 심판에 참여할지는 알 수 없다. 판단하다(judge)로 번역된 헬라어(*krinō*)는 "통치하거나 다스리다"(to rule or govern)를 의미할 수도 있다. 우리가 거룩한 천사들에 대해 권위를 갖게 된다면, 이 단어는 분명 이런 의미일 것이다. 천사들은 정죄 받을 죄가 없을 것이기 때문이다. 독단적이지 말아야 한다. 그러나 내 생각은 영화롭게 된 신자들이 타락한 천사들을 심판하는 일을 돕고, 거룩한 천사들을 어느 정도 다스릴 것이라는 쪽으로 기운다. 그리스도께서 모든 천사보다 높아지셨다면(엡 1:20-23), 우리가 그분 안에 있고 그분과 같다면, 우리가 그분과 함께 왕 노릇 할 것이라면, 우리는 어떤 식으로든 그분의 권위(권세)를 공유할 게 틀림없다. 하늘의 심판이나 다스림의 영역과 범위가 어떠하든, 여기서 바울의 핵심은 동일하다: 우리가 오는 세상에서 세상과 천사들을 심판(판단)하고 다스린다면, 성경과 성령의 인도 아래 오늘 우리들 사이의 그 어떤 다툼이라도 해결할 수 있어야 하는 게 분명하다.

그런즉 너희가 세상 사건이 있을 때에 교회에서 경히 여김을 받는 자들을 세우느냐? 다양한 영어 번역 성경이 암시하듯, 4절은 번역하기 어렵다. 따라서 우리는 구체적 자구(字句)에 대해 독단적이어서는 안 된다. 그러나 기본 의미는 분명하다: 그리스도인들이 땅에서 자기들끼리 다투고 분쟁할 때, 영원히 다스릴 자들이 교회에서 경히 여김을 받는 불신자들이 주관하는 재판소를 통해 해결하려는 것은 생각할 수 없다. 그리스도인들은 당사자 간에 일치를 이룰 수 없다면, 동료 그리스도인들에게 자신들을 위해 그 문제를 해결해 달라고 요청하고 이들의 결정에 기꺼이 따라야 한다. 신자들 간의 충돌을 해결할 능력은 가장 준비가 덜 되었지만 하나님의 말씀과 성령의 인도를 구하는 신자가 가장 잘 훈련되고 경험이 많지만 하나님의 진리가 없는 불신자 재판관보다 훨씬 뛰어나다. 우리 그리스도인들은 그리스도 안에 있으므로 세상보다 높고 천사들보다 높다. 우리는 자신의 다툼을 해결함으로써 우리의 자원을, 우리의 일치와 조화와 겸손을 세상 앞에 증언한다. 공적 법정에 갈 때, 우리의 증언은 정반대다.

바울은 직접 가르치며 목양했던 신자들의 행동이 부끄러웠다. 이들은 더 나았어야 했다. **내가 너희를 부끄럽게 하려 하여 이 말을 하노니.** 바울은 비꼬는 투로 이어간다. **너희 가운데 그 형제간의 일을 판단할 만한 지혜 있는 자가 이같이 하나도 없느냐? 형제가 형제와 더불어 고발할 뿐더러 믿지 아니하는 자들 앞에서 하느냐?** 그리스도인 형제들의 가장 크게 특징짓는 표식은 사랑이어야 한다. 요한은 절대적으로 분명하게 말한다. "무릇 의를 행하지 아니하는 자나 또는 그 형제를 사랑하지 아니하는 자는 하나님께 속하지 아니하니라. 우리는 서로 사랑할지니 이는 너희가 처음부터 들은 소식이라"(요일 3:10-11). 그러나 사랑은 고린도 형제자매들의 특징이 아니었다. 이들은 구속받지 못한 사람들처럼 행동했으며, 바울이 몇 장 뒤에서 이들에게 일깨우듯이, 사랑 없는 그리스도인은 "소리 나는 구리와 울리는 꽹과리가 되고" 사실상 "아무것도 아니다"(고전 13:1-2).

우리 사회에서, 그리스도인들 간에 권리와 재산을 두고 다툼이 일어날 때, 세상 법정에 가지 않을 수 없을 때가 있다. 예를 들면, 그리스도인이 배우자와 이혼할 때, 세상 법정이 개입해야 하는 게 법이다. 또는 자녀가 학대당하거나 방치되는 경우, 그리스도인 부모는 신앙을 버린 전 배우자의 접근을 막아달라며 법원에 보호를 요청해야 할 수도 있다. 그러나 이런 예외 경우라도, 어떤 이유에서 어쩔 수 없이 동료 신자와 법정에 설 때, 그리스도인의 목적은 절대로 이기적 이득이 아니라 하나님의 영광이어야 한다. 일반적 규범은 이렇다: 동료 그리스도인들과 법정에 가지 말고 여러분끼리 해결하십시오.

그리스도인의 참된 태도

너희가 피차 고발함으로 너희 가운데 이미 뚜렷한 허물이 있나니, 차라리 불의를 당하는 것이 낫지 아니하며, 차라리 속는 것이 낫지 아니하냐? 너희는 불의를 행하고 속이는구나. 그는 너희 형제로다. (6:7-8)

그리스도인이 동료 그리스도인을 법정에 세운다면, 심리가 시작되기도 전에 영성을 잃는 것이다. 이들이 어쨌든 **고발**(lawsuits, 소송, 고소)했다는 사실은 도덕적·영적 **허물**(defeat, 패배, *hēttēma*, 법정 패소를 가리킬 때 사용하는 단어)의 표식이다. 어떤 이유로든 동료 신자를 법정에 세우는 신자는 하나님의 눈에 그 송사에서 늘 패소한 것이다. 그는 이미 영적 **허물(defeat, 패배)**을 당한 것이다. 자신이 원하는 것을 불신자들이 주관하는 재판을 통해 얻으려 한다면, 이기적이고 하나님의 능력과 지혜와 일하심을 믿지 않는 것이다.

그리스도인의 바른 태도는 동료 신자를 고소하느니 **차라리 불의를 당하는 것…차라리 속는 것**이다. 영적 손실보다 경제적 손실이 훨씬 낫다. 우리에게 분명히 법적 권리가 있을 때라도, 우리는 그 법적 권리를 공적 법정에서 주장할 도덕적 · 영적 권리가 없다. 어쨌든 형제가 우리에게 잘못했다면, 우리는 그를 용서하고 문제의 결과를 하나님의 손에 맡겨야 한다. 주님이 주시거나 취하실 것이다. 그분은 주권자이며, 우리의 얻는 것과 잃는 것 모두에 그분의 뜻과 목적이 있다. 우리는 감사하며 받아들여야 한다.

베드로는 예수님에게 자신에게 죄지은 형제를 얼마나 용서해야 하느냐고 물었다. 예수님은 "일곱 번을 일흔 번까지라도"라고 답하셨다(마 18:21-22). 무제한을 상징하는 숫자다. 예수님은 용서하지 않는 종의 비유를 들어 이 원리를 설명하셨다. 그 종은 도저히 갚지 못할 엄청난 빚을 왕에게서 탕감(용서)받았다. 그러나 동료 종이 자신에게 진 얼마 안 되는 빚을 탕감(용서)해주길 거부했다. 그래서 분노한 왕은 그 종을 "옥졸들(torturers, 고문하는 자들)에게 넘겼다." 예수님은 이렇게 말씀하셨다. "너희가 각각 마음으로부터 형제를 용서하지 아니하면, 나의 하늘 아버지께서도 너희에게 이와 같이 하시리라"(23-35절). 하나님은 우리 각자가 그분에게 지은 아주 큰 죄를 그리스도 안에서 용서하셨다. 그러므로 그 어떤 그리스도인도 특히 동료 신자들을 용서하지 않을 권리가 없다. 그리스도인이 용서하지 않으면, 주님은 그가 회개할 때까지 벌하시거나 끝내 회개하지 않으면 데려가실 것이다.

우리는 불의를 당하거나(wronged, 누가 우리에게 잘못하거나)…속을(defrauded, 누가 우리를 속여 빼앗을) 때, 분노하지 말고 용서해야 한다. 우리가 형제를 설득해 잘못을 바로잡게 할 수 없다면, 그가 동료 신자들의 말을 들으려 하지 않는다면, 그를 고소(고발)하는 것보다 불의나 손해를 당하는 게 낫다. 예수님은 이렇게 명하셨다. "나는 너희에게 이르노니, 악한 자를 대적하지 말라. 누구든지 네 오른편 뺨을 치거든 왼편도 돌려 대며, 또 너를 고발하여 속옷을 가지고자 하는 자에게 겉옷까지도 가지게 하며"(마 5:39-40). 세상 기준과 반대로, 고소하고 이기는 것보다 고소당하고 지는 게 낫다. 영적으로, 그리스도인이 고소하고 이기는 것은 불가능하다. 우리는 부당하게 빼앗길 때, 자신을 하나님의 보살핌에 맡겨야 한다. 하나님은 우리의 유익과 자신의 영광을 위해 일하실 수 있기 때문이다.

변호사 친구에게 들은 이야기다. 여러 해, 그는 그리스도인들을 상담하면서 서로 소송을 취하하라고 조언했다. 이런 사건들에서, 그의 상담은 90퍼센트 정도 성공했다. 그는 이 신자들이 예외 없이 복을 받았다고 했다. 반대로, 예외 없이 분쟁을 법정에서 해결하겠다고 고집한 신자들은 승소와 패소에 상관없이 분개하고 원망했다. 법정에 갔을 때, 이들은 영적으로 늘 패배했다.

주님은 자녀들의 필요를 아시며, 우리의 필요를 채워주실 것이다. "너희는 먼저 그의 나라와 그의 의를 구하라. 그리하면 이 모든 것을 너희에게 더하시리라"(마 6:33). 그리스도인의 주된 관심은 자신의 소유나 권리를 지키는 게 아니라 자신과 주님의 관계를, 자신과 동료 신자들의 관계를 지키는 것이어야 한다.

그리스도인의 참된 성품

불의한 자가 하나님의 나라를 유업으로 받지 못할 줄을 알지 못하느냐? 미혹을 받지 말라. 음행하는 자나 우상숭배하는 자나, 간음하는 자나, 탐색하는 자나, 남색하는 자나, 도적이나, 탐욕을 부리는 자나, 술취하는 자나, 모욕하는 자나, 속여 빼앗는 자들은 하나님의 나라를 유업으로 받지 못하리라. 너희 중에 이와 같은 자들이 있더니, 주 예수 그리스도의 이름과 우리 하나님의 성령 안에서 씻음과 거룩함과 의롭다 하심을 받았느니라. (6:9-11)

여기서 바울의 목적은 구원을 잃었음을 보여주는 죄 목록을 제시하는 게 아니다. 그런 죄는 없다. 그는 오히려 구원받지 못한 자들에게 전형적으로 해당하는 죄인들의 범주를 제시한다. 이러한 여러 죄로 특징지어진 삶을 사는 사람은 구원받지 못했고, 따라서 **불의한(unrighteous)** 자, 곧 의롭다함을 얻지 못한 (unjustified) 자다. 이들은 하나님 나라 밖, 곧 구원의 영역 밖에 있다.

신자들에 대한 적용은 분명하다. 바울은 고린도 신자들에게 묻는다. "왜 여러분은 구원받지 못한 자들, 곧 불의한 자들처럼 살아가십니까? 왜 여러분은 자신들의 옛 생활 방식에 계속 빠지십니까? 그리스도께서 그 삶에서 여러분을 구원하셨는데 말입니다. 왜 여러분은 옛 기준을 따르고, 옛 육신을 부여잡으며, 경건치 못한 동기를 품으십니까? 여러분은 세상 방식에서 분리되어야 하고, 세상 방식을 따라서는 안 됩니다. 특히, 왜 여러분은 자신들의 문제를 세상 법정에 가져가십니까?"

신자는 새로운 피조물이며(고후 5:17), 하나님 자신을 따라 지음 받은 새로운 속사람을 가졌고(벧후 1:4), 깨지지 않는 불의(unbroken unrighteousness)는 더 이상 없다. 그러나 육신이 불순종하는 그리스도인을 지배하게 될 수 있으며, 이럴 경우 그는 불신자의 모습을 띠게 될 수도 있다.

9-10절에 제시된 죄의 범주가 완전하지는 않다. 그렇더라도 이러한 죄는 모든 주요 유형의 도덕적 죄, 즉 늘 경건하지 못한 사회의 특징이었으나 구속 받은 자들로 구성된 경건한 사회의 특징이어서는 결코 안 되는 유형의 죄를 대변한다.

음행하는 자(fornicators, 간통하는 자)는 전반적인 성적 부도덕(음란, 음행), 특히 결혼하지 않은 자들의 성적 부도덕과 관련이 있다. 성경은 이것을 줄곧 정죄한다. 이 죄는 현대 서구사회의 특징이다. 책, 잡지, 영화, 텔레비전은 이것을 인간의 삶에서 정상으로 묘사하고 높이기까지 한다. 그러나 그 어떤 형태든 음행(fornication)은 하나님께 가증하며, 그분의 백성에게도 그러해야 한다. 습관적으로 음행하고 이것을 변호한다면, 하나님께 속한 자일 수 없다. **하나님 나라**의 상속자들은 습관적으로 음행하고 이것을 변호하지 않기 때문이다. 참 신자들이라도 음행할는지 모른다. 그러나 어떻게 관여했고 얼마나 악하든 간에, 이들은 이것이 악하다는 것을 가슴 저리게 인정한다. (이 갈등에 관한 바울의 논의는 롬 7:15-25을 보라.)

우상숭배하는 자(idolators)는 단지 형상에 절하는 자들이 아니라 거짓 신들과 거짓 종교 시스템을 섬기는 자들을 가리킨다. 우리 사회가 지금처럼 거짓 종교와 사이비 종교(cults)에 현혹된 적이 없었다. 아무리 기이해 보이는 신념이나 주장이나 행동이라도 추종자가 있다.

간음하는 자(adulterers)는 구체적으로 결혼 관계 밖에서 성행위를 탐닉하는 기혼자를 가리킨다. 결혼은 신성하며, 따라서 간음은 하나님이 보시기에 특히 가증스러운 죄다. 구약성경은 간음한 자를 죽이라고 명한다. 간음은 당사자들뿐 아니라 가족까지 더럽힌다. 간음은 하나님이 부부 사이에 세우신 특별한 관계를 더럽히며, 필연적으로 자녀에게 해를 끼친다. 이것은 시작에 지나지 않을 수 있다.

탐색하는 자(effeminate)[36]와 **남색하는 자(homosexuals,** 동성애자) 양쪽 다 남녀의 정상적 성 역할과 관계를 맞바꾸고 더럽히는 자들을 가리킨다. 의상도착증(transvestism), 성전환, 동성애를 비롯한 젠더 도착증(gender perversions)이 여기에 포함된다. 하나님의 특별한 피조물, 곧 그분의 형상대로 창조된 자들은 "남자와 여자"로 창조되었고(창 1:27), 하나님은 두 역할이 뒤바뀌는 것은 물론이고 흐려지는 것까지 엄격히 금하신다. "여자는 남자의 의복을 입지 말 것이요 남자는 여자의 의복을 입지 말 것이라. 이같이 하는 자는 네 하나님 여호와께 가증한 자이니라"(신 22:5). 이 구절의 히브리어 용어들은 의복 그 이상을 가리키며, 그 어떤 도구나 장치나 기구라도 포함한다.

성경 전체가 동성애를 정죄한다. 소돔은 동성애가 만연했다. 그래서 'sodomy'는 동성애의 동의어다. 소돔 남자들은 뒤틀린 성욕이 불일 듯했고, 언젠가 롯의 집을 에워싼 채 "그들과 상관하겠다"며 (남자의 형태로 온) 두 천사를 내보내라고 했다(창 19:4-5). 이들의 "죄악이 심히 무거웠기" 때문에, 하나님은 소돔과 고모라를 완전히 멸하셨다(18:20). 그 이후, 'sodomy'는 성도착(sexual perversion)을 상징하고, '소돔과 고모라'는 도덕적 타락을 상징한다.

---

36 "여성 노릇을 하는 사람들"(새번역), "여색을 탐하는 자"(공동번역 개정판), "남창"(가톨릭 성경)

신자들에게, 이 용어들은 도덕적 타락에 대한 하나님의 증오와 심판도 상징하게 되었다.

바울 당시, 동성애가 수 세기를 내려오며 헬라와 로마 세계에 만연했다. 이 단락을 주석하면서, 윌리엄 바클레이(William Barclay, 1907-1978)는 소크라테스가 동성애자였고 플라톤도 동성애자였을 거라 했다. 플라톤의 『향연』은 동성애를 찬양하는 글이다. 초대부터 15대까지 로마 황제 중에서 14명이 동성애자였을 것이다. 네로 황제는 바울이 고린도전서를 쓴 때와 가까운 시기에 로마를 다스렸는데, 스포리스(Sporis)라는 소년을 거세했다. 자신의 아내 외에 그를 황제의 "아내"로 삼기 위해서였다. 네로가 죽은 후, 이 소년은 네로의 계승자 중 오토(Otho)에게 같은 쓰임새로 양도되었다.

성 역할의 혼란이 간음처럼 특히 악한 것은 가정을 공격하기 때문이다. 이것은 가정 내 권위와 복종에 관한 기준을 비롯해 가정을 위한 성경의 계획을 더럽히며, 따라서 의가 대물림되는 것을 방해한다. 역사에서 가장 경건하지 못한 사회들은 성 역할 도착(sex role perversion)이 만연했으며, 이것은 의심할 여지 없이 사탄이 가정 파괴에 단단히 집중하기 때문이다. 교회들이 사랑의 이름으로 동성애를 변호하고 동성애 목회자와 동성 "결혼"과 동성애자 교회를 용납한다면, 하나님의 도덕 기준을 왜곡할 뿐 아니라 구성원들이 죄를 짓도록 부추기는 것이다. 죄를 부추기는 것은 사랑과 무관하다. 타인들을 향한 참사랑은 그들을 위해 그들이 원하는 일을 하는 게 아니라 그들을 위해 하나님이 원하시는 일을 하는 것이다. "우리가 하나님을 사랑하고 그의 계명들을 지킬 때에 이로써 우리가 하나님의 자녀를 사랑하는 줄을 아느니라. 하나님을 사랑하는 것은 이것이니, 우리가 그의 계명들을 지키는 것이라. 그의 계명들은 무거운 것이 아니로다"(요일 5:2-3). 죄를 용납하는 것은, 하나님을 향해서도 우리가 그 죄를 용납하는 자들을 위해서도, 결코 사랑의 행위가 아니다.

도적(thieves)과 **탐욕을 부리는 자(the covetous)**는 동일한 기본적인 죄, 곧 탐심과 관련이 있다. 탐욕을 부리는 자는 타인의 것을 욕망한다. 도둑은 실제로 타인의 것을 취한다. 탐심은 이기심의 표현이며, 모든 이기심이 그렇듯 절대로 만족하지 않는다. 탐심을 부리는 자는 계속 더 많이 원한다. 우리 시대에, 그리스도인 중에도, 자신의 수입과 소유에 만족하는 사람들을 찾기 어렵다. 그러나 탐심이 하나님 나라 상속자들의 특징이어서는 안 된다. 그리스도인의 삶에는 탐심이 발붙일 자리가 없다.

술취하는 자(drunkards)는 자명하다. 여기 열거된 다른 죄들처럼, 술취함도 하나님의 이름과 말씀이 무시되거나 경멸받는 곳에서 거의 필연적으로 심각한 문제로 드러난다. 알코올 중독이 초등학생들에게까지 확산되고 있다. 십대 초중반의 알코올 중독자들이 연령대가 조금 높은 세대와 마찬가지로 점점 흔해지고 있다. 술이 개인과 가족에게 미치는 폐해는 상상을 초월한다.

모욕하는 자(revilers)는 혀로 무너뜨리는 자들이다. 이들은 말로 상처를 준다. 하나님은 이들의 죄를 가볍게 여기지 않으신다. 이 죄는 미움이 가득한 마음에서 나오며 당하는 사람들의 삶에 고통과 아픔과 절망을 일으키기 때문이다.

속여 빼앗는 자들(swindlers)은 간접적으로 훔치는 도둑들이다. 이들은 자신의 경제적 이익을 위해 타인들을 부당하게 이용한다. 착취자들, 횡령자들, 협잡꾼들, 불량상품과 서비스를 파는 자들, 거짓 광고주들, 그 외에 많은 유형의 속여 빼앗는 자들이 바울 당시만큼 우리 시대에도 흔하다.

바울은 이어서 **너희 중에 이와 같은 자들이 있더니(and such were some of you)**라고 말한다. 오늘의 교회처럼, 고린도교회에도 음행했던 자들, 간음했던 자들, 도둑질했던 자들 등이 있었다. 많은 그리스도인이 방금 살펴본 구체적 죄를 전혀 짓지 않았을 테지만, 모든 그리스도인은 구원받기 전에 죄악되었다. 모든 그리스도인은 죄인이었다(ex-sinner). 그리스도께서 죄인들을 구원하러 오셨다(마 9:13). 이것이 기독교의 큰 진리다: 죄를 너무 깊이 또는 너무 오래 지어 구원받지 못할 사람은 없다. "죄가 더한 곳에 은혜가 더욱 넘쳤나니"(롬 5:20). 그러나 얼마는(some) 잠시 이러길 그쳤다가 자신의 옛 행동으로 돌아가고 있었다.

바울은 **but**(alla, 가장 강한 헬라어 역접접속사)를 세 차례 사용해 그리스도인의 삶과 자신이 방금 기술한 세상적 삶을 대비시킨다. **씻음과 거룩함과 의롭다**

하심을 받았느니라.[37] 이들이 구원받기 전에 어떠했느냐는 아무런 차이도 낳지 못한다. 하나님은 죄인을 그 어떤 죄에서라도, 모든 죄에서 구원하실 수 있다. 그러나 신자가 구원받은 후 어떠하냐는 큰 차이를 낳는다. 신자는 자신의 씻음 받음과 성화와 칭의에 합당하게 살아야 한다. 그리스도인으로, 신자의 삶은 정결하고 거룩하며 의로워야 한다. 새 생명은 새로운 삶을 낳으며, 새로운 종류의 삶을 요구한다.

씻음(washed)은 새 생명, 곧 중생(거듭남)을 말한다. 예수님은 "우리를 구원하시되 우리가 행한 바 의로운 행위로 말미암지 아니하고 오직 그의 긍휼하심을 따라 중생의 씻음과 성령의 새롭게 하심으로 하셨다"(딛 3:5). 중생은 하나님의 재창조 사역이다. "그런즉 누구든지 그리스도 안에 있으면 새로운 피조물이라. 이전 것은 지나갔으니 보라 새것이 되었도다"(고후 5:17). "우리는 그가 만드신 바라 그리스도 예수 안에서 선한 일을 위하여 지으심을 받은 자니"(엡 2:10). 그리스도께서 한 사람을 씻으실 때, 그 사람은 거듭난다(요 3:3-8).

거룩함(sanctified)은 새로운 행위를 말한다. 거룩함을 받았다(sanctified)는 것은 성령의 능력으로 내면이 거룩해졌으며 밖으로 의로운 삶을 살 수 있다는 것이다. 구원받기 전에는 거룩한 본성이 없고 거룩하게 살 능력도 없다. 그러나 우리는 그리스도 안에서 새 본성을 받았으며 새로운 삶을 살아낼 수 있다. 죄의 전적인 지배가 무너졌고 거룩한 삶으로 대체되었다. 육신적으로 죄악되었기에, 고린도 신자들은 하나님의 일을 방해하고 있었다.

의롭다 하심(justified)은 하나님 앞에서 갖는 새로운 신분(new standing)을 말한다. 그리스도 안에서 우리는 그분의 의를 입었고, 이제 하나님은 우리 안에서 우리의 죄 대신 그분의 아들의 의를 보신다. 그리스도의 의가 우리에게 전가되었다(롬 4:22-25). 우리는 새 본성 안에서 의롭고, 거룩하며, 무죄이고, 죄 없다 선언되며 또 그렇게 되었다. 하나님은 "예수 믿는 자를 의롭다 하려"

---

37 But you were washed, but you were sanctified, but you were justified(그러나 너희가 씻음을 받았고, 그러나 너희가 거룩하게 되었으며, 그러나 너희가 의롭다하심을 얻었다, NASB). 헬라어 본문에도 NASB처럼 세 곳 모두에서 역접접속사 *alla*가 문장을 이끈다(*alla apelousasthe, alla ēgiasthēte, alla edikaōthēte*).

하시기 때문이다(롬 3:26).

고린도 신자들은 **주 예수 그리스도의 이름과 우리 하나님의 성령 안에서** 변화를 경험했다. 하나님의 이름은 그분의 뜻과 능력과 일을 대변한다. 아버지의 뜻에 기꺼이 순종하셨기 때문에, 십자가에서 우리 대신 돌아가셨기 때문에, 죽음에서 부활하셨기 때문에, 예수님은 우리에게 씻음과 거룩함과 의롭다하심을 주셨다.

변화된 생명은 변화된 삶을 낳아야 한다. 바울은 어떤 신자들이 하나님 나라 밖 사람들처럼 행동하는 것은 용납될 수 없다고 아주 강하게 말하고 있다. 이들은 이전의 자신들처럼 행동하고 있었다. 이들은 이것을 위해서가 아니라 이것으로부터 구원받았다.

15

그리스도인의 자유와 성적 자유
(6:12-20)

모든 것이 내게 가하나 다 유익한 것이 아니요, 모든 것이 내게 가하나 내가 무엇
에든지 얽매이지 아니하리라. 음식은 배를 위하여 있고 배는 음식을 위하여 있
으나, 하나님은 이것저것을 다 폐하시리라. 몸은 음란을 위하여 있지 않고 오직
주를 위하여 있으며, 주는 몸을 위하여 계시느니라. 하나님이 주를 다시 살리셨
고, 또한 그의 권능으로 우리를 다시 살리시리라. 너희 몸이 그리스도의 지체인
줄을 알지 못하느냐? 내가 그리스도의 지체를 가지고 창녀의 지체를 만들겠느
냐? 결코 그럴 수 없느니라. 창녀와 합하는 자는 그와 한 몸인 줄을 알지 못하느
냐? 일렀으되 둘이 한 육체가 된다 하셨나니, 주와 합하는 자는 한 영이니라. 음
행을 피하라. 사람이 범하는 죄마다 몸 밖에 있거니와, 음행하는 자는 자기 몸에
죄를 범하느니라. 너희 몸은 너희가 하나님께로부터 받은 바 너희 가운데 계신
성령의 전인 줄을 알지 못하느냐? 너희는 너희 자신의 것이 아니라. 값으로 산 것
이 되었으니, 그런즉 너희 몸으로 하나님께 영광을 돌리라. (6:12-20)

그리스도 안에서 누리는 자유, 이것은 바울이 절대 지칠 줄 모르고 강조하는
진리다. "그리스도께서 우리를 자유롭게 하려고 자유를 주셨으니, 그러므로 굳
건하게 서서 다시는 종의 멍에를 메지 말라…형제들아 너희가 자유를 위하

여 부르심을 입었으나"(갈 5:1, 13). 바울은 "하나님의 자녀들의 영광의 자유"[38]
를 계속 기뻐했다(롬 8:21). 신자들은 "법 아래에 있지 아니하고 은혜 아래에 있
다"(롬 6:14). 우리는 행위로 구원받지 않으며, 행위로 구원을 유지하지도 않는
다. "너희는 그 은혜에 의하여 믿음으로 말미암아 구원을 받았으니, 이것은 너
희에게서 난 것이 아니요 하나님의 선물이라. 행위에서 난 것이 아니니 이는
누구든지 자랑하지 못하게 함이라"(엡 2:8-9; 참조, 롬 3:20). "이제는 우리가 얽매
였던 것에 대하여 죽었으므로 율법에서 벗어났으니, 이러므로 우리가 영의 새
로운 것으로 섬길 것이요 율법 조문의 묵은 것으로 아니할지니라"(롬 7:6).

오직 하나님의 은혜가 구원하고, 오직 하나님의 은혜가 구원을 유지한다.
그리스도인들은 하나님이 보시기에 의롭다함을 얻었고(justified), 의롭고 거룩
하다고 여겨진다(롬 4:22-25). 그러므로 "누가 능히 하나님께서 택하신 자들을
고발하리요? 의롭다 하신 이는 하나님이시니"(롬 8:33). 그리스도인이 범하는
죄는 이미 모두 하나님의 은혜로 덮였다. 그 어떤 죄도 구원을 취소하지 못한
다. 신자를 향한 그 어떤 고발도 성공할 수 없다. 하나님이 최고 법정이며, 믿는
자는 의롭다고 선언하셨다. 더 높은 법정은 없다. 이로써 문제는 해결되었다.

고린도교회는 바울이 그들 가운데 있을 때 이 진리를 숱하게 배웠다. 그러
나 이들은 이 진리를 죄를 위한 신학적 변명으로 사용하고 있다. 이들은 "자유
로 육체의 기회를 삼지 말라"라는 진리를 무시했는데, 이 또한 바울이 이들에
게 확실하게 가르쳤던 진리다(갈 5:13). 바울이 그리스도인의 자유를 말할 때,
그 자유는 모세 율법으로든, 바리새인의 전통으로든, 그 어떤 수단으로든 행
위를 통한 의(works righteousness)—즉, 선한 행위로 얻는 구원—로부터의 자
유와 늘 관련이 있었다. 고린도 신자들은 이 진리를 왜곡해 자신들의 죄짓기
를 정당화했다. 이들은 바울이 로마교회에 은혜를 설명할 때 예상했던 논거
를 사용했을 수 있다: "그런즉 우리가 무슨 말을 하리요? 은혜를 더하게 하려
고 죄에 거하겠느냐?"(롬 6:1). 이들은 자신들이 원하는 대로 사는 게 신학적
정당성이 있는 척했다.

---

38 "하나님의 자녀가 누릴 영광된 자유"(새번역).

이들은 자신들의 죄를 뒷받침하는 철학적 논거도 있었을 것이며, 6:13의 "음식은 배를 위하여 있고 배는 음식을 위하여 있으나"가 이것을 암시할 것이다. 많은 헬라 철학이 몸을 비롯해 육체적인(물리적인) 것은 무엇이든 기본적으로 악하므로 아무 가치가 없다고 여겼다. 몸으로 또는 몸에게 하는 일은 중요하지 않았다. 음식은 음식이었고, 배는 배였으며, 섹스는 섹스였다. 섹스는 식사와 같은 생물학적 기능일 뿐이었고, 음식처럼 욕구 충족을 위해 사용될 뿐이었다. 이 논거는 아주 현대적으로 보인다.

많은 현대인처럼, 고린도 그리스도인들은 자신들의 죄악된 생각과 습관을 합리화했다. 이들은 잘못된 행동의 그럴듯한 이유를 찾는 데 머리가 잘 돌아갔다. 이들은 또한 음란하기로 유명한 사회, 신전 매춘을 비롯해 여러 방식으로 사실상 난잡한 성관계를 찬양하는 사회에 살았다. 창녀와 성관계를 갖는 것은 고린도에서 아주 일반적이었고, 그래서 이 행위는 "고린도화"(Corinthianizing)라 불리게 되었다. 많은 신자가 전에 이런 음란에 빠졌었고, 이러한 옛 방식을 끊기가 어려워 여기에 다시 빠지기 쉬웠다. 이들은 인간의 지혜를 향한 사랑, 세상적 삶, 교만, 당파심, 고소를 좋아하는 마음을 버리기 어려웠듯이 음행도 버리기 어려웠다.

6:12-20에서, 바울은 성적인 죄의 세 가지 악을 제시한다: 성적인 죄는 당사자 모두에게 해를 끼친다. 여기에 빠진 자들을 지배한다. 몸을 향한 하나님의 목적을 왜곡한다.

성적인 죄는 해를 끼친다

모든 것이 내게 가하나 다 유익한 것이 아니요, (6:12a)

모든 것이 … 가하다(all things are lawful)는 말은 해방 사회 고린도에서 흔히 사용되었을 것이다. 바울은 이 말을 빌려와 조금 비틀어 말한다. "**내게도** 그러합니다. 내가 그리스도인으로서 짓는 모든 죄는 예수 그리스도 안에서 용서됩니다." 그러나 그 어떤 죄도 옳거나 선하지 않으며, 그 어떤 죄도 옳거나 선한 것을 낳지 못한다. 죄는 절대로 가치 있거나 유익할 수 없다. **유익한(profitable,** *sumpherō*)은 "이득이 되다"(to be to advantage)는 뜻이다. 신자들은 자유로우며 어쨌든 더는 율법의 형벌 아래 있지 않으며, 이런 의미에서 신자들에게는 **모든 것이 가하다(lawful).** 그러나 어떤 것들은 대가가 엄청나게 높으며, 엄청난 불이익을 초래한다. 죄는 절대로 유익을 주지 못한다. 죄는 언제나 손해를 끼친다.

바울은 여기서(13-20절) 특정 형태의 죄를 염두에 둔다. 성적인 죄다. 사람이 짓는 그 어떤 죄도 성적인 죄만큼 내재된 함정과 문제와 파괴력이 많거나 크지 않다. 성적인 죄는 술과 마약을 합친 것보다 더 많은 결혼 관계를 깨고, 더 많은 가정을 풍비박산 내며, 더 많은 비탄과 질병을 일으키고, 더 많은 삶을 파괴했다. 성적인 죄는 비통, 증오, 비방, 험담, 무용서뿐 아니라 거짓말, 도둑질, 속임, 살인을 부른다.

성적인 죄의 위험한 해악은 어느 곳보다 잠언에서 더 생생하고 강력하게 제시된다. "대저 음녀의 입술은 꿀을 떨어뜨리며 그의 입은 기름보다 미끄러우나"(잠 5:3). 이 기본 진리는 창녀를 비롯해 남자를 유혹하려는 어느 여자에게나 적용된다. 이것은 여자를 유혹하려는 남자에게도 적용된다. 핵심은 성적 유혹이 더없이 매혹적이고 강력하다는 것이다. 이것은 멋지고 즐거우며 좋아 보인다. 오직 쾌락과 만족을 약속한다. 그러나 이것이 마지막에 주는 것은 약속과 다르다. "나중은 쑥 같이 쓰고, 두 날 가진 칼같이 날카로우며, 그의 발은 사지로 내려가며, 그의 걸음은 스올로 나아가나니, 그는 생명의 평탄한 길을 찾지 못하며, 자기 길이 든든하지 못하여도 그것을 깨닫지 못하느니라"(4-6절). 성적인 죄의 첫째 특징은 속임이다. 성적인 죄는 자신이 약속하는 것을 결코 주지 못한다. 성적인 죄는 큰 만족을 제의하지만 큰 실망을 안긴다. 성적인 죄는 진정한 삶이라고 주장하지만 실제로는 죽음에 이르는 길이다. 불법적 성관계는 늘 "불안하다." 육체적 충동을 잠시 비인격적으로 채울 뿐, 그 무엇도 당사자들을 하나로 묶지 못한다. 이것은 불량 시멘트다. 성적인 죄의 또다른 비극이 있다. 당사자들이 흔히 이것이 불안하다는 것을 "알지 못하고," 자신들의 관계가 지속할 수 없다는 것을 오랫동안 깨닫지 못한다는 것이다.

그래서 이들은 구덩이, 곧 파멸에 이를 관계에 점점 깊이 빠져들고, 이로써 파경은 훨씬 더 비참하고 고통스러워진다.

그러나 모든 성관계가 기본적으로 악하다고 생각하는 사람들은 모든 섹스가 기본적으로 선하며 허용될 수 있다고 생각하는 사람들만큼이나 진리에서 멀어져 있다. 하나님은 성관계를 반대하지 않으신다. 하나님이 이것을 만들고 여기에 복을 주셨다. 하나님이 뜻하시듯이, 오직 결혼 관계 안에서 사용될 때, 성관계는 아름답고 만족을 주며 안정적이다. 성경은 이렇게 말한다. "네 샘으로 복되게 하라. 네가 젊어서 취한 아내를 즐거워하라…그의 사랑을 항상 연모하라"(잠 5:18-19).

결혼 관계 밖 성관계를 피하라는 성경의 조언은 단순하다: 당신을 곤경에 처하게 할 법한 사람과 장소를 가능한 한 멀리하라. "네 길을 그에게서 멀리하라. 그의 집 문에도 가까이 가지 말라"(잠 5:8). 보디발의 아내가 거듭 유혹할 때, 요셉은 그 여자와 "동침하지 아니할뿐더러 함께 있지도 않았다"(창 39:10). 그 여자가 동침하자며 옷을 잡고 늘어졌을 때, 요셉은 "자기의 옷을 그 여인의 손에 버려두고 밖으로 나갔다"(12절). 그 순간은 논쟁하거나 설명할 때가 아니라 도망칠 때였다. 꼼짝없이 이런 상황에 처할 때, 현명한 행동은 단 하나, 그 자리를 최대한 빨리 벗어나는 것이다. 격정은 이성적이지 못하고 분별력이 없으며, 성적으로 위험한 상황에서는 따질 게 아니라 피하거나 도망쳐야 한다.

불법적 성관계를 하면 건강을 잃고 재산을 잃으며, 명예와 존경도 잃는다. 이런 죄를 계속 짓는 모든 사람이 반드시 이것들을 잃지는 않는다. 그러나 이것들은 지속적인 성적인 죄가 초래하는 손실의 유형이다. 성을 탐닉하는 자는 그 "수한[39]이 잔인한 자에게" 빼앗겼으며, 자신이 "수고한 것"이 "외인의 집에" 가 있는 것을 볼 것이다(잠 5:9-11). 결혼 관계 밖 성관계, 곧 "도둑질한 물이 달고 몰래 먹는 떡이 맛이 있다." 그러나 "죽은 자들이 거기 있다"(잠 9:17-18). 성적인 죄는 "승리가 없는" 상황이다. 절대로 유익하지 못하며 늘 해를 끼친다.

---

39 "아까운 세월"(새번역).

하나님은 음행을 더없이 심각하게 여기신다. 이스라엘은 성적인 죄 때문에, "하루에 이만 삼천 명이 죽었다"(고전 10:8). 다윗은 하나님의 마음에 쏙 든 사람이었고, 이스라엘을 이끄는 일에 크게 쓰임 받았으며, 성경까지 썼다. 그러나 자신의 죄가 낳은 결과를 피하지 못했다. 그는 밧세바와 간음했고, 밧세바는 임신했다. 그러자 전사로 위장해 그녀의 남편을 죽이고 그의 아내를 자신의 아내로 취했다. "다윗이 행한 그 일이 여호와 보시기에 악하였더라"(삼하 11:27). 하나님은 자신의 선지자 나단을 통해 다윗에게 말씀하셨다. 그의 죄 때문에, "칼이 네 집에서 영원토록 떠나지 아니하리라…내가 너와 네 집에 재앙을 일으키고…당신이 낳은 아이가 반드시 죽으리이다"(12:10-11, 14). 다윗은 이 죄의 대가를 평생 거의 매일 치렀다. 여러 아들이 반역하고 질투하며 복수했고, 그의 가정생활은 대부분 비참한 도살장이었다.

다윗은 회개하고 용서받았다. "여호와께서도 당신의 죄를 사하셨나니"(12:13). 그러나 하나님은 죄의 결과까지 제거하지는 않으셨다. 이 일이 있고 난 후, 다윗은 감사하지만 깊은 후회와 고통 가운데 시편 51편을 썼다. 그는 하나님의 놀랍고 은혜로운 용서를 경험했으나 자신의 죄가 얼마나 끔찍한지도 보게 되었다. "내가 주께만 범죄하여 주의 목전에 악을 행하였사오니"(시 51:4). 하나님의 은혜는 거저 받지만 죄의 값은 엄청나다.

성적인 죄는 지배한다

모든 것이 내게 가하나 내가 무엇에든지 얽매이지 아니하리라. (6:12b)

바울은 그리스도의 은혜 안에서 자신이 원하는 대로 할 자유가 있었다. 그러나 그는 그리스도 외에 그 무엇이나 그 누구에게도 **얽매이길(be mastered)** 거부했다. 그는 그 어떤 습관이나 관습의 노예가 되지 않을 터였고, 더더욱 그 어떤 죄의 노예도 되지 않을 터였다. "죄가 너희를 주장하지(master) 못하리니, 이는 너희가 법 아래에 있지 아니하고 은혜 아래에 있음이라"(롬 6:14).

성적인 죄보다 당사자를 더 노예로 만드는 죄는 없다. 탐닉할수록, 성적인 죄는 탐닉하는 자를 더 지배한다. 흔히, 성적인 죄는 작고 무분별한 행동에서 시작되며, 이것이 점점 커져 마침내 노골적인 악에 이른다. 죄의 점진성이 시편 1편에 나온다. "복 있는 사람은 악인들의 꾀를 따르지 아니하며, 죄인들의 길에 서지 아니하며, 오만한 자들의 자리에 앉지 아니하고"(시 1:1). 자진해서 죄와 어울릴 때, 곧 죄를 용납하고 뒤이어 죄를 짓게 된다. 모든 죄가 다 그렇듯이, 성적인 죄도 저항하지 않으면 자라고 마침내 당사자들뿐 아니라 무고한 주변 사람들까지 더럽히고 무너뜨릴 것이다.

고린도 신자들은 성적인 죄가 낯설지 않았으며, 안타깝게도 이들 중 많은 수가 성적인 죄로 되돌아갔다. 그리스도인의 자유라는 이름으로, 이들은 자기 육신의 욕망에 지배되었다.

바울은 데살로니가 신자들에게 이렇게 썼다. "하나님의 뜻은 이것이니 너희의 거룩함이라. 곧 음란을 버리고. 각각 거룩함과 존귀함으로 자기의 아내 (vessel) 대할 줄을 알고, 하나님을 모르는 이방인과 같이 색욕을 따르지 말고"(살전 4:3-5). 문맥상 여기서 "vessel"(그릇, 개역개정은 "아내")은 많은 해석자가 견지하듯 아내라기보다 몸의 동의어다.[40] 모든 신자는 자신의 몸을 바르게 소유하고 다스려야 한다. 성령 안에 살고 있다면 "몸의 행실을 죽이고" 있는 것이다(롬 8:13).

자신을 다스리기란 때로 생각만큼 쉽지 않다. 많은 사람이 속아, 자신은 언제나 자신이 원한 것을 하기에 생각과 행동을 완벽하게 다스리고 있다고 생각한다. 그러나 사실은 이들의 욕망과 격정이 이들에게 무엇을 하라고 말하고 있으며, 이들은 그 말을 따르고 있다. 이들은 자기 욕망의 주인이 아니라 자발적 노예다. 이들의 육신이 이들의 마음을 지배하고 있다.

바울은 직접 증언한다. "내가 내 몸을 쳐 복종하게 함은(make it slave, 노예로 삼음은) 내가 남에게 전파한 후에 자신이 도리어 버림을 당할까(disqualified) 두려워함이로다"(고전 9:27). 쳐(buffet, hupōpiazō)는 문자적으로 "눈에 멍이 들게 하다, 또는 얼굴을 때려 멍이 들게 하다"라는 뜻이다. 자신의 몸이 자신을

---

40 개역개정에서 "아내"로 번역된 헬라어 *skeuos*는 "그릇"(vessel)이란 뜻이다.

노예로 삼지 못하게 하려고, 바울은 자신의 몸을 노예로 삼아야 했다. 그러지 않으면, 그는 버림을 당할(disqualified, 자격을 잃을) 수 있었는데, 이것은 구원에 대해서가 아니라 거룩한 삶과 하나님을 위한 유용한 섬김에 대해서였다.

성적인 죄는 왜곡한다

성적인 죄는 해를 끼치고 지배할(다스릴) 뿐 아니라 왜곡한다. 성적인 죄는 특히 자기 백성의 몸을 향한 하나님의 계획과 목적을 왜곡한다. 그리스도인의 몸은 주님을 위해 있다. 그리스도인의 몸은 그리스도의 지체다. 그리스도인의 몸은 성령의 전(殿)이다.

몸은 주님을 위하여 있다

> **음식은 배를 위하여 있고 배는 음식을 위하여 있으나, 하나님은 이것저것을 다 폐하시리라. 몸은 음란을 위하여 있지 않고 오직 주를 위하여 있으며, 주는 몸을 위하여 계시느니라. 하나님이 주를 다시 살리셨고, 또한 그의 권능으로 우리를 다시 살리시리라.** (6:13-14)

음식과 **배**는 하나님이 서로를 위해 지으셨다. 둘의 관계는 순전히 생물학적이다. 고린도 신자들은 이 진리를 이용해 음행을 정당화했던 것 같다. 헬라어 본문은 문자적으로 "음식 배, 배 음식"(The foods the belly, the belly the foods)이다. 이 대중적 속담은 다음과 같은 생각을 알리려는 것이었겠다. "섹스는 먹기와 다르지 않다. 배는 음식을 위해 만들어졌고, 몸은 섹스를 위해 만들어졌다." 그러나 바울은 이들의 말을 끊으며 말한다. "음식과 배가 서로를 위해 만들어진 것은 사실입니다. 그러나 이 관계가 순전히 일시적인 것도 사실입니다." 어느 날, 이들의 목적이 성취될 때, **하나님은 이것저것을(both of them) 다 폐하시리라.** 이 생물학적 과정이 영원한 상태에 들어설 자리가 없다.

몸 자체는 다르다. 신자들의 몸은 하나님이 단지 생물학적 기능을 위해 설계하신 게 아니다. **몸은 음란을 위하여 있지 않고 오직 주를 위하여 있으며, 주는 몸을 위하여 계시느니라.** 바울은 이 말을 할 때 더 나은 잠언을 염두에 두었다. 몸은 주님이 그분의 영광을 위해 사용하시는 주님의 도구여야 한다.

하나님이 주를 다시 살리셨고, 또한 그의 권능으로 우리를 다시 살리시리라. 우리의 몸은 이생뿐 아니라 내세에서도 섬기도록 설계되었다. 우리의 몸은 변화된 몸, 부활한 몸, 영화로운 몸, 천상의 몸으로 변할 것이다. 그러나 여전히 우리의 몸일 것이다.

배와 음식의 관계는 수평적이고 일시적일 뿐이다. 죽으면 이 관계는 끝난다. 그러나 우리의 몸은 생물학적 수준을 훨씬 넘어선다. 신자들에게 몸은 영적, 수직적 관계도 갖는다. 몸은 하나님께 속했고, 영원히 하나님과 함께할 것이다. 이런 까닭에, 바울은 이렇게 말한다. "우리의 시민권은 하늘에 있는지라. 거기로부터 구원하는 자, 곧 주 예수 그리스도를 기다리노니, 그는 만물을 자기에게 복종하게 하실 수 있는 자의 역사로 우리의 낮은 몸을 자기 영광의 몸의 형체와 같이 변하게 하시리라"(빌 3:20-21). 우리는 이 몸을 정성껏 돌봐야 한다. 이 몸은 영광스럽게 부활해 영원히 영광스럽고 정결한 우리의 영을 영원히 담는 그릇이 될 터이기 때문이다.

몸은 그리스도의 지체다

너희 몸이 그리스도의 지체인 줄을 알지 못하느냐? 내가 그리스도의 지체를 가지고 창녀의 지체를 만들겠느냐? 결코 그럴 수 없느니라. 창녀와 합하는 자는 그와 한 몸인 줄을 알지 못하느냐? 일렀으되 둘이 한 육체가 된다 하셨나니, 주와 합하는 자는 한 영이니라. 음행을 피하라. 사람이 범하는 죄마다 몸 밖에 있거니와, 음행하는 자는 자기 몸에 죄를 범하느니라. (6:15-18)

신자들의 몸은 지금과 미래에 주님을 '위해 있을' 뿐 아니라 주님'의' 것, 주님의 몸의 일부, **그리스도의 지체**이기도 하다. 그리스도는 "만물 위에 교회의 머리"이며, "그의 몸이니 만물 안에서 만물을 충만하게 하시는 이의 충만함"이다(엡 1:22-23). "우리 많은 사람이 그리스도 안에서 한 몸이다"(롬 12:5). 이생에서, 우리는 그리스도께서 거하시는 살아있는 영적 성전이다. 우리는 그분의 몸이며, 교회로서 그분의 성육신이다.

바울의 다음 핵심은 논리적으로 따라온다. 그리스도인의 음행은 **그리스도의 지체를 가지고 창녀의 지체를 만드는** 것이다. 그리스도의 몸 일부로 간음하는 것이다. 바울은 이것을 도저히 이해할 수 없었다. 모든 신자에게도 그러해야 한다. **결코 그럴 수 없느니라.**

성관계는 연합을 포함한다. 남자와 여자가 **한 육체가 된다.** 이것은 성적 연합이 **한 육체**(one flesh, 창 2:24 등을 보라)라는 어구의 가장 본질적 의미라는 것을 말한다. 루이스(C. S. Lewis, 1898-1963)는 남자와 여자가 성관계를 할 때마다 영원히 누리거나 영원히 견뎌야 하는 영적 유대가 둘 사이에 형성된다고 했다. 하나님은 성적인 죄를 심각하게 여기신다. 성적인 죄가, 사람과 사람뿐 아니라 사람과 하나님 사이에서도, 영적 관계를 더럽히고 깨뜨리기 때문이다.

그리스도의 사람들은 그분과 **한 영**(one spirit with Him)이다. 이 표현은 심오한 의미와 놀라운 암시로 가득하다. 그러나 바울은 여기서 자신의 목적에 맞게 이 표현을 사용해 그리스도인의 음행은 그의 주님과도 연결된다는 것을 보여준다. 결혼 관계 밖 모든 성관계는 죄다. 그러나 신자들이 이 죄를 짓는다면 특히 부끄러운 짓이다. 신자와 하나이신 예수 그리스도를 모독하는 것이기 때문이다(참조. 요 14:18-23; 15:4, 7; 17:20-23). 우리는 그리스도와 하나이고, 성적인 죄를 짓는 자는 파트너와 하나다. 그래서 바울의 추론에서 그리스도는 생각할 수 없는 상황에 처하신다. 쓰레기 더미를 비추는 햇빛이 오염되지 않듯이, 그리스도는 죄로 오염되지 않으신다. 그러나 이러한 죄 때문에 그분의 평판이 더럽혀진다.

성적인 죄에 관한 바울의 조언은 솔로몬이 잠언에서 하는 조언과 같다: **음행을 피하라.** 헬라어 동사는 현재 명령형으로,[41] 위험이 사라질 때까지 계속 피

---

41 *pheugete*, 현재능동태 명령형, 2인칭 복수

하고 도망치라는 의미를 나타낸다. 이런 음행의 위험에 처할 때, 따지거나 논박하거나 설명하지 말아야 하며, 합리화하려고 하지도 말아야 한다. 이것을 맞서 싸워야 하는 영적 도전이 아니라 피해야 하는 영적 함정으로 여겨야 한다. 최대한 빨리 도망쳐야 한다.

사람이 범하는 죄마다 몸 밖에 있거니와, 음행하는 자는 자기 몸에 죄를 범하느니라. 바울은 이 말이 무슨 뜻인지 설명하지 않는다. 내가 믿기로, 그는 이렇게 말하고 있다: 비록 성적인 죄가 반드시 가장 나쁜 죄는 아니더라도 그 성격이 가장 특이합니다. 성적인 죄는 개인적 만족으로 기운 몸 안에서 일어난다. 성적인 죄는 그 어느 충동보다 강하게 몰아치며, 충족되면 그 어떤 죄와도 다르게 몸에 영향을 미친다. 성적인 죄에는 한 사람을 내적으로 무너뜨리는 방법이 있는데, 다른 죄에는 없는 것이다. 성적 친밀감은 두 사람을 가장 깊이 연합시킨다. 따라서 성적 친밀감을 잘못 사용하면, 인간을 가장 깊이 더럽힌다. 이것은 심리적 분석이 아니라 하나님이 계시하신 사실이다. 음행은 술보다 훨씬 파괴적이고, 마약보다 훨씬 파괴적이며, 범죄보다 훨씬 파괴적이다.

몇 년 전, 16세 소녀가 내 사무실을 찾아왔다. 소녀는 완전히 절망에 빠져 있었다. 소녀는 성적인 죄를 너무나 많이 저질렀고, 그래서 자신이 전혀 무가치하다고 느꼈다. 소녀는 여러 달 거울을 보지 못했다. 거울에 비친 자신을 도저히 볼 수 없었다. 내 눈에, 소녀는 16세가 아니라 40세에 더 가까웠다. 소녀는 극단적 선택을 하기 직전이었고, 하루도 더 살고 싶지 않았다. 소녀를 그리스도께 인도하고 그분이 소녀의 삶에 일으키신 변화를 볼 수 있어 얼마나 기뻤는지 모른다. 소녀가 말했다. "여러 해 만에 처음으로 내가 깨끗하다고 느꼈어요."

많은 고린도 신자가 이렇게 다시 깨끗해져야 했다.

몸은 성령의 전이다

너희 몸은 너희가 하나님께로부터 받은 바 너희 가운데 계신 성령의 전인 줄을 알지 못하느냐? 너희는 너희 자신의 것이 아니라. 값으로 산 것이 되었으니, 그

린즉 너희 몸으로 하나님께 영광을 돌리라. (6:19-20)

우리 그리스도인의 몸은 우리의 것이 아니다. 바울은 냉소적 질문의 틀을 갖춤으로써 이 절에 힘을 싣는다. 그리스도인의 몸은 주님의 것이며, 그리스도의 지체이고, 하나님이 우리 안에 거하도록 보내신 성령의 전(temple)이다. 그러므로 바울이 성적 정결을 요구하는 것은 성적인 죄가 몸에 영향을 미치는 방식 때문만이 아니라 이것이 영향을 미치는 몸이 신자 자신의 것이 아니기 때문이기도 하다. **너희가 하나님께로부터 받은 바 너희 가운데 계신 성령**이란 표현의 의미를 이해한다면, 이러한 이해는 하나님의 진리를 아는 그 어떤 지식만큼이나 우리로 정결에 헌신하게 해야 한다.

교회 건물 안에서 성적인 죄를 짓는 것이 그 자체로 역겹겠지만 같은 죄를 다른 어느 곳에서 짓는 것보다 더 나쁘지는 않을 것이다. 신자는 언제 어디서 음행하든 하나님의 성소를 더럽힌다. 그리스도인의 모든 간통 행위, 모든 간음 행위는 하나님의 성소, 곧 자신들의 몸에서 일어난다. "우리는 살아 계신 하나님의 성전이라"(고후 6:16). 그리스도인이 성령의 거처라는 사실은 요한복음 7:38-39, 20:22, 사도행전 1:8, 로마서 8:9, 고린도전서 12:3 같은 구절에서 나타난다. 하나님이 성령을 보내셨다는 사실은 요한복음 14:16-17, 15:26, 사도행전 2:17, 33, 38에 분명하게 나온다.

우리는 **값으로 산 것이 되었기** 때문에, 더는 우리 자신의 것이 아니다. 우리가 "대속함을 받은 것은 은이나 금같이 없어질 것으로 된 것이 아니요 오직 흠 없고 점 없는 어린 양 같은 그리스도의 보배로운 피로 된 것이다"(벧전 1:18-19).

그리스도인의 몸은 하나님의 성전이며, 성전은 예배하는 곳이다. 그러므로 우리의 몸은 최고의 목적을 갖는다. **하나님께 영광을 돌리는**(glorify God, 하나님을 영화롭게 하는) 것이다. 이것은 우리의 순종과 경배를 받기에 홀로 합당하신 하나님을 높이기 위해 살라는 부르심이다.

어느 친구가 방문객을 데리고 서부에 자리한 어느 가톨릭 대성당에 갔다. 방문객은 자신이 가장 좋아하는 성인상 앞에서 기도하려 했다. 그러나 그 성인상 앞에 이른 방문객은 초가 없는 것에 깜짝 놀랐다. 거기에 이런 안내판이 있었다. "여기서 예배하지 마십시오. 청소를 위해 폐쇄합니다." 고린도 신자들은 깨끗하지 못했다. 그래서 이들은 거룩한 초점(divine focus, 성상 같은 거룩한 상징물), 곧 구도자들이 예배할 자리를 제공하지 못했다. 바울은 이것이 달라져야 한다고 했다.

16

결혼해야 하는가, 하지 말아야 하는가?

(7:1-7)

너희가 쓴 문제에 대하여 말하면, 남자가 여자를 가까이 아니함이 좋으나, 음행을 피하기 위하여 남자마다 자기 아내를 두고 여자마다 자기 남편을 두라. 남편은 그 아내에 대한 의무를 다하고, 아내도 그 남편에게 그렇게 할지라. 아내는 자기 몸을 주장하지 못하고 오직 그 남편이 하며, 남편도 그와 같이 자기 몸을 주장하지 못하고 오직 그 아내가 하나니, 서로 분방하지 말라. 다만 기도할 틈을 얻기 위하여 합의상 얼마 동안은 하되 다시 합하라. 이는 너희가 절제 못함으로 말미암아 사탄이 너희를 시험하지 못하게 하려 함이라. 그러나 내가 이 말을 함은 허락이요 명령은 아니니라. 나는 모든 사람이 나와 같기를 원하노라. 그러나 각각 하나님께 받은 자기의 은사가 있으니, 이 사람은 이러하고 저 사람은 저러하니라. (7:1-7)

고린도전서 7-11장에서 바울은 고린도 신자들이 그에게 썼고(7:1) 스데바나와 브드나도와 아가이고가 전달했을 편지에(16:17) 제시된 실제적 질문들에 답한다.

첫째 질문은 결혼, 곧 고린도 신자들이 심각한 문제에 빠졌던 부분과 관련이 있었다. 이들이 직면한 다른 많은 문제처럼, 결혼 문제도 이들이 살고 있으며 완전히 분리되지는 못한 이교도적이고 도덕적으로 타락한 사회를 반영했다. 이들의 사회는 간통과 간음, 동성애와 일부다처제, 축첩을 용납했다. 로마 시인

유베날리스(Juvenal, 60-140)는 여자이길 거부한 여자들에 관해 썼다. 이들은 투구를 썼고, 힘을 과시하길 좋아했으며, 가슴을 드러낸 채 창으로 돼지를 사냥했다. 그는 이들이 결혼을 너무 많이 해 신부의 너울이 헤졌다고도 했다.

당시 로마법과 관습에서, 네 유형의 결혼이 시행되었다. 노예들은 일반적으로 인간 이하의 동산(動産)으로 여겨졌다. 남자 노예와 여자 노예가 결혼을 원하면, "천막 동거"(tent companionship)를 뜻하며 '콘트베르니움'(contubernium)이라 불리는 형태로 함께 사는 게 허용될 수도 있었다. 계약은 주인이 허용하는 동안만 계속되었다. 주인은 아주 자유롭게 이들을 떼어놓거나 다른 파트너를 붙이거나 한쪽을 팔아버릴 수 있었다. 많은 초기 그리스도인이 노예였으며, 이들 중에 더러는 이런 형태의 결혼 관계를 이루고 살았다.

둘째 유형의 결혼은 '우수스'(usus)라 불렸다. 이것은 일반적인 법적 결혼으로, 남자와 여자가 1년 동안 같이 살고나면 이들을 부부로 인정했다. 셋째 유형의 결혼은 '코엠프티오 인 마눔'(coemptio in manum)으로, 아버지가 딸을 남편 될 사람에게 팔았다.

넷째 유형의 결혼은 훨씬 고상했다. 귀족들은 '콘파르레아티오'(confarreatio)라는 의식을 통해 결혼했는데, 현대 기독교의 결혼식이 여기에 기초한다. 로마 가톨릭교회가 이것을 채택해 어느 정도 기독교식으로 수정했고, 거의 그대로 종교개혁을 통해 기독교에 들어왔다. 원 예식에서는 양쪽 집안이 결혼식 준비에 참여했고, 나이 지긋한 부인(matron)이 신부를 데리고 들어오고 한 남자가 신랑을 데리고 들어왔으며, 서로 서약했고, 신부는 베일을 썼으며, 반지를 끼워주었고(왼손 셋째 손가락에), 신부 부케가 있었으며, 웨딩 케이크도 있었다.

바울 당시 로마제국에서 이혼은 흔했으며, '콘파르레아티오'를 통해 결혼한 부부들 사이에서도 다르지 않았다. 남자와 여자가 20회 이상 결혼하는 게 불가능하지 않았다. 적극적이며 목소리를 내는 페미니즘 운동도 발달했다. 어떤 아내들은 비즈니스에서, 심지어 육체적 힘이 필요한 부분에서도 남편들과 경쟁했다. 많은 여자가 주부와 어머니가 되는 데 관심이 없었고, 1세기 말이 되었을 때 자녀 없는 결혼생활이 흔했다. 남자와 여자 모두 결혼 서약과 상관없이 자신의 삶을 살려 했다.

초기 교회에 이 네 유형으로 함께 살았고 여전히 함께 살고 있는 사람들이 있었다. 초기 교회에 여러 번 결혼하고 이혼한 사람들도 있었다. 그뿐 아니라, 어떤 신자들은 독신 생활이 결혼보다 영적이라 생각하게 되었고, 그래서 결혼을 완전히 낮잡아 보았다. 어떤 사람은 성관계란 "영적이지 못하며" 완전히 버려야 한다고 가르쳤을 것이다.

성숙한 그리스도인들에게도 상황은 어렵고 복잡했다. 미숙한 그리스도인들에게 이것은 특히 혼란스러웠다. 큰 질문은 이것이었다. "신자인 우리가 무엇을 해야 하는가? 둘 다 그리스도인이라면 부부로 남아야 하는가? 배우자가 불신자라면 이혼해야 하는가? 독신이 되거나, 독신으로 남아야 하는가?" 결혼과 관련된 혼란은 수많은 어려움을 낳았고, 바울은 이 단락에서 이 부분을 다룬다.

7:1-7에서, 바울은 독신(celibacy, 금욕) 문제로 시작한다. 그는 독신이 좋으며, 유혹이 있을 수 있고, 기혼자들에게는 옳지 않으며(이 경우는 분방, 금욕), 하나님의 선물이라고 가르친다.

독신[42]은 좋다

너희가 쓴 문제에 대하여 말하면, 남자가 여자를 가까이 아니함이 좋으나, (7:1)

여자를 가까이 하다(to touch a woman)는 성관계를 나타내는 유대인의 완곡어법이다. 이 어구는 창세기 20:6, 룻기 2:9, 잠언 6:29 같은 구절에서 이런 의미로 사용된다. 바울은 이 어구를 사용해 그리스도인들이 성관계를 하지 않는 것, 즉 독신으로 미혼으로 지내는 것이 좋다고 말한다. 그러나 그는 독신이 유

---

42 celibacy는 the state of abstaining from marriage and sexual relations(결혼과 성관계를 삼가는 상태)로 독신과 금욕 두 의미를 모두 내포한다. 예를 들면, vow of celibacy 는 "독신 서약" 또는 "순결 서약"으로 옮길 수 있다. 여기서는 주로 "독신"으로 옮겼으나 "금욕"의 의미도 함께 넣어 읽기 바란다.

일하게 좋은 상태이거나, 결혼이 독신보다 나쁘거나 열등하다고 말하지 않는다. 그는 혼자 사는 것이, 금욕적인 한, 좋을 수 있다고 말할 뿐이다.

하나님이 창조 때 친히 선언하셨다. "사람이 혼자 사는 것이 좋지 아니하니, 내가 그를 위하여 돕는 배필을 지으리라"(창 2:18). 모든 사람은 동반자가 필요하며, 그래서 하나님은 다른 무엇보다 결혼이 동반자의 의미를 가장 잘 채워 주는 일반적 의미가 되게 하셨다. 하나님은 옛 언약 아래서 독신을 허락하셨고 모두에게 결혼을 요구하지는 않으셨다. 그러나 유대 전통은 결혼을 이상적 상태로 보았을 뿐 아니라 독신을 "생육하고 번성하여 땅에 충만하라"는 하나님의 명령에 대한 불순종으로 보았다(창 1:28).

그 결과, 고린도의 유대 그리스도인 중에 독신인 이방인 신자들의 결혼을 압박한 사람들이 있었을 수 있다. 반대로, 이방인 신자 중에, 아마도 자신의 과거 경험 때문에, 독신으로 남으려는 사람들이 있었다. 유대인들이 결혼과 관련해 그러했듯이, 이 이방인 신자들은 자신들이 과거에 지은 성적인 죄에 대한 반발로 독신을 이상적 상태로 보았을 뿐 아니라 유일하게 경건한 상태로 보게 되었다. 바울은 독신 생활(singleness)이 좋고 고결하며 탁월하다는 것을 인정한다. 그러나 그는 독신 생활이 결혼생활보다 더 영적인 상태라거나 하나님에게 더 잘 받아들여진다는 주장을 지지하지 않는다.

독신은 유혹을 받는다

음행을 피하기 위하여 남자마다 자기 아내를 두고 여자마다 자기 남편을 두라.
(7:2)

음행을 피하기 위하여(but because of immoralities)는 고린도교회의 모든 구성원이 음란하다(immoral)는 것을 암시하지 않는다. 비록 이들 중에 음란한 자들이 많았지만 말이다. 바울은 독신자들이 간음할 '위험'을 말하고 있다. 성욕이 채워지지 않은 데다 매우 강할 수 있기에, 특히 고대 로마의 사회들이나 우리의 사회처럼 성적 방종이 자유롭고 심지어 미화되는 곳에서, 결혼하지 않은 사람들이 음행의 유혹을 강하게 받는다.

결혼을 단순히 하나님이 만드신 성욕 배출구로 낮잡아 보아서는 안 된다. 바울은 고린도 신자들이 오로지 도덕적 죄를 피하려고 나가 결혼할 그리스도 인을 찾으라 말하지 않는다. 바울의 결혼관은 이보다 훨씬 높다(엡 5:22-23을 보라). 여기서 그의 목적은 독신 생활의 성적 유혹이 실재라는 사실을 강조하고, 결혼이 이러한 유혹에서 벗어날 적법한 탈출구라는 사실을 인정하는 것이다. 그러므로 **음행을 피하기 위하여 남자마다 자기 아내를 두고 여자마다 자기 남편을 두라.**

성경은 결혼해야 하는 수많은 이유를 제시한다. 첫째, 결혼은 '출산'(procreation)을 위한 것이다. 하나님은 아담과 하와에게 "생육하고 번성하라"고 명하셨다(창 1:28). 하나님은 인류가 스스로 번식하길 원하신다. 결혼은 '즐거움'(pleasure)을 위한 것이기도 하다. 잠언은 "젊어서 취한 아내를 즐거워하라"고 말하며(5:18-19), 아가서는 부부 간의 사랑(marital love)에서 오는 육체적 매력과 즐거움을 중심으로 전개된다. 결혼은 동반자 관계(partnership)다. 여자는 남자를 "돕는 배필"로 창조되었다(창 2:18). 부부간의 금실은 좋은 결혼 생활의 핵심 요소다. 결혼은 교회의 '그림'이다. 그리스도께서 교회에 대한 권위를 갖고 또 교회를 사랑하시듯이, 남편은 아내에 대한 권위를 갖고 또 아내를 사랑해야 한다(엡 5:23-32). 결혼은 '정결'(purity)을 위한 것이다. 결혼은 육체적 필요를 채움으로써 **음행**을 막는다.

독신이 좋지만 결혼보다 우월하지 않으며, 결혼에는 없는 위험과 유혹이 따른다.

결혼한 사람들에게는 독신[43]이 옳지 않다

남편은 그 아내에 대한 의무를 다하고, 아내도 그 남편에게 그렇게 할지라. 아내는 자기 몸을 주장하지 못하고 오직 그 남편이 하며, 남편도 그와 같이 자기 몸을

---

43 여기서 celibacy는 "독신"보다는 "금욕"을 의미한다.

주장하지 못하고 오직 그 아내가 하나니, 서로 분방하지 말라. 다만 기도할 틈을 얻기 위하여 합의상 얼마 동안은 하되 다시 합하라. 이는 너희가 절제 못함으로 말미암아 사탄이 너희를 시험하지 못하게 하려 함이라. (7:3-5)

독신(금욕)이 결혼한 사람들에게는 옳지 않다는 것은 분명한 진리여야 한다. 그러나 이것이 어떤 고린도 신자들에게는 분명하지 않았다. 이들은 전적 금욕이 영적으로 우월하다고 잘못 믿었고, 그래서 어떤 신자들은 결혼생활에서까지 금욕을 실천했다. 어떤 남편들은 지나치게 열성적인 나머지 자신을 온전히 하나님을 위해 구별하겠다고 결심한 게 분명하다. 그러나 그러면서 이들은 아내에 대한 의무를, 특히 성관계 부분에서, 소홀히 하거나 심지어 거부했다. 똑같이 한 아내들도 있었다. 분방(deprivation, 잠자리 거부)은 배우자가 불신자일 때 가장 일반적이었을 것이다. 그러나 10-17절에 분명히 나타나듯이, 바울은 자신의 명령을 모든 결혼생활에 적용한다. 결혼한 신자들은 배우자가 그리스도인이든 아니든 간에 성적으로 배우자를 거부해서는 안 된다.

바울은 **남편은 그 아내에 대한 의무를 다하고, 아내도 그 남편에게 그렇게 할지라**는 가르침에 예외를 두지 않았다. 하나님은 모든 결혼을 신성하게 여기시고, 부부간의 모든 성관계를 신성할 뿐 아니라 의무적이라고 여기신다. 바울은 부부간의 성관계는 단지 특권이자 즐거움이 아니라 의무이기도 하다는 것을 분명히 한다. 남편과 아내는 서로에게 성적 만족을 줄 **의무**가 있다. 남편과 아내 사이에 아무 차이도 없다. 이 부분에서, 남편의 권리가 아내의 권리보다 크지 않다.

4절에서, 바울은 이러한 상호 의무를 강화한다. **아내는 자기 몸을 주장하지 못하고 오직 그 남편이 하며, 남편도 그와 같이 자기 몸을 주장하지 못하고 오직 그 아내가 하나니.** 하나님은 부부간의 성욕과 그 표현을 존중하신다. 사실, 그리스도인 부부들이 배우자의 권위(authority, 주장)에 성적으로 복종하지 못하면 결혼을 존중하지 않는(dishonor, 무시하는) 것이기에 하나님을 존중하지 않는 것이다.

'엑소우시아제이'(*exousiazei*, **have authority over**, 주장하다)는 현재시제로,

늘 사실인 일반적 진술을 나타낸다. 서로의 몸에 대한 부부의 권위는 계속적이다. 이것은 결혼생활 내내 계속된다. 정상적인 삶의 영역에서, 그리스도인의 몸은 자신의 것이며, 하나님이 주신 선물로 여기고 보살피며 사용해야 한다. 물론, 가장 깊은 영적 의미에서, 그리스도인의 몸은 전적으로 하나님의 것이다(롬 12:1). 그러나 결혼의 영역에서, 그리스도인의 몸은 배우자의 것이기도 하다.

성적 표현을 결혼 관계 안에서 하는 것은 선택 사항이나 추가 사항이 아니다. 때로 그렇게 여겨져 온 것과 달리, 이것은 영적인 그리스도인들이 자녀를 낳기 위해 해야 하는 필요악이 아니다. 이것은 육체적 행위를 훨씬 넘어선다. 하나님은 이것을 인간이 사랑을 가장 깊이 표현하고 경험하는 것으로 창조하셨고, 남편과 아내 간의 아름답고 강력한 유대로 창조하셨다.

하나님의 뜻은 결혼이 영구적이고 부부간의 성관계도 영구적인 것이다. 결혼을 향한 하나님의 원래 계획은 이혼이나 독신을 허용하지 않았다. 그리스도인들은 믿지 않는 배우자를 버려서는 안 되며(12-17절), 배우자가 신자든 불신자든 간에 배우자를 성적으로 밀어내서도(deprive) 안 된다. 금지는 포괄적이다. **서로 분방하지 말라.** 단호한 명령이다. 부부 간의 성관계는 하나님이 정하셨고 명하신 것이다.

유일한 예외는 상호적이며 일시적이다: **다만 기도할 틈을 얻기 위하여 합의상 얼마 동안은 하되.** 금식의 경우처럼, 부부 모두 한 사람이나 둘 다 집중해서 기도하는 시간을 가질 수 있도록 짧은 기간 성관계를 삼가기로 동의한다면, 그렇게 해도 좋다. 구체적 기간(틈, time)과 목적(기도), 둘 다 암시된다. 육체적 분리의 기간, 기도의 구체적 필요와 목적이 사전에 합의되어야 한다.

하나님은 한 사람이나 사역에 관해 우리에게 무거운 짐, 즉 온전한 주의와 집중적 기도가 필요한 짐을 맡기실 수도 있다. 예를 들면, 슬픔이나 중병이 우리를 이런 상황으로 이끌 수도 있다. 또는 우리가 특히 해로운 죄에 빠졌기에 한동안 물러나 주님과의 관계를 바로잡아야 할 수도 있다.

시내산에서 언약을 맺으신 후, 하나님은 내려와 "빽빽한 구름 가운데서" 자신을 이스라엘에게 드러내기로, "내가 너[모세]와 말하는 것을 백성들이 듣게 하기로" 계획하셨다. 하나님의 임재를 준비하면서, 백성은 옷을 빨고 사흘간 성관계를 삼감으로써 자신을 성별해야 했다(출 19:9-15).

수백 년 후, 유다의 극단적 악에 답해, 하나님은 이렇게 명하셨다.

> 너희는 이제라도 금식하고, 울며, 애통하고, 마음을 다하여, 내게로 돌아오라 하셨나니, 너희는 옷을 찢지 말고 마음을 찢고, 너희 하나님 여호와께로 돌아올지어다…주께서 혹시 마음과 뜻을 돌이키시고…누가 알겠느냐?…백성을 모아 그 모임을 거룩하게 하고, 장로들을 모으며, 어린이와 젖 먹는 자를 모으며, 신랑을 그 방에서 나오게 하며, 신부도 그 신방에서 나오게 하고. (욜 2:12-14, 16)

용서가 너무나 절실했기에, 신부와 신랑도 침실에서 나와 민족적 애통과 간구에 참여해야 했다.

예수 그리스도께서 다시 오실 때, "다윗의 집과 예루살렘 주민에게 은총과 간구하는 심령을 부어 주리니, 그들이 그 찌른 바 그를 바라보고, 그를 위하여 애통하기를…온 땅 각 족속이 따로 애통하되, 다윗의 족속이 따로 하고, 그들의 아내들이 따로 할" 것이다(슥 12:10, 12). 애통할 때는 부부 관계가 중지될 것이다.

그러나 이런 긴급한 영적 필요가 지나가면, 정상적인 결혼 관계를 회복해야 한다. 부부가 **다시 합해야** 한다.

다시 합해야 하는 이유는 분명하다: **이는 너희가 절제 못함으로 말미암아 사탄이 너희를 시험하지 못하게 하려 함이라.** 집중기도 기간이 끝나면, 정상적 욕구와 유혹이 종종 더 강해져 돌아올 것이다. 사탄은 그리스도인들이 산꼭대기 체험 후에 특히 취약해질 수 있다는 것을 안다. 우리의 방패가 내려가기 쉽고 우리의 교만이 올라갈 수 있다. 또는 이 체험 때문에, 우리는 이후 한동안 단지 성욕이 없을 수도 있다. 반대로, 우리의 배우자는, 특히 함께 기도에 참여하지 않았다면, 분방하는 동안 성욕이 특히 강해졌을 수도 있다. 우리 자신이 유혹에 빠지지 않게 막는 방어책으로, 또는 배우자가 유혹에 빠지지 않게 막는 방어책으로, 성관계가 즉시 재개되어야 한다.

구체적 기도의 필요와 짧은 기간에 대해 상호 동의가 없었다면, 금욕은 사탄의 도구가 될 수 있다. 금욕을 절대로 영적으로 우월한 체하거나 배우자를 위협하거나 조종하는 수단으로 사용해서는 안 된다. 육체적 사랑은 부부 양쪽 모두 하나님의 선물로 누리는 정상적이고 주기적인 경험이어야 한다.

독신은 은사다

그러나 내가 이 말을 함은 허락이요 명령은 아니니라. 나는 모든 사람이 나와 같기를 원하노라. 그러나 각각 하나님께 받은 자기의 은사가 있으니, 이 사람은 이러하고 저 사람은 저러하니라. (7:6-7)

나는 **허락(concession)**이 가장 좋은 번역이라고 믿지 않는다. 헬라어(*sungnōmē*)는 "누군가와 같은 것을 생각하다, 공통된 의견이나 마음이나 이해를 갖다"라는 뜻이다. 이것은 또한 "인지"(awareness)를 의미할 수 있다. **그러나 내가 이 말을 함은** 뒤로 돌아가 방금 결혼에 관해 말한 것을 가리킨다. 내 생각에, 바울은 자신이 독신과 금욕이 좋다는 것을 알지만 결혼의 특권과 책임도 안다고 말하고 있었다. 그의 말은 모든 신자가 결혼해야 한다는 **명령은 아니었다.** 결혼은 하나님이 제정하셨고, 남녀 관계의 규범이며, 인류에게 큰 복이다. 그러나 결혼은 신자들이나 누구에게도 강요되지 않는다. 바울의 핵심은 이것이다: 여러분이 독신이라면 그것도 좋으며, 결혼했다면 결혼은 하나님이 세우신 것이니 그 상태로 있고 정상적인 결혼 관계를 유지하십시오. 영성은 결혼 상태로 결정되지 않는다.

어떤 의미에서, 바울은 모든 신자가 비혼(非婚)일 수 있길 바랐다. **나는 모든 사람이 나와 같기를 원하노라.** 그는 자신이 독신으로 그리스도를 섬기면서 누리는 큰 자유와 독립에 비추어 말했다. 그러나 모든 신자가 비혼이길 기대하지는 않았다. 그는 독신자들이 모두 독신으로 남길 기대하지도 않았다. 기혼자들이 마치 독신자들처럼 살고 독신주의자가 되는 것은 옳지 않을 터였다.

독신(celibacy)이 비혼 그리스도인들에게는 좋지만, 하나님이 모든 신자에게 주지는 않으신 **하나님께 받은…은사**다. 우리에게 있는 은사를 오용하는 것이 잘못이듯, 우리에게 없는 은사를 사용하려는 것도 잘못이다. 독신의 은사가 없는 사람이 독신으로 살려고 한다면 도덕적·영적 좌절이 따른다. 그러나 하나님께 받은 독신의 은사가 있는 사람에게는, 그분이 주신 모든 은사처럼, 독신 생활은 큰 복이다.

그러나 오늘의 그리스도인들은 독신에 관해 바울 당시에 유대 전통이 취했던 태도를 취하기 일쑤다. 우리는 독신을 이류 상태로 본다. 바울은 "그렇지 않습니다"라고 말한다. 독신이 누군가에게 주어진 하나님의 은사라면, 그 사람이 그 은사를 받아들이고 사용하는 게 하나님의 뜻이다. 그 사람이 하나님께 순종한다면, 평생을 완전히 만족하고 행복하게 독신으로 살 수 있다.

분명히, 독신은 실제로 이점이 많다. 독신은 주님을 섬기는 장소와 방법에서 훨씬 큰 자유를 준다. 독신자는 더 자유롭게 이동하고 시간과 일정을 짤 수 있다. 바울이 7장 뒷부분에서 지적하듯이, 결혼한 사람들은 결혼하지 않은 사람들에게는 없는 염려가 많다(32-34절).

레이첼 세인트(Rachel Saint, 1914-1994)는 독신 선교사로 에콰도르의 아우카 인디언들을 오랫동안 섬겼다. 그녀는 자신의 삶과 사랑을 이들에게 쏟았고, 큰 복과 성취를 발견했다.

예수님은 언젠가 제자들에게 이렇게 말씀하셨다. "어머니의 태로부터 된 고자도 있고, 사람이 만든 고자도 있고, 천국을 위하여 스스로 된 고자도 있도다. 이 말을 받을 만한 자는 받을지어다"(마 19:12).

예수님과 바울 둘 다 독신 생활은 하나님이 모든 신자에게 요구하시는 게 아니며, 하나님이 독신의 은사를 주신 사람들만 만족스럽게 독신으로 살 수 있다는 것을 분명히 한다.

각각 하나님께 받은 자기의 은사가 있으니, 이 사람은 이러하고 저 사람은 저러하니라. 우리의 목적은 하나님이 주신 은사를 찾아내 그분을 섬기는 일에 성실하게 기쁨으로 사용하며, 우리가 갖지 못한 은사를 부러워하거나 깎아내리지 않는 것이어야 한다.

17
결혼에 대한 하나님의 지침
(7:8-16)

내가 결혼하지 아니한 자들과 과부들에게 이르노니, 나와 같이 그냥 지내는 것이 좋으니라. 만일 절제할 수 없거든 결혼하라. 정욕이 불같이 타는 것보다 결혼하는 것이 나으니라. 결혼한 자들에게 내가 명하노니, (명하는 자는 내가 아니요 주시라) 여자는 남편에게서 갈라서지 말고, (만일 갈라섰으면, 그대로 지내든지 다시 그 남편과 화합하든지 하라) 남편도 아내를 버리지 말라. 그 나머지 사람들에게 내가 말하노니, (이는 주의 명령이 아니라) 만일 어떤 형제에게 믿지 아니하는 아내가 있어 남편과 함께 살기를 좋아하거든 그를 버리지 말며, 어떤 여자에게 믿지 아니하는 남편이 있어 아내와 함께 살기를 좋아하거든 그 남편을 버리지 말라. 믿지 아니하는 남편이 아내로 말미암아 거룩하게 되고, 믿지 아니하는 아내가 남편으로 말미암아 거룩하게 되나니, 그렇지 아니하면 너희 자녀도 깨끗하지 못하니라. 그러나 이제 거룩하니라. 혹 믿지 아니하는 자가 갈리거든 갈리게 하라. 형제나 자매나 이런 일에 구애될 것이 없느니라. 그러나 하나님은 화평 중에서 너희를 부르셨느니라. 아내 된 자여, 네가 남편을 구원할는지 어찌 알 수 있으며, 남편 된 자여, 네가 네 아내를 구원할는지 어찌 알 수 있으리요? (7:8-16)

미국에서 부부 두 쌍 중 한 쌍이 결국 이혼한다. 매년 이혼 건수와 결혼 건수가 거의 비슷하다. 사람들은 사랑에 환호하고 사랑을 찾지만, 사랑이 그리 분명하지 않다. 심지어 부부간에도 그렇다.

결혼 문제는 현대만의 문제가 아니다. 결혼 문제는 역사 내내 있었고, 신약성경 시대 로마제국에 만연했다. 예상했듯이, 고린도교회는 극심한 고통을 겪었다. 앞서 말했듯이, 고린도전서 7장은 결혼 및 이와 관련된 문제를 다룬다. 7장에서 바울은 독신(singleness)과 금욕(celibacy)과 결혼에 관한 고린도 신자들의 심각한 오해와 잘못된 행동을 다룬다. 1-7절에서 바울은 일반 원칙을 세운다: 결혼은 그리스도인들에게 규범이지만, 독신은 하나님의 특별한 은사로서 좋은 것이다.

8-16절에서 바울은 기본 진리를 네 그룹의 신자들에게 적용한다. (1) 결혼했었던 신자들, (2) 신자들과 결혼한 신자들 (3) 불신자들과 결혼했으며 결혼을 유지하길 원하는 신자들, (4) 불신자들과 결혼했으며 결혼을 그만두려는 신자들. 첫째 상황에서, 하나님은 선택권을 주신다. 나머지 세 상황에서는 선택권을 주지 않으신다.

독신 그리스도인들을 위한 지침

내가 결혼하지 아니한 자들과 과부들에게 이르노니, 나와 같이 그냥 지내는 것이 좋으니라. 만일 절제할 수 없거든 결혼하라. 정욕이 불같이 타는 것보다 결혼하는 것이 나으니라. (7:8-9)

이 단락은 다음 질문에 답한다. "그리스도인이 되기 전에 결혼했다가 이혼한 사람들은 재혼해야 하는가?" 의심할 여지 없이 이것은 고린도교회의 핵심 질문이었다. 결혼했었던 사람들이 그리스도 안에서 구원을 받았고, 이제 다른 사람과 결혼할 권리가 있는지 물었다. 바울이 여기서 제시하는 답변은 어떤 선택이 가능한지 알고 싶은 사람들에게 특히 적합하다.

결혼하지 아니한 자들과 과부들은 여기에 언급된 두 부류의 독신자들이지만, 바울은 25절에서 셋째 부류를 언급한다("처녀"). 세 그룹의 차이를 이해하는 게 필수다. "처녀"들(virgins, *parthenoi*)은 결혼한 적이 없는 독신자들을 가리키는 게 분명하다. **과부들(widows,** *chērais*)은 결혼했었지만 배우자의 죽음으로

결혼 관계가 종결된 독신자들이다. 이제 **결혼하지 아니한 자들(the unmarried)**
이 남는다. 이들은 누구인가?

결혼하지 아니한(unmarried, *agamos*, "결혼식, 또는 결혼"에서 왔으며 여기에 부정
접두어 a가 붙었다)이라는 용어는 신약성경에 네 차례밖에 사용되지 않으며, 모
두 고린도전서 7장에 나온다. 그러므로 이 핵심 용어를 이해하려고 다른 곳을
찾을 필요가 없다. 32절은 이 용어를 사용하지만 이 용어의 구체적 의미에 관
한 단서를 거의 주지 않는다("장가가지 않은 자"). 34절은 이 용어를 더 명확하게
사용한다: "시집가지 않은 자와 처녀." 추정컨대, 바울은 뚜렷이 다른 두 그룹
을 염두에 두었을 것이다: 결혼하지 아니한 자들이 누구든, 이들은 처녀가 아
니다. 8절은 "결혼하지 아니한 자들과 과부들"에게 말하며, 따라서 **결혼하지 아
니한 자들**이 **과부들**이 아니라고 결론 내릴 수 있다. 가장 분명한 정보는 이 용
어가 10, 11절에 사용된 데서 나타난다: "여자는 남편에게서 갈라서지[이혼하
지] 말고 (만일 갈라섰다면, 그대로 지내든지[remain unmarried]…)." **결혼하지 않은
(unmarried)**이란 용어는 전에 결혼했으나 과부는 아닌 사람들, 지금 독신이
지만 처녀는 아닌 사람들을 가리킨다. 그러므로 **결혼하지 아니한** 여자는 이혼
한 여자다.

바울은 그리스도께 나오기 전에 이혼했던 사람들에게 말하고 있다. 이들은
자신이 결혼할 권리가 있는지 알고 싶었다. 바울이 이들에게 한 말은 지금 결
혼할 자유가 있는 사람들이 **나와 같이 그냥 지내는 것이 좋다**는 것이다. 이 말로,
바울은 자신이 결혼했었다고 단언한다. 바울이 한때 속했던 산헤드린(공회)의
회원이 되려면 기혼자여야 했던 것으로 보이기 때문에, 그가 바리새인의 전
통에 매우 열심이었기 때문에(갈 1:14), 그가 장모였을 수 있는 사람을 언급하
기 때문에(롬 16:13), 바울이 결혼했었다고 추정할 수 있겠다. 그가 여기서 결
혼했었던 사람들에게 하는 **나와 같이(even as I)**라는 말이 이것을 확인해준다.
그는 홀아비였을 것이다. 그는 자신을 처녀들과 동일시하는 게 아니라 결혼
하지 아니한 자들과 과부들, 즉 결혼했었던 사람들과 동일시한다.

핵심은 이것이다: 독신일 때 그리스도께 회심한 사람들은 독신으로 지내는
게 자신에게 좋다는 것을 알아야 한다. 서둘러 결혼할 필요가 없다. 좋은 의도

에서, 많은 그리스도인이 사람들을 독신으로 두려하지 않는다. 큐피드와 중매자 역할을 하고픈 충동이 강할 수 있지만, 성숙한 신자라면 이 충동을 이겨내야 한다. 결혼은 필수가 아니며 독신보다 우월하지도 않고, 그리스도를 섬길 잠재력을 상당히 제한한다(32-34절).

안나 이야기는 예수님의 탄생과 유아기에 관한 가장 아름다운 이야기 중 하나다. 마리아와 요셉이 아기 예수를 하나님께 드리고 제사하려고 예루살렘에 갔을 때, 여선지자 안나가 예수님을 메시아로 알아보았다. 조금 전 시므온이 했던 것과 흡사하게, 안나는 "하나님께 감사하고, 예루살렘의 속량을 바라는 모든 사람에게 그에 대하여 말했다." 안나는 결혼하고 남편과 7년밖에 살지 못했으며, 그 이후 계속 과부로 지냈다. 84세에 안나는 여전히 성전에서 "주야로 금식하며 기도함으로" 신실하게 하나님을 섬기고 있었다(눅 2:21-38). 안나는 자신의 운명이 열등하거나 무의미하다고 보지 않았다. 안나는 독신의 은사가 있었고, 이것을 기쁘게 주님의 일에 사용했다.

이 장 뒤에서, 바울은 신자들에게 지금 그대로 지내라고 조언했다. 독신으로 남는 것은 잘못이 아니었으며, 결혼하거나 결혼한 채로 지내는 것도 잘못이 아니었다. 그러나 고린도 신자들이 겪는 "현재의 곤경에 비춰볼 때"(in view of the present distress, 개역개정은 "임박한 환난으로 말미암아," 26절),[44] 지금 그대로 지내는 게 훨씬 좋아보였다(7:25-28).

그러나 독신 신자가 **절제할 수 없으면, 결혼해야** 한다. 그리스도인이 독신이지만 독신의 은사가 없고 성적 유혹을 강하게 받는다면, 결혼해야 한다. **결혼하라(let them marry)**는 헬라어 본문에서 부정과거 명령법으로, 강한 명령을 나타낸다. 바울은 "결혼하라"고 말한다. **정욕이 불 같이 타는 것보다 결혼하는 것이 낫기** 때문이다(for it is better to marry than to burn). 이 용어는 "불붙다"(to be flamed)라는 뜻이며, 강한 욕정을 가리킨다고 이해하는 게 가장 좋다 (참조. 롬 1:27). 계속해서 성욕이 불타오른다면, 설령 실제 음행으로 이어지지

---

44 "지금 닥쳐오는 재난 때문에"(새번역). "지금 우리가 겪고 있는 재난을 생각한다면"(공동번역 개정판).

않더라도, 주님을 섬기기는 고사하고 행복하게 살 수 없다. 음행이 만연하고 용납되는 고린도 사회, 또는 우리 사회 같은 곳에서, 유혹에 넘어가지 않기란 특히 더 어렵다.

나는 그리스도인 커플이 결혼하기로 했다면 꽤 빨리해야 한다고 생각한다. 기준이 낮고 표현이 자유로우며 외설이 끊이지 않는 시대에, 성적 순결을 유지하기가 지극히 어렵다. 이른 결혼의 실제적 문제는 음행의 위험만큼 심각하지 않다.

성욕이 강하지만 당장 결혼할 마음이 없는 사람은 결혼에 관해 결정하기가 더 어려운 게 분명하다. 그리스도인이 불신자와 결혼하는 것은 절대 하나님의 뜻이 아니다(고후 6:14). 그렇다고 "예"라고 답하는 첫 번째 신자와 결혼하는 것도 하나님의 뜻이 아니다. 결혼하려는 마음이 매우 크더라도 신중해야 한다. 어떤 종류든 강한 감정은 판단력을 무디게 하고, 사람을 취약하고 부주의하게 만든다.

그리스도인들이 이 딜레마에 빠질 때 해야 하는 일이 여럿 있다. 첫째, 단순히 결혼하려 하지 말고, 사랑하고 신뢰하며 존경할 수 있는 사람을 찾으며, 결혼이 이러한 사랑의 헌신에 대한 반응으로 다가오게 해야 한다. 단순히 결혼을 위해 결혼하려는 사람들은 엉뚱한 사람과 결혼할 위험이 크다.

둘째, "바른 사람"을 찾는 것은 좋지만 바른 사람을 '찾는' 가장 좋은 방법은 바른 사람이 '되는'(be) 것이다. 신자들과 하나님의 관계가 바르고 이들이 결혼하는 게 하나님의 뜻이라면, 하나님이 바른 사람을, 절대로 너무 늦지 않게, 보내주실 것이다.

셋째, 바른 사람을 찾을 때까지, 마음이 유혹받지 않게 지키는 데 가장 도움이 되도록 에너지를 쓰는 방향을 재설정해야 한다. 가장 좋은 두 방법은 영적 섬김과 육체적 활동이다. 유혹에 힘을 싣는 그 무엇이라도 듣거나 보길 삼가고 그 주위를 기웃대지 말아야 한다. 마음을 오로지 선하고 유익한 것에 집중해야 한다. 바울이 빌립보서에서 준 가르침을 특별히 주의 깊게 따라야 한다. "형제들아, 무엇에든지 참되며, 무엇에든지 경건하며, 무엇에든지 옳으며, 무엇에든지 정결하며, 무엇에든지 사랑받을 만하며, 무엇에든지 칭찬받을 만하며, 무슨 덕이 있든지 무슨 기림이 있든지 이것들을 생각하라"(4:8).

넷째, 하나님이 우리에게 바른 사람을 주실 때까지 유혹을 이길 힘을 주시리라는 것을 깨달아야 한다. "오직 하나님은 미쁘사 너희가 감당하지 못할 시험 당함을 허락하지 아니하시고, 시험 당할 즈음에 또한 피할 길을 내사 너희로 능히 감당하게 하시느니라"(고전 10:13).

마지막으로, 우리의 상황에 대해 주님께 감사하고 그 상황에 만족해야 한다. 구원은 새로운 날을 밝히며, 그 날에 결혼은 "주 안에서"(39절) 선택 사항이다.

그리스도인과 결혼한 그리스도인을 위한 지침

결혼한 자들에게 내가 명하노니, (명하는 자는 내가 아니요 주시라) 여자는 남편에게서 갈라서지 말고, (만일 갈라섰으면, 그대로 지내든지 다시 그 남편과 화합하든지 하라) 남편도 아내를 버리지 말라. (7:10-11)

관련된 결혼의 유형에 관해서는 아무 구별이 없다. 앞장에서 보았듯이, 당시에 적어도 네 유형의—관습상의 우수스(*usus*)부터 상류층의 콘파르레아티오(*confarreatio*)까지—결혼이 있었다. **결혼한 자들에게(to the married)**는 모든 형태를 포함한다. 바울이 여기서 염두에 둔 부부는 양쪽 모두 그리스도인이다. 이것은 그가 이들에게 **명한다(instructions,** 그는 절대 불신자들에게 명하지 않는다)는 사실에서, 그리고 12-16절에서 배우자 중 한쪽만 신자인 경우를 구체적으로 다룬다는 사실에서 분명해진다.

바울은 여기서 자신이 주는 가르침의 근원에 관해 조금도 의심이 없도록 **명하는 자는 내가 아니요 주시라**고 덧붙인다. 예수님은 이 땅에서 사역하실 때 이 진리를 가르치셨다. 그분은 창세기 2:24을 인용하며 이렇게 말씀하셨다. "그러므로 사람이 그 부모를 떠나서 아내에게 합하여 그 둘이 한 몸이 될지니라." 그런 후, 이렇게 덧붙이셨다. "그러므로 하나님이 짝지어 주신 것을 사람이 나누지 못할지니라"(마 19:5-6). 제자들의 질문에 답해, 예수님은 하나님이 모세에게 백성의 이혼을 허용하도록 허락하신 것은 그 백성의 "마음의 완악함" 때문이라고 설명하셨으며(7-8절), 이혼은 간음한 경우에만 허용되었다(마 5:31-32). 하나님은 말라기를 통해 "나는 이혼하는 것…를 미워하노라"고 하셨다(말 2:16). 이혼은 인류를 향한 하나님의 계획에 어긋나며, 간음한 경우에 허용될 때도 회복할 수 없는 불성실한 상황에서 무죄한 쪽을 위한 자애로운 양보다. 회개가 있는 곳에 회복이 있을 수 있다.

왜 어떤 고린도 그리스도인들이 배우자와 이혼하길 원했는지는 알 수 없다. 1-7절에 비춰볼 때, 어떤 교인들은 독신이 되면 더 거룩하고 헌신적으로 살 수 있다고 생각했고, 이런 이유로 이혼을 원했을 것이다. 어떤 사람들은 더 마음에 드는 상대를 만났기 때문에, 또는 단지 배우자에게 만족하지 못했기 때문에 배우자와 갈라서길 원했을 것이다. 그러나 이유가 무엇이든 간에, 이들은 이혼하지 말아야 했다. **여자는 남편에게서 갈라지지 말아야** 했고, **남편도 아내를 버리지 말아야** 했다. **갈라서다(leave, chōrizō)**와 **버리다(send away, aphiēmi)**는 남녀 관계를 말하는 이 문맥에서 이혼을 의미하는데, 이런 행위는 금지된다.

바울은 간음에 근거한 이혼을 논하고 있지 않았다. 그 경우에 관해서는 예수님이 구체적으로 단언하셨다(마 5:32; 19:8-9). 바울은 다른 이유들, 심지어 영적 이유들로 인한 이혼을 말하고 있었다.

고린도 신자 중에 이미 이혼했거나 이혼을 추진 중인 사람들이 있었다. 바울은 이들에게 말한다. **만일 갈라섰으면, 그대로 지내든지 다시 그 남편과 화합하든지 하라.** 간음 외에 다른 이유로 그리스도인이 그리스도인과 이혼한다면, 어느 쪽도 다시 결혼할 자유가 없다. 독신으로 지내든지 이전 배우자와 재결합해야 한다. 하나님이 보시기에, 이 연합은 절대로 깨지지 않았다. 이것은 상담자의 제안이 아니라 주님의 명령이다.

불신자와 결혼했으며 결혼을 유지하려는 그리스도인을 위한 지침

그 나머지 사람들에게 내가 말하노니, (이는 주의 명령이 아니라) 만일 어떤 형제에

게 믿지 아니하는 아내가 있어 남편과 함께 살기를 좋아하거든 그를 버리지 말며, 어떤 여자에게 믿지 아니하는 남편이 있어 아내와 함께 살기를 좋아하거든 그 남편을 버리지 말라. 믿지 아니하는 남편이 아내로 말미암아 거룩하게 되고, 믿지 아니하는 아내가 남편으로 말미암아 거룩하게 되나니, 그렇지 아니하면 너희 자녀도 깨끗하지 못하니라. 그러나 이제 거룩하니라. (7:12-14)

이미 불신자와 결혼한 그리스도인들, 어쩌면 심지어 부도덕하고 우상을 섬기는 이교도와 결혼한 그리스도인들은 어떻게 해야 하는가? 이들은 고르지 않은 멍에를 함께 맨 배우자와 이혼하고 독신으로 지내거나 다른 신자와 결혼할 자유가 있는가? 이것들은 솔직한 질문이었다. 바울은 이들의 몸이 그리스도의 지체요 성령의 전이라고 가르쳤다(6:15-20). 이 가르침에 비춰볼 때, 고린도 그리스도인들이 불신자와의 결혼 관계를 유지해야 하는지에 관심을 두는 것은 당연했다. 어떤 사람들은 이런 연합이 그리스도를 사탄과 연결하며, 따라서 신자와 그 자녀를 더럽히고 주님을 욕되게 한다고 생각했을 것이다. 그리스도인 배우자를 가지려는 갈망이 매우 강했을 것이다.

예수님은 이 문제에 관해 직접적인 가르침을 주지 않으셨다. 그래서 바울은 **그 나머지 사람들에게 내가 말하노니, (이는 주의 명령이 아니라)**고 말한다. 이것은 영감을 부정하는 말이나 바울이 자신의 인간적 견해를 제시할 뿐이라는 말이 아니다. 이것은 하나님이 이 주제에 관해 이전에 그 어떤 계시도 하지 않으셨으나 이제 바울이 그 계시를 제시하고 있다는 뜻일 뿐이다. **만일 어떤 형제에게 믿지 아니하는 아내가 있어 남편과 함께 살기를 좋아하거든 그를 버리지 말라.**

불신자와 결혼한 그리스도인들은 자신이, 자신의 결혼이, 자신의 자녀가 믿지 않는 배우자 때문에 더럽혀질까 걱정하지 말아야 한다. 오히려 정반대다. 자녀와 믿지 않는 배우자가 믿는 **아내나 남편으로 말미암아 거룩하게 될 것**이다.

고르지 않은 멍에를 매는 것, 불신자와 한 몸이 되는 것은 실망스럽고 낙담이 되며 심지어 값비싼 대가가 따를 수 있다. 그러나 이것이 더럽힐 필요는 없다. 신자 하나가 한 가정을 거룩하게 할 수 있기 때문이다. 이런 의미에서, **거룩하게 하다(sanctify)**는 구원을 가리키지 않는다. 구원을 가리킨다면, 배우자를 가리켜 **믿지 아니하는** 남편/아내라고 하지 않았을 것이다. 이것은 구별됨(being set apart)을 가리키며, 이것이 **거룩하게 하다(sanctify)**와 **거룩하다(holy)**의 기본 의미인데, 둘은 헬라어 어근이 같다. 여기서 거룩하게 됨(sanctification, 성화)은 개인적이거나 영적인 게 아니라 결혼과 가족에 관한 것이다. 하나님이 보시기에, 남편이나 아내, 또는 암시적으로 그 어떤 가족 구성이라도 그리스도인일 때, 그 가정은 그분을 위해 구별되었다. 이런 가정은 완전한 의미에서 그리스도인 가정이 아니지만, 전혀 믿지 않는 가정보다 무한히 우월하다. 설령 그리스도인이 비웃음을 사고 박해를 받더라도, 그 가정의 불신자들은 그 신자 때문에 복이 있다. 한 그리스도인이 가정 전체에 은혜를 부른다. 하나님이 그 신자 안에 거하시고 하늘의 모든 복과 은혜가 그 신자의 삶에 흘러들며, 그래서 주변 모든 사람이 부유해질 것이다.

게다가, 신자의 믿음이 자신 외에 누구라도 구원하기에 충분하지 못하더라도, 그는 자신이 하는 증언의 능력을 통해 다른 식구들을 주님께 인도하는 수단이 되는 경우가 많다.

어느 젊은 여성이 어느 주일 오전 예배 후 나를 찾아왔다. 그녀는 자신이 어릴 때 할머니가 집안의 유일한 그리스도인이었다고 했다. 할머니는 그리스도를 향한 자신의 사랑을 들려주었고, 자신의 말과 행동으로 가족에게 증언했다. 마침내, 네 손주 중에 셋이 주님을 알게 되었고, 자신이 그리스도를 믿기로 결정하는 데 할머니의 영향이 가장 컸다고 했다.

하나님이 소돔을 멸하려 하실 때, 아브라함은 거기 의인 50명이 있다면 멸하지 말아 달라고 간청했다. "여호와께서 이르시되, 내가 만일 소돔 성읍 가운데에서 의인 오십 명을 찾으면 그들을 위하여 온 지역을 용서하리라"(창 18:26). 아브라함은 의인 50명을 찾을 수 없자 그 수를 45명, 40명, 30명, 20명, 마침내 10명까지 줄였다. 그때마다 하나님은 소돔을 멸하지 않겠다고 하셨다. 하지만 의인 10명조차 찾을 수 없었다. 그러나 하나님은 그들 중에 사는 자신의 백성 몇몇 때문이라도 숱한 악인들에게 복을 주려 하셨다.

더 나아가, 하나님은 가정을 단일체(unit)로 보신다. 설령 가정이 영적으로 나뉘고 대다수 구성원이 불신자이며 비도덕적이더라도, 이들 중에 사는 신자 하나 때문에 온 가족이 은혜를 입는다. 그러므로 믿지 않는 배우자가 결혼을 유지하려 한다면, 신자는 이혼하려 해서는 안 된다.

그리스도인은 믿지 않는 아버지나 어머니 때문에 **자녀가 깨끗하지 못할까 (unclean)** 두려워할 필요가 없다. 하나님은 정반대로 약속하신다. 부모 둘 다 불신자라면, 자녀들이 **깨끗하지 못할** 것이다. 그러나 하나님은 부모 중 하나만 그리스도인이더라도 자녀가 보호되리라고 보장하신다. 자녀들의 구원이 보 장되는 게 아니라 이들이 부당한 영적 해로부터 보호받고 영적 복을 받으리 라는 것이다. 자녀들이 믿는 부모의 영적 유익을 공유하기 때문에 **거룩하다.** 이런 상황에서, 믿는 부모의 증언이 특히 유효할 때가 많다. 자녀는 믿는 부모 의 삶이 믿지 않는 부모의 삶과 분명하게 대조를 이루는 것을 보며, 그래서 구 원으로 인도되기 때문이다.

불신자와 결혼했으며 갈라서길 원하는 그리스도인을 위한 지침

혹 믿지 아니하는 자가 갈리거든 갈리게 하라. 형제나 자매나 이런 일에 구애될 것이 없느니라. 그러나 하나님은 화평 중에서 너희를 부르셨느니라. 아내 된 자 여, 네가 남편을 구원할는지 어찌 알 수 있으며, 남편 된 자여, 네가 네 아내를 구 원할는지 어찌 알 수 있으리요? (7:15-16)

터툴리아누스(Tertullian, 주후 160-230)는 카르타고의 신학자였으며, 이방인 남 편들이 그리스도인 아내들에게 화를 낸다고 썼다. 이유는 이들이 순교자들의 뼈에 입을 맞추고, 그리스도인들을 포옹하며, 가난한 자들의 집을 찾아간다는 것이었다. 흔히 믿지 않는 배우자가 결혼 관계를 끝내길 원할 때, 신자는 그 결 과를 제어할 수 없다. 그러나 바울은 배우자가 갈라서려고 결심한다면 그리스 도인들이 그들을 붙잡아 두려고 고집해서도 안 된다고 말한다. **혹 믿지 아니하 는 자가 갈리거든(leave) 갈리게 하라.** 불신자가 이혼 절차를 시작하면, 그리스 도인 배우자는 다투지 말아야 한다. 이번에도 **갈라서다(leave,** *chōrizō***)**라는 단어는 이혼을 가리킨다.

형제나 자매나 이런 일에 구애될 것이 없느니라. 하나님이 보시기에, 남편과 아내의 결합을 끊는 것은 죽음(롬 7:2), 간음(마 19:9), 불신자의 갈라섬(leaving, 떠남) 뿐이다. 이 결합, 또는 **구애(bondage)**가 이 가운데 하나 때문에 끊어질 때, 그리스도인은 자유롭게 재혼할 수 있다. 성경 전체에서, 합법적 이혼이 이루어질 때마다 재혼이 상정된다. 이혼이 허용되는 곳에 재혼도 허용된다. 11절의 경우에 금지된 것이 분명하지만, 이곳을 비롯해 간음 때문에 이혼을 다루는 다른 본문들에서는 그렇지 않다. 암시적으로, 과부나 홀아비에게 허용되는 재혼(롬 7:3; 이 사람이 죽은 배우자와 더는 "묶여있지" 않고 매어 있지 않기 때문이다)은 신자가 더는 매이지 않고 **구애될 게 없는(not under bondage)** 경우에도 적용될 수 있다.

한쪽이 버림을 받은 경우, 하나님은 이혼을 허용하신다. **하나님은 화평 중에서(to peace) 너희를 부르셨기** 때문이다. 믿지 않는 남편이나 아내가 배우자의 믿음을 용납하지 못하고 연합에서 벗어나려 한다면, 하나님 자녀의 화평을 지키기 위해 결혼 관계를 끝내는 쪽이 더 낫다. 싸움, 소란, 언쟁, 비난, 좌절은 하나님이 자신의 자녀들이 갖길 원하시는 조화와 화평을 가로막는다. 이번에도, 이것은 양보다.

바울은 로마서에서 이렇게 말한다. "할 수 있거든 너희로서는 모든 사람과 더불어 화목하라(be at peace)"(12:18). 그러나 불신자가 결혼에서 벗어나길 원한다면, 화목(화평)은 더 이상 그리스도인에게 달려 있지 않다. 많은 그리스도인이 배우자가 불신자이고 이혼을 원할 때라도 결혼을 지키려 노력했다. 그러나 이것은 하나님의 뜻에 어긋난다. **갈리게 하라(let him leave)**는 허용이 아니라 명령이다.

아내는 자신이 **남편을 구원할는지** 확신할 수 없고, **남편은** 자신이 **아내를 구원할는지** 확신할 수 없다. 그리스도인의 동기 및 소망과 관계없이, 배우자를 그리스도께 인도할 가능성은 아주 낮다. 배우자가 결혼을 마지못해 유지한다면, 그 가능성은 더 낮고, 가정의 **화평**이 깨질 게 분명하다. 그러므로 하나님은 그 어떤 선택권도 허용하지 않으신다.

전도는 결혼을 지속할 충분한 이유가 못 된다. 특히 믿지 않는 배우자가 갈라서길 원할 때는 더욱 그렇다. 신자는 하나님이 구원의 메시지로 배우자의 영혼을 따르게 하시고, 누구라도 사용해 배우자가 믿음의 부르심을 받아들이게 하시도록 해야 한다.

18

그리스도인과 사회 혁명
(7:17-24)

오직 주께서 각 사람에게 나눠 주신 대로 하나님이 각 사람을 부르신 그대로 행하라. 내가 모든 교회에서 이와 같이 명하노라. 할례자로서 부르심을 받은 자가 있느냐? 무할례자가 되지 말며, 무할례자로 부르심을 받은 자가 있느냐? 할례를 받지 말라. 할례 받는 것도 아무것도 아니요, 할례 받지 아니하는 것도 아무것도 아니로되, 오직 하나님의 계명을 지킬 따름이니라. 각 사람은 부르심을 받은 그 부르심 그대로 지내라. 네가 종으로 있을 때에 부르심을 받았느냐? 염려하지 말라. 그러나 네가 자유롭게 될 수 있거든 그것을 이용하라. 주 안에서 부르심을 받은 자는 종이라도 주께 속한 자유인이요, 또 그와 같이 자유인으로 있을 때에 부르심을 받은 자는 그리스도의 종이니라. 너희는 값으로 사신 것이니, 사람들의 종이 되지 말라. 형제들아, 너희는 각각 부르심을 받은 그대로 하나님과 함께 거하라. (7:17-24)

교회의 사회적 역할과 책임에 관해, 온갖 말과 글이 쏟아져 나왔다. 교회 역사에서 정기적으로, 그리고 지금도 강력하게 사람들은 기독교가 외적인 사회 개혁의 동인(動因)이 되어야 하며, 필요하다면 혁명의 동인이어야 한다고 주장해 왔다.

가장 예민한 신자들은 자신들이 사회적, 경제적, 정치적 변화에 참여해야 한다면 어떻게, 어느 정도까지 참여해야 하는지 궁금했다. 인간의 모든 제도와 통치 형태는 불완전하다. 어떤 것들은 분명히 부패하고 잔인하며 불의하다. 그러나 그리스도인들은 사회 제도와 관습에서 잘못된 것들과 오용(학대)에 대해 개인이나 집단적으로서 무엇을 해야 하는가?

고린도전서 7:17-24은 이 주제를 자세히 다루는 논문이 아니라 그리스도인들이 자신들의 사회 상황에 어떻게 반응해야 하는지 그 기본 원리를 분명하게 가르친다. 원리는 이것이다: 그리스도인들은 하나님이 자신들을 두신 상황을 기꺼이 받아들이고 거기서 그분을 섬기는 데 만족해야 한다. 이것은 인간의 본성을 거스르는 원리이며, 바울은 독자들이 자신의 요점을 놓치지 않도록 이 단락에서 이것을 세 차례 말한다. 우리는 외부 환경을 바꾸는 데 목을 매서는 안 된다.

제시된 원리

> 오직 주께서 각 사람에게 나눠 주신 대로 하나님이 각 사람을 부르신 그대로 행하라. 내가 모든 교회에서 이와 같이 명하노라. 할례자로서 부르심을 받은 자가 있느냐? 무할례자가 되지 말며, 무할례자로 부르심을 받은 자가 있느냐? 할례를 받지 말라. 할례 받는 것도 아무 것도 아니요, 할례 받지 아니하는 것도 아무 것도 아니로되, 오직 하나님의 계명을 지킬 따름이니라. (7:17-19)

그리스도인들은 개인으로나 단체로나 여러 방식으로 사역해야 한다. 여기에는 주린 자들을 먹이고 병든 자들과 상처 입은 자들을 치료하는 등 실제적이고 물질적인 방식들이 포함된다. 기독교는 병원과 보육원을 짓고 죄수들을 찾아가며 가난한 자들을 돕는 등 사회봉사로 여겨지는 숱한 사역에서 독보적으로 선두에 섰다. 그러나 이것들은 그리스도인들이 그리스도인으로서 하는 사역일 뿐 사회가 수행하도록 설득하는 섬김은 아니다.

그리스도께서는 분명히 하셨다. 당시에 많은 유대인이 메시아가 그렇게 하리라 생각했던 것과 달리, 자신이 온 것은 외적인 사회 혁명을 선동하기 위해서가 아니라는 것이다. 예수님은 빌라도에게 이렇게 말씀하셨다. "내 나라는 이 세상에 속한 것이 아니니라. 만일 내 나라가 이 세상에 속한 것이었더라면, 내 종들이 싸워 나로 유대인들에게 넘겨지지 않게 하였으리라. 이제 내 나라는 여기에 속한 것이 아니니라"(요 18:36). 그리스도의 사명은 "잃어버린 자를 찾아 구원하는" 것이었으며(눅 19:10), 이것이 그분의 교회가 수행해야 하는 사명이다. 기독교가 사회 운동과 거의 동일시될 때, 복음의 메시지를 잃을 위험이 있다.

그러나 충실하게 따를 때, 성경적 기독교는 모든 사람과 제도와 관습에 근본적 영향을 미칠 수밖에 없다. 그렇더라도 복음의 주된 목적은 사회가 아니라 사람을 바꾸는 것이다. 복음은 외적 변화가 아니라 내적 변화에 초점을 맞춘다. 우리는 하나님이 우리를 두신 자리에 있고, **주께서 각 사람에게 나눠 주신** 것을 받아들이며, **하나님이** 우리를 **부르신 그대로** 충성하는 데 만족해야 한다.

분명히, 바울은 신자들에게 본래 부도덕하거나 불법적인 직업이나 일터나 습관을 유지하라고 말하는 게 아니다. 도둑은 도둑질을 그쳐야 하고, 신전 여사제는 매춘을 멈춰야 하며, 술꾼은 술을 끊어야 했다. 모든 죄악된 것을 버려야 한다. 이 문제는 신자들이 구원받을 때 속했던 사회적 조건과 상황에서 만족하는 것과 관련이 있다.

고린도교회는 여러 부분에서 불만이 팽배했다. 어떤 신자들은 자신의 결혼 상태를 독신에서 기혼으로, 기혼에서 독신으로, 또는 믿지 않는 배우자에서 믿는 배우자로 바꾸길 원했다. 어떤 신자들은 노예였고 자유하길 원했다. 이들은 그리스도인의 자유와 관련된 진리를 오해했다. 즉 이 자유를 하나님이 기뻐하시는 대로 할 자유가 아니라 자신이 원하는 대로 할 자유로 여겼다.

고린도교회의 일치가 심각하게 깨졌다. 무수한 당파와 파당이 있었을 뿐 아니라, 어떤 그룹들은 결혼하라며 독신의 은사가 있는 신자들을 독려했고, 어떤 그룹들은 독신자가 되라며 결혼한 신자들을 독려했다. 노예들은 자신들의 속박에 불만을 품었고 자유를 요구할 영적 정당성을 찾으려 했다. 복음은 세상의 기준 및 가치와 반대지만, 정부나 사회나 가정을 무시하거나 무너뜨리려 하지 않는다. 오히려 복음을 믿고 복음에 순종하는 곳에서 나타나는 가장 분명한 부수효과는 더 나은 정부, 더 나은 사회, 더 나은 가정이다.

그러나 그리스도인들은 독재, 민주주의, 심지어 무정부 상태 아래서도 그리스도인일 수 있다. 우리는 남자든, 여자든, 아이든, 기혼이든, 독신이든, 이혼자든, 유대인이든, 이방인이든, 노예든, 자유인이든 그리스도인일 수 있다. 우리는 러시아에서든, 미국에서든, 쿠바에서든, 중국에서든, 프랑스에서든, 일본에서든 그리스도인일 수 있다. 우리는 무엇이든 어디에 있든 간에 그리스도인일 수 있다.

하나님은 부패한 정부나 부도덕한 사회를 옳다고 하지 않으시며, 그분의 때에 그분의 방식으로 심판하실 것이다. 그러나 그분의 아들 예수 그리스도의 복음은 사회제도를 혁신 하는 게 아니라 마음을 혁신하는 데 목적이 있다. 복음은 인간의 사회가 아니라 인간의 마음을 향한다. 신실한 그리스도인들은 더 나은 남편이나 아내, 더 나은 친구, 더 나은 노예나 주인, 더 나은 아들이나 딸, 더 나은 시민이기 때문에, 더 나은 사회에 기여할 수밖에 없다. 그러나 육적인 방식으로 더 나은 사회를 만들려는 것은 이들의 사역이 아니다.

듣고 받아들이는 사람이 있다면, 복음은 어디라도 심어져 뿌리를 내릴 수 있다. 그 구성원들이 이교도이고 무신론자이며 인본주의자이고 기독교를 반대한다고 공언하는 나라나 가정도 예외가 아니다. 시쳇말로, 우리는 심어진 곳에서 꽃을 피워야 한다. **주께서 각 사람에게 나눠주신(has assigned, 배치하신) 곳, 하나님이 각 사람을 부르신**(불러 배치하신) 곳, 그곳이 우리가 **행해야(walk, 살아가야)** 할 자리다.

이 원리는 누구에게나 적용된다. 이 원리는 분열하고 싸우며 미성숙한 고린도 신자들에게만 주신 게 아니라 **모든 교회**에 주신 것이다. 어느 나라에서든 자신의 교회를 향한 하나님의 주된 목적은 교회가 복음으로 세상을 변화시키는 것이다. 다시 말해, 사회 혁명이 아니라 영적 거듭남으로 세상을 변화시키는 것이다.

바울이 제시하는 일반 원리의 첫째 예는 유대인이나 헬라인으로서 갖는 정체성과 관련이 있다. **할례자로서 부르심을 받은 자가 있느냐? 무할례자가 되지 말라.** 이 서신에서, 하나님에게 **부르심을 받았다**는 것은(17절) 언제나 구원에 이르는 유효한 부르심(an effectual call to salvation)을 가리킨다. 유대인이 구원받았다면, 이방인처럼 되려고 해서는 안 된다.

바울은 이와 관련해 매우 구체적인 적용을 제시한다. 할례는 로마 세계에서 당혹스러운 것이었다. 마카베오서에 따르면, 어떤 유대인 남자들은 "할례 받은 흔적을 없앴다."[45] 요세푸스(Josephus, 주후 37-100년 경)는 그리스도 이전 헬라가 여러 세기에 걸쳐 동부 지중해를 지배할 때 헬라 사회에 받아들여지길 원했던 유대인들이 목욕할 때나 김나지움에서 운동할 때 할례를 받지 않은 것처럼 보이려고 수술을 했다고 말한다. 이들은 수술을 통해 말 그대로 **무할례자**가 되었다. 주후 1세기, 박학다식했던 로마의 켈수스(Celsus)는 할례 흔적을 없애는 수술 절차를 자세히 기술했다(*DeMedicina* VII.25).

상당한 랍비 문헌이 이 문제를 다룰 만큼 이런 일이 아주 흔했다(예를 들면, Aboth 3:11; Jerushalmi Peah 1 and 16b; Lamentations Rabbah 1:20). 이런 수술을 받은 유대인들을 가리켜 에피스패틱스(epispatics)라 했는데, "잡아당겨 덮다"(to draw over) 또는 "한쪽을 잡아당기다"(to pull towards)를 뜻하는 완곡한 용어 '에피스파오마이'(*epispaomai*)에서 온 이름이다. 바울은 **무할례자가 되다 (become uncircumcised)**라고 할 때 바로 이 용어를 사용한다. 어떤 유대 그리스도인들은 이것이 유대교와의 단절을 보여주는 한 방식이라 생각했을 것이다.

바울은 이 용어를 비유적으로 사용했을 수도 있다. **할례자(circumcised)**와 **무할례자(uncircumcised)**는 각각 유대인과 이방인을 가리킬 때 흔히 사용되었다. 확대하면, 두 용어는 문자적 할례가 적용되지 않는 게 분명한 여성과도 관련이 있었을 것이다. 이 개념은 유대인들이 그리스도인이 될 때 유대인이란 신분을 포기하고 이방인처럼 보이려 해서는 안 된다는 것일 수도 있다. 많은 종교적 신념이 바뀌어야 했지만, 유대인의 인종적, 문화적 정체성은 바뀌지 말아야 했다.

---

45 "그들은 곧 이방인들의 풍속을 따라 예루살렘에 운동장을 세우고 할례 받은 흔적을 없애고 거룩한 계약을 폐기하고 이방인들과 어울렸다. 이렇게 그들은 자기 민족을 팔고 악에 가담하였다"(마카베오상 1:14-15, 공동번역개정판).

같은 원리가 이방인에게도 적용된다. **무할례자로 부르심을 받은 자가 있느냐? 할례를 받지 말라.** 그리스도인이 된 이방인들은 유대인처럼 되려 하지 말아야 한다.

고린도에서 할례와 관련된 문제는 갈라디아에서만큼 심각하지는 않았다. 갈라디아에서는 유대주의자들이 할례가 구원에 필수라고 가르쳤다(갈 5:2-3). 고린도에서는 할례를 특별한 헌신의 표식과 특별한 복의 수단으로 보았을 것이다. 그러나 할례는 구원이나 복을 받는 데 필수가 아니다. 할례는 그리스도인에게 특별한 의미나 가치가 전혀 없다. **할례 받는 것도 아무 것도 아니요, 할례 받지 아니하는 것도 아무 것도 아니다.**

유대인들이 이방인으로 보이길 원하거나 이방인들이 유대인 특유의 것들을 따르는 것은 영적으로도 실제적으로도 잘못이었다. 이것이 영적으로 잘못이었던 이유는 주님이 요구하시지 않으며 아무런 영적 가치나 의미도 없는 외적 형태를 복음에 덧붙이는 것이었기 때문이다. 이것이 실제적으로 잘못이었던 이유는 신자들을 가족과 친구들에게서 불필요하게 분리하고 이들을 향한 증언을 훨씬 어렵게 만들었기 때문이다.

오직 하나님의 계명을 지킬 따름이니라.[46] 주님이 인정하시는 신실함의 유일한 표식은 순종이다. 순종은 때로 값비싸지만 늘 가능하다. 우리는 어디서든, 어떤 환경에서든 순종할 수 있다. 문제는 마음이다.

되풀이되는 원리

각 사람은 부르심을 받은 그 부르심 그대로 지내라. 네가 종으로 있을 때에 부르심을 받았느냐? 염려하지 말라. 그러나 네가 자유롭게 될 수 있거든 그것을 이용하라. 주 안에서 부르심을 받은 자는 종이라도 주께 속한 자유인이요, 또 그와 같이 자유인으로 있을 때에 부르심을 받은 자는 그리스도의 종이니라. 너희는 값

---

46 What matters is the keeping of the commandments of God(중요한 것은 하나님의 계명을 지키는 것이다, NASB).

으로 사신 것이니, 사람들의 종이 되지 말라. 형제들아, 너희는 각각 부르심을 받

은 그대로 하나님과 함께 거하라. (7:20-24)

바울은 앞서 말한 원리를 또 다시 말한다. 우리가 어떤 상황에서 구원받았다면, 그것이 인종적이든 사회적이든, 그 상황에 그대로 있는 데 만족해야 한다는 것이다. 그리스도인은 하나님의 초자연적인 것들에 초점을 맞춰야 한다.

바울은 노예와 관련된 또 다른 예를 제시한다. 바울의 핵심은 노예제를 인정하거나 노예로 사는 게 자유인으로 사는 것만큼 좋다고 말하려는 게 아니다. 그의 핵심은 노예이더라도 그리스도인으로 살 수 있다는 것이다. 노예라도 어느 모로든 자유인만큼 주님께 순종하고 그분을 섬길 수 있다. 아무리 끔찍하고 고통스럽고 부당한 환경이라도 우리가 모든 점에서 그리스도인으로 사는 것을 막지 못한다.

사실, 노예는 노예 생활을 통해 그리스도를 섬길 수 있다. 바울은 에베소 신자들에게 이렇게 썼다.

> 종들아[노예들아], 두려워하고 떨며 성실한 마음으로 육체의 상전에게 순종하기를 그리스도께 하듯 하라. 눈가림만 하여 사람을 기쁘게 하는 자처럼 하지 말고, 그리스도의 종들처럼 마음으로 하나님의 뜻을 행하고, 기쁜 마음으로 섬기기를 주께 하듯 하고, 사람들에게 하듯 하지 말라, 이는 각 사람이 무슨 선을 행하든지 종이나 자유인이나 주께로부터 그대로 받을 줄을 앎이라. (엡 6:5-8)

바울은 이 원리를 일관되게 가르쳤다. 노예들은 "주께 하듯 하고 사람에게 하듯 하지 말며"(골 3:23) 주인을 정직하게, 진심으로 섬겨야 했다. 노예들은 주님을 증언할 자신들만의 기회가 있었다. 이들은 인간 주인들에게, 자신이 열심히 정직하게 일하는 것은 그렇게 하도록 강제되기 때문이 아니라 자신의 참 주님과 주인을 사랑하고 그분께 순종하는 마음으로 그렇게 하고 싶기 때문이라는 것을 보여주어야 했다. 이들은 노예 생활을 하면서 참 헌신과 평안을 드러내고, 이로써 구원이 주는 내적인 것을 보여줄 수 있었다.

빌레몬서는 도망친 노예 오네시모가 중심이다. 바울은 갇혀 있을 동안 오네시모를 그리스도께 인도했다(10절). 공교롭게도, 오네시모의 주인 빌레몬은 그리스도인이었다. 그는 바울의 "사랑을 받는 자요 동역자"[47]였으며, 골로새교회가 그의 집에서 모였다(1-2절). 바울은 오네시모를 용서하고, 단지 노예가 아니라 그리스도인 형제로 다시 받아들이라고 빌레몬에게 인격적으로, 영적으로 강하게 호소한다(16절). 그러나 어떤 그리스도인 활동가들에게는 아주 당혹스럽게도, 바울은 노예제를 정죄하거나 자신의 노예에 대한 빌레몬의 법적 권리에 의문을 제기하지 않았다. 그는 오네시모의 사회적 평등을 요구하지 않았다. 사실, 그는 노예제를 신자와 하나님의 동행을 설명하는 유비(analogy)로 사용하기까지 했다.

바울 당시, 로마제국 인구의 약 3분의 1이 노예였다. 당시의 노예는 그 어느 시대의 노예보다 교육을 더 많이 받았고, 더 숙련되었으며, 글을 더 잘 읽고 썼으며, 더 교양이 있었다. 사실, 의사와 교사와 회계사를 비롯해 전문직의 상당수가 노예였다. 그러나 소수만 비교적 편하게 살고 존중받았다. 물론, 대다수는 잔인하고 무자비한 주인 밑에서 늘 굴욕을 당하며 가난하게 살았다.

바울은 구별하지 않는다. 그 어떤 노예라도, 그 어떤 환경에서든, 지금의 자신 그대로 남으려 해야 했다. 우리가 주님께 순종하고 그분을 섬기지 못하게 막을 수 있는 것은 죄뿐이다. 환경은 이렇게 하지 못한다. 그러므로 우리가 힘들고 불편하며 제약이 많은 상황에 처했다면, 이것을 **염려하지 말고**, 주님이 우리를 거기 두시는 한 성실하기로 결심해야 한다.

이 원리를 확인한 후에도, 바울은 자신이 노예 신분을 가장 바람직한 상태라 생각하지 않는다는 것을 분명히 한다. **그러나 네가 자유롭게 될 수 있거든 그것을 이용하라.** 자유가 노예 신분보다 무한히 더 낫고, 그리스도인이 노예 신분에 머문다고 더 영적인 게 아니다. 자유롭게 될 기회가 있다면, 신약시대에 많은 노예가 그렇게 했듯이, 신자는 그 기회를 이용해야 한다. 바울은 감옥에 갇힌 것에 만족했고, 감옥에 갇혀 있는 동안에도 주님을 섬기는 것에 만

---

47 beloved brother and fellow worker(사랑받는 형제요 동역자, NASB).

족했다. 그는 사역의 많은 부분을 감옥에서 했다. 그러나 석방되었을 때, 감옥을 떠났다. 그리스도인 노예는 자유롭게 될 기회가 있다면, **그것을 이용해야**(**rather do that,** 그렇게 하라) 한다.

복음은 사회혁명으로 노예제 철폐를 지지하지 않는다. 그렇더라도 복음은 역사 내내 그 어떤 인간 철학이나 운동이나 정치 체계보다 더 많은 노예에게 자유를 안겨주었다. 안타깝게도, 과거에 어떤 그리스도인들은 노예제를 지지했고 정당화하려 했다. 그러나 성경은 그러지 않는다. 그리스도인이 성경에 충실한 곳에 노예제가 번성할 수 없다.

노예일 때라도, 그리스도인은 **주께 속한 자유인**(the Lord's freedman)이다. 우리는 가장 끔찍하고 우리를 노예로 만드는 속박에 갇혀 있었다. 그러나 그리스도께서 우리를 그 속박에서 구속하셨다. 그분 안에서 우리는 죄로부터, 사탄으로부터, 심판과 정죄로부터, 지옥으로부터, 율법의 저주로부터 자유롭다. 정말 심각한 노예상태에서 모든 그리스도인은 이미 해방되었다. 그리스도 안에서 우리는 가장 크고, 가장 완전하며, 가장 영광스러운 자유를 누린다. **주께 속한 자유인**이며 영원히 이렇게 남을 사람은 몇 년간 인간의 속박 가운데 지내는 것을 지나치게 염려해서는 안 된다.

육체적으로 자유로운 그리스도인들이 흡족해하며, 자신들이 노예들보다 하나님께 더 사랑받는다고 생각하거나, 자신들의 자유는 자신들이 좋은 대로 해도 된다는 허가증이라고 생각하지 않도록, 바울은 이들에게 일깨운다. **또 그와 같이 자유인으로 있을 때에 부르심을 받은 자는 그리스도의 종이니라.** 우리가 그리스도 안에서 갖는 자유는 죄를 '짓는'(to sin) 자유가 아니라 죄'로부터 의'(from sin) 자유이며, 우리의 뜻을 행하는 자유가 아니라 그분의 뜻을 행하는 자유다. 그리스도 안에서, 우리는 "죄로부터 해방되고 하나님께 종이 되었다"(롬 6:22).

우리가 하나님 안에서 얻는 영적 자유와 우리의 노예됨에 초점을 맞출 때, 우리가 사람들 가운데서 갖는 자유나 우리의 노예됨은 전혀 중요하지 않으며, 우리는 이것을 바른 시각으로 보고 그 안에서 바른 태도로 살 수 있다. 우리가 육체적으로 매였는지 아니면 자유로운지는 중요하지 않으며, 우리가 영적으로 매인 동시에 자유로운 것—복음의 놀라운 역설—만 중요하다.

우리는 **값으로 사신 것**이다. 따라서 우리가 자유하든 속박되어 있든 간에, 우리의 관심은 우리 자신이 **사람들의 종이 되지(become slaves of men)** 않게 하는 것이어야 한다. 여기서 바울이 의미하는 것은 육체적 노예가 아니라 영적 노예다. 그는 인간 방식의 노예, 세상 방식의 노예, 육신적 방식의 노예가 되는 것을 말하고 있다. 많은 고린도 신자가 이런 노예 상태에 빠졌으며, 이것이 이들의 분쟁과 다툼, 미성숙과 음행의 원인이었다.

우리는 측량할 수 없는 **값**으로, "흠 없고 점 없는 어린 양 같은 그리스도의 보배로운 피로" 사신 것이다(벧전 1:19). 하나님이 우리를 사셨기에 우리는 하나님의 것이다. 우리는 절대로 도덕적, 영적으로 **사람들의 종이 되어,** 사람들의 기준을 따라 살고 사람들을 기쁘게 하려 해서는 안 된다.

바울은 이 원리를 세 번째 제시한다. **형제들아, 너희는 각각 부르심을 받은 그대로 하나님과 함께 거하라.** 그러나 우리는 구원받았고(부르심을 받은, **called)**, 지금 어떤 상황에 있든지 **그대로…거해야(remain)** 한다. 하나님은 우리를 지금 있는 곳에 있게 하시고, 어떤 목적을 위해 그곳에 머물게 하신다. 회심은 한 사람이 자신의 사회적 자리, 결혼생활, 독신 생활, 인간 주인, 그 외에 여러 환경을 떠나라는 신호가 아니다. 우리는 죄와 죄를 독려하는 모든 것을 떠나야 한다. 그게 아니라면, 하나님이 우리를 옮기실 때까지 지금 있는 곳에 머물러야 한다.

19

독신으로 남아야 하는 이유
(7:25-40)

처녀에 대하여는 내가 주께 받은 계명이 없으되, 주의 자비하심을 받아서 충성스러운 자가 된 내가 의견을 말하노니, 내 생각에는 이것이 좋으니, 곧 임박한 환난으로 말미암아 사람이 그냥 지내는 것이 좋으니라. 네가 아내에게 매였느냐 놓이기를 구하지 말며, 아내에게서 놓였느냐 아내를 구하지 말라. 그러나 장가가도 죄짓는 것이 아니요 처녀가 시집가도 죄짓는 것이 아니로되, 이런 이들은 육신에 고난이 있으리니, 나는 너희를 아끼노라. 형제들아, 내가 이 말을 하노니, 그 때가 단축하여진 고로 이후부터 아내 있는 자들은 없는 자같이 하며, 우는 자들은 울지 않는 자같이 하며, 기쁜 자들은 기쁘지 않은 자같이 하며, 매매하는 자들은 없는 자같이 하며, 세상 물건을 쓰는 자들은 다 쓰지 못하는 자같이 하라. 이 세상의 외형은 지나감이니라. 너희가 염려 없기를 원하노라. 장가가지 않은 자는 주의 일을 염려하여 어찌하여야 주를 기쁘시게 할까 하되, 장가간 자는 세상일을 염려하여 어찌하여야 아내를 기쁘게 할까 하여, 마음이 갈라지며 시집가지 않은 자와 처녀는 주의 일을 염려하여 몸과 영을 다 거룩하게 하려 하되, 시집간 자는 세상일을 염려하여 어찌하여야 남편을 기쁘게 할까 하느니라. 내가 이것을 말함은 너희의 유익을 위함이요 너희에게 올무를 놓으려 함이 아니니, 오직 너희로 하여금 이치에 합당하게 하여 흐트러짐이 없이 주를 섬기게 하려 함이라.

그러므로 만일 누가 자기의 약혼녀에 대한 행동이 합당하지 못한 줄로 생각할

때에 그 약혼녀의 혼기도 지나고 그같이 할 필요가 있거든 원하는 대로 하라. 그
것은 죄짓는 것이 아니니 그들로 결혼하게 하라. 그러나 그가 마음을 정하고 또
부득이한 일도 없고 자기 뜻대로 할 권리가 있어서 그 약혼녀를 그대로 두기로
하여도 잘하는 것이니라. 그러므로 결혼하는 자도 잘하거니와 결혼하지 아니하
는 자는 더 잘하는 것이니라.

아내는 그 남편이 살아 있는 동안에 매여 있다가 남편이 죽으면 자유로워 자기
뜻대로 시집 갈 것이나 주 안에서만 할 것이니라. 그러나 내 뜻에는 그냥 지내
는 것이 더욱 복이 있으리로다. 나도 또한 하나님의 영을 받은 줄로 생각하노라.

(7:25-40)

바울은 결혼과 독신을 논하면서, 한쪽이 다른 쪽보다 영적으로 낫지 않다는 것
을 분명히 했다. 로마가톨릭은 독신 사제들과 수녀들이 필연적으로 하나님께
더 헌신한다고 보는데, 이 가르침에 맞지 않는다. 결혼이나 독신 그 자체는 영
성과 아무 관련이 없다. 자신을 향한 주님의 뜻이 결혼이어서 결혼한 사람이
자신을 향한 주님의 뜻이 독신이어서 독신으로 지내는 사람보다 더 영적이지
도 않고 덜 영적이지도 않다. 영성은 하나님을 향한 순종에 기초한다. 할례와
관련해 그러하듯이, 중요한 것은 "하나님의 계명을 지키는" 것이다(7:19).

오늘의 많은 책, 잡지 기사, 컨퍼런스 및 프로그램이 결혼과 가정을 위한 성
경적 기준에 초점을 맞춘다. 이것들 가운데 많은 수가 탁월하고 도움이 된다.
그러나 성경이 독신에 관해서 하는 말에는 주의를 덜 기울인다. 독신에 관한
많은 자료와 프로그램이 이들이 "대처하도록" 돕는 쪽으로 방향을 설정하며,
독신은 그다지 정상이 아니며 바람직하지 않은 게 분명하다는 기본 전제를
반영하는 것으로 보인다.

인정하듯이, 많은 독신자가 어려움을 겪는 것은 이들의 독신 생활이 죄에
서 비롯되었기 때문이며, 이들은 스스로 만든 빈 침대에 누워야 한다. 그러
나 하나님이 독신의 은사를 주신 사람들에게(7:7), 독신 생활은 실제적 이점
이 많다. 바울은 고린도 신자들이 자신에게 보낸 편지에서 던진 질문들에 계
속 답하면서(7:1) 독신으로 남아야 하는 여섯 가지 이유를 제시한다. (1) 시스

템의 압박(25-27절), (2) 육신의 문제들(28절), (3) 세상이 지나감(29-31절), (4) 결혼하면 몰두하게 되는 것들(32-35절), (5) 아버지의 서약(36-38절), (6)결혼의 영구성(39-40절).

시스템의 압박

처녀에 대하여는 내가 주께 받은 계명이 없으되, 주의 자비하심을 받아서 충성 스러운 자가 된 내가 의견을 말하노니, 내 생각에는 이것이 좋으니, 곧 임박한 환난으로 말미암아 사람이 그냥 지내는 것이 좋으니라. 네가 아내에게 매였느냐 놓이기를 구하지 말며, 아내에게서 놓였느냐 아내를 구하지 말라. (7:25-27)

여기서 원리는 **그냥 지내는 것이(remain as he is) 좋**다는 것이며, 그 대상은 **처녀들(virgins)**인데, 여자와 남자(**사람, a man**) 양쪽 모두 포함된다.

이번에도(참조. 12절), 바울은 예수님이 독신이 좋다는 것을 마태복음 19:12에서 암시하셨으나 이에 관해 직접적인 가르침을 주지는 않으셨다는 사실을 지적한다(**내가 주께 받은 계명이 없으되**). 그러나 바울의 가르침도 마찬가지로 신성하고(divine) 권위 있다. **의견(opinion,** *gnōmē***)**은 "판단, 숙고, 확신"이란 의미를 내포할 수 있다. **주의 자비하심을 받아서 충성스러운(trustworthy) 자가 된** 사도로서, 바울의 확신은 독신이 하나님이 주신 은사라면 독신 그리스도인들이 독신으로 지내는 편이 더 낫다는 것이다.

그러나 이러한 시각이 권위 있더라도, 절대적이거나 계명(명령)으로 제시된 게 아니다. 이것은 권위 있는 지침이고 철저히 의지할만한 조언이며, 26절에서 두 차례 **좋다**고 언급된다.

바울은 독신으로 지내야 하는 이유를 제시한다. 그 첫째는 시스템의 압박, 곧 당시 세계가 처한 상황이며, 바울은 이것을 **임박한 환난**[48]이라 불렀다. '아

---

48 the present distress(현재의 곤경, NASB). "지금 닥쳐오는 재난 때문에"(새번역). "지금 우리가 겪고 있는 재난을 생각한다면"(공동번역 개정판).

낭케'(*anankē*, **distress**, **환난**)는 "스트레스, 재앙"을 의미하며, 때로 "재앙의 수단"(고문이나 폭력 같은)을 의미한다. 어떤 사람들은 이것이 그리스도 안에 있는 새로운 피조물과 옛 우주, 곧 세상 체계 사이의 폭력적 충돌을 가리킨다고 말한다. 한 사람이 그리스도인이 되는 즉시 하나님 없는 주변 시스템과 어느 정도 충돌하게 된다.

그러나 **임박한**(**the present**, 현재의) 환난을 언급한 것은 바울이 더 구체적이고 맹렬한 형태의 충돌을 염두에 두고 있었음을 시사할 수도 있다. 무수한 그리스도인이 복음 때문에 체포되고 매를 맞으며, 투옥되고 심지어 죽임을 당했다. 예수님은 제자들에게 경고하셨다. "사람들이 너희를 출교할 뿐 아니라 때가 이르면 무릇 너희를 죽이는 자가 생각하기를 이것이 하나님을 섬기는 일이라 하리라"(요 16:2).

바울은 로마의 무서운 박해가 임박했음을 감지했던 것으로 보인다. 실제로, 바울이 고린도전서를 쓴 지 10년쯤 후 네로 황제 때 그 첫 박해가 시작되었다. 네로 황제는 고문을 악마의 기술로 발전시켰고, 그의 이름은 가학적 잔인성의 동의어가 되었다. 그는 그리스도인들에게 동물 가죽을 씌워 들개에서 던져 찢겨 잡아먹히게 했다. 어떤 신자들에게는 밀랍에 담근 옷을 입힌 채 나무에 묶어 태워죽여, 자신의 정원을 밝히는 촛불로 삼았다.

초기 그리스도인 순교자 중 하나가 고린도에서 나왔을 것이다. 폭스의『순교자 열전』(*Book of Martyrs*)(포이에마)에 따르면, 고린도의 재무관이자 바울을 통해 회심했을 에라스도(롬 16:23)가 순교했다.

박해는 독신자에게도 아주 힘들지만 결혼한 사람에게는 문제와 고통이 배가 된다. 바울이 결혼했었다면, 그가 가족을 걱정하고 또 가족이 자신을 걱정하는 것을 알기에 그의 고통은 배가 되었을 것이다. 그가 매를 맞거나 돌에 맞거나 투옥될 때마다, 가족은 고통당했을 테고 그가 목숨을 잃을까 늘 두려웠을 것이다. 그가 없으면 가족을 누가 돌볼 것인가? 누가 그의 자녀들을 가르치고 그의 아내를 위로할 것인가? 그의 고난과 실제적 문제가 커지는 반면에 그의 사역은 효과가 떨어졌을 것이다. 결혼한 신자들은 사회적 혼란과 박해를 겪을 때, 독신자들보다 짐이 훨씬 무거울 수밖에 없다.

그러나 이미 결혼한 사람들은 **놓이기를 구하지 말아야** 한다. 결혼은 평생 가는 결합이며, 죽음이나 간음이나 믿지 않는 배우자에 의한 이혼으로만 끊어질 수 있다. 다른 문제들은 아무리 심각하더라도 결코 이혼의 근거일 수 없다.

그러므로 독신의 은사가 있는 사람들은 독신으로 남는 게 훨씬 지혜롭다. **아내에게서 놓였느냐 아내를 구하지 말라.** 바울은 이렇게 말하고 있다. "여러분의 독신을 하나님의 복으로 알고 귀히 여기십시오. 독신의 많은 이점을 활용하십시오."

하나님은 여전히 독신의 은사를 그분의 자녀 중 일부에게 주신다. 우리가 사는 세상에서 갈등과 심지어 그리스도인들에 대한 박해가 커지고 있음을 보여주는 신호가 많다. 마태복음 24장에서, 예수님은 말세의 혼란과 공포를 생생하게 그려주셨다. 말세는 전쟁, 배교, 박해, 거짓 선지자, 보편적 고통으로 특징될 것이다. 우리는 이미 인구과잉, 오염, 만연한 범죄와 음란, 거짓 선지자들과 사이비 종교, 배교, 커지는 세계 전쟁의 위험을 볼 수 있다. 다음 세기에 전쟁, 사회 갈등, 혁명, 기근, 질병, 박해, 폭정, 자연재해, 경제 침체와 불황이 널리 퍼질 수 있다.

육신의 문제들

그러나 장가가도 죄짓는 것이 아니요 처녀가 시집가도 죄짓는 것이 아니로되, 이런 이들은 육신에 고난이 있으리니, 나는 너희를 아끼노라. (7:28)

바울은 독신 신자가, 신자와 결혼한다면, 결혼하는 것이 죄가 아님을 또다시 분명히 한다(39절; 참조. 고후 6:14). 독신의 은사가 있는 신자들이라도 결혼하는 것은 죄가 아니다. 그러므로 **장가가도…시집가도 죄짓는 것이 아니다.** 핵심은 결혼이 적법한 선택이지만 독신을 먼저 고려하는 게 좋다는 것이다.

이런 이들은 육신에 고난이 있으리니, 나는 너희를 아끼노라. 바울은 도덕적 명령이나 영적 명령이 아니라 실제적 조언을 하고 있다. 신자들은 여전히 죄악되며 육신의 한계와 연약함에 종속된다. 죄인이 다른 죄인과 사는 것은 고사하고 혼자 사는 것도 아주 힘들다. 두 사람이 결혼으로 맺어질 때, 인간 본성의 문제가 배로 늘어난다. 붙어살면 배우자의 잘못이 더 선명하게 보이고 배우자의 좋은 점은 잘 안 보인다. 그리스도인 부모의 자녀도 모든 자녀처럼 죄 가운데 태어나며, 구원받을 때 죄 없는 상태가 되는 게 아니다. 이들은 서로, 그리고 부모와 어느 정도 충돌할 것이다.

결혼이 보람되지 않거나 가정생활에 늘 문제만 있는 것은 아니다. 사랑하고 헌신하며 영적인 가정은 구성원들에게 큰 기쁨이자 힘일 뿐 아니라 주변 사람들에게도 힘이 되고 복이 된다. 바울은 결혼이 일으키는 문제들도 있고 해결하는 문제들도 있음을 지적하고 있을 뿐이다. 하나님의 뜻은 결혼이 개인적, 감성적, 영적 어려움을 모두 해결하는 것이 아니다. 결혼은 몇몇 문제를 더 심각하게 하는 게 분명하다.

고난(**trouble,** *thlipsis*)은 문자적으로 "함께 압박을 받다(pressed together), 또는 압박 아래(under pressure)"라는 뜻이다. 결혼은 가능한 가장 밀접한 방식으로 두 사람을 함께 압박한다. 둘이 하나가 되지만, 여전히 두 인격체이며 자신만의 좋은 것과 싫은 것이 있고 자신만의 개성과 감정과 기질과 의지가 있는 뚜렷이 다른 두 사람이다. 각각은 분노, 이기심, 부정직, 교만, 망각, 무심함이 어느 정도 있다. 최고의 부부라도 다르지 않다. 한쪽이 불신자이거나 미숙하거나 자기중심적이거나 괴팍하거나 지배하려 할 때, 모든 갈등이 증폭된다.

결혼에는 독신에 없는 갈등, 요구, 어려움, 희생, 적응이 포함된다. 결혼은 하나님이 정하셨고, 선하며, 거룩하고, 성취한다. 그러나 결혼이 모든 문제를 해결하지는 않는다. 결혼은 더 많은 문제를 일으킨다. 절대로 결혼을 탈출구로, 외로움에서 벗어나는 탈출구로라도, 사용해서는 안 된다. 많은 사람이 외로워서 결혼하지만, 또 한 사람을 외롭게 만들고 만다. 결혼은 정상적인 성적 충족을 위한 하나님의 수단이다. 그렇더라도, 결혼이 정욕과 음행의 유혹에 마침표를 찍어주지는 않는다. 바울은 성적으로 절제하지 못하는 자들에게 이렇게 말한다. "결혼하라. 정욕이 불같이 타는 것보다 결혼하는 것이 나으니라"(7:9). 그러나 설령 육체적 욕구가 채워지더라도, 마음은 불법적인 채움에 끌릴 수 있다. 결혼이 성적인 죄를 바로잡지는 못할 것이다. 오히려 괴롭히는 사람들 목록에 한 사람을 추가함으로써 성적인 죄가 더 악해질 수도 있다. 물론, 결혼한 후 회개와 용서를 통해 성적인 죄가 제거될 수 있다. 그러나 성적인 죄가 결혼'으로'(by) 제거되지는 않을 것이다. 그뿐 아니라, 결혼은 성적인 죄를 다시 짓지 않으리라는 보증도 아니다. 독신만 겪는 어려움이 있다. 그러나 결혼한 사람이 겪는 어려움이 더 클 수도 있다.

세상은 지나간다

형제들아, 내가 이 말을 하노니, 그 때가 단축하여진 고로 이후부터 아내 있는 자들은 없는 자같이 하며, 우는 자들은 울지 않는 자같이 하며, 기쁜 자들은 기쁘지 않은 자같이 하며, 매매하는 자들은 없는 자같이 하며, 세상 물건을 쓰는 자들은 다 쓰지 못하는 자같이 하라. 이 세상의 외형은 지나감이니라. (7:29-31)

이 단락의 핵심은 31절 끝이다. **이 세상의 외형은 지나감이니라. 외형(form, *schēma*)**은 "유행, 생활방식, 어떤 것들을 하는 방식, 존재 양식"을 의미한다. 세상의 양식은 영구적이지 못하다. **지나간다(passing away).**

결혼은 하나님이 세우셨고 복되지만 영원한 관계는 아니다. 예수님은 하늘에 있는 천사들에 관해 "장가도 아니 가고 시집도 아니 가고"라고 하셨다(마 22:30). 경건한 결혼은 "천국산"(made in heaven)이지만 천국까지 이어지지는 않는다. 결혼은 이 세상과 함께 사라질 것이다. 결혼은 다음 세상이 아니라 단지 이 세상을 위해 설계되었기 때문이다. 천국에도 결혼이 있다는 사이비 종교들의 가르침은 가장 분명하고 구체적인 주님의 가르침 중 하나에 어긋난다. 결혼은 **지나간다.**

그 때(the time, *kairos*)는 정해진 기간, 고정되고 지정된 시간을 가리킨다. 그 기간이 **단축되거나** 합쳐져 짧아졌다. 인간의 생명이 길어야 잠시이며, "잠깐 보이다가 없어지는 안개"다(약 4:14). "모든 육체는 풀과 같고, 그 모든 영광은 풀의 꽃과 같으니, 풀은 마르고 꽃은 떨어진다"(벧전 1:24; 참조. 사 40:6-8). 박해 때, 생명이 훨씬 짧아지기 일쑤다.

남편과 아내가 배우자 **없는 자같이** 산다는 것은 결혼이 더는 신자들을 하나로 묶지 못한다거나 부부간의 책임이 줄었다는 뜻이 아니다. 결혼은 이생에서만 지속되며, 그러므로 생명만큼 짧다. 그러나 생명이 짧고 환경이 힘들다고 남편과 아내의 의무가 줄어들지는 않는다. 아내는 남편에게 복종해야 하고 남편은 아내를 사랑해야 한다(엡 5:22-25, 28, 33; 골 3:18-19). 그뿐 아니라, 어느 쪽도 결혼과 관련해 배우자의 권리를 빼앗아서는 안 된다(고전 7:3-5). 바울은 그리스도인이 결혼 때문에 주님과 그분의 일을 향한 의무와 헌신에 소홀해서는 안 된다고 가르치고 있다. 결혼에 따른 책임이 주님의 일을 소홀히 하는 핑계일 수 없다. 이것은 우선순위를 바꾸는 것이다.

가족에 대한 강한 애착 때문에, 선교사들을 비롯해 그리스도인들이 주님을 섬기는 일에 강하게 헌신하기가 점점 더 어렵다. 많은 경우, 이들은 아내와 기껏해야 한두 주 이상 떨어져 지내고 싶어 하지 않는다. 중요한 사역에 그보다 많은 시간이 필요하더라도 말이다. 결혼생활의 필요를 채우는 일과 주님을 섬기는 일 사이에 균형, 즉 성경적 균형이 필요하다.

결혼했든 독신이든 간에, 모든 그리스도인은 무엇보다도 "위의 것을 생각하고 땅의 것을 생각하지 말아야" 한다(골 3:2). "이 세상이나 세상에 있는 것들을 사랑하지 말라. 누구든지 세상을 사랑하면 아버지의 사랑이 그 안에 있지 아니하니…이 세상도, 그 정욕도 지나가되, 오직 하나님의 뜻을 행하는 자는 영원히 거하느니라"(요일 2:15, 17). 영원이 순간보다 우선한다는 것을 알아야 한다.

결혼 외에도 바울은 우선순위와 시각을 바르게 유지해야 하는 네 가지 다른 영역을 제시한다. 둘째와 셋째 부분은 슬픔과 기쁨의 감정과 관련이 있다. **우는 자들은 울지 않는 자같이 해야** 한다. **기쁜 자들은 기쁘지 않은 자같이 해야** 한다. 감정은 특히 그리스도인들에게, 때때로 우리가 생각하는 것보다 통제가 더 가능하다. 우리는 무감정해서는 안 되며, 마음이 완악해지거나 무관심해서도 안 된다. 사랑은 이런 태도를 허용하지 않는다. 그러나 그리스도인의 사랑은 감정을 훨씬 넘어선다. 그리스도인의 사랑은 단순히 환경에 대한 반응이 아니라 의지의 행위다. 사실, 참사랑은 우리가 적절한 감정과 시각을 유지하도록 돕는다. 남편, 아내, 자녀, 소중한 친구가 죽거나 장애인이 되거나 병에 걸릴 때, 우리는 웃거나 축하하지 않는다. 반대로, 성숙한 그리스도인은 허물어져서 모든 소망과 목적과 동기를 잃지 않는다. 또한 신자들이 축하와 행복을 강조하다가 지나가는 것들을 기뻐하는 데 취하기 쉽다. 때로 우리는 영적 승리보다 개인적 성공, 유산, 승진에 더 흥분한다. 우리는 받은 복을 주님께 돌릴 때라도 우리의 시각을 잃고, 우리의 선한 판단이나 영적 우선순위보다 우리의 감정에 지배될 수 있다.

바울이 염려하는 넷째 부분은 재정과 소유다. **매매하는 자들은 없는 자같이 하라.** 고린도 그리스도인들은 이 부분에서 현대의 많은 신자와 마찬가지로 위험했다. 많은 그리스도인이 돈과 돈으로 살(buy, 매매) 수 있는 것을 쌓는 데 마음을 빼앗긴다. 이 부분에서, 그리스도인들은 믿지 않는 주변 세상과 다를 게 없다. 우리 가운데 많은 사람이 자신의 영성보다 은행 잔고와 집과 자동차에 더 관심을 둔다. 내면보다 외면에 더 신경 쓴다. 우리는 **이 세상의 외형**에 강하게 집착한다. 그것이 **지나간다**는 것을 알면서도 말이다.

바울이 염려하는 다섯째 부분은 즐거움이다. **세상 물건(the world)을 쓰는 자들은 다 쓰지 못하는 자같이 하라.** 풍요롭고 편안하며 관대하고 지나치게 자기수용적인 시대에는 즐거움을 위해 살기 쉽다. 부도덕하거나 사치스럽지 않은 즐거움이라도 여전히 세상적일 수 있다. 우리의 관심과 시간이 더 많은 여가활동, 더 많은 휴가, 더 이른 은퇴, 더 편안한 집 같은 것들에 집중한 나머지 성령의 일들을 소홀히 할 수 있다.

바울이 경고하는 다섯 부분 가운데 본래 나쁜 것은 하나도 없다. 결혼, 슬픔, 기쁨, 소유, 즐거움은 모두 그리스도인의 삶에서 적절한 자리가 있다. 사실, 각각은 하나님이 이 땅에서 삶을 위해 공급하시는 것이다. 금욕주의는 성경이 가르치지 않을 뿐 아니라 금한다(골 2:18, 23; 딤전 4:3). 그러나 인관관계, 감정, 소유, 즐거움이 생각과 행동을 지배할 때, 특히 우리가 주님의 일에서 눈을 떼게 할 때, 죄악된 것이 된다. 우리는 결혼을 더없이 귀하게 여겨야 하고(히 13:4), "즐거워하는 자들과 함께 즐거워하고 우는 자들과 함께 울어야" 하며(롬 12:15), 이 땅의 소유를 경멸하지 말아야 한다. "하늘 아버지께서 이 모든 것이 너희[우리]에게 있어야 할 줄을 아시느니라"(마 6:32). 그러나 우리는 이런 것들이 **지나간다**는 것을 알고 과대평가하지 말아야 한다.

결혼하면 몰두하게 되는 것들

너희가 염려 없기를 원하노라. 장가가지 않은 자는 주의 일을 염려하여 어찌하여야 주를 기쁘시게 할까 하되, 장가간 자는 세상일을 염려하여 어찌하여야 아내를 기쁘게 할까 하여, 마음이 갈라지며 시집가지 않은 자와 처녀는 주의 일을 염려하여 몸과 영을 다 거룩하게 하려 하되, 시집간 자는 세상일을 염려하여 어찌하여야 남편을 기쁘게 할까 하느니라. 내가 이것을 말함은 너희의 유익을 위함이요 너희에게 올무를 놓으려 함이 아니니, 오직 너희로 하여금 이치에 합당하게 하여 흐트러짐이 없이 주를 섬기게 하려 함이라. (7:32-35)

독신으로 남아야 하는 넷째 이유는 결혼하면 몰두하게 되는 것들 때문이다. 남편과 아내 모두 **세상일을 염려한다.** 이들은 자연스럽게 서로의 세상적 필요를 염려한다. 남편은 **어찌하여야 아내를 기쁘게 할까** 염려하고, 아내는 **어찌하여야 남편을 기쁘게 할까** 염려한다. **장가가지 않은 자**(여기서 *agamos*는 일반적 의미로 사용된다)**는 주의 일을 염려하여 어찌하여야 주를 기쁘시게 할까** 염려한다. **시집가지 않은 자와 처녀는 주의 일을 염려하여 몸과 영을 다 거룩하게 하려 한다.** 그러나 결혼한 사람은 세상일과 하늘의 일 사이에 **마음이 갈라진다(interests are divided).** 그리고 그래야 한다.

시집가지 않은 자(the woman who is unmarried, 여기서 *agamos*는 '이혼한'이란 의미로 사용된다)**와 처녀는** (이혼한 독신자들과 대조적으로) **몸과 영을 다 거룩하게** 할 수 있다. 여기서 **거룩하다(holy)**는 구별, 구별됨이라는 기본적 의미로 사용된다. 독신 그리스도인들이, 결혼 경험이 있든 전혀 없든 간에, 본질적으로 결혼한 그리스도인들보다 더 의롭거나 신실한 것은 아니다. 그러나, 이들은 가족과 관련된 요구와 의무가 더 적기 때문에 주님의 일에 더 헌신할 수 있다. **거룩함** 또는 구별됨은 **갈라짐(being divided)**과 대비된다. 결혼한 신자의 영적 충성이 갈라졌거나 결혼하지 않은 신자가 영적으로 더 신실한 것은 아니다. 결혼한 많은 신자가 주님께 깊이 헌신되었다는 의미에서 거룩하며, 많은 독신 신자는 영적 관심이 갈라진다(나뉜다). 그러나 '실제로', 결혼하지 않은 사람이 **몸과 영** 모두에서 결혼한 사람보다 주님의 일을 위해 이생의 것들로부터 자신을 구별할 가능성이 크다.

결혼한 그리스도인들은 결혼한 것에 죄책감을 느끼지 말아야 하고, 결혼하지 않은 그리스도인들은 결혼하는 것에 죄책감을 느끼지 말아야 한다. 바울은 결혼한 사람들이 이미 가진 짐과 염려를 더 보태려 하는 게 아니며, 독신 신자들이 영구히 독신으로 남도록 강요하는 것도 아니다. **내가 이것을 말함은 너희의 유익을 위함이요 너희에게 올무를 놓으려 함이 아니니, 오직 너희로 하여금 이치에 합당하게 하여 흐트러짐이 없이 주를 섬기게 하려 함이라.**

결혼이 주님을 향한 큰 헌신을 막지는 않으며, 독신이 이것을 보장하지도 않는다. 그러나 독신은 방해물이 더 적고 이점이 더 많다. 독신이 일편단심으로 주님의 일을 하기가 더 쉽다. 결혼한 그리스도인은 선택의 여지가 없다. 그의 관심(interests, 마음)이 '반드시' 갈라져야 한다. 그는 가정에 충실하지 않는다면 주님께 충실(충성)할 수 없다. "누구든지 자기 친족 특히 자기 가족을 돌보지 아니하면 믿음을 배반한 자요 불신자보다 더 악한 자니라"(딤전 5:8). 그러나 독신자에게는 선택이 있다. 그는 결혼하거나 하지 않을 자유가 있다. 그는 독신으로 지내도록 제약(restraint, 올무) 받는 게 아니다. 그의 선택은 옳음과 그름 중 하나가 아니라 좋음과 더 좋음 중 하나다.

바울은 율법주의적 올가미(**올무** restraint의 문자적 의미)를 독신 그리스도인들의 목에 걸고 있는 게 아니다. 이들은 결혼하거나 독신으로 지내라고 강요받고 있는 게 아니다. 바울이 이들에게 지금 그대로 지내라고 조언하는 데는 두 동기가 있으며, 둘 다 이들의 **유익**을 위한 것이다. 그는 이들이 고난을 면하게 해주고 싶었으며(28절; 참조. 32절), 이들이 **흐트러짐 없이 주를 섬기길** 원했다. **섬김(devotion)**이란 단어는 섬기는 자로서 **주님** 곁에서 시중을 든다는 의미를 내포한다(참조. 9:13).

아버지의 서약

> 그러므로 만일 누가 자기의 약혼녀[49]에 대한 행동이 합당하지 못한 줄로 생각할 때에 그 약혼녀의 혼기도 지나고 그같이 할 필요가 있거든 원하는 대로 하라. 그것은 죄짓는 것이 아니니 그들로 결혼하게 하라. 그러나 그가 마음을 정하고 또 부득이한 일도 없고 자기 뜻대로 할 권리가 있어서 그 약혼녀를 그대로 두기로 하여도 잘하는 것이니라. 그러므로 결혼하는 자도 잘하거니와 결혼하지 아니하는 자는 더 잘하는 것이니라. (7:36-38)[50]

유대 문화에서 자녀의 결혼 상대를 결정할 때, 부모 특히 아버지가 오랫동안 지배적 역할을 했다. 동일한 일반적 관습이 로마를 비롯해 많은 고대 사회에 널리 퍼져 있었다. 어떤 역사가들은 로마가 쇠락한 것은 결혼 과정에서 부모의 통제력이 상실되어 가정이 약해진 데 부분적으로 이유가 있다고 본다. 신약시대에는 특히 젊은 사람들을 위한 중매 결혼이 일반적이었다.

독신의 이점에 관해 현존하는 가르침에 비춰볼 때, 고린도에서 어떤 아버지들은 어린 딸들을 영원히 처녀로 하나님께 바쳤던 게 분명하다. 그러나 딸들이 결혼 연령이 되었을 때, 이들 중에 많은 수가 의심의 여지 없이 결혼하길 원했고 아버지들은 진퇴양난에 빠졌다. 이들은 딸에 대해 했던 서약을 깨야 하는가? 많은 소녀가 독신의 은사가 없었고, 결혼할지 아니면 아버지와 주님을 기쁘게 할지를 두고 갈등이 심했을 것이다. 이것은 고린도교회가 바울에게 보낸 편지에 언급된 문제 중 하나였다(7:1).

이번에도 바울은 신자들이 결혼과 관련해 갖는 선택권을 강조한다. 결혼

---

49 NASB: virgin daughter(처녀 딸). 여기서 저자는 이 번역을 기준으로 설명한다.
개역개정 난외주: 헬. 처녀 또는 처녀 딸.

50 새번역은 난외주에서 이렇게 옮겼다. "[36]어떤 사람이 자기 딸을 혼기가 지날 때까지 붙들어 둔 것이 온당하지 못하다고 생각하고, 결혼을 시켜야겠다고 생각하면 결혼을 시키십시오. 그것은 아버지에게 죄가 되지 않습니다. [37]그러나 그럴 필요가 없어서 자유로운 결정으로 자기 딸을 그대로 두기로 작정하여도 그것은 잘 하는 일입니다. [38]이와 같이 자기 딸을 결혼시키는 일도 잘 하는 일이지만 결혼시키지 않는 것이 더 잘 하는 일입니다."

상대가 그리스도인이라면, 결혼은 언제나 허용된다. 아버지가 딸이 주님을 더 헌신적으로 섬길 수 있도록 독신으로 지내게 하겠다고 서약했더라도 딸이 고집한다면 마음을 바꾸어 딸의 결혼을 허락할 자유가 있다. 어쨌든, 아버지의 서약은 다른 사람을 위한 것이었고, 따라서 그 사람의 영적 필요에 부속된다. **그 약혼녀**(처녀 딸)**의 혼기도 지나고 그같이 할 필요가 있거든 원하는 대로 하라.** 결혼하지 않은 사람들 자신이 어떤 제약(올무)도 받지 않으며(35절) 결혼해도 죄짓는 게 아니듯이(28절), 서약한 아버지가 마음을 바꾸더라도 죄를 짓는 게 아니다. 그의 서약은 좋은 것이다. 그러나 딸이 이 서약을 따를 수 없거나 따를 생각이 없다면, 딸과 아버지 둘 다 자신들이 원하는 대로 할 자유가 있다. **그 같이 할 필요가 있거든**(if it must be so, 반드시 그래야 하겠거든)은 딸이 실제로 결혼을 하도록 계획되었고 아버지는 결혼을 허락해야 한다는 것을 말한다.

그러나 아버지가 **마음을 정했다**면(stands firm in his heart, 마음이 요지부동이라면), 다시 말해, 서약에 대해 마음을 바꾸지 않는다면, 딸이 아버지에게 마음을 바꾸라고 압박하지도 않는다면(under no constraint, 부득이한 일도 없고), 좋고 순수한 동기가 있고(has authority over his own will, 자기 뜻대로 할 권리가 있어서) 깊이 헌신했다면(decided this in his own heart,[51] 자신의 마음으로 이것을 결정했다), **그 약혼녀**(his own daughter, 자신의 처녀 딸)**를 그대로 두어도 괜찮다. 부득이한 일**(constraint)은 "필요"(necessity)로 번역하는 게 더 나으며, 딸이 결혼해야 할 필요를 가리킨다(참조. "필요가 있거든 if it must be so," 36절). 아버지는 딸이 서약을 따르려 하지 않을 경우에만 마음을 바꿔야 한다. 아버지가 자신의 서약을 확고히 지키려는 모습을 보면서 딸도 자신의 서약을 확고히 지키려 할 것이다. 이렇게 함으로써, 그는 **잘하는 것이다.**

바울은 선택권을 다시 말한다. **그러므로 결혼하는 자도 잘하거니와 결혼하지 아니하는 자는 더 잘하는 것이니라.**[52] 독신자들의 경우처럼(28절), 선택은 옳음과

---

51 "마음에 작정하면"(새번역). 개역개정에는 이에 해당하는 부분이 없다.

52 NASB: So then both he who gives his own virgin daughter in marriage does well, and he who does not give her in marriage will do better(그러므로 자신의 처녀 딸을 결혼시키는 자도 잘하는 것이지만, 결혼시키지 않는 자는 더 잘하는 것이다).

1 Corinthians

그름 중 하나가 아니라 좋음(well, 잘하는 것)과 더 좋음(better, 더 잘하는 것) 중 하나다.

결혼의 영구성

아내는 그 남편이 살아 있는 동안에 매여 있다가 남편이 죽으면 자유로워 자기 뜻대로 시집 갈 것이나 주 안에서만 할 것이니라. 그러나 내 뜻에는 그냥 지내는 것이 더욱 복이 있으리로다. 나도 또한 하나님의 영을 받은 줄로 생각하노라.

(7:39-40)

독신에 관한 이 단락은 어떤 해석자들의 주장과 달리 바울의 논의에 덧붙여진 게 아니다. 이 단락은 결혼 관계의 영구성에 초점에 맞춘다. 결혼 관계는 영원하다는 의미가 아니라 평생 지속한다는 의미에서 영구적이다. 결혼은 두 사람이 살아 있는 동안 둘을 하나로 맨다. 제자들은 주님의 이러한 가르침에 이렇게 답했다. "만일 사람이 아내에게 이같이 할진대 장가들지 않는 것이 좋겠나이다"(마 19:10). 독신의 은사가 있는 그리스도인들이라도 결혼할 자유가 있다. 그렇더라도 이들은 자신이 배우자보다 먼저 죽는다면 남은 평생을 매이게 된다는 것을 명심해야 한다. 어쨌든, 신자는 **그 남편이**(또는 아내가) **살아 있는 동안에 매여 있다.** 이러한 매임은 주님을 가장 생산적으로 섬길 수 있는 때를 넘어 상당히 늦은 나이까지 계속되는 경우가 많다.

배우자가 **죽으면**, 새로운 결혼 상대가 주 안에 있는 한, 신자는 **자유로워…시집 갈** 수 있다(참조. 9:5). 여기서 이 구체적 조언은 과부들에게 하는 것이지만 홀아비들에게도 적용된다. 두 핵심은 과부된 신자들은 독신으로 살도록 매이지 않지만, 재혼한다면, 신자와 해야 한다는 것이다.

그러나 재혼은 이상적이지 않다. 재혼은 모두에게 하나님의 가장 좋은 것은 아니다. **내 뜻에는 그냥 지내는 것이 더욱 복이 있으리로다**(happier). 이번에도(참조. 28, 32, 35절), 바울은 자신이 명령하는 게 아니라 받아들이는 자들에게 유익하고 복이 되는 조언을 하고 있음을 분명히 한다. 과부가 독신 생활을 위한 하나님의 은혜를 받았다면 독신으로 지내는 게 **더욱 복이 있다(happier)**.

나도 또한 하나님의 영을 받은 줄로 생각하노라. 이 말은 바울의 핵심을 약화하는 게 아니라 강화한다. 바울은 조금 비꼬는 투로, 자신도 성령의 인도를 받는다고 말하고 있었다. 이는 독신만을 주장하는 그룹과 결혼만을 주장하는 그룹 둘 다 분명하게 펼치는 주장이다. 그는 여전히 "하나님의 뜻을 따라 그리스도 예수의 사도로 부르심을 받은" 자로서 말하고 있었다(1:1). 그의 명령은 하나님의 명령이었고 그의 조언은 하나님의 조언이었다.

20

그리스도인의 자유, 그 한계
(8:1-13)

우상의 제물에 대하여는 우리가 다 지식이 있는 줄을 아나, 지식은 교만하게 하며 사랑은 덕을 세우나니, 만일 누구든지 무엇을 아는 줄로 생각하면 아직도 마땅히 알 것을 알지 못하는 것이요, 또 누구든지 하나님을 사랑하면 그 사람은 하나님도 알아주시느니라. 그러므로 우상의 제물을 먹는 일에 대하여는 우리가 우상은 세상에 아무 것도 아니며 또한 하나님은 한 분밖에 없는 줄 아노라. 비록 하늘에나 땅에나 신이라 불리는 자가 있어 많은 신과 많은 주가 있으나, 그러나 우리에게는 한 하나님, 곧 아버지가 계시니, 만물이 그에게서 났고 우리도 그를 위하여 있고, 또한 한 주 예수 그리스도께서 계시니, 만물이 그로 말미암고 우리도 그로 말미암아 있느니라.

그러나 이 지식은 모든 사람에게 있는 것은 아니므로 어떤 이들은 지금까지 우상에 대한 습관이 있어 우상의 제물로 알고 먹는 고로 그들의 양심이 약하여지고 더러워지느니라. 음식은 우리를 하나님 앞에 내세우지 못하나니, 우리가 먹지 않는다고 해서 더 못사는 것도 아니고 먹는다고 해서 더 잘사는 것도 아니니라. 그런즉 너희의 자유가 믿음이 약한 자들에게 걸려 넘어지게 하는 것이 되지 않도록 조심하라. 지식 있는 네가 우상의 집에 앉아 먹는 것을 누구든지 보면 그 믿음이 약한 자들의 양심이 담력을 얻어 우상의 제물을 먹게 되지 않겠느냐? 그러면 네 지식으로 그 믿음이 약한 자가 멸망하나니, 그는 그리스도께서 위하여 죽으신 형제라. 이같이 너희가 형제에게 죄를 지어 그 약한 양심을 상하게 하는

것이 곧 그리스도에게 죄를 짓는 것이니라. 그러므로 만일 음식이 내 형제를 실

족하게 한다면 나는 영원히 고기를 먹지 아니하여 내 형제를 실족하지 않게 하

리라. (8:1-13)

고린도전서 8-10장에서도, 바울은 고린도교회가 자신에게 보낸 편지에서 제
시한 질문들에 계속 답한다. 세 장 모두 미심쩍은 행위들을 다루는데, 고린도
에서는 이런 행위들의 중심에 우상에게 바쳤던 음식을 먹는 문제가 있었다.

세계 곳곳에서 우상을 숭배하는 종교로부터 구원받은 그리스도인들에게
이 특별한 문제가 여전히 존재한다. 그러나 고린도 신자들이 직면했던 이 기
본적 문제는 지금 우리가 모두 직면하는 문제이기도 하다. 성경이 구체적으
로 금하지 않는 행동과 관련해, 그리스도인의 자유는 어디까지인가?

지난 여러 세대 동안, 근본주의자들과 복음주의자들 내에서 일어난 가장
강한 논쟁 중에 얼마는 의심쩍은 행위들, 즉 많은 신자가 잘못이라 느끼지만
성경이 구체적으로 금하지 않는 행위들에 관한 것이었다. 몇몇 중요한 문제
를 들자면, 음주, 흡연, 카드놀이, 화장, 춤, 주일 스포츠, 음악 스타일, 극장이
나 영화관 등이었다. 그리스도인들이 이런 문제들을 두고 논쟁하느라 그렇게
많은 시간을 쓴 이유 중 하나는 성경이 이것들을 구체적으로 금하지 않는다
는 것이다.

이것들을 비롯해 비슷한 문제들이 중요하지 않은 게 아니다. 그러나 우리
는 도둑질, 살인, 비방, 간음, 탐욕—성경이 분명하게 죄로 규정해 금지하는
것—에 관해 말할 때처럼 이것들에 관해 권위 있게 말할 수 없다. 구약성경과
신약성경 모두 신자들에게 금지된 많은 행위를 말한다. 마찬가지로 둘 다 하
나님을 사랑하고 예배하기, 이웃 사랑하기, 가난한 자 돕기 등 항상 행해야 할
많은 선한 것들을 가르친다. 이런 구체적인 것들은 흑인지 백인지, 옳은지 그
른지 분명하다.

그러나 많은 행동은 성경이 명령하거나 칭찬하거나 금하지 않는 것이다.
이것들은 흑이나 백이 아니라 회색이다. 이런 문제들은 세대나 지역마다 다
를 수 있다. 그러나 모든 세대와 모든 지역은 그리스도인의 삶의 회색 지대

를 다뤄야 한다. 사도행전 15장에 기록된 교회의 첫 공의회가 열린 것은 무엇보다도 이런 문제들을 다루기 위해서였다. 어떤 유대인 신자들은 이방인 회심자들이 모두 할례를 받아야 한다고 주장했으며(1절), 어떤 유대인 신자들은 유대 식사법을 어길까 봐 이방인 신자들과 사귀는 것, 특히 식사하는 것을 두려워했다. 예루살렘공회는 이방인들이 할례받을 필요가 없지만(19절) 신자들이 "우상의 더러운 것과 음행과 목매어 죽인 것과 피를 멀리"해야 한다고 결정했다(20절). 이러한 정책을 따름으로써, 이들은 "잘 될"(do well, 잘할) 터였다(29절).

음행(fornication)이 죄라는 데는 의심의 여지가 없었다. 그러므로 이 목록에서 음행이 언급된 것은 상징적인 게 틀림없으며 근친혼을 가리킬 것이다. 유대인들에게는 매우 분명한 가르침이 있었다. 특별한 자기 정체성의 일부로서, 느슨한 근친혼이라도 금지된다는 것이다. 여기 언급된 행위들은 그 자체로 죄가 아니었으나, 공의회는 이것들에 관해 강한 확신을 가진 유대인 형제들을 쓸데없이 자극하지 않도록 교회들에게 이것들을 삼가라고 했다.

그리스도인의 자유는 신약의 중심 진리다. 예수님은 이렇게 말씀하셨다. "너희가 내 말에 거하면 참으로 내 제자가 되고 진리를 알지니, 진리가 너희를 자유롭게 하리라"(요 8:31-32). "주의 영이 계신 곳에는 자유가 있느니라"(고후 3:17). "그리스도께서 우리를 자유롭게 하려고 자유를 주셨으니"(갈 5:1).

그러나 그리스도인의 자유는 고삐 풀린 방종이 아니다. 이것은 결코 죄를 지을 자유가 아니며, 흔히 그 자체로 죄가 아니지만 죄악될 수 있거나 다른 사람들로 죄를 짓게 할 수 있을 법한 것들을 배제해야 한다. 베드로는 이렇게 말한다. "너희는 자유가 있으나 그 자유로 악을 가리는 데 쓰지 말고 오직 하나님의 종과 같이 하라"(벧전 2:16).

의심스러운 것들과 관련해, 흔히 일반적인 두 극단을 따른다. 하나는 율법주의이고, 하나는 방종(license)이다. 율법주의는 모든 행동, 모든 습관, 모든 형태의 행위가 흑 아니면 백이라고 믿는다. 율법주의자들은 성령이 아니라 규범을 따라 산다. 이들은 성경의 언급에 관계없이 모든 것을 좋은지 아니면 나쁜지로 분류한다. 이들은 끝도 없는 '하라'와 '하지 말라' 목록을 만든다. '좋다' 목록(good list)에 포함된 것들을 하고 '나쁘다' 목록(bad list)에 포함된 것들을 삼가는 것이, 속사람이 어떠하든 간에, 이들이 생각하는 영성이다. 이들의 삶은 성령이 아니라 율법이 지배한다. 그러나 어떤 일들을 삼가는 것은 영성이 아니다. 성령 안에서 행하는 것이(walking in the Spirit) 영성이다. 율법주의는 자유를 질식시키고 양심을 질식시키며, 말씀을 질식시키고 성령을 질식시킨다.

방종(license)은 정반대되는 극단이다. 방종도 회색 지대가 없다는 점에서 율법주의와 같지만 검은 것도 많지 않다. 거의 모든 것이 희다. 성경이 엄격히 금하지 않는 한, 모든 것이 용납된다. 이렇게 주장하는 자들은 그리스도인의 자유가 사실상 절대적이고 무조건적이라고 믿는다. 양심이 자유로운 한, 자신이 좋은 대로 할 수 있다. 이것은 바울이 고린도전서 8장에서 다루는 그룹의 철학이었던 것 같다. 이들은 신자들이 "하나님과 사람에 대하여 항상 양심에 거리낌이 없기를 힘써야" 한다는 데에는 바울과 일치했을 것이다(행 24:16). 하지만 그 이상의 것에서는 그 어떤 제한도 원치 않았다.

그러나 바울은 동료 신자들이 덜 성숙하고("약한") 우리가 하는 행동이 주님을 섬기는 데 필요하지 않을 때, 동료 신자들의 양심에 어긋나는 행동을 하는 것도 잘못일 수 있다고 가르친다.

바울은 우상에게 바쳤던 음식을 먹는 것에 관한 구체적 질문에 답하면서, 모든 의문스러운 행동에 적용될 수 있는 일반적이고 보편적인 원리를 제시한다. 그는 이 원리를 8장에서 말하고 설명한다. 그는 이것을 9:1-10:13에서 예증하고, 10:14-11:1에서 적용한다. 그 원리는 이것이다: "너희의 자유가 믿음이 약한 자들에게 걸려 넘어지게 하는 것이 되지 않도록 조심하라"(8:9). 우리는 성경이 금하지 않는 어떤 부분에서 그리스도인의 자유를 행사하기 전에, 이것이 다른 사람들, 특히 동료 신자들에게 어떤 영향을 미칠지 고려해야 한다.

고린도의 어떤 신자들은 하나님이 구체적으로 금하지 않으신 행위들과 관련해 자신들이 좋은 대로 할 완전한 자유가 있다고 느끼며, 이를 뒷받침하는 이유 셋을 제시했다. 바울은 이 원리를 제시할 준비를 하면서, 이 세 이유에 답한다. 세 이유는 이러했다. (1) 우리는 우리 모두에게 지식이 있음을 안다. (2) 우리는 우상이 아무것도 아님을 안다. (3) 우리는 음식이 하나님께 문제되지 않는다는 것을 안다. 바울은 각 이유가 기본적으로 타당하다는 데 동의하지만, 뒤이어 셋 중 어느 하나도 누군가를 영적으로 넘어지게 할 수 있는 행위에 적용해서는 안 된다는 점을 보여준다.

우리는 우리 모두에게 지식이 있음을 안다

우상의 제물에 대하여는 우리가 다 지식이 있는 줄을 아나, 지식은 교만하게 하며 사랑은 덕을 세우나니, 만일 누구든지 무엇을 아는 줄로 생각하면 아직도 마땅히 알 것을 알지 못하는 것이요, 또 누구든지 하나님을 사랑하면 그 사람은 하나님도 알아주시느니라. (8:1-3)

우상의 제물(things sacrificed to idols)은 헬라어 본문에서 한 단어이며, (개역개정처럼) 단순하게 "우상 제물"(idol sacrifices)로 번역할 수 있다. 제물은 음식이었으며, 신전의 신을 예배하면서 상징적으로 드려졌다. 특별한 문제는 이렇게 제물로 바쳤던 음식을 먹는 것이었다.

헬라인들과 로마인들은 많은 신을 섬기는 다신론자였다. 이들에게는 모든 환경, 필요, 활동과 관련해 신 또는 신들의 집단이 있었다. 이들에게는 전쟁의 신, 사랑의 여신, 여행의 신, 정의의 여신 등이 있었다. 이들은 숱한 악령도 믿었다. 이들은 대기가 온갖 악령으로 가득하다고 믿었다.

음식, 대개 고기를 제물로 드리는 것은 이들의 두 신념과 관련해 아주 중요했다. 이들은 악령들이 계속해서 인간을 침범하려 하며, 악령들이 이렇게 하는 가장 쉬운 방법은 먹기 이전의 음식에 들러붙는 것이라고 믿었다. 영들을 음식에서 제거하는 유일한 방법은 음식을 신에게 제물로 바치는 것이었다. 그러므로 제물은 두 목적이 있었다. 즉 그것은 신들의 호의를 얻어내고, 고기에서 귀신의 오염물을 씻어냈다.

우상의 제물은 세 부분으로 나뉘었다. 한 부분은 제단에서 해당 제물로 불태웠다. 둘째 부분은 성전에서 일하는 사제들에게 보상으로 주었다. 남은 부분은 제사자의 몫이었다. 제물이 아주 많았기 때문에, 사제들이 자신의 몫을 다 먹을 수 없었고, 그래서 자신에게 필요하지 않은 것은 시장에 내다 팔았다. 이 고기는 악령들이 제거된 것이기에 가치가 높았고, 그래서 잔치용이나 손님 접대용으로 사용되었다.

그러므로 우상의 제물을 먹는 것은 그리스도인들에게, 특히 이런 종교 환경에서 자란 그리스도인들에게 동일한 두 가지 관련성이 있었다. 이 고기는 이방 신들과 관련이 있었고 이들에게 바쳤던 제물의 일부였으며, 전에 악한 영들에 의해 오염되었다는 미신과도 관련이 있었다.

이방인들과 개인적으로 조금이라도 접촉하는 신자라면 우상의 제물을 먹는 문제를 피하기란 거의 불가능했다. 결혼식을 비롯해 대다수 사회 행사는 일종의 이교도 예배를 포함했으며, 신전에서 숱한 축제가 열렸다. 우상의 제물이 늘 제공되었다. 친척이 결혼하거나 오랜 친구가 연회를 연다면, 그리스도인은 참석하지 못한다는 구실을 만들거나—언제까지나 이렇게 할 수는 없었다—우상의 제물이었음을 알면서도 먹어야 했다.

어떤 예민한 이방인 신자들은 이런 고기를 사길 거부했다. 자신들이 전에 살았던 이교도의 삶이 떠오르게 하기 때문이거나 자신들이 이런 고기를 사는 것을 보는 사람들이 자신들이 이교도로 되돌아갔다고 생각할는지 모르기 때문이었다. 또한, 이방인이든 유대인이든 많은 신자가 이런 고기가 상에 오를까 두려워 이교도 이방인들의 집, 심지어 몇몇 이방인 그리스도인들의 집에서까지 식사하길 꺼렸다. 이런 음식은 유대인의 음식법, 곧 많은 유대인이 자신과 분리하기 어려웠던 음식법에 따르면 두 배로 부정할 수 밖에 없었다.

반대로, 어떤 그리스도인들은 개의치 않았다. 이들에게 고기는 고기일 뿐이었다. 이들은 이교도의 신들이 실제로 존재하지 않으며 악령들이 음식을 오염시키지 않는다는 것을 알았다. 이들은 성숙했고, 하나님의 진리에 든든히 뿌리를 내렸으며, 이들의 양심은 이 문제에서 깨끗했다. 이 그룹은 자신들의 자유를 자유롭게 행사하는 세 가지 이유를 바울에게 제시했다.

이 세 가지 이유에 대한 바울의 답변은 더 성숙한 그룹의 신자들을 '향했다.' 그러나 그의 답변은 다른 그룹에 '중심을 맞췄다.' 그는 성숙한 신자들에게 그들의 자유가 아니라 덜 성숙한 신자들의 영적 안녕에 초점을 맞추라고 했다. 그는 이렇게 말하고 있었다. "여러분의 자유를 보지 마십시오. 그들의 필요를 보십시오. 동료 신자들을 향한 여러분의 사랑이 여러분 자신의 자유를 제한해야 합니다. 여러분이 그들을 하나님께서 사랑하라고 하신 대로 사랑한다면, 여러분의 자유를 그들의 믿음을 해치거나 혼란스럽게 하거나 약하게 하는 어떤 방식으로도 사용하지 않을 것입니다."

바울은 이들이 자유를 행사하는 데 대해 제시한 첫째 이유를 이렇게 요약한다. 우리는 **우리가 다 지식이 있는 줄을 안다.** 이 말은 사실이지만 자기중심적이었다. 이 말은 우월감을 나타냈다. 이렇게 주장하는 신자들은 자신들이 전지(全知)하다고 말하고 있었던 게 아니라 자신들은 이교도의 신들과 우상들이 실재가 아니며 이들에게 바친 음식도 그저 음식일 뿐이라는 것을 알고도 남을 만큼 하나님의 말씀을 잘 알고 이해한다고 말하고 있었다. 이들은 이 음식을 먹는다고 자신들이 영적으로 오염될 수 없다는 것을 알았고, 이것이 그리스도인으로서 자신들의 삶에 아무런 영향도 미치지 못한다는 것을 알았다. 이들은 다른 사람들이 어떻게 생각하든 간에 자신들은 무엇이든 원하는 것을 먹는 데 전혀 거리낌이 없었다.

그러나 바울은 이들에게 **지식은 교만하게 한다**는 것을 일깨운다. 이 신자들은 지식이 성숙했으나 사랑이 성숙하지 못했다. **사랑은 덕을 세운다(love edifices).** 다시 말해, 다른 사람들을 세워준다. 그러나 이들은 이렇게 덕을 세우지 못했다. 이들은 교리가 강했으나 사랑이 약했다. 이들은 자기 사랑이 강했으나 형제 사랑이 약했다.

모든 사도 중에 바울이야말로 교리, 즉 하나님의 말씀을 아는 지식을 소홀히 했다고 비난받을 가능성이 가장 낮다. 그는 신학자들의 신학자였다. 그는 로마서에서 이렇게 말한다. "무엇이든지 전에 기록된 바는 우리의 교훈을 위하여 기록된 것이니"(롬 15:4). 그는 골로새 신자들이 "모든 신령한 지혜와 총명에 하나님의 뜻을 아는 것으로 채워"지길 기도했으며(골 1:9), "자기를 창조하신 이의 형상을 따라 지식에까지 새롭게 하심을" 입으라고 독려했다(3:10).

바울은 자신이 사역했던 방식들을 길게 열거하면서, "지식"과 "진리의 말씀"을 포함한다(고후 6:4-10). 같은 편지에서, 바울은 고린도 신자들의 "믿음과 말과 지식"을 칭찬한다(8:7). 바울은 자신의 편지를 받는 사람들에게 자신은 그들이 어떤 진리들을 모르길 원치 않는다고 숱하게 말한다(롬 1:13; 11:25; 고전 10:1; 12:1; 고후 1:8; 살전 4:13).

하나님의 말씀을 아는 지식은 극도로 중요하다. 알지 못하는 것을 믿거나 거기에 순종하기란 불가능하다. 하나님은 이스라엘에게 이렇게 말씀하셨다. "내 백성이 지식이 없으므로 망하는도다. 네가 지식을 버렸으니 나도 너를 버려 내 제사장이 되지 못하게 할 것이요"(호 4:6). 하나님은 "지식으로 사람을 교훈하시는" 분이다(시 94:10). 성경은 무지를 전혀 높이 사지 않는다.

그러나 지식, 하나님의 말씀을 아는 지식으로는 충분하지 않다. 지식을 필수지만 지식으로는 충분하지 않다. 그것뿐이면, **지식은 교만하게 한다.** 사랑은 있지만 지식이 없다면 안타까운 일이다. 그러나 지식은 있지만 사랑이 없는 것도 똑같이 비극이다.

고린도 그리스도인들의 많은 영적 문제 중 하나가 교만(arrogance, 오만)이었다. 바울은 이들과 관련해 이 단어를 6회 사용한다. 이들은 교만했고 자기만족에 빠졌다. 이들은 지식이 있지만 사랑이 없었다. 바울이 여러 장 뒤에서 이들에게 일깨우듯이, 온갖 능력과 덕이 있어도 사랑이 없는 사람은 "아무것도 아니며", "사랑은 자랑하지 아니하며 교만하지 아니한다"(고전 13:1-4).

우상이 실재가 아니며 우상의 음식이 영적으로 오염되지 않았다는 것을 아는 지식은 올바른 지식이며 유익한 지식이다. 그러나 그것뿐이었기에, 이 지식은 이것을 가진 자들로 자신을 향하게 했다. 이들은 이 진리를 자신들에게 적용되는 것으로 보았을 뿐 다른 무엇으로도 보지 않았다. 이들은 이 진리가 이 지식이 없는 자들에게 어떻게 적용될 수 있을지에 무감각했다(고전 8:7). 이러한 지식에서 얻은 자유를 과시하면, 다른 신자들에게 심각한 해를 끼칠 수도 있다. 예수님이 말씀하셨듯이, 하나님의 자녀를 실족하게 하느니 차라리 물에 빠져 죽는 게 낫다(마 18:6-14).

균형이 잘 잡힌 그리스도인은 두 방식, 즉 개념적으로 그리고 관계적으로 생각하고 행동한다. 그는 성경의 진리를 이해할 능력이 있고 이것을 사람들에게, 자신에게 적용할 능력이 있다. 그는 지식과 사랑이 있다. 사랑은 진리가 전달되는 통로이기 때문이다. "오직 사랑 안에서 참된 것을 하여(speaking the truth, 진실/진리를 말하여) 범사에 그에게까지 자랄지라. 그는 머리니 곧 그리스도라"(엡 4:15). 지식만 있으면 성숙이 아니라 교만을 부른다.

교회 분쟁은 교리 문제뿐 아니라 행동 문제 때문이기도 할 것이다. 어떤 신자들이 동료 신자들의 감정이나 기준을 고려하지 않은 채 자신들의 자유를 행사하길 고집할 때, 교회는 약해지고 빈번하게 분열한다.

사랑은 덕을 세우며, 지식이 있지만 사랑으로 덕을 세우지 못하는 신자는 자신이 생각하는 만큼 성숙하지 못했다. **만일 누구든지 무엇을 아는 줄로 생각하면 아직도 마땅히 알 것을 알지 못하는 것이요,** 사랑 없는 정통주의자들은 오만하며 덕을 세우지 못한다. 이들은 바른 지식이 있지만 바른 이해가 없다.

진정으로 덕이 있는 사람은 자신이 아직 배우지 못한 것이 무엇인지 어느 정도 안다. 누군가 지식을 "모른다는 것을 모르는 상태에서 모른다는 것을 아는 상태로 옮겨가는 과정"으로 정의했다. 무지는 자신이 모른다는 것을 모른다. 참지식은 모르지만, 모른다는 것을 안다.

또 누구든지 하나님을 사랑하면 그 사람은 하나님도 알아주시느니라. 하나님을 알지만 그분을 사랑하지 않는다는 것은 불가능하다. 하나님을 사랑한다는 것은 그분과 바른 관계에 있다는 가장 중요한 증거다. 하나님을 향한 사랑, 곧 우리를 향한 그분의 사랑 때문에 가능해진 사랑이(요일 4:19) 사랑이 없으면 하나님과 바른 관계를 가질 수 없기 때문에 하나님을 아는 바른 지식도 가질 수 없다. 하나님을 알고 **하나님도 알아주시는** 사람들은 그분과 사랑의 관계에 있는 사람들뿐이다(요 14:21). 지식은 중요하며, 엄청나게 중요하다. 그러나 다른 모든 것처럼, 사랑이 없으면 지식은 아무것도 아니다. 하나님을 사랑하고 하나님께 사랑받는 게 모든 것이다. 바울은 여기서 하나님께 사랑받고 하나님을 사랑하는 사람이라면 하나님이 사랑하시는 다른 신자들도 사랑하리라고 암시적으로 말한다(요일 5:1).

사랑은 행동의 열쇠다. 금지된 게 무엇인지 아는 것으로는 부족하다. 우리는 "각각 자기 일을 돌볼 뿐더러 또한 각각 다른 사람들의 일을 돌볼" 때(빌 2:4), 성숙하고 사랑하는 그리스도인의 행위를 향해 나아가고 있다.

우리는 우상이 아무것도 아니라는 것을 안다

그러므로 우상의 제물을 먹는 일에 대하여는 우리가 우상은 세상에 아무것도 아니며 또한 하나님은 한 분밖에 없는 줄 아노라. 비록 하늘에나 땅에나 신이라 불리는 자가 있어 많은 신과 많은 주가 있으나, 그러나 우리에게는 한 하나님, 곧 아버지가 계시니, 만물이 그에게서 났고 우리도 그를 위하여 있고, 또한 한 주 예수 그리스도께서 계시니, 만물이 그로 말미암고 우리도 그로 말미암아 있느니라.
그러나 이 지식은 모든 사람에게 있는 것은 아니므로 어떤 이들은 지금까지 우상에 대한 습관이 있어 우상의 제물로 알고 먹는 고로 그들의 양심이 약하여지고 더러워지느니라. (8:4-7)

4-6절에서, 바울은 자신이 신학적으로 가르침을 잘 받은 고린도 신자들에게 동의한다고 말한다. 첫째, 그는 **우상은 세상에 아무 것도 아니라**는 데 동의한다. 돌, 귀금속, 나무는 실재다. 그러나 그 뒤에는 신이 없다. 형상은 실재하는 그 무엇의 형상도 아니다. 그것을 디자인한 사람의 상상력이나 그것을 통해 속이는 귀신의 연기를 반영할 뿐이다(10:20).

몇 해 전, 하와이에 있을 때 절에 갔었다. 나이 지긋한 숙녀가 큰 청동부처상에 절하며 그것을 향해 작은 돌을 던졌다. 돌은 주사위처럼 굴렀고, 그 돌이 어떻게 서느냐에 따라 행운과 불운이 갈렸다. 다른 사람들이 들어와 음식을 바쳤고, 음식은 우상 앞에 놓였다. 나는 이들에게 이렇게 말해주고 싶은 마음이 간절했다. "거기 아무도 없어요. 답답한 사람들 같으니라고! 거긴 아무것도 없다고요! 놋쇠 덩어리밖에." **하나님은 한 분밖에 없다.**

상상이 만들어낸 신들이 없는 게 아니다. **하늘에나 땅에나 신이라 불리는 자가 있어 많은 신과 많은 주가 있다.** 어떤 것들은 명백한 가짜이고, 어떤 것들은 귀신들의 표현물이다. 그러나 어느 하나도 참 신이 아니다. **신이라 불리는 자**

(so-called gods)는 형태가 있는 실재를 갖지만 신은 아니다.

바울은 이 진리를 사역 내내 가르쳤고, 이 때문에 박해도 자주 받았다. 에베소의 이교도 은세공업자 데메드리오는 바울을 비난하며 동료 세공업자들을 선동했다. "이 바울이 에베소뿐 아니라 거의 전 아시아를 통하여 수많은 사람을 권유하여 말하되, 사람의 손으로 만든 것들은 신이 아니라 하니, 이는 그대들도 보고 들은 것이라"(행 19:26). 바울은 시편 기자와 생각이 같았다.

> 그들의 우상들은 은과 금이요
> 사람이 손으로 만든 것이라.
> 입이 있어도 말하지 못하며
> 눈이 있어도 보지 못하며
> 귀가 있어도 듣지 못하며
> 코가 있어도 냄새 맡지 못하며
> 손이 있어도 만지지 못하며
> 발이 있어도 걷지 못하며
> 목구멍이 있어도 작은 소리조차 내지 못하느니라.
> 우상들을 만드는 자들과
> 그것을 의지하는 자들이 다 그와 같으리로다. (시 115:4-8)

한 하나님, 곧 아버지가 계시니. 바울은 같은 진리를 되풀이한다. **만물이 그에게서 났고 우리도 그를 위하여 있고, 또한 한 주 예수 그리스도께서 계시니, 만물이 그로 말미암고 우리도 그로 말미암아 있느니라.** 참 하나님은 한 분뿐이다. 그분이 아들 **예수 그리스도**로 우리에게 오셨고, 우리는 하나님이신 그 아들(the divine Son)을 통해 **아버지**께 인도된다. 모든 것이 **아버지**에게서 나왔고, 모든 신자는 아버지를 위해 **있다.** 모든 것이 아들로 **말미암고(by)**, 아버지께 오는 자는 누구든지 아들로 **말미암아(through)** 온다. 이것은 성부 하나님과 주 예수 그리스도의 본질이 동일하다는 강력하고 분명한 단언이다.

우상은 실재가 아니고, 신이라 불리는 자들(so-called gods)도 실재가 아니며, 오직 유일하게 실재하는 하나님은 예수 그리스도 안에서 계시된 성경의 하나님뿐이라는 것은 절대적으로 참이다. 이런 교리들에서, 자유를 사랑하는 고린도 그리스도인들은 완전히 정통이었다. 그러나 이들은 이 진리들을 일상생활에 바르게 적용하지 못했다. 이들은 바른 개념들을 가졌으나 이것들을 바른 관계로 연결하지 못했다.

바울은 이들에게 추가 진리를 일깨운다. 이들은 이 진리를 반드시 알았어야 했으나 그리스도인으로서 자유를 행사할 때 고려하지 않았다. **그러나 이 지식은 모든 사람에게 있는 것은 아니다.** 모든 신자가 영적 진리를 알고 이해하는 일에 다 성숙하지는 않았다. 어떤 사람들은 이교도 신앙과 그 숱한 유혹과 타락에서 갓 벗어난 새내기 그리스도인이었다. 이들은 여전히 우상들이, 비록 악하지만, 실재이며 우상들이 상징하는 신들도 실재라고 생각했다. 이들은 '바른' 하나님(right God)은 오직 한 분이라는 것을 알았다. 그러나 이들은 '실재하는' 하나님(real God, '진짜' 하나님)은 오직 한 분이라는 진리를 아직 제대로 파악하지 못했을 것이다.

설령 이들이 실재하는 하나님은 오직 한 분이라는 것을 이해했더라도, 이들은 과거에 이교도로서 했던 경험들이 너무나 생생해 이교 신앙과 관련된 모든 것을 거부했다. 어떤 식으로든 참여한다면, 이전 관습으로 돌아가려는 유혹을 받는 것이었다.

어떤 이들은 지금까지 우상에 대한 습관이 있어 우상의 제물로 알고 먹는 고로 그들의 양심이 약하여지고 더러워지느니라. 어떤 새내기 회심자들은 아주 오랫동안 자신들의 모든 생각과 행동을 지배했던 악한 영향력에 다시 더럽혀질 위험을 아예 차단하길 원했다. 이교도 신들은 실재가 아니었다. 그러나 이들과 관련된 악한 관습들은 실재였고 이들의 마음에 생생하게 남아 있었다. 이들은 자신들이 과거에 가졌던 이교도 신앙과 관련된 것은 무엇이든 접촉하길 꺼렸다. 이들의 양심은 우상의 제물을 먹으면서도 이전의 우상숭배 행위로 다시 끌려가지 않을 만큼 강하지 못했다.

이런 사람들이, 더 많이 아는 신자들을 따라, 양심이 먹지 말라는 것을 먹는다면, **그들의 양심이 약하여지고 더러워진다.** 설령 이 행위는 그 자체로 도덕적·영적으로 잘못이 아니더라도, 양심을 거슬러 이뤄질 때 잘못이 된다. **더러워진(defiled)** 양심은 무시당하고 침해당한 양심이다. 이런 양심은 혼란과 분노와 죄책감을 불러온다. 자신의 양심을 침해하는 사람은 자신이 잘못이라 생각하는 것을 자발적으로 한다. 그는 자신의 마음에서 죄를 지었다. 그 행위가 하나님의 눈에 죄가 아니라는 것을 온전히 이해할 때까지, 그는 그 행위를 해서는 안 된다. "의심하고 먹는 자는 정죄되었나니, 이는 믿음을 따라 하지 아니하였기 때문이라. 믿음을 따라 하지 아니하는 것은 다 죄니라"(롬 14:23). 더러워진 양심은 더러워진 믿음이다. 이런 행위는 죄책감과 절망, 기쁨과 평안의 상실을 가져온다. 이것이 이전의 이교도 관습들과 관련된 죄악된 생각들로 이어질 수도 있고, 심지어 한 사람을 그 관습 중 일부로 되돌아가게 할 수도 있다.

이 단락에서, 바울의 일차적 핵심은 이것이다: 이처럼 더 약한 형제로 그의 양심과 믿음을 더럽히게 하는 자는 누구라도 그 형제로 죄를 짓게 하는 것이다. 지식은 우리에게 어떤 것이 완벽하게 받아들여질 수 있다고 말할는지 모른다. 그러나 사랑은 우리에게 그것이 동료 신자의 양심에 받아들여질 수 없으므로 우리의 자유를 내세워서는 안 된다고 말할 것이다.

우리는 음식이 하나님에게 문제 되지 않는다는 것을 안다

음식은 우리를 하나님 앞에 내세우지 못하나니, 우리가 먹지 않는다고 해서 더 못사는 것도 아니고 먹는다고 해서 더 잘사는 것도 아니니라. 그런즉 너희의 자유가 믿음이 약한 자들에게 걸려 넘어지게 하는 것이 되지 않도록 조심하라. 지식 있는 네가 우상의 집에 앉아 먹는 것을 누구든지 보면 그 믿음이 약한 자들의 양심이 담력을 얻어 우상의 제물을 먹게 되지 않겠느냐? 그러면 네 지식으로 그 믿음이 약한 자가 멸망하나니, 그는 그리스도께서 위하여 죽으신 형제라. 이같이 너희가 형제에게 죄를 지어 그 약한 양심을 상하게 하는 것이 곧 그리스도에게 죄를 짓는 것이니라. (8:8-12)

바울이 동의하는 셋째 진리는 이것이다: 음식을 먹는 것이나 먹지 않는 것은 그 자체로 영적 의미가 없다. 어느 쪽도 **우리를 하나님 앞에 내세우지**(commend, 칭찬하다, 추천하다) **못한다. 내세우다**(commend, *paristēmi*)는 "가까이 두다, 옆에 데려가다, ~에게 선물하다"라는 뜻이다. **음식**을 먹음과 먹지 않음, 그 어느 쪽도 우리를 하나님께 가까이 데려가거나 우리로 하나님께 인정받게 하지 못한다. 전체적 핵심은 하나님이 금하시지 않는 행위를 하는 것은 우리와 그분의 관계에 아무 의미도 없다는 것이다. 이것은 영적으로 중립이다. 음식은 이 사실을 설명하는 탁월한 예다.

하나님은 우리에게 몸에 대한 상식과 관심을 주셨고, 우리는 이것을 토대로 무엇을 어떻게 먹는지에 주의해야 한다. 폭식은 해로우며, 알레르기를 일으키는 음식을 먹는 것도 해롭다. 분별 있고 성숙한 사람이라면 이런 짓을 하지 않을 것이다. 그러나 특정 음식을 먹거나 먹지 않지 않는 것 자체는 영적 의미가 전혀 없다. 예수님은 이것을 분명히 하셨다. "무엇이든지 밖에서 사람에게로 들어가는 것은 능히 사람을 더럽게 하지 못하되"(막 7:15). 주님은 베드로에게 "잡아 먹으라"고 명하셨는데, 이 명령은 비유적으로 이방인들을 받아들이는 것과 문자적으로 의식적으로 부정하다고 여겨지는 음식을 먹는 것을 가리켰다(행 10:10-16; 참조. 28절). 바울은 디모데에게 모든 음식을 감사함으로 받으라고 했다(딤전 4:4).

음식을 위해서든, 의식을 위해서든, 하나님을 위해서든, 음식은 아무 차이를 만들지 못한다. 그러나 하나님의 자녀 중 어떤 사람들의 양심을 위해서는 음식이 큰 차이를 만들 수 있다. 그렇지 않다면 우리에게 잘못이 아닐 것이 **약한 자들에게 걸려 넘어지게 하는 것**이 된다면 잘못이 된다. 분명히, 어떤 그리스도인들은 이런 자유를 감당할 수 없었다. 이런 자유가 이들을 구덩이, 즉 이들이 건짐을 받은 구덩이에 밀어 넣곤 했다. 성숙하지 못한 형제가 자신의 양심에 거슬리는 행동을 우리가 하는 것을 본다면, 그의 영적 삶이 해를 입는다. 우리는 절대로 동료 그리스도인에게 영향을 미쳐 무엇이든 성령께서 그 사람의 양심을 통해 하지 못하게 막으시는 것을 그가 하게 해서는 안 된다.

성숙한 신자는 어느 가정이나 지역사회 행사에서 **우상의 집**(idol's temple)

에 앉아 먹는 것이 자신에게 해가 되지 않음을 정확히 안다. 그는 이교도 신앙을 받아들이지 않고 이교도 의식에 참여하지도 않지만, 영적으로 강하기 때문에 이교도들과 어울릴 수 있다. 그는 영적 **지식**이 있다.

그러나 **양심**이 **약한** 그리스도인이 성숙한 신자가 신전에 앉아 먹는 것을 본다면, 유혹을 받아 자기 양심을 거슬러 신전에 앉아 먹을 것이다. 이것은 그에게 위험할 수 있으며, 그로 자기 양심을 거스르게 한다. 결과적으로, **네 지식으로 그 믿음이 약한 자가 멸망하나니, 그는 그리스도께서 위하여 죽으신 형제라. 멸망하다(is ruined)**는 "죄를 짓게 되다"라는 의미를 내포한다. 우리는 그 사람을 자신이 감당할 수 없는 상황에 몰아넣음으로써 그로 죄를 짓게 한다.

다른 신자로 자기 양심을 침해하게 하는 것은 절대로 옳지 않다. 이것은 **그리스도께서 위하여 죽으신 형제**가 멸망하게 할 위험이 있다(참조. 행 20:28; 벧전 1:18-19). 절대로 큰 값으로 구속받은 그리스도인 형제나 자매를 희생시키면서 우리 그리스도인의 자유를 사용해서는 안 된다.

그리스도인의 양심의 소리는 성령의 도구다. 신자의 양심이 약하다면, 그가 영적으로 약하고 미성숙하기 때문이지 그의 양심이 이끄는 힘이 약하기 때문이 아니다. 양심은 우리가 해를 입을 수 있는 곳에 가지 못하게 지키는 하나님의 문지기다. 우리가 성숙할수록, 양심은 우리가 더 많은 곳에 가고 더 많은 것을 하도록 허용한다. 우리가 영적 힘이 더 강해지고 영적 판단을 더 잘 내리게 되기 때문이다.

어린아이는 날카로운 연장을 갖고 놀거나, 큰길에 나가거나, 위험한 기계나 전기 장치가 있는 곳에 가는 것이 허용되지 않는다. 그가 자라고 무엇이 위험하며 무엇이 위험하지 않은지 스스로 배우면서 이러한 제약은 서서히 사라진다.

하나님은 자신의 영적 자녀들을 양심으로 제한하신다. 이들이 지식이 늘고 성숙하면서 양심의 제한도 늘어난다. 우리의 양심이 허락하기 전에 우리의 행동과 습관을 절대로 확장해서는 안 된다. 누군가에게 그렇게 하도록, 직접 또는 간접으로, 절대로 독려해서도 안 된다. **너희가 형제에게 죄를 지어 그 약한 양심을 상하게 하는 것이 곧 그리스도에게 죄를 짓는 것이니라.** 형제로 걸려 넘어지게 한다면, 단지 그에게 죄를 짓는 게 아니다. 우리 주님께 죄를 짓는 것이다. 이것은 강력한 경고다. 분명히, 그 어떤 신자라도 **그리스도에게 죄를 짓길** 바라지는 않을 것이다.

동료 신자, 즉 우리가 사랑하는 형제이자 그리스도께서 위하여 죽으신 귀한 영혼을 돕기 위해 우리는 우리의 자유를 언제나 얼마만큼이든 기꺼이 제한해야 한다.

> **그러므로 만일 음식이 내 형제를 실족하게 한다면 나는 영원히 고기를 먹지 아니하여 내 형제를 실족하지 않게 하리라.** (8:13)

바울은 지금껏 설명했던 원리를 다시 말한다. 의심스러운 것들에 관해, 그리스도인의 첫째 관심은 자신의 자유를 한계치까지 행사하는 게 아니라 그리스도 안에 있는 형제의 안녕을 돌아보는 것이어야 한다. 바울은 본을 보였다. **그는 형제를 실족하게** 한다면, **영원히 고기를 먹지 않거**나 자신의 양심이 허락하는 그 무엇도 하지 않을 것이다.

의심스러운 행동에 참여할지 하지 않을지 결정할 때, 다음 원리들이 훌륭한 점검표가 된다.

'지나침'(excess). 그 행동이나 습관이 꼭 필요한가, 아니면 실제로 중요하지 않은 추가물일 뿐인가? 그것은 우리가 기꺼이 버려야 하는 짐일 뿐이지 않은가?(히 12:1)

'편의'(expediency). 바울은 말한다. "모든 것이 내게 가하나 다 유익한 것이 아니요"(고전 6:12). 내가 하길 원하는 것이 도움이 되고 유용한가, 아니면 그저 하고 싶은 것일 뿐인가?

'본받음'(emulation). "그의 안에 산다고 하는 자는 그가 행하시는 대로 자기도 행할지니라"(요일 2:6). 우리가 그리스도께서 하실 법한 것을 하고 있다면, 우리의 행동은 허용될 뿐 아니라 선하고 옳다.

'본보기'(example). 우리는 다른 사람들, 특히 더 연약한 형제자매들에게 본을 보이고 있는가? 우리가 그리스도를 본받는다면, 다른 사람들이 우리를 본받고 우리의 본을 따를 수 있을 것이다(딤전 4:12).

'전도'(evangelism). 나의 증언에 도움이 되겠는가, 아니면 방해가 되겠는가? 내가 하는 것을 보면, 불신자들이 그리스도께 끌리겠는가, 아니면 그분에게서 멀어지겠는가? 내가 "외인에게 대해서는 지혜로 행하여 세월을 아끼는(making the most of the opportunity, 기회를 한껏 활용하는)"데 도움이 되겠는가(골 4:5)?

'덕을 세움'(edification). 내가 그리스도 안에서 세워지고 성숙하겠는가? 내가 영적으로 더 강해지겠는가? "모든 것이 가하나 모든 것이 덕을 세우는 것은 아니니"(고전 10:23).

'하나님을 높임'(exaltation). 내가 하는 행동에서 주님이 높아지고 영광을 받으시겠는가? 하나님의 영광과 그분이 높임을 받으심이 우리가 하는 모든 것의 최고 목적이어야 한다. "그런즉 너희가 먹든지 마시든지 무엇을 하든지 다 하나님의 영광을 위하여 하라"(고전 10:31).

21

하나님의 사람 후원하기[53]
(9:1-14)

내가 자유인이 아니냐? 사도가 아니냐? 예수 우리 주를 보지 못하였느냐? 주 안에서 행한 나의 일이 너희가 아니냐? 다른 사람들에게는 내가 사도가 아닐지라도 너희에게는 사도이니. 나의 사도됨을 주 안에서 인친 것이 너희라. 나를 비판하는 자들에게 변명할 것이 이것이니, 우리가 먹고 마실 권리가 없겠느냐? 우리가 다른 사도들과 주의 형제들과 게바와 같이 믿음의 자매 된 아내를 데리고 다닐 권리가 없겠느냐? 어찌 나와 바나바만 일하지 아니할 권리가 없겠느냐? 누가 자기 비용으로 군 복무를 하겠느냐? 누가 포도를 심고 그 열매를 먹지 않겠느냐? 누가 양 떼를 기르고 그 양 떼의 젖을 먹지 않겠느냐? 내가 사람의 예대로 이것을 말하느냐? 율법도 이것을 말하지 아니하느냐? 모세의 율법에 곡식을 밟아 떠는 소에게 망을 씌우지 말라 기록하였으니, 하나님께서 어찌 소들을 위하여 염려하심이냐? 오로지 우리를 위하여 말씀하심이 아니냐? 과연 우리를 위하여 기록된 것이니 밭가는 자는 소망을 가지고 갈며, 곡식 떠는 자는 함께 얻을 소망을 가지고 떠는 것이라. 우리가 너희에게 신령한 것을 뿌렸은즉, 너희의 육적인 것을 거두기로 과하다 하겠느냐? 다른 이들도 너희에게 이런 권리를 가졌거든 하물며 우리일까보냐? 그러나 우리가 이 권리를 쓰지 아니하고 범사에 참는 것은 그리스도의 복음에 아무 장애가 없게 하려 함이로다. 성전의 일을 하는 이들은 성전

---

53 supporting은 후원, 지원의 의미 뿐 아니라 부양의 의미도 내포한다.

에서 나는 것을 먹으며, 제단에서 섬기는 이들은 제단과 함께 나누는 것을 너희가 알지 못하느냐? 이와 같이 주께서도 복음 전하는 자들이 복음으로 말미암아 살리라 명하셨느니라. (9:1-14)

8장에서, 바울은 그리스도인의 자유에 제한을 두었다. 형제 사랑과 동료 그리스도인들의 안녕에 대한 관심이 이 제한을 결정해야 한다. 그는 이 원리를 이렇게 요약한다. "너희의 자유가 믿음이 약한 자들에게 걸려 넘어지게 하는 것이 되지 않도록 조심하라"(8:9). 다른 사람이 피해를 볼 때 우리의 권리는 끝난다.

9장에서, 바울은 자신의 삶에서 이 원리를 어떻게 따랐는지 설명한다. 1-18절에서, 바울은 자신의 권리, 곧 자신이 사역하는 사람들에게서 재정적 후원을 받을 권리를 논한다. 1-14절에서 자신의 권리를 제시하고, 15-18절에서 자신이 그 권리를 사용하지 않는 이유를 제시한다. 19-27절에서 자신이 사람들을 예수 그리스도께 인도하기 위해서라면 어떤 권리든, 모든 권리라도 포기하겠다고 말한다.

9장 첫 단락에서, 바울은 사역하는 교회들로부터 후원을 받을 자신의 권리에 대한 여섯 가지 이유를 제시한다. (1) 그는 사도였다. (2) 일꾼들에게 급여를 지불하는 게 관례다. (3) 이것은 하나님의 법에 따른 것이다. (4) 다른 지도자들이 이 권리를 행사한다. (5) 이것은 보편적 패턴이다. (6) 예수님이 이렇게 정하셨다. 첫째 이유는 오로지 사도들과 관련이 있으며, 따라서 지금은 적용되지 않는다. 그러나 나머지 다섯 이유는 교회사에서 모든 시대, 모든 사역자와 일꾼에게 적용된다.

바울은 사도였다

내가 자유인이 아니냐? 사도가 아니냐? 예수 우리 주를 보지 못하였느냐? 주 안에서 행한 나의 일이 너희가 아니냐? 다른 사람들에게는 내가 사도가 아닐지라도 너희에게는 사도이니, 나의 사도됨을 주 안에서 인친 것이 너희라. 나를 비판

하는 자들에게 변명할 것이 이것이니, 우리가 먹고 마실 권리가 없겠느냐? 우리

가 다른 사도들과 주의 형제들과 게바와 같이 믿음의 자매 된 아내를 데리고 다

닐 권리가 없겠느냐? 어찌 나와 바나바만 일하지 아니할 권리가 없겠느냐?

(9:1-6)

1절은 네 가지 질문으로 구성된다. 넷 모두 수사학적이며, 각 질문의 대답이 상
정된다.

첫째 질문은 이것이다. **내가 자유인이 아니냐?** 바울에게 쓴 편지에서(7:1을 보
라), 고린도 신자들은 자신들이 그리스도 안에서 갖는 자유를 크게 강조했던
게 분명하다. 그것은 이들이 주로 바울에게서 배운 자유였다. 이제 바울은 자
신의 자유와 권리를 말한다. 그는 넌지시 말한다. "저도 여러분 못지않은 자유
가 있습니다. 저도 여러분 못지않게 제 자유를 소중히 여깁니다. 그러나 저는
다른 어떤 것들을 훨씬 소중히 여깁니다."

둘째 질문은 이것이다. (내가) **사도가 아니냐?** 이 질문은 첫째 질문과 밀접
하게 연결된다. 사도로서, 바울은 오히려 보통 그리스도인보다 훨씬 큰 자유
가 있을 터였다. 바울은 늘 자신이 사도라는 것을 의식했다. 그는 자신의 철
학을 전하거나 가르치지 않았으며, 자신의 이름과 힘으로 사역하고 섬기지도
않았다. 그는 복음을 이방인들에게 전하라고 보냄을 받은 주님의 사도였다(행
9:15).

이 시점에서, 바울은 자신의 사도성을 입증하는 두 증거를 제시한다. 첫째,
그는 주님을 보았다. (내가) **예수 우리 주를 보지 못하였느냐?** 사도는 그리스도와
그분의 부활을 목격한 자여야 했다(행 1:21-22). 바울은 예수님의 지상 사역
때 그분과 함께 한 원 제자들에 속하지는 않았으나 부활하신 그리스도를 적
어도 세 차례 보았다. 주님은 바울이 회심할 때 그에게 나타나셨고(행 9:4-5),
우리가 아는 두 환상에서 그에게 나타나셨다(행 18:9-10; 22:17-18). 바울은 부
활하신 그리스도를 직접 만났다고 증언할 수 있었다.

그의 사도성을 입증하는 둘째 증거는 다름 아닌 고린도 신자들이었다. **주
안에서 행한 나의 일이 너희가 아니냐?** 다른 사람들에게는 내가 사도가 아닐지라도

너희에게는 사도이니. 고린도교회는 바울이 사도로서 수고해 거둔 열매 중 하나였다. 구원하는 이들의 믿음과 하나님의 말씀을 아는 이들의 지식은 바울의 성실한 복음 전파와 제자 훈련에서 비롯되었다(행 18:1-11).

고린도교회는 바울의 **사도됨을 주 안에서 인친 것(the seal of my apostleship in the Lord)**이었다. 고대에는 그 속의 내용물이 진짜라는 것을 나타내고 내용물이 대체되거나 바뀌는 것을 막기 위해 물품 상자나 편지 등에 **인**(印, seal)을 찍었다. 이 인은 물품이나 편지를 보낸 사람의 권위를 공식적으로 상징했다. 인이 찍힌 것은 진품으로 보증되었다. 고린도교회는 바울의 사도성을 입증하는 살아 있는 **인**이었고, 그가 진짜라는 증거였다.

바울은 뒤이어 **나를 비판하는 자들에게 변명**(defense, 변호)**한다.** 비판하다(**examine**, *anakrinō*)는 어떤 사건에서 판결을 내리기 전에 하는 조사와 심리를 가리키는 법률 용어였다. 바울은 자신의 권리를 분명하게 변호하려 한다.

그가 변호하는 첫째 권리는 그가 사역하는 사람들에게서 재정 후원을 받을 권리였다. **우리가 먹고 마실 권리가 없겠느냐?** 다시 말해, "사도로서는 말할 것도 없고, 하나님의 사역자로서, 제가 적어도 음식과 음료를 공급받길 기대할 권리가 없겠습니까?"(참조. 딤전 5:17-18).

또는 그는 계속한다. **우리가 다른 사도들과 주의 형제들과 게바와 같이 믿음의 자매 된 아내를 데리고 다닐 권리가 없겠느냐?** "제가 그리스도인 여성과 결혼하고 어디를 가든 함께 사역할 권리가 없겠습니까?" **게바**(베드로)를 비롯해 다른 사도들은 결혼했으며, 예수님의 형제들—예수님이 태어나신 후 요셉과 마리아 사이에 자연적으로 태어난 아들들—도 결혼했다. 어쨌든, 바울은 신자와 결혼할 권리가 있었다. 독신을 선택했지만, 바울은 주님 안에서 결혼할 권리가 얼마든지 있었다. 다른 사도들처럼, 바울도 아내를 데리고 다니며 사역하고 아내의 도움을 받을 권리가 있었다.

나는 이 구절이 목회자와 전도자와 선교사를 비롯해 그리스도의 일꾼들이 아내가 일하지 않아도 될 만큼 생활비를 받음으로써 아내가 남편의 사역에 더 많은 시간을 함께 할 수 있어야 한다는 원칙을 뒷받침한다고 믿는다.

이 구절은 **다른 사도들과 주의 형제들과 게바와 같이** 아내가 남편의 사역에 동행할 때 그 비용을 지불받아야 한다는 원칙에 적용될 수 있다. **데리고 다닐(to take along,** *periagō***)**은 "일행으로 데리고 다니다"라는 뜻이다. 아내의 지지와 동료애는 남편이 집을 멀리 떠나 사역할 때 특히 도움이 된다. 오늘의 사역자들이 이혼하는 이유 중 하나가 아내를 비롯해 가족과 충분한 시간을 함께 할 수 없는 것이라는 데는 의심의 여지가 없다. 집에 어린 자녀가 있거나 해야 하는 다른 일이 있다면, 아내가 남편과 동행할 수 있는 여정이 제한되는 게 분명하다. 핵심은 아내가 남편과 동행하는 게 가능할 때 후원 그룹은 아내의 비용을 지원하기 위해 최선을 다해야 한다는 것이다. 이것은 바른 태도, 전임 사역자들을 넉넉하게 후원하는 태도의 문제다.

바울은 조금 비꼬는 투로 묻는다. **어찌 나와 바나바만 일하지 아니할 권리가 없겠느냐?** 바울과 바나바는 다른 사도들만큼이나 따로 일할 필요 없이 사역으로 생계를 꾸릴 권리가 있었다. 이들이 자비로 사역한 것은 그럴 의무가 있기 때문이 아니었다. 이들은 자발적으로 그렇게 했다.

관례다

누가 자기 비용으로 군 복무를 하겠느냐? 누가 포도를 심고 그 열매를 먹지 않겠느냐? 누가 양 떼를 기르고 그 양 떼의 젖을 먹지 않겠느냐? (9:7)

바울은 세 가지 예를 들어 일꾼에게 품삯을 지불하는 게 관례라는 것을 보여준다. 9장에서 많이 하듯이, 바울은 수사학적 질문들로 자신의 핵심을 제시하며, 그 질문들의 답은 분명하다. 각 질문에 예상되는 답은 '아니오'이다.

군인들은 낮에 싸우고 밤에 민간인의 일을 해 의식주를 해결하지 않는다. 군인들은 **자기 비용으로** 복무하지 않는다. 이들은 식량과 의복과 무기와 숙소를 비롯해 효과적으로 살고 싸우는 데 필요한 모든 것을 지급받는다.

농부들은 품삯도 받지 않은 채 누군가를 위해 **포도**를 심고 작물을 가꾸지 않는다. 이들은 대가 없이 농사를 짓고 먹고 살기 위해 다른 일을 하는 게 아니다. 이들은 자신이 가꾼 **열매를 먹으며**, 돈이나 수확물의 일부로 품삯을 받는다(참조. 딤후 2:6).

목자들도 대가 없이 일하지 않는다. 이들은 적어도 얼마간의 **양 떼의 젖**을 품삯으로 기대한다.

세 유형의 일꾼들 모두 일한 삯을 받는다. 이것은 관례이고 옳으며 예상되는 것이다. 이것이 하나님의 일꾼들에게도 적용되어야 마땅하지 않은가?

하나님의 법이다

내가 사람의 예대로 이것을 말하느냐? 율법도 이것을 말하지 아니하느냐? 모세의 율법에 곡식을 밟아 떠는 소에게 망을 씌우지 말라 기록하였으니, 하나님께서 어찌 소들을 위하여 염려하심이냐? 오로지 우리를 위하여 말씀하심이 아니냐? 과연 우리를 위하여 기록된 것이니 밭가는 자는 소망을 가지고 갈며, 곡식 떠는 자는 함께 얻을 소망을 가지고 떠는 것이라. 우리가 너희에게 신령한 것을 뿌렸은즉, 너희의 육적인 것을 거두기로 과하다 하겠느냐? (9:8-11)

일꾼들에게 삯을 지불해야 한다는 원칙은 앞서 나온 여러 예와 달리 단지 **사람의 예대로(according to human judgement)** 하는 것이 아니다. 하나님의 율법이 같은 것을 가르친다. **곡식을 밟아 떠는 소에게 망을 씌우지 말라.** 이것은 신명기 25:4을 인용한 것으로, **모세의 율법에…기록된** 일반적 관습, 곧 소들이 일할 때 먹게 두어야 한다는 것을 가리킨다. 이것이 소들의 "품삯"이다.

하나님께서 어찌 소들을 위하여 염려하심이냐? 하나님이 동물의 안녕에 관심이 없다는 뜻이 아니다. 하나님은 "까마귀 새끼가 하나님을 향하여 부르짖으며 먹을 것이 없어서 허우적거릴 때에 그것을 위하여 먹이를 마련하는" 분이며(욥 38:41), "들짐승과 우는 까마귀 새끼에게 먹을 것을 주시는" 분이다(시 147:9). 예수님은 하늘 아버지께서 "공중의 새를…기르신다"고 하셨다(마 6:26). 그런데도 궁극적으로 하나님의 관심은 동물이 아니라 사람을 향한다. 하나님은 소들이 일한 "삯을 받길" 원하신다. 그렇다면 사람들이 자신이 한 일에 대해 보상을 받길 더더욱 원하지 않으시겠는가?

그러므로 인용된 구약 명령의 주된 목적도 사람과 관련이 있었다. 신명기 25장은 사람과 사람 간의 사회적 · 경제적 관계에 관한 것이다. 그리고 일하는 소의 입에 망을 씌우지 않는다는 잘 확립된 관습이(4절) 인간 일꾼들에게 일한 대가를 지불하라고 가르치는 데 사용된다. 바울이 설명하듯이, 하나님은 **오로지 우리를 위하여 말씀하고** 계셨다. 사람은 노동을 통해 생계를 유지해야 한다. **밭가는 자**와 **곡식 떠는 자**는 자기 몫의 곡식을 **얻을 소망을 가지고** 일할 수 있어야 한다.

바울은 이 원칙을 자신에게 적용할 권리가 얼마든지 있었다. 사람을 위해 일하는 사람이 노동의 값을 받아야 한다면, 하나님을 위해 일하는 사람이 노동의 값을 받는 것은 당연하다. **우리가 너희에게 신령한 것을 뿌렸은즉, 너희의 육적인 것을 거두기로 과하다 하겠느냐?** 이 원칙이 주님을 섬기는 일에 적용될 때, 유일한 차이는 영적 수고에 대한 보상이 물질로 주어진다는 것이다. 주님은 자신의 영적 상(rewards, 보상)을 주시지만 그분의 백성은 물질적 보상을 주어야 하며 그분에게 드리듯 후하게 주어야 한다. 바울은 "배나 존경"하라고 요구한다(딤전 5:17).

주님의 종들은 잘 지원받을 자격이 있다. 이중 잣대를 두고 목회자들과 선교사들을 비롯한 사역자들에게 인간의 시스템에서 일하는 사람들을 위한 기준보다 상당히 낮은 기준을 적용해서는 안 된다. 우리는 이들에게 가능한 한 후하게 지불해야 하며, 그 돈을 관리하는 청지기 역할은 이들에게 맡겨야 한다. 우리 자신의 돈을 관리하는 청지기 역할이 우리에게 맡겨지길 기대하듯이 말이다.

분명히, 성경적으로 건전하고 책임감 있는 사역자들에게만 우리의 돈을 주어야 한다. 주님의 이름으로 하는 요청이라고, 모든 요청이 주님의 사람들이 다 받아들여 후원할만하지는 않다. 그러나 합당한 종에게 줄 때, 행복하게, 후하게, 신뢰하며 주어야 한다. 바울은 우리가 영적인 것들을 뿌렸다면 **(if we sowed spiritual things, 우리가 너희에게 신령한 것을 뿌렸은즉)**이라고 말한다. 여기서 if(ei+직설법)는 사실이라고 상정하는 조건을 가리킨다. 다시 말해, 진정한 영적 사역이 이루어졌다면, **너희의 육적인 것을(material things from**

you, 너희에게서 물질적인 것을) 요구하는 것을 **과하다(too much)**고 여겨서는 안 된다.

마게도냐 교회들은—빌립보, 데살로니가, 베뢰아를 비롯한 지역에 있는 교회들은(행 16:11-17:13을 보라)—일관되게 바울을 재정적으로 후원했다. 바울이 자신들 가운데서 일할 때는 목회자로, 자신들을 떠난 후에는 선교사로 후원했다. 그 뿐 아니라, 이들은 다른 교회들도 도왔다. 이들은 부유하지 않았고 상당한 박해를 당하고 있었다. 그런데도

> 환난의 많은 시련 가운데서 그들의 넘치는 기쁨과 극심한 가난이 그들의 풍성한 연보를 넘치도록 하게 하였느니라. 내가 증언하노니, 그들이 힘대로 할 뿐 아니라 힘에 지나도록 자원하여 이 은혜와 성도 섬기는 일에 참여함에 대하여 우리에게 간절히 구하니 우리가 바라던 것뿐 아니라 그들이 먼저 자신을 주께 드리고 또 하나님의 뜻을 따라 우리에게 주었도다. (고후 8:2-5)

이들의 태도와 주는 패턴은 모든 그리스도인을 위한 모델이다.

주님의 일꾼들에게 주는 것은 주님께 드리는 것이다. 하나님은 자신의 자녀들에게 측량할 수 없이 주신다. 그래서 바울이 이미 고린도 그리스도인들에게 상기시켰듯이 우리는 "모든 은사에 부족함이 없다"(고전 1:7). 베드로는 "그의 신기한 능력(divine power)으로 생명과 경건에 속한 모든 것을 우리에게 주셨으니"라고 말한다(벧후 1:3). 하나님은 "그리스도 예수 안에서 영광 가운데 그 풍성한 대로 너희[우리의] 모든 쓸 것을 채우시리라"(빌 4:19). 하나님의 자녀들은 하늘 아버지의 후하심을 본받아야 한다. "적게 심는 자는 적게 거두고 많이 심는 자는 많이 거둔다"(고후 9:6). 개인과 교회로서, 주님의 일에 후하게 드리며 그분의 종들을 후하게 후원하는 그리스도인들은 복을 받을 것이다.

우리가 우리의 목회자들에게 후하고, 우리를 교육하는 자들에게 후하며, 우리의 선교사들에게 후하고, 와서 우리를 섬기는 모든 지도자들에게 후한 것이 주님의 뜻이다. 그분이 우리에 측량할 수 없이 후하시듯이 말이다.

다른 사람들에게 그렇게 한다

다른 이들도 너희에게 이런 권리를 가졌거든 하물며 우리일까 보냐? 그러나 우리가 이 권리를 쓰지 아니하고 범사에 참는 것은 그리스도의 복음에 아무 장애가 없게 하려 함이로다. (9:12)

바울이 자신의 사역을 후원받을 권리가 있다며 제시하는 넷째 이유는 고린도 신자들이 분명히 그들의 목회자들을 늘 후원했다는 것이다. 이제 이들이 후원하는, 또는 후원한 목회자들에는 의심할 여지없이 아볼로와 베드로가 포함되었다(참조. 1:12; 3:22). 고린도교회의 설립 목회자이자 사도로서, 바울은 이들의 후원을 요구할 **권리**가 **다른 이들**보다 컸다. 그러나 바울은 **이 권리를 쓰지 아니했다.**

바울은 자신이 후원받을 권리를 뒷받침할 이유가 많았다. 그런데도 자신의 권리를 포기했다. 그러나 우리가 **범사에 참는 것은 그리스도의 복음에 아무 장애가 없게 하려 함이로다.** 참다(**endure,** *stegō*)의 기본 의미는 "침묵하며 견디거나 넘어가다"이다. 바울은 현재 시제를 사용해, 자신은 사역 내내 사역 완수에 필요하다면 무엇이든 불평하지 않고 참았다고 말한다. 그의 일상적 삶의 방식은 자기 부인(self-denial)이었다.

바울은 천막장이로 일해(행 18:3) 복음을 전하고 가르치는 여정의 경비를 충당했다. 그는 에베소 신자들에게 했던 말을 고린도 신자들에게도 할 수 있었다. "여러분이 아는 바와 같이 이 손으로 나와 내 동행들이 쓰는 것을 충당하여"(행 20:34). 그는 자신뿐 아니라 자신과 긴밀하게 동역하는 많은 사람까지 부양했다(살후 3:8).

스스로 경비를 충당한 것은 **그리스도의 복음에 아무 장애가 없게 하는** 한 방법이었다. 바울은 새로운 회심자들이나 잠재적 회심자들이 자신이 이기적 동기로 복음을 전한다고 생각할 이유가 없길 바랐다. 그는 그 누구도 자신이 돈이나 편안한 삶을 위해 사역한다고 생각하길 원치 않았다. 이런 방식이 바울의 사역에 특별한 의미가 있었다는 데는 의심의 여지가 없다. 그는 우리가 아는 그 어느 사도보다 이방인들을 대상으로 미개척지에서 일했기 때문이다. 바울이 다가간 사람들은 복음 자체뿐 아니라 복음의 구약적 배경이 전혀 낯설었다. 그래서 바울은 복음의 메시지가 어떤 식으로든 흐려지길 원치 않았다. 다른 사도들과 신약의 선지자들은 대개 유대인들을 대상으로 일했는데, 유대인들은 주님의 사역자들이 그분의 백성에게 후원받는 것에 익숙했다.

새로운 사역을 할 때, 사역자들은 신자들의 그룹이 견고해질 때까지 스스로를 부양하거나 동료 그리스도인들에게 후원받는 것이 지혜롭다. 특히 복음을 상품화하는 설교자들에 비춰볼 때, 주님의 일꾼들은 이런 비난의 근거를 주지 않도록 주의해야 한다. 사람들을 향해 그리스도께 나오라고 하는 동시에 돈을 내라고 하는 것은 무례하다.

보편적 패턴이다

성전의 일을 하는 이들은 성전에서 나는 것을 먹으며, 제단에서 섬기는 이들은 제단과 함께 나누는 것을 너희가 알지 못하느냐? (9:13)

바울이 섬기는 교회들에게 후원받을 권리가 있었던 다섯째 이유는 이것이 이스라엘에서 제사장 제도가 세워진 이후로 보편적 패턴이었다는 것이다. 제사장들 즉 **성전의 일을 하는 이들은 성전에서**, 그 이전에는 성막에서 사역하는 백성이 드린 제물뿐 아니라 곡물과 가축의 십일조로 부양(후원)받았다(민 18:8-24). 사실, 아론의 제사장직이 있기 수백 년 전, 아브라함이 "지극히 높으신 하나님의 제사장" 멜기세덱에게 십일조를 주었다(창 14:18-20). 제사장들은 하나님을 섬기는 일을 삶의 한 방식으로 정기적으로 했기에(attend regularly)[54] 필요한 것을 공급받아야 했다.

---

54 NASB: those who attend regularly to the altar(제단에서 정기적으로 일하는 사람들은).
개역개정: 제단에서 섬기는 이들은.

예수님이 이렇게 정하셨다

이와 같이 주께서도 복음 전하는 자들이 복음으로 말미암아 살리라 명하셨느니라. (9:14)

바울이 후원을 요구할 권리가 있었던 것은 주님이 이 원칙을 정하셨기 때문이다. **복음을 전하는 자들이 복음으로 말미암아 살아야** 한다.[55] 하나님의 율법과 하나님의 아들 둘 다 하나님의 선지자들과 교사들과 사역자들이 주님의 일을 하고서 삯을 받아야 한다고 가르친다. 신약성경의 가르침은 이러한 구약성경의 가르침을 되울린다. 바울은 예수님이 칠십 인에게 주신 가르침(눅 10:7), 기록되지 않은 주님의 가르침, 또는 자신이 받은 특별한 계시를 말하고 있었을 것이다.

주님은 자신의 사람들에게 그들을 위해 사역하는 사람들을 후원(부양)하라고 명하신다. 그러나 사역하는 사람들에게 후원을 받으라고 명하지 않으신다. 바울은 후원을 받지 않았다. 그는 그 누구만큼이나, 그 누구보다 더 권리가 있었다. 그러나 복음을 위해, 형제들을 위해, 사랑을 위해, 자신의 자유를 기꺼이 제한했다. 그는 권리를 기꺼이 포기했다.

---

55 현대인의 성경: 이와 같이 주님께서도 기쁜 소식을 전하는 사람들은 그 일을 통해 먹고 살 수 있도록 하셨습니다(9:14).

22

자신의 자유를 사용하길 거부하라
(9:15-27)

그러나 내가 이것을 하나도 쓰지 아니하였고, 또 이 말을 쓰는 것은 내게 이같이 하여 달라는 것이 아니라. 내가 차라리 죽을지언정 누구든지 내 자랑하는 것을 헛된 데로 돌리지 못하게 하리라. 내가 복음을 전할지라도 자랑할 것이 없음은 내가 부득불 할 일임이라. 만일 복음을 전하지 아니하면 내게 화가 있을 것이로 다. 내가 내 자의로 이것을 행하면 상을 얻으려니와 내가 자의로 아니한다 할지 라도 나는 사명을 받았노라. 그런즉 내 상이 무엇이냐? 내가 복음을 전할 때에 값 없이 전하고 복음으로 말미암아 내게 있는 권리를 다 쓰지 아니하는 이것이로다. 내가 모든 사람에게서 자유로우나 스스로 모든 사람에게 종이 된 것은 더 많은 사람을 얻고자 함이라. 유대인들에게 내가 유대인과 같이 된 것은 유대인들을 얻고자 함이요, 율법 아래에 있는 자들에게는 내가 율법 아래에 있지 아니하나 율법 아래에 있는 자 같이 된 것은 율법 아래에 있는 자들을 얻고자 함이요, 율법 없는 자에게는 내가 하나님께는 율법 없는 자가 아니요 도리어 그리스도의 율법 아래에 있는 자이나 율법 없는 자와 같이 된 것은 율법 없는 자들을 얻고자 함이 라. 약한 자들에게 내가 약한 자와 같이 된 것은 약한 자들을 얻고자 함이요, 내 가 여러 사람에게 여러 모습이 된 것은 아무쪼록 몇 사람이라도 구원하고자 함 이니, 내가 복음을 위하여 모든 것을 행함은 복음에 참여하고자 함이라.

운동장에서 달음질하는 자들이 다 달릴지라도 오직 상을 받는 사람은 한 사람인 줄을 너희가 알지 못하느냐? 너희도 상을 받도록 이와 같이 달음질하라. 이기기를 다투는 자마다 모든 일에 절제하나니, 그들은 썩을 승리자의 관을 얻고자 하되 우리는 썩지 아니할 것을 얻고자 하노라. 그러므로 나는 달음질하기를 향방 없는 것 같이 아니하고, 싸우기를 허공을 치는 것 같이 아니하며, 내가 내 몸을 쳐 복종하게 함은 내가 남에게 전파한 후에 자신이 도리어 버림을 당할까 두려워함이로다. (9:15-27)

9:15-27에서 바울은 자신이 사역하는 사람들에게서 경제적 후원을 받을 권리를 사용하지 않는 자신의 방침과 사랑이 그리스도인의 자유를 제한한다는 원리를(15절) 계속 설명한다. 그는 자신이 이러한 후원을 받길 거부한 두 이유를 제시한다. 첫째, 그는 자신이 값없이 복음을 전하는 상을 잃고 싶지 않았다(16-18절). 둘째, 더 중요한 것은 그는 그 무엇도 자신이 잃은 자들에게 복음으로 다가가는 데 전혀 방해되길 원치 않았다(19-27절).

바울은 자신이 후원받을 권리가 있는 여섯 가지 이유를 제시했다(9-14절). 그는 계속 설명한다. **그러나 내가 이것을 하나도 쓰지 아니하였다.** 그는 어떤 이유로도 이 권리를 사용하려 하지 않았다.

바울은 고린도 신자들이 잘못 생각하지 않도록, 자신의 마음이 바뀌어 자신을 후원하도록 그들을 설득할 목적에서 여섯 가지 이유를 제시했다고 생각하지 않도록 다음과 같이 덧붙인다. **또 이 말을 쓰는 것은 내게 이같이 하여 달라는 것이 아니라.** 바울의 생각은 바뀌지 않았다. 그는 자신의 항변에도 불구하고 고린도 신자들이 자신을 후원하길 바라며 꼼수를 쓰고 있는 게 아니었다. 그는 자신이 섬기는 사람들에게서 결코 삯을 받지 않았을 뿐더러 받으려 한 적도 없었다. 그 뿐 아니라, 지금 교묘하게 삯을 요구하고 있지도 않았다.

이것이 어디를 가든 바울의 방침이었다. 그는 데살로니가교회에 이렇게 상기시켰다. "형제들아, 우리의 수고와 애쓴 것을 너희가 기억하리니, 너희 아무에게도 폐를 끼치지 아니하려고 밤낮으로 일하면서 너희에게 하나님의 복음을 전하였노라"(살전 2:9). 바울은 이것을 데살로니가후서에서 다시 상기시킨다. "누구에게서든지 음식을 값없이 먹지 않고 오직 수고하고 애써 주야로 일함은 너희 아무에게도 폐를 끼치지 아니하려 함이니"(살후 3:8). 그는 이들에게서 공짜 식사조차 얻어먹으려 하지 않았다.

바울은 데살로니가를 떠난 후 데살로니가 신자들로부터 후원을 받았으나, 그곳에서 일하는 동안에는 받지 않았다. 의심할 여지없이, 데살로니가교회는 바울이 고린도에 있는 동안 그를 후원한 마게도냐 교회들 중 하나였다. "내가 너희를 섬기기 위하여 다른 여러 교회에서 비용을 받은 것은 탈취한[신전 약탈을 말할 때 사용되는 단어다] 것이라. 또 내가 너희와 함께 있을 때 비용이 부족하였으되 아무에게도 누를 끼치지 아니하였음은 마게도냐에서 온 형제들이 나의 부족한 것을 보충하였음이라. 내가 모든 일에 너희에게 폐를 끼치지 않기 위하여 스스로 조심하였고 또 조심하리라"(고후 11:8-9).

바울은 자신이 섬기는 사람들에게서 삯을 받길 거부했다. 이것은 깊은 확신의 결과였다. **내가 차라리 죽을지언정 누구든지 내 자랑하는 것을 헛된 데로 돌리지 못하게 하리라.**[56] 바울은 누구라도 자신이 돈을 위해 복음을 전하고 가르친다고 생각하게 만드느니 차라리 죽길 바랐다. 그는 발람처럼 고용된 선지자가 아니었고(민 22장), "더러운 이득을 위하여" 사역하지도 않았다(벧전 5:2). 이렇게 헌신했기에, 그는 에베소 장로들에게 선언한다. "내가 아무의 은이나 금이나 의복을 탐하지 아니하였고, 여러분이 아는 바와 같이 이 손으로 나와 내 동행들이 쓰는 것을 충당하여, 범사에 여러분에게 모본을 보여준 바와 같이, 수고하여 약한 사람들을 돕고, 또 주 예수께서 친히 말씀하신 바 주는 것이 받는 것보다 복이 있다 하심을 기억하여야 할지니라"(행 20:33-35).

자랑(boast, *kauchēma*)은 자랑하는 것 또는 자랑할 근거를 가리킨다. 이것은 누림과 기뻐함의 의미도 내포한다. 흔히 교만해서 자랑하기 때문에, 자랑은 대개 죄다. 그러나 자랑이 교만이거나 죄일 필요는 없다. 바울의 **자랑**은 오만하려는 게 아니라 기뻐하려는 것이었다. 그는 자신이 누리는 영적 특권과 헌신이 너무나 기뻐 이것에 역행하느니 차라리 죽길 바랐다. 그는 바른 우선순위를 가졌고, 자신의 자유를 사용하는 데서 기쁨을 얻은 게 아니라 자신의 특

---

56 새번역: 그렇게 하느니, 차라리 내가 죽는 편이 낫겠습니다. 아무도 나의 이 자랑거리를 헛되게 하지 못할 것입니다.

권을 사용해 자신의 자유를 제한하는 데서 기쁨을 얻었다. 그가 곧바로 분명히 하듯이, 그의 자랑은 결코 자신의 성취를 자랑하는 게 아니었다.

상을 잃지 않기 위해

> 내가 복음을 전할지라도 자랑할 것이 없음은 내가 부득불 할 일임이라. 만일 복음을 전하지 아니하면 내게 화가 있을 것이로다. 내가 내 자의로 이것을 행하면 상을 얻으려니와 내가 자의로 아니한다 할지라도 나는 사명을 받았노라. 그런즉 내 상이 무엇이냐? 내가 복음을 전할 때에 값없이 전하고 복음으로 말미암아 내게 있는 권리를 다 쓰지 아니하는 이것이로다. (9:16-18)

상은 복음의 메시지나 사역에 대한 것이 아니었다

바울은 주 안에서 자랑하는 것(고전 1:31), "하나님의 일에 대하여 자랑하는 것"(롬 15:17) 등을 말했다. 그는 더 자주 복음을 기뻐하는 것, 십자가를 자랑하는 것, 무엇보다도 예수 그리스도 안에서 자랑하는 것을 말했다. 그러나 그는 **내가 복음을 전할지라도 자랑할 것이 없다**고 말한다.

그는 복음 '안에서' 자랑했으나 복음 '때문에' 자랑하지는 않았다. 복음은 그가 주는 게 아니었고 복음의 내용도 그와 전혀 무관했다. 그는 단지 계시를 받았을 뿐이다. 그 뿐 아니라, 그는 복음을 전하는 자신의 헌신이나 능력을 자랑하지도 않았다. 그는 자신이 아는 그 누구보다 부지런히 **복음을 전했다.** 그러나 이것은 그가 **부득불 할 일이었다(for I am under compulsion).**[57] 어느 날 그리스도인들을 박해하러 다메섹으로 가고 있는 그를 주님이 막으셨다. 그 때 그는 이방인의 사도로 구별되었다(행 9:3-6, 15; 26:13-18; 참조. 롬 11:13). 바울은 "하늘에서 보이신 것을…거스르지 아니했다"는 의미에서 하나님의 부르심을 선택했으나(행 26:19), 실제로 그에게는 선택권이 없었다. 그가 **부득불 할 일이었다.**

---

57 새번역: 나는 어쩔 수 없이 그것을 해야만 합니다.

바울이 나중에 깨달았듯이, 하나님은 그가 "어머니의 태"에 있을 때부터 그를 구별하셨다(갈 1:15). 예레미야처럼(렘 1:5), 세례요한처럼(눅 1:13-17), 바울이 태어나기도 전에 하나님이 그를 불러 세우셨다. 그래서 바울은 예레미야처럼 전하지 않을 수 없었다. 거부와 조롱 때문에 좌절하고 낙담할 때, 예레미야는 전하길 멈추려 했으나 그럴 수 없었다. "내가 다시는 여호와를 선포하지 아니하며 그의 이름으로 말하지 아니하리라 하면 나의 마음이 불붙는 것 같아서 골수에 사무치니 답답하여 견딜 수 없나이다"(렘 20:9). 바울은 골로새 신자들에게 이렇게 말했다. "내가 교회의 일꾼 된 것은 하나님이 너희를 위하여 내게 주신 직분을 따라 하나님의 말씀을 이루려 함이니라"(골 1:25).

주님이 부르신 모든 전파자는 자신이 하나님의 강제 아래(under compulsion) 있음을 언젠가 깨달을 것이다. 하나님의 부르심은 무시하거나 소홀히 하거나 경시할 수 없는 게 아니라 변경할 수 없다. 하나님의 부르심에 저항하거나 포기하려는 사람은, 예레미야처럼, 순종할 때까지 "마음이 불붙는 것 같아서 골수에 사무치는" 경험을 할 것이다. 그에게는 선택권이 없다.

스페인의 신비주의자 레이몬드 룰(Ramond Lull, 1235-1315)은 오랜 세월 부주의하고 사치스럽게 살았다. 그는 어느 날 밤 환상 중에 그리스도께서 십자가를 지고 자신에게 오셔서 "레이몬드, 나를 위해 이 십자가를 져라"라고 말씀하셨다고 썼다. 그는 그리스도를 밀어내고 거부했다. 그런데 얼마 후, 환상 중에 같은 일이 일어났다. 그리스도께서 레이몬드에게 십자가를 지라고 하셨고, 그는 거부했다. 세 번째 환상에서, 그리스도께서 십자가를 그의 팔에 안기고 떠나버리셨다. 레이몬드는 이렇게 설명했다. "십자가를 지는 외에 내가 무엇을 할 수 있었겠습니까?"

이런 압박감에 진지하고 강제적인 책임감이 더해졌고, 바울은 이런 책임감을 이렇게 표현한다. **만일 복음을 전하지 아니하면 내게 화가 있을 것이로다.** 사실, 바울은 이 부르심에 순종하지 않았다면 벌을 받아 혹독한 고난을 당했을 거라고 말한다. 가장 혹독한 심판이 충성하지 않는 사역자들에게 약속된다(약 3:1).

바울은 기쁘게 복음을 전했으나 **자의로** 전한 것은 아니었다. **자의로 아니한**

다(against my will, 내 뜻을 거슬러)는 그가 마지못해 순종했다는 게 아니라 그의 뜻이 부르심 자체에 전혀 개입하지 않았다는 말이다. 그리스도를 섬기는 것은 그의 선택이 아니었다. 따라서 결과적으로, 그는 **상**(reward)이 아니라 **사명**(stewardship, 청지기직)을 받았다. 그는 복음을 전할 의무가 있었으나, 복음을 전하는 것에 대해 상을 받을 자격이 없었고 상을 기대하지도 않았다.

사명(stewardship, 청지기직)은 누군가 자신에게 소중한 무엇이나 어떤 책임을 우리에게 주거나 맡긴다는 것을 말하며, 우리는 이것을 제대로 돌봐야 한다. 사역을 위한 모든 부르심이 이와 같다. 하나님은 사역자에게 자신이 아주 귀하게 여기시는 것을 안전하게 돌보도록 맡기시며, 그러지 못하는 자에게 엄한 징계를 약속하신다. 바울은 감탄사 **woe**(ouai, 화)를 사용해 임박한 고통을 말한다.

상은 값없이 전파한 일에 대한 것이었다

바울은 자신의 상이 무엇에 대한 것일 수 없는지 언급한 후, 이제 자신의 상이 무엇에 대한 것인지 언급한다.

> **그런즉 내 상이 무엇이냐? 내가 복음을 전할 때에 값없이 전하고 복음으로 말미암아 내게 있는 권리를 다 쓰지 아니하는 이것이로다.** (9:18)

바울이 복음을 떠안았다. 그는 복음을 전하는 부분에서 강제되었고, 복음을 전하지 않았다면 주님과 심각한 문제에 빠졌을 것이다. 그러나 바울은 복음을 전하고 삯을 받는 부분에서는 강제되지 않았다. 이 부분에서, 바울은 자신이 섬기는 사람들에게서 후원을 전적으로 자유롭게 기대할 수 있었다. 그가 삯을 받지 않기로 선택한 것은 그가 원했기 때문이지 꼭 그래야 했기 때문은 아니었다. 바울은 이 선택에서 큰 만족과 기쁨을 얻었고, 이 선택 때문에 자신이 상을 받으리라는 것을 알았다.

그는 **복음으로 말미암아 내게 있는 권리를 다 쓰지 아니하기로**[58] 결정했다. 그는 자신이 섬기는 사람들에게 부담을 주거나 자신이 돈 때문에 사역한다고 이들이 생각하는 일이 없도록 밤낮없이 일해 스스로 생계를 꾸렸다.

크게 행복하고 만족해하면서, 바울은 그리스도의 일에 기여하기 위해 자유를 포기했고, 권리를 이용하길 거부했다.

잃은 자들을 그리스도께 인도하기 위해

바울이 경제적 후원을 받을 권리를 포기한 둘째이자 더 중요한 이유는 방해 받지 않고 잃은 자들을 그리스도께 인도하기 위해서였다.

19-27절에서, 바울은 자신이 그리스도를 전파하는 일에 힘을 더하려고 사용했던 두 방식을 설명한다. 하나는 자기 부인이고 하나는 자기 절제다.

자기 부인을 통해

> 내가 모든 사람에게서 자유로우나 스스로 모든 사람에게 종이 된 것은 더 많은 사람을 얻고자 함이라. 유대인들에게 내가 유대인과 같이 된 것은 유대인들을 얻고자 함이요, 율법 아래에 있는 자들에게는 내가 율법 아래에 있지 아니하나 율법 아래에 있는 자 같이 된 것은 율법 아래에 있는 자들을 얻고자 함이요, 율법 없는 자에게는 내가 하나님께는 율법 없는 자가 아니요 도리어 그리스도의 율법 아래에 있는 자이나 율법 없는 자와 같이 된 것은 율법 없는 자들을 얻고자 함이라. 약한 자들에게 내가 약한 자와 같이 된 것은 약한 자들을 얻고자 함이요, 내가 여러 사람에게 여러 모습이 된 것은 아무쪼록 몇 사람이라도 구원하고자 함이니, 내가 복음을 위하여 모든 것을 행함은 복음에 참여하고자 함이라. (9:19-23)

바울이 그리스도인의 자유를 완전히 사용하지 않은 주된 목적은 **더 많은 사**

---

58 새번역: 복음을 전하는 데에 따르는 나의 권리를 이용하지 않는다.

람을 얻고자 함이었다. 그는 "지혜로운 자는 사람을 얻느니라"라는 말씀을 깊이 믿었고(잠 11:30), 사람들을 예수 그리스도께 인도하기 위해서라면 무엇이든 하고 어떤 희생이든 치르려 했다. 자신의 권리에 관해, 바울은 **모든 사람에게서 자유로웠다.** 그러나 모든 사람을 향한 사랑 때문에, 그들을 위해 자신의 권리를 기쁘게 제한했다. 비유적으로, 그는 **모든 사람에게 종이 되었다.** 그는 누군가로 걸려 넘어지게 하거나 마음을 상하게 하거나 그 사람이 주님을 믿는 데 방해된다면, 자신의 습관과 좋아하는 것과 모든 생활 방식을 바꿀 터였다.

바울은 또다시 우리에게 상기시킨다. 삶의 회색 지대, 즉 성경이 말하지 않는 관습들을 포함하는 영역에서, 바울은 모든 신자와 마찬가지로 양심이 허락하는 대로 할 자유가 있었다. 그러나 사랑은 그가 더 약한 신자들의 양심이 허락하지 않을 어떤 것도 하도록 허용하지 않았다. 사랑은 그가 자신이 증언하는 불신자들의 마음을 상하게 할 것을 하는 것도 허락하지 않았다. 그는 자신의 삶에서 모든 의심스러운 것을 사랑의 통제 아래 두었다.

모세 율법에 따르면, 히브리인이 히브리인의 종이 되었다면, 6년 후 그에게 자유를 주어야 했다. 만약 그가 주인을 사랑해 그 집안에 그대로 남길 원한다면, 영구한 종이 될 수 있었고, 자원해 종이 되었다는 표시로 귀에 구멍을 뚫었다(출 21:2-6).

비유적으로, 바울은 스스로 다른 사람들에게 이런 종이 되었다. **내가⋯ 종이 되었다(I have made myself a slave)**는 헬라어 본문에서 단 두 단어다(*edoulōsa*, "내가 종으로 만들다," 그리고 *emauton*, "나 자신을"). 종으로 만들다(enslave)는 의미가 매우 강하다. 이 단어는 이스라엘의 애굽 종살이 400년(행 7:6), 결혼을 통한 결합(고전 7:15), 포도주 중독(딛 2:3), 그리스도인과 의의 새로운 관계를 묘사할 때 사용된다(롬 6:18). 바울이 스스로 **모든 사람에게 종이** 된 것은 작거나 쉬운 일이 아니었다. 그러나 그의 주님은 "너희 중에 누구든지 으뜸이 되고자 하는 자는 모든 사람의 종이 되어야 하리라"고 가르치셨다(막 10:44).

바울은 자신이 증언하는 대상과 하나 되기 위해 자신의 삶을 기꺼이 그들에게 맞추었다. 이것은 지금 우리가 전도 이전의 전도(preevangelism)라 부르는 것의 일부다. 이에 관해 그가 한 것은 복음의 일부가 아니었다. 그것은 복음과 무관했다. 그러나 많은 불신자가 복음을 듣고 더 열린 마음으로 복음을 받아들이는 데 도움이 되었다.

자신이 자원해 종이 되었음을 설명하려고, 바울은 다른 사람들이 그리스도를 더 잘 받아들이도록 돕기 위해 자신의 삶을 그들에게 맞추었고 계속 맞출 세 가지 방식을 말한다. 원칙 자체를 말할 때처럼(19절) 세 가지 각각의 설명은 목적절("~하고자 함이요")로 끝나며, 사람들을 그리스도께 인도하려는 그의 간절한 바람을 나타낸다.

유대인들에게 내가 유대인과 같이 되었다. 첫째, 성경적 한계 내에서, 바울은 유대인들을 대상으로 사역할 때 필요한 만큼 유대인이 되려 했다. 그리스도 안에서, 그는 더 이상 유대교의 의식과 전통에 매이지 않았다. 이런 것들을 따르거나 따르지 않는 것이 그의 영적 삶에 아무런 영향도 미치지 못했다. 그러나 이것들을 따를 때 유대인들에게 복음을 전할 문이 열린다면, 그는 기꺼이 그렇게 하려 했다. 전에는 율법의 올무였던 것이 이제는 사랑의 올무가 되었다. 그의 동기는 분명했다. **유대인들**을 예수 그리스도 안에 있는 구원으로 인도하는 것이었다.

바울은 동료 유대인들에 관해 이렇게 말했다. "형제들아, 내 마음에 원하는 바와 하나님께 구하는 바는 이스라엘을 위함이니, 곧 그들로 구원을 받게 함이라"(롬 10:1). 설령 이방인들에게 복음을 전함으로써 얼마간의 유대인들이 시기하여 그리스도를 받아들인다면, 좋은 일일 터였다(11:14). 같은 서신 조금 앞에서, 바울은 이렇게 말했다. "나의 형제, 곧 골육의 친척을 위하여 내 자신이 저주를 받아 그리스도에게서 끊어질지라도 원하는 바로라"(9:3).

바울이 동료 유대인들을 위해 기꺼이 이렇게 하려 했다면, 이들의 의식 규정을 지키거나 특별한 날을 지키거나 특정 음식을 삼갈 수 있었던 게 분명하다. 이렇게 하는 것이 **율법 아래에 있는 자들을 얻는** 데 도움이 된다면 말이다. 바울은 사역에 나서면서 디모데를 데려가고 싶었을 때 그에게 할례를 행했다. 그가 가려던 "지역에 있는 유대인들" 때문이었다(행 16:3). 디모데의 할례는 본인은 물론이고 바울에게도 아무 유익이 없는 게 분명했다. 그러나 이것은 이들의 유대인 사역에 큰 유익이 될 수 있었고, 유대인을 얼마간 주님께 인도할 대가로는 작은 것이었다.

야고보를 비롯한 예루살렘교회 지도자들의 조언에 따라, 바울은 동행한 네 유대인 그리스도인과 함께 유대인의 정결 예식을 위한 비용을 지불하고 그 예식에 기꺼이 참여했다. 그가 이 의식에 참여한 것은 기독교를 비판하는 유대인들에게 자신은 유대인들에게 모세와 구약 율법을 완전히 버리라고 가르치는 게 아님을 증명하기 위해서였다(행 21:20-26). 바울이 겐그레아에서 특별한 유대식 서원을 한 것은(행 18:18) 몇몇 유대인을 위해서였을 것이다.

유대인들은 여전히 율법 아래 있었다. 그래서 바울은 이들을 대상으로 사역할 때 자신도 **율법 아래 있는 자 같이** 행동했다. 그는 율법을 따르면 조금이라도 영적 유익이 있다고 믿지도 않았고 가르치지도 않았으며 암시하지도 않았다. 이것은 구원을 주거나 유지할 수 없었으나, 유대인 사역의 문을 여는 한 방법이었다.

율법 없는 자에게는 내가…율법 없는 자와 같이 되었다. 둘째, 바울은 이방인 사역을 할 때는 기꺼이 이방인처럼 살려 했다.

오해를 피하기 위해, 바울은 하나님의 도덕법을 무시하거나 범하는 것을 말하고 있지 않음을 분명히 한다. 십계명을 비롯한 하나님의 도덕법 전체가 새 언약 아래서 오히려 강화되었다. 예를 들면, 살인이 죄일 뿐 아니라 형제에게 지나치게 화를 내거나 형제를 바보라고 하는 것도 죄다. 간음이 죄일 뿐 아니라 음욕도 죄다(마 5:21-30). 사랑은 하나님의 도덕법을 폐하는 게 아니라 성취한다(롬 13:8, 10; 참조. 마 5:17). 그리스도 안에 있는 우리들 중에 그 누구도 **하나님께는 율법 없는 자**(without[outside] the law of God, 하나님의 율법이 없는 [율법 밖에 있는] 자)가 아니라 **그리스도의 율법 아래 있는 자**다. 모든 신자는 예수 그리스도를 향해 완전히 법적 의무를 진다. 그를 이끄는 힘이 외적 율법이 아니라 사랑이어야 하더라도 말이다.

그러나 도덕 문제를 제외하고, 바울은 이방인들의 관습에 자신을 최대한 맞추었다. 바울은 이방인들이 먹는 것을 먹었고, 이방인들이 가는 곳에 갔으며, 이방인들이 입는 옷을 입었다. 이번에도 목적은 이방인들을 그리스도께 인도하는 것이다(**win, 얻고자 함이라**).

약한 자들에게 내가 약한 자와 같이 되었다. 셋째, 바울은 유대인이든 이방인이든 복음을 이해할 능력이 없는 사람들과 기꺼이 하나 되려 했다. **약한 자들**과 함께 있을 때는 **약한 자와 같이** 행동했다. 이들의 약한 이해력에 맞게 몸을 낮추었다. 단순하게 반복해서 설명해야 하는 사람들에게, 바울은 이렇게 했다. 의심할 여지없이, 바울은 고린도 신자들의 경우에도 이 부분을 고려했다(참조. 2:1-5). 그의 목적은 이들을 구원으로 이끄는 것이었다(**win, 얻고자 함이요**).

요약하면, 바울이 **여러 사람에게 여러 모습이**(**all things to all men,** 모든 사람에게 모든 것이) **된 것은 아무쪼록 몇 사람이라도 구원하고자 함이었다.** 바울은 복음을 훼손하지 않았다. 누군가를 만족시키려고 가장 작은 진리라도 조금도 바꾸려 하지 않았다. 어쨌든 한 사람을 그리스도께 인도하는 데 도움이 된다면 누구를 위해서라도 어떻게라도 자신을 낮추려 했다. 결코 복음의 진리를 제쳐두려 하지 않았으나 자신의 자유를 기꺼이 복음 안에서 제한하려 했다. 그는 유대인이나 이방인이나 이해력이 약한 사람의 마음을 상하게 하지 않았다.

한 사람이 하나님의 말씀에 마음이 상한다면, 그 사람의 문제다. 그가 성경 교리나 기준이나 교회 징계에 마음이 상한다면, 그 사람의 문제다. 그 사람은 하나님에게 마음이 상한 것이다. 그러나 그 사람이 우리의 불필요한 행동이나 관습에 마음이 상한다면—그 행동이나 관습이 그 자체로 아무리 좋고 받아들일 수 있는 것이더라도—그의 문제는 우리의 문제가 된다. 그것은 율법의 문제가 아니라 사랑의 문제이며, 사랑은 언제나 율법 그 이상을 요구한다. "누구든지 네 오른편 뺨을 치거든 왼편도 돌려 대며, 또 너를 고발하여 속옷을 가지고자 하는 자에게 겉옷까지도 가지게 하며, 또 누구든지 너로 억지로 오 리를 가게 하거든 그 사람과 십 리를 동행하고"(마 5:39-41).

바울은 복음을 살아내고 복음을 전하며 복음을 가르치는 데 온 삶을 집중했다. 다른 아무것도 관심이 없었다. **내가 복음을 위하여 모든 것을 행했다.** 그러므로 그는 복음의 능력과 효력에 방해될만하면 무엇이든 치워버렸다.

동참자(**fellow partaker,** *sunkoinōnos*, **참여하고자 함이라**)는 공동 참여, 공유를

가리킨다. 여기서는 바울이 모든 사람이 자신과 함께 복음의 유익과 복에 참여하는 동참자가 되길 바랐다는 것이다. 그는 이들이 자신과 함께 하나님의 가족이 되길 바랐다.

절제를 통해

운동장에서 달음질하는 자들이 다 달릴지라도 오직 상을 받는 사람은 한 사람인 줄을 너희가 알지 못하느냐? 너희도 상을 받도록 이와 같이 달음질하라. 이기기를 다투는 자마다 모든 일에 절제하나니, 그들은 썩을 승리자의 관을 얻고자 하되 우리는 썩지 아니할 것을 얻고자 하노라. 그러므로 나는 달음질하기를 향방 없는 것 같이 아니하고, 싸우기를 허공을 치는 것 같이 아니하며, 내가 내 몸을 쳐 복종하게 함은 내가 남에게 전파한 후에 자신이 도리어 버림을 당할까 두려워함이로다. (9:24-27)

절제가 없으면, 자유를 제한할 수 없다. 우리의 죄성은 제약에 분노하고 저항하며, 때로 영적 자유라는 이름으로 그렇게 한다. 사랑으로 사는 원리를 인정하는 것과 이 원리를 따르는 것은 다르다. 바울이 이 원리를 따랐던 것은 승리자가 되길 원했기 때문이다.

헬라인들에게는 큰 운동 제전이 둘 있었다. 올림픽 제전과 이스트미아 제전이었다. 이스트미아 제전은 고린도에서 열렸고, 따라서 바울의 편지를 받는 고린도 신자들에게 아주 친숙했다. 제전에 참가하는 자들은 열 달 동안 혹독한 훈련을 받아야 했다. 마지막 달은 고린도에서 보냈으며, 감독을 받으며 체육관과 운동장에서 매일 훈련해야 했다.

경주는 제전에서 늘 큰 인기를 끌었으며, 바울은 이 장면을 활용해 충성스러운 그리스도인의 삶을 설명한다. **운동장에서 달음질하는 자들이 다 달릴지라도 오직 상을 받는 사람은 한 사람인 줄을 너희가 알지 못하느냐?** 그렇게 오래도록 힘들게 훈련하면서 승리할 생각이 없는 사람은 없을 것이다. 그러나 많은 경주자 중에 오직 한 사람만 승리(우승)한다.

이들의 달음질(경주)과 그리스도인의 "달음질" 사이에 큰 차이가 있다. 세밀한 훈련의 값을 치르는 그리스도인은 모두 승리한다는 것이다. 우리는 서로 경쟁하는 게 아니라 우리를 가로막는 장애물—실제적, 육체적, 영적 장애물—에 맞서 경쟁한다. 어떤 의미에서, 모든 그리스도인은 자신만의 달음질을 하며, 각자 영혼을 그리스도께 인도하는 일에서 승리자가 될 수 있다. 그러므로 바울은 모든 신자에게 복음을 받아들이는 데 방해될법한 것은 무엇이든 치워버림으로써 **상을 받도록**(may win, 승리하도록)…**달음질하라**고 조언한다.

자유와 권리를 단단히 부여잡으면, 영혼을 구원하는 달음질에서 틀림없이 지게 된다. 많은 고린도 그리스도인의 증언이 제한되었던 것은 이들이 자신의 자유를 제한하려 하지 않았기 때문이다. 이들은 자신의 권리를 포기하길 거부했고, 이로써 사람들을 구원으로 거의 인도하지 못했으며 많은 사람의 마음을 상하게 했다.

바울은 올림픽 제전과 이스트미아 제전에 참가하는 사람들이 그렇게 혹독하게 훈련하고 **모든 일에 절제했다**면, 왜 그리스도인들은 그렇게 할 수 없느냐고 묻는다. **그들은 썩을 승리자의 관을 얻고자 하되, 우리는 썩지 아니할 것을 얻고자 하노라.**

이스트미아 제전에서, 상은 소나무 **관**이었다. 물론, 참가자들은 그 이상을 위해 경쟁했다. 관은 명예, 환호, 영웅의 삶을 상징했다. 승리자들은 오늘날과 흡사하게 불멸의 영웅이 되었다. 그러나 이 "불멸"은 관 자체처럼 유한했으며, 관보다 조금 오래 갈 뿐이었다. 둘 다 **썩을** 것이었다.

그리스도인들은 오래가지 않는 소나무 관이나 명예를 위해 달음질하는 게 아니다. 그리스도인들은 이미 참 불멸을 가졌다. 그리스도인들은 "의의 면류관"을 위해, "주 곧 의로우신 재판장이 그 날에…주실" 면류관을 위해(딤후 4:8), "썩지 않고 더럽지 않고 쇠하지 아니하는 유업," 곧 "하늘에 간직하신 것"을 위해 달음질한다(벧전 1:4). 이 상은 **썩지 않는다.**

그러나 썩을 것과 마찬가지로 썩지 않을 것도 얻으려면 절제해야 한다. 그 어떤 그리스도인도 훈련하지 않으면 증언을 비롯해 가치 있는 그 무엇에도 성공하지 못할 것이다. 배움에서든, 비즈니스에서든, 예술에서든, 결혼생활에서든, 영적 삶에서든, 증언에서든, 그 무엇에서든 간에, 우리가 성취하는 모든 좋은 것은 훈련과 절제를 통해 성취된다.

운동선수가 뛰어나려면, 자신의 자유를 자발적으로 그리고 종종 혹독하게 제한해야 한다. 그의 권리나 감정이 아니라 그가 하는 훈련의 요건이 그의 수면과 식사와 운동을 결정한다. 프로선수들은 흔히 높은 연봉을 받는다. 그러나 오늘의 올림픽처럼(이제는 프로선수들에게도 문이 열렸다), 이스트미아 제전은 아마추어들이 참여했다. 아마추어 선수들은 많지 않은 상과 이에 수반되는 짧은 환호를 위해, 흔히 상당한 비용을 들여 수년 간 혹독하게 훈련한다.

운동선수의 훈련된 절제력은 잃은 자들에게 증언하기 위해 거의 아무것도 준비하지 않는, 그래서 거의 증언하지 않는 뜨뜻미지근하고 나약한 그리스도인들을 꾸짖는 것이다.

바울의 달음질은 목적이 있었다. 그는 **향방 없는 것 같이 하지 않았다(not without aim).** 그의 목표, 그가 19-22절에서 네 차례 말한 목표는 최대한 많은 방법으로 최대한 많은 사람을 그리스도께 인도하는 것이었다.

바울은 은유를 바꾸어, 자신이 **싸우기를(box) 허공을 치는 것 같이 아니한다**고 말한다. 그는 섀도복싱을 하지 않았다. 그는 늘 실제 싸움을, "선한 싸움"을 했다(딤전 1:18). 그는 땀만 흘리고 마는 게 아니라 실제 전투에 참여했다.

이 싸움의 상당 부분은 그 대상이 바울 자신의 몸이었다. **내가 내 몸을 쳐 복종하게 한다. 치다**(buffet, *hupōpiazō*)는 문자적으로 눈 아래를 친다는 뜻이다. 비유컨대, 바울은 필요하면 자신의 눈을 쳐서 멍들게 했다. **복종하게 한다**(make it my slave, *doulagōgeō*)는 19절의 "종이 되다"(made…a slave)와 어근이 같다. 바울은 자신의 몸을 영혼들을 그리스도께 인도하는 자신의 사명에 복종시켰고, 종으로 삼았다.

많은 그리스도인을 포함해 대다수 사람은 대신에 자기 몸의 종이다. 이들의 몸이 이들의 마음에 무엇을 하라고 명령한다. 이들의 몸이 언제 먹고, 무엇을 먹으며, 얼마나 먹고, 언제 자고 일어날지 등을 결정한다. 운동선수는 이렇게 할 수 없다. 그는 자신의 몸이 아니라 훈련 규정을 따른다. 그는 쉬고 싶을 때 달리며, 초코아이스크림을 먹고 싶을 때 균형 잡힌 음식을 먹고, 깨어 있고 싫을 때 잠자리에 들며, 더 자고 싶을 때 일찍 일어나 훈련한다. 운동선수는 자신의 몸을 이끈다. 그는 자신의 몸을 따라가지 않는다. 몸이 그의 종이고, 그는 몸의 종이 아니다.

바울은 혹독하게 훈련했다. **남에게 전파한 후에 자신이 도리어 버림을 당할까(disqualified) 두려워함이로다.**[59] 바울은 여기서 이스트미아 제전에서 빌려온 또 다른 은유를 사용한다. 훈련 요건을 충족하지 못한 선수는 자격을 잃었다(disqualified). 그는 승리는 고사하고 달릴 수도 없었다. 바울은 평생 다른 사람들에게 요건을 전파한 후에 정작 자신은 그 요건을 충족하지 못해 자격을 잃고 싶지 않았다.

많은 신자가 열정과 헌신으로 그리스도인의 삶을 시작한다. 한동안 세심하게 훈련하지만, 이내 노력하기 싫어져 훈련을 게을리하기 시작한다. 머지않아, 유능한 증인의 자격을 상실한다. 요건을 채우지 못한다. 값을 지불하려 하지 않기 때문이다. 육신, 세상, 일상, 개인적 관심, 그리고 흔히 단순한 게으름이 영적 성장을 방해하고 섬김을 위한 준비를 방해한다.

심지어 좋은 것들이 가장 좋은 것에 방해가 될 수 있다. 자유의 성취가 사랑의 성취에 방해가 될 수 있다. 우리 자신의 길을 따르면, 다른 사람들이 그 길(the Way)을 알지 못하게 막을 위험이 있다. 성령께서 사용하기로 선택하실 때 사용될 준비된 사람들이 영혼을 구원으로 이끈다.

---

59 새번역: 남에게 복음을 전하고 나서 도리어 나 스스로는 버림을 받는, 가련한 신세가 되지 않으려는 것입니다.

23

과신은 위험하다
(10:1-13)

형제들아, 나는 너희가 알지 못하기를 원하지 아니하노니, 우리 조상들이 다 구름 아래에 있고, 바다 가운데로 지나며, 모세에게 속하여 다 구름과 바다에서 세례를 받고, 다 같은 신령한 음식을 먹으며, 다 같은 신령한 음료를 마셨으니, 이는 그들을 따르는 신령한 반석으로부터 마셨으매, 그 반석은 곧 그리스도시라. 그러나 그들의 다수를 하나님이 기뻐하지 아니하셨으므로, 그들이 광야에서 멸망을 받았느니라. 이러한 일은 우리의 본보기가 되어, 우리로 하여금 그들이 악을 즐겨 한 것 같이 즐겨 하는 자가 되지 않게 하려 함이니, 그들 가운데 어떤 사람들과 같이 너희는 우상숭배하는 자가 되지 말라. 기록된 바, 백성이 앉아서 먹고 마시며 일어나서 뛰논다 함과 같으니라. 그들 중의 어떤 사람들이 음행하다가 하루에 이만 삼천 명이 죽었나니, 우리는 그들과 같이 음행하지 말자. 그들 가운데 어떤 사람들이 주를 시험하다가 뱀에게 멸망하였나니, 우리는 그들과 같이 시험하지 말자. 그들 가운데 어떤 사람들이 원망하다가 멸망시키는 자에게 멸망하였나니, 너희는 그들과 같이 원망하지 말라. 그들에게 일어난 이런 일은 본보기가 되고 또한 말세를 만난 우리를 깨우치기 위하여 기록되었느니라. 그런즉 선 줄로 생각하는 자는 넘어질까 조심하라. 사람이 감당할 시험 밖에는 너희가 당한 것이 없나니, 오직 하나님은 미쁘사 너희가 감당하지 못할 시험 당함을 허락하지 아니하시고, 시험 당할 즈음에 또한 피할 길을 내사, 너희로 능히 감당하게 하시느니라. (10:1-13)

8장에서, 바울은 원리를 제시했다: 비록 그리스도인들은 성경이 도덕적으로 옳지 않다며 금하는 것이 아니라면 무엇이든 할 자유가 있더라도, 하나님이 사랑하라고 하시는 대로 사랑한다면, 더 약한 신자들을 위해 우리의 자유를 제한할 것이다. 9장에서, 바울은 자신의 삶과 사역을 예로 들면서 이 제한을 설명한다. 자신이 돈을 위해 복음을 전한다고 생각할 이유를 주지 않으려고, 바울은 자신이 섬기는 사람들에게서 보수를 받지 않았다. 또한 더 효과적으로 증언하기 위해, 성경이 허용한다면 어떤 방식으로든 자신의 생활 방식을 수정하고 맞추었다.

8장 후반부와 9장 전체에서, 바울은 우리의 자유 사용이 다른 사람들에게 어떻게 영향을 미치는지 설명한다. 10장은 우리의 자유 사용이 우리 자신의 삶에 어떻게 영향을 미치는지 설명한다. 1-13절에서, 바울은 우리가 자유를 오용하면 그리스도를 유효하게 섬길 자격을 어떻게 상실할 수 있는지 보여준다.

시험(유혹)과 죄에 빠지는 가장 확실한 방법 중 하나는 과신하는 것이다. 많은 고린도 신자가 그리스도인으로서 자신들의 삶은 더없이 안전하며 자신들은 이미 이르렀다고 생각했고, 바울에게 보낸 편지에서(7:1) 이렇게 말했을 것이다. 바울은 4:8-14에서 비꼬는 투로 이들을 꾸짖을 때 이런 태도를 염두에 두었던 게 분명하다. 이들은 구원받았고 세례를 받았으며, 가르침을 잘 받았고 은사에 부족함이 없었으며, 추측건대 성숙했다. 이들은 자신들이 이교도들의 의식과 사회 활동에서 그들과 자유롭게 어울리면서도 노골적 우상숭배나 음행에 참여하지 않는 한 도덕적으로나 영적으로 영향을 받지 않을 만큼 강하다고 생각했다.

바울은 이들이 스스로 속고 있다고 말한다. 이들은 자유를 남용해 더 약한 신자들에게 해를 끼쳐 그들의 양심이 다치게 했을 뿐 아니라 자신들의 영적 삶을 위험에 빠뜨렸다. 이들은 오랫동안 극단적 자유를 행사하며 살면서 유혹에 빠지고 뒤이어 죄에 빠지지 않을 수 없었다. 성숙하고 사랑하는 그리스도인은 자신의 자유를 한껏 사용하려 하지 않으며, 자신이 해를 입지 않은 채 악에 얼마나 가까이 다가갈 수 있는지 시험해 보려 하지 않는다.

그리스도인이 자신의 힘을 과신한 나머지 그 어떤 상황이든 스스로 해결할 수 있다고 생각할 때, 넘어질 위험이 아주 크다. 이 경고는 12절에서 요약된다. "그런즉 선 줄로 생각하는 자는 넘어질까 조심하라." 이것은 구원을 잃을 위험이 아니라 거룩을 잃고 유용하게 쓰임 받지 못하게 될 위험이다. 이것은 심각한 위험이며, 주님이 가볍게 여기지 않으시는 위험이다.

바울은 고대 이스라엘에서 과신하는 삶의 함정에 관해 정신이 번쩍 드는 예를 찾아냈다. 바울은 이스라엘이 애굽과 가나안 사이에서 40년을 방황할 때 일어난 일들을 예로 들며, 자유의 항목(1-4절), 자유의 남용(5-10절), 자유의 적용을 논한다(11-13절).

자유의 항목들

형제들아, 나는 너희가 알지 못하기를 원하지 아니하노니, 우리 조상들이 다 구름 아래에 있고, 바다 가운데로 지나며, 모세에게 속하여 다 구름과 바다에서 세례를 받고, 다 같은 신령한 음식을 먹으며, 다 같은 신령한 음료를 마셨으니, 이는 그들을 따르는 신령한 반석으로부터 마셨으매, 그 반석은 곧 그리스도시라.

(10:1-4)

For는[60] 뒤로 돌아가 바울이 방금 말한 섬길 자격을 상실하는 것을 가리키며 (9:27), 이어지는 여러 예를 소개한다. **형제들아, 나는 너희가 알지 못하기를 원하지 아니하노니**는 바울의 독자들이 친숙한 옛이야기들에 대한 새로운 통찰력을 갖도록 준비시킨다. 이것은 독자들에게 광야에서 이스라엘에게 일어난 일을 기억하라는 긴급한 요청이다. 바울은 한편으로 상기시키고 다른 한편으로 새로운 가르침을 주고 있다.

모든 히브리인은 아브라함의 육체적 후손이었다. 그러나 진정한 하나님의

---

60 NASB: For I do not want you to be unaware, brethren(그렇기에, 형제 여러분, 저는 여러분이 모르길 원치 않습니다).

자녀이려면, 이들도 영적 후손이어야 했다. "이스라엘에게서 난 그들이 다 이스라엘이 아니요…곧 육신의 자녀가 하나님의 자녀가 아니요 오직 약속의 자녀가 씨로 여기심을 받느니라"(롬 9:6, 8). 아브라함은 믿는 모든 자의 조상이었고(롬 4:11; 갈 3:29), 이런 의미에서 바울이 **우리 조상들**이라고 한 말은 유대 그리스도인들 뿐 아니라 이방인 그리스도인들에게 한 말일 수 있다. 모든 믿는 자는 영적 후손이기 때문이다.

1-4절에서, 바울은 집단적 공동체로서 이스라엘의 하나됨과 모세의 인도 아래 했던 경험의 공통성을 강조한다. 이 네 절에서 **다(all)**라는 단어가 네 번 사용되어, 이들이 경험과 복에서 하나였음을 나타낸다.

바울은 복의 기본적인 세 부분을 말한다: 애굽에서 해방됨, 세례를 받아 모세에게 속함, 영적 공급을 받음.

애굽에서 해방되었다

요셉 덕분에 여러 해 호의적 대우를 받은 후, 이스라엘은 400년을 애굽에서 노예로 살았다. 이스라엘은 외국인이자 이교도에게 완전히 종속되었고, 이들은 이스라엘을 학대하고 비방하며 가혹하게 부렸다. 하나님은 애굽인들에게 열 재앙을 내리신 끝에 이스라엘을 기적적으로 구해내셨다. 하나님은 홍해를 갈라 이들이 바다 가운데로 마른 땅을 밟고 지나가게 하신 후, 추격자들을 수장시키셨다. 하나님은 "낮에는 구름 기둥으로", "밤에는 불기둥을…비추사" 이들을 인도하셨다(출 13:21). 출애굽은 하나님이 행하신 최고의 해방, 곧 자신의 선민(選民)을 속박에서 건져내어 자유로 옮기신 해방으로서 유대교의 기념비가 되었고 지금도 기념비로 남아 있다.

출애굽은 하나님 백성의 영적 구원을 상징하지 않았다. 언제나 인간을 구원하는 것은 하나님을 믿는 개인적 믿음(personal faith)뿐이었다. 많은 이스라엘 사람이 애굽에 있을 때 하나님을 온전히 믿었고, 의심할 여지 없이 많은 사람이 광야를 방황할 때 개인적 믿음을 갖게 되었다. 이스라엘은 결코 한 민족으로서 '영적으로' 구원받은 게 아니다. 그러나 이들의 민족적 해방은 개개인에게 주어지는 새 언약의 구원을 상징한다. 출애굽은 하나님이 자신의 선민을, 믿는 자와 믿지 않는 자를 가리지 않고, 애굽의 속박에서 불러내어 자신이 아브라함을 통해 이들에게 약속하신 땅으로 인도해 들이신 것이다(창 12:7). 이들은 하나님을 세상에 증언하는 공동체가 되어야 했다. 이것이 하나님이 이스라엘을 한 민족으로 불러서 하게 하신 "달음질"(race, 경주)이었다(고전 9:24). 이 달음질에서, 이스라엘은 우상숭배와 음란과 반역에 빠져 자신의 자유를 오용해 자격을 잃었다. 바울은 자신만만한 고린도 신자들에게 이렇게 말하고 있었다. "이스라엘에게 일어났던 일이 여러분에게 일어나지 않게 하십시오."

세례를 받아 모세에게 속하게 되었다

일반적으로, 세례는 물을 사용해 죄씻음을 상징하는 의식을 가리킨다. 그러므로 많은 그리스도인이 **모세에게 속하여 다 구름과 바다에서 세례를 받고**[61]를 이 의식을 가리키는 것으로 해석한다. 이들은 이것을 이스라엘이 구름에서 내리는 비를 맞았거나 **바다**를 지날 때 잠겼다는 의미로 본다. 그러나 낮에 이스라엘을 인도한 구름 기둥은 쉐키나(Shekinah) 구름, 곧 하나님의 임재의 구름이었고, 이것이 밤에는 불기둥으로 바뀌었을 뿐 물구름은 아니었다. 그리고 바다가 갈라져 이스라엘이 마른 땅으로 지날 수 있었다(출 14:16).

기독교 세례의 기본 의미는 그리스도와 하나됨이다. 바울이 나중에 로마서 6:1-10에서 설명하듯이, 물세례는 그리스도의 죽음과 부활에서 그분과 영적으로 연합함을 나타내는 외적 표식이다. 물세례는 신자들이 이미 경험한 세례를 상징한다. 우리는 예수 그리스도를 믿을 때, 세례를 받아 그분에게 속하고(baptized into Him), 그분과 동일시되며, 그분과 하나 된다. "누구든지 그리스도와 합하기 위하여 세례를 받은(baptized into Christ)[62] 자는 그리스도로 옷 입었느니라"(갈 3:27). 내가 믿기로, 바울이 이 단락에서 염두에 둔 것은 육체

---

61 NASB: and all were baptized into Moses in the cloud and in the sea(그리고 모두 구름과 바다 가운데서 세례를 받아 모세에게 속하게 되었다).
새번역: 이렇게 그들은 모두 구름과 바다 속에서 세례를 받아 모세에게 속하게 되었습니다.
62 새번역: 세례를 받아 그리스도와 하나가 되고.

의 의식이 아니라 영적 하나됨이다. 하나님이 자신들의 지도자로 세우신 모세와 하나 되었다는 의미에서, 이스라엘은 **모세에게 속하여…세례를 받았다**(**were baptized into Moses,** 세례를 받아 모세에게 속하게 되었다).

영적 공급을 받았다

바울은 이스라엘이 **다(all) 같은 신령한 음식을 먹었다**고 말한다. 이것은 바울이 여기서 하나님이 이스라엘 개개인의 영 안에서 역사심을 말하는 것이 아님을 가리킨다. 하나님은 이렇게 하실 수 없었다. 이스라엘 중 많은 수가 하나님을 믿지 않았기 때문이다. 바울은 공급의 형태가 아니라 근원을 말하고 있다. 하나님이 그분을 믿는 이스라엘 사람들을 영적으로 강하게 하신 것은 사실이다. 그러나 하나님은 신령한 수단을 통해 이스라엘 **다(all,** 모두)에게, 신자들과 불신자들에게 똑같이, 육체의 **음식**과 **음료**를 공급하셨다. 하나님은 기적을 통해 만나를 음식으로(출 16:15), 물을 음료로 공급하셨다(17:6). 이런 의미에서, 이들은 모두 영적으로 공급받았다. 다시 말해, 자연적 근원이 아니라 신적 근원으로부터 공급받았다.

이들이 받은 **신령한 음료의 근원은 그들을 따르는 신령한 반석**이었으며, **그 반석은 곧 그리스도였다**. 출애굽 때도, 메시아께서 이스라엘과 함께하며 이들에게 필요한 것을 공급하셨다!

유대인들에게 인기 있는 전설이 있었는데, 바울 당시에도 많은 유대인이 이 전설을 여전히 알고 또 믿었다. 그것은 모세가 친 실제 바위가 이스라엘의 광야 생활 내내 이들을 따라다니며 가는 곳마다 물을 공급했다는 것이다. 나는 바울이 이 전설을 암시하며 이렇게 말하고 있었다고 믿는다. "그렇습니다. 한 반석이 광야에서 이스라엘을 따랐습니다. 그러나 그것은 단순히 물리적 물을 공급한 물리적 반석이 아니었습니다. 그것은 영적(신령한) 반석, 여러분이 오랫동안 기다려 왔고, 그 때 우리의 조상들과도 함께 계셨던 메시아(그리스도에 해당하는 히브리어)였습니다."

바울이 여기서 반석(rock)을 말할 때 사용하는 용어는 큰 돌이나 바위 덩어리를 뜻하는 '페트로스'(*petros*)가 아니라 거대한 암벽을 뜻하는 '페트라'(petra)다. 하나님은 한 번 바위 덩어리를 사용해 이스라엘에게 물을 공급하셨다. 그러나 이스라엘의 여정 내내 **그들을 따르는 신령한 반석**은 작은 바윗덩어리가 아니라 그리스도라는 큰 반석이었다. 이 초자연적 반석이 그분의 백성을 보호하고 유지했으며 이들이 망하지 않게 했다. 구약의 신자들에게는 성령의 내주(內住)가 없었다. 그러나 출애굽 기간에도, 선재하는 메시아, 성육신 이전의 그리스도께서 임재해 자기 백성을 지키고 돌보며 이들의 필요를 채워주셨다.

이 모든 단언의 핵심은 이스라엘의 특권, 즉 이들의 해방과 관련된 자산을 다시 들려주는 것이다.

자유가 어떻게 남용되는가?

> 그러나 그들의 다수를 하나님이 기뻐하지 아니하셨으므로, 그들이 광야에서 멸망을 받았느니라. 이러한 일은 우리의 본보기가 되어, 우리로 하여금 그들이 악을 즐겨 한 것 같이 즐겨 하는 자가 되지 않게 하려 함이니, 그들 가운데 어떤 사람들과 같이 너희는 우상숭배하는 자가 되지 말라. 기록된 바, 백성이 앉아서 먹고 마시며 일어나서 뛰논다 함과 같으니라. 그들 중의 어떤 사람들이 음행하다가 하루에 이만 삼천 명이 죽었나니, 우리는 그들과 같이 음행하지 말자. 그들 가운데 어떤 사람들이 주를 시험하다가 뱀에게 멸망하였나니, 우리는 그들과 같이 시험하지 말자. 그들 가운데 어떤 사람들이 원망하다가 멸망시키는 자에게 멸망하였나니, 너희는 그들과 같이 원망하지 말라. (10:5-10)

모든 이스라엘이 자유, 세례, 광야 생활 중의 공급을 함께 경험했다. **그러나 그들의 다수를 하나님이 기뻐하지 아니하셨다. 그들의 다수(most of them)**는 절제된 표현이다. 애굽을 떠난 무수한 이스라엘 중에 단 두 사람, 여호수아와 갈렙만 약속의 땅에 들어가는 게 허용되었다. 모세와 아론마저 그 땅에 들어갈 자격을 잃었다. 모세가 므리바에서 하나님이 명하신 대로 반석에게 명하지 않고 반석을 지팡이로 쳤기 때문이다(민 20:8-12, 24).

불순종 때문에, 둘을 제외한 모든 이스라엘이 **광야에서 멸망을 받았다. 멸망을 받았다**(laid low, *katastrōnnumi*)는 문자적으로 "흩거나 뿌리다"라는 뜻이다. 하나님이 기뻐하시지 않은 자들의 시체가 온 광야에 뿌려졌다. 모든 이스라엘이 광야에서 하나님께 복을 받았고 세례를 받았으며 지지를 받았다. 그러나 이 "달음질"에서, 순종과 섬김의 시험에서, 이들의 대다수가 "자격을 잃었다"(참조. 9:24, 27). 이들은 자유와 복을 오용했다. 이들은 자기중심적이고 고집불통이었기에 자유를 한껏 누리며 살려 했고, 유혹에 빠졌고 그 다음에는 죄에 빠졌다. 과신이 이들의 실패 원인이었다.

자격 상실한 이스라엘 가운데 많은 수가 하나님을 섬기는 데 적합하지 못하게 된 신자들이었다. 이들은 바울이 다른 곳에서 말한 "천히 쓸 그릇"이 되었다(롬 9:21). 이들은 자신을 "청년의 정욕"으로부터 깨끗하게 하지 못했고, "의와 믿음과 사랑과 화평"을 추구하지 못했다. 결과적으로, 이들은 "거룩하고 주인의 쓰심에 합당하며 모든 선한 일에 준비된" 그릇이 되지 못했다(딤후 2:21-22). 이들은 광야에 질그릇 조각들처럼, 더는 쓸모없는 깨진 그릇들처럼 뿌려졌다.

불순종한 이스라엘이 광야에서 경험한 심판은 **우리의 본보기가 되어, 우리로 하여금 그들이 악을 즐겨 한 것 같이 즐겨 하는 자가 되지 않게 하려 함이다.** "광야에서 멸망을 받은" 자들은 자신의 몸을 바울처럼 쳐서 복종시키지 않았고(9:27), 도리어 자신의 모든 욕망과 정욕과 갈망을 탐닉했다. 쳐서 복종시킨 몸은 주님에게 유용하지만, 탐닉한 몸을 그렇지 못하다. 자신의 몸과 생활 방식을 쳐서 복종시키는(제어하는) 그리스도인은 주님을 섬길 자격이 있다. 자신의 몸을 탐닉하고 생활에 부주의한 그리스도인은 자격을 잃는다.

이스라엘이 자격을 잃은 것은 네 가지 큰 죄 때문이다: 우상숭배(7절), 음행(8절), 하나님을 시험함(9절), 불평(10절).

우상숭배

우상숭배는 고린도인들에게 친숙함 그 이상이었다. 사회 전체의 중심이 우상들이었기 때문이다. 종교, 사회, 정치, 사업이 모두 우상숭배 및 우상 인정과

적잖게 연결되었다. 많은 고린도 그리스도인이 자신들의 도덕적·영적 힘을 과신해, 거짓 신들을 숭배하거나 자문하거나 호소하는 활동에 생각 없이 참석하게 되었다. 이들은 자신들이 이런 이교도 활동에 참석해도 영적으로 해를 입지 않을 수 있다고 믿었다. 고린도의 몇몇 신자들, 즉 신앙을 고백하는 신자들이 실제로 우상숭배로 되돌아갔다(5:11). 다른 신자들은 똑같이 할 위험이 있었다.

바울은 여전히 이스라엘을 본보기로 활용하며 경고했다. **그들 가운데 어떤 사람들과 같이 너희는 우상숭배하는 자가 되지 말라.** 이스라엘은 애굽에서 나오기가 무섭게 우상숭배에 빠졌다. 이들을 꾀는 이교도 사제들이나 신전들이나 우상들이 없었다. 그런데도 이들은 자신들의 우상을 만들고 자신들의 의식을 만들었다.

출애굽기 32장은 추악한 이야기를 들려준다. 모세가 하나님의 계명을 새긴 돌판을 받으러 시내산에 올라갔다. 백성은 기다려도 모세가 돌아오지 않자 조급해졌다. 이들은 아론을 압박해 어렵지 않게 금송아지를 만들었다. 금송아지는 인기 있는 애굽 신을 상징했는데도, 이스라엘은 이것을 이용해 여호와를 예배하려 했다. 이들은 금송아지를 애굽에서 자신들을 이끌어낸 신이라 했으며(32:4) 아론은 금송아지에게 제단을 쌓고 "여호와의 절일"을 선포했는데, 여호와는 이스라엘 하나님의 언약적 이름이었다(3:14-15). 아론은 심지어 하나님께 드리는 제사와 똑같은 제사, 곧 번제와 화목제를 금송아지에게 드렸다. 그러나 이들은 웬일인지 자신들이 이교도 우상을 사용해 참 하나님을 예배할 수 있다고 생각했다. 애굽에서 이교도 의식들을 아주 오래 보았기에, 참 예배에 이교도 의식을 추가하는 게 거의 자연스러워 보였다. 이스라엘의 대제사장이자 명령 체계에서 모세에 버금가는 아론조차 백성이 이런 악한 생각을 가지고 찾아왔을 때 거부하지 않았다. 애굽인들에게 받은 보석으로 송아지를 만들라고 제안한 사람이 바로 아론이었다.

바울은 출애굽기 32:6을 인용해 말을 이어간다. **백성이 앉아서 먹고 마시며 일어나서 뛰논다.** 먹고 마심은 제사에 뒤따르는 과도한 축제를 가리킨다. **뛰놀다(play)**는 성적 유희(sexual play)를 가리키는 완곡한 표현이다. 이것은 성행위를 의미하며, 창세기 26:8에서 "껴안다"로 번역된 것과 같은 단어다. 시내산에서 이런 우상숭배와 음란한 축제를 부추긴 이스라엘 사람 중 약 3천 명이 죽었다(출 32:28).

고린도 신자 중에도 자신들의 옛 예배 방식으로 돌아간 사람들이 있었다. 우상들은 거짓 신들, 실제로 귀신인 신들을 상징하며, 바울은 나중에 10장에서 "너희가 주의 잔과 귀신의 잔을 겸하여 마시지 못한다"고 경고한다(고전 10:20-21). 바른 하나님은 바른 방법으로만 예배할 수 있다. 음란한 이교도 관습으로 하나님을 예배하려는 자들은 그분을 욕되게 하고 자신을 심판하는 것이다.

그리스도인들이 하나님 외에 다른 사람이나 무엇을 예배하는 것은 우상숭배다. 성모 마리아나 성인들이나 천사를 예배하는 것은 우상숭배다. 아무리 하나님을 진심으로 높이려 하더라도, 이런 행위는 거짓 예배이며 성경이 엄격히 금한다. 하나님이 모세에게 주신 첫째 계명은 "너는 나 외에는 다른 신들을 네게 두지 말라"였다(출 20:3). 하나님은 오직 한 분이며, 오직 하나님만 예배해야 한다. 요한계시록 22:9의 "하나님께 경배하라"(worship God, 하나님을 예배하라)는 명령은 여전히 배타적 명령이다. "자녀들아, 너희 자신을 지켜 우상에게서 멀리하라"는(요일 5:21) 여전히 포괄적 금지다.

물론, 모든 우상이 물리적이지는 않다. 모든 우상이 나무나 돌이나 금속으로 만들어질 필요는 없다. 성경적이지 않은 하나님 개념은 모두 거짓이며, 믿고 따른다면 우상이 된다. 이스라엘이 금송아지를 예배하면서 하나님을 예배한다고 주장했듯이, 사람이 만든 신을 따르는 자들은 성경의 하나님을 예배한다고 주장할지 모른다. 그러나 그 어떤 거짓 신도 성경의 하나님과 공통점이 전혀 없다.

교회와 철학이 성공, 사랑, 사회봉사, 자기 이미지, 또는 인간을 사실상 신으로 만들었다. 우리의 첫째 충성을 받는 것은 무엇이든 우상이다. 조각한 우상을 쳐다보지도 않는 많은 사람이 건강, 시간, 가족, 도덕 기준을 비롯해 무엇이든 희생해서 자신이 원하는 성공이나 인정의 우상을 성취하려 한다. 모든 죄처럼, 우상숭배의 죄도 마음에서 비롯된다. 하나님이 이스라엘 장로들에 관해 에스겔에게 하신 말씀과 같다. "이 사람들이 자기 우상을 마음에 들이며 죄악의 걸림돌을 자기 앞에 두었으니, 그들이 내게 묻기를 내가 조금인들 용납하랴?"(겔 14:3).

그리스도인들이 그 어떤 형태든 우상숭배—의식적, 신학적, 또는 실제적 우상숭배—를 하는 교회에 속했다면, 거기 있는 한 우상숭배에 물들지 않을 수 없다. 더는 그곳에 있을 마음이 없어야 한다. 비성경적이며 경건하지 않는 교리나 행위를 견지하는 자들을, 간접적으로라도, 지지하며 독려하고 싶은 마음이 없어야 한다. 이렇게 한다면, 하나님을 욕되게 하고 다른 사람들로 잘못을 계속하게 하며 자신의 영적 안녕을 위험에 빠뜨리는 것이다.

음행

큰 죄 가운데 둘째는 앞 절에서 암시되었으나(뛰논다, play) 8절에서 분명하게 다뤄진다. **그들 중의 어떤 사람들이 음행하다가 하루에 이만 삼천 명이 죽었나니, 우리는 그들과 같이 음행하지 말자.** 바울이 말하는 사건은 민수기에 나온다. 광야에서 이런 일이 있었다. "그 백성이 모압 여자들과 음행하기를 시작하니라. 여자들이 자기 신들에게 제사할 때에 이스라엘 백성을 청하매 백성이 먹고 그들의 신들에게 절하므로"(25:1-2). 이 난잡한 축제 때문에, 이스라엘 백성 24,000명이 죽었다(9절). 두 기사에서 숫자가 다른 것은 23,000명은 하루에 죽은 사람이고 24,000명은 나중에 전염병으로 죽은 사람까지 포함한다고 보는 게 최선이겠다.

우상숭배와 음행은 사실상 고대 모든 종교에서 밀접하게 연결되었다. 이 둘은 특히 고린도에서 밀접하게 연결되었다. 고린도의 아프로디테 신전은 신전 창녀(ritual prostitutes)가 천 명에 이르렀다. 대다수 사회 행사에 일종의 우상숭배가 포함되었듯이 일종의 음행도 포함되었다. 바울의 경고에서 분명히 나타나듯이, 자신만만했던 고린도 신자들은 우상숭배뿐 아니라 음란에도 면역이 없었다. 이들은 오염원 주변에 부주의하게 살면서도 오염되지 않을 수 있다고 생각했다. 그러나 이들은 처음에 유혹을 받았고 뒤이어 유혹에 굴복했다. 바울이 이미 이 서신에서 이들에게 말했고(6:18) 이들과 함께 있을 때

숱하게 말했듯이, 음란은 맞설 상대가 아니라 피해야 할 상대다. 그리스도께서 우리에게 자유를 주심은 우리가 그분을 의 가운데서 더 유효하게 섬기게 하기 위해서이지 우리가 불의에 얼마나 가까이 다가갈 수 있는지 알아보게 하기 위해서가 아니다.

많은 그리스도인이 단지 자신을 과신해 도덕적 문제에 빠진다. 이들은 그 자체로는 잘못은 아니나 강하게 유혹하는 관계를 시작하고 또 지속한다. 유혹이 올 때, 이들은 유혹을 이길 수 있다고 생각하지만 그럴 수 없음을 너무 늦게 깨닫기 일쑤다. 또는 이들은 음란과 밀접한 자리에 가거나 일을 하지만 무엇이든 음란한 것을 스스로 하지는 않는다. 그러나 이런 상황에서 음란한 행동을 전혀 하지 않더라도, 마음은 음탕한 생각과 이미지로 가득하며 영적 삶과 증언은 심각하게 약해진다.

하나님을 시험함

고린도 신자들을 위험에 빠뜨린 큰 죄 가운데 셋째는 하나님을 시험하거나 유혹한 죄였다. **그들 가운데 어떤 사람들이 주를 시험하다가 뱀에게 멸망하였나니, 우리는 그들과 같이 시험하지 말자.** 민수기 21장은 이와 관련된 이야기를 들려준다. "백성이 하나님과 모세를 향하여 원망하되, 어찌하여 우리를 애굽에서 인도해 내어 이 광야에서 죽게 하는가? 이 곳에는 먹을 것도 없고 물도 없도다. 우리 마음이 이 하찮은 음식을 싫어하노라"(민 21:5). 하나님은 먹을 만나와 마실 물을 주셨으나 이스라엘은 만족하지 않았다. 이들은 더 다양한 음식과 양념을 원했다. 이들은 불평하고 또 불평했으며, 하나님의 선하심을 의심했고, 그분의 인내를 시험했다. 이들은 하나님을 기쁘시게 하는 데 도무지 관심이 없었고, 오로지 하나님이 자신들을 기쁘게 하시는 데만 관심을 두었다. 이들은 새로 얻는 자유를 하나님을 더 잘 섬기는 데 사용한 게 아니라 그분이 자신들을 더 섬기도록 요구하는 데 사용했다.

그리스도인들은 때로 자신들의 자유를 사용해 하나님을 극한까지 밀어붙이며, 자신들이 그분에게 얼마나 많이 얻어낼 수 있고 하나님 앞에서 얼마나 많이 누릴 수 있는지 시험한다. 아나니아와 삽비라는 예루살렘교회에 헌금할 돈을 마련하려고 재산을 얼마간 팔았다. 이렇게 마련한 돈의 일부를 자신들이 갖는 것은 이들의 자유였고 죄가 아니었다. 그러나 이들은 전부를 드렸다고 주장함으로써 자신을 더 후하게 보이려 했고, 이들의 거짓말과 위선은 하나님의 한계를 넘어섰다. 이들은 하나님의 백성뿐 아니라 하나님에게 거짓말을 했다. 베드로는 이들을 꾸짖으며, 아나니아에게 "어찌하여 사탄이 네 마음에 가득하여 네가 성령을 속이고 땅값 얼마를 감추었느냐?"고 물었고, 삽비라에게 "너희가 어찌 함께 꾀하여 주의 영을 시험하려 하느냐?"고 물었다(행 5:3-4, 9). 이들은 하나님께 거짓말함으로 죽었다(5, 10절).

많은 고린도 신자가 자신들의 자유를 한껏 사용하면서 자신들이 육체적으로 얼마나 탐닉할 수 있고 세상을 얼마나 누릴 수 있는지 보았다. 이들은 하나님을 시험했고 혹독한 징계를 받을 위험에 처했다. 오늘의 어떤 그리스도인들처럼, 이들은 이렇게 말했을 것이다. "지금은 은혜의 시대야. 우리는 자유롭고 하나님은 용서하시지. 우리는 구원을 잃을 수 없어! 그러니 삶에서 얻어낼 수 있는 건 모조리 얻어내야 하지 않겠어?"

이스라엘은 이 질문의 해답을 찾았다. "여호와께서 불뱀들을 백성 중에 보내어 백성을 물게 하시므로 이스라엘 백성 중에 죽은 자가 많은지라"(민 21:6). 하나님의 백성은 언제나 하나님의 은혜 아래 산다. 하나님의 특별한 백성으로 부르심을 받은 것을 포함해, 이스라엘이 받은 모든 복은 하나님의 은혜였다. 이스라엘은 하나님의 은혜로 애굽에서 해방되었고, 하나님의 은혜로 유지되고 보호받았다. 그러나 이스라엘은 하나님을 시험했을 때 그분에게는 그들이 넘어서면 벌하실 수밖에 없는 한계선이 있음을 깨달았다. 고린도 신자 중에 이 한계선을 넘어섰기에 병들거나 죽는 사람들까지 있었다(고전 11:30).

불평

바울이 경고하는 큰 죄 가운데 넷째는 불평이다. **그들 가운데 어떤 사람들이 원망하다가 멸망시키는 자에게 멸망하였나니, 너희는 그들과 같이 원망하지 말라.** 하나님은 고라와 다단과 아비람을 비롯해 이들에 동조한 반역자들을 멸하셨다(민 16:32-35). "이튿날, 이스라엘 자손의 온 회중이 모세와 아론을 원망하여 이르되, 너희가 여호와의 백성을 죽였도다"(41절). 이들은 하나님의 공의를 향해 불평했고, 격노하신 하나님은 곧바로 전염병을 보내셨고 14,700명이 죽었다. **멸망시키는 자(destroyer)**는 이스라엘이 애굽을 떠나기 전 애굽인들의 맏물을 죽였고(출 12:23), 다윗의 인구조사 때문에 70,000명을 죽일 것이며(삼하 24:15-16), 이사야와 히스기야의 기도에 응답해 예루살렘을 포위한 앗수르군 전체를 멸할 바로 그 천사였다(대하 32:21).

투덜댐은 우리의 삶과 타인들의 삶을 향한 하나님의 주권적 뜻에 불만을 품는 것이며, 하나님이 은혜 중에도 가볍게 여기지 않으시는 죄다. 하나님의 백성이 의심하거나 불평한다면, 그분의 지혜, 그분의 은혜, 그분의 선하심, 그분의 사랑, 그분의 의에 도전하는 것이다. 우리가 만족해야 하는 것은 단지 우리 자신의 안녕을 위한 것이 아니라(이것을 위한 것이더라도) 하나님의 존귀와 영광을 위한 것이다. 불평은 우리의 하늘 아버지를 욕되게 하고, 만족은 그분을 영화롭게 한다.

바울은 "어떠한 형편에든지···자족하기를 배웠으며"(빌 4:11), 고린도 신자들에게 하나님의 징계를 받지 않도록 이같이 만족하라고 조언한다.

자유를 어떻게 적용해야 하는가?

그들에게 일어난 이런 일은 본보기가 되고 또한 말세를 만난 우리를 깨우치기 위하여 기록되었느니라. 그런즉 선 줄로 생각하는 자는 넘어질까 조심하라. 사람이 감당할 시험 밖에는 너희가 당한 것이 없나니, 오직 하나님은 미쁘사 너희가 감당하지 못할 시험 당함을 허락하지 아니하시고, 시험 당할 즈음에 또한 피할 길을 내사, 너희로 능히 감당하게 하시느니라. (10:11-13)

불순종하는 이스라엘이 받은 벌은 동료 히브리인들뿐 아니라 그 이후 모든 시대의 신자들에게도 **본보기가** 되었다. 더 나아가, 이들이 받은 벌은 **우리를 깨우치기 위한(for our instruction,** 우리의 교훈을 위한), **말세를 만난** 그리스도인들의 유익을 위한 것이었다. **깨우침(instruction,** 교훈, *nouthesia*)은 평범한 가르침 그 이상이다. 이것은 훈계(admonition)를 의미하며, 경고의 의미를 내포한다. 이것은 심판에 비추어 한 사람을 설득해 행동을 바꾸게 하려는 조언이다. **말세 (the ends of the ages)**는 메시아의 때, 구속의 시간, 메시아 왕국이 오기 전 세상 역사의 마지막 날들을 가리킨다.

우리는 히브리인들이 모세의 인도 아래 광야에서 살던 시대와는 전혀 다른 시대를 살지만, 이들의 경험에서 귀중한 교훈을 얻을 수 있다. 과신하고 건방 져서 우리의 자유를 남용해 불순종과 죄에 빠진다면, 이들처럼 우리도 주님 을 섬기는 일과 관련해 우리의 복과 상과 유효함을 잃을 수 있다. 우리의 구원 을 잃지는 않겠지만, 우리의 덕과 유용함을 잃고 그리스도인의 삶이라는 달 음질에서 실격되기에 십상이다.

모든 신자는 특히 그리스도인의 자유와 영적 성숙에서 자신만만해질 때, **넘 어질까 조심해야 한다.** 바울은 시대를 초월하는 원리인, 잠언에서 이렇게 표현 된 원리를 표현한다. "교만은 패망의 선봉이요 거만한 마음은 넘어짐의 앞잡 이니라"(16:18). 주님에 대한 확신을 자신에 대한 확신으로 대체하기 쉽다. 다 시 말해, 그분의 인도와 복을 받으면서도 그분이 우리를 통해 하시는 일의 공 로를 자신이 취하기 쉽다. 또한 우리가 그리스도 안에서 갖는 자유에 심취한 나머지 우리는 값을 주고 산 존재, 곧 그분의 말씀에 순종하며 그분을 섬기도 록 부르심을 받은 그분의 것이라는 사실을 잊기 쉽다.

몇 년 전, 이스라엘에 갔을 때 골란고원의 어느 지역을 둘러보았다. 1967 년, 그곳에서 이스라엘군이 시리아 방어망을 뚫고 전략 지역을 확보했다. 그 고원에서 시리아군은 이스라엘 북부에 자리한 갈릴리 지역 대부분을 내려다 보았고, 따라서 끊임없는 위협이었다. 시리아군은 골란고원 전체를 한 곳만 빼고 철저하게 방어했다. 그 한 곳은 너무나 높고 가파른 절벽이라 적의 공격 으로부터 절대로 안전해 보였다. 그러나 어느 날 밤, 이스라엘 불도저들이 그 절벽을 깎아 탱크가 정상까지 올라가는 길을 닦았다. 아침 무렵, 대규모 탱크 부대가 보병을 이끌고 전투기의 지원을 받으며 시리아군 거점들을 돌파했고, 16킬로미터에 이르는 지역을 확보했다. 시리아군이 가장 안전하다고 생각했 던 곳이 가장 취약한 곳으로 드러났다.

성경은 과신의 위험을 보여주는 예로 넘쳐난다. 에스더서는 교만하고 자신만만한 사람의 계획이 역효과를 내는 사건을 중심으로 전개된다. 바사의 아하수에로 왕은 하만을 왕국의 2인자 자리에 앉히고, 백성에게 왕에게 하듯 그에게 절하라고 명했다. 그러나 모르드개는 그에게 절하려 하지 않았다. 교만하고 오만한 하만은 모르드개가 유대인이라는 말을 듣고, 아하수에로 왕을 설득해 칙령을 내리게 했다. 그에게 그 땅의 모든 유대인을 멸함으로써 유대인에게 복수할 기회를 주는 칙령이었다. 역시 유대인이자 모르드개의 사촌 에스더 왕후의 중재로, 왕은 전혀 다른 칙령을 내렸다. 유대인들에게 스스로를 보호하도록 허락하고 심지어 독려하는 칙령이었다. 그 결과, 유대인들은 스스로를 보호할 수 있었다. 하만은 모르드개를 달려고 장대를 준비했으나 오히려 그 장대에 자신이 달렸다. 반면에, 모르드개는 하만의 모든 소유뿐 아니라 하만이 기대했던 왕의 존귀까지 받았다.

앗수르 왕 산헤립은 다른 나라의 다른 신들이 그 백성을 구원할 수 없었듯이 이스라엘의 하나님도 이스라엘을 구원할 수 없을 거라 자랑하며 이스라엘을 조롱했다. 잠시 후, 상황이 완전히 달라졌다. "여호와의 사자가 나가서 앗수르 진중에서 십팔만 오천 인을 쳤으므로 아침에 일찍이 일어나 본즉 시체 뿐이라." 며칠 후, 패배한 왕은 앗수르로 돌아갔고 두 아들에게 암살당했으며, 셋째가 그의 왕좌를 이었다(사 37:36-38).

베드로는 자신이 가장 강하고 믿을만하다고 생각했던 부분이 실제로 가장 약하다는 것을 깨달았다. 그는 예수님께 자신만만하게 말했다. "주여, 내가 주와 함께 옥에도, 죽는 데에도 가기를 각오하였나이다." 그러나 예수님이 이 때 예견하신대로, 동트기 전 베드로는 예수님을 안다는 것을 세 번이나 부인했다(눅 22:33-34, 54-62).

사대교회는 영적으로 살아있다는 평판을 자랑했으나 주님은 이 교회가 실제로 죽었으며 회개해야 한다고 경고하셨다(계 3:1-2). 사대교회가 회개하지 않으면, 주님이 이 교회에 도둑같이 임하실 터였다(3절). 어느 날 밤, 고레스가 지휘하는 적군이 무방비 상태의 샛길을 통해 난공불락으로 보이는 사대의 아크로폴리스에 은밀하게 침투했듯이 말이다. 한 무리의 군사들이 그 길을 가만히 기어 올라가 나머지 군사들에게 성문을 열어주었다. 과신은 방심을 부르고, 방심은 패배를 부른다.

자신만만한 라오디게아 신자들은 자신들이 "부요하여 부족한 것이 없다"고 생각했다. 그러나 주님은 이들이 실제로 "곤고한 것과 가련한 것과 가난한 것과 눈먼 것과 벌거벗은 것을 알지 못하는도다"라고 하셨다(3:17).

자신만만해진 그리스도인들은 하나님의 말씀과 하나님의 영을 덜 의지하게 되고, 방심하며 살게 된다. 방심이 커지면 유혹에 더 노출되고 죄에 덜 저항하게 된다. 우리 자신이 더없이 안전하다고 느낄 때, 우리의 영적 삶이 더없이 강하고 우리의 교리가 더없이 견고하며 우리의 도덕이 더없이 깨끗하다고 생각할 때, 가드를 바싹 올리고 주님을 더없이 의지해야 한다.

바울은 자기 확신과 교만을 강하게 경고한 후, 우리가 시험(유혹)받을 때 하나님이 도우신다며 강하게 격려한다(13절). 첫째, 바울은 우리 가운데 누구도 혼자만의 시험(유혹)을 당하지 않는다고 단언한다. 뒤이어, 그는 우리가 하나님을 의지하면 모든 시험(유혹)을 물리치고 이길 수 있다고 단언한다.

이때쯤, 고린도 신자들은 틀림없이 바울이 방금 기술하고 설명한 모든 함정을 자신들이 어떻게 피할 수 있을지 궁금했을 것이다. "우리가 이스라엘과 달리 악한 것들을 갈망하지 않으려면 어떻게 해야 하는가?(참조. 6절) 우리가 마음에서 우상숭배에 빠지지 않으려면 어떻게 해야 하는가? 주변 사회가 이렇게 악할 때, 우리가 어떻게 하면 의롭게 살 수 있는가? 우리가 어떻게 하면 주님을 시험하지 않고, 원망하지 않을 수 있는가?"

바울은 그리스도인이라면 이 승리가 늘 가능함을 알아야 한다고 답한다. 신자는 벗어날 수 없는 시험(유혹)에 빠질 수 없기 때문이다. 예를 들면, 바울은 이렇게 설명한다. **사람이 감당할 시험 밖에는 너희가 당한 것이 없나니.**[63]

시험(temptation, 유혹, *peirasmos*)의 기본 의미는 단순히 "테스트하거나 증명하다"이며, 부정적 함의를 내포하지 않는다. 시험이 의의 증거가 되느냐 아

---

63 NASB: No temptation has overtaken you but such as is common to man(너희에게 닥친 시험/유혹은 누구나 겪는 것이다).

니면 악의 꾐이 되느냐는 우리의 반응에 달렸다. 우리가 하나님의 능력으로 시험에 저항하면, 시험이 우리의 신실함을 증명하는 테스트가 된다. 우리가 저항하지 않으면, 시험은 죄에 이르는 꾐이 된다. 성경은 이 용어를 양쪽 모두의 의미로 사용하며, 나는 바울이 여기서 두 의미를 모두 염두에 두었다고 믿는다.

"예수께서 성령에게 이끌리어 마귀에게 시험을 받으러 광야로" 가셨을 때(마 4:1), 하나님과 사탄 양쪽 다 이 테스트에 참여한 게 분명하다. 하나님의 의도는 이 테스트가 자기 아들의 의를 증명하는 것이었으나 사탄의 의도는 이 테스트가 예수님을 유혹해 그분의 신적 능력을 오용하고 그분이 자신에게 충성하게 하는 것이었다. 욥도 아주 비슷하게 테스트를 받았다. 욥이 고난당하도록 하나님이 허락하신 것은 자신의 종이 "온전하고 정직하여 하나님을 경외하며 악에서 떠난 자"라는 것을 증명하기 위해서였다(욥 1:8). 정반대로, 사탄의 목적은 욥이 신실한 것은 오로지 하나님이 그에게 주신 복과 번영 때문이며 이것들을 잃으면 "틀림없이 주를 향하여 욕하리라"는 것을 증명하는 것이었다(11절).

하나님의 테스트는 절대로 죄를 지으라고 꾀지 않는다. 야고보는 이런 주장을 하는 자들을 강하게 바로잡는다. "사람이 시험을 받을 때에 내가 하나님께 시험을 받는다 하지 말지니, 하나님은 악에게 시험을 받지도 아니하시고 친히 아무도 시험하지 아니하시느니라"(약 1:13). "악에게"(by evil)가 유혹의 두 유형을 구분하는 핵심이다. 광야에서, 하나님은 의로(by righteousness) 예수님을 테스트하신 반면에 사탄은 악으로(by evil) 그분을 테스트했다. 어떤 사람이 "자기 욕심에 끌려 미혹"되고 "욕심이 잉태한즉 죄를 낳고 죄가 장성한즉 사망을 낳을" 때만, 유혹이 악으로 이끄는 꾐이 된다(약 1:14-15).

편지 앞부분에서 야고보는 이렇게 썼다. "내 형제들아, 너희가 여러 가지 시험을 당하거든 온전히 기쁘게 여기라"(1:2). '시험'(trials, 12절을 보라)과 '시련'(testing, 3절)이란 명사는 13-14절의 '시험을 받다'(tempted)라는 동사와 헬라어 어근이 같다. 문맥에 따라 어느 쪽인지 결정된다.

하나님은 흔히 우리에게 어떤 환경을 주어 우리를 테스트하신다. 욥처럼 우리는 대개 당시에는 그것을 테스트로, 절대로 하나님에게서 비롯되지 않은 테스트로 인식하지 못한다. 그러나 우리의 반응이 우리의 신실함 또는 불신 실함을 증명한다. 우리가 경제적 어려움, 학교 문제, 건강 문제, 또는 사업 실패에 보이는 반응은 언제나 우리의 믿음을 테스트하고, 우리가 우리의 하늘 아버지를 얼마나 의지하는지 테스트할 것이다. 그러나 우리가 그분을 향해 돌아서지 않는다면, 같은 환경이 우리를 더 쓰라리게, 더 분노하게 할 수 있다. 우리는 야고보의 조언처럼 테스트에 대해 하나님께 감사하는 대신 심지어 그분을 고발할는지 모른다. 우리의 소득세를 속이거나 거래에서 부당 이득을 취할 기회는 우리의 의로움이나 악함을 증명할 것이다. 환경이나 기회는 테스트일 뿐이며 그 자체로 선하지도 악하지도 않다. 그 결과가 선하냐 악하냐, 영적 성장이냐 영적 쇠퇴냐는 전적으로 우리의 반응에 달렸다.

주기도에서, 예수님은 하나님께 이렇게 구하라고 하신다. "우리를 시험에 들게 하지 마시옵고 다만 악에서 구하시옵소서"(마 6:13). 여기서 "악"은 사탄을 가리키는 "악한 자"(the evil one)로 번역하는 게 더 낫다. 바꾸어 말하면, 우리는 하나님이 테스트가 악으로 이끄는 꾐이라는 의미에서 유혹이 되지 않게 해주시도록 기도해야 한다. 의미는 이것이다. "하나님, 사탄이 당신의 테스트를 유혹으로 바꾸기 전에 사탄을 막아주십시오."

사람이 감당할(common to man, 누군가 겪는)은 헬라어로 한 단어(*anthrōpinos*)이며, 단순히 "인간적인, 인간의 특징이거나 인간에게 속한"이란 뜻이다. 바꾸어 말하면, 바울은 초인적 또는 초자연적 유혹 같은 것은 없다고 말한다. 유혹은 인간의 경험이다. 이 용어는 **common**(공통된, 일반적인)이 암시하듯 흔한(usual) 또는 전형적(typical)이란 의미도 내포한다. 유혹은 절대로 우리만의 경험이 아니다. 우리가 경험하는 유혹은 수백만이 경험한 것이다. 환경은 달라도 기본적 유혹은 다르지 않다. 하나님의 아들까지도 "모든 일에 우리와 똑같이 시험을 받으셨다(tempted)"(히 4:15). 이 때문에, "그가 시험을 받아 고난을 당하셨은즉 시험받는 자들을 능히 도우실 수 있다"(2:18). 유혹이 우리 모두에게 일반적이기(common) 때문에, 우리의 "죄를 서로 고백하며"(약 5:16), "짐을 서로 질" 수 있다(갈 6:2). 우리는 모두 한 배를 탔다.

유혹이 인간에게 일반적일 뿐 아니라 **오직 하나님은 미쁘사(faithful) 너희가 감당하지 못할 시험 당함(tempted,** 유혹당함)**을 허락하지 아니하신다.** 그 어느 신자도 유혹에 압도되었다거나 "마귀가 시켜서 했다"고 주장할 수 없다. 어느 누구도, 사탄일지라도, 우리로 죄를 짓게 할 수 없다. 사탄은 불신자일지라도 죄를 짓게 할 수 없다. 그 어떤 유혹도 본래 우리의 영적 자원보다 강하지 못하다. 사람들이 죄를 짓는 것은 죄를 지으려고 뜻하기 때문이다.

그러나 그리스도인은 유혹에 저항하도록 돕는 하늘 아버지가 계신다. **하나님은 미쁘시다(faithful,** 신실하시다, 성실하시다). 하나님은 자신의 백성에게 늘 참되다. "여섯 가지 환난에서 너를 구원하시며 일곱 가지 환난이라도 그 재앙이 네게 미치지 않게 하시며"(욥 5:19). 우리의 신실함이 테스트받을 때, 우리에게는 우리의 근원인 하나님의 신실하심이 있다. 우리는 절대적으로 확신할 수 있다. 하나님은 **너희가**[우리가] **감당하지 못할 시험 당함을 허락하지 아니하신다.** 이것이 우리가 "우리를 시험에 들게 하지 마시옵고 다만 악에서 구하시옵소서"라고 기도할 때(마 6:13) 하나님이 주시는 응답이다. 하나님은 우리가 감당하지 못할 그 어떤 테스트도 허락하지 않으신다.

병사들이 겟세마네 동산으로 예수님을 잡으러 왔을 때, 예수님은 이들에게 누굴 찾느냐고, 누굴 잡으러 왔느냐고 두 번 물으셨다. 이들이 두 번째 "나사렛 예수"라고 대답했을 때, 예수님은 "나를 찾거든 이 사람들이 가는 것은 용납하라"고 하셨다(요 18:4-9). 요한은 예수님이 이들로 자신과 함께 체포되지 않게 하신 것은 "아버지께서 내게 주신 자 중에서 하나도 잃지 아니하였사옵나이다 하신 말씀을 응하게 하려 함"이었다고 설명한다(9절). 제자들은 아직 이런 테스트를 받을 준비가 되어 있지 않았다. 이들은 체포되면, 완전히 비탄에 빠질 터였고, 예수님은 이것을 허락하지 않으셨다. 우리가 교회사를 통해 알기로, 열한 제자의 대다수가 순교했다. 나머지 한 사람 요한은 밧모섬에 평생 유배되었다. 이들 모두 복음을 위해 박해와 투옥과 무수한 어려움을 겪었다. 그러나 이들은 준비되었을 때에야 이것들을 겪었다.

시험 당할 즈음에 또한 피할 길을 내사, 너희로 능히 감당하게 하시느니라. 길(the way)은 단수명사에 정관사가 붙은 형태다. 바꾸어 말하면, 오직 한 길만 있다.

그 유혹이 무엇이든 간에, 모든 유혹을 **피할 길**은 똑같다: '통과하는'(through) 것이다. 우리가 우리의 의를 증명하기 위해 하나님께 테스트를 받든, 죄를 짓도록 사탄에게 테스트를 받든 테스트를 통과할 수 있는 길은 하나뿐이다. 우리는 유혹에서 벗어나는 것이 아니라 유혹을 통과함으로 유혹을 **피한다**(**escape,** 벗어난다). 하나님은 우리로 **시험을 능히 감당하게(endure)** 하심으로써 우리가 통과하도록 도우신다.

하나님의 영이 예수님을 광야로 이끌어 유혹을 받게 하셨다. 아들이 광야에 있는 것은 아버지의 뜻이었고, 예수님은 세 유혹이 모두 끝날 때까지 떠나지 않으셨다. 예수님은 세 유혹에 정면으로 대처하셨다. 그분은 아버지의 능력으로 유혹을 감당함으로써(by enduring) "피하셨다."

하나님은 우리에게 유혹을 감당할 세 가지 방법을 주신다. 기도, 신뢰, 예수 그리스도께 초점 맞추기다.

예수님은 제자들에게 "시험(temptation, 유혹)에 들지 않게 깨어 있어 기도하라"고 하셨다(막 14:38). 기도하지 않으면, 테스트가 유혹으로 바뀌리라 확신해도 좋다. 테스트나 시련에서 우리의 첫째 방어책은 기도, 곧 우리의 하늘 아버지를 향하고 문제를 그분의 손에 맡기는 것이다.

둘째, 우리는 신뢰해야 한다. 우리는 기도할 때 하나님이 응답하고 우리를 도우시리라 믿어야 한다. 우리는 또한 시련의 근원이 무엇이든 간에 하나님이 우리의 유익을 위해, 우리의 신실함을 증명하려고 그 시련을 허락하셨다는 것을 믿어야 한다. 하나님은 그분의 자녀에게 일어나는 모든 일에 대해 목적이 있으며, 우리는 테스트 받거나 유혹받을 때 그분의 능력으로 기쁘게 감당해야 한다. 이는 하나님의 영광과 우리의 영적 성장을 위한 것이다.

셋째, 우리는 주 예수 그리스도께 초점을 맞춰야 한다. "너희가 피곤하여 낙심하지 않기 위하여 죄인들이 이같이 자기에게 거역한 일을 참으신 이를 생각하라. 너희가 죄와 싸우되 아직 피흘리기까지는 대항하지 아니하고"(히 12:3-4). 그리스도께서 우리가 감당해야 하는 것보다 훨씬 더 감당하셨다(endured, 견디셨다). 그분은 우리의 시련을 이해하시며, 우리로 그 시련을 통과하게 하실 수 있다.

존 번연의 『천로역정』에서, 그리스도인과 소망은 절망이라는 거인의 땅에서 잠이 들었다. 거인은 이들을 발견하고 의심의 성에 데려가 어둡고 악취 나는 지하 감옥에 가둔 채 물도 음식도 주지 않았다. 아내의 조언을 따라, 거인은 처음에 이들을 무자비하게 때리고, 뒤이어 이들에게 자살하라고 했다. 거인이 떠난 후, 두 사람은 어떻게 할지 의논한다. 마침내, 그리스도인은 자신의 주머니에 열쇠가 있다는 것을 기억해낸다. "제 가슴에 약속이란 열쇠가 있어요. 그 열쇠이면 의심의 성의 어떤 자물쇠도 열릴 거예요." 아니나 다를까, 그 열쇠는 그 성의 모든 문을 열었고 성문까지 열었다. "그러자 두 사람은 가던 길을 계속 갔고, 다시 왕의 대로에 접어들었다."

24

우상숭배, 그 진실
(10:14-22)

그런즉 내 사랑하는 자들아, 우상숭배하는 일을 피하라. 나는 지혜 있는 자들에게 말함과 같이 하노니, 너희는 내가 이르는 말을 스스로 판단하라. 우리가 축복하는 바 축복의 잔은 그리스도의 피에 참여함이 아니며, 우리가 떼는 떡은 그리스도의 몸에 참여함이 아니냐? 떡이 하나요 많은 우리가 한 몸이니, 이는 우리가 다 한 떡에 참여함이라. 육신을 따라 난 이스라엘을 보라. 제물을 먹는 자들이 제단에 참여하는 자들이 아니냐? 그런즉 내가 무엇을 말하느냐? 우상의 제물은 무엇이며 우상은 무엇이냐? 무릇 이방인이 제사하는 것은 귀신에게 하는 것이요 하나님께 제사하는 것이 아니니, 나는 너희가 귀신과 교제하는 자가 되기를 원하지 아니하노라. 너희가 주의 잔과 귀신의 잔을 겸하여 마시지 못하고, 주의 식탁과 귀신의 식탁에 겸하여 참여하지 못하리라. 그러면 우리가 주를 노여워하시게 하겠느냐? 우리가 주보다 강한 자냐? (10:14-22)

바울이 10:1-13에서 분명히 했듯이, 우상숭배와 음란(음행)과 하나님을 향한 불평은 의심스러운 것들이 아니다. 명백한 죄다. 그리스도인들은 이것들에 관해 자유가 없다. 이어지는 아홉 절에서(14-22절), 바울은 왜 우상숭배의 죄가 하나님께 특히 가증한지 설명한다. 우상의 제물을 먹는 것은 도덕적 문제가 아니라 그 어떤 형태든 우상숭배에 참여하는 심각한 죄다. 고린도 신자 중에 자신들의 자유를 의심스러운 것들에 지나치게 적용해 우상숭배의 악에 가담한 자들이 있었다. 이들은 이교도 행사에 참여할 자유가 있었으나 거짓 예배에 참여할 자유는 없었다. 바울은 여기서 이렇게 하는 자들을 강한 어조로 꾸짖는다.

> 그런즉 내 사랑하는 자들아, 우상숭배하는 일을 피하라. 나는 지혜 있는 자들에게 말함과 같이 하노니, 너희는 내가 이르는 말을 스스로 판단하라. (10:14-15)

바울은 먼저 동료 신자들, 곧 그리스도 안에 있는 형제자매들에게 확언한다. 자신은 이들을 사랑하고 돌아보는 자로서 이들에게 말한다는 것이다. 고린도 그리스도인들은 자신들의 전임 목회자에게 깊은 사랑을 받았고, 그는 이들 중 많은 사람의 영적 아버지였다. 이들은 문제가 많았는데도 그가 **사랑하는 자들(beloved)**이었다.

많은 고린도 신자가 여전히 성숙하지 못했다(3:1-3). 그러나 이들은 구원받았기 때문에, 모두 이해에 있어서 하나님의 인도를 받았고, 그래서 **지혜 있는 자들**이라 불린다. 바울은 이들을 좋은 쪽으로 생각하며, 이들이 주의 깊게 들으면 성령의 도움으로 자신이 하는 말을 정확히 **판단할** 수 있으리라 본다. 그의 권면은 단순하고 성경적이며 논리적이다.

바울은 우상숭배의 구체적 악을 규정하기 전에, 이들에게 **우상숭배하는 일을 피하라(flee from idolatry)**라고 말한다. 이들은 우상숭배의 위험을 온전히 이해하기도 전에 우상숭배를 멀리해야 한다(참조. 요일 5:21). 이들이 우상숭배로 돌아가거나 그렇게 하도록 유혹을 강하게 받는다면, 먼저 우상숭배를 멀리하고 뒤이어 바울의 논증을 연구해야 한다. "첫째, 눈앞에 닥친 위험을 피하십시오. 여러분이 어떤 식으로든 우상숭배에 관여하는 한 제 말에 주목하거나 제 말을 제대로 이해하지 못할 것입니다."

우상숭배란 참 하나님을 참된 방식으로 예배하는 외에 다른 무엇을 예배하는 행위이며, 가장 심각하고 가장 심하게 오염시키는 죄다. 우상숭배는 하나님의 모든 성품을 거스른다. 우상숭배자들은 하나님이 유일한 참 하나님이 아니며, "신이라 불리는 자"들(so-called gods, 이른바 신들, 8:5)이 하나님의 영광과 존귀를 공유할 자격이 있다고 선언한다. 판도라 상자가 열리고 다른 충성심과 도덕적·영적 기준들이 튀어나온다. 십계명의 첫째 계명과 둘째 계명이 우상숭배를 금하는 명령인 것은 우연이 아니다. 바른 하나님을 보는 바른 시각을 갖지 못하면, 다른 무엇도 바른 시각으로 보지 못한다.

아담이 타락한 후, 인간은 하나님을 자신들의 형상과 취향에 끼워 맞추려 했다. "하나님을 알되 하나님을 영화롭게도 아니하며 감사하지도 아니하고 오히려 그 생각이 허망하여지며 미련한 마음이 어두워졌나니, 스스로 지혜 있다 하나 어리석게 되어, 썩어지지 아니하는 하나님의 영광을 썩어질 사람과 새와 짐승과 기어다니는 동물 모양의 우상으로 바꾸었느니라"(롬 1:21-23). 토저(A. W. Tozer, 1897-1963)가 말했듯이, "타락한 마음의 그늘에서 태어난 신은 아주 당연하게도 참 하나님의 참 모양이 전혀 없다."

우상숭배는 물리적 형상에 절하거나 향을 피우는 행위보다 훨씬 많은 것을 포함한다. 우상숭배란 그게 무엇이든 거짓 신을 두는 것이다. 즉, 그 어떤 대상이나 생각이나, 철학이나 습관이나, 직업이나 스포츠나 그 무엇이든 자신의 주된 관심과 충성을 차지하거나 주님을 향한 신뢰와 충성을 조금이라도 줄어들게 하는 것을 두는 것이다.

성경의 하나님 외에 그 어떤 하나님도 없으며, 그분은 자신 외에 다른 존재를 예배하는 행위를 참지 않는 질투하시는 하나님이다. 이사야 48:11에서, 하나님은 "내 영광을 다른 자에게 주지 아니하리라"고 하신다. 출애굽기 34:14에서, 하나님은 "너는 다른 신에게 절하지 말라. 여호와는 질투라 이름하는 질투의 하나님임이니라"고 말씀하신다.

그러나 세상은 거짓 신들을 예배한다. 로마서 1:21은 인류 전체를 고발한다. 바울은 인류에 관해 이렇게 썼다. "하나님을 알되 하나님을 영화롭게도 아니하며 감사하지도 아니하고 오히려 그 생각이 허망하여지며 미련한 마음이 어두워졌나니." 사실, 이들은 하나님을 예배하길 거부할 때, 형상을 만들기 시작했다. 이들은 "썩어지지 아니하는 하나님의 영광을 썩어질 사람과 새와 짐승과 기어다니는 동물 모양의 우상으로 바꾸었다"(23절).

이들은 하나님을 예배하길 거부하고 그 대신 거짓 신들을 예배했다. 용납될 수 없는 행위였다. 24절은 거짓 신을 예배하는 결과를 말한다. "그러므로 하나님께서 그들을 마음의 정욕대로 더러움에 내버려 두사." 28절은 이렇게 덧붙인다. "하나님께서 그들을 그 상실한 마음대로 내버려 두사."

이들이 적절치 못한 예배를 드린 결과는 무엇이었는가? 하나님은 이들을 이들의 죄와 그 결과에 내버려 두셨다. 이보다 안 좋은 것을 생각할 수 있겠는가? 이들의 죄가 갈수록 이들의 삶을 지배하게 되었고, 마침내 이들은 평계할 수 없는 심판과 맞닥뜨렸다(롬 1:32-2:1).

모든 사람은 예배한다. 무신론자일지라도 예배한다. 무신론자는 자신을 예배한다. 사람들은 하나님을 거부할 때 거짓 신들을 예배한다. 물론, 하나님이 첫째 계명에서 금하신 것이다.

거짓 신들은 물질적 대상이거나 신화적·초자연적 존재일 것이다. 물질적 신들이 신이라고 의식적으로 생각하지 않고도 이것들을 예배할 수 있다. 욥은 이렇게 썼다.

> 만일 내가 내 소망을 금에다 두고
> 순금에게 너는 내 의뢰하는 바라 하였다면,
> 만일 재물의 풍부함과
> 손으로 얻은 것이 많음으로 기뻐하였다면,
> 만일 해가 빛남과
> 달이 밝게 뜬 것을 보고,
> 내 마음이 슬며시 유혹되어
> 내 손에 입맞추었다면,
> 그것도 재판에 회부할 죄악이니,
> 내가 그리하였으면 위에 계신 하나님을 속이는 것이리라.
>
> (욥 31:24-28)

자신의 물질적 부를 예배하길 거부하는 한 사람에 대한 묘사다. 당신의 소유를 예배한다면, 삶의 중심에 자신이나 자신의 소유나 자신의 필요를 둔다면, 하나님을 부정하는 것이다.

하박국 1:15-16은 갈대아인들의 거짓 예배를 묘사한다. "그가 낚시로 모두 [의인들을] 낚으며 그물로 잡으며 투망으로 모으고 그리고는 기뻐하고 즐거워하여 그물에 제사하며 투망 앞에 분향하오니, 이는 그것을 힘입어 소득이 풍부하고 먹을 것이 풍성하게 됨이니이다." 이들의 "그물"은 군사력이었고, 이들이 예배하는 신은 무장한 군대, 곧 거짓 신이었다.

어떤 사람들은 초자연적 신들, 가상의 신들을 만들어낸다. 이것도 용납될 수 없다. 우상들에게 바친 것은 실제로 귀신들에게 바친 것이다(고전 10:20). 그러므로 사람들이 거짓 존재들을 예배하면, 실제로 이런 거짓 신들로 가장한 귀신들을 예배하는 것이다.

사도행전 17:29에서, 바울은 놀라운 관찰을 한다. "이와 같이 하나님의 소생이 되었은즉, 하나님(Divine Nature)을 금이나 은이나 돌에다 사람의 기술과 고안으로 새긴 것들과 같이 여길 것이 아니니라." 우리는 하나님의 형상으로 지음받았고, 은이나 돌이나 나무가 아니다. 어떻게 사람이 자신의 창조자가 이런 것이리라 생각할 수 있단 말인가?

우상숭배는 형태가 다양하다. '하나님의 성품을 훼손하는 것'은 우상숭배다. 이 형태는 참 하나님이 실제 그분(He is) 외에 다른 무엇이라고 믿는 것을 포함한다. 예를 들면, 하나님의 아들을 단지 예수라 생각하고 그분의 다른 이름을 거의 배제한 채 예수라는 이름만 사용한다면, 우상숭배의 죄를 짓는 것이다. 그분은 무엇보다도 주 예수 그리스도, 삼위일체의 둘째 위격(second person)이다. 그분은 우리의 친구요 형제지만, 그보다 무한히 중하게도 우리의 주님이요 구주이며 하나님이다.

하나님을 신뢰하지 않을 때, 하나님이 우리의 모든 필요를 채우실 수 있고 그리하실 것을 의심한다면, 이것도 우상숭배의 죄를 짓는 것이다. 우리는 하나님을 의심할 때 마음으로 이렇게 말한다. "당신의 말씀이 믿을만한지, 당신의 약속이 참된지, 당신의 능력이 충분한지, 당신의 사랑이 무한한지 의문입니다."

'참 하나님을 그릇된 방법으로 예배하는 것'은 우상숭배다. 사람들이 비성경적 형식과 의식을 만들고 마음에서 우러나는 예배를 소홀히 할 때, 예배와 하나님 사이에 우상을 세우는 것이다. 비록 그 형식과 의식이 하나님의 이름으로 이뤄지고 그분의 존귀와 영광을 위한 것이더라도 말이다. 교회가 세상 관습을 예배에 받아들일 때마다, 참 예배에서 멀어지게 하는 우상을 세우는 것이다.

하나님을 그릇된 방식으로 예배하는 것은 용납될 수 없는 예배다. 예를 들면, 이스라엘은 광야에서 금송아지를 예배할 때 우상을 숭배했다. 이들의 의도는 금송아지 형상이 참 하나님의 상징물이었더라도 말이다(출 32:1-4). 그 어떤 종류든 우상을 만드는 행위는 둘째 계명이 엄격히 금했으며(출 20:4), 이스라엘은 율법을 받기도 전에 이것이 이교도 관습이라는 것을 알았다.

출애굽기 32:7-9은 이스라엘이 금송아지를 만들어 예배했을 때 하나님이 보이신 반응을 기록한다.

> 여호와께서 모세에게 이르시되, 너는 내려가라 네가 애굽 땅에서 인도하여 낸 네 백성이 부패하였도다. 그들이 내가 그들에게 명령한 길을 속히 떠나, 자기를 위하여 송아지를 부어 만들고, 그것을 예배하며, 그것에게 제물을 드리며 말하기를, 이스라엘아 이는 너희를 애굽 땅에서 인도하여 낸 너희 신이라 하였도다. 여호와께서 또 모세에게 이르시되, 내가 이 백성을 보니 목이 뻣뻣한 백성이로다.

이스라엘은 금송아지를 만들어 세웠을 때, 참 하나님의 이름으로 이것을 예배했으나 그분의 형상을 축소했다.

여러 해 후, 신명기 4:14-19에 기록되었듯이, 모세는 이스라엘 회중에게 이렇게 말했다.

> 그 때에 여호와께서 내게 명령하사 너희에게 규례와 법도를 교훈하게 하셨나니, 이는 너희가 거기로 건너가 받을 땅에서 행하게 하려 하심이니라. 우상을 만들어 섬기지 말라. 여호와께서 호렙산 불길 중에서 너희에게 말씀하시던 날에 너희가 어떤 형상도 보지 못하였은즉, 너희는 깊이 삼가라. 그리하여 스스로 부패하

여 자기를 위해 어떤 형상대로든지 우상을 새겨 만들지 말라. 남자의 형상이든지, 여자의 형상이든지, 땅 위에 있는 어떤 짐승의 형상이든지, 하늘을 나는 날개 가진 어떤 새의 형상이든지, 땅 위에 기는 어떤 곤충의 형상이든지, 땅 아래 물속에 있는 어떤 어족의 형상이든지 만들지 말라. 또 그리하여 네가 하늘을 향하여 눈을 들어 해와 달과 별들, 하늘 위의 모든 천체 곧 너희의 하나님 여호와께서 천하 만민을 위하여 배정하신 것을 보고 미혹하여 그것에 경배하며 섬기지 말라.

바꾸어 말하면, 하나님은 자신을 이스라엘에게 계시하실 때, 그 어떤 가시적 형태로 상징되지 않았다. 하나님을 나타내는 물리적 상징은 없었다. 이것은 성경 전체에 적용된다. 왜 그런가? 하나님은 그 어떤 형상으로도 축소되길 원치 않으시기 때문이다.

하나님이 긴 흰 수염을 한 채 의자에 앉아 있는 노인이라는 생각은 성경과 전혀 모순되며 받아들여질 수 없다. 우상숭배는 조각가의 망치가 아니라 마음에서 시작된다. 우리는 하나님을 생각할 때 절대로 그 무엇도 가시화해서는 안 된다. 하나님에 대한 그 어떤 가시적 개념도 그분의 영원한 본성과 영광을 제대로 드러내지 못한다.

'그 어떤 형상이든 예배하는 것'은 우상숭배다. 이것은 가장 문자적이고 분명하며 구약성경이 가장 빈번하게 공격하는 우상숭배다. 이것은 사람이 자신의 손으로 형상을 만들어 "그 앞에 엎드려 경배하며 그것에게 기도하여 이르기를 너는 나의 신이니 나를 구원하라"고 말하는 우상숭배다(사 44:17).

그리스도의 조각상을 비롯한 형상들일지라도 숭배하거나 예배해서는 안 된다. 오직 그리스도만 예배해야 하며, 그분의 닮은꼴들(likenesses, 모양들)을 예배해서는 안 된다. 우리의 주장과 의도가 무엇이든 간에, 이것들은 예수 그리스도를 대변하지 못한다. "하나님은 영이시니 예배하는 자가 영과 진리로 예배할지니라"(요 4:24). 전례(典例)를 지키지 않는 그리스도인들이라도 공적 예배 때든 개인 예배 때든 그 어떤 장소나 그림이나 예배 패턴이라도 하나님과 너무 밀접하게 연결하지 않도록 조심해야 한다. 우리는 이런 것이 하나님께 더 가까이 가는 데 도움이 된다고 생각할지 모르더라도, 이런 것은 우리와 하나님 사이에 끼어들기 쉽다.

'천사를 예배하는 것'은 우상숭배다. 바울은 이렇게 경고한다. "아무도 꾸며 낸 겸손과 천사 숭배를 이유로 너희를 정죄하지 못하게 하라"(골 2:18). 요한 이, 경외감에 압도되어, 자신에게 말하는 천사 앞에 엎드렸을 때, 천사가 이렇게 말했다. "나는 너와 및 예수의 증언을 받은 네 형제들과 같이 된 종이니, 삼가 그리하지 말고 오직 하나님께 경배하라"(계 19:10). 천사들은 피조물이므로, 거룩하든 타락했든 간에, 이들을 숭배하거나 예배해서는 안 된다.

'귀신들을 예배하는 것'은 우상숭배이며, 형상들을 예배하는 것과 밀접하게 연결되는데, 형상들 뒤에는 흔히 귀신들이 있다. 사탄 숭배교들(Satan cults)에서, 사람들은 귀신들을 직접 예배한다. 요한은 대환난(Tribulation)을 말하면서 이렇게 예언한다. "이 재앙에 죽지 않고 남은 사람들은 손으로 행한 일을 회개하지 아니하고 오히려 여러 귀신과 또는 보거나 듣거나 다니거나 하지 못하는 금, 은, 동과 목석의 우상에게 절하고"(계 9:20).

'죽은 자들을 예배하는 것'은 우상숭배다. 시편 기자는 이스라엘이 모압에게 배운 우상숭배를 언급하며 이렇게 썼다. "그들이 또 브올의 바알과 연합하여 죽은 자에게 제사한 음식을 먹어서 그 행위로 주를 격노하게 함으로써 재앙이 그들 중에 크게 유행하였도다"(시 106:28-29). 살아있든 죽었든, 성인이든 아니든, 사람을 예배해서는 안 된다. 아브라함, 모세, 다윗, 선지자들, 마리아, 사도들 같은 성경의 위대한 영웅이라도 절대로 예배해서는 안 된다. 이것은 우상숭배다.

'우리 마음의 최고 충성을 하나님 외에 다른 무엇에라도 돌리는 것'은 우상숭배다. 모든 사람은 야심, 바람, 소유, 인정을 비롯해 쉽게 우상이 될 수 있는 무수한 것에 유혹을 받는다. 예수님은 이렇게 말씀하셨다. "네 보물 있는 그곳에는 네 마음도 있느니라"(마 6:21). 가장 큰 마음의 보물, 또는 마음의 우상은 자신이다.

'탐심'은 우상숭배다. 탐내거나 탐욕스러운 사람들은 물질주의라는 산당에서 예배하는데, 물질주의는 우리 시대에 가장 인기가 높고 강력한 우상에 속한다. 그러나 바울은 이렇게 말한다. "너희도 정녕 이것을 알거니와, 음행하는 자나 더러운 자나 탐하는 자 곧 우상숭배자는 다 그리스도와 하나님의 나라에서 기업을 얻지 못하리니"(엡 5:5; 참조. 골 3:5).

'지나친 욕망, 즉 정욕'은 우상숭배다. 바울은 이렇게 말한다. "여러 사람들이 그리스도의 십자가의 원수로 행하느니라. 그들의 마침은 멸망이요, 그들의 신은 배요, 그 영광은 그들의 부끄러움에 있고, 땅의 일을 생각하는 자라"(빌 3:18-19). 그 마음, 바람, 갈망, 욕구가 육신의 것들에 고착된 사람은 우상숭배자다.

우상숭배는 가담한 모두에게 죄책감을 안길 뿐 아니라 불신자들에게는 하나님의 보응, 신자들에게는 하나님의 징계를 부른다. "이스라엘 족속이 그릇 행하여 나를 떠날 때에 레위 사람도 그릇 행하여 그 우상을 따라 나를 멀리 떠났으니, 그 죄악을 담당하리라[64]"(겔 44:10). 우상숭배가 덜 분명한 자들에게, 하나님은 이렇게 말씀하신다. "내가 종일 손을 펴서 자기 생각을 따라 옳지 않은 길을 걸어가는 패역한 백성들을 불렀나니"(사 65:2).

우상숭배는 가장 악한 육신의 죄 가운데 하나로 열거되며(갈 5:19-21), 주님은 그 어떤 우상숭배자도 그분의 나라를 유업으로 받지 못하리라고 분명하게 말씀하신다(계 21:8; 22:15).

우상숭배는 하나님께 짓는 죄일 뿐 아니라 사람들에게도 해를 끼친다. 우상숭배는 당사자들을 더럽히고, 주변 모든 사람에게 해를 끼친다. 우상숭배는 사람을 영적으로 불결하게 함으로써 그를 더럽힌다. 그가 돌을 깎아 만든 신을 예배하든 마음과 가슴에 자리한 세련된 신을 예배하든 간에, 이 예배는 그의 도덕적·영적 삶을 더럽힌다. 우상숭배는 신자들과 불신자들 양쪽 모두에게 이런 영향을 미친다. 불신자는 하나님과 그분의 길에서 더 멀리 밀려나고, 신자는 자신과 하늘 아버지 간의 정결한 관계를 해친다. 하나님은 은혜를 베풀어 신자를 계속 용서하고 씻어주신다. 그렇다고 그의 우상숭배가 덜 더럽히거나 덜 죄악된 것은 아니다. 우상숭배는 당사자의 주변 사람들에게 거짓 증언과 본을 제시함으로써 이들을 해친다. 우상숭배는 우상을 숭배하는 사회

---

64 "그 죄악을 담당하리라"(개역개정). "자신들이 지은 죄의 벌을 받아야 할 것이다"(새번역).

의 모든 구성원을 타락시킨다.

그뿐 아니라, 우상은 인간을 도울 수 없다. 새긴 형상은 용서하거나, 구원하거나, 마음의 평안을 주거나, 문제를 해결할 수 없다. 돈, 명예, 교육, 사회적 특권을 비롯해 사람들이 의지하는 그 무엇도 이렇게 할 수 없다. 모든 우상은 사람이 만든 것이며, 모든 우상은 도울 능력이 없다. 우상은 더럽힐 뿐이다. 우상은 결코 하나님을 영화롭게 하지 못하고, 언제나 하나님을 욕되게 한다. 우상숭배에서 그 어떤 선한 것도 나올 수 없으며, 우상숭배에 대한 유일한 반응은 **피하는(flee)** 것이어야 한다.

16-22절에서, 바울은 우상숭배를 피해야 하는 세 이유를 제시한다. 우상숭배는 모순이고, 귀신과 관련이 있으며, 하나님을 모욕한다.

우상숭배는 모순이다

우리가 축복하는 바 축복의 잔은 그리스도의 피에 참여함이 아니며, 우리가 떼는 떡은 그리스도의 몸에 참여함이 아니냐? 떡이 하나요 많은 우리가 한 몸이니, 이는 우리가 다 한 떡에 참여함이라. 육신을 따라 난 이스라엘을 보라. 제물을 먹는 자들이 제단에 참여하는 자들이 아니냐? (10:16-18)

축복의 잔(the cup of blessing)은 식사 끝에 하나님이 공급하신 모든 것에 감사하는 최종 증언으로 마시는 마지막 포도주 잔일 수 있다. 이것은 유월절 만찬 때 건네는 세 번째 잔에 붙여진 적절한 이름이기도 했다. 십자가에 달리시기 전날 밤 다락방에서, 예수님은 세 번째 잔을 자신이 죄를 위해 흘릴 피의 상징으로 사용하셨을 것이다. 그 후, 이 잔은 주의 만찬을 제정하는 도구가 되었다. 어쨌든, 예수님은 이 잔을 특별한 감사의 표시로 구별하신 후 제자들에게 건네셨고(마 26:27), 신자들은 성만찬에 참여할 때마다 이 거룩한 축복의 잔에 참여한다. 그리스도인들에게 이것은 더없는 **축복의 잔**이며, 뒤이어 우리는 우리의 주님을 기억하며 이 잔을 사용할 때마다 이 잔을 **축복하고** 그분의 죽음에 감사한다.

바울이 하는 말은 짜임새가 탄탄해 신실한 그리스도인이라면 주의 만찬에 정기적으로 참여해야 한다고 생각하게 한다. 주의 만찬은 주님이 우리에게 우리를 위한 자신의 희생을 일깨우고 우리가 그분과 하나이며 동료 신자들과 하나라는 것을 일깨우려고 명하신 것이다(눅 22:19; 고전 11:24-25). 신자들이 주의 만찬에 참여하는 것은 **그리스도의 피에 참여함**이며, **그리스도의 몸에 참여함**이다. 주의 만찬은 주님과 교제하고 그분의 백성과 교제하는 것이다. 우리가 일반으로 받은 구원(common salvation, 유 3)과 영생을 축하하는 것이 이 땅에 사는 동안 신자들이 나누는 궁극적 교제이며, 하늘에서 나눌 완전한 교제를 반영한다.

참여함(sharing, *koinōnia*)은 공유하다, 함께 참여하다, 파트너십을 갖는다는 뜻이다. 같은 헬라어 단어가 이렇게 사용된다: "너희를 불러 그의 아들 예수 그리스도 우리 주와 더불어 '교제'하게 하시는 하나님"(고전 1:9), "성령의 무슨 '교제'"(빌 2:1), 그리스도의 "고난에 '참여함'"(빌 3:10), "성도 섬기는 일에 '참여함'"(고후 8:4). 우리는 성만찬에 적절히 참여할 때, 영적으로 그리스도와 교제하고 다른 신자들과 교제한다. 성만찬은 상징 그 이상이다. 성만찬은 공통된 영적 경험을 깊이 축하하는 것이다.

사랑하는 사람의 사진과 그 사람은 다르다. 사진은 그 사람을 표현할 뿐이다. 그러나 사랑, 배려, 함께 있고픈 바람, 함께 나눈 경험을 기억하는 감정은 완전히 실재다. 우리는 그 사람의 사진을 볼 때마다 그와 실제로 교제하며 친근감을 느꼈던 경험을 떠올린다. 우리의 마음은 실재로 넘쳐난다.

우리가 땅에서 사랑하는 사람들을 생각할 때, 이들은 좀체 알아채지 못한다. 그러나 우리가 주님을 생각할 때, 주님은 단박에 알아채신다. 그분이 우리를 위해 돌아가심을, 그분이 우리를 위해 죄가 되심을, 그분이 우리의 죄를 지심을, 그분이 우리를 구속하심을 기억할 때—그분이 흘리신 **피**가 이 모두를 상징한다—우리는 그분을 비롯해 그분 안에 있는 모든 사람과 나누는 더없이 친밀하고 생생한 교제에 참여한다.

이 단락에서, 그리고 신약성경 많은 곳에서, 예수님의 **피**와 **몸**이 환유법(metonym)으로 사용된다. 환유법이란 어떤 것의 이름이 그것이 속하거나 그

것과 연관된 다른 것을 상징하는 데 사용되는 비유법이다. 우리가 "어젯밤에 셰익스피어를 읽었어요"라고 말한다면, 그가 쓴 희곡을 읽었다는 뜻이다. 한 저자의 이름이 그가 쓴 작품을 상징하는 데 사용된다. 구약성경에서, 피는 흔히 생명을 상징하는 데 사용된다. "육체의 생명은 피에 있음이라"(레 17:11). 이와 비슷하게, 피를 흘린다는 표현은 흔히 죽음, 곧 생명을 잃음을 상징하는 데 흔히 사용된다. 그러므로 신약성경에서 피는 그리스도의 희생적 죽음, 즉 그분이 자신의 육체적 피를 그분을 믿는 자들을 위해 흘리신 죽음을 상징하는 데 자주 사용된다. 그리스도의 육체적 피에는 죄를 제거할 수 있는 게 전혀 없었다. 우리의 죗값을 지불하고 우리를 구속한 것은 그분이 흘리신 피로 상징되는 그분의 죽음이었다.

우리가 떼는 떡은 그리스도의 몸에 참여함이 아니냐? 잔이 그리스도의 피를 상징하듯이, 떡은 그리스도의 몸을 상징한다. 피가 그리스도의 죽음을 상징하듯이, 몸은 그분의 생명을 상징한다.

구약성경에서, 사람의 몸은 생명의 총체성, 사람의 지성(地性, earthliness), 사람의 인성(humanness)과 연결되었다. 아담의 몸이 "흙으로" 지어졌고(창 2:7), 그의 이름 자체가 땅과 같은 히브리어 어근(adāmā)에서 왔다. 우리는 **그리스도의 몸에** 참여할 때, 그분의 지성(earthliness)과 인성과 성육신 및 인류 구원을 위한 인간의 희생(human sacrifice), 곧 그분의 죽음을 기억하고 기념한다.

신약성경은 예수님의 몸이 십자가에서 꺾이지(broken) 않았다는 사실을 특별히 강조한다. "이 일이 일어난 것은 그 뼈가 하나도 꺾이지 아니하리라 한 성경을 응하게 하려 함이라"(요 19:36). 떡은 그리스도의 몸을 상징한다. 그러나 떡을 뗀다는 것(breaking)은 그분의 몸을 꺾는다(breaking)는 것을 상징하지 않는다. 그런 일은 절대 일어나지 않았기 때문이다.

예수님이 떡을 떼신(broke) 것은 제자들에게 나눠주기 위해서였고, 자신의 생명을 그들과 나눈다는 것을 상징한다. 우리는 떡을 먹을 때 그리스도께서 한 사람으로 우리 가운데 사시기 위해 자신을 비우셨다는 것(빌 2:7), 우리가 고난당하듯 그분도 고난당하셨다는 것, 우리가 유혹받듯 그분도 유혹받으셨다는 것, "자비하고 신실한 대제사장이 되기" 위해 이렇게 하셨다는 것을 기억한다(히 2:17).

주의 만찬은 영적인 경험이다. 로마가톨릭 신자들이 믿듯이 떡과 포도주는 실제 그리스도의 몸과 피로 변하지(transubstantiated, 화체설) 않고, 많은 루터교 신자들이 믿듯이 실제 몸과 피가 떡과 포도주와 함께 있지도(consubstantiated, 공재설) 않다. 그리스도는 다시 희생되실 수 없다. 그분은 "많은 사람의 죄를 담당하시려고 단번에 드리신 바 되셨기" 때문이다(히 9:28). 더 나아가, 그분의 몸과 피를 실제로 우리가 먹고 마실 수도 없다. 떡과 포도주 대신이든, 떡과 포도주와 함께이든 말이다(참조. 요 6:52). 그뿐 아니라, 그리스도께서 친히 잔과 떡을 건네셨던 첫 번째 주의 만찬 때, 그분은 아직 십자가에 못 박히지 않으셨다. 그분은 아직 육체적 피를 흘리지 않으셨다. 신자들이 믿음으로 성만찬에 참여할 때, 성령께서 두 상징을 아주 섬세하게 사용해 우리의 영을 밝혀 우리를 위한 주님의 큰 사역과 희생을 알고 깨닫게 하신다.

그리스도의 몸은 우리가 예수 그리스도 안에서 하나라는 것도 상징한다. **떡이 하나요 많은 우리가 한 몸이니, 이는 우리가 다 한 떡에 참여함이라.** 우리는 그리스도와 하나이기 때문에 서로 하나다. 우리는 성만찬을 통해 그리스도와 교제할 때, 특별하고 깊은 방식으로 서로 교제한다(참조. 고전 6:17). 십자가 아래서, 모든 신자는 자신 속에 영생의 원리를 소유한 용서받은 죄인으로서 동일한 터 위에 서 있다.

이번에도, 바울은 이스라엘을 예로 들면서 자신의 핵심을 제시한다. **제물을 먹는 자들이 제단에 참여하는 자들이 아니냐?** 이스라엘이 하나님께 제사할 때, 제물의 일부를 불태웠고, 일부는 제사장들이 먹었으며, 일부는 제물을 바치는 자가 먹었다. 모두 제물에 참여했다. 하나님과 함께, 그리고 서로와 함께.

마찬가지로, 우상에게 제사하는 것은 우상과 하나 되고, 우상에 참여하며, 우상에게 제사하는 자들에 참여하는(이들과 사귀는) 것이다. 기독교든 이교든 간에, 종교 의식은 예배자들이 예배 대상에 참여하고 예배자들에 참여하는(이들과 사귀는) 것을 포함한다. 따라서 신자들이 주님과 멀고 그분과 모순되는 그 어떤 예배 형식에라도 참여하는 것은 자기모순이다.

우상숭배는 귀신과 관련이 있다

그런즉 내가 무엇을 말하느냐? 우상의 제물은 무엇이며 우상은 무엇이냐? 무릇 이방인이 제사하는 것은 귀신에게 하는 것이요 하나님께 제사하는 것이 아니니, 나는 너희가 귀신과 교제하는 자가 되기를 원하지 아니하노라. 너희가 주의 잔과 귀신의 잔을 겸하여 마시지 못하고, 주의 식탁과 귀신의 식탁에 겸하여 참여하지 못하리라. (10:19-21)

우상숭배는 모순일 뿐 아니라 더 나쁜 것은 귀신과 연결된다는 것이다. 제물은 영적 힘이나 본성이 전혀 없다(참조. 8:8). 제물을 바치는 대상, 곧 물리적 **우상**도 다르지 않다(참조. 8:4). 이것들은 그 자체로 아무것도 아니다. 그러나 이것들이 아무것도 아닌 것보다 중요하게도, 우상은 귀신적인 것을 상징한다.

귀신들은 우상숭배 뒤에 자리한 영적 세력이다. 우상에게 제사하는 자들은 **귀신에게 하는 것이다.** 예배자들이 우상이 실재하는 신을 상징한다고 믿을 때, 사탄은 자신의 귀신을 보내 그 가상의 신 역할을 하게 한다. 우상 뒤에는 절대로 신이 없으나 영적 세력이 늘 있으며, 이 세력은 언제나 악하며 귀신과 연결된다.

귀신들은 상당한 능력을 발휘할 수 있다. 많은 사이비 종교와 이방 종교의 주장들이 거짓이고 과장이지만, 많은 주장이 참이다. 이것들은 악하지만 참이다. 예를 들면, 점성술의 이름으로 행해지는 숱한 일이 잘 속는 자들을 착취하는 것일 뿐이다. 그러나 많은 예언이 귀신의 세력이 하는 일을 통해 실현된다. 귀신들은 능력이 제한적이지만, 미신을 믿는 예배자들을 속이고 충성하게 만들 만큼 충분한 기적을 일으키고 예언을 실현할 능력이 있다(참조. 살후 2:9-11).

사탄은 세상 체계의 임금이며, 귀신들의 도움을 받아 세상을 다스린다. 세상의 타락한 것들에, 특히 우상숭배에 참여하는 것은 사탄과 그의 귀신들에게 참여하는(이들과 사귀는) 것이다. **귀신과 교제하는 자가 되는** 것이다. 모세는 이스라엘에게 사랑받는 이름인 여수룬에 관해 기록했다. 여수룬이 "하나님께 제사하지 아니하고 귀신들에게 했다"[65](신 32:17). 이들이 예배한 대상들은 하나님이 아니었지만 실재였다. 시편 기자도 이스라엘이 이교도 관습을 좇아 "그들의 자녀를 악귀들에게 희생제물로 바치기"까지 했다고 말한다(시 106:37).

그리스도인은 **주의 잔과 귀신의 잔을 겸하여 마시지 못하고, 주의 식탁과 귀신의 식탁에 겸하여 참여하지 못한다.** 바울은 경고하는 게 아니라 사실을 말한다. 예수님은 우리가 "두 주인을 섬기지 못할 것이니"라고 분명히 말씀하셨다(마 6:24). 우리는 단지 두 주인을 섬겨서는 안 되는 게 아니라 두 주인을 섬길 수 없다. 둘을 동시에 하기란 불가능하다. 하나를 선택해야 한다. 우리는 "혹 이를 미워하거나 저를 사랑하거나 혹 이를 중히 여기고 저를 경히 여길" 것이다. 우리는 **주(Lord)**와 교제할 때 **귀신**과 교제할 수 없으며, 그 반대도 마찬가지다. 고린도 신자 중에 이렇게 하려 한 사람들이 있었다. 그러나 이들은 진정으로 주님과 교제하고 있었던 게 아니다. 이들의 예배는 위선이었다.

그리스도인들이라고 귀신들의 영향에서 자유로운 것은 아니다. 우리가 그 어떤 종류든 우상을 세움으로써 스스로 주님의 길을 무시하고 사탄의 것들과 어울린다면, 귀신의 영향력에 자신을 열어젖히는 꼴이다. 베드로는 아나니아를 꾸짖으며 말했다. "어찌하여 사탄이 네 마음에 가득하여 네가 성령을 속이고…"(행 5:3). 탐욕의 우상을 통해, 아나니아와 삽비라 부부는 귀신들의 우두머리가 자신들을 더럽히도록 자신들을 활짝 열어젖혔다. 우리와 귀신들의 씨름에서 보듯이(엡 6:12), 신자들과 이런 악하고 타락한 천사들 사이에 긴밀한 접촉이 있는 게 분명하다.

요한은 이렇게 경고한다. "누구든지 이 교훈을 가지지 않고 너희에게 나아가거든, 그를 집에 들이지도 말고 인사도 하지 말라. 그에게 인사하는 자는 그 악한 일에 참여하는 자임이라"(요이 10-11). 거짓 가르침을 조장하는 자들을 환대하는 것조차 우리로 이러한 가르침들 뒤에 도사린 귀신의 영향력에 참여

---

65 NASB: sacrificed to demons who were not God(하나님이 아닌 귀신들에게 제사했다).
새번역: 하나님도 아닌 신들에게 제사를 드렸다.

하게 한다. 어떤 식으로든 이렇게 하고 주의 만찬에 나와 구원자 및 그분의 백성과 진정으로 교제하기란 불가능하다.

우상숭배는 하나님을 모욕한다

그러면 우리가 주를 노여워하시게 하겠느냐? 우리가 주보다 강한 자냐? (10:22)

우상숭배는 모순이며, 귀신과 관련되고, 하나님을 모욕한다. **우상숭배는 주를 노여워하시게(jealousy,** 질투하시게) **한다.** 하나님에게는 거룩한 질투가 있다. 그분에게는 경쟁자가 없을 터이기 때문이다. 이런 까닭에, 하나님은 이스라엘이 "하나님이 아닌 것으로 내 질투를 일으키며, 허무한 것(their idols)으로 내 진노를 일으켰으니"라고 하셨다(신 32:21). 하나님이 우상숭배를 엄하게 다루시는 것은 불신앙의 가장 역겨운 표시인 우상숭배야말로 그분에게 가장 심한 모독이기 때문이다. 예레미야는 유다에게 하나님의 경고를 전했다. "너희는 다른 신을 따라다니며 섬기거나 경배하지 말며…보라. 내가 북쪽 모든 종족과 내 종 바벨론의 왕 느부갓네살을 불러다가 이 땅과 그 주민과 사방 모든 나라를 쳐서 진멸하여, 그들을 놀램과 비웃음거리가 되게 하며, 땅으로 영원한 폐허가 되게 할 것이라"(렘 25:6, 9). 요한은 훨씬 무서운 심판을 묘사한다. "그러나 두려워하는 자들과 믿지 아니하는 자들과 흉악한 자들과 살인자들과 음행하는 자들과 점술가들과 우상숭배자들과 거짓말하는 모든 자들은 불과 유황으로 타는 못에 던져지리니, 이것이 둘째 사망이라"(계 21:8).

바울은 묻는다. **우리가 주보다 강한 자냐?** 수사학적 질문이 분명하다. 우상숭배자가 어리석게도 자신이 하나님보다 강하다고 생각하는가? 하나님은 우상숭배를 벌하지 않고 내버려두지 않으실 것이며, 아무도 피할 수 없다. 그분의 자녀들이라도 어떤 종류든 우상을 예배하길 고집한다면 그분의 혹독한 징벌을 피할 수 없다. 고린도 신자 중에 이렇게 함으로써 건강을 잃거나 심지어 목숨을 잃은 사람들이 있었다(고전 11:30).

25
하나님의 영광을 위해 자유를 사용하라
(10:23-11:1)

모든 것이 가하나 모든 것이 유익한 것은 아니요, 모든 것이 가하나 모든 것이 덕을 세우는 것은 아니니, 누구든지 자기의 유익을 구하지 말고 남의 유익을 구하라. 무릇 시장에서 파는 것은 양심을 위하여 묻지 말고 먹으라. 이는 땅과 거기 충만한 것이 주의 것임이라. 불신자 중 누가 너희를 청할 때에 너희가 가고자 하거든, 너희 앞에 차려 놓은 것은 무엇이든지 양심을 위하여 묻지 말고 먹으라. 누가 너희에게 이것이 제물이라 말하거든, 알게 한 자와 그 양심을 위하여 먹지 말라. 내가 말한 양심은 너희의 것이 아니요 남의 것이니, 어찌하여 내 자유가 남의 양심으로 말미암아 판단을 받으리요? 만일 내가 감사함으로 참여하면, 어찌하여 내가 감사하는 것에 대하여 비방을 받으리요? 그런즉 너희가 먹든지 마시든지 무엇을 하든지 다 하나님의 영광을 위하여 하라. 유대인에게나 헬라인에게나 하나님의 교회에나 거치는 자가 되지 말고, 나와 같이 모든 일에 모든 사람을 기쁘게 하여, 자신의 유익을 구하지 아니하고 많은 사람의 유익을 구하여, 그들로 구원을 받게 하라. 내가 그리스도를 본받는 자가 된 것 같이, 너희는 나를 본받는 자가 되라. (10:23-11:1)

바울이 이 단락에서 전하려는 중심 메시지이자 모든 시대의 신자들을 위한 성경의 중심 메시지가 31절에 요약되어 있다. **무엇을 하든지 다 하나님의 영광을 위하여 하라.** 하나님은 그분을 영화롭게 하도록 인간을 창조하셨고, 이것이 인간이 사는 목적이다. 타락한 인간은 하나님을 영화롭게 하려는 목적을 품을 수 없다. 하나님을 알지 못하거나 예수 그리스도를 통해 얻는 경건한 본성이 없기 때문이다.

하나님은 구속받지 못한 자들에게 진노하심으로써 영화롭게 되신다(영광을 받으신다). 바로는 하나님을 영화롭게 하려 하지 않았고, 그럴 수도 없었다. 그러나 하나님은 이렇게 말씀하셨다. "내가 바로와 그의 모든 군대와 그의 병거와 마병으로 말미암아 영광을 얻으리니"(출 14:17). 하나님은 이 모든 수단을 통해 영광을 받으셨다. 하나님이 바로에게 주신 메시지는 이것이었다. "내가 너를 세웠음은 나의 능력을 네게 보이고 내 이름이 온 천하에 전파되게 하려 하였음이니라"(출 9:16). 바로는 자신의 삶으로 하나님을 영화롭게 할 수 없었지만, 하나님은 바로의 멸망을 통해 영광을 받으셨다(참조. 렘 13:15-16; 롬 1:22-26).

그러나 구속받은 사람은 하나님을 영화롭게 할 수 있으며, 신실하면 그분을 영화롭게 할 것이다.

소요리문답의 첫 질문과 답은 이것이다. "사람의 주된 목적은 무엇입니까? 사람의 주된 목적은 하나님을 영화롭게 하는 것과 영원토록 그분을 즐거워하는 것입니다." 이 문항은 하나님을 영화롭게 하고 즐거워하는 것이 인간 존재의 정점이라고 바르게 선언한다. 인간이 가질 수 있는 최고의 목적은 하나님에게 온전히 몰입하여 그분의 경이와 영광이 가득한 눈으로 모든 삶을 보는 것이다. 이것이 참 예배자, 진정으로 하나님을 영화롭게 하는 예배자의 시각이다.

'영광'(glory)이란 단어는 "찬양이나 높임을 받을 가치가 있는 것, 걸출함, 아름다움, 명성"을 의미한다. 하나님의 영광은 두 측면이 있다. 첫째는 그분의 고유하거나 본질적 영광이다(inherent, or intrinsic glory). 하나님은 모든 존재 중에서 고유한 영광을 가졌다고 할 수 있는 유일한 존재다. 그 누구도 하나님에게 영광을 줄 수 없다. 그분이 누구신가(who He is)에 의해, 영광은 이미 완전히 그분의 것이다. 아무도 하나님을 찬양하지 않더라도, 하나님은 여전히 영광스러운 하나님이다. 하나님은 자신을 예배할 어떤 존재도 창조하기 전에 온전히 영광스러우셨기 때문이다.

하나님의 영광, 그 둘째 측면은 귀속된 영광(ascribed glory)이다. 시편 기자는 이렇게 노래한다. "너희 권능 있는 자들아, 영광과 능력을 여호와께 돌리고 돌릴지어다. 여호와께 그의 이름에 합당한 영광을 돌리며, 거룩한 옷을 입고 여호와께 예배할지어다"(시 29:1-2). 분명히, 우리는 하나님의 영광에 보탠다는 의미에서 하나님께 영광을 돌릴 수 없으며, 이것은 우리가 그분의 힘에 보탤 수 없는 것과 같다. 시편 기자는 단지 이미 하나님에게 있는 영광을 인정하고 찬미하라며 우리를 재촉할 뿐이다.

하나님을 영화롭게 하는 실제적 방법들이 성경에 자주 나온다: 죄 고백하기(수 7:19), 하나님 신뢰하기(롬 4:20), 하나님을 위한 열매 맺기(요 15:8), 하나님께 감사하기(시 50:23), 그리스도를 위해 고난받기(벧전 4:14-16), 만족하기(빌 4:10-20), 기도하기(요 14:13), 말씀 전파하기(살후 3:1). 그리스도인은 무슨 말을 하든 무슨 행동을 하든 하나님께 영광이 되어야 한다.

10:23-11:1에서, 바울은 신자들이 모든 일에서 하나님을 영화롭게 하려면 그리스도인의 자유에 관해 알아야 할 세 가지를 설명한다: (1) 그리스도인의 자유 사용, 그 기본 원칙들, (2) 그리스도인의 자유, 그 목적, (3) 그리스도인의 자유, 그 사용 패턴.

그리스도인의 자유 사용, 그 기본 원칙들

23-30절에서, 바울은 하나님의 영광을 위해 그리스도인의 자유를 사용하는데 지침이 되는 네 가지 기본 원칙을 제시한다.

만족보다 덕을 세움

모든 것이 가하나 모든 것이 유익한 것은 아니요, 모든 것이 가하나 모든 것이 덕을 세우는 것은 아니니, (10:23)

여기서 바울은 자신이 지금까지 그리스도인의 자유에 관해서 한 말을 요약한다. 바울은 그리스도인의 자유에 관해 여러 차례 말했다. 따라서 그는 고린도에서 전할 때 **모든 것이 가하다(all things are lawful)**는 어구를 사용했을 것이며, 고린도 신자들 중에 이것을 무엇이든 자신들이 하고 싶은 것을 정당화하는 슬로건으로 채택한 사람들이 있었던 게 분명하다. 그러나 바울은 앞서 이 편지에서 자신이 그리스도인의 자유와 관련해 이 어구를 사용한 것은 모든 것이 성경에 죄라고 구체적으로 명시되지 않았다는 의미라고 설명한다. 그는 "모든 것이 가하다"고 처음 말하기(6:12) 전에 "불의한 자가 하나님의 나라를 유업으로 받지 못한다"고 구체적으로 말하며, 뒤이어 불의한 자를 특징짓는 죄 목록을 길게 제시한다(6:9-10). 그는 **모든 것이 가하다**는 표현을 사용할 때마다 의문스러운 행위, 즉 그리스도인의 삶에서 성경이 구체적으로 금하지 않는 회색 지대를 가리킨다.

덕을 세우다(edify, *oikodomeō*)의 기본 의미는 "집을 짓다"이다. 확대하면, 이 용어는 문자 그대로 또는 비유적으로 무엇인가를 짓는 것을 가리킨다. 이 용어는 신약성경에서 흔히 신자들의 영적 성장이나 도야를 묘사하는 데 사용된다. 무엇이든 영적 성장에 기여하는 것은 **유익한(profitable)** 것, 즉 이롭거나 도움이 되거나 유리하거나 유용한 것이다. **유익한** 것들만 **덕을 세울** 수 있다. 이 두 현재 능동태 직설법 동사는 기본적으로 같은 진리를 내포한다.

우리는 많은 방법으로 세워지며, 이 방법들을 통해 "우리 주 곧 구주 예수 그리스도의 은혜와 그를 아는 지식에서 자라"지만(벤후 3:18), 우리가 그분 안에서 자라도록 돕는 네 가지 기본 도구가 있다. 첫째는 그분의 말씀이다. 에베소 장로들이 마지막으로 그를 보려고 밀레도에 왔을 때, 바울은 이들에게 이렇게 조언했다. "지금 내가 여러분을 주와 및 그 은혜의 말씀에 부탁하노니, 그 말씀이 여러분을 능히 든든히 세우사 거룩하게 하심을 입은 모든 자 가운데 기업이 있게 하시리라"(행 20:32).[66] 하나님의 말씀은 그분이 우리를 세우시

---

66 새번역: 나는 이제 하나님과 그의 은혜로운 말씀에 여러분을 맡깁니다. 하나님의 말씀은 여러분을 튼튼히 세울 수 있고, 거룩하게 된 모든 사람들 가운데서 여러분으로 하여금 유업을 차지하게 할 수 있습니다.

는 가장 좋은 수단이다(참조. 딤후 3:16-17). 둘째는 전파하기(preaching)와 가르치기다. 이 편지 뒷부분에서, 바울은 고린도 신자들에게 방언에 너무 관심을 갖기보다 예언, 곧 전파하기에 집중하라고 말하는데, 이것은 "사람에게 말하여 덕을 세우며 권면하며 위로하는 것"이다. "예언하는 자는 교회의 덕을 세운다"(고전 14:3-4). 셋째는 사랑이다. 지식은 우리를 교만하고 오만하게 하는 경향이 있는 반면, "사랑은 덕을 세운다"(고전 8:1). 넷째는 순종하는 섬김이다. 그리스도인의 사역은 "성도를 온전하게 하여 봉사의 일을 하게 하며 그리스도의 몸을 세우게" 하는 데 목적이 있다(엡 4:12).

우리 자신과 타인들의 영적 유익을 바라고 덕을 세우길 바라는 것은 성숙한 그리스도인의 표식이다. 바울은 에베소 장로들에게, 자신이 "유익한 것은 무엇이든지" 그들에게 아끼지 않았다고 했다(행 20:20). 그는 디모데에게 성경에 충실하라고 하면서, 성경이 유익하다고 했다(딤후 3:16). 그리고 고린도 신자들에게 "모든 것을 덕을 세우기 위하여 하라"고 했다(고전 14:26). 바울이 신자들에게 사역하는 가장 큰 목적은 이들의 덕을 세우는 것이었다(고후 12:19). 바울이 모든 그리스도인에게 주는 조언은 "오직 덕을 세우는 데 소용되는 대로 선한 말을 하여 듣는 자들에게 은혜를 끼치게 하라"는 것이다(엡 4:29; 참조. 살전 5:11). 우리는 어떤 행동에 관한 결정을 내려야 할 때, 먼저 우리가 그 행동을 할 권리가 있는지 물어야 한다. 성경이 그 행동을 금하지 않는다면, 대답은 "예"이다. 그러나 우리는 뒤이어 이렇게 물어야 한다. 그것이 우리 자신과 다른 사람들에게 유익하며 덕을 세우는가? 두 질문의 답이 모두 "예"라면, 하나님의 영광을 위해 그것을 할 수 있다. 두 질문 중 하나의 답이 "아니오"라면, 하나님의 영광을 위해 그것을 해서는 안 된다.

자신보다 타인들을

누구든지 자기의 유익을 구하지 말고 남의 유익을 구하라. (10:24)

하나님의 영광을 위해 그리스도인의 자유를 사용할 때, 둘째 원칙은 훨씬 많은 것을 요구한다. 설령 어떤 것이 우리를 세워줄지라도, 다른 사람들에게도 유익하지 않다면 해서는 안 된다. 우리의 주된 관심은 **남의 유익(good…of neighbor)**이어야 한다. 이것은 인간의 기본 본성에 반하는 원칙이다.

친구 목사가 이 구절로 설교한 후, 간증 시간을 가졌다. 그는 회중에게 누군가를 위해 무엇이라도 포기한 경험이 있다면 나눠달라고 했다. 한 사람 외에 아무도 반응하지 않았다. 그 사람은 다른 그리스도인들이 주위에 있을 때 술을 마시거나 담배를 피우지 않는다고 했다. 예배가 끝난 후, 몇몇이 목사에게 말했다. "평생 처음, 제가 실제로 다른 사람들을 위해 아무것도 포기하지 않는다는 것을 깨달았습니다." 분명히, 빌립보 신자 중에 같은 문제를 겪는 사람들이 있었고, 바울은 이들에게 이렇게 썼다. "아무 일에든지 다툼(selfishness)이나 허영으로 하지 말고, 오직 겸손한 마음으로 각각 자기보다 남을 낫게(important) 여기고, 각각 자기 일을 돌볼뿐더러 또한 각각 다른 사람들의 일을 돌보아…"(빌 2:3-4).

율법주의보다 자유

무릇 시장에서 파는 것은 양심을 위하여 묻지 말고 먹으라. 이는 땅과 거기 충만한 것이 주의 것임이라. 불신자 중 누가 너희를 청할 때에 너희가 가고자 하거든, 너희 앞에 차려 놓은 것은 무엇이든지 양심을 위하여 묻지 말고 먹으라.

(10:25-27)

하나님의 영광을 위해 그리스도인의 자유를 사용할 때, 셋째 원칙은 율법주의보다 자유를 따르는 것이다. 어느 정도 이 원칙은 둘째 원칙과 균형을 이룬다. 다른 사람들의 진정한 안녕이 우리의 첫째 관심사여야 한다. 그러나 그들의 기준이 우리가 하는 모든 것을 지배해서는 안 된다. 동료 신자들의 약한 양심이 최대한 다치지 않게 해야 한다. 그렇다고 우리가 하는 모든 행위에서 극단적 율법주의로 치달아서는 안 된다.

이번에도 바울은 우상의 제물을 예로 들며 설명한다. "여러분이 **시장**에 고기를 사러 갔다면, 사려는 고기가 우상의 제물인지 아닌지 묻지 마십시오. **양심을 위하여 묻지 말고** 사십시오. 여러분의 양심에 거리낌이 없다면, 사서 먹으세요."

바울은 시편 24:1을 인용하며 말한다. **땅과 거기 충만한 것이 주의 것임이라.** 그리스도인들은 우상숭배 의식에 참여해서는 안 된다. 참여한다면 "귀신과 교제하는 자가 되기" 때문이다(고전 10:20). 그러나 우상에게 바쳤던 고기가 시장에 나왔을 때, 그것은 여느 고기처럼 고기일 뿐이다. 그것은 하나님이 **땅**에서 공급하시는 양식이며, 따라서 깨끗한 양심과 감사함으로 먹을 수 있다. "하나님께서 지으신 모든 것이 선하매 감사함으로 받으면 버릴 것이 없나니, 하나님의 말씀과 기도로 거룩하여짐이라"(딤전 4:4-5).

불신자에게 식사 초대를 받았다면, **양심을 위하여 묻지 말고** 똑같이 행동해야 한다. 초대를 받아들이고 싶다면, 당혹스러운 질문을 하지 말고 받아들여라. 우상의 음식을 먹는 게 꺼림칙하지 않다면, 가서 즐겁게 먹어라. **너희 앞에 차려 놓은 것은 무엇이든지…먹으라.** 그리스도 안에서 갖는 자유는 다른 사람을 분명하게 해칠 때만 제한되어야 하는 특권이다.

"그리스도께서 우리를 자유롭게 하려고 자유를 주셨으니, 그러므로 굳건하게 서서 다시는 종의 멍에를 메지 말라"(갈 5:1). 분명히 누군가를 세워주기 위한 게 아니라면, 우리의 자유를 포기해서는 안 된다. 우리가 어떤 의심스러운 일을 삼간다면, 율법주의적 강제를 느껴서가 아니라 누군가를 세우는 데 도움이 되려고 우리의 자유를 자발적으로 제한하는 마음에서 그렇게 해야 한다.

더 약한 형제를 위해 우리의 자유를 제한할 때, 우리는 또한 그 형제가 자신의 그리스도인의 자유를 이해하는 데서 자라도록 도와야 한다. 바꾸어 말하면, 그가 그리스도 안에서 갖는 온전한 자유와 특권을 제약 없이 누리도록, 그의 양심이 더 강해지게 도와야 한다.

정죄보다 겸양

누가 너희에게 이것이 제물이라 말하거든, 알게 한 자와 그 양심을 위하여 먹지

말라. 내가 말한 양심은 너희의 것이 아니요 남의 것이니, 어찌하여 내 자유가 남의 양심으로 말미암아 판단을 받으리요? 만일 내가 감사함으로 참여하면, 어찌하여 내가 감사하는 것에 대하여 비방을 받으리요?(10:28-30)

넷째 원칙도 이교도의 집에서 하는 가상의 식사로 설명된다. **누가 너희에게 이것이 제물이라 말하거든,** 이 경우에는 우연히 그곳에 있는 다른 신자가 당신에게 이렇게 말하거든, **알게 한 자와 그 양심을 위하여 먹지 말라.** 논쟁하거나 정죄하거나 당신의 자유를 주장하지 말라. 그의 양심이 다치지 않도록 당신의 자유를 포기하라.

바울은 **양심을 위하여**가 우리 자신의 양심이 아니라 **남**의 양심을 가리킨다는 것을 분명히 한다. 우리는 다른 사람들을 위해 우리의 행동을 수정해야 하지만, 우리의 양심을 수정해서는 안 된다. 더 약한 형제의 율법주의가 우리를 율법주의적이게 해서는 안 되며, 오직 자애롭게(gracious, 은혜롭게) 해야 한다.

그러나 형제의 **양심**이 중요하며, 믿지 않는 초청자의 감정보다 중요하다. 우상에게 바쳤던 고기를 먹음으로써 더 약한 신자의 마음을 상하게(offend) 하느니 먹지 않음으로써 초청자의 마음을 상하게 하는 편이 차라리 낫다. 그리스도인의 마음을 상하게 할지 아니면 비그리스도인의 마음을 상하게 할지 선택해야 한다면, 비그리스도인을 선택해야 한다. 그리스도 안에 있는 형제나 자매에게 유익을 끼치고 이들에게 덕을 세우는 것이 훨씬 중요하다. 그뿐 아니라, 사랑으로 동료 신자 편에 서는 쪽보다 그와 논쟁하고 그를 정죄하는 쪽이 우리의 증언에 더 해를 끼칠 것이다. 우리가 동료 그리스도인의 확신에 사랑으로 관심을 보이기 때문에, 불신자들은 우리를 존경할 것이다.

우리의 자유가 남의 양심으로 말미암아 판단을 받아서는 안 된다. 다시 말해, 우리의 자유를 더 약한 형제의 마음을 상하게 하는 방식으로 표현함으로써 우리의 자유가 비방 받게 해서는 안 된다. 우리는 음식과 우리의 자유에 **감사하고,** 뒤이어 형제의 마음을 상하게 하는 음식을 먹지 않기로 선택함으로 우리의 자유를 표현해야 한다. 그리스도인 형제나 자매가 걸려 넘어지는 그 무엇에 대해 어떻게 우리가 주님께 감사할 수 있겠는가?

그리스도인의 자유, 그 목적

그런즉 너희가 먹든지 마시든지 무엇을 하든지 다 하나님의 영광을 위하여 하라. 유대인에게나 헬라인에게나 하나님의 교회에나 거치는 자가 되지 말고,

(10:31-32)

우리의 자유를 주의 깊게 이타적으로 사용하는 목적은 하나님을 영화롭게 하는 것이다. 먹고 마심의 개념이 우상에게 바쳤던 것들이란 맥락에서 제시되지만 이에 국한되지 않는다. 바울은 일상적 먹고 마심처럼 삶에서 가장 평범하고 되풀이되며 영적이지 않은 것들에서까지 하나님을 영화롭게 해야 한다고 말한다. 하나님의 영광은 우리 삶의 의무다. 하나님의 영광이 우리 온 삶의 목적이며, 우리는 "값으로 사신 것"이기 때문에(고전 7:23) 우리의 삶은 이제 주님의 것이다. 우리는 **먹든지 마시든지** 할 때뿐 아니라 **무엇을 하든지 다 하나님의 영광을 위하여 해야** 한다. (하나님을 영화롭게 함에 관한 더 자세한 자료는 이 장 첫 단락을 보라.)

사람은 하나님을 존귀하게 하며(honor) 살거나 하나님을 욕되게 하며 (dishonor) 산다. 하나님의 백성이 그분을 매우 욕되게 했고, 그래서 하나님은 기원전 722년에 이스라엘이 앗수르에게 정복되고 백성이 포로로 끌려가게 두셨으며, 기원전 586년에 유다가 바벨론에게 정복되고 백성이 포로로 끌려가게 두셨다. 그러나 두 정복이 처음에는 하나님의 이름을 훨씬 욕되게 했다. 이스라엘과 유다 주변의 이방 민족들이 여호와 하나님이 약해서 자기 백성을 구원하지 못했다고 비방했기 때문이다. 바벨론에 포로로 끌려갔던 선지자 에스겔을 통해 하나님은 자신의 백성을 건져내 다시 모으겠다고 약속하셨다. 그러나 그 주된 목적은 이러했다. "여러 나라 가운데에서 더럽혀진 이름, 곧 너희가 그들 가운데에서 더럽힌 나의 큰 이름을 내가 거룩하게 할지라. 내가 그들의 눈앞에서 너희로 말미암아 나의 거룩함을 나타내리니, 내가 여호와인 줄을 여러 나라 사람이 알리라"(겔 36:23). 하나님의 영광은 그분의 최고 관심사이며, 우리의 최고 관심사이기도 해야 한다.

누구든지 죄를 지을 때 하나님을 욕되게 한다. 그러나 하나님의 백성이 죄를 지을 때 그분을 특히 욕되게 한다. 하나님은 공의로 우리를 징벌하셔야 할 때, 불신자들에게 한층 더 욕을 먹는다. 이스라엘과 유다 주변의 민족들처럼, 불신자들도 하나님이 자신의 백성조차 돌보지 않는다고 비방하기 때문이다. 모든 죄는 하나님의 영광을 가로챈다.

마찬가지로, 하나님의 백성이 신실하며 순종할 때, 하나님은 특별히 존귀하게 여김을 받고(honored) 영광을 받으신다. 우리의 죄가 하나님의 존귀를 거스르듯, 사랑에서 비롯된 우리의 순종은 그분의 존귀를 나타낸다. 우리는 죄에 저항하고 죄를 버릴 때, 우리의 하늘 아버지를 영화롭게 한다. 하나님을 위해, 그분의 다른 자녀들을 위해 우리에게 있는 그리스도인의 자유를 기꺼이 사용할 때, 우리는 더욱더 그분을 영화롭게 한다.

우리의 삶은 **유대인에게나 헬라인에게나 하나님의 교회에나 거치는** 것이 되지 않도록 의롭고 사랑이 넘치며 이타적이어야 한다. 세 그룹은 인류 전체를 포함한다. 우리의 어떤 행동도, 유대인이든 이방인이든 간에, 불신자가 그리스도께 오는 것을 막거나(참조. 행 15:20-29) 그리스도 안에 있는 약한 형제가 걸려 넘어지게 해서는 안 된다(벧전 2:11-19). 많은 사람이 복음에 마음이 상하는 것은 그들의 문제다. 그러나 그들이 우리가 살아가는 방식에 쓸데없이 마음이 상하는 것은 우리의 문제다. 이것은 하나님을 욕되게 한다. 여기서 **거치는 자가 되지 말고(give no offense)**로 번역된 '아프로스코포스'(*aproskopos*)가 빌립보서 1:10에서는 "허물없이"(be…blameless)로 번역된다.

그리스도인의 자유, 그 사용 패턴

나와 같이 모든 일에 모든 사람을 기쁘게 하여, 자신의 유익을 구하지 아니하고 많은 사람의 유익을 구하여, 그들로 구원을 받게 하라. 내가 그리스도를 본받는 자가 된 것 같이, 너희는 나를 본받는 자가 되라. (10:33-11:1)

바울은 그 생각이 11장까지 이어지는 이 단락을 마무리하면서 그리스도인의 자유를 사용하는 원칙들을 따르기 위한 실제적 방안을 제시한다.

바울은 **모든 일에 모든 사람을 기쁘게 하여, 자신의 유익을 구하지 아니하고 많은 사람의 유익을 구하여, 그들로 구원을 받게 하려고** 살았다. 그러므로 그는 고린도 신자들에게 자신을 본받으라고 자신 있게 말할 수 있었다. 그는 고린도에서 18개월을 사역했고 고린도 신자들은 그를 잘 알았다. 그는 이렇게 말하고 있다. "제가 여러분과 함께 있을 때 어떻게 살았는지 기억하십시오. 여러분도 그렇게 사십시오." 바울의 목적은 사람들을 구원으로 인도하는 것이었다. 그는 이를 위해 무엇이든 기꺼이 내려놓으려 했다(참조. 9:19-23).

자신이 그리스도인으로 살았던 삶 전체에서, 특히 자신이 그리스도인으로 가진 자유를 책임 있게 사용하는 부분에서 바울이 이토록 확신하고 성공적이었던 이유가 있다. 그는 최고의 본보기, 곧 다른 사람들을 위해 자신의 권리를 내려놓으신 분, "자기를 비워 종의 형체를 가지사 사람들과 같이 되셨고…자기를 낮추시고 죽기까지 복종하신"(빌 2:7-8) **그리스도**를 본받는 자였기 때문이다. 바울은 고린도 신자들에게 자신이 하나님을 영화롭게 하는 그리스도의 낮아지심을 본받았듯이 자신을 본받으라고 했다(참조. 고전 4:16; 빌 3:17).

26

여성의 종속과 평등

(11:2-16)

너희가 모든 일에 나를 기억하고 또 내가 너희에게 전하여 준 대로 그 전통을 너희가 지키므로 너희를 칭찬하노라. 그러나 나는 너희가 알기를 원하노니, 각 남자의 머리는 그리스도요 여자의 머리는 남자요 그리스도의 머리는 하나님이시라. 무릇 남자로서 머리에 무엇을 쓰고 기도나 예언을 하는 자는 그 머리를 욕되게 하는 것이요, 무릇 여자로서 머리에 쓴 것을 벗고 기도나 예언을 하는 자는 그 머리를 욕되게 하는 것이니, 이는 머리를 민 것과 다름이 없음이라. 만일 여자가 머리를 가리지 않거든 깎을 것이요, 만일 깎거나 미는 것이 여자에게 부끄러움이 되거든 가릴지니라. 남자는 하나님의 형상과 영광이니, 그 머리를 마땅히 가리지 않거니와 여자는 남자의 영광이니라. 남자가 여자에게서 난 것이 아니요 여자가 남자에게서 났으며, 또 남자가 여자를 위하여 지음을 받지 아니하고 여자가 남자를 위하여 지음을 받은 것이니, 그러므로 여자는 천사들로 말미암아 권세 아래에 있는 표를 그 머리 위에 둘지니라. 그러나 주 안에는 남자 없이 여자만 있지 않고 여자 없이 남자만 있지 아니하니라. 이는 여자가 남자에게서 난 것 같이 남자도 여자로 말미암아 났음이라. 그리고 모든 것은 하나님에게서 났느니라. 너희는 스스로 판단하라. 여자가 머리를 가리지 않고 하나님께 기도하는 것이 마땅하냐? 만일 남자에게 긴 머리가 있으면 자기에게 부끄러움이 되는 것을 본성이 너희에게 가르치지 아니하느냐? 만일 여자가 긴 머리가 있으면 자기에게 영광이 되나니, 긴 머리는 가리는 것을 대신하여 주셨기 때문이니라. 논쟁하려

는 생각을 가진 자가 있을지라도 우리에게나 하나님의 모든 교회에는 이런 관례가 없느니라. (11:2-16)

여성의 역할이 지난 수십 년 동안 사회에서 싸움터가 되었다 여성의 권리를 위한 싸움이 미래를 위협하는 사회 불균형을 초래하는 상황에 이르렀다. 우리 시대에 원수의 노력은 세속 사회에서 시작되어 교회로 되돌아왔으며, 교회가 세상의 질병에 걸리고 이 시대의 영을 받아들이기 일쑤다. 어떤 지도자들과 저자들은 동시대 세상의 사고 기준을 받아들이려고 기독교의 이름으로 성경의 진리를 재정의하거나 심지어 바꾸는 지경에 이르렀다. 물론 이렇게 하려면, 바울과 베드로를 비롯한 성경 저자들이 계시된 하나님의 진리에 자신들의 견해를 덧대거나 사도들이 때로 신적으로 계시된 기준이 아니라 문화적으로 결정된 관습을 가르쳤다고 믿어야 한다. 이런 접근을 취할 때, 인간은 성경에서 어느 부분이 계시이고 아닌지를 스스로 결정해야 한다. 즉 인간이 스스로 하나님 말씀의 재판관이 되는 것이다. 사탄은 어떻게든 하나님의 질서를 뒤집으려고 혈안이며, 그가 사용하는 근본적인 한 방법이 남녀 역할과 관계를 왜곡하는 것이다.

고린도교회는 오늘 우리와 비슷한 상황에 직면했으며, 바울에게 편지를 쓴 신자들은(7:1) 그에게 여성의 복종에 관해 말해달라고 했던 게 분명하다. 바울은 이것을 비롯해 여러 문제에서 하나님의 계시를 구한다는 것이 기뻤고, 이들이 자신을 사랑하고 존중한다는 것이 기뻤으며, 기본적으로 이들이 견고한 교리(sound doctrine, 바른/좋은 교훈)를 견지한다는 게 기뻤다. **너희가 모든 일에 나를 기억하고 또 내가 너희에게 전하여 준 대로 그 전통을 너희가 지키므로 너희를 칭찬하노라. 기억하다**라는 단어는 완료시제가 암시하듯 계속해서 기억한다는 뜻이다. 이들은 미성숙하고 문제가 많았는데도, 바울의 사도적 권위와 신성한 지혜(divine wisdom)를 존중했으며, 교리의 몇몇 부분에서 주님의 뜻을 알고 따르려 했다.

전통(*paradosis*)은 "가르침을 통해 전수된 것"을 뜻하며, 신약성경에서 사람이 만들어낸 사상이나 관습을 가리킬 때 부정적 의미로 사용된다(예를 들면, 마

15:2-6; 갈 1:14; 골 2:8). 그러나 이 용어는 이곳과 데살로니가후서 2:15에서처럼 신적으로 계시된 가르침에도 적용된다. 고린도 신자들은 바울의 영감받은 사도적 가르침을 **지켰다**(held **firmly,** 굳게 붙잡았다).

고린도교회의 기본 문제는 교리(doctrine, 교훈)가 아니라 도덕, 신학이 아니라 생활방식과 관련이 있었다. 이들은 정통이었으나 순수하지 않았다. 하나님의 본성과 일에 관한 가장 중요한 진리들을 기억하고 믿었으나 경건하게 살지 않았다. 그래서 바울은 이들의 장점을 칭찬한 후, 이들의 약점—이 경우, 남녀 역할과 관계에 대한 오해—을 바로잡기 시작한다.

원리를 말하다

그러나 나는 너희가 알기를 원하노니, 각 남자의 머리는 그리스도요 여자의 머리는 남자요 그리스도의 머리는 하나님이시라. (11:3)

바울은 자신이 논하려는 신성한 기본 원리를 간결하게 말하면서 교정을 시작하고, **나는 너희가 알기를 원하노니**라는 어구를 사용해 자신이 크게 관심이 있지만 전에 가르치지 않은 것을 소개한다(참조. 골 2:1). 헬라 문화에서, 여성은 배후에서 살았으며, 성매매에 이용되기 일쑤였다. 주 예수 그리스도의 복음은 여성에게 존엄과 영예를 주었으나, 오용되는 경우가 있었던 게 분명하다. 바울은 남자와 여자가 하나님의 계획에서 동일 수준의 기능을 한다는 것을 보여줌으로써 이들의 상황에 답했다.

종속과 권위의 원리가 온 우주에 퍼져 있다. 바울은 여자가 남자에게 종속됨이 이러한 더 큰 일반적 진리를 반영할 뿐이라는 것을 보여준다. **각 남자의 머리는 그리스도요 여자의 머리는 남자요 그리스도의 머리는 하나님이시라.** 그리스도께서 **하나님**의 뜻에 복종하지 않으셨다면, 인류의 구속은 불가능했을 테고 우리는 영원히 멸망 받고 잃어버린 자들이 될 것이다. 인간 개개인이 구원자요 주님이신 그리스도께 복종하지 않는다면, 하나님의 은혜로운 공급을 거부하는 것이므로 여전히 멸망 받고 잃어버린 자다. 여자가 남자에게 복종하지 않는다면, 가정과 사회 전체가 흔들리고 무너진다. 신적 차원에서든 인간 차원에서든, 종속과 권위는 하나님의 질서와 계획에서 없어서는 안 될 요소다.

머리는 몸에서 다스리는 주권적 부분을 가리킨다. 일반적 원리를 말하면서, 바울은 머리됨(headship)이 나타나는 세 각지 방식을 제시한다. 첫째, **각 남자의 머리는 그리스도요.** 교회의 구원자요 주님으로서, 그리스도는 교회의 유일한 머리다(엡 1:22-23; 4:15; 골 1:18 등). 그리스도께서 자신의 피로 교회를 구속하고 사셨다(고전 6:20; 벧전 1:18-19; 계 5:9). 그러나 자신의 신적 권위로, 그리스도는 신자든 불신자든 간에 '모든' 사람의 머리다. 예수님은 "하늘과 땅의 모든 권세를 내게 주셨으니"라고 선언하셨다(마 28:18). 인류의 대다수는 그리스도의 권위를 절대로 인정하지 않았다. 그러나 만물이 "그 발아래에 복종하게 하셨고"(히 2:8), 어느 날 "하늘에 있는 자들과 땅에 있는 자들과 땅 아래에 있는 자들로 모든 무릎을 예수의 이름에 꿇게 하시고 모든 입으로 예수 그리스도를 주라 시인하여 하나님 아버지께 영광을 돌리게" 하실 것이다(빌 2:10-11). 그리스도의 권위에 자발적으로 복종하는 자들이 교회를 이루며, 그분의 권위에 반역하는 자들이 세상을 이룬다. 하나님은 인내와 오래참음으로 반역하는 불신자들이 그리스도의 주되심(lordship)을 무시하도록 허용하셨으나, 어느 날 이들도 자신들이 그분 아래 있음을 인정할 것이다. 그리스도는 지금과 영원히 모든 인간의 궁극적 통치자다.

둘째, **여자의 머리는 남자요.** 종속과 권위의 원리가 단지 남편과 아내가 아니라 모든 남자와 모든 여자에게 적용된다. 이 원리는 가정을 넘어 사회 모든 부분으로 확대된다. 바울이 나중에 설명하듯이, 이것이 기본적인 창조 질서다(8-9절). 하나님은 인류를 이렇게 계획하고 창조하셨다. 하나님은 우리를 이렇게 지으셨다.

대다수 세상의 유행과 오해가 결국 교회에 들어오는 것 같다. 세상적 그리스도인들은 자신들의 세속성(worldliness)을, 가능하면 성경에 기초해, 정당화하는 방법을 계속해서 찾는다. 크리스천 페미니스트들은 갈라디아서 3:28("남자나 여자나 다…하나이니라"[67])과 베드로전서 3:7("생명의 은혜를 함께 이어받을 자로 알아 귀히 여기라") 같은 구절에 호소해, 남편이 아내에 대해 권위를 가져야 하고 아내가 남편에게 복종해야 한다는 생각—여자는 일반적으로 남자에게 복종해야 한다는 생각은 말할 것도 없고—이 틀렸음을 입증하려 한다. 그러나 바울이 하는 말이 현대 페미니즘을 뒷받침한다고 해석하기란 솔직히 불가능하다. 그러므로 바울은 남성우월주의자, 하나님의 말씀 대신 자신의 편견을 빈번하게 가르친 자라는 비난을 자주 받는다.

그러나 바울은 개인의 가치, 능력, 지성, 영성에 관해 남자와 여자를 구별하지 않는다. 인간과 그리스도인으로서 여성은 남성과 영적으로 완전히 동등하다. 어떤 여자들은 능력, 지성, 성숙, 영성에서 어떤 남자들보다 분명히 뛰어나다. 하나님이 남자의 권위와 여자의 종속이라는 원리를 세우신 것은 남자가 본래 우월하기 때문이 아니라 질서와 보완을 위해서다. 고용인이 고용주보다 똑똑하고 기술이 좋을 수도 있다. 그러나 설령 권위를 가진 사람 중에 그에 걸맞은 능력이 없는 사람들이 있더라도, 적절한 권위에 복종하지 않으면 회사가 운영될 수 없다. 교인 중 가장 영적인 사람들을 장로와 집사로 선택해야 하지만, 교회에 훨씬 더 영적인 사람들이 있을 수 있다. 그러나 그들이 영적'이라'는 바로 그 이유로, 지도자 위치에 있지 않은 사람들은 지도자들에게 복종할 것이다.

교회에 목회자를 비롯해 그 어떤 남자들보다 더 나은 성경 연구자, 더 나은 신학자, 더 나은 연사(演士, speaker)인 여자들이 있을 수 있다. 그러나 이 여자들이 하나님의 질서에 순종한다면, 남자의 리더십에 복종하고 그 리더십을 전복하려 하지 않을 것이다. 그것이 하나님의 계획이기 때문이다. 아내가 남편보다 교육을 더 많이 받았고, 성경을 더 많이 배웠으며, 영적으로 더 성숙할 수도 있다. 그러나 그녀는 영적이기 때문에, 가정의 머리인 남편에게 기꺼이 복종할 것이다. 이러한 바른 관계가 에베소서 5:22-33에 구체적으로 나온다.

---

67 NASB: there is neither male nor female(남자도 없고 여자도 없다).
새번역: 남자와 여자가 없습니다.

이사야가 자신의 세대에게 심판을 선언한 것은 여자들이 자신들을 다스리도록 허용했기 때문이었다(사 3:12).

셋째, 그리스도의 머리는 하나님이시라. 예수님은 자신이 아버지의 뜻에 복종한다는 사실을 그 무엇보다 분명히 하셨다(요 4:34; 5:30; 6:38; 참조. 고전 3:23; 15:24-28 등). 그리스도는 성육신 이전이나 성육신 중, 성육신 후에 어떤 식으로든 본질에서 아버지보다 열등하신 적이 절대로 없었다. 그러나 성육신에서, 그리스도께서는 구원자와 구속자 역할에서 자신을 기꺼이 아버지께 종속시키셨다. 그분은 아버지의 뜻에 사랑으로 온전히 복종하셨다. 이것은 아버지의 목적을 성취하는 겸손한 순종의 행위였다.

바울은 이 원리의 세 측면을 따로 뗄 수 없게 하나로 묶는다. 그리스도께서 아버지께 복종하시며, 그리스도인들은 그리스도께 복종해야 하고, 여자는 남자에게 복종해야 한다. 한 부분을 거부하면, 나머지 두 부분도 거부하는 것이다. 예를 들면, 여자가 남자에게 복종해야 한다는 원리만 거부하고 그리스도께서 아버지께 복종하심과 신자들이 그리스도께 복종해야 함을 거부하지 않을 수는 없다. 남자가 여자의 머리라는 말은 그리스도가 남자의 머리라는 말과 같은 것을 의미하는 게 분명하다. 다시 말해, 이런 사랑의 리더십의 유익을 인정하는 복종을 요구하는 주권적 리더십을 의미하는 게 분명하다.

이 각각의 경우에 권위와 복종은 폭정이 아니라 사랑에 기초한다. 아버지께서 세상을 구속하도록 그리스도를 강제로 보내신 게 아니라 사랑으로 보내셨다. 아들은 강제가 아니라 사랑으로 아버지께 복종하셨다. 그리스도께서 교회를 사랑하시며, 교회를 위해 죽었을 만큼 사랑하신다. 그리스도께서 교회를 폭정이 아니라 사랑으로 다스리신다. 이에 답해, 교회는 사랑으로 그리스도께 복종한다. 마찬가지로, 일반적으로 남자들과 구체적으로 남편들은 폭정이 아니라 사랑으로 권위를 사용해야 한다. 이들이 권위를 가진 것은 더 큰 가치나 더 큰 능력이 있어서가 아니라 단지 하나님의 지혜로운 계획과 사랑이 넘치는 뜻 때문이다. 여자들은 그렇게 계획되었듯이 사랑으로 복종해야한다(참조. 딤전 2:11-15). 이것은 상대적 존엄이나 가치의 문제가 아니라 과제와 책임의 문제다.

원리를 적용하다

무릇 남자로서 머리에 무엇을 쓰고 기도나 예언을 하는 자는 그 머리를 욕되게 하는 것이요, 무릇 여자로서 머리에 쓴 것을 벗고 기도나 예언을 하는 자는 그 머리를 욕되게 하는 것이니, 이는 머리를 민 것과 다름이 없음이라. 만일 여자가 머리를 가리지 않거든 깎을 것이요, 만일 깎거나 미는 것이 여자에게 부끄러움이 되거든 가릴지니라. (11:4-6)

바울이 여기서 주님과 사람들 앞에서 사역하는 신자들의 행위들을 말하고 있다고 이해하는 것이 최선이며, 이때 분명한 증언은 필수다.

더 일반적 의미에서, **기도**는 하나님께 우리 자신을 포함해 사람들에 관해 말하는 것이며, **예언**은 사람들에게 하나님에 관해 말하는 것이다. 기도는 수직적이고(사람이 하나님께) 예언은 수평적이며(사람이 사람에게), 이는 신자들이 하는 사역의 주된 두 면을 나타낸다. 인정하듯이, 이 단락에서 머리 가림과 관련된 세세한 부분은 역사 자료가 부족해 어렵다. 그러나 특별한 가림이 무엇이었든 간에, 내용은 바울이 염두에 둔 원리를 분명히 하는 데 도움이 된다. 그는 교회가 거룩한 기준(divine standards)을 따라 살길 원한다.

무릇 남자로서 머리에 무엇을 쓰고 기도나 예언을 하는 자는 그 머리를 욕되게 하는 것이요. 바울은 고린도 지역의 관습을 가리켜 말한 게 분명하다. **머리에 무엇을 쓰고(has something on his head)**는 문자적으로 "머리에서 아래로 내림"(having down from head)이란 뜻이며, 대개 베일을 가리킨다. 여기서 문맥은 고린도에서 이런 머리 가림은 남자에게는 전혀 우스꽝스러웠고 여자에게는 완전히 적절했으리라는 것을 암시한다. 어떤 유대인들은 사도 시대에 이 관습을 시도했을 것이다. 그렇더라도 유대인들, 곧 머리 가림을 쓰게 된 유대인들에게, 이 관습은 기원후 4세기에 들어온 것으로 보인다. 그러나 일반적으로, 남자가 머리를 가리고 예배하는 것을 수치로 여겼다.

그러므로 바울은 신성한(divine) 보편적 요구를 말하는 게 아니라 지역적 관습을 인정하고 있을 뿐이다. 그러나 이러한 그리스도인의 지역적 관습은 신성한 원리(divine principle)를 반영했다. 고린도 사회에서, 남자가 머리를 가리지 않고 기도하거나 예언하는 것은 여자에 대한 남자의 권위를 나타내는 표시였고, 여자들은 사역할 때 머리를 가려야 했다. 결과적으로, 남자가 머리를 가리는 것은 수치였다. 이것은 적절한 관계가 뒤바뀌는 것을 암시했기 때문이다. **그 머리를 욕되게 하는(disgrace her head)**은 문자 그대로 여자 자신의 머리를 가리키고 은유적으로 남편의 머리를 가리킬 수 있다.

바울 당시, 남자에 대한 여자의 종속적 관계, 특히 남편에 대한 아내의 관계를 나타내는 데 무수한 상징이 사용되었다. 대개 상징은 머리 가림의 형태였으며, 고린도의 그리스-로마 세계에서 이 상징은 일종의 베일이었던 게 분명하다. 오늘날 근동 국가들에서 결혼한 여성의 베일은 여전히 자신을 다른 남자들에게 노출하지 않겠다는 것, 그녀의 아름다움과 매력이 전적으로 남편을 위해 준비되었다는 것, 다른 남자들에게 주목받는 것조차 관심이 없다는 것을 의미한다. 이와 비슷하게, 1세기 고린도 문화에서, 여자가 사역을 하거나 예배할 때 머리를 가리는 것은 남편을 향한 헌신과 복종을 말하고 하나님을 향한 헌신을 나타내는 방법이었다.

그러나 고린도교회의 어떤 여자들은 **기도나 예언을 할** 때 머리를 가리지 않았던 것으로 보인다. 세상 역사에서 보듯이, 다양한 여성해방운동과 페미니즘이 신약성경 시대에 로마제국에서 나타났다. 여자들이 흔히 베일이나 머리 가림을 벗고, 남자처럼 보이려고 머리를 잘랐다. 우리 시대와 아주 비슷하게, 어떤 여자들은 남자들과 똑같이 대해 달라고 요구했고, 자신들의 권리를 부당하게 제약한다며 결혼과 육아를 공격했다. 이들은 남편과 가정을 떠나고, 자녀를 돌보길 거부하며, 다른 남자들과 살고, 전통적인 남자들의 직업을 요구하며, 남자들의 옷을 입고, 남자들의 머리를 하며, 여자의 모든 표식을 버림으로써 독립을 선언했다. 고린도 신자 중에 이런 운동에 영향을 받은 사람들이 있었을 것이며, 항의와 독립의 표시로 이들은 머리를 가려야 할 때 그러길 거부했을 것이다.

우상에게 바쳤던 고기의 경우처럼, 머리를 가리느냐 가리지 않느냐는 그 자체로 옳거나 잘못된 것이 전혀 아니다. 잘못은 하나님이 정하신 역할을 거스르는 것이며, 고린도에서 이 거스름은 머리를 가리지 않은 채 기도나 예언을 하는 여자들에게서 나타났다.

복식(服飾)은 대개 문화이며, 옷차림이 음란하거나 외설적이지 않다면, 도덕적 의미나 영적 의미를 갖지 않는다. 성경 시대 내내, 오늘날 세계 많은 곳에서처럼, 남자와 여자 모두 어떤 형태의 옷을 입었다. 그러나 언제나 남자의 옷차림과 여자의 옷차림은 어느 정도 분명하게 구분되었고, 머리 길이나 머리 가림으로 가장 빈번하게 표시되었다.

바울이 이 단락에서 가르치는 것은 여자가 남자에게 종속된다는 원리이지 이 종속의 구체적 표식이나 상징이 아니다. 바울은 그리스도인이 언제나 머리를 가리고 예배해야 한다는 보편적 원칙을 제시하고 있는 게 아니다.

바울은 여기서 여자들이 **기도나 예언을 한다**고 말한다. 때로 이 언급은 교회 예배에서 여자들이 가르치고 전하며 인도하는 권리가 있음을 바울이 인정했다는 것을 증명하는 데 이용된다. 그러나 바울은 여기서 교회에서의 예배나 공식적 가르치침을 언급하지 않는다. 교회 예배가 아니라 공적인 장소에서 기도하거나 예언하는 것을 염두에 두었을 것이다. 이것은 그가 고린도전서(고전 14:34), 그리고 디모데전서에서 하는(딤전 2:12) 분명한 지시들과 분명하게 맞아떨어진다. 신약성경은 여자가 공적으로 다른 사람들에게, 심지어 남자에게 증언하는 것을 제한하지 않는다. 그뿐 아니라, 성경은 여자가 신자들과 함께 또는 불신자들을 위해 기도하는 비지도자 역할을 하는 것도 금하지 않는다. 여자들이 아이들을 가르치고 다른 여자들을 가르치는 것도 제한하지 않는다(참조. 딛 2:3-4; 딤전 5:16). 빌립의 네 딸처럼(행 21:9), 여자들이 예언의 은사가 있을 수 있다. 그러나 여자들은 남자들이 참석한 교회 모임에서는 대개 예언을 해서는 안 된다.

바꾸어 말하면, 합성된 진리를 얻으려면 관련 구절을 결합하기만 하면 된다. 여자들은 하나님의 계시 테두리 안에서, 적절한 복종 의식을 가지고 기도하고 예언할 수 있다. 여자들이 이렇게 할 때 이들의 행실이 하나님의 질서를 반영하는 게 중요하다. 분명히, 이들은 하나님의 뜻을 거스르는 것으로 보여서는 안 된다.

바울이 4-5절에서 말하는 핵심은 남자와 여자가 기도하거나 예언하는 것이 적절한 어느 때나 어디서든 남자와 여자를 적절히 구분하며 해야 한다는 것이다. **무릇 남자(every man)**는 주님께 또는 주님을 위해 남자로서 분명하게 말해야 하고, **무릇 여자(every woman)**는 주님께 또는 주님을 위해 여자로서 분명하게 말해야 한다. 하나님은 이 구분이 흐릿해지길 원치 않으신다.

그리스도인 여자가 머리를 가리지 않고 기도하거나 예언하는 것은 자신에게 수치이거나 부끄러움이며, **머리를 민 것과 다름이 없다.** 여자가 머리 가림을 벗는다면, 하나님이 주신 여자로서의 특별한 역할의 식별자, 곧 머리카락을 모두 밀어버림으로써 자신의 역할을 거부한다는 것을 완전히 드러내는 편이 낫다. **만일 여자가 머리를 가리지 않거든 깎을 것이요.** 당시에, 창녀나 극단적 페미니스트만 머리를 밀었을 것이다.

탈무드에서, 어느 유대인은 머리를 민 여자를 더없이 추하게 여겼다. 크리소스토무스(Chrysostom)는 간음한 여자들의 머리를 밀어 창녀로 보이게 했다고 썼다. 아리스토파네스(Aristophanes)는 부끄러운 자녀의 어머니는 머리를 잘라야 한다고 가르치기까지 했다.

그러므로 바울은 이렇게 말하고 있다. "머리를 자름으로써 창녀나 저항적인 페미니스트로 보이려는 게 아니라면, 머리를 가리지 않은 채 기도하거나 예언하지 마십시오."

어떤 그리스도인 여성이라도 이러한 동일시를 추구하려 했다는 게 놀랍다. 동일하게 비교할 수 있을 만큼 세속적인 여자들이 오늘날 어떻게 등장하는지 생각하기 전까지 말이다.

원리를 변호하다

남자는 하나님의 형상과 영광이니, 그 머리를 마땅히 가리지 않거니와 여자는 남자의 영광이니라. 남자가 여자에게서 난 것이 아니요 여자가 남자에게서 났으며, 또 남자가 여자를 위하여 지음을 받지 아니하고 여자가 남자를 위하여 지음을 받은 것이니, 그러므로 여자는 천사들로 말미암아 권세 아래에 있는 표를 그

머리 위에 둘지니라. (11:7-10)

앞서 말했듯이, 고대 세계 많은 지역에서처럼, 고린도 사회에서도 머리 가림이 관습적으로 종속의 상징이었던 것으로 보인다. 그러나 남자가 머리(male headship)라는 원리는 관습 문제가 아니라 하나님의 질서와 창조의 문제이며, 결코 타협할 수 없는 것이다. 가린 머리는 종속의 표시였고, 따라서 **남자는 하나님의 형상과 영광이니, 그 머리를 마땅히 가리지 않는다.** 남자는 하나님의 도덕적, 정신적, 영적 **형상**으로 창조되었다. 남자는 지성, 의지, 감성, 지식, 거룩을 가진 존재로 창조되었고, 예수 그리스도 안에서 이것들이 회복된다(엡 4:24).

　　남자는 또한 하나님의 형상을 가진 자로서 다스리는 자, 주권 영역을 받은 자로 특별하게 창조되었다. 이런 의미에서, 남자는 또한 **하나님의 영광**이 되도록 창조되었다. 하나님은 남자에게 모든 창조 세계의 지배권을 주어 그분의 신성한 계획에 따라 돌보게 하셨다. 남자는 세상의 통치권을 받았다. 남자와 여자 둘 다 하나님의 형상으로 창조되었다. 그러나 바울이 8절에서 지적하듯이, 처음에 "땅의 흙으로" 창조된 것은 아담뿐이었다(창 2:7). 하와는 나중에 아담의 일부분으로 창조되었다(2:21-22). 남자는 하나님의 창조 세계에 대한 지배권과 권위를 받았고, 이런 사실 때문에 **하나님의 영광**이다.

　　타락은 이런 역할들을 훨씬 극적으로 확인해준다. 창세기 3:16-17이 "너는 남편을 원하고 남편은 너를 다스릴 것이니라"는 말로 보여주듯이 말이다. 그래서 남자는 권위와 다스림에서 하나님을 나타내야 하며, 따라서 **하나님의 영광**이다. 타락 후, 남자의 다스림이 강화되었다. 결과적으로, 남자는 그 어떤 종속의 상징도 쓰지 말아야 한다.

　　어떤 고대 랍비들은 출애굽기 34:33-35을 잘못 해석해, 모세가 하나님의 영광 앞에서 얼굴을 수건으로 가렸기(veiled) 때문에 유대인 남자들이 머리를 가려야 한다고 가르쳤다. 그러나 모세가 수건(veil)을 쓴 것은 사람들 앞에서일 뿐 하나님 앞에서가 아니었다. 바울이 고린도후서에서 설명하듯, 모세는 "이스라엘 자손들에게 장차 없어질 것의 결국을 주목하지 못하게 하려고 수건을 그 얼굴에 쓴 것"이다(고후 3:13). 모세는 이스라엘이 하나님의 영광, 자신이 하나님 앞에서 받은 영광이 자신의 얼굴에서 사라지는 것을 보길 원치 않았다. 그러므로 남자가 기도할 때 머리를 가려야 한다는 유대인의 전통은 하나님의 전통이 아니라 인간의 전통이다.

다른 한편으로, **여자는 남자의 영광이다.** 남자가 하나님의 권위와 뜻을 드러내도록 지음 받았듯이, 여자는 남자의 권위와 뜻을 드러내도록 지음 받았다. 남자가 하나님을 대신해 다스리거나 하나님의 뜻을 실행하는 하나님의 부섭정(副攝政)이듯이, 여자는 남자를 대신해 다스리거나 남자의 뜻을 실행하는 부섭정이다. 여자는 하나님에게서 직접 나오는 빛이 아니라 남자에게서 나오는 빛으로 비춘다. 남자는 하나님의 **형상과 영광**이지만, 여자는 하나님의 형상일 뿐(창 1:27) 남자의 형상은 아니며, **남자의 영광**일 뿐 하나님의 영광은 아니다. 핵심은 이것이다: 남자는 하나님이 그분 자신에게서 얼마나 멋진 피조물을 창조하실 수 있는지 보여주며, 여자는 하나님이 남자에게서 얼마나 멋진 피조물을 만드실 수 있는지 보여준다(창 2:21-22).

그러나 구원하고 거룩하게 하는 은혜에 관해서라면, 여자는 남자만큼 깊이 하나님과 교제한다. 여자는 동등하게 하나님의 형상으로 지음 받았고, 그 형상은 예수 그리스도를 믿는 믿음을 통해 동등하게 회복된다. 우리가 얼굴을 맞대고 주님을 뵐 때, 여자는 어느 남자만큼이나 예수님처럼 될 것이다(고전 13:12). 그러나 여자는 온전히 하나님의 형상이지만 직접적으로 하나님의 영광은 아니다. 여자는 직접적으로 남자의 영광이며, 남자가 가진 하나님의 영광을 간접적으로 드러낸다. 세상에서 여자의 역할은 남자의 지시에 복종하는 것이다. 남자가 신성한 지배권(divine dominion)을 받았기 때문이다.

이 진리를 한층 더 변호하려고, 바울은 **남자가 여자에게서 난 것이 아니요 여자가 남자에게서 났다**고 지적한다. 아담이 먼저 창조되었고, 여자가 창조되기 전 땅에 대한 지배권을 받았다. 여자는 창조될 때, 남자에게서 창조되었다. 여자는 "남자에게서 취하였은즉 여자라 불렸다"(창 2:9-23; 참조. 딤전 2:11-13).

여자는 남자에게서 창조되었을 뿐 아니라 남자를 위해 창조되었다. **남자가 여자를 위하여 지음을 받지 아니하고 여자가 남자를 위하여 지음을 받은 것이니.** 여자가 지적으로, 도덕적으로, 영적으로, 또는 기능적으로 남자보다 열등하지 않다. 여자는 특별히 남자에게서 왔다. 여자의 역할은 남자의 지도와 보호와 보살핌을 받는 것이며, 여자는 남자를 "돕는 배필"(a helper suitable for him, 맞춤한 도우미)이어야 한다(창 2:20).

10절에서, 바울은 이 원리의 적용으로 돌아온다. **그러므로 여자는 천사들로 말미암아 권세 아래에 있는 표를 그 머리 위에 둘지니라.**[68] 문화적으로 머리 가림을 사용하는 것은 여자가 남자의 권위에 종속된다는 신성하고 거룩한 원리를 나타낸다. **권세 아래 있는 표**(symbol of authority, 권위의 상징)는 헬라어 본문에서 한 단어(*exousia*)이며, "정당한 힘"(rightful power) 또는 "권위"(authority)를 의미한다. 가린 머리는 여자의 복종을 보여주기 때문에 기도하고 예언할 여자의 권위 또는 권리였다. **표**(symbol)를 말한 것은 여기서 이것이 4-7절에서 언급된 머리 가림을 가리키는 게 분명하기 때문이다. 이런 문화에서, 여자는 자신의 역할이 남자에게 종속된다는 표시로 이런 표를 지녀야 했다.

천사의 기본 의미는 "메신저"이다. 바울은 여기서 거룩한 천사들, 하나님의 사역 천사들을 말하고 있다. 이들의 가장 큰 특징은 하나님께 전적으로, 즉시 순종한다는 것이다. 성경 전체에서, 거룩한 하나님의 천사들은 큰 능력을 갖춘 피조물로 나타나지만, 그것은 언제나 파생된 능력이고 복종하는 능력이다. 사탄을 비롯해 그를 따르는 천사들은 자신들의 능력을 하나님의 목적과 영광을 위해서가 아니라 자신들의 이기적 목적과 영광을 위해 사용했다는 바로 그 이유로 하늘에서 쫓겨났다. 반대로, 거룩한 천사들은 피조물에 걸맞은 복종을 보여주는 최고의 본보기다. 히브리서 1:4-2:18은 그리스도가 천사들보다 높으며 천사들이 기꺼이 그분에게 복종한다는 데 초점을 맞춘다.

이 메신저들은 하나님의 교회를 지키는 하나님의 보호자들(God's protectors, 하나님이 보내신 보호자들)이며, 하나님의 교회를 쉴 틈 없이 지킨다. **여자가 천사들로 말미암아**(because of the angels, 천사들 때문에) 복종의 표시로 머리를 가리는 것이 적절하다. 그래야 모든 피조물 중에서 가장 잘 복종하

---

68 새번역: 그러므로 여자는 천사들 때문에 그 머리에 권위의 표를 지니고 있어야 합니다.

는 천사들이 불복종에 마음이 상하지(be offended) 않기 때문이다. 더 나아가, 천사들은 남자와 여자를 위한 하나님의 특별한 설계(design)의 증인으로 창조에 참여했으며(욥 38:7), 따라서 이 질서가 조금이라도 깨지면 마음이 상할 것이다. 천사들의 반응과 태도에 신경 쓴다는 개념은 에베소서 3:9-10과 마태복음 18:10에도 나온다. 미드라쉬는 천사들이 창조 질서의 수호자라고 가르쳤다.

원리가 조화를 이루다

그러나 주 안에는 남자 없이 여자만 있지 않고 여자 없이 남자만 있지 아니하니라. 이는 여자가 남자에게서 난 것 같이 남자도 여자로 말미암아 났음이라. 그리고 모든 것은 하나님에게서 났느니라. (11:11-12)

사탄은 남자들로 하나님의 말씀을 부정하거나 무시하게 할 수 없으면, 이들로 하나님의 말씀을 잘못 해석해 하나님이 의도하지 않으신 극단으로 몰아가게 만들려 할 것이다. 남자들이 여자들에 대한 권위를 남용하지 않도록, 바울은 남자들에게 남녀가 동등하며 상호의존적이라는 사실을 일깨운다. 여자에 대한 남자의 권위는 위임된 권위이자 파생된 권위이며, 하나님이 그분의 목적을 위해 그분의 방식대로 사용하라고 주신 권위다. 남자는 동료 피조물로서 여자보다 우월하게 태어나지 않았고, 자기 권위를 포학하게 사용하거나 이기적으로 사용할 권리가 없다. 남성우월주의는 페미니즘만큼이나 성경적이지 않다. 둘다 하나님의 계획을 왜곡한다.

교회는 결코 여성을 억압하지 않았으며, 도리어 여성의 가장 큰 해방자였다. 헬라와 로마 사회에서, 대다수 여성은 노예보다 나을 게 거의 없었고 남편의 소유물이었으며, 남편은 사실상 아내를 마음대로 사고팔기 일쑤였다. 페미니즘이 로마제국에서 그렇게 인기를 얻었던 것은 대개 여성이 이렇게 비인간적 대우를 받았기 때문이었다. 많은 유대 공동체에서도 여성의 위치는 별반 나을 게 없었다. 이혼이 쉬워지고 흔해졌으나 거의 전적으로 남자만의 특권이었다. 어떤 유대인 남자들은 여자를 아주 무시하는 대중적인 기도까지 만들었는데, 이 기도에서 노예나 이방인이나 여자로 태어나지 않을 것을 하나님께 감사했다.

그러나 그리스도 안에서, 남자든 여자든 모든 신자는 **주 안에**(in the Lord) 있으며 주님 아래서 같다. 주님의 일에서, 여자는 남자와 똑같이 중요하다. 남녀의 역할은 기능과 관계에서 다를 뿐 영성이나 중요도에서는 다르지 않다. **남자 없이 여자만 있지 않고 여자 없이 남자만 있지 아니하니라.**[69] 남자와 여자는 삶의 모든 부분에서 상호보완적이지만, 특히 주님의 일에서 하나님이 세우신 한 팀으로 함께 기능한다. 남자와 여자는 서로 섬기며 함께 섬긴다. 이 부분에서, "남자나 여자나 다 그리스도 예수 안에서 하나이다"(갈 3:28).[70] 많은 성경 구절이 이런 동등함(equality, 평등)을 뒷받침한다. 예를 들면, 주님은 마리아의 부엌일보다 신학적 담론을 경청하는 마리아의 행동을 칭찬하셨으며(눅 10:38-42), 여자들이 영적 은사를 받는다(고전 12:7-11).

하나님의 백성의 초기 역사부터, 여성은 하나님의 일과 사역에서 필수적 역할을 했다. 시편 기자는 "소식을 공포하는 여자들은 큰 무리라"라고 선포하면서(시 68:11), 하나님의 가장 큰 일꾼 중에 여자들이 많았다고 말한다. 주님이 승천하신 직후, 사도들과 적잖은 여자들을 포함해 120명쯤 되는 신자들이 다락방에 모여 기도했다(행 1:12-15). 로마서 마지막 장 전체에서, 바울은 로마교회에 속한 다양한 친구들을 칭찬하고 이들에게 인사하는데, 이들 중에 여덟 명이 여자다. 그는 "내가 겐그레아 교회의 일꾼으로 있는 우리 자매 뵈뵈를 너희에게 추천하노니"라는 아름다운 칭찬(추천)과 "너희는 주 안에

---

69 NASB: Neither is woman independent of man, nor is man independent of woman(여자가 남자에게서 독립되어 있지 않을 뿐더러 남자도 여자에게서 독립되어 있지 않다).
공동번역개정판: 주님을 믿는 세계에서는 여자나 남자나 다 같이 상대방에게 서로 속해 있습니다.

70 NASB: there is neither male nor female, for you are all one in Christ Jesus(남자도 없고 여자도 없습니다. 여러분 모두 그리스도 안에서 하나이기 때문입니다).
새번역: 남자와 여자가 없습니다. 여러분 모두가 그리스도 예수 안에서 하나이기 때문입니다.

서 성도들의 합당한 예절로 그를 영접하고 무엇이든지 그에게 소용되는 바를 도와줄지니 이는 그가 여러 사람과 나의 보호자가 되었음이라"라는 요청으로 시작한다(롬 16:1-2). 뵈뵈는 다른 일도 많이 했지만, 한 사도를 섬기기까지 (ministered) 했다. 마가 요한의 어머니 마리아는 자신의 집을 예루살렘 신자들의 모임 장소로 제공했고(행 12:12), 루디아도 빌립보 신자들에게 똑같이 했다(행 16:40). "언변이 좋고 성경에 능통한" 아볼로가 에베소에서 전하기 시작했을 때, 아굴라와 그의 아내 브리스길라가 그를 "데려다가 하나님의 도를 더 정확하게 풀어" 주었다(행 18:24-26).

많은 시간과 장소에서, 신실한 여자들이 남자들의 지원을 거의 또는 전혀 받지 않은 채 교회의 활력을 유지했다. 하나님이 택하신 여자들이 없었다면, 많은 선교 현장이 없을 것이다. 경건한 여자들이 없는 교회는 강하고 효과적인 교회일 수 없다. 남자의 고유한 권위는 남자를 여자로부터 독립적으로 만들지 않을뿐더러 여자의 적절한 종속(subordination, 복종)도 여자를 혼자 의존하게 만들지 않는다. 어느 쪽도 서로에게서 독립적이지 않다. 남자와 여자는 상호의존적이다.

하나님은 남자와 여자를 창조하셨다. 첫 여자는 남자에게서 창조되었다. 그러나 그 이후, 모든 남자는 여자를 통해 창조되었다. **이는 여자가 남자에게서 난 (originates form man) 것 같이 남자도 여자로 말미암아 났음이라.** 더 중요하게도, **모든 것은 하나님에게서 났다.** 남자와 여자는 역할이 다르지만, 본성, 인성 (personhood), 일, 영에서 동등하다. 하나님은 남녀 모두 자신의 영광스러운 목적을 위해 창조하셨다.

여자는 남자의 선생이어서는 안 되지만, 대개 남자를 형성하는 가장 영향력이 있는 존재다. 출산과 양육은 여자를 남자보다 낮다는 생각으로부터 구원한다(딤전 2:15). 어머니로서, 여자는 남자가 되어가는 아들을 훈련하고 성장시키면서 특별하고 필수적인 역할을 한다. 잉태부터 성년까지, 남자는 특별하고 놀라운 방식으로 어머니에게 의존하며(dependent, 의지하며) 어머니에 의해 빚어진다. 성년 내내, 기혼이든 독신이든 간에, 남자는 흔히 스스로 인정하는 것보다 더 많은 방식으로 여자에게 의존한다(의지한다). 결혼생활에서, 남자는 하나님이 주신 아내에게 자발적으로, 사랑으로 의존하지(의지한지) 않으면 주 님께 충실할 수 없다. 주님의 일에서, 남자들은 주님이 그분의 교회에서 책임 을 맡기신 여자들에게 의존하지(의지하지) 않으면 주님께 충실할 수 없다. 남 자와 여자는 서로 완벽한 보완재다. 하나는 머리이고 지도자이며 공급자이고, 하나는 돕는 자요 지지자이며 동반자다.

원리가 답하다

너희는 스스로 판단하라. 여자가 머리를 가리지 않고 하나님께 기도하는 것이 마땅하냐? 만일 남자에게 긴 머리가 있으면 자기에게 부끄러움이 되는 것을 본 성이 너희에게 가르치지 아니하느냐? 만일 여자가 긴 머리가 있으면 자기에게 영광이 되나니, 긴 머리는 가리는 것을 대신하여 주셨기 때문이니라. 논쟁하려 는 생각을 가진 자가 있을지라도 우리에게나 하나님의 모든 교회에는 이런 관례 가 없느니라. (11:13-16)

바울은 고린도 신자들에게 자신의 사도적 권위를 잠시 무시하라고 요구한다. 그는 이들에게 말한다. **너희는 스스로 판단하라.** 권위와 종속(복종)의 원리는 하 나님이 그분의 신적 계시로 주셨을 뿐 아니라 그분의 창조 자체에서 보듯이 자 명하다. 여자가 남자에게 종속된다는 상징으로 머리를 가리는 문화적 관습은 자연 질서를 반영한다. **만일 남자에게 긴 머리가 있으면 자기에게 부끄러움이 되는 것을 본성이 너희에게 가르치지 아니하느냐? 만일 여자가 긴 머리가 있으면 자기에 게 영광이 되나니.**

남자와 여자는 생리적으로 매우 다르다. 그중 하나는 머리카락이 자라는 과정이다. 머리카락의 주기는 생성과 성장, 휴지(resting), 탈모 등 세 단계로 나뉜다. 남성호르몬 테스토스테론은 이 주기를 촉진하며, 따라서 남자가 여자 보다 셋째 단계에 더 빨리 도달한다. 여성호르몬 에스트로겐은 이 주기의 한 단계를 더 길게 지속시켜 여자의 머리가 남자보다 길게 자라게 한다. 여자는 셋째 단계에 거의 이르지 않기 때문에 민머리가 드물다. 이런 생리학은 대다수 문화에서 여자의 머리가 남자보다 긴 관습으로 반영된다.

본성(nature, *phusis*)은 무엇이 정상이고 옳은지를 아는 본능적이고 타고난 감각이란 의미도 내포한다. 이것은 인간의 의식을 향한 호소다. 바울은 이렇게 말하고 있다: 남자가 주변을 둘러보면, 드물게 예외가 있기는 하지만, 자연과 인간 본능 모두 여자의 머리가 남자보다 긴 게 정상이고 적절함을 증언한다. 아름답게 꾸민 머리는 여자에게 **영광**이며, 여성의 부드러움을 보여주는 하나님의 특별한 선물이다. 긴 머리로 번역된 헬라어 '코메'(*kome*)는 긴 머리와 깔끔한 머리 둘 다 의미할 수 있다.

여자의 머리 자체가 **가리는 것을 대신하여 주신(given to her for covering,** 가리도록 주신) 것이다. 여자의 머리는 천연 가림 또는 베일이고, 머리쓰개(headwear)는 문화적이고 상징적인 가림이며, 둘 다 여자의 종속적 역할을 나타낸다. 본성(nature)과 일반적 관습 모두 하나님의 보편적 원리, 곧 권위라는 남자의 역할과 종속(복종)이라는 여자의 역할을 반영한다. 여자의 독특한 아름다움은 그녀의 머리카락과 여성의 관습에 충실함이 그려내는 뚜렷한 여성스러움에서 영광스럽게 표현된다.

모자나 베일을 쓰는 것이 종속을 상징하지 않는 현대 문화에서, 그리스도인들에게 이런 관습을 지키라고 해서는 안 된다. 그러나 여자의 머리와 옷차림은 뚜렷이 여성스러워야 하며, 여성의 사랑스러움과 복종을 나타내야 한다. 남녀의 정체성에 혼란이 있어서는 안 된다. 하나님이 남자와 여자를 심리학적으로, 역할과 관계에서 다르게 지으셨기 때문이다. 하나님은 남자들이 남자답고, 책임감과 사랑으로 권위를 사용하길 원하신다. 하나님은 여자들이 여자답고, 책임감과 사랑으로 복종하길 원하신다.

거의 모든 시대 모든 교회가 그렇듯이, 고린도교회의 어떤 신자들은 하나님의 방식에 만족하지 못해 그 방식을 무시하거나 자신들에게 맞게 수정하려 했다. 바울은 자신이 방금 가르친 것에 이들이 반대하리라 예상했다. 그는 어떤 사람들은 **논쟁하려** 하리라는 것을 알았으나, 자신이 이미 한 말보다 설득력 있는 그 어떤 말도 해 줄 수 없었다.

바울의 논증을 요약하면, 그는 여자가 남자에게 복종해야 한다는 것을 분명히 했다. 이것은 하나님(Godhead, 삼위일체) 안에서의 관계 때문이며(3절), 남자와 여자에 대한 하나님의 설계(design) 때문이고(7절), 창조 질서 때문이며(8절), 여자의 역할 때문이고(9절), 천사들의 관심 때문이며(10절), 타고난 생리적 특징 때문이다(13-15절).

이런 까닭에, 바울은 사도들로 대변되는 하나님이나 그분의 교회의 신실한 회중들도 다른 어떤 원리를 인지하거나 다른 어떤 행동 패턴을 따르지 않으리라고 선언한다. 그의 논증은 설득력이 아주 강하다. 그는 이렇게 말한다. "여러분의 반대에 공감하는 사람들을 찾고 싶더라도, 사도들이나 교회 중에서는 찾지 못할 것입니다." **우리에게나 하나님의 모든 교회에는 이런 관례가 없느니라.** 사도들과 나머지 교회들이 여자들이 남자들보다 머리를 길게 하고 머리 모양이 뚜렷이 여성스러워야 한다는 관습을 굳게 지켰다. 이 관습을 지키는 곳에서, 여자들은 적절하게 머리를 가림으로써 자신들의 복종을 드러내야 했다.

27

주의 만찬

(11:17-34)

내가 명하는 이 일에 너희를 칭찬하지 아니하나니, 이는 너희의 모임이 유익이 못되고 도리어 해로움이라. 먼저 너희가 교회에 모일 때에 너희 중에 분쟁이 있다 함을 듣고 어느 정도 믿거니와, 너희 중에 파당이 있어야 너희 중에 옳다 인정함을 받은 자들이 나타나게 되리라. 그런즉 너희가 함께 모여서 주의 만찬을 먹을 수 없으니, 이는 먹을 때에 각각 자기의 만찬을 먼저 갖다 먹으므로, 어떤 사람은 시장하고 어떤 사람은 취함이라. 너희가 먹고 마실 집이 없느냐? 너희가 하나님의 교회를 업신여기고, 빈궁한 자들을 부끄럽게 하느냐? 내가 너희에게 무슨 말을 하랴? 너희를 칭찬하랴? 이것으로 칭찬하지 않노라. 내가 너희에게 전한 것은 주께 받은 것이니, 곧 주 예수께서 잡히시던 밤에 떡을 가지사, 축사하시고, 떼어 이르시되, 이것은 너희를 위하는 내 몸이니, 이것을 행하여 나를 기념하라 하시고, 식후에 또한 그와 같이 잔을 가지시고 이르시되, 이 잔은 내 피로 세운 새 언약이니, 이것을 행하여 마실 때마다 나를 기념하라 하셨으니, 너희가 이 떡을 먹으며 이 잔을 마실 때마다 주의 죽으심을 그가 오실 때까지 전하는 것이니라. 그러므로 누구든지 주의 떡이나 잔을 합당하지 않게 먹고 마시는 자는 주의 몸과 피에 대하여 죄를 짓는 것이니라. 사람이 자기를 살피고 그 후에야 이 떡을 먹고 이 잔을 마실지니, 주의 몸을 분별하지 못하고 먹고 마시는 자는 자기의 죄를 먹고 마시는 것이니라. 그러므로 너희 중에 약한 자와 병든 자가 많고 잠자는 자도 적지 아니하니, 우리가 우리를 살폈으면 판단을 받지 아니하려니와, 우리가 판단을 받는 것은 주께 징계를 받는 것이니, 이는 우리로 세상과 함께 정죄 함을 받지 않게 하려 하심이라. 그런즉 내 형제들아 먹으러 모일 때에 서로 기다 리라. 만일 누구든지 시장하거든 집에서 먹을지니, 이는 너희의 모임이 판단 받 는 모임이 되지 않게 하려 함이라. 그 밖의 일들은 내가 언제든지 갈 때에 바로잡 으리라. (11:17-34)

그리스도께서 가르치고 본을 보임으로써 두 의식을 제정하셨다. 세례와 성만 찬이다. 이 둘은 그리스도를 믿는 자들이 충실하게 지켜야 할 의식이다. 예수 님은 제자들에게 이렇게 명하셨다. "그러므로 너희는 가서 모든 민족을 제자 로 삼아 아버지와 아들과 성령의 이름으로 세례를 베풀고"(마 28:19). 자신이 세 례 요한에게 세례를 받은 예를 따라 그렇게 하라는 것이었다(마 3:13-17). 다락 방에서 마지막 유월절 만찬을 하실 때, 예수님은 성만찬(그렇게 알려졌듯이, 주의 만찬)을 제정하시고, 제자들에게 이 의식을 계속 지켜 자신을 기념(기억)하라고 하셨다(눅 22:19-20).

바울은 고린도에서 두 의식을 충실하게 세웠다. 그는 고린도에서 많은 신 자에게 세례를 직접 주지는 않았으나(고전 1:14-16), 세례는 주님께 순종하는 비선택적 행위라고 단언했다. 이 단락은 고린도 신자들이 주의 만찬을 정기 적으로 행했다는 것을 분명히 하는데, 바울 자신도 이들과 함께 주의 만찬을 아주 많이 행했다.

그리스도께서 유월절 만찬 때 성만찬을 제정하신 것은 우연이 아니었다. 하나님은 400년간 애굽의 속박 아래 살던 자신의 백성을 구해내실 때 유월절 을 제정하셨다. 유월절 만찬은 죽음의 천사가 문설주와 인방에 어린양의 피 가 발라진 집을 넘어간 사건을 기념했다. 어린양을 구워 무교병과 쓴나물과 함께 먹었다. "너희는 이 날을 기념하여 여호와의 절기를 삼아 영원한 규례 로 대대로 지킬지니라"(출 12:1-14). 이스라엘은 역사 내내 유월절 만찬을 통 해 하나님이 자신들을 애굽에서 건져내어 약속의 땅으로 옮기신 더없는 구원 (deliverance)을 기념했다. 유월절은 지금도 유대인에게 가장 거룩한 절기다. 예수님은 유월절 만찬을 자신이 이루러 온 무한히 더 큰 구원을 기념하는 의식으로 바꾸셨다. 유월절은 이 구원의 서곡일 뿐이었다. 우리는 그분의 몸과 피를 먹고 마실 때, 그분이 자신의 몸과 피를 희생제물로 드려 사신 영원한 영적 구속을 기억한다. 유월절은 옛 언약이 주었던 일시적인 육체적 구원(deliverance)을 기념했다. 주의 만찬은 새 언약이 주는 영구적인 영적 구원을 기념한다. "이 잔은 내 피로 세우는 새 언약이니 곧 너희를 위하여 붓는 것이라"(눅 22:20). 주님의 식탁은 예수 그리스도의 십자가를 상기시킨다.

누가는 초기 그리스도인들의 일상생활에서 나타났던 네 가지 표식을 보여 준다. 이들은 사도들의 가르침에 순종했고, 교제했으며, 떡을 뗐고, 기도했다(행 2:42). 확신컨대, 이들은 떡을 떼면서 떡과 잔으로 주님의 죽음을 자주 기억했을 것이다. 초기 교회를 연구하는 어떤 학자들과 역사가들은 어떤 가정에서는 식사 때마다 성만찬을 행했다고 믿는다.

초기 교회는 특별한 교제의 식사를 했다. 이 식사는 애찬(love feasts)이라 불리게 되었고(유 12), 대개 성만찬으로 끝났다. 애찬은 신자들 사이의 교제, 애정, 보살핌을 강조하는 회중 식사였다. 하나됨을 강조했기에, 구주께서 십자가에서 성취하신 하나됨을 기념하는 쪽으로 쉽게 이어졌다. 고린도교회도 이 관습을 따랐으나, 베드로가 정죄한 자들처럼(벧후 2:13), 식사를 먹고 마시며 흥청대는 연회로 변질시켰다. 따라서 그 식사가 기억/기념의 떡과 잔으로 이어질 때, 이것은 거룩한 의식에 대한 노골적 모독이었다.

바울은 여자의 머리 가림을 논하기 전에, 먼저 자신이 가르친 교리(doctrines, 교훈)를 굳게 붙잡았다며 고린도 신자들을 칭찬했다(11:2). 이제 그는 칭찬하지 않는다. **내가 명하는 이 일에 너희를 칭찬하지 아니하나니, 이는 너희의 모임이 유익이 못되고 도리어 해로움이라.**

명하는(giving…instruction, *parangellō*)은 "명령하다"(to command), 구체적으로 맡기거나 명령을 내리다(give charge or order)라는 뜻이다. 이 단어의 기본 개념은 "한 사람에게서 다른 사람에게 전달하다"이다. 이 단어는 특히 군대 지휘관이 내려 그 부관들이 계통을 따라 전달하는 명령을 가리킬 때 사용되었다. 바울은 이제 자신이 하려는 말이 단순히 개인적 조언이 아님을 분명히 했다. 그것은 그의 독자들이 받아들이고 따르도록 명령받은 사도의 **명**

(instruction)이었다.

고린도 신자들이 애찬과 주의 만찬을 이토록 오용하느니 애찬을 전혀 하지 않고 주의 만찬도 전혀 행하지 않았다면 훨씬 나았을 것이다. 이들의 모임이 **유익이 못되고 도리어 해로움(not for the better but for the worse)**이 되었다. **해로움(worse)**으로 번역된 용어는 도덕적 악을 가리키는 '카코스'(*kakos*)의 비교급이다. 애찬과 주의 만찬이 사랑으로 교제하고 영적으로 풍성해지는 시간이 아니라 이기적 탐닉에 빠지고 가난한 형제를 부끄럽게 하며 주님의 희생적 죽음을 조롱하고 교회로 믿지 않는 주변 세상에게 걸림돌이 되게 하는 시간이었다.

바울은 고린도 신자들에게 주의 만찬을 거룩하게 행하라고 요구하면서, 이들이 주의 만찬을 어떻게 왜곡했고, 주의 만찬을 향한 주님의 목적이 무엇이며, 주의 만찬을 바르게 준비하려면 어떻게 해야 하는지 논한다.

주의 만찬이 어떻게 왜곡되었는가?

먼저 너희가 교회에 모일 때에 너희 중에 분쟁이 있다 함을 듣고 어느 정도 믿거니와, 너희 중에 파당이 있어야 너희 중에 옳다 인정함을 받은 자들이 나타나게 되리라. 그런즉 너희가 함께 모여서 주의 만찬을 먹을 수 없으니, 이는 먹을 때에 각각 자기의 만찬을 먼저 갖다 먹으므로 어떤 사람은 시장하고 어떤 사람은 취함이라. 너희가 먹고 마실 집이 없느냐? 너희가 하나님의 교회를 업신여기고, 빈궁한 자들을 부끄럽게 하느냐? 내가 너희에게 무슨 말을 하랴? 너희를 칭찬하랴? 이것으로 칭찬하지 않노라. (11:18-22)

교회(*ekklēsia*)는 "회"(會, assembly) 또는 "회중"(congregation)을 뜻하며, 신약성경에서 건물이나 모임 장소를 가리키는 경우는 전혀 없고 늘 신자들을 가리킨다. 고린도 그리스도인들은 언제 어디서 모이든 다투고 싸웠던 것이 분명하다. **분쟁**(divisions, *schismata*, '분열'을 뜻하는 schism이란 단어가 여기서 나왔다)은 문자적으로 찢음 또는 자름을 의미하며, 은유적으로 분열이나 알력을 가리킨다.

고린도 신자들은 그 무엇에서도 의견이 일치할 수 없었을 뿐 아니라 서로를 섬기려 하지도 않았던 것이 분명하다. 이들은 교제와 예배에서 서로 나누는 대신 자신의 시간을 이기적 탐닉과 언쟁과 다툼에 허비했다. 바울은 자신이 받은 보고 중에 어떤 것들은 과장되었으리라 생각했을 터이기에 이들을 좋은 쪽으로 생각하고 싶었다. 그래서 그는 그것을 **어느 정도 믿는**다고 덧붙였다.

그러나 바울은 자신이 받은 보고를 믿기 어렵지 않았을 것이다. 바울은 이 편지를 시작하면서 이들의 분쟁이 당파적 충성에 근거한다며 이들을 강하게 꾸짖었다(1:10-17; 3:1-3). 이들의 분쟁은 필연적으로 "다툼"(quarrel, 개역개정은 "분쟁")으로 끝났다(11절). 이 단락이 암시하듯이, 신자들은 사회적으로도 나뉘었다. 부자들은 자신의 음식을 가져왔고, 가난한 교인들이 오기도 전에 이기적으로 먹었다. "모든 물건을 서로 통용하고…각 사람의 필요를 따라 나눠주었던"(행 2:44) 초기 예루살렘 그리스도인들과는 전혀 딴판으로 고린도교회의 상류층은 "챙겨온 저녁 도시락"조차 가난한 형제자매들과 나누길 거부했다. 모두 자신만 생각했다.

바울은 먼저 이들에게 이렇게 호소했었다. "형제들아, 내가 우리 주 예수 그리스도의 이름으로 너희를 권하노니, 모두가 같은 말을 하고, 너희 가운데 분쟁이 없이, 같은 마음과 같은 뜻으로 온전히 합하라"(고전 1:10). 그는 이렇게 말하고 있었다. "함께 그리스도를 따르는 자들로서, 여러분은 같은 이해, 같은 의견, 같은 태도, 같은 시각을 가져야 합니다." 이들이 분쟁하는 이유는 육욕 (carnality)과 이기심과 세상을 따름(worldliness)이었다. "형제들아, 내가 신령한 자들을 대함과 같이 너희에게 말할 수 없어서 육신에 속한 자, 곧 그리스도 안에서 어린아이들을 대함과 같이 하노라"(3:1). 이들은 성령이 아니라 육신을 따라 행하고 있었으며, 주님의 뜻이 아니라 자신들의 뜻을 따르고 있었다.

교회에서 가장 무서운 하나는 분쟁이다. 분쟁은 영적으로 병들었다는 첫째이자 가장 확실한 표식 중 하나이기 때문이다. 교회가 세상을 따르고 타락할 때 가장 먼저 나타나는 징후, 흔히 교리나 생활방식에서 타협하기 전에 나타나는 징후는 교회 내부의 알력이다.

바울은 분쟁을 완전히 피할 수는 없다는 것을 잘 알았다. 주님이 다시 오실 때까지, 알곡 가운데 가라지가 늘 있고 불순종하는 신자들도 늘 있을 것이다. **너희 중에 파당이 있어야. 있어야(there must…be)**는 한 단어 '데이'(*dei*)의 번역이며, '데이'는 "꼭 필요하다"(it is necessary) 또는 "반드시 ~이어야 한다"(it must be)라는 뜻으로, 어떤 종류든 필연과 강제를 의미한다. 산헤드린이 베드로를 비롯한 사도들에게 복음을 전하지 말라고 했을 때, 이들은 "사람보다 하나님께 순종하는 것이 마땅하니라(*dei*)"고 답했다(행 5:29). 이 단어는 신약성경에서 신적 필연(divine necessity)을 나타내는 데 자주 사용된다. 예수님은 자신의 십자가 죽음과 부활을 비롯해 성경이 예언했고 하나님이 정하신 사건들과 관련해 이 단어를 무수히 사용하셨다(마 24:6; 26:54; 요 3:14 등). 예수님은 이렇게까지 말씀하셨다. "실족하게 하는 일이 없을 수는 없으나 실족하게 하는 그 사람에게는 화가 있도다"(마 18:7). 바울은 여기서 이 용어를 이런 의미로 사용한다.

역설은 **너희 중에 옳다 인정함을 받은 자들이 나타나기** 위해서는 고린도교회에 파당이 꼭 필요하다는 것이다. 분쟁을 일으키는 자들이 세상을 따르고 육신적으로 불순종한다는 것이 드러나고, **옳다 인정함을 받은 자들**의 사랑과 조화와 영성이 밝히 드러날 것이다. **옳다 인정함을 받다(approved, *dokimos*)**는 테스트를 통과한 것을 가리킨다. 이 용어는 불로 제련해 불순물이 없다고 입증된 귀금속을 가리킬 때 사용된다. 교회 분쟁은 경건하지 못하고 죄악 되다. 그런데도 주님이 이것을 사용해 자신의 신실한 성도들의 가치를 증명하신다. 이들은 다툼과 분열 속에서 순금이 찌꺼기에서 분리되듯 분리된다. 악은 선이 드러나게 돕는다. 교회 문제는 진정한 영적 힘과 지혜와 리더십이 드러날 수 있는 환경을 조성한다.

바울은 데살로니가 신자들에게 '도키모스'(*dokimos*), 즉 "하나님께 옳게 여기심을 입어 복음을 위탁받은" 자들에 관해 말했다(살전 2:4). 신자들의 회중마다, 하나님은 자신이 옳다고 인정하신 사람들을 두시고 이들에게 자신의 교회 일을 맡기신다. 옳다고 인정받은 자들은 특히 역경과 어려움 속에서 드러나고, 교회는 이렇게 시험과 테스트를 통과한 자들에게만 교회 리더십을 맡겨야 한다. 목회자들과 선교사들을 비롯해 기독교 지도자들이 사역을 떠나거나 사역에서 생산적이지 못한 큰 이유 하나는 이들이 옳다고 인정받지 못했다는 것, 애초에 주님의 일을 할 영적 자격을 온전히 갖추지 못했다는 것이다. 야고보는 이렇게 말한다. "시험(trial)을 참는 자는 복이 있나니, 이는 시련을 견디어 낸(has been approved, 옳다 인정받은) 자가 주께서 자기를 사랑하는 자들에게 약속하신 생명의 면류관을 얻을 것이기 때문이라"(약 1:12).

파당(factions)은 단순히 분열을 일으키는 데 그치지 않는다. 파괴한다. 처음에 파당은 강한 영적 지도자를 드러내는 데 도움이 되지만, 방치하면 어느 그리스도인 그룹이든 기반을 흔든다. 따라서 용납해서는 안 된다. 바울은 디도에게 이렇게 썼다. "이단에 속한 사람(factious man, 파당을 짓는 사람)⁷¹을 한두 번 훈계한 후에 멀리하라. 이러한 사람은 네가 아는 바와 같이 부패하여 스스로 정죄한 자로서 죄를 짓느니라"(딛 3:10-11). 그가 파당을 짓고 분열을 일으키는 사람이라는 바로 그 사실이 그의 육성(肉性, carnality)을 증명하고 그가 그리스도인의 교제에 들기에 적합하지 않음을 증명한다. 파당이 나타나는 것은 필요하다. 그러나 파당이 교회 분열로 이어지도록 방치하거나 허용하는 것은 필요하지 않다.

이 악의 초점은 **주의 만찬**이었다. '데이프논'(*deipnon*, **Supper**, 만찬)이란 용어는 저녁 식사를 가리키는 일반적 단어였다. 여기에 **주의(the Lord's)**가 추가되어 특별하고 훨씬 큰 의미가 부여된다. 이것은 교회가 모여 "애찬"을 나누는 실제 식사이며, 이 식사에서 성만찬으로 이어졌다. 성만찬은 고린도교회에서 이 만찬과 연결되었으나 오용되어 그 거룩한 목적이 모호해졌고 그 신성함이 훼손되었다. 초기 교회에서, 애찬과 성만찬은 관례적으로 함께 행해졌다. 그러나 고린도교회의 경우처럼 오용되었기에, 성만찬을 보호하려고 둘을 분리할 수밖에 없었다. 애찬은 곧 완전히 사라졌다.

고린도교회에서 파당을 짓는 자들이 성만찬을 심하게 오용해 성만찬이 조롱거리가 되었다. 사실, 그것은 전혀 성만찬이 아니었다. **그런즉 너희가 함께 모**

---

71 새번역: 분파를 일으키는 사람.

여서 주의 만찬을 먹을 수 없으니.[72] 이들은 이것이 주님께 드려졌다고 제대로 말할 수 없었다. 그 뿐 아니라, 식사도 성만찬도 주님을 높이는 게 아니었다. 이들에게 의식은 있었으나 실체는 없었고, 형식은 있었으나 본질은 없었다. 바울은 사실 이렇게 말했다. "여러분이 떡을 떼고, 잔을 건네며, 예수님이 하신 어떤 말씀을 되뇔는지 모릅니다. 그러나 여러분이 하는 행동은 주님이 제정하신 의식과 아무 상관이 없습니다. 그리스도께서 거기 참여하지 않으십니다."

이는 먹을 때에 각각 자기의 만찬을 먼저 갖다 먹으므로, 어떤 사람은 시장하고 어떤 사람은 취함이라. 가난한 신자들은 부자들이 가져온 음식을 함께 먹길 기대하며 만찬 자리에 왔지만 영적으로 뿐 아니라 육체적으로도 굶주린 채 돌아갔다. 음식과 음료를 가져온 자들이 잔뜩 먹고 취했다. 이들은 주의 만찬의 목적 자체를 조롱했다. 주의 만찬의 목적은 그리스도께 속한 자들이 그리스도께서 자신들로 그분 안에서 하나 되게 하려고 치르신 희생을 기억하면서 서로 조화를 이루고 하나 되는 것이었다. "우리가 축복하는 바 축복의 잔은 그리스도의 피에 참여함이 아니며, 우리가 떼는 떡은 그리스도의 몸에 참여함이 아니냐? 떡이 하나요 많은 우리가 한 몸이니, 이는 우리가 다 한 떡에 참여함이라"(고전 10:16-17).

바울이 좌절한 듯한 표정으로, 마치 합리적 설명을 찾으려는 듯이 묻는다. **너희가 먹고 마실 집이 없느냐? 너희가 하나님의 교회를 업신여기고, 빈궁한 자들을 부끄럽게 하느냐?** 이들이 이기적으로 탐닉하려 했다면, 집에서 할 수 있지 않았겠는가? 그게 아니면, 이들이 실제로 하나님의 교회를 노골적으로 멸시함으로써 교제를 파괴하려 했는가? 또는 이들이 그리스도 안에 있는 가난한 형제자매들을 업신여긴 나머지 고의로 이들을 당혹스럽게 하고 부끄럽게 했는가? 이유가 무엇이든, 이들은 교회에 끼친 해를 정당화할 수 없었다. 이들이

---

72 NASB: Therefore when you meet together, it is not to eat the Lord's Supper(그러므로 여러분이 모일 때, 그것은 주의 만찬을 먹는 게 아닙니다).
새번역: 여러분이 한 자리에 모여서 먹어도, 그것은 주님의 만찬을 먹는 것이 아닙니다.

사랑을 보일 수 없다면, 애찬을 해야 할 이유가 어디 있겠는가?

이번에도, 바울은 이들에게 자신은 이들을 변호할 말이 없다고 말한다. **내가 너희에게 무슨 말을 하랴? 너희를 칭찬하랴? 이것으로 칭찬하지 않노라.** 그는 이렇게 말했다. "여러분은 제게 전혀 인정받지 못할 것입니다. 여러분은 결코 아무 칭찬도 받지 못할 것입니다."

그리스도인은 태도와 동기가 늘 순수해야 한다. 그러나 신자들이 주의 식탁에 나와 그분의 몸인 떡과 그분의 피인 잔을 나눌 때, 모든 죄, 모든 응어리, 모든 인종적 · 성적 편견, 모든 계층적 교만, 모든 우월감을 단연코 내려놓아야 한다. 모든 장소와 상황 중에서, 이런 태도가 가장 안 어울리는 곳이 바로 주의 만찬 자리다. 이것들은 거룩하고 아름다우며 하나 되게 하는 하나님의 의식을 심하게 더럽힌다.

주의 만찬의 목적은 무엇인가?

내가 너희에게 전한 것은 주께 받은 것이니, 곧 주 예수께서 잡히시던 밤에 떡을 가지사, 축사하시고, 떼어 이르시되, 이것은 너희를 위하는 내 몸이니, 이것을 행하여 나를 기념하라 하시고, 식후에 또한 그와 같이 잔을 가지시고 이르시되, 이 잔은 내 피로 세운 새 언약이니, 이것을 행하여 마실 때마다 나를 기념하라 하셨으니, 너희가 이 떡을 먹으며 이 잔을 마실 때마다 주의 죽으심을 그가 오실 때까지 전하는 것이니라. (11:23-26)

이 단락은 흙탕길에 떨어진 다이아몬드 같다. 성경에서 가장 아름다운 단락 중 하나가 세상적이고 육적이며 이기적이고 몰지각한 태도와 행동을 강하게 꾸짖는 대목에서 등장한다. 사실, 이 꾸짖음은 이 단락이 아주 감동적으로 묘사하는 바로 그 의식을 왜곡한 그리스도인들을 향한 것이다.

특히 중요하거나 논쟁거리가 될 만한 진리를 제시할 때 자주 그렇게 했듯이, 바울은 자신이 지금 가르치는 것은 자신의 의견이 아니라 계시된 하나님의 말씀이라는 것을 분명히 한다. 23절의 시제에서 알 수 있듯이, 바울이 이제 고린도 신자들에게 하려는 말은 이들에게 새로운 게 아니다. 바울은 자신이 이들에게 이미 가르친 것을 상기시키고 있다. **내가 너희에게 전한 것은 주께 받은 것이니.**

매우 보수적인 학자들은 고린도전서가 모든 복음서보다 먼저 기록되었으리라는 데 동의한다. 이것이 사실이라면, 바울이 여기에 쓴 기사는 주의 만찬에 관한 최초의 성경 기록이며, 예수님의 말씀을 직접 인용한다. 이것은 복음서 기사들과 완벽하게 일치한다. 그러나 바울은 이 계시를 다른 사도들을 통해서 받은 게 아니라 주님께 직접 받았을 가능성이 아주 높다(참조. 갈 1:10-12). 비록 여기에 사용된 용어들은 주님에게서 바울을 거쳐 고린도 신자들에게 전해진 전승의 사슬(chain of tradition)을 말하고 있더라도 말이다.

주 예수께서 잡히시던(was betrayed) 밤에는 역사적 정황을 제시한다. 그러나 방금 언급했듯이 아직 어느 복음서도 기록되지 않았으므로, 많은 신자들이 이 정황을 알지 못했을 것이다. 이번에도, 더러운 배경 앞에 보석이 보인다. 더없이 아름답고 의미 깊은 기독교 의식이 주님이 배신당해 잡히시던 바로 그 밤에 제정되었다. 세상의 악 한 가운데서, 하나님은 자신의 선을 세우신다. 사탄의 사악함 한 가운데서, 하나님은 자신의 거룩을 심으신다. 육신적 파당이 옳다 인정받은 주님의 성도들이, 대비(對比)를 통해, "나타나게"(become evident) 하듯이(11:19), 예수님이 당하신 배신과 체포로 인해 그분의 은혜로운 희생이 더 분명해졌다. 사탄의 절대적 최악 한가운데서, 하나님의 아들이 십자가에서 정죄 받는 상황에서, 하나님은 자신의 절대적 최선을, 세상을 구속하기 위한 희생을 그 십자가를 통해 성취하셨다.

예수님은 다락방에서 제자들과 함께 유월절 만찬을 하고 계셨다. 그렇더라도 복음서들 뿐 아니라 여기 기록된 바울의 기사도 그 식사를 세세하게 기술하지 않는다. 복음서와 바울은 예수님이 새로운 식사, 새로운 만찬, 옛 만찬을 능가하는 만찬을 제정하셨다는 데 초점을 맞춘다.

유월절 만찬은 집주인(host, 집례자)이 붉은 포도주가 담긴 첫째 잔을 들고 축복한 후 참석한 사람들에게 건네면서 시작되었다. 식사 중에 포도주 네 잔을 건넸다. 첫째 잔을 마신 후, 쓴 나물을 과일 소스에 찍어 먹었으며, 유월절의 의미에 관한 메시지를 들었다. 그런 후, 찬송, 곧 할렐의 첫 부분을 불렀다(할렐은 "찬양"이란 뜻이며, "여호와를 찬양하라"는 할렐루야와 관련이 있다). 할렐은 시편 113-118편으로 구성되며, 이 때 부른 첫 부분은 대개 113편 또는 113편과 114편이었다. 둘째 잔을 건넨 후, 집례자는 누룩 없는 떡(빵)을 떼어 건넸다. 그런 후, 메인 식사를 했는데, 희생된 어린양을 구운 고기였다. 기도 후, 셋째 잔을 건네고 할렐의 나머지 부분을 불렀다. 다가오는 나라를 고대하는 넷째 잔을 마시고 곧바로 떠났다.

예수님이 축복하셨고 성만찬의 잔이 된 것은 셋째 잔이었다. "저녁 먹은 후에 잔도 그와 같이 하여 이르시되, 이 잔은 내 피로 세우는 새 언약이니, 곧 너희를 위하여 붓는 것이라"(눅 22:20). 예수님이 짧게 경고하고 꾸짖으며 가르치신 후(21-38절), 만찬은 찬송을 부르며 끝났다(마 26:30). 예수께서 **떡을 가지사, 축사하시고, 떼어**(참조. 요 6:11). 헬라어 본문에서, **축사하시고(have given thanks)**는 '유카리스테오'(*eucharisteō*)의 분사형이며[73], 주의 만찬의 다른 이름 Eucharist가 바로 '유카리스테오'에서 왔다.

출애굽을 상징했던 **떡**이 이제 메시아 예수 그리스도의 **몸**을 상징하게 되었다. 유대인들에게, 몸은 단지 육체적 몸이 아니라 전인(whole person)을 상징했다. 예수님의 몸은 그분의 성육신적 삶 전체와 그분의 가르침과 사역과 일 전체—그분 전체와 그분이 행하신 일 전체—의 큰 신비를 상징했다.

'broken'(KJV의 24절에 나온다)[74]이란 단어는 가장 좋은 사본들이나 가장 현대적인 번역들에는 없다. 로마인들은 십자가에 못 박힌 죄수들의 다리를 흔히 꺾었으며(broke), 이것은 죽음을 재촉하는 자비의 행위였다. 그러나 요한은 예수님의 다리가 꺾이지 않았다고 구체적으로 말한다. 이것은 "그 뼈가 하나도 꺾이지 아니하리라 한 성경을 응하게 하려 함"이었다(요 19:33, 36). 그러므로 이것이 최선의 번역이다: **이것은 너희를 위하는 내 몸이다(This is My**

---

73 *eucharistēsas*(부정과거 능동태 분사, 남성 단수 주격).

74 KJV: this is my body, which is **broken** for you(이것은 너희를 위하여 찢긴 내 몸이다).
개역개정: 이것은 너희를 위하는 내 몸이니.

body, which is for you).

너희를 위하는(for you)은 성경 전체에서 가장 아름다운 두 단어다. 예수님은 자신의 몸을, 자신의 성육신한 삶 전체를 그분을 믿는 우리를 위해 내어 주셨다. "내가 너희를 위해 사람이 되었다. 내가 너희에게 복음을 주었다. 내가 너희를 위해 고난당했다. 내가 너희를 위해 죽었다." 은혜롭고 사랑이 넘치며 너그럽고 자비로운 우리의 하나님이 성육하신 것은 자신을 위해서가 아니라 우리를 위해서다. 한 사람이 이 희생의 유익을 원하고 받아들이느냐 그러지 않느냐는 그 사람의 선택이다. 그러나 예수님은 이 희생을 하시고 이것을 받아들이라고 모두에게 제안하신다. 그분은 자유하게 될 모두를 위한 몸값을 지불하셨다.

문설주와 인방에 바른 어린양의 피를 상징했던 **잔**이 이제 하나님의 어린양이 세상의 구원을 위해 흘린 **피**를 상징하게 되었다. 옛 언약은 사람들이 드리는 동물의 피로 거듭 비준되었다. 그러나 새 언약은 예수 그리스도의 피로 단번에(once for all) 비준되었으며(히 9:28), 그 피는 하나님이 친히 흘리신 것이었다. 옛 해방은 단순히 애굽에서 벗어나 가나안에 들어가는 것이었다. 그래서 예수님은 잔을 들고 이것은 **내 피로 세운 새 언약이니**라고 하셨다. 이것은 행위 언약을 대체하는 은혜 언약이라는 의미에서 새로운 게 아니었음을 깨닫는 게 중요하다. 이것은 옛 언약의 모든 그림자가 가리켰던 구원하는 언약(saving covenant)이라는 의미에서 새롭다. 새로운 해방은 죄에서 구원으로, 죽음에서 생명으로, 사탄의 영역에서 하나님의 천국으로 옮기는 것이다. 유월절이 주의 만찬으로 바뀌었다. 우리는 이제 홍해와 출애굽이 아니라 십자가와 구주를 기억하기 위해 떡을 떼고 잔을 마신다. **이것을 행하여 마실 때마다 나를 기념하라(remember, 기억하라)**는 우리 주님이 친히 하신 명령이다. 그러므로 주의 만찬을 나누는 것은 신자들에게 선택사항이 아니다. 우리에게 기억하라고 명하신 행위를 통해 우리를 사신 주님께 충실하려면, 정기적으로 성만찬을 행해야 한다. 주의 만찬에 참여하지 않는 것은 불순종이며 죄다.

히브리인들에게, 기억한다는 것은 단순히 무엇인가를 상기한다거나 일어났던 일을 떠올린다는 뜻이 아니었다. 진정으로 기억한다는 것은 마음에서 그 때로 돌아가 그 사건이나 경험의 실재와 의미를 최대한 다시 붙잡는다는 것이다. 예수 그리스도와 그분의 십자가 희생을 기억한다는 것은 그분의 삶, 고통, 고난, 죽음을 최대한 되새긴다는 것이다. 우리는 주의 만찬에 참여할 때 다시 희생 제사를 드리는 게 아니다. 그분이 우리를 위해 단번에(once-for-all) 드린 희생 제사를 기억하고, 자신을 그분이 보이신 순종의 섬김에 다시 헌신하는 것이다.

너희가 이 떡을 먹으며 이 잔을 마실 때마다 주의 죽으심을 그가 오실 때까지 전하는 것이니라. 우리는 그리스도의 죽음을 기억하고 전할 때마다, 성만찬을 행할 것이다. 빈도는 제시되지 않지만, 성만찬은 영구적 향연이다. 성만찬은 단지 우리를 위한 기억(기념)이 아니다. 세상을 위한 선포이기도 하다. 성만찬은 우리가 주님이나 그분의 피를 부끄러워하지 않는다는 것을, 우리가 주님께 속하며 그분께 순종한다는 것을 세상에 보여주는 증언이다.

성만찬은 또한 주님의 재림을 상기시킨다. 주님은 우리에게 그분의 죽음을 **그가 오실 때까지** 전하라고 하시기 때문이다. 성만찬은 우리가 주님과 함께할 날을 늘 고대하도록 돕는다. 성만찬은 지금 우리와 함께하는 주님의 삶과 미래에 영광중에 이루어질 주님의 재림을 축하한다.

이 기억에는 많은 것이 포함된다. 신자는 주의 만찬에 참여할 때, 그리스도께서 십자가에서 하신 일을 기억하고(11:25), 요소들 자체가 아니라 교제 가운데서 그리스도의 영적 임재에 참여하며(10:16), 성도들과 교제하고(10:17), 거룩하게 예배하며(10:20-22), 그리스도 안에 있는 구원을 선포하고(11:24-25), 주님의 재림과(11:26) 도래하는 하나님 나라를 고대한다(마 26:29).

주의 만찬을 위해 어떻게 준비해야 하는가?

그러므로 누구든지 주의 떡이나 잔을 합당하지 않게 먹고 마시는 자는 주의 몸과 피에 대하여 죄를 짓는 것이니라. 사람이 자기를 살피고 그 후에야 이 떡을 먹고 이 잔을 마실지니, 주의 몸을 분별하지 못하고 먹고 마시는 자는 자기의 죄를 먹고 마시는 것이니라. 그러므로 너희 중에 약한 자와 병든 자가 많고 잠자는 자

도 적지 아니하니, 우리가 우리를 살폈으면 판단을 받지 아니하려니와, 우리가 판단을 받는 것은 주께 징계를 받는 것이니, 이는 우리로 세상과 함께 정죄함을 받지 않게 하려 하심이라. 그런즉 내 형제들아 먹으러 모일 때에 서로 기다리라. 만일 누구든지 시장하거든 집에서 먹을지니, 이는 너희의 모임이 판단 받는 모임이 되지 않게 하려 함이라. 그 밖의 일들은 내가 언제든지 갈 때에 바로잡으리라. (11:27-34)

바울은 다시 경고로 돌아온다. 주의 만찬과 관련된 모든 것 때문에, 주의 만찬에 참여하는 자들 중에 누구든지 **주의 떡이나 잔을 합당하지 않게 먹고 마시는 자는 주의 몸과 피에 대하여 죄를 짓는 것이다.** 주의 만찬에 참여하는 합당하지 못한 방식이 많다. 사람들이 생각과 마음은 참여하지 않은 채 그저 의식적으로 주의 만찬에 참여하는 경우가 흔하다. 이들은 아무 감정 없이 주의 만찬에 참여할 뿐이며, 주의 만찬을 진지하게 여기지 않고 가볍게 여긴다. 이들은 주의 만찬이 은혜나 공로를 나누어준다고 믿으며, 이 의식이 상징하는 희생이 아니라 의식 자체가 한 사람을 구원하거나 구원을 유지할 수 있다고 믿는다. 많은 사람이 다른 신자를 향한 원성이나 미움을 품은 채, 또는 회개하지 않은 죄를 그대로 둔 채 주의 만찬에 참여한다. 신자가 아버지와 아들과 성령에 대한 가장 고상한 생각에 미치지 못하는 것, 그리고 그리스도 안에 있는 그의 형제자매들을 향한 전적인 사랑에 미치지 못하는 것을 품고 주의 만찬에 참여한다면, 합당하지 못하게 참여하는 것이다.

주의 만찬에 합당하지 못하게 참여한다면, **주의 몸과 피에 대하여 죄를 짓는 것이다.** 국기를 밟는 행위는 천 조각을 더럽히는 행위가 아니라 그것이 상징하는 한 나라를 더럽히는 행위다. 합당하지 않게 성만찬에 참여한다는 것은 단순히 이 의식을 더럽히는 게 아니다. 이 의식이 그 존귀를 기리는 분을 더럽히는 것이다. 우리는 우리를 위한 그분의 전적인 은혜로운 삶과 일, 우리를 대신한 그분의 고난과 죽음을 상징하는 그분의 몸과 피를 더럽히는 **죄**를 범하게 된다. 우리는 예수 그리스도 바로 그분을 조롱하고 그분을 무관심하게 대하는 죄를 짓는 것이다(참조. 행 7:52; 히 6:6; 10:29).

그러므로 신자는 주의 만찬에 참여할 때마다, 먼저 **자기를 살피고 그 후에야 이 떡을 먹고 이 잔을 마셔야** 한다. 주의 만찬에 참여하기 전에, 자신을 철저히 점검하고, 자신의 마음에 있어서는 안 되는 것이 있는지 정직하게 살피며, 모든 악한 것을 걸러내야 한다. 주님과 그분의 말씀을 향한, 그분의 백성을 향한, 성만찬 자체를 향한 우리의 동기와 태도를 주님 앞에서 세밀하게 살펴야 한다. 따라서 주의 만찬은 교회를 깨끗하게 하는 특별한 자리가 된다. 이것이 성만찬을 활용하는 중요한 방식이며, 바울의 경고는 이러한 이상을 강화한다.

바르지 못한 마음으로 주의 만찬에 참여하는 자, **주의 몸을 분별하지 못하고 먹고 마시는 자는 자기의 죄**(judgment to himself, 자신을 향한 심판)**를 먹고 마시는 것이다.**[75] 죄(judgment, *krima*)는 여기서 징벌의 의미를 내포한다. "그러므로 이제 그리스도 예수 안에 있는 자에게는 결코 정죄함이 없기" 때문에(롬 8:1), KJV의 damnation(영벌)이란 번역은 유감이다. 바울이 여기서 사용하는 *krima*(심판, 죄)와 *katakrima*(condemned, 정죄함)의 큰 차이가 32절에 나오며, 거기서 '크리마'는 구원받은 자들이 받는 징계(discipline)를 가리키고 '카타크리마'는 잃은 자들이 받는 정죄(condemnation)를 가리키는 게 분명하다. 이 징벌은 **주의 몸을 분별하지 못하고 먹고 마시는 자**에게, 다시 말해, 성만찬에서 사용되는 피와 몸을 분별하지 못하는 자에게 내린다. 하나님의 심판을 피하려면, 성만찬의 거룩을 제대로 분별하고 이에 반응해야 한다.

주님이 사용할 수 있을 징벌의 유형들이 30절에 나온다. **그러므로 너희 중에 약한 자와 병든 자가 많고 잠자는 자도 적지 아니하니.** 하나님은 주의 만찬을 오용하는 자들을 영원히 정죄하지는 않으시지만 그분의 징벌은 혹독한 질병일 수 있다. 여기서 **잠자는(sleep)**은 신약성경 여러 곳에서처럼 은유적으로 사용되었고 신자들의 죽음을 가리킨다(나사로의 경우처럼, 요 11:11; 스데반의 경우처럼, 행 7:60). 고린도 신자들이 하나님의 아들의 만찬을 계속해서 경멸하고 더럽혔기 때문에, 하나님은 실제로 **적지 아니한(a number,** *hikanos*, 문자적으로, "충분한")

---

75 새번역: 몸을 분별함이 없이 먹고 마시는 사람은, 자기에게 내릴 심판을 먹고 마시는 것입니다.

고린도 신자들로 죽음에 이르게 하셨다. 아나니아와 삽비라가 성령께 거짓말을 했기 때문에 이들로 죽음에 이르게 하셨듯이 말이다(행 5:1-11). 구약성경에서 그러했듯이, 이러한 신성한 처형(divine executions)은 모든 죄인에게 마땅하며, 모든 죄인이 받을 것에 대한 본보기로 작용해야 했다(참조. 눅 13:1-5).

합당하지 못함을 해결하는 방책이 있다. **우리가 우리를 살폈으면 판단을 받지 아니하려니와(If we judged ourselves rightly, we should not be judged).** 여기에는 우리가 어떠하며 어떠해야 하는지를 분별하는 것이 포함된다. 우리의 죄와 잘못된 태도와 동기를 자백하면, 하나님은 "미쁘시고 의로우사 우리 죄를 사하시며 우리를 모든 불의에서 깨끗하게 하실 것이다"(요일 1:9).

이미 언급했듯이, 우리가 합당하지 않게 주의 만찬에 참여해 하나님에게 심판(판단)을 받는다면, 이것은 정죄가 아니다. 오히려 정반대다. **우리가 판단을 받는 것은 주께 징계를 받는 것이니, 이는 우리로 세상과 함께 정죄함을 받지 않게 하려 하심이라.** 하나님은 죄 짓는 자들이 의로운 행위를 향해 돌아서도록 개개인을 징벌하시며, 죄 대신 거룩을 선택하는 자들을 격려하려고 교회의 몇몇으로 죽음에 이르게 하신다. 설령 우리가 그분의 식탁을 더럽혔다고 주님이 우리를 쳐서 죽이더라도, 이것은 우리가 정죄함을 받지 않게 하기 위해서다. 이 사고는 강력하다. 우리는 판결 뿐 아니라 하나님의 개입으로 정죄를 받지 않는다. 하나님은 우리가 구원에서 떨어지지 않도록 우리를 징벌하시며, 이런 일이 일어날 수 있기 전에, 필요하다면 우리의 생명까지 취하실 것이다.

바울은 고린도 신자들에게 삶과 태도를 바르게 하고, 선입견과 이기심과 하나님의 거룩한 의식에 관한 무관심을 완전히 버리라고 훈계하며 마무리한다. 바울은 [너희가] **먹으러 모일 때에**라고 말한다. 이것은 바울이 이들의 교제의 식사 개념을 지지했다는 것을 말한다. 그러나 이들은 **서로 기다렸다**가 함께 교제의 식사를 해야 했다. 누구라도 오로지 자신의 육체적 배고픔을 채우려고 이 식사에 참여한다면, 그런 사람은 자기 **집에서 먹어야** 한다. 그러지 않으면, 이들은 애찬을 왜곡한다. 이들은 애찬에, 특히 주의 만찬에 참여할 때, 영적 배고픔을 채우기 위해 참여해야 한다. 죄를 지으려고 모인다면 아무 의미가 없다. 이것은 단지 **판단 받는 모임(come together for judgment)**이 되는 것이기 때문이다.

　이 편지의 끝이 아니라 여기서 언급되기 때문에, 바울이 이 단락을 마무리하는 말, 곧 **그 밖의 일들은 내가 언제든지 갈 때에 바로잡으리라**는 예배나 주의 만찬 또는 둘 다와 관련된 다른 문제들을 가리키는 것이 틀림없다. 바울은 고린도에 직접 갈 때 이 문제들을 다룰 것이었다.

28

위조된 성령의 은사, 그 배경과 테스트

(12:1-3)

형제들아, 신령한 것에 대하여 나는 너희가 알지 못하기를 원하지 아니하노니, 너희도 알거니와 너희가 이방인으로 있을 때에 말 못하는 우상에게로 끄는 그대로 끌려갔느니라. 그러므로 내가 너희에게 알리노니, 하나님의 영으로 말하는 자는 누구든지 예수를 저주할 자라 하지 아니하고, 또 성령으로 아니하고는 누구든지 예수를 주시라 할 수 없느니라. (12:1-3)

이 단락에서 영적 은사(spiritual gifts, **신령한 것들**)에 초점을 맞추는 단원이(12-14장) 시작되는데, 영적 은사는 오늘날 기독교의 여러 진영에서 논쟁이 되는 주제다. 복음주의 내에서도 성경의 교리 가운데 영적 은사보다 더 오해되고 오용된 부분도 없을 것이다. 그러나 교리 중에 교회의 영적 건강과 효율성에 이보다 중요한 부분도 없다. 하나님의 성령께서 직접 주시는 능력 외에, 신자들이 그리스도인으로서 섬길 때 영적 은사, 곧 하나님이 주신 자질보다 중요한 것은 없다.

많은 사람의 생각과 반대로, 진정한 예수 그리스도의 교회는 계층을 이루는 관리들이 운영하는 가시적 인간 조직이 아니다. 진정한 교회는 공동체의 필요나 요구를 채우는 사회적 기관이나 결혼식, 장례식, 세례식 등을 하기에 편리한 곳이 아니다. 또한, 신념과 기준이 같은 사람들이 모여 교제하고 때로 봉사하는 종교적 사교클럽도 분명 아니다.

교회, 곧 예수 그리스도께서 세우셨고 신약성경이 기술하며 정의하는 교회는 살아 있는 유기체다. 교회는 그리스도의 영적 몸이며, 그리스도는 이 몸의 머리요 주인(Lord)이다. 이 몸의 지체들은 전적으로, 오로지 그분을 자신의 구주와 주님으로 믿음으로써 새로운 피조물이 된 사람들이다. 비록 인간 지체들로 구성되었지만, 교회는 인간의 조직이 아니다. 교회는 주님이 친히 세우셨고 힘을 주시며 이끄시는 영적 유기체다. 그 머리가 영원하며 파괴될 수 없기에, 교회는 영원하며 파괴될 수 없다. 예수님은 교회를 "음부의 권세가 이기지 못하리라"라고까지 단언하신다(마 16:18).

그리스도의 교회를 이루는 모든 지체는 초자연적 자질, 곧 성령의 은사를 받았다. 이 은사는 하나님이 성령을 통해 그분의 백성 가운데서, 세상을 향해 그분의 말씀과 능력을 베푸시는 하나님의 거룩한 도구(God's divine means)다. 영적 은사는 교회가 든든히 서고 세상에 복음을 전파하도록 하나님이 주시는 초자연적 보급품이다. 영적 은사는 신자들이 성장하고 예배하며, 증언하고 섬기는 수단이다.

진정한 영적 은사는 하나됨, 조화, 그리고 능력을 강화하고 나타내도록 하나님이 주시는 것이다. 위조된 사탄의 은사는 분열시키고 혼란을 일으키며 약하게 하려는 것이다. 하나님의 은사는 세우고, 위조된 사탄의 은사는 무너뜨린다.

오늘의 많은 교회처럼, 고린도교회는 영적 은사에 대한 오해와 오용뿐 아니라 위조의 영향을 심하게 받았다. 고린도 신자 중에 이 문제를 인지한 사람들이 있었으며, 고린도전서 12-14장은 이들이 바울에게 쓴 편지에서(7:1) 제시한 질문들에 계속 답한다. 그 편지에서 제기되고 반영된 문제들 외에, 바울은 "글로에의 집 편으로"(1:11), "스데바나와 브드나도와 아가이고"를 통해(16:17) 다른 문제들도 알게 되었다. 바울이 이 단원에서 주는 가르침에 비춰 볼 때, 그 질문들은 다음과 같은 것이 포함되었을 것이다. 영적 은사란 무엇인가? 영적 은사는 얼마나 많은가? 모든 신자에게 영적 은사가 있는가? 자신이 어떤 영적 은사를 가졌는지 어떻게 알 수 있는가? 영적 은사가 그리스도인 개개인의 삶과 교회의 삶에 얼마나 중요한가? 성령의 세례는 무엇이며, 영적 은사와 어떤 관계인가? 모든 은사가 모든 시대의 교회에 주어지는가, 아니면 어떤 은사는 특별한 목적에서 제한된 시기에 주어지는가? 영적 은사가 위조될 수 있고 만약 그렇다면, 신자들이 참 은사와 거짓 은사를 어떻게 구분할 수 있는가? 이것들을 비롯해 많은 질문에, 바울을 세밀하게 답한다.

고린도 신자들은 거의 모든 것을 왜곡했듯이, 영적 은사의 본성과 목적과 활용까지 왜곡했다. 다른 경우와 마찬가지로, 이런 왜곡은 주로 이들이 이교도 사회에서 교회에 가지고 들어온 사상과 관습 때문이었다. 옛 삶이 새 삶을 계속 오염시켰다. 이들은 "부정한" 이전 방식들을 버리지 못했으며, 사실 여전히 단단히 붙잡고 있었다(고후 6:14-17). 이들은 부유했고 영적 은사에 부족함이 없었으나(고전 1:7), 그 은사를 이해하는 데는 가난했고 활용하는 데는 무책임했다.

이교적 배경들

헬라 문화와 로마 문화의 이교들은(pagan cults) 흔히 말하는 신비종교의 일부였다. 바울 당시 이것들은 이미 수천 년간 중동(근동) 세계를 지배해 왔으며, 중세 전체와 얼마간 현대까지 서구 문화의 많은 부분을 지배하게 되었다.

요한은 밧모섬에서 환상 중에 "많은 물 위에 앉은 큰 음녀가 받을 심판"을 보았는데 "그의 이마에 이름이 기록되었으니 비밀이라, 큰 바벨론이라, 땅의 음녀들과 가증한 것들의 어미"였다(계 17:1, 5). 여기서 주님은 자신이 세상 종교를 심판하실 것을 보여주신다. 대환난 끝에, 참 교회가 이끌려 올라갈 것이며(살전 4:13-18; 계 3:10), 세상은 참으로 우주적인 자신의 종교를 세우기 시작할 것이다. 이것은 세상 모든 거짓 종교의 합성일 것이며 "자기의 능력과 권세를 짐승에게 줄" 것인데, 그 짐승은 적그리스도다(계 17:13). 이 강력한 우주적 종교의 최종 형태는 역사적으로 고대 바벨론에서 기원한 신비종교들의 완성을 상징할 것이다.

조직된 형태의 거짓 종교는 바벨탑에서 시작되었으며, 바벨론이란 이름이 여기서 나왔다. 가인은 최초의 거짓 예배자였고, 이후 많은 개인이 그의 본을 따랐다. 그러나 조직화된 이방 종교는 노아의 세 아들 중 하나인 함의 후손들에게서 시작되었으며, 이들은 "하늘에 닿는" 큰 기념비를 세워 자신들의 이름을 크게 내기로 했다(창 10:9-10; 11:4). 교만한 배교자 니므롯의 지휘 아래, 이들은 하늘을 급습하고 큰 세계적 예배 시스템으로 자신들의 힘과 특권을 통합하려고 계획했다. 이것이 인간이 만든 최초의 위조 종교(counterfeit religion)이었으며, 이런저런 형태의 모든 거짓 종교가 여기서 기원했다

하나님의 심판으로, 인간의 하나됨을 웅장하게 보여주려던 이들의 목적이 좌절되었다. "그들의 언어를 혼잡하게 하여 그들이 서로 알아듣지 못하게" 하고 "그들을 온 지면에 흩으심"으로써(창 11:7-8), 하나님은 바벨탑 쌓기를 중단시키고 이들의 연대를 좌절시키셨다. 그러나 이들에게는 거짓되고 우상을 숭배하는 종교의 씨앗이 있었으며, 이들과 이들의 후손이 지금껏 온 세상에 이 씨앗을 뿌렸다. 사상과 형태가 변하고 수정되었으며 때로 더 세밀해졌으나 기본 체계는 변하지 않고 그대로 유지되었다. 이런 이유에서, 바벨 또는 바벨론이 "땅의 음녀들과 가증한 것들의 어미"라 불린다(계 17:5). 바벨, 또는 바벨론은 모든 거짓 종교의 시조다.

다양한 고대 자료에서 알 수 있듯이, 니므롯의 아내 세미라미스(Semiramis, 첫째)는 바알 종교의 대사제이자 모든 신비 종교의 창시자였던 게 분명해 보인다. 바벨탑이 무너지고 언어가 나뉜 후, 세미라미스는 다양한 이름의 신으로 숭배되었다. 세미라미스는 시리아의 이슈타르(Ishtar), 페니키아의 아스타르테(Astarte), 이집트의 이시스(Isis), 그리스의 아프로디테, 로마의 비너스가 되었다. 각각에서 성적 사랑과 다산의 신이 되었다. 세미라미스의 아들 담무스(Tammuz)도 다양한 이름으로 신격화되었고, 이슈타르의 배우자였으며 지하세계의 신이었다.

이슈타르 숭배자들(cult)에 따르면, 담무스는 햇빛으로 잉태되었다. 예수님의 동정녀 탄생의 위조판이다. 담무스는 페니키아의 바알, 이집트의 오시리스, 그리스의 에로스, 로마의 큐피드에 상응한다. 모든 경우, 이런 신들과 여신들을 숭배하는 행위는 음행과 연결되었다. 사순절은 성경적 근거가 없으며, 오히려 세미라미스가 담무스의 죽음을 40일간 애도한 것을 이교도가 기념한

데서 비롯되었다(참조. 겔 8:14). 이후 담무스가 부활했다고 하며, 이것은 사탄이 만들어낸 또 다른 위조된 신화다.

신비 종교들은 단순히 물세례 의식으로 다시 태어난다는 세례로 거듭남 (baptismal regeneration)[76]이란 개념을 낳았고, 죄를 속하거나 영적 호의를 얻으려고 신체를 훼손하거나 채찍질하는 관습을 낳았다. 신비 종교들은 또한 오늘날 많은 종교가 따르는 순례 관습을 낳았으며, 자신과 타인들의 죄를 용서받으려고 고행하는 관습도 낳았다.

여러 이교도 관습이 고린도교회에 영향을 끼쳤다. 가장 중요했고 틀림없이 가장 분명했던 것은 종교 체험의 가장 높은 표현으로 여겼던 황홀경이었을 것이다. 황홀경은 초자연적으로 보였고 극적이며 흔히 기이했기에, 육적인 사람에게 호소력이 강했다. 성령께서 사도 시대에 숱한 이적을 행하셨기에, 어떤 고린도 신자들은 이러한 참 이적들과 이교도의 황홀경이 위조한 거짓 이적들을 혼돈했다.

황홀경(헬. *ekstasia*, 성경에 없는 용어)은 신과 나누는 초자연적·감각적 교감으로 여겨졌다. 강한 최면 상태에서 주문(呪文)과 의식을 통해, 예배자들은 신과 하나 되는 반의식적(semiconscious) 도취감을 경험했다. 의식에 앞서 흔히 철야기도와 금식이 있었고, 만취하도록 마시기도 했다(엡 5:18을 보라). 거룩한 대상 명상하기, 빙글빙글 돌며 춤추기, 향긋한 향, 읊조리기를 비롯해 육체적·심리적 자극들이 황홀경을 이끌어내는 데 관습적으로 사용되었고, 황홀경은 유체이탈이나 억제되지 않는 성적 난잡함의 형태였을 것이다. 유체이탈은 통증에 무감각해지는 힌두교 요가의 몇몇 형태와 번뇌에서 벗어나 열반, 곧 거룩한 무(divine nothingness)에 들려는 불교의 목적에서도 나타난다. 성적 황홀경은 많은 고대 종교에서 일반적이었고, 고린도와 아주 밀접하게 연결되었기에 '고린도화하다'(Corinthianize, 고린도 사람처럼 되다)라는 말이 극단적 음란에 빠진다는 뜻이었다. 바커스(Bacchus) 신전이 지금도 바알벡(Baalbek, 지

---

76 baptismal regeneration: 세례/침례에 의한 중생, 세례/침례 중생설, 세례/침례 구원론 등으로 번역된다. 세례/침례가 구원(거듭남)에 필수라고 본다.

금의 레바논)의 폐허에 남아 있어 신비종교들의 음탕함을 증언한다.

비슷한 형태의 신비 체험을 열광(enthusiasm, 헬. *enthusiasmos*)이라 불렀는데, 흔히 황홀경을 동반했으나 황홀경과는 구분되었다. 열광은 예언, 점술, 계시적 꿈과 환상을 포함했으며, 이 모두를 오늘의 많은 이방 종교와 철학에서 볼 수 있다.

고린도 상황

신약시대의 고린도는 신들을 대변하며 자신의 주장을 증명하는 초자연적 능력을 가졌다고 주장하는 신비 종교의 예언자, 사제, 여사제, 종교 창녀, 점쟁이로 넘쳐났다. 믿을 수 없게도, 이들의 극적이고 기괴한 행위 중에 어떤 것들을 교회가 흉내 냈다.

고린도 신자들은 요엘 선지자의 예언을 알았다.

> 그 후에 내가 내 영을
> 만민에게 부어 주리니
> 너희 자녀들이 장래 일을 말할 것이며
> 너희 늙은이는 꿈을 꾸며
> 너희 젊은이는 이상을 볼 것이며
> 그 때에 내가 또 내 영을
> 남종과 여종에게 부어 줄 것이며. (욜 2:28-29)

이들은 성령이 임하실 때 놀라운 표적과 사건들이 동반되리라는 예수님의 말씀도 알았다(막 16:17-18). 이들은 오순절에 일어난 기적의 사건들, 즉 불의 혀처럼 갈라지는 것들이 각 사람에게 임해 각자 다른 언어로 말한 일을 아마도 베드로에게 직접 들었을 것이다(행 2:3-4). 이들은 이런 놀라운 일들을 체험하려는 결심이 너무나 확고했던 나머지 이것들을 조작하려 했을 것이다.

고린도전서는 신약성경에서 가장 먼저 기록된 서신 중 하나였다. 그러나 짧은 기간인데도, 사탄은 많은 교리와 행위와 표적에 관해 신자들을 교란하기 시작했다. 하나님의 진리라는 순수한 물이 진흙탕이 되어갔고, 이런 상황은 고린도가 가장 심했다. 사탄은 복음과 그 이적들을 열심히 위조하기 시작했으며, 잘 속고 세상적이며 자기중심적이고 짜릿함을 추구하며 이교적 배경을 가진 고린도 신자들은 사탄의 주된 목표물이었다.

사람들은 하찮은 것을 위조하지 않는다. 사탄은 성령의 은사가 하나님의 계획에서 아주 귀중하다는 것을 알며, 그래서 성령의 은사를 위조한다. 하나님의 백성으로 성령의 은사를 혼동하거나 오용하게 만들 수 있다면, 사탄은 교회의 예배와 일을 흔들고 더럽힐 수 있다. 거짓된 표현을 통해서든 오도되는 이기적 활용을 통해서든, 위조된 은사는 하나님의 영적 유기체에 독이 되고 그 유기체를 약하고 무능하게 한다.

고린도 그리스도인들의 영적 미성숙을 보여주는 주된 증거 중 하나는 분별력 부족이었다. 어떤 밀교 행위가 초자연적 효과가 있어 보이면, 이들은 그것이 하나님에게서 왔다고 생각했다. 어떤 사제나 점쟁이가 기적을 행하면, 이들은 그것이 하나님의 능력에서 비롯되었다고 생각했다. 오늘의 많은 그리스도인처럼, 이들은 어떤 것이 "효과가 있으면"(works), 틀림없이 옳으며 선하다고 믿었다. 그러나 어떤 신자들은 많은 교인을 특징짓는 혼란과 분열과 부도덕한 행위가 하나님에게서 왔을 수 없음을 깨달았다. 이들은 바울에게 성령에서 비롯된 것과 다른 영에서 비롯된 것을 어떻게 분별하는지 알려 달라고 했다(참조. 요일 4:1).

영적 은사의 중요성

형제들아, 신령한 것(spiritual gifts)에 대하여 나는 너희가 알지 못하기를 원하지 아니하노니, (12:1)

바울이 여기서 **대하여(now concerning)**라는 표현을 쓰는 것은 "이제 둘째로"라고 말하는 것과 흡사하다. 첫째는 11:18에서 말했었다("먼저"). 고린도 신자들은 주의 만찬을 오용했듯이 자신들의 영적 은사도 오용했다.

많은 번역에서 이텔릭으로 표시된 것처럼, **gifts**(은사, 선물)는 번역자들이 원문에만 암시된 단어를 표현하려고 넣은 것이다. 헬라어 '프뉴마티코스'(*pneumatikos*)는 문자적으로 "영적인 것들"(spirituals) 또는 "영성들"(spiritualities)이란 뜻이며, 영적 성격이나 특징을 가지며 영적 통제 아래 있는 것을 가리킨다. 이 단어는 남성형과 중성형이 같기 때문에, 영적인 사람들이나 영적인 것들을 가리킬 수 있다. 어떤 해석자들은 이 단어가 바울이 지금껏 너무나 많이 말한 영적이지 못하고 육적인 사람들과 대비되는 영적인 사람들을 가리킨다고 보았다. 그러나 문맥에서 분명히 알 수 있듯이, 이 단어는 영적인 '것들'(things), 구체적으로 성령의 "은사"를 가리킨다(12:4, 9, 28, 30-31). 같은 단어가 14:1에 사용되는데(참조. 12절), 거기서 이 단어는 사람들을 가리키는 것일 수 없다. 에베소서 6:12을 제외하고, 신약성경에서 '영적'(spiritual, 신령한)이란 단어는 사용될 때마다 어떤 식으로든 성령과 연결된다.

바울은 고린도 신자들에게 그들의 **신령한 것(spiritual gifts,** 영적 은사), 즉 성령께서 모든 신자에게 얼마간 주시며 온전히 성령의 통제를 받아야 하고 그리스도의 영광을 위해 사용되어야 하는 사역을 위한 특별한 채비를 분명하고 완전하게 이해시키려 한다.

바울은 방금 주의 만찬을 오용한 것에 대해 거친 말을 쏟아냈었다(11:17-34). 그 후, 이제 고린도 신자들에게 자신이 그들을 **형제들**로, 예수 그리스도 안에 있는 영적 형제자매로 여긴다고 재차 단언한다. 이들은 영적 형제들이나 그리스도인 형제들처럼 행동하지 않았으나 여전히 그리스도께 속했다.

바울은 이 형제들이 성령의 일, 특히 자신들이 받은 성령의 은사와 관련해 바르게 이해하길 깊이 바랐다. 그는 10:1에서 이스라엘이 모세의 인도 아래 광야에서 했던 경험을 말하며 사용했던 바로 그 표현을 여기서 사용한다(**나는 너희가 알지 못하기를 원하치 아니하노니**). 이것은 특별히 중요한 주제를 시작할 때 흔히 사용하는 관용표현이었다. 바울은 이 표현을 사용해, 중요한 진리에 바짝 주목하라며 독자들을 독려한다(롬 1:3, 11:25, 살전 4:13을 보라). 헬라어 '아그노에오'(*agnoeō*)는 문자적으로 "알지 못하다" 또는 "~에 대해 무지하다"는 뜻이다. 여기서 불가지론자를 뜻하는 agnostic이란 단어가 나왔다. 바울은 고린도 신자들이 그들의 영적 은사와 그 쓰임새에 무지하거나 의심하지 않고, 반신반의하거나 불가지론을 품지 않길 바랐다. 하나님이 사역을 위해 그분의 백성에게 주시는 은사를 적절하고 성실하게 사용하지 않으면, 교회가 기능할 수 없고 성숙할 수 없는 게 분명하다. 사탄은 성령의 은사를 위조하려 애쓸 것이며, 신자들을 꾀어 성령의 은사에 무지하고, 성령의 은사를 소홀히 하며, 오해하고 오용하며 왜곡하게 하려 할 것이다. 따라서 바울이 여기서 주는 가르침은 아주 중요하다.

바울은 고린도 신자들에게 확신을 주었다. 이들이 영적 은사에 관한 진리를 알 수 있으며 자신이 이들을 가르치기로 결심했다는 것이다. 그러므로 바울은 뒤이어 이들에게 어떤 은사가 진짜이고 어떤 은사가 사탄의 위조품인지 구별하는 법을 들려준다. 이들은 진짜 은사를 오용했고, 그래서 바울은 그 은사를 적절히 사용하는 법도 알려준다.

교회가 받은 모든 은사는 하나님의 백성을 세워 교회의 주인이신 그리스도의 형상을 닮게 하는 데 목적이 있다. 에베소서에서, 바울은 교회에 특별한 은사를 받은 사람들을 주신 목적을 이렇게 말한다. "이는 성도를 온전하게 하여 봉사의 일을 하게 하며 그리스도의 몸을 세우려 하심이라. 우리가 다 하나님의 아들을 믿는 것과 아는 일에 하나가 되어 온전한 사람을 이루어 그리스도의 장성한 분량이 충만한 데까지 이르리니"(4:11-13). 그리스도께서 각 신자 안에 거하시고(롬 8:9; 고전 3:16) 교회 안에 거하신다(엡 2:22). 개인으로서, 단체로서, 교회는 그리스도를 대변한다. 영적 은사는 주님이 그리스도인들로 세상 속의 그리스도, 즉 그분의 가시적이고 명확한 몸이 되게 하시는 주된 통로다.

'영적 은사는 사역을 위한 하나님의 능하게 하심들(divine enablements), 곧 성육한 몸을 통해 나타났듯이 집단적 몸을 통해 나타나야 하는 예수 그리스도의 특성들이다.' 성령께서 신자들에게 주시는 각 은사는 예수님 자신의 삶과 사역에서 완벽하게 표현되었다. 예수님의 교회는 은사를 받은 그분의 사람들을 통해 일하시는 성령의 능력을 통해 그분의 삶을 땅에서 계속 살아내야 한다.

위조된 은사의 근원

너희도 알거니와 너희가 이방인으로 있을 때에 말 못하는 우상에게로 끄는 그대로 끌려갔느니라. (12:2)

이방인(**pagans**, 이교도들)은 '에뜨네'(*ethnē*)의 번역이며, '에뜨네'는 일반적으로 모든 비유대인, 곧 이방인 전체를 가리키는 데 사용되었다. 그러나 여기서처럼, 신약성경에서 이 용어는 특별히 비그리스도인들을 가리키는 데도 사용된다(참조. 살전 4:5; 벧전 2:12).

대다수 이방 종교의 주된 특징은 우상숭배였다. 고린도 그리스도인들은 전에 이교도였을 때 **말 못하는 우상에게로…끌려갔다. 끌려갔다**(**led astray**, *apagō*)는 흔히 무장한 간수들에게 끌려가거나 처형장으로 향하는 죄수들을 가리킬 때 사용되었다(막 14:44; 15:16; 행 12:19; 참조. 딤후 3:6). 구원받지 못한 사람은 사탄의 포로이며, 타락한 자기 본성의 포로다. 그는 영적으로 눈이 멀었고, 영적으로 약하며, 우상숭배에 끌리지 않을 수 없다.

경건하지 못한 삶에 관해 아주 흔한 오해, 많은 미성숙한 신자가 갖는 오해가 있다. 엄격한 제약에 갇힌 그리스도인의 삶과 대조적으로, 경건하지 못한 삶은 자유롭다는 오해다. 바울이 이 단락에서 가르치듯이, 사실은 정반대다. 불신자는 죄와 사탄의 포로다. 불신자는 죄의 형태에 관해서는 얼마간 선택권이 있지만, 죄를 짓느냐 짓지 않느냐에 관해서는 선택권이 없다. 바울은 이들이 **끄는 그대로**(**however you were led**) 끌려갔다고 말한다. 이들은 선택권이 없었다. 우상숭배에 자발적으로 빠졌든 그렇지 않든 간에, 우상숭배를 피할 수 없었다.

내가 수년째 복음을 전하고 있는 사람이 자주 생각난다. 내가 그에게 그리스도를 믿고 주님으로 고백하라고 할 때마다, 그는 이런저런 식으로 이렇게 말한다. "그리스도인이 되고 싶지만 자유를 포기하고 싶지 않습니다. 제약받고 싶지 않습니다. 제가 원하는 것을 하고 싶습니다." 나는 그에게 고린도전서 12:2을 비롯해 동일한 진리를 가르치는 성경 구절을 제시했다. 그리고 모든 불신자는 "죄의 종"이며(롬 6:17), 전혀 자유롭지 않다는 것을 상기시켰다. 그러나 그는 자신이 원하는 것을 한다고 확신했고, 망상을 버리려 하지 않았다.

불신자들은 매여 있을 뿐 아니라 눈까지 멀었다. 이들은 자신을 옭아매는 사슬을 보지 못한다. 이들은 "그 마음의 허망한 것으로" 살며, "총명이 어두워지고 그들 가운데 있는 무지함과 그들의 마음이 굳어짐으로 말미암아 하나님의 생명에서 떠나 있다"(엡 4:17-18). 불신자들은 스스로 자유롭다고 생각하는 것은 "속은 자"이기 때문이며, 자신도 모르게 "여러 가지 정욕과 행락에 종노릇"하는 자이기 때문이다(딛 3:3). 물론, 대다수 사람이 죄 안에 머물면서 꽤 만족하는 것은 사실이다. 이들은 죄를 좋아하고 죄에 머물길 원한다(요 3:19). 그러나 핵심은 이들이 그리고 싶어도 벗어날 수 없다는 것이다.

불신자들의 속박 중 하나는 거짓 신들을 예배하는 것인데, 무신론자와 불가지론자도 거짓 신들이 있다. 원시 부족이 스스로 조각한 형상을 예배하듯이, 이들은 자신들이 만든 온갖 섬세한 우상을 예배한다. 각자 죄의 노예이며, **말 못하는 우상에게로 끄는 그대로 끌려간다.**

말 못하는(dumb, *aphōnos*)은 [영어 번역과 달리] 우둔하다는 뜻이 아니라 말을 못한다는 뜻이며, 문자적으로 "목소리가 없다"는 뜻이다. 그 어떤 우상도 사람의 필요에 반응하지 못한다. 정의하면, 우상은 인간이 만든 비인간적인 것이다. 원시적이든 세련되었든 간에, 그 어떤 우상도 사람의 질문에 답하지 못하고, 사람에게 계시를 주지 못하며, 사람에게 진리를 확신시키지 못하고, 사람의 죄를 용서하지 못하며, 사람에게 존엄과 의미와 평안을 주지 못한다. 거듭나지 못한 사람은 누구라도 일종의 우상숭배에 끌리지 않을 수 없듯이, 그 어떤 우상도 **말 못하는** 것을 피할 수 없다. 그 뒤에 귀신이 있든 없든 간에(고전 10:20), 우상은 자신을 예배하는 자에게 유익을 끼칠 능력이 전혀 없다.

안타깝게도, 많은 고린도 그리스도인이 우상을 숭배하던 옛 믿음과 행위에 다시 빠졌다. 이들은 하나님의 성령께서 하시는 일과 귀신의 영들이 하는 일을, 하나님의 참된 영적 은사와 사탄의 위조된 영적 은사를, 하나님을 향한 참예배와 우상을 향한 왜곡된 예배를 더는 구분할 수 없었다. 이들은 하나님의 복을 잃었고, 말 못하는 자신들의 우상에게서 아무것도 받지 못했다.

영적 은사 테스트

그러므로 내가 너희에게 알리노니, 하나님의 영으로 말하는 자는 누구든지 예수를 저주할 자라 하지 아니하고, 또 성령으로 아니하고는 누구든지 예수를 주시라 할 수 없느니라. (12:3)

사탄은 교회에 많은 시간을 쏟는다. 사탄은 어느 곳보다 하나님의 백성이 예배하는 곳에서 이들이 비뚤어지게 하려고 안달이다. 고린도교회의 어떤 교인들은 너무 육신적이며 혼란스러워졌고, 이들의 예배가 너무 이교적이고 격앙되어 교회 내에서 주님을 저주하는 것까지 허용했던 게 분명하다. 바울은 이러한 불경건을 용인하고 무엇이 영적이고 무엇이 귀신적인지 분별하지 못했다며 교회 전체를 꾸짖는다. 그는 은사와 그 활용이 타당한지 테스트하는 두 원칙, 즉 부정의 원칙과 긍정의 원칙을 제시한다. 이것은 바울이 12-14장에서 언급하는 여러 테스트 중에서 첫번 째다.

부정 테스트

대다수 복음주의 해석자가 인정하듯이, 분명한 함의는 **예수를 저주할 자**(**Jesus is accursed,** 예수는 저주를 받았다)[77]라 말하는 자들은 자신들이 **하나님의 영으로 말한다**고 주장했다는 것이다. 이들은 실제로 "영으로 말한다"고 주장했으며, 어떤 예언이나 가르침의 은사를 드러냈고, 그러면서도 자신들이 예배해야 하는 구주와 주님의 이름을 저주했다. **저주할**(accursed, *anathema*)은 심한 정죄를 가리킨다. 예수가 저주를 받는다고 말하는 것은 그분의 거룩과 영광은 말할 것도 없고 그분의 이름과 성품과 일을 정죄하는 것이다.

바울은 고린도 신자들에게 **하나님의 영으로** 이런 신성모독 발언을 한다는 것은 불가능하다고 말한다. 그 무엇도 이보다 논리적이고 분명하지 않았을 테지만, 고린도 신자들은 내용이 아니라 경험을 토대로 은사의 본성과 활용

---

77 새번역: 예수는 저주를 받아라.

1 Corinthians ——

을 판단하게 되었다. 이들은 행위가 인상적이고 화려하며 특별하고 별날수록 더 받아들이고 떠받들었다. 이들은 황홀경과 열광에 너무 깊이 되빠진 나머지 판단이 완전히 비뚤어졌다. 교회에서 일어나고 그리스도인이라 주장하는 사람이 제시하는 한, 그 어떤 가르침이나 행위라도 의문 없이 받아들였다. 내용이 분명히 부도덕하고 신성모독적인 것을 개의치 않는 지경까지 무시되었다.

예수를 저주할 자(저주를 받은 자)라고 한 사람이 유대인이었을 수 있다. 율법은 나무에 달린 자마다 "하나님께 저주를 받았다"고 가르치기 때문에(신 21:23), 많은 유대인이 예수가 십자가에 달림으로써 저주를 받았다고 생각했다. 사도 바울 자신이, 박해자 사울이었을 때, 그리스도인들에게 "예수는 저주를 받았다"고 말하게 함으로써 신성모독을 하도록 몰아붙였을 것이다(행 26:11을 보라).

그러나 유대인이든 이방인이든 간에, 자신이 그리스도인이라 주장하고 자신의 말이나 행동이 영적이라 주장하는 사람은 이렇게 말하지 않는다. 바울은 명백한 것을 이들에게 일깨운다. 놀랍게도 바울은 이렇게 묻는다. "어떻게 여러분이 그렇게 혼란스러울 수 있습니까? 여러분은 이교도였을 때, 눈이 멀어 속지 않을 수 없었습니다. 여러분은 어긋난 길로 이끌리지 않을 수 없었습니다. 그러나 이제 여러분은 참으로 그리스도인인데, 어떻게 그리스도인이 아닌 게 너무나 분명한 자들을 알아보지 못할 수 있습니까? 영적 은사를 그렇게 많이 받은 여러분이 어떻게 위조된 사탄의 은사를 그렇게도 알아채지 못할 수 있습니까? 어떻게 여러분이 심지어 주님과 구주를 저주하는 것이 성령에게서 비롯되었다고 믿을 수 있습니까?"

왜 이런 악한 상황이, 특히 바울이 직접 세우고 목회한 교회에서 일어날 수 있었는지 설명할 방법은 오로지 하나뿐인 것 같다. 1세기, 초기 영지주의 철학이 교회를 크게 위협했다. 영지주의는 물질적이고 자연적인 것은 무엇이든 악하고 영적이고 초자연적인 것은 무엇이든 선하다고 가르쳤다. 기독교에 적용되었을 때, 영지주의는 초자연적 그리스도가 자연적 예수로 '보였을'(appeared) 뿐이라고 가르쳤다. 인간 예수는 영적인 하나님의 아들, 신적 본성 때문에 육체의 형태를 띨 수 없었던 분의 불완전하고 악하며 초라한 현시였다. 그리스도의 영이 예수가 세례를 받을 때 그 위에 내려왔다가 십자가 죽음 전에 하늘로 돌아갔다. 그러므로 고린도 신자들은 신적인 그리스도를 영화롭게 하면서도 인간 예수를 저주하는 게 완전히 정당하다고 느꼈을 것이다.

영지주의자들은 육체적인 것은 모두 악하다고 여겼고, 그래서 부활 개념을 맹렬히 거부했다. 이들은 결코 죽은 후 인간의 몸과 재결합하길 원치 않았다. 바울은 고린도전서 15장에서 이 이단의 이런 부분을 아주 강력하게 공격한다. 이어지는 장에서, 바울은 주 예수 그리스도를 사랑하지 않는 자는 저주를 받는다고 말한다(16:22-24). 어떤 사본들은 22절에 "예수 그리스도"가 없지만, 이어지는 두 절은 세 이름이 분리될 수 없음을 보여준다. 예수 없이는 주(Lord)가 없고, 예수 없이는 그리스도가 없다. 부활하신 역사적 예수는 신이며 하늘의 그리스도다. 부활하신 그리스도를 주님이라고 주장하지 않는 자는 신이신 그리스도(divine Christ)를 주님이라고 주장할 수 없다. 성육하신 주님이 유일한 주님이다.

이 이단이 오랜 세월 고린도교회를 괴롭혔던 게 분명하다. 바울은 고린도후서에서 이렇게 쓴다. "뱀이 그 간계로 하와를 미혹한 것 같이 너희 마음이 그리스도를 향하는 진실함과 깨끗함에서 떠나 부패할까 두려워하노라. 만일 누가 가서 우리가 전파하지 아니한 다른 예수를 전파하거나 혹은 너희가 받지 아니한 다른 영을 받게 하거나 혹은 너희가 받지 아니한 다른 복음을 받게 할 때에는 너희가 잘 용납하는구나"(고후 11:3-4). "진실함"(simplicity, baplotes)의 기본 의미는 단일성, 하나됨이다. 고린도 신자들은 예수와 그리스도의 일치(unity)에 관해 여전히 어긋난 길로 이끌리고 있었다. 어떤 교인들은 예수의 본성, 성령, 복음에 관해 거짓 가르침을 여전히 붙잡고 있었다. 이들은 전파되는 "다른 예수"를 들었고, "다른 영"을 받았으며, "다른 복음"을 받았다.

영적 은사를 가늠하는 첫째 테스트는 교리적이다. 어떤 사람이 예수 그리스도를 경멸의 시선으로 본다면, 그의 말과 행동은 하나님에게서 비롯된 것이 아니다. 우리는 가르침이나 행위를 언제나 하나님의 말씀과 비교해야 한다. 이것은 가르침이나 행위가 성령에게서 비롯되었는지 알아보는 테스트다. 오늘의 그리스도인은 새로운 계시를 받을 수 없다. 어떤 것이 영적인지 알아보는 유일한 방법은 그것이 성경적인지 알아보는 것이다. 새로운 계시가 성경과 일치한다면, 그 계시가 필요하지 않다. 새로운 계시가 성경과 일치하지 않는다면, 성령에게서 온 것일 수 없으며, 따라서 거짓이다.

긍정 테스트

테스트의 둘째 부분도 교리적이며, 부정 테스트의 뒷면일 뿐이다. **성령으로 아니하고는 누구든지 예수를 주시라(Jesus is Lord) 할 수 없느니라.** 물론, 바울은 진실한 고백을 말하고 있다. 불신자도 이 말을 쉽게 할 수 있다. 예수님은 이렇게 경고하셨다. "나더러 주여 주여 하는 자마다 다 천국에 들어갈 것이 아니요 다만 하늘에 계신 내 아버지의 뜻대로 행하는 자라야 들어가리라"(마 7:21). 진정한 고백은 진정한 믿음에 기초하며, 진정한 믿음의 참 표식은 하나님의 말씀에 순종하는 것이다. 예수님을 **주(Lord)**로 고백하더라도 그분이 정말 누구신지에 관한 단언과 그분의 명령에 대한 순종이 포함되지 않으면 아무 의미가 없다. 우리가 실제로 알고 순종하는 분이 아니라면 진정으로 우리의 주님일 수 없다(눅 6:46).

주(Lord, *kurios*)라는 칭호는 신성(deity)을 암시한다. '쿠리오스'(퀴리오스)와 이에 해당하는 구약 히브리어 '아도나이'(*adonay*)는 성경에서 지위가 높거나 특별한 사람들에게 보이는 존경의 용어로 자주 사용된다. 우리가 판사를 부를 때 "your honor"(존경하는)라는 칭호를 사용하는 것과 흡사하다. 그러나 '쿠리오스'와 '아도나이'는 특별한 방식으로 하나님에게도 사용된다. 유대인들은 하나님의 언약적 이름(야웨 또는 여호와)이 너무 거룩해 발음할 수 없다고 여겼고, 그래서 대신에 "주"(Lord)라고 했다. 이 관습은 히브리어 YHWH(야웨)를 번역하면서 대문자와 소문자를 사용하여(Lord) 많은 번역에 반영된다.

초기 교회는 곧 '쿠리오스'를 하나님을 가리킬 때만 사용하게 되었다. 그러므로 **예수는 주님이다(Jesus is Lord)**라는 고백은 언제나 예수님을 하나님으로 고백하는 것으로도 이해되었다. 영지주의자도 그리스도를 주님으로 고백할 수 있었을 테지만, 예수님을 주님으로 고백하지는 않았을 것이다.

주(Lord)는 주권적 권위를 암시한다. 이 단어가 통치권을 의미한다는 강력한 성경의 증거가 있다. **주(Lord)**가 창조자, 유지자, 관리자라면, 그분은 분명히 주권적이다. "나의 주님이시요 나의 하나님이시니이다"라는 도마의 고백은(요 20:28) 신성 그 이상을 의미하는 게 틀림없다. 그렇지 않다면, "나의 하나님"으로 충분했을 것이다. 로마서 10:9-10에서, 예수님을 주님으로 고백한다는 것은 그분의 주권적 통치를 시사한다. 이 문맥은(13절) 요엘 2:32의 인용을 (헬라어 70인역) 포함하기 때문인데, 여기서 주권적 권위를 의미하며 영어로는 거의 대부분 **Lord**로 번역되는 히브리어 *yhwh*가 헬라어 '쿠리오스'(*kurios*)로 번역된다. 사도행전 2:36에서 "주"(Lord)가 사용될 때, 이 문맥은 다시 우리에게 통찰을 준다. 34-35절은 시편 110:1을 인용하며, 거기서 히브리어 '아돈'(*adon*)은 주권적 통치권을 의미한다.

주(Lord)라는 용어는 신약성경에서 700회가량 사용된다("구주, Savior"보다 10배 넘게 사용된다). 예수 그리스도의 주되심(lordship), 신성(deity), 주권(sovereignty)이 참믿음의 중심이었으며 지금도 마찬가지이며, 이것을 확인하는 것이 성령의 일이다.

한 사람이 예수 그리스도에 관해 참으로 무엇을 믿느냐는 그가 가르치는 것과 행하는 것이 **성령으로(by the Holy Spirit)** 하는 것인지 가늠하는 테스트다. 성령께서 언제나 사람들을 이끌어 나뉠 수 없는 신인(神人, divine Person)이신 예수 그리스도께 주되심을 돌리고 그분께 온전히 순종하게 하신다. 이것이 아버지의 증언이고(마 3:17; 17:5; 요 5:26-27, 36-38; 행 2:36; 엡 1:20-21; 빌 2:9-11), 성령의 증언이며(요 15:26; 고전 2:8-14; 요일 5:6-8), 예수님 자신의 증언이다(마 16:27; 26:64; 28:18).

29

영적 은사, 그 근원과 목적

(12:4-7)

은사는 여러 가지나 성령은 같고, 직분은 여러 가지나 주는 같으며, 또 사역은 여러 가지나 모든 것을 모든 사람 가운데서 이루시는 하나님은 같으니, 각 사람에게 성령을 나타내심은 유익하게 하려 하심이라. (12:4-7)

바울은 고린도 신자들 대다수가 전에 살았던 삶, 곧 우상을 숭배하는 이교도의 삶을 이들에게 상기시켰다. 그리고 나서 두 테스트, 곧 부정 테스트와 긍정 테스트를 제시했다. 이것은 신앙을 고백하는 그리스도인이 이교신앙에서 정말로 구원받았는지, 그의 말이 정말로 성령에서 비롯되는지 알아보는 테스트였다 (12:1-3). 하나님은 친히 신자 개개인으로 예수님을 주님으로 바르게 이해하게 하시고 교회에 하나됨과 능력을 주신다.

고린도 그리스도인들은 성령이 아니라 육신에 반응하며 행동했고, 그래서 다퉜고, 파당을 지었으며, 서로를 법정에 세웠고, 음란하며 우상을 숭배하는 관습으로 되돌아갔으며, 결혼 관계를 더럽혔고, 그리스도인의 자유를 오용했으며, 자기중심적이 되었고, 과신했으며, 세상을 따라갔다. 이들이 영적 은사를 오해하고 오용한 것은 이들의 육적인 분열이 낳은 주요 결과였다.

성령께서 신자들에게 은사(영적 사역을 위한 능력)를 주시는 목적은 신자들이 주 예수 그리스도 안에서 갖는 하나됨을 표현하고 강화하게 하기 위해서다. 그러나 성령의 은사를 잘못 사용하면, 하나됨이 깨지고, 신자들이 분열하며,

세상 앞에서 이들의 증언이 무너지고, 주님을 섬기는 일에서 이들의 성장이 느려지고 효율성이 떨어지게 된다.

바울은 1년 반을 고린도 신자들 틈에서 목회할 때, 의심할 여지없이 이들에게 영적 은사를 세밀하게 가르쳤다. 그러나 이들은 바울의 가르침을 상당 부분 잊어버렸거나 왜곡했다. 바울은 이들이 이미 보였어야 했을 것을 되풀이하고 강화한다.

이 단락에서, 바울은 성령께서 다양한 결과를 내는 다양한 사역에 사용하도록 다양한 은사를 주시지만 은사의 근원과 목적은 하나라고 설명한다.

은사의 다양성

은사는 여러 가지나 성령은 같고, (12:4)

'카리스마'(charisma, 복수, **gifts**, 은사)는 본질적으로 "은혜의 선물"(gift of grace) 또는 "값없는 선물"(free gift)을 의미하며, 신약성경에서 17회 가운데 16회가 이것을 주시는 하나님과 연결된다. 로마서에서, 바울은 이 단어를 사용해 구원의 선물(5:15-16; 6:23), 하나님의 복(1:1; 11:29), 사역을 위해 하나님이 능하게 하심(enablements)을 말한다(12:6). 바울이 이 단어를 사용하는 나머지 모든 용례와 베드로의 한 가지 용례는(벧전 4:10) 신자들이 성령의 능력으로 사역하도록 하나님이 능하게 하심(enablements)과 연결된다.

영적 은사는 달란트가 아니다. 타고난 달란트와 기술과 능력은 하나님이 주신다. 좋은 것과 가치 있는 것이 모두 하나님의 선물이듯이 말이다. 그러나 이것들은 신자와 불신자가 함께 갖는 타고난 능력이다. 불신자도 뛰어난 미술가나 음악가일 수 있다. 무신론자나 불가지론자도 훌륭한 과학자, 목수, 운동선수, 혹은 요리사일 수 있다. 그리스도인이 이런 능력들 중 하나가 뛰어나더라도 구원과는 무관하다. 그는 타고난 달란트를 구원받은 후 사뭇 다르게 사용할 수 있겠지만, 이 달란트는 그가 그리스도인이 되기 전에 이미 그에게 있었다. 영적 은사는 오직 구원의 결과로 주어진다.

그러나 영적 은사는 타고난 게 아니라 성령께서 오직 그리고 언제나 예수 그리스도 안에 있는 신자에게, 예외 없이 초자연적으로 주시는 것이다(7절). 영적 은사는 다른 사람들, 특히 서로를 초자연적으로 섬길 수 있게 신자들에게 주어지는 특별한 능력이다. 따라서 영적 은사를 사용하지 않거나 바르게 사용하지 않으면, 그리스도의 몸이 그 머리이신 주 예수 그리스도의 공동체적 표현(corporate manifestation)일 수 없으며, 하나님의 일이 방해받는다.

일치(unity, 하나됨)에는 다양성이 필수다. 일치된 영과 목적은 오로지 사역의 다양성으로 유지될 수 있다. 그러나 일치란 획일성이 아니다. 풋볼팀 선수들이 모두 쿼터백으로 뛰려한다면 획일성만 있을 뿐 일치는 없을 것이다. 모든 선수가 동일한 포지션을 맡으면, 팀으로 기능할 수 없다. 이것이 바울이 여기서 제시하는 핵심이다. 하나님은 자신의 백성에게 다양한 은사(**varieties of gifts, 은사는 여러 가지**)를 주신다. 한 팀 선수들의 포지션이 다양하듯 말이다.

여러 가지(varieties, *diaireseis*)는 기본적으로 다양성에서 파생된 개념과 함께 "배분"(apportionments), "할당"(allotments), "분배"(distributions)를 의미한다. 하나님은 자신의 은사를 많은 형태로 다양하게 자신의 자녀들에게 분배하신다. 하나님은 다양한 은사를 모든 신자에게 주신다. 은사는 일반적으로 두 형태로 나뉜다. 말하는 은사와 섬기는 은사다(벧전 4:11을 보라).

신약성경은 영적 은사의 범주를 여럿 제시하며, 그 중 하나가 이곳 고린도전서 12:8-10, 28에 나온다(롬 12:6-8을 보라; 참조. 벧전 4:11). 은사의 정확한 수와 종류에 관해, 성경학자들 간에 의견이 분분하다. 성경의 은사 목록들이 일치하지 않은 것을 보면, 하나님이 그분의 교회에 엄격하거나 정확하고 철저한 목록이 아니라 일반적 범주들을 주시려 했던 게 분명하다. 그러므로 은사를 지나치게 정의하지 않도록 주의해야 한다. 은사는 지나친 분류를 거부할 것이며, 따라서 우리가 어떤 영적 은사를 가졌는지 판단하려고 공식적이든 비공식적이든 테스트를 하는 것은 별 의미가 없다. 신자의 은사는 중복될 수 있고 비율이 다를 수 있다. 어떤 사람은 단 하나의 은사, 이를 테면 가르치는 은사에서 특히 강점을 보일 수 있다. 어떤 사람은 그 어떤 은사에서도 강점이 없을지 모르지만 세 가지나 네 가지 은사가 각각 어느 정도 있을 수 있다.

각 사람의 은사를 은사 범주들의 고유한 혼합으로, 그 사람의 특성과 경험과 교회의 필요에 맞게 주셨다고 보는 게 가장 좋다. 각 사람의 지문이 육체적으로 고유하듯, 각 신자는 영적으로 고유한 존재다.

사역의 다양성

직분은 여러 가지나 주는 같으며, (12:5)

하나님은 다양한 사역(**varieties of ministries, 직분은 여러 가지**)에 사용하도록 은사를 주신다. 기본 은사가 같은 그리스도인들이라도 그 은사를 다양하게 표현하도록 인도될 수 있다. 어떤 선생은 어린아이들을 가르치는 일에 특별한 은사가 있을 수 있다. 어떤 선생은 성경 원어에 특별한 능력이 있어 신학생들을 가르치는 일에 자격이 출중할 수 있다. 어떤 전도자는 큰 청중에게 복음을 강력하게 선포할 수 있고, 어떤 전도자는 일대일로 복음을 전하는 일에 강점이 있을 수 있다. 어떤 사람은 가르치면서 권고와 교리를 강조할 수 있고, 어떤 사람은 위로와 자비에 초점을 맞출 수 있다. 여기서 강조하는 것은 다양성이다.

직분(**ministries, 사역**)은 '섬기다'(serve), '종'(servant), '집사'(deacon, 섬기는 자)와 기본 헬라어 어근이 같다. 예수님은 자신에 관해 이렇게 말씀하셨다. "인자가 온 것은 섬김을 받으려 함이 아니라 도리어 섬기려(serve) 하고"(막 10:45). 예수님은 하나님을 위해 다른 사람들을 섬기러(minister) 오셨고, 그분의 백성이 똑같이 할 수 있도록 그분의 성령께서 이들에게 은사를 주신다. 영적 은사는 배지나 특권이나 위신으로 주신 게 아니라 사역의 도구로 주신 것이다. 주님은 자신의 종들이 섬길 수 있도록 영적 은사를 주시며, 더없이 다양하게 섬기도록 영적 은사를 주신다. 모든 은사는 섬김을 위한 것이지만 섬김의 형태는 무한하다.

영적 은사가 자신을 세우도록 주신 것이 아님을 이해하는 게 중요하다. 어떤 선생이 말씀을 연구하고 자신만 읽는 교훈을 쓰거나 자신만 듣는 메시지를 기록한다면, 자신의 은사로 매춘을 하는 것이다. 분별하는 은사가 있는 사람이 성령이 주신 통찰력을 싸매두고 도무지 쓰지 않는다면 불의한 청지기다. 하나님의 은사는 자신을 섬기도록 주신 것도 아니다. 돕는 은사가 있는 그리스도인은 당연히 다른 사람들을 섬겨야 한다. 섬김이 당연히 다른 사람들을 돕는 것을 포함하듯이 말이다. 그러므로 넓은 의미에서, '모든' 은사는 돕는 은사다. 모든 은사는 섬기는 은사이기 때문이다. 은사를 사적으로 쓴다면 은사를 왜곡하는 것이다. 하나님은 은사를 우리'에게', 그러나 다른 사람들을 '위해' 주신다. 우리의 은사를 성령의 능력으로, 그분의 이름으로 다른 사람들을 섬기는 데 사용할 때, 우리는 개인적으로 복을 받는다. 그러나 이 복은 목적이 아니라 부산물이다.

"각각 은사를 받은 대로 하나님의 여러 가지 은혜를 맡은 선한 청지기 같이 서로 봉사하라"(벧전 4:10). 우리는 하나님의 은사를 맡은 청지기다. 은사가 우리에게 지워졌다. 은사는 그분의 것이다. 우리는 은사를 사용해야 하지만 그분의 능력으로, 그분을 섬기는 일에, 그분의 영광을 위해 사용해야 한다. 베드로는 "은사"(gift)를 단수로 사용해 우리들 각자가 하나의 은사를 가진다는 것을 강조한다. 이 은사는 하나님의 계획과 은혜가 우리를 그 누구와도 달리 능력 있게 하는 것이며, 그래서 우리는 그 누구와도 다르게 그리스도를 섬긴다.

결과의 다양성

또 사역은 여러 가지(varieties of effects)나 모든 것을 모든 사람 가운데서 이루시는 하나님은 같으니, (12:6)

사역(effects, 결과, *energēma*)은 문자적으로 "이루어지거나 활성화된 것"(what is worked out or energized)을 의미한다. 영적 은사를 주시는 분이 은사가 유효하도록 활력(energy)과 능력도 주시고 믿음도 주신다(롬 12:3b). 영적 은사는 초자연적으로 주어지듯이 초자연적으로 활성화된다. 아무리 잘 훈련받고 경험이 많거나 동기가 아무리 이타적이더라도, 그리스도인들은 자신의 능력으로 자신의 은사를 사용할 수는 없다. 우리의 달란트나 기술이나 지성을 비롯해 타고난 능력을 우리의 힘으로 사용할 수 있을 테지만, 오직 영적 은사를 주시는 분이 은사에 능력을 주어 은사가 유효하게 하신다. 하나님은 명령하실 때 그 명령에 순종할 능력도 늘 함께 주시듯이, 영적 은사를 주실 때 그 은사를 활용할 능력도 늘 함께 주신다. 성령께서 우리의 은사를 생산적이게 하시려면, 우리가 죄를 버리고 기꺼이 쓰임 받겠다는 마음을 가져야 한다. 은사를 주고 그 은사에 능력을 더하는 일은 오롯이 주님의 영역이다. "셀프 메이드" 그리스도인("self-made" Christians)은 자기모순이다. 그는 바른 곳에 있을 수 없고, 바른 것을 할 수 없다. 그는 자신을 해치고, 자신이 섬기려는 사람들을 해치며, 주님의 일을 해친다. 분명하게도, 하나님의 말씀은 그 자체로 하나님이 주시는 은사를 통해 거룩한(divine) 결과를 성취할 능력이 충분하다. 그러나 육적인 신자(carnal believer)가 사용하면, 은사는 개인적 열매를 맺지 못하고 그 신자에게 복이 되지 못한다.

은사 자체처럼, 영적 은사를 활성화하는 일도 매우 다양하다(참조. 마 13:23). 주님은 동일한 은사를 무수한 방법으로, 매우 **여러 가지(varieties)**로 사용하실 수 있다. 같은 사람이 같은 은사를 사용하더라도 결과의 종류나 범위가 늘 같지는 않다. 모두가 같은 은사를 갖길 기대해서는 안 되며, 은사가 같은 방식으로 작동하거나 같은 양의 열매를 맺으리라 기대해서도 안 된다. 하나님의 백성과 하나님의 은사는 눈송이 같다. 둘이 정확히 일치하는 경우는 없다.

그러나 육에 속한 사람(natural man)은 언제나 일치보다 획일성에 더 신경 쓴다. 미성숙과 육욕(carnality, 육성) 때문에, 고린도 신자들은 피상적인 복사판인 경향이 있었다. 이들은 본질보다 겉모습에 더 관심이 있었고, 가장 성공하고 인기 있으며 능력이 있어 보이는 사람들의 은사와 행위를 복사하려 했다. 오늘의 많은 그리스도인처럼, 이들은 문제 풀이 공식, 성공 공식, 심지어 주님의 일을 하는 공식을 좋아했다. 이들은 복종보다 "성공"에 관심이 있었고, 순종하고 충성하는 것보다 주목받고 칭찬받는 데 관심이 있었다. 이런 까닭에, 이들은 더 극적인 은사에, 특히 방언의 은사에 높은 가치를 부여했다. 이들은 주님의 은사를 주님의 능력으로 사용해 주님을 섬기는 데는 관심이 없었고, 주님의 은사를 자신의 능력으로 사용해 자신의 이기적이고 교만한 목적을 채우는 데 관심이 있었다.

　여기서 **여러 가지(varieties)**가 강조된 것은 고린도 신자들이 더 극적인 은사가 유일한 은사이거나 적어도 가질 가치가 있는 유일한 은사라고 생각했다는 것을 암시한다. 그러나 바울은 이들에게 성령께서 은사를 '모든' 그리스도인에게 주시며, 다양한 은사를 주시고, 모든 은사는 여느 은사만큼 영적이고 중요하다고 말한다. 우리는 큰 은사를 받은 듯이 보이는 사람들을 부러워해서는 안 된다. 우리의 관심은 주님이 우리에게 주신 은사를 찾아내고, 성실하게 사용하며, 그 은사에 감사하는 것이어야 한다. 하나님은 실수하지 않으신다. 하나님이 우리에게 주시는 은사는 우리가 그분이 원하시는 일을 하도록 그분이 우리에게 주실 수 있는 가장 좋은 것이다. 모든 신자는 은사를 받을 뿐아니라, 완벽하게 은사를 받는다.

　세상 그 어떤 아이도 우리 자신의 자녀를 대신할 수 없다. 우리에게 자녀가 아무리 많더라도, 어느 하나도 대체될 수 없다. 하나님의 자녀들도 대체될 수 없으며, 그분이 이들에게 맡기신 사역도 대체될 수 없다. 다른 어느 신자도 하나님의 마음에서 우리의 자리를 대신할 수 없으며, 다른 어느 신자도 하나님의 일에서 우리의 자리를 대신할 수 없다. 하나님은 어느 누구에게도 우리에게 주신 것과 똑같은 은사를 주지 않으셨고, 우리에게 맡기신 사역과 똑같은 은사를 맡기지 않으셨다. 우리가 우리의 은사를 사용하지 않으면, 다른 누구도 사용하지 않을 것이다. 우리가 우리의 사역을 완수하지 않으면, 그 사역은 완수되지 않을 것이다.

영적 은사의 근원과 목적은 하나다

각 사람에게 성령을 나타내심은 유익하게 하려 하심이라. (12:7)

성령을 나타내심(the manifestation of the Spirit)은 바울이 앞의 각 세 절에서 강조한 것을 다시 말한다: 하나님은 모든 영적 은사의 근원이다. 영적 은사는 모두 삼위일체 하나님이 주시며 삼위일체 하나님을 나타낸다. 영적 은사는 동일한 성령께서 주신다("성령은 같고," 4절). 사역(ministries, "직분")은 동일한 주님이 맡기신다("주는 같으며," 5절). 결과(effects, "사역")는 동일한 하나님이 활성화하신다("하나님은 같으니," 6절).

나타내심(manifestation, *phanerōsis*)은 알리다, 확실하게 하다, 분명하게 하다라는 기본 개념을 갖는다. 이것이 영적 은사가 하는 일이다: 영적 은사는 교회와 세상에서 성령을 알리고 확실하게 하며 분명하게 한다. 영적 은사는 성령을 나타낸다. 숨기다 또는 은밀하다(private)와는 의미가 정반대다. 영적 은사는 성령을 나타내도록, 성령을 드러내도록 주어진다.

영적 은사는 또한 **유익하게 하려(for the common good,** 공동선을 위해, *sumpheron*, 문자적으로 "모으다 bring together"라는 뜻을 가진 동사에서 나왔다) 주어진다. 이 용어는 "돕다, 유익을 끼치다, 이롭다"라는 의미도 갖게 되었으며, 이 구절의 문맥에서는 "서로 유익하거나 이롭다"는 의미다. 영적 은사는 교회에, 하나님이 그분의 이름으로 모으시는 그분의 백성에게 덕을 세우고 도움이 된다.

우리의 영적 은사를 활용하면, 다른 사람들에게 섬김이 될 뿐 아니라 그들이 자신의 은사를 더 잘 사용하는 데도 도움이 된다. 예를 들면, 자신의 회중에게 성실하게 설교하고 가르치는 목회자는 이들을 영적으로 세울 뿐 아니라 자기 은사의 더 나은 청지기가 되도록 이들을 준비시킨다. 하나님은 "성도를 온전하게 하여 봉사의 일을 하게하며 그리스도의 몸을 세우려고" 그를 사용하신다(엡 4:12). 자신이 받은 돕는 은사로 사역하는 그리스도인은 다른 신자들을 섬길 뿐 아니라 더 많이 돕도록 그들을 독려한다. 자신이 받은 자비의 은사를 사용하는 신자는 동료 신자들이 더 자비롭도록 돕는다. 우리는 각자 자신의 은사로 사역할 때, 다른 사람들이 그들의 은사로 사역을 더 잘하도록 돕는다.

반대로, 우리는 자신의 은사로 사역하지 못할 때, 다른 사람들이 그들의 은사로 사역하는 것을 방해한다. 자신의 영적 은사를 사용하지 못하는 그리스도인은 자신의 사역 뿐 아니라 다른 사람들의 사역까지 힘을 잃게 한다. 자신의 삶에 찾아왔을 복과 상을 잃는 것은 말할 것도 없다.

몇 해 전, 올림픽 10종 경기를 보았다. 10종 경기는 선수들이 트랙과 필드에서 열 종목을 겨루는 극한의 경기다. 나는 어떻게 한 인간의 몸이 그렇게 놀라운 조화로, 인내하며, 효율적으로 기능할 수 있는지 놀랐다. 모든 근육, 모든 기관, 모든 혈관, 모든 신경, 모든 세포가 승리를 위해 완전히 하나 되어 움직인다. 그리스도의 몸인 교회를 구성하는 우리가 이렇게 효율적이고 조화롭게 기능한다면 얼마나 멋질까? 그분의 몸을 이루는 모든 지체가 완전히 하나 되어 서로 의지하며 함께 일한다면 얼마나 멋질까? 운동선수들의 몸이 주인의 마음에 반응하듯이, 모든 신자가 예수 그리스도의 마음에 온전히 반응한다면 교회가 세상에 어떤 영향을 미칠까?

교회가 자신의 은사를 마땅하게 사용한다면, 적어도 네 가지 중요한 복이 따른다. 첫째, 그리스도인들 자신이 큰 복을 받는다. 즉 자신의 은사를 활용함으로써 복을 받고, 다른 사람들의 은사를 그들의 유익을 위해 활용함으로써 복을 받는다. 하나님은 절대로 다른 사람들은 모두 가만히 앉아 구경하고 전문적이거나 특별히 달란트가 있는 소수가 그분의 교회의 사역을 도맡아 하도록 계획하지 않으셨다.

둘째, 모든 사람이 사역에서 자기 역할을 할 때, 교회는 달리 가질 수 없는 능력과 효능을 갖춘 역동적 증인이 된다. 전도의 은사를 가진 사람들이 힘을 얻어 더 효과적으로 증언할 뿐 아니라 불신자들 앞에서 하는 증언에 힘을 더하는 일에 모든 신자가 직간접적으로 쓰임 받는다. 그러므로 모두가 결과에 참여한다. 베드로가 오순절에 복음을 전했을 때, 3천 명이 구원받았다(행 2:41). 예루살렘교회가, 많은 새로운 회심자를 포함해, 자신들의 다양한 은사를 성실하고 희생적으로 사용하기 시작했을 때, "구원 받는 사람을 날마다 더하게" 하셨다(47절).

셋째, 교회가 자신의 은사로 사역할 때, 하나님이 세우시는 지도자들이 분명해진다. 신실하게 기능하는 교회에서, 영적 지도자들이 필연적으로 나타난다. 유능한 지도자는 교회가 제대로 기능하는 데 필수다. 그러나 신실한 교회도 지도자들이 성장하고 제대로 이끌 수 있는 환경을 조성하는 데 필수다. 하나님이 세우시는 지도자들은 성공을 위한 세상 기술을 가르치는 리더십 세미나에 참석한다고 만들어지는 게 아니다. 하나님은 자신이 세우는 지도자들이 구원받을 때 이들을 준비시키시며, 이들이 그분의 말씀에 순종하는 데서 오는 영적·도덕적 자격을 갖추게 될 때 이들의 지도력은 꽃을 피우고 분명해진다. 성령이 충만한 지도자는 하나님이 그분의 몸, 곧 교회에서 자유롭게 일하실 때 신속하게 등장한다.

넷째, 교회가 자신의 은사를 성령의 능력으로 성실하게 사용할 때, 큰 일치와 사랑과 교제의 기쁨을 경험한다. 아무리 큰 인간의 능력이나 계획이나 노력으로도 불가능한 방식으로 말이다.

30

영적 은사, 그 다양성

(12:8-11)

어떤 사람에게는 성령으로 말미암아 지혜의 말씀을, 어떤 사람에게는 같은 성령을 따라 지식의 말씀을, 다른 사람에게는 같은 성령으로 믿음을, 어떤 사람에게는 한 성령으로 병 고치는 은사를, 어떤 사람에게는 능력 행함을, 어떤 사람에게는 예언함을, 어떤 사람에게는 영들 분별함을, 다른 사람에게는 각종 방언 말함을, 어떤 사람에게는 방언들 통역함을 주시나니, 이 모든 일은 같은 한 성령이 행하사 그의 뜻대로 각 사람에게 나누어 주시는 것이니라. (12:8-11)

철저히 살펴보면, 영적 은사가 중요한 두 목적을 성취한다는 진리가 드러난다. 영구적 은사는 교회의 덕을 세우고, 일시적 은사는 하나님의 말씀을 확증하는 표식이다. 하나님이 교회 시대의 지속을 위해 신자들에게 영구적 은사를 계속 주실 것이며, 하나님의 백성은 교회에서 이 은사를 늘 사용해야 한다. 이 은사는 첫째로 말하는 은사 또는 언어적 은사—예언, 지식, 지혜, 가르침, 권면—을 포함하고, 둘째로 섬기는 은사 또는 비언어적 은사—리더십, 돕기, 구제(giving, 나눔), 자비, 믿음, 분별—를 포함한다. 일시적 표적 은사(temporary sign gifts)는 사도 시대에 국한되었고, 따라서 그 후에 중단되었다. 이 은사는 이적, 치유, 방언, 방언 통역을 포함했다. 일시적 표적 은사의 목적은 성경, 곧 기록된 그분의 말씀이 완결되고 자증할 때까지 사도의 메시지가 하나님의 말씀임을 입증하는 것이었다.

이 단락에서, 바울은 자신이 4절에서 말한 "여러 가지"(varieties)를 설명하는 몇몇 은사를 언급한다. 이 목록은 영구적 은사와 일시적 은사 둘 다 포함하며, 추가된 은사들이 이 장 28절을 비롯해 신약성경 다른 곳에 언급된다는 사실에서 보듯이(롬 12:6-8도 보라; 참조. 벧전 4:11) 여러 가지(varieties)를 대표할 뿐이다. 바울은 여기서 특정 은사의 기능을 설명하지 않는다. 그의 핵심은 은사의 다양성을 설명하고, 은사의 공통된 근원을 강조하는 것인데, 각 은사를 주시는 것은 "성령을 나타"내어 "유익하게 하려"는 것이다(7절). 앞서 언급했듯이, 수많은 그리스도인의 삶과 사역에서 각자의 은사가 특별하고 고유하므로 은사는 좁게 정의되지 않는다. 우리는 은사를 성경에 사용된 용어를 사용해 일반적으로 정의할 수 있을 뿐이다.

대표적 은사들

지혜의 은사

지혜의 말씀(the word of wisdom)은 폭넓은 용어다. '로고스'(*logos*, **word, 말씀**)를 사용한 것으로 볼 때, 말하는 능력이다. 사도 시대에 이것은 때로 계시였을 것이다. 신약성경에서, **지혜(wisdom**, *sophia*)는 하나님의 뜻을 이해하고 순종하며 적용하는 능력을 가리키는 데 가장 자주 사용된다(예를 들면, 다음을 보라. 마 11:19; 13:54; 막6:2; 눅 7:35; 행 6:10; 약 1:5; 3:13, 17; 벧후 3:15). 따라서 **지혜**는 기본적으로 발견한 진리 적용하기, 곧 진리를 삶의 상황에 능숙하고 실질적으로 적용하는 능력을 가리킨다. 지혜 전달은 해설자의 역할이며, 그는 자신의 성경 연구뿐 아니라 주석가들을 비롯한 성경학자들의 많은 통찰과 해석을 토대로 지혜를 전달한다. 지혜는 상담자가 하나님의 진리를 내담자의 질문과 문제에 적용하기 위해 반드시 갖춰야 하는 능력이기도 하다. 지혜는 목회자의 은사가 갖는 특징이다. 목회자는 자신의 사람들을 마땅히 인도하기 위해 하나님의 말씀을 알고 이해하며 적용할 수 있어야 한다.

지식의 은사

나는 8절에 언급된 이 둘째 은사가 논리적으로 첫째 은사에 선행한다고 믿는다. 일반적으로, 지식이 지혜에 선행하기 때문이다. **지식의 말씀(the word of knowledge)**도 폭넓은 용어이며, 기본적으로 하나님의 말씀에 담긴 진리를 인지하고 이해하는 것을 가리킨다. 이것도 1세기에는 계시였을 테지만, 특히 이것은 하나님의 계시에 담긴 신비(mysteries, 비밀), 하나님의 계시가 아니면 알 수 없는 진리에 대한 통찰을 전달하는 은사다(롬 16:25; 엡 3:3; 골 1:26; 2:2; 4:3; 참조. 고전 13:2). 하나님은 자신의 성도 중 어떤 사람들에게 특별한 능력, 곧 자신의 말씀을 연구해 본문과 문맥, 개별 단어와 어구, 관련 구절과 진리의 완전한 의미를 찾아내어 다른 사람들이 이해하게 해주는 능력을 주신다. 이 본문에 대한 최고의 통찰을 13:2의 "모든 비밀과 모든 지식을 알고"라는 어구에서 찾을 수 있겠다. **지식**의 은사는 하나님의 계시에 담긴 의미, 육신에 속한 사람에게는 비밀인 의미를 파악하는 능력이다.

이 은사는 그리스도인의 가르치기와 전파하기(preaching, 설교)에 필수일 뿐 아니라 상담과 리더십과 지혜를 비롯해 모든 사역과 은사를 적절히 실행하고 사용하는 데도 필수다. 이 능력이 없다면, 자신의 은사를 바르게 사용하기 위해 이 능력이 있는 사람을 크게 의지해야 한다. 선생과 전파자(설교자)는 특히 지식을 의지한다. 하나님의 진리를 다른 사람들에게 가르치고 해석하는 일을 맡았기 때문이다.

지식의 은사가 있는 그리스도인은 성경 언어, 역사, 고고학, 신학 분야에서 고도의 훈련을 받을 수도 있다. 하나님은 이 훈련을 사용해 그의 은사가 발휘되게 하실 수 있다. 그러나 같은 은사를 가진 사람이 공식 교육을 많이 못 받았을 수도 있다. 어느 쪽이든, 영적 진리를 이해하는 능력은 하나님이 주신 것이다. 이 은사를 가진 사람은 성경의 사실로부터 진리를 발견할 뿐 아니라 다른 사람들이 이해하도록 그 진리를 설명하고 해석하는 능력을 초자연적으로 받는다. 다른 모든 은사처럼, 이 은사도 형태와 수준이 다양하다. 어떤 신자는 이 분야에서만 큰 능력이 있을 수 있고, 어떤 신자는 이 분야에서 능력이 보통이지만 다른 여러 영적 능력을 함께 갖추고 있을 수 있다.

성경을 기록한 인간 저자들은 특별히 지식의 은사가 있었다. 하나님은 이들에게 진리를 직접 주셨고, 이들은 이것을 그분의 기록된 말씀의 일부로 기록했다. 그러나 성경이 정경으로 완결된 후, 이 은사에는 새로운 진리를 받는 것은 포함되지 않고 앞서 계시된 진리를 이해하는 것만 포함되었다. 오늘날 하나님의 계시를 받았다고 주장하는 사람은 누구든지 사기꾼이며 하나님의 말씀에 모순된다. 하나님의 말씀은 누구든지 하나님의 말씀에 더하거나 빼는 자는 하나님의 심판을 받으리라고 분명하게 경고하기 때문이다(계 22:18). 거룩한(divine) 지식이나 지혜의 말은 무엇이든 "단번에 주신" 하나님의 말씀에 기초해야 한다(유 3).

믿음의 은사

이 주권적이며 성령께서 주시는 믿음은 구원하는 믿음(saving faith)이나 모든 신자가 의지해 살아가는 일상의 믿음(daily faith)과 분명하게 다르다. 이 범주의 은사는 특정 그리스도인들로 제한되며, 어렵고 힘들게 하나님을 신뢰하고 집중하는 능력과 관련이 있다. 이것은 압도적 장애물과 인간적 불가능 앞에서 하나님을 신뢰하는 능력이다.

믿음의 은사는 기도를 통해 주로 하나님을 향해 표현되며, 하나님의 일반적 공급을 넘어서는 일을 해주시길 호소하고 하나님이 그렇게 해주시리라 믿는 것이다. 예수님은 이렇게 말씀하셨다. "진실로 너희에게 이르노니, 만일 너희에게 믿음이 겨자씨 한 알 만큼만 있어도 이 산을 명하여 여기서 저기로 옮겨지라 하면 옮겨질 것이요 또 너희가 못할 것이 없으리라"(마 17:20). 바울은 이 서신 뒷부분에서 이런 유형의 믿음을 암시한다. "산을 옮길 만한 모든 믿음이 있을지라도 사랑이 없으면 내가 아무것도 아니요"(13:2). 바울은 믿음을 낮잡아보는 게 아니라 사랑 없는 믿음은 빈 깡통이라는 것을 지적할 뿐이다. 그가 사용한 "모든 믿음"이란 표현은 믿음에도 차등이 있음을 말하는 것으로 보인다.

믿음의 은사가 있는 사람들은 하나님의 약속들에 대한 권리를 주장하는 특별한 능력이 있다. 하나님의 계획과 뜻에 따라, 믿음은 하나님을 움직인다(참조. 약 5:16b-18). 바울이 사로잡혀 로마로 이송될 때, 그가 탄 배가 무서운 폭풍을 만났다. 모든 화물과 기구를 바다에 버리고 여러 날을 먹지도 못한 채 버텼으나 폭풍은 잦아들 줄 몰랐다. 위험이 최고조에 이르렀을 때, 바울이 함께 탄 사람들에게 말했다. "내가 너희를 권하노니, 이제는 안심하라. 너희 중 아무도 생명에는 아무런 손상이 없겠고 오직 배뿐이리라. 내가 속한 바 곧 내가 섬기는 하나님의 사자가 어제 밤에 내 곁에 서서 말하되, '바울아, 두려워하지 말라. 네가 가이사 앞에 서야 하겠고, 또 하나님께서 너와 함께 항해하는 자를 다 네게 주셨다' 하였으니"(행 27:22-24). 바울이 이렇게 확신하기 위해서는 특별한 믿음이 필요했다. 그는 재앙의 한가운데서 큰 믿음을 보이며 하나님의 약속을 붙잡았고 함께한 모든 사람에게 희망과 안전을 가져다주었다. 아브라함도 "믿음으로 견고하여져서 하나님께 영광을 돌렸다"(롬 4:20).

한 사람의 강한 믿음이 토대가 되어, 다른 사람들이 늘 도움과 섬김을 받는다. 교회사 내내, 믿음의 은사를 가진 많은 성도가 큰 위험과 종종 죽음에 직면하여도 하나님을 믿었고, 자신의 믿음을 보여줌으로써 주님 안에 있는 형제자매들의 믿음을 굳건하게 했다. 허드슨 테일러(Hudson Taylor, 1832-1905)는 하나님이 자신을 통해 많은 중국인을 회심시키시리라고 믿었으며, 돈이나 지원이 없으면서도 한 푼도 도움을 구하지 않은 채 중국 내지 선교회를 시작했고 크고 풍성한 열매를 맺었다. 조지 뮬러(George Muller, 1805-1898)는 기도로 오직 하나님만 신뢰함으로써 자신의 고아원에 기적적으로 공급하시는 하나님의 손을 끊임없이 보았다. 무수한 선교사들이 주님을 위해 부족이나 민족을 요구했고, 전도자들이 주님을 위해 도시를 요구했으며, 하나님이 자신의 믿음에 성실하게 응답하시는 것을 보았다. 이들의 기도가 응답 되었고, 이들의 믿음 자체가 굳건해지고 배가 되었다.

병 고치는 은사

흥미롭게도, 여기서 은사(gifts)가 복수로 사용되며, 이것은 29장에서 했던 말을 뒷받침한다. 다시 말해, 바울은 매우 다양한 범주의 은사를 말한다. 병 고치는 은사(gifts of healing)는 바울이 이 단락에서 말하는 일시적 표적 은사

(temporary sign gifts) 중 첫째다. 이 모든 은사가 당시에 작동했기 때문에, 표적 은사가 별도의 범주로 분류되지 않는다. 병고침(healing)이란 단어도 헬라어 본문에서 복수이며(*iamatōn*), 치유가 필요한 다양한 고통을 강조한다. 이 은사들은 그리스도(마 8:16-17), 사도들(마 10:1), 70인(눅 10:1), 빌립 같은 사도들의 몇몇 동료를 위한 것이었다(행 8:5-7).

하나님은 지금도 자신의 자녀들이 드리는 신실한 기도에 응답해 직접 기적적으로 치유하실 수도 있다. 그러나 지금은 어느 그리스도인도 병 고치는 은사가 없다. 이것은 분명하다. 지금은 어느 누구도 예수님과 사도들처럼 병을 고칠 수 없기 때문이다. 예수님과 사도들은 자신에게 온 병자들을 말 한마디나 접촉만으로 즉시 치유했고, 죽은 자를 살렸다. 고린도교회는 하나님이 바울을 비롯해 치유 능력이 있는 자들을 통해 치유하시는 것을 보았을지 모른다. 만약 보았다면, 바울이 여기서 이것들을 언급하는 것은 하나님의 백성이 그분의 일을 하도록 하나님이 준비시키는 다양한 방식을 고린도 신자들에게 상기시키기 위해서일 뿐이다.

다른 표적 은사들처럼, 병 고치는 은사는 일시적이며, 사도의 메시지가 하나님의 말씀임을 입증하려고 교회에 주신 것이다. 대위임(Great Commission)은 몸을 치유하라는 명령을 포함하지 않으며, 복음을 전함으로써 영혼을 치유하라는 명령만 포함한다. 하나님이 인간의 육체적 건강과 안녕에 더는 관심을 두지 않게 되셨거나 교회가 이런 관심을 가져서는 안 된다는 게 아니다. 의술은 그리스도인의 섬김 중에 오랫동안 하나님이 복 주신 부분이며 현대 선교의 최첨단 중 하나이기도 하다. 그러나 의술을 통해서든 기적을 통해서든 간에, 하나님의 치유는 더는 진짜를 증명하는 표적(sign)이 아니며, 하나님은 더는 자신의 교회에 이런 은사들을 주지 않으신다.

병 고치는 은사가 있는 모든 사람이 그러했듯이, 바울도 이 은사를 드물게, 오로지 본래 목적을 위해 사용했다. 병 고치는 은사를 순전히 육체적 건강 회복을 목적으로 사용한 적은 전혀 없었다. 바울은 자신이 아팠으나 결코 자신의 병을 고치지 않았을뿐더러 병 고치는 은사가 있는 동료 신자에게 자신의 병을 고쳐달라고 하지도 않았다. 바울의 소중한 친구이자 동역자 에바브로디도가 심히 아팠는데, 하나님이 개입하지 않으셨으면 죽었을 것이다. "하나님이 그를 긍휼히 여기셨고 그뿐 아니라 또 나를 긍휼히 여기사 내 근심 위에 근심을 면하게 하셨느니라"(빌 2:27). 하나님은 에바브로디도를 기적적으로 치유하셨다. 그러나 바울이 병 고치는 은사를 자유롭게 사용했다면, 하나님께 특별히 간구할 필요가 없었을 것이다. 또 다른 동역자 디모데에게 위장 장애를 비롯해 여러 질병이 있을 때, 바울은 그를 고쳐주기보다 그에게 포도주를 조금 마시라고 조언했다(딤전 5:23). 바울은 또 다른 동료 드로비모가 "병들어서 밀레도에 두었다"(딤후 4:20). 그는 복음의 능력을 확증하는 데 필요한 경우가 아니라면, 그리스도인들을 건강하게 하려고 병 고치는 은사를 사용하지는 않았다.

오늘의 그리스도인은 하나님께 어떤 질병이든 고쳐달라고 구할 권리가 있다. 하나님은 자신의 어떤 목적을 성취하고 자신의 영광을 드러내기 위해 병을 고쳐주실 수도 있다. 그러나 하나님은 병을 고쳐주실 의무가 없다. 그분은 어느 시대나 병을 고쳐주겠다는 전면적 약속을 하지 않으셨기 때문이다(참조. 민 12:9-10; 신 28:21-22; 왕하 5:15-27; 대하 26:5, 21; 시 119:67; 고전 11:30), 그리고 하나님은 자신의 말씀이 진짜라는 것을 더는 증명하지 않으신다. 완결된 말씀이 그 자신을 증명하기 때문이다.

능력(miracles)을 행하는 은사

능력 행함(the effecting of miracle, 기적 행함)도 일시적인 표적 은사다. 기적(miracle, **능력**)은 초자연이 자연 세계와 자연법칙에 침입한 것이며, 하나님의 개입으로만 설명된다. 하나님은 흔히 다른 그리스도인들을 통해, 평범한 환경을 통해, 자연법칙을 통해 일하심으로써 우리를 인도하거나 돕거나 우리에게 경고하신다. 이것들은 하나님의 섭리가 초자연적으로 작동하는 것이지만 기적은 아니다. 기적은 일반적 자연 현상이나 자연법칙에 어긋나는 하나님의 행위이며, 그분만이 자연을 다스림으로써 가능할 뿐이며 달리 그 어떤 환경을 통해서도 불가능한 행위다.

요한은 예수님이 혼인 잔치에서 물이 변하여 포도주가 되게 하셨으며, "이 첫 표적을 갈릴리 가나에서 행하여 그의 영광을 나타내시매 제자들이 그를 믿으니라"라고 말한다(요 2:11). 이것이 목적이었다. 이 기적은 잔치의 흥을 돋우거나 호기심 많은 사람에게 큰 능력을 보이기 위한 게 아니었다. 예수님의 경우에도, 병 고치는 일처럼 기적을 행하는 일도 그분이 메시아로, 하나님의 능력과 메시지를 가진 자로 오셨다는 확인이었다. 자신의 복음서 말미에서, 요한은 이렇게 말한다. "예수께서 제자들 앞에서 이 책에 기록되지 아니한 다른 표적(miracles)도 많이 행하셨으나 오직 이것을 기록함은 너희로 예수께서 하나님의 아들 그리스도이심을 믿게 하려 함이요 또 너희로 믿고 그 이름을 힘입어 생명을 얻게 하려 함이니라"(20:30-31). 예수님은 하나님이 자신 안에 계시 되고 있음을 증명하려고 기적을 행하셨다. 오순절에, 베드로는 무리에게 복음을 전하면서 이렇게 말했다. "이스라엘 사람들아, 이 말을 들으라. 너희도 아는 바와 같이 하나님께서 나사렛 예수로 큰 권능(miracles)과 기사와 표적을 너희 가운데서 베푸사 너희 앞에서 그를 증언하셨느니라"(행 2:22).

예수님은 사역하는 3년 동안만 기적을 행하고 병자를 고치셨다. 수 세기에 걸쳐 생겨난 신화나 전설과 달리, 성경은 예수님이 어린 시절과 청년 시절을 조용하고 평범하게 사셨고 가나 혼인 잔치 이전에 그 어떤 초자연적 능력도 행하지 않으셨다고 말한다. 앞서 인용한 요한복음 2장에서 분명히 알 수 있듯이, 예수님은 사역을 시작할 때에야 기적을 행하기 시작하셨다.

사도들을 비롯해 소수의 초기 교회 지도자도 복음의 메시지를 확증하는 표시로 기적을 행했다. 이고니온에서, 바울과 바나바가 "오래 있어 주를 힘입어 담대히 말하니, 주께서 그들의 손으로 표적(signs)과 기사(wonders)를 행하게 하여 주사 자기 은혜의 말씀을 증언하셨다"(행 14:3). 바울은 나중에 고린도 신자들에게 이렇게 썼다. "사도의 표가 된 것은 내가 너희 가운데서 모든 참음과 표적과 기사(miracles)와 능력을 행한 것이라"(고후 12:12). 기적 행함은 사도의 표식이었고, 사도의 메시지와 일이 주님의 것임을 증명했다. 히브리서 저자는 이렇게 말한다. "이 구원은 처음에 주로 말씀하신 바요 들은 자들이[사도들이] 우리에게 확증한 바니, 하나님도 표적들과 기사들과 여러 가지 능력(miracles)과 및 자기의 뜻을 따라 성령이 나누어 주신 것(gifts)으로써 그들과 함께 증언하셨느니라"(2:3-4).

사도들이 어떤 기적을 행했는가? 예수님은 포도주를 만드셨고, 음식을 만드셨으며, 베드로와 함께 물 위를 걸으셨고, 물고기 입에서 주화가 나오게 하셨으며, 적대적 무리 앞에서 사라지셨고, 구름 속으로 승천하셨다. 이 모든 기적은 자연과 관련이 있었고, 오직 예수님만 행하셨다. 어느 제자도 자연과 관련된 기적을 행했다는 기록이 없다. 사도들은 무슨 기적을 행했는가? 그 대답은 기적으로 번역된 단어 '두나미스'(*dunamis*)에 있다. '두나미스'는 "능력"(power)이란 뜻이다. 사실, 이 단어는 복음서에서 "능력"(power)으로 번역되며, 귀신을 쫓아내는 일과 빈번하게 연결된다(눅 4:36; 6:18; 9:42). 주님이 열두 제자와 70인에게 주신 것이 바로 이 능력, 곧 귀신을 쫓아내는 능력이다(눅 9:1; 10:17-19). 오늘 우리는, 제자들이 했던 것처럼, 구원받지 못한 사람들에게서 귀신을 쫓아낼 능력이 없다. 빌립과 스데반은 기적을 행하는 은사가 있음을 보여주었다(행 6:8; 8:7). 바울은 "주의 가르침"을 확증하고 한 사람을 믿음으로 인도하기 위해 이 은사를 사용했다(행 13:6-12). 어떤 유대인들이 진정한 은사 없이 귀신을 쫓아내려다 도리어 귀신들에게 맞고 쫓겨났다(행 19:14-16).

이러한 표적들은 하나님이 그분의 말씀을 계시하는 동안에만 그 말씀에 수반되었다. 계시가 멈추면, 표적 은사(sign gifts)도 멈췄다. 워필드(B. B. Warfield, 1851-1921)는 이렇게 썼다. "기적을 행하는 은사들은 사도들이 교회를 세우는 일에서 하나님의 권위 있는 대리자라는 것을 보여주는 신임장의 일부였다. 이러한 기능은 이러한 은사들을 사도적 교회에 뚜렷이 국한했고, 이러한 은사들은 사도적 교회와 함께 필연적으로 사라졌다."

예언의 은사

하나님은 어떤 그리스도인들에게 **예언**의 은사를 주셨다. 예언이 계속되고 있는지, 영구적 은사인지, 치유 및 기적과 같은지, 사도 시대와 함께 사라졌는지를 두고, 복음주의자들 사이에서 오랫동안 다른 해석이 있었다. 예언이 일시적 표적 은사—예언은 계시적 은사였을 뿐이며, 따라서 계시가 그쳤을 때 예언도 그쳤다—라고 주장하는 사람들의 주된 논지의 근거는 예언과 방언과 지식의 은사가 모두 그친다고 말하는 고린도전서 13:8이다. 이 단락을 다루면서 논의하게 되듯이, 이것들은 모두 고린도전서 13:8에 나오지만 예언과 지식은 방언과 같은 범주에 속하지 않으며, 고린도전서 13:8에서 이것들이 함께 언급되었다는 사실이 모두 같은 유형임을 증명하지는 않는다. 12:8-10이 다양한 은사를 언급한다고 해서 이것들이 모두 같은 유형은 아닌 것과 같다. 우리는 여기서 예언을 덕을 세우는 영구적 은사로 보겠다.

상응하는 히브리어(*nābā'*)처럼, **예언(prophecy)** 뒤에 자리한 헬라어 동사(*prophēteuō*)는 "거리낌 없이 말하다, 선포하다"(to speak forth, to proclaim)라는 뜻이다. 이것은 말하는 사람이 청중 앞에 있다고 상정하며, 따라서 "공개적으로 말하다"라는 뜻일 수 있다. 선언(先言, prediction)이란 의미가 중세 어느 시점에 추가되었다. 많은 선지자가 선언(先言)했으나, 이것은 선지자들의 기본 사역이 아니었고, 이들과 이들의 일을 기술하는 본래의 용어들은 이런 의미를 내포하지 않았다. 사실, 본래의 용어들은 계시 개념을 반드시 내포하지는 않았다. 하나님은 자신의 말씀 중에 많은 부분을 선지자들을 통해 계시하셨다. 그러나 선지자들의 사역은 많은 부분이 이미 주어진 계시를 선포하고 설명하며 권하는 것일 뿐이었다. 성경의 선지자들은 때로 계시했고(딤전 4:14; 벧후 1:21), 때로 이미 계시된 것을 되풀이할 뿐이었다. 그러므로 하나님의 선지자는 하나님의 말씀을 말하는 사람일 뿐이며, **예언**은 이 말씀을 선포하는 것이다. 예언의 은사는 말씀을 유효하게 선포하도록 성령께서 주시는 능력이다. 성경이 완결되었기에, 예언은 더는 새로운 계시를 의미하지 않으며, 이미 성경에 계시된 것을 선포할 뿐이다.

바울은 고린도전서 14:3에서 이 기능을 가장 단순하고 분명하게 정의한다. "그러나 예언하는 자는 사람에게 말하여 덕을 세우며 권면하며 위로하는 것이요."

나는 하나님이 사람을 대하시는 역사에서 자신의 백성들에게 이 은사를 주지 않으셨던 때가 있다고 믿지 않는다. 구약시대와 신약시대를 비롯해 신구약 중간기와 그 이후까지, 하나님은 특별한 능력과 효능으로 자신을 대언하도록 늘 자신의 성도 중 얼마를 준비시키셨다. 고린도전서 14:1에서, 바울은 신자들 전체에게 촉구한다. "사랑을 추구하며 신령한 것들을(spiritual gifts) 사모하되 특별히 예언을 하려고 하라." 바울은 39절에서 똑같이 호소한다. 바울은 모든 그리스도인이 선포의 은사를 '개인적으로' 구해야 한다고 말하는 게 아니라 모든 그리스도인이 이 은사가 자신들 가운데 실행되길 '집단적으로' 원해야 한다고 말한다. 14장 전체에서, 바울은 방언의 은사, 곧 신자들이나 불신자들이 이해하려면 통역이 필요한 표적 은사와 듣는 사람들 모두에게 덕을 세우는 구체적 목적을 가진 예언의 은사를 대비(對比)시킨다.

바울은 로마서 12장에서 영적 은사를 논하면서 이렇게 말한다. "우리에게 주신 은혜대로 받은 은사가 각각 다르니, 혹 예언이면 믿음의 분수대로(according to the proportion of his faith)"(6절). '아날로기아'(analogia, "분수, proportion")라는 용어는 어떤 것에 대한 바른 관계나 일치를 가리키며, 이 구절의 헬라어는 문자 그대로 "믿음의"(of the faith)로 읽힌다. 그러므로 "측량된 믿음에 따라"(according to the measured-out faith)가 더 나은 번역이겠다. "믿음"은 신약성경에서 여러 차례 복음, 곧 하나님이 주신 기독교 신앙의 몸통과 동의어로 사용된다(행 6:7; 유 3, 20). 오늘날 예언의 은사를 가진 신자들은 개인적이며 주관적인 믿음이 아니라 하나님이 이미 계시하신 객관적 믿음, 곧 그분의 말씀에 따라 말할 능력을 받는다. 이러한 예언의 주된 목적이 요한계시록에서 제시된다. "예수의 증언은 예언의 영이라"(19:10).[78] 성경은 예수의 증언이다(예수에 관한 증언이다, 참조. 요 5:39). 바울이 다음과 같이 말할 때 분명히 하듯이, 예언은 기록된 하나님의 말씀에서 절대 벗어날 수 없다. "만일 누구든지 자기를 선지자나 혹은 신령한 자로 생각하거든 내가 너희에게 편지하는 이 글이 주의 명령인 줄 알라"(고전 14:37). 예언의 은사는 성령께서 예수님을 증언하도록 한 그리스도인을 특별히 능하게 하시는 것이다. 어느 누구도 "예언을 멸시해서는" 안 되지만(살전 5:20), 고린도 신자들은 예언을 무시했던 게 분명하며 심지어 14장이 보여주듯이 황홀경에서 쏟아내는 말로 예언을 대신했다.

---

78 공동번역개정판: 예수께서 계시하신 진리야말로 예언자들에게 영감을 주는 것이다.

분별의 은사

교회를 보호하려고 주신 중요한 은사가 분별의 은사, 곧 **영들 분별함(the distinguishing of spirits)**이다. **분별함**의 기본 의미는 무엇이 진짜이고 무엇이 가짜인지 결정하기 위해 조사하고 판단하려고 분리하는 것과 관련이 있다. 사탄은 큰 사기꾼, "거짓의 아비"이며(요 8:44), 아담의 타락 때부터 사탄과 그의 귀신들은 하나님의 메시지와 하나님의 일을 위조해 왔다. 모든 그리스도인은 자신이 듣고 읽는 것을 주의 깊게 판단하고 "영을 다 믿지 말고 오직 영들이 하나님께 속하였나 분별"해야 한다(요일 4:1). 하나님을 경외하고 "너그러운"(noble-minded)[79] 베뢰아 유대인들이 바울에게 처음 복음을 들었을 때 이렇게 했다(행 17:11). 이들은 바울의 말을 자신들이 아는 하나님의 말씀에 비추어 테스트했고, 둘이 일치했기에 바울이 전하는 말이 귀신들이 아니라 하나님에게서 비롯되었다고 믿었다. 모든 신자가 하나님에게 받았다고 주장하는 메시지를 대할 때마다 이렇게 해야 한다. 복음을 전하거나 가르치는 그 누구도 자신의 말이 성경에 비추어 판단 받는 일에 격분해서는 안 된다.

하나님이 분별의 은사를 주신 사람들은 거짓말하는 영들을 알아보는 특별한 능력이 있으며, 이 은사는 성령의 경비견이다. 어떤 생각들은 성경적이라 제시되었고 겉보기에 성경적이지만 실제로는 대다수 신자를 속이려는 정교한 위조품이다. 분별의 은사를 가진 사람들은 성령께서 세우신 검열관이며, 성령께서 특별한 통찰력과 이해력을 주시는 위조식별 전문가다. 이 은사가 초기 교회에 특히 귀중했던 것은 신약성경이 아직 완결되지 않았기 때문이다. 필사가 어렵고 비용도 많이 들었기에, 성경은 완결된 후에도 오랫동안 널리 보급되지 못했다. 성령께서 세우신 분별하는 자들이 교회의 보호자였다.

분별의 은사는 사회가 교회와 복음을 받아들일 만하게 여길 때도 특히 가치가 높다. 기독교가 박해받을 때는 가짜 선생들이 대체로 드물었다. 복음과 동일시되는 대가가 너무 높기 때문이다. 기독교가 존중할 만하거나 적어도 용납할 만하다고 여겨지는 때와 장소에 가짜 선생들이 나타날 확률이 훨

---

79 새번역: 고상한   공동번역개정판: 마음이 트인

씬 높다. 오늘날 세계 곳곳에서 복음주의가 대중적이고 많은 경우 유익하다. 온갖 종류의 선생들, 전파자들, 저자들, 상담자들이 복음적이고 성경적이라고 주장한다. 생각하는 사람이라면 누구라도 모든 사상이 성경적일 수는 없음을 깨닫는다. 그중 서로 심하게 모순되는 것이 많기 때문이다. 그렇더라도, 어떤 것이 참이고 어떤 것이 거짓인지 알기란 늘 쉽지 않다. 대부분 둘이 섞여 있다. 사탄이 사용하는 거짓 선생들이 하는 말은 대체로 얼마간 진리를 담고 있다. 안타깝게도, 성경적으로 건전한 많은 선생이 성경적으로 보이지만 실제로 성경적이지 않은 사상을 이따금 심리학이나 철학이나 대중적 사고에서 자신도 모르게 빌려온다. 분별의 은사를 가진 사람들의 사역이 알곡과 가라지를 분리하는 데 도움이 된다.

이 은사를 가진 고린도 신자들은 이것을 사용하지 않고 있거나 무시당하고 있었다. 그렇지 않다면, 바울이 이 편지에서 다루는 비뚤어진 사상과 행위가 그처럼 번성할 수 없었을 것이다. 예언과 더불어, 분별은 바울이 고린도 신자들에게 방언과 통역을 판단할 때 사용하라고 촉구하는 은사다. 분별의 은사를 가진 사람들은 예언하는 사람들까지 판단해야 한다(고전 14:29).

분명히, 분별의 은사는 그리스도인들이 법정에 가기보다 자신들 간의 다툼을 스스로 해결하도록 돕는 교회에 가치가 있다. 분별의 은사는 바울이 고린도전서 6장에서 말하는 "형제간의 일을 판단할 만한 지혜 있는 자"에게 필요한 은사다(고전 6:5).

심지어 복음에 대한 찬양조차 속이고 잘못된 길로 이끌 수 있다. 누가는 바울과 실라가 빌립보에서 사역을 시작할 때 이런 일이 있었다고 했다. "우리가 기도하는 곳에 가다가 점치는 귀신 들린 여종 하나를 만나니, 점으로 그 주인들에게 큰 이익을 주는 자라. 그가 바울과 우리를 따라와 소리 질러 이르되, 이 사람들은 지극히 높은 하나님의 종으로서 구원의 길을 너희에게 전하는 자라 하며"(행 16:16-17). 이 여종의 말은 사실이었을 뿐 아니라 복음과 복음 선포자들에게 호의적이었던 것 같다. 그러나 그녀가 한 말의 목적과 동기는 정반대였다. 여종을 통제하는 귀신들은 사람들의 주목을 끌고 그들의 신뢰를 얻으며, 그런 후에 하나님의 말씀과 그분의 사역자들이 하는 일을 조롱하고 약화하려 했다. 이 경우, 바울은 여종의 말로 판단할 수 없었다. 그녀의 말은 사실이었기 때문이다. 바울은 그녀가 귀신의 도구라는 것을 알았다. 이유는 단 하나, 성령께서 여종을 통제하는 거짓 영을 드러내주셨기 때문이다.

거짓 가르침은 성경과 비교함으로써 판단할 수 있다. 그러나 거짓 영들은 오직 성령이 주시는 분별의 은사로만 판단할 수 있다. 분별의 은사는 성령이 주시는 은사들에 대한 은사(Spirit's gift on gifts)라 할 수 있다. 하나님이 분별의 은사를 사용해 다른 은사들이 그분에게서 비롯되었는지 아닌지를 교회에 계시하시기 때문이다. 모든 은사 모방이 귀신에게서 비롯되지는 않는다. 은사 모방의 많은 부분이 단지 육신의 일이며, 자신의 힘으로 자신의 유익과 영광을 위해 주님을 섬기려는 육적인 그리스도인들의 일이다. 요약하면, 분별의 은사는 다른 은사들이 성령에게서 비롯되었는지, 단지 육적인 모방인지, 귀신들의 위조품인지 가리도록 주신 것이다. 나는 하나님이 지금도 그분의 백성 중 일부에게 거짓 선지자들과 육적인 위선자들의 가면을 벗길 능력을 주신다고 믿는다. 하나님은 이들에게 대다수 그리스도인이 진짜라 여기는 모방과 속임을 드러내는 통찰력을 주신다.

방언의 은사와 방언 통역의 은사

우리 시대에 영적 은사 중에 가장 격하게 논쟁되는 것은 **각종 방언(various kinds of tongues)**의 은사다. 이 은사와 **방언들 통역함**의 은사는 고린도전서 14장을 살펴볼 때 자세히 다루겠다. 여기서는 이것들이 오늘의 교회에서 진정으로 나타나지 않는 일시적인 표적 은사라는 것만 짚고 넘어가겠다. 다른 표적 은사들처럼, 이것들도 신약성경의 교회에서 복음의 메시지와 능력을 입증하기 위해 주어졌다. 이것들이 고린도교회에서 지나치게 높여지고 심각하게 오용되었다. 그러나 이것이 아직은 바울의 핵심이 아니다. 지금 바울은 하나님의 성령께서 주권적으로 주시는 은사들이 아주 다양하다는 것을 보여주려고 이것들을 언급할 뿐이다.

하나님이 영적 은사들을 주권적으로 통제하신다

이 모든 일은 같은 한 성령이 행하사 그의 뜻대로 각 사람에게 나누어 주시는 것 이니라. (12:11)

이 구절은 4-10절을 요약한다. 바울은 영적 은사의 성격, 사역, 결과의 다양성을 설명할 때 했듯이(4-6절), 각 은사가 많은 면에서 서로 다르지만 **한 성령(one and the same Spirit)**께서 초자연적으로, 주권적으로 주신다는 것을 계속 강조한다(참조. 8-9절). 사실, 이로써 바울은 이 단락에서 성령이 은사를 주시는 분이라고 다섯 번째 말한다. 또한, 모든 신자가 영적 은사를 받았다고(**각 사람에게 나누어 주시는 것이니라**) 거듭 강조한다(참조. 6-7절). 은사를 받은 사람들은 영적 엘리트가 아니며 온 교회, 그리스도의 몸 전체를 이룬다. 우리는 모두 은사를 받았고, 우리는 모두 주님이 주신 은사를 사용하도록 주님의 부르심을 받았다.

여기서 은사를 구해야 한다는 말은 없다. 이것은 은혜의 은사(gift of grace, 은혜의 선물)란 개념과 본문의 의도에 어긋나며, 본문은 고린도 신자들에게 모든 신자가 서로 다른 은사를 받았음을 인정하라고 가르친다. 하나님이 주권적으로 은사를 주신 것은 자신의 거룩한 목적이 성취되게 하기 위해서다. 은사는 신자들이 선택하는 뷔페 메뉴가 아니다.

성령께서 은사를 주실 뿐 아니라 **이 모든 일은 같은 한 성령이 행하신다**는 데서 핵심이 한층 강조된다. 행하신다(works)는 6절의 "이루시는"과 같은 단어이며, "활성화"(energizings)를 뜻한다. 가장 깊은 의미에서, 신자는 자신의 은사를 사용조차 하지 않고 하나님이 성령의 능력으로 그 은사를 통해 일하시게 한다. 하나님이 **그의 뜻대로** 자신의 백성—자신의 백성 모두—에게 주권적으로 주시는 은사를 활성화해 유효하게 하신다. 성령은 교회의 머리이신 분의 메신저이며, 하나님이 계획하신 대로 영적 은사를 주고 활성화하신다.

하나님의 성령께서 교회를 다스리고 활성화하실 때, 적어도 여덟 가지 증거가 나타난다.

성령께서 다스리시는 교회는 '일치된다'(unified). 성령은 개성과 충돌하지 않는 일치의 근원이며 유지자다.

성령께서 다스리시는 교회는 '교제'가 특징이다. 이런 교회의 교제는 깊고 넓으며, 정직하고 친밀하며, 보살피고 참여하는 모든 신자를 포함한다.

성령께서 다스리시는 교회는 '예배가 충만하다'(worshipful). 이런 교회의 예배는 성부와 성자와 성령을 높이기에 의미가 충만하고, 참되며, 하나님이 중심이고, 모두가 참여한다. 이런 교회의 예배는 노래로 찬양하고, 말로 찬양하며, 삶으로 찬양한다.

성령께서 다스리시는 교회는 '복음을 전한다'(evangelistic). 성령이 모든 회심, 곧 모든 새로운 영적 출생의 진정한 도구이며, 성령께 반응하는 교회는 자발적이고 기쁘게 영혼들을 구원한다. 불신자들을 그리스도 안에 있는 새 생명으로 인도하는 것이 최우선 순위이자 그 생명이 자연스럽게 태어나는 것이다.

성령께서 다스리시는 교회는 '사랑한다.' 이런 교회는 보살피고 돕는 사람들의 모임이며, 이타심과 희생이 일상인 신자들의 몸이다.

성령께서 다스리시는 교회는 '순종한다.' 이런 교회는 하나님이 정하시는 길을 걸으며 그 길만 걷는다. 이런 교회는 성경이 가르치는 것을 믿고, 성경이 명하는 것을 행한다.

성령께서 다스리시는 교회는 '복종한다.' 복종이란 자의적 순종, 마음에서 우러나 기쁨으로 하는 순종이다. 이런 교회는 자신의 주님을 사랑하고 오직 그분만 기쁘게 하려 하므로 주님께 복종한다.

성령께서 다스리시는 교회는 '사역한다'(minister). 주 예수 그리스도처럼 그 소명과 목적은 섬김을 받는 게 아니라 섬기는 것이다. 이런 교회는 각자 성령의 은사와 능력으로 사역하는 신자들의 공동체다.

오늘의 교회가 하나님의 영적 은사의 패턴과 의도를 이해하지 못하고 오히려 인간의 기준에 따라 은사들의 등급을 매기려 하며, 어떤 은사를 다른 은사보다 높이고, 받은 은사 외에 다른 은사를 구하면 고린도교회의 혼란이 되살아난다.

31

일치와 다양성
(12:12-19)

> 몸은 하나인데 많은 지체가 있고, 몸의 지체가 많으나 한 몸임과 같이, 그리스도
> 도 그러하니라. 우리가 유대인이나 헬라인이나 종이나 자유인이나 다 한 성령으
> 로 세례를 받아 한 몸이 되었고, 또 다 한 성령을 마시게 하셨느니라. 몸은 한 지
> 체뿐만 아니요 여럿이니, 만일 발이 이르되 "나는 손이 아니니 몸에 붙지 아니하
> 였다" 할지라도 이로써 몸에 붙지 아니한 것이 아니요, 또 귀가 이르되 "나는 눈
> 이 아니니 몸에 붙지 아니하였다" 할지라도 이로써 몸에 붙지 아니한 것이 아니
> 니, 만일 온 몸이 눈이면 듣는 곳은 어디며, 온 몸이 듣는 곳이면 냄새 맡는 곳은
> 어디냐? 그러나 이제 하나님이 그 원하시는 대로 지체를 각각 몸에 두셨으니, 만
> 일 다 한 지체뿐이면 몸은 어디냐? (12:12-19)

고린도 신자들이 영적 은사를 오용한 것은 육신적으로 세상을 따른 데서 비
롯된 많은 현상 중 하나였으며, 이제 바울이 계속 꾸짖는 이들의 분쟁과 밀접
하다.

바울은 영적 은사의 다양성을 설명하면서(12:4-11), 은사의 근원은 오직 하
나, 곧 하나님이라는 점을 거듭 강조한다(4, 5, 6, 8, 9, 11절). 은사의 목적도 하
나, 곧 교회의 공동선을 위한 성령의 사역과 능력을 나타내는 것이라는 점도
강조한다(7절). 이러한 은사들은 일치를 이루게 하며, 따라서 바울은 구속받은
공동체의 하나됨을 전체적으로 논한다.

이 단락에서, 바울은 교회 일치의 성격과 중요성을 설명하고, 뒤이어 이러한 일치의 핵심인 다양성의 중요성을 다시 설명한다. 교회의 다양성은 하나 되는 교제를 위해 하나님이 정하신 방법이다. 그러나 다양한 구성원 하나하나가 몸 전체에서 자기 역할을 인지하고 받아들이지 않으면, 다양성은 일치가 아니라 분열을 초래하고, 세우기보다 무너뜨리며, 조화가 아니라 불화를 낳고, 자신을 내어주기보다 자신을 섬기는 결과를 초래한다.

바울은 12절에서 일치를, 13절에서 일치의 근원을 설명한다.

연합하여 한 몸이 되었다

몸은 하나인데 많은 지체가 있고, 몸의 지체가 많으나 한 몸임과 같이, 그리스도도 그러하니라. (12:12)

바울은 다시 인간의 몸을 이용해 그리스도의 몸인 교회를 이루는 구성원들의 일치와 상호 관계를 설명한다(참조. 10:17). 바울은 12장에서 스물일곱 절에 걸쳐 '몸'(body)이라는 용어를 약 16회 사용하며, 자신의 서신들에서 이 은유를 자주 사용한다(롬 12:5; 엡 1:23; 2:16; 4:4, 12, 16; 골 1:18 등).

인간의 몸은 하나님이 창조하신 너무나 놀랍고 유기적인 작품이다. 인간의 몸은 놀랍도록 복잡하나 일체를 이루며, 그 무엇과도 비교할 수 없는 조화를 이루고 서로 촘촘히 연결된다. 인간의 몸은 단일체(unit)다. 인간의 몸은 여러 몸으로 나눌 수 없다. 인간의 몸이 나뉜다면, 잘려 나간 부분은 기능을 멈추고 죽으며 나머지 부분도 몇몇 기능과 효능을 잃는다. 몸은 부분들의 총합을 한없이 능가한다.

그리스도의 몸도 하나다. 기독교 기관, 교단, 단체, 클럽, 그룹 등이 많고 다양하다. 그러나 교회는 오직 하나이며, 그리스도를 참되게 믿는 모든 신자가 그 구성원이다. 바울은 교회가 하나라는 핵심을 인식시키려는 마음이 간절했고, 그래서 교회'로서의' 그리스도를 말한다. **그리스도도 그러하니라.** 몸을 그 머리와 분리할 수 없듯이, 그리스도도 그분의 교회와 분리할 수 없다. 그리스도가 교회의 머리라고 할 때, 언제나 마음(mind)과 영(spirit)과 다스림(control, 제어)이라는 의미에서 그렇다는 것이다. 몸이 마음과 영을 잃으면 더는 몸이 아니고 시체다. 여전히 구조를 갖췄으나 생명이 없다. 여전히 조직적이지만 더는 살아있는 유기체가 아니다.

교회에 관한 또 다른 비유로, 예수님은 동일한 진리를 말씀하신다. "나는 포도나무요 너희는 가지라. 그가 내 안에, 내가 그 안에 거하면, 사람이 열매를 많이 맺나니, 나를 떠나서는 너희가 아무 것도 할 수 없음이라"(요 15:5). 잘린 가지는 생산하지 못할 뿐 아니라 생명이 없다.

이런 까닭에, 신약성경은 우리가 그리스도 안에 있고 그리스도가 우리 안에 계신다고 말한다. 그리스도는 단지 그분의 교회와 '함께'하시는 게 아니다. 그리스도가 그분의 교회 안에 계시고 그리스도의 교회가 그분 안에 있다. 둘은 완전히 하나다. 교회는 완전한 유기체이며, 영원한 하나님의 생명으로 고동치는 예수 그리스도의 살아 있는 현현이다. 모든 신자의 공통점은 하나님의 생명을 가졌다는 것이다. 예수님은 이렇게 말씀하셨다. "내가 살아 있고[살아 있으니] 너희도 살아 있겠음이라"(요 14:19). "아들이 있는 자에게는 생명이 있다"(요일 5:12). "주와 합하는 자는 한 영이"기 때문이다(고전 6:17).

그리스도는 이 땅에 계실 때 성육한 단일한 몸(a single body)이었다. 이제 그리스도는 다른 몸, 크고 다양하며 귀한 몸, 곧 그분의 교회로 성육해 계신다. 그리스도는 이제 자신의 교회를 통해 세상에 성육해 계신다. 그리스도의 생명이 없으면, 참 교회의 생명이 없다. 바울은 "내게 사는 것이 그리스도인이니"라고 하지 않고 "내게 사는 것이 그리스도니"라고 했다(빌 1:21). 그는 이렇게 말할 수 있었다. "이제는 내가 사는 것이 아니요 오직 내 안에 그리스도께서 사시는 것이라"(갈 2:20). 이 동일한 그리스도의 생명을 모든 신자가 소유하며, 따라서 모든 신자는 그리스도의 일부요, 그분의 몸, 곧 교회의 일부다. 교회는 **한 몸**이다. **그리스도도 그러하기** 때문이다. 이 연합의 의미에 관한 설명은 마태복음 18:5과 25:31-46을 보라. 거기서 우리 주님은 하나님의 자녀 하나에게 한 것이 곧 그리스도에게 한 것이라고 가르치신다.

한 성령으로 세례를 받았다

우리가 유대인이나 헬라인이나 종이나 자유인이나 다 한 성령으로 세례를 받아 한 몸이 되었고, 또 다 한 성령을 마시게 하셨느니라. (12:13)

이 구절에서, 바울은 그리스도의 몸에 관한 중요한 두 가지 진리를 제시한다. 그 몸의 형성과 충만이다.

그리스도의 몸, 그 형성

신자들이 그리스도와 성령으로 세례를 받을 때 교회가 형성된다. **다 한 성령으로 세례를 받아 한 몸이 되었고.** 성령이 세례 대행자(agent)지만 세례자는 그리스도다. 예수님이 세례를 받으실 때, 세례 요한은 예수 그리스도, 곧 "내 뒤에 오시는 이는 나보다 능력이 많으시니…그는 성령과 불로 너희에게 세례를 베푸실 것이요"라고 했다(마 3:11; 참조. 막 1:8; 눅 3:16; 요 1:33). 다음 절에서 설명되듯이, 불세례는 지옥 심판이며, "쭉정이는 꺼지지 않는 불에 태우시는" 것이다. 구원자로서, 그리스도께서 성령으로 세례를 주신다. 심판자로서, 그리스도께서 불로 세례를 주신다. 모든 신자는 성령으로 세례를 받는다. 모든 불신자는 불로 세례를 받을 것이다. 그러므로 모든 살아 있는 영은 그리스도께 (by Christ) 세례를 받을 것이다.

덧붙이자면, 바울이 여기서 물세례를 말하지 않는다는 데 주목해야 한다. 물세례는 신자들이 그리스도의 명령에 순종해 받아야 하고 다른 신자들이 주는 외적이고 육체적인 의식이다(마 28:19; 참조. 행 2:38). 물세례는 회심에 아무 역할도 하지 않지만, 이미 내적으로 일어난 회심을 교회와 세상에 증언한다. 반대로, 성령 세례(Spirit baptism)는 전적으로 하나님의 일이며, 사실상 구원과 동의어다. '바프티조'(*baptizō*, "세례를 주다")라는 용어는 신약성경에서 비유적으로 어려움에 빠짐(마 20:22-23, KJV) 또는 그리스도의 죽음과 부활에 영적으로 잠김을 가리키는 데 사용된다(롬 6:3-5). 사람이 물에 잠길 수 있듯이, 신자는 영적으로 그리스도의 몸에 잠긴다.

또 하나 주목해야 할 게 있다. "성령'의' 세례"(baptism 'of' the Holy Spirit)라는 표현은 이곳을 비롯해 신약성경의 어느 구절에 대해서도 옳은 번역이 아니다. '엔 헤니 프뉴마티'(*en heni pneumati*, **by one Spirit, 한 성령으로**)는 "한 성령에 의해 또는 한 성령으로"(by or with one Sprit)를 의미할 수 있다. 신자들은 그리스도께(by Christ) 세례를 받기 때문에, 이 어구는 "한 성령으로"(with one Spirit)라고 번역하는 게 가장 좋다. 우리가 그리스도를 믿을 때 우리에게 새 생명을 주고 우리가 그 몸(the Body)에 들어가게 하는 것은 성령의 세례가 아니라 성령으로 받는 그리스도의 세례(Christ's baptism with the Holy Spirit)다.

그리스도인이면서 성령으로 그리스도께(by Christ) 세례를 받지 않는 것은 불가능하다. 그뿐 아니라, 성령으로 하나의 세례 그 이상을 받는 것도 가능하지 않다. 오직 하나의 성령 세례(one Spirit baptism)가 있으며, 모든 신자가 거듭날 때 성령으로 받는 그리스도'의' 세례(baptism 'of' Christ with the Spirit)다. 이로써 아들은 모든 신자를 성령의 능력과 위격(Person)의 영역, 새로운 언약, 새로운 환경, 다른 사람들과의 새로운 관계, 예수 그리스도와의 새로운 연합으로 인도해 들이셨다(참조. 고전 10:2, 여기서 바울은 어떻게 이스라엘이 바로와 이집트를 떠나 새로운 지도자 모세와 새로운 땅 가나안에 잠기고 이들과 하나 되었는지 보여준다.)

오순절 성령 강림도 이 세례가 예수 그리스도께서 주시며(행 2:32-33), 세례 요한의 예언을 성취하고(마 3:11 등), 예수님 자신의 약속을 성취한다는 것을 보여준다(요 7:37-39; 15:7-15; 행 1:5). 성경은 정확히 어떻게 이렇게 되는지 말해주지 않는다. 하나님이 정확히 어떻게 새 마음과 새 생명을 주실 수 있는지 말해주지 않듯이 말이다. 이것들은 우리의 이해를 초월하는 신비다. 그러나 구원에서 하나님이 하시는 역할에 관해서는 신비가 없다. 아버지께서 아들을 보내시고, 아들이 성령을 보내신다. 아들은 신적 구원자(divine Savior)이며, 성령은 신자의 위로자(Comforter), 도우미(Helper), 대언자(Advocate)이다.[80] 아들은 세례자이며, 성령은 세례 대행자(agent of baptism)이다.

---

80 Comforter(KJV), Helper(NASB, ESV), Advocate(NLT, NRSV, NIV) 모두 요한복음 14:16에 나오는 *paraklētos*의 번역이다.

고린도전서 12:13에서, 바울의 핵심은 한 성령으로 받는 세례(baptism with the one Spirit)가 교회로 한 몸이 되게 한다는 것이다. 성령 세례가 둘 이상이라면, 교회도 둘 이상일 것이며, 바울이 여기서 말하려면 핵심 전체가 무너질 것이다. 바울은 성령으로 세례를 받는다는 교리를 사용해 모든 신자가 몸(the Body) 안에서 하나라는 것을 보여준다. 오늘날, 많은 잘못된 선생이 성령으로 받는 세례를 잘못 해석해 나머지 사람들에게 없는 것을 가진 가상의 영적 엘리트를 몸에서 분리했다. 이런 개념은 여기 제시된 가르침 전체에 어긋난다.

우리가 유대인이나 헬라인이나 종이나 자유인이나 다 한 성령으로 세례를 받아 한 몸이 되었고. 바울은 진리를 더없이 분명하게 말한다. 하나인 성령 세례(one Spirit baptism)가 하나인 교회를 세운다. 부분적 그리스도인이란 없으며, 그리스도의 몸을 구성하는 부분적 지체도 없다. 주님에게는 그분의 자녀들을 위한 교화 시설(halfway houses)이 없으며, 림보(limbo)도 없고 연옥도 없다. 그분의 자녀들은 모두 그분의 가족으로 태어나고 영원히 그분의 가족이다. "너희가 다 믿음으로 말미암아 그리스도 예수 안에서 하나님의 아들이 되었으니, 누구든지 그리스도와 합하기 위하여 세례를 받은 자는 그리스도로 옷 입었느니라"(갈 3:26-27). 예수 그리스도를 믿는 자는 누구든지 구원받을 때 그분의 몸, 곧 교회를 구성하는 온전한 지체가 된다. "몸이 하나요 성령도 한 분이시니, 이와 같이 너희가 부르심의 한 소망 안에서 부르심을 받았느니라. 주도 한 분이시요, 믿음도 하나요, 세례도 하나요, 하나님도 한 분이시니, 곧 만유의 아버지시라. 만유 위에 계시고, 만유를 통일하시고, 만유 가운데 계시도다"(엡 4:4-6).

흥미롭게도, 그리스도인들이 영적 엘리트에 속하려면 성령'에 의한' 세례(baptism 'by' Spirit, 성령에게 받는 세례)를 구해야 한다고 주장하는 자들은 이것이 어떻게 이루어지느냐에 관해 일치된 의견을 제시할 수 없는 것 같다. 이들에게는 많은 개념과 많은 이론이 있지만 성경적 방법은 없다. 이유는 간단하다: 성경에는 신자들이 성령의 세례를 구하거나 받으라는 명령도 없고, 제안도 없으며, 이와 관련된 방법도 없기 때문이다. 우리는 이미 가진 것을 구하거나 요구하지 않는다. 빌립의 사역으로 회심한 사마리아 신자들은 성령으로 세례를 받기까지 잠시 기다려야 했다. 베드로와 요한이 사마리아에 와서 회심자들에게 안수할 때, 이들이 성령을 받았다(행 8:17). 교회가 시작되고 있었던 이러한 특별한 과도기 상황에서, 이 특별한 신자들은 성령을 기다려야 했으나 성령을 구하라는 말을 듣지는 않았다. 이러한 예외의 목적은 동일한 성령께서 유대인 신자들에게 세례를 주고 이들을 충만하게 하셨듯이 사마리아 신자들에게도 세례를 주고 이들을 충만하게 하셨다는 것을 사도들에게 입증하고 유대인 신자들 전체에게 상기시키는 것이었다. 얼마 후, 베드로를 비롯한 몇몇 유대 그리스도인이 복음은 모든 사람을 위한 것임을 확신하고 "이방인들에게도 성령 부어 주심"을 보도록 고넬료와 그 권속에게 복음을 전하도록 보냄을 받은 것처럼(행 10:44-45) 말이다. 이 특별한 과도기 사건들은, 이 본문이 분명히 하듯이, 일반적인 것을 대변하지 않았으나, 몸(the Body)이 하나임을 모두에게 나타내기 위해 일어났다(행 11:15-17).

몸의 충만

우리가 거듭날 때, 주님은 우리를 그분의 몸 안에 두셨을 뿐 아니라 그분의 성령을 우리 안에 두셨다. 주님은 우리가 구원받을 때 **다 한 성령을 마시게 하셨다.** 우리는 성령 안에 있고, 성령은 우리 안에 계신다. 부분적으로 구원받은 그리스도인이 없듯이, 성령께서 부분적으로 내주하는 그리스도인도 없다. 성령은 우리에게 찔끔찔끔 주어지는 게 아니다. 하나님은 "성령을 한량없이 주신다"(요 3:34).

성령으로(with the Spirit) 세례를 받음처럼, 성령의 내주(內住)도 사실상 회심의 동의어다. 성령의 내주는 영광스럽고 변화를 일으키는 동일한 행위의 다른 측면이다. "만일 너희 속에 하나님의 영이 거하시면 너희가 육신에 있지 아니하고 영에 있나니, 누구든지 그리스도의 영이 없으면 그리스도의 사람이 아니라"(롬 8:9). 성령이 없는 사람은 영생도 없다. 영생은 성령의 생명이기 때문이다. 그래서 베드로는 이렇게 단언할 수 있다. "그의 신기한 능력(divine power)으로 생명과 경건에 속한 모든 것을 우리에게 주셨으니, 이는 자기의 영광과 덕으로써 우리를 부르신 이를 앎으로 말미암아라. 이로써 그 보배롭고 지극히 큰 약속을 우리에게 주사 이 약속으로 말미암아 너희가 정욕 때문에 세상에서 썩어질 것을 피하여 신성한 성품에 참여하는 자가 되게 하려 하셨느니라"(벤후 1:3-4; 참조. 골 2:10; 고전 6:19).

악의가 없고 그러지 않으면 건전할 기독교 지도자들이 은혜의 두 번째 일 (a second working of grace)[81]—다양한 이름으로 불린다—의 시각을 견지함으로써 많은 신자의 삶에 큰 혼란과 좌절과 실망을 일으켰다. 단순히 주님께 순종하고 그분이 이미 주신 것을 의지하는 데 쓸 수 있을 시간과 에너지가 완전하고 풍성한 것을 소유하려고 애쓰는 데 허비된다. 있지도 않은 이차적 축복 (second blessing)을 영원히 구한다면, 자신이 가진 것을 누릴 수 없다. 적절치 못한 구원론은 언제나 잘못된 성화론으로 이어진다. 은혜의 두 번째 일을 구하는 사람들이 어느 하나도 누리지 못한다는 것은 역설적 비극이다. 일차적 축복(first blessing)이 완전한데도, 이들은 이것을 누리지 못한다. 있지도 않은 이차적 축복을 계속 구하기 때문이다.

이차적 축복 개념은 중세에 인간은, 설령 유아라도, 세례받을 때 구원받고 나중에 성년이 된 후 견진성사(confirmation) 때 성령을 받는다는 가르침과 함께 생겨났을 것이다. 진실하며 그러지 않으면 성경적일 복음주의자들이 이 개념을 생명 없는 그리스도인들에게 생기를 불어넣는 수단으로 바꾸었다. 교회가 무기력하고 육적이며 세상적이고 열매가 없었기에, 이들은 추가적인 하나님의 일(additional work of God)을 구하라고 신자들을 독려함으로써 활력을 불어넣으려 했다. 그러나 문제는 결코 하나님의 일이 부족하거나 불완전한 데 있지 않았다. 그리스도께서는 오직 완전한 구원만 주신다. 주님은 자신의 완전한 구원 사역에서 이미 주신 것에 순종하며 그것을 신뢰하라고 요구하시는데(히 10:14), 너무나 많은 사람이 "더 깊은 삶"의 "승리주의적 체험"(triumphalistic experience)을, 즉각적 영성에 이르는 정형화된 열쇠를 구하

---

81 존 웨슬리는 신자가 경험하는 구원 과정을 둘로 나누었다. 첫째는 회심 또는 중생이고, 둘째는 그리스도인의 완전 또는 성결(성화)이다. 은혜의 두 번째 일은 성결(성화)을 말한다. 은혜의 두 번째 일(second working of grace)은 완전 성화(entire sanctification), 마음의 거룩(heart holiness), 이차적 축복(the second blessing) 등으로 불린다.

는 것은 비극이다.

바울이 에베소서 3:19에서 말하는 "하나님의 모든 충만하신 것으로" 충만
함은 우리의 구원을 이루는 것처럼(빌 2:12) 이미 온전히 소유한 것을 온전히
살아내는 것과 관련이 있다. 우리가 그리스도를 믿을 때 우리는 성경에 완전
히 잠기고 성령께서 완전히 우리 안에 거하신다. 하나님은 우리 안에 더 두실
게 없다. 그분은 바로 자신을 우리 안에 두셨고, 이것을 능가할 것은 없다. 부
족한 것은 우리의 온전한 순종, 우리의 온전한 신뢰, 우리의 온전한 복종이지
그분의 온전한 구원이나 내주(內住)나 축복이 아니다.

몸은 하나이나 그 안에 다양성이 있다

몸은 한 지체뿐만 아니요 여럿이니, 만일 발이 이르되 "나는 손이 아니니 몸에
붙지 아니하였다" 할지라도 이로써 몸에 붙지 아니한 것이 아니요, 또 귀가 이
르되 "나는 눈이 아니니 몸에 붙지 아니하였다" 할지라도 이로써 몸에 붙지
아니한 것이 아니니, 만일 온 몸이 눈이면 듣는 곳은 어디며, 온 몸이 듣는 곳이
면 냄새 맡는 곳은 어디냐? (12:14-17)

몸(the Body)의 가장 중요한 특징은 일치(unity, 하나됨)다. 그러나 일치에 다양
성은 필수다. 교회는 한 몸이다. 그러나 **몸은 한 지체뿐만 아니요 여럿이다(the**
body is not one member, but many).

오늘의 숱한 교회처럼, 고린도교회도 일치를 이루어야 하는 곳에서 분열되
었고, 다양해야 하는 곳에서 획일적이었다. 한편으로, 예를 들면 고린도교회
는 자신들의 주님이신 예수 그리스도의 완전한 리더십 아래 일치해야 할 때
분열되었다. 즉 바울을 따르거나, 아볼로를 따르거나, 베드로를 따랐다(1:12).
다른 한편으로, 고린도교회 구성원들은 주님이 자신들에게 주신 다양하고 많
은 은사를 기뻐하고 성실하게 사용하는 대신 모두가 특정한 영적 은사들, 특
히 방언의 은사를 가지려 했다(12:27-31).

많은 고린도 신자가 자신의 은사를 기뻐하지 않았다. 질투는 육욕(carnality)

의 표식이며, 모두가 다른 사람이 가진 은사를 원했던 것 같다. 바울이 인간의 몸에 대한 설명을 확대할 때, 그의 유비는 생생하다. **발**을 가진 사람은 자신은 **손**이 아니기 때문에 실제로 교회라는 몸의 일부일 수 없다고 생각했다. **귀**를 가진 사람은 자신은 **눈**이 아니기 때문에 제외되었다고 생각했다. 은사가 불평하는 자들에게 맞춤하게 바뀌었더라도, 이들의 반응은 똑같았을 게 거의 확실하다. 이기심은 절대 채워지지 않으며, 질투는 절대 만족하지 않는다.

질투는 또한 심술부리고 삐죽거리기 일쑤다. 자기 고집대로 못하면, 구슬을 챙겨 집으로 돌아가 버리고 다른 아이들과 놀려고 하지 않는다. 고린도교회의 미성숙한 신자들이 바로 이렇게 하고 있었다. 이들은 겸손해 보이는 태도로 말했다. "저는 영적 은사가 없어요. 그래서 사실 교회의 일원이 아니에요." "제 은사는 2급이고 중요하지 않아요. 저는 줄 게 없어요. 그러니 왜 참여하겠어요?" 그러나 이런 태도는 겸손이 아니다. 자기중심적이고 이기적이며 하나님의 지혜와 사랑을 모욕하는 것이다.

책임을 포기한다고 책임이 사라지지는 않는다. 몸의 지체 역할을 거부한다고 **몸에 붙지 아니한 것이 아니다.** 다시 말해, 몸 안에서 기능할 책임이 조금이라도 줄어들지 않는다. 단지 자신과 자신이 가진 것이 만족스럽지 못하다고 하나님이 맡기신 책임을 회피할 권리는 없다. 이것은 불순종이다.

바울은 유비를 계속하면서 우리에게 일깨운다. 지체가 모두 같다면 몸이 기능할 수 없다. **만일 온 몸이 눈이면 듣는 곳은 어디며, 온 몸이 듣는 곳이면 냄새 맡는 곳은 어디냐?** 고린도 신자들은 서로 다른 사역을 하는 지체들이 있어 자신들이 신자들의 공동체로서 더 효과적으로 작동할 수 있음을 상식적으로 깨달아야 했다. 모두가 같은 역할을 한다면, 이들의 삶과 섬김은 잘해야 한 쪽으로 치우칠 터였다.

한 주님에게 은사를 받았다

그러나 이제 하나님이 그 원하시는 대로 지체를 각각 몸에 두셨으니, 만일 다 한 지체뿐이면 몸은 어디냐? (12:18-19)

그러나 영적 은사에 불만을 갖는 것은 상식 부족보다 훨씬 좋지 않다. 고린도 신자들은 자신에게 없는 은사를 원했고, 이로써 하나님이 실수하셨다고 암시하면서 하나님의 지혜와 선하심에 의문을 품었다. 이들은 또한 육신적이고 귀신이 만들어내는 위조품에 자신을 활짝 열었다. 이들의 주된 문제는 지적이지 않고 영적이었다. 이들은 주권적 하나님을 올바르게 보지 못했고, 따라서 자신들의 은사도 올바르게 보지 못했다. 이들은 자신들의 은사를 우연히 또는 즉흥적으로 받지 않았다. **그러나 이제 하나님이 그 원하시는 대로 지체를 각각 몸에 두셨으니.** 우리의 영적 은사에 의문을 품는 것은 하나님께 의문을 품는 것이며, 우리의 영적 은사를 사용하지 않는 것은 하나님께 불순종하는 것이다. 바울은 로마서에서 이렇게 썼다. "이 사람아, 네가 누구이기에 감히 하나님께 반문하느냐? 지음을 받은 물건이 지은 자에게 어찌 나를 이같이 만들었느냐 말하겠느냐? 토기장이가 진흙 한 덩이로 하나는 귀히 쓸 그릇을, 하나는 천히 쓸 그릇을 만들 권한이 없느냐?"(롬 9:20-21).

사역 없는 그리스도인은 모순이다. 그는 하나님께 불순종하며, 하나님이 그분의 뜻대로, 자신에게 주신 은사에 적합하게 자신을 사용하실 권리가 있음을 부정한다. 하나님의 뜻과 계획을 따르길 거부한다면, 그분의 지혜와 선하심 뿐 아니라 그분의 권위와 주되심(Lordship)도 거부하는 것이다. 그리스도의 몸을 이루는 지체로서, 우리의 뜻이 아니라 주님의 뜻을 행해야 한다. 팔은 자신의 뜻이 없으며, 발도 자신의 뜻이 없고, 눈도 자신의 뜻이 없다. 모두 머리—지성, 의지, 영—의 통제를 받는다. 몸이 그렇게도 두드러지게 조화로운 이유는 하나뿐이다. 한 뜻이 몸을 지배하기 때문이다. 한 뜻이 몸의 각 지체에게 그 지체가 가장 잘하도록 설계되고 준비된 일을 하라고 명한다. 그 결과, 각 지체는 함께 놀랍도록 조화롭게 움직인다. 그러니 교회의 머리일 뿐 아니라 창조자이신 주 예수 그리스도께서 자신의 몸, 곧 교회를 더더욱 직접 다스리셔야 하지 않겠는가?

창조요 주님으로서, **하나님이…지체를 각각 몸에 두셨다.** 하나님이 우리를 창조하셨고, 우리를 재창조하셨으며, 우리 각자를 그분의 몸에서 그분이 원하는 바로 그곳에 두셨고, 그분이 원하는 바로 그 일을 하도록 우리를 준비시키셨다.

고린도 신자들은 불만을 품고 불순종했으며, 그래서 생산적이지도 못했다. 이들은 자신들의 은사를 사용하지 못했으며, 바울이 12:4-11에서 그리스도 인은 모두 은사를 받았다고 거듭 강조한다는 사실에 비춰볼 때, 이들 중에 스스로 은사가 전혀 없다고 생각한 사람들이 있었던 게 분명하다. 어쨌든, 이들은 자신들의 은사를 사용하지 않거나 잘못 사용했다.

유기체가 올바로 기능하지 못해서 교회들이 조직으로 전락하는 경우가 드물지 않다. 손이 제 일을 하지 않아 발이 그 일을 하도록 요구받는 식이다. 대다수 회중이 소극적이면, 적극적인 구성원들이 자신에게 맞지 않는 일을 해야 한다. 그러나 소극적인 유기체에게 해답은 적극적 조직이 아니다. 육욕은 보상으로 극복될 수 없다. 그 어떤 인간적 대체물도 하나님의 계획과 능력을 만족스럽게 대신하지 못한다. 교회가 제대로 기능하는 유일한 길은 성령의 은사를 성령의 능력으로 마땅하게, **하나님이 그 원하시는 대로** 사용하는 것이다. 우리는 모두 하나님이 우리에게 바라시는 것을 가졌으며(참조. 롬 12:3b), 이 영광스런 은사를 기쁨과 감사로 받아들여야 한다.

신자들이 자신의 영적 은사나 환경이나 주님이 주신 무엇에든 불만을 갖는 것은 끔찍한 비극이다. 그분의 가정이기도 한 하나님의 몸에는 불만이나 질투나 이기심이나 자만을 위한 자리가 없다. 그 어느 그리스도인도 더 화려하거나 두드러진 은사를 갖는다고 더 부유하거나 더 행복해지지 않을 것이다. 우리는 하나님이 이미 주신 것 외에 다른 것으로 행복할 수 없다. 하나님은 자신의 자녀 하나하나에게 가장 좋은 것을 주시기 때문이다. 하나님이 다른 신자에게 주신 것은 우리에게 가장 좋은 게 아니다.

만일 다 한 지체뿐이면 몸은 어디냐? 바울은 17절에서 자신의 핵심을 확대한다. 지체가 하나 뿐인 몸은 몸이 아니다. 구성원들이 모두 같은 은사를 갖고 같은 사역을 하는 교회는 교회가 아니다. 주님이 이미 우리에게 주신 것에 만족하지 못하거나 그것을 사용하지 않는다면, 어리석고 미성숙한 것이다. 우리는 완전하지 않으나 그분이 우리에게 주신 은사는 완전하며, 그분이 우리에게 그 은사를 사용해 하라고 하시는 사역도 완전하다. 교회를 향한 하나님의 계획은 완전하며, 하나님이 교회에게 은사를 주시는 일도 똑같이 완전하다.

32

독립이 아니라 상호의존
(12:20-31)

이제 지체는 많으나 몸은 하나라. 눈이 손더러 내가 너를 쓸 데가 없다 하거나 또
한 머리가 발더러 내가 너를 쓸 데가 없다 하지 못하리라. 그뿐 아니라 더 약하게
보이는 몸의 지체가 도리어 요긴하고, 우리가 몸의 덜 귀히 여기는 그것들을 더
욱 귀한 것들로 입혀 주며, 우리의 아름답지 못한 지체는 더욱 아름다운 것을 얻
느니라. 그런즉 우리의 아름다운 지체는 그럴 필요가 없느니라. 오직 하나님이
몸을 고르게 하여 부족한 지체에게 귀중함을 더하사, 몸 가운데서 분쟁이 없고
오직 여러 지체가 서로 같이 돌보게 하셨느니라. 만일 한 지체가 고통을 받으면
모든 지체가 함께 고통을 받고, 한 지체가 영광을 얻으면 모든 지체가 함께 즐거
워하느니라. 너희는 그리스도의 몸이요 지체의 각 부분이라. 하나님이 교회 중
에 몇을 세우셨으니, 첫째는 사도요, 둘째는 선지자요, 셋째는 교사요, 그 다음은
능력을 행하는 자요, 그 다음은 병 고치는 은사와 서로 돕는 것과 다스리는 것과
각종 방언을 말하는 것이라. 다 사도이겠느냐? 다 선지자이겠느냐? 다 교사이겠
느냐? 다 능력을 행하는 자이겠느냐? 다 병 고치는 은사를 가진 자이겠느냐? 다
방언을 말하는 자이겠느냐? 다 통역하는 자이겠느냐? 너희는 더욱 큰 은사를 사
모하라. 내가 또한 가장 좋은 길을 너희에게 보이리라. (12:20-31)

바울은 하나됨(oneness)이란 주제를 계속 다루며, 그리스도인들이 서로에게,
서로의 소명에, 서로의 은사에 의존한다는 것을 강조한다.

단단한 개인주의가 오랫동안 아메리카니즘의 표식으로 여겨져 왔다. 이른 바 그 누구에게 그 무엇도 의지하지 않는 탐험가, 자신의 양식을 직접 재배하는 개척자들이 자신들의 옷과 비누를 비롯해 연장과 도구를 직접 만들었다. 이들은 우리의 영웅이다. 숲으로 들어가 자연에서 살아가는 비순응자, 작은 배나 뗏목으로 대양을 홀로 건너는 탐험가, 기술과 인내가 필요한 힘든 일을 혼자 해낸 성취자를 미화하는 광고가 지금도 계속된다.

개인주의가 호소력을 갖는 것은 육에 속한 사람(natural man)은 자신의 일을 할 뿐 아니라 혼자 하는 경향이 있고, 적어도 다른 사람들에게 의지하거나 순종하지 않으면서 하는 경향이 있기 때문이다. 가인이 동생의 안녕에 대한 책임을 처음 포기한 후(창 4:9), 인간은 타인들에 대한 책임이란 생각 자체를 무시했다.

우리는 기본적으로 자급자족할 수 있고 누구도 필요하지 않다는 것은 사탄의 철학이며, 인간을 향한 하나님의 계획 및 뜻과 정반대다. 「인빅터스」(*Invictus*)[82]라는 유명한 시의 한 구절 "나는 내 운명의 선장이며, 나는 내 영혼의 주인이다"는 타락한 인간의 마음, 자신의 신이 되려는 인간의 큰 욕망을 표현한다.

우리는 그리스도인인데도 때로 이러한 개념의 먹이가 된다: 우리는 그리스도 안에서 완전하기 때문에, 그분이 우리의 풍성함이기 때문에, 성실한 그리스도인의 삶을 살기 위해 사실 그 누구도 필요하지 않다. 그러나 이런 생각은 성경과 완전히 모순된다. 하나님은 그분 자신을 위해서 뿐 아니라 서로를 위해 우리를 지으시고 구속하셨다. 우리를 그리스도께 인도하거나 우리에게 읽을거리를 준 사람이 없었다면, 우리는 하나님이나 복음에 대해 전혀 듣지 못했을 것이다. 우리를 돕고 이끌어준 그리스도인 선생들과 친구들이 없었다면, 우리의 믿음과 순종이 성장할 수 없었을 것이다. 우리가 서로를 의지하지 않는다면, 그게 무엇이든 간에, 우리의 사역을 완수할 수 없을 것이다.

몇 해 전, 처음 방문한 신학교에서 시리즈로 메시지를 전했다. 교수들 중에

---

82 영국 시인 윌리엄 어네스트 헨리(william Ernest Henley, 1849-1903)가 쓴 시다.

개인적으로 아는 사람이 하나도 없었고 학생만 몇몇 알 뿐이었다. 그러나 나는 그 학교와 그 학교의 사역에 빚을 졌다. 그 학교 교수들이 쓴 뛰어난 책과 글 때문이었다. 내가 다녀본 적 없는 신학교와 만나본 적 없는 사람들 덕분에 내 삶이 더 부유해지고 내 사역이 힘을 얻었다.

우리 주 예수 그리스도는 진정으로 독립적인 분이셨다. 그분은 성육하신 하나님의 아들이었고, 사람들이 서로를 필요로 하는 방식으로 그 누구도 필요하지 않으셨기 때문이다. 그러나 서른 살에 공생애를 시작하실 때까지, 그분은 가족과 함께 살면서 가족을 부양하셨다. 이후 3년은 열두 제자와 거의 늘 함께 지내셨다. 초기 교회 지도자들 중에 확연하게 도드라진 사도 바울은 때로 독립적이고 개인주의적인 사람으로 특징된다. 그러나 이러한 이미지는 진실과 거리가 멀다. 바울은 언제나 다른 신자들과 함께 다니고 일하면서 이들과 함께 교제하고 사역했다. 그는 바나바, 실라, 마가, 누가를 비롯해 많은 사람과 수천 킬로미터를 함께 다녔다.

그 누구를 위해서든, 다른 사도를 위해서라도, 바울이 복음에서 타협하려 하지 않았으리라는 것은 사실이다. 베드로가 유대주의자들에게 굴복해 이방인 회심자들에게 할례를 받으라고 했을 때, 바울은 베드로를 공개적으로 꾸짖었다(갈 2:14). 이런 의미에서, 바울은 필요하면 홀로 서려 했다. 그러나 그는 다른 신자들에게서 계속 배우고 격려를 받았다. 그는 전파할 뿐 아니라 유익을 얻기 위해 로마에 갈 수 있길 간절히 바랐다. 그는 이렇게 썼다. "내가 너희 보기를 간절히 원하는 것은 어떤 신령한 은사를 너희에게 나누어 주어 너희를 견고하게 하려 함이니, 이는 곧 내가 너희 가운데서 너희와 나의 믿음으로 말미암아 피차 안위함을 얻으려 함이라"(롬 1:11-12). 이것은 독립적인 개인주의자의 말이 아니라 자신에게 하나님 뿐 아니라 동료 그리스도인들이 필요하다는 것을 분명하고 겸손하게 이해하는 사람의 말이다. 존 웨슬리처럼, 그는 이렇게 말했을 것이다. "고립된 기독교란 없습니다."

이 장에서, 바울은 어떤 그리스도인들이 절대로 사역에 참여하지 않는 주된 이유 둘을 다룬다. 어떤 사람들은 가치 있는 은사나 능력이 자신에게 없다고 느끼며, 그래서 가만히 앉아 다른 사람들이 일하게 한다. 이들은 고린도전서 12:15-17이 묘사하는 신자들이다. 어떤 사람들은 자신들은 능력이 출중하기에 사역을 할 때 다른 사람들의 도움이 사실상 필요하지 않다고 느낀다. 이들은 21절이 묘사하며 이어지는 구절들에서 조언을 받는 신자들이다. 그러나 이른바 열등감의 개인주의(individualism of inferiority)뿐 아니라 교만한 독립의 개인주의(individualism of proud independence)도 성경적이지 않으며 하나님을 기쁘게 하지 못한다.

신자들의 적절한 관계

눈이 손더러 "내가 너를 쓸 데가 없다" 하거나 또한 머리가 발더러 "내가 너를 쓸 데가 없다" 하지 못하리라. 그뿐 아니라 더 약하게 보이는 몸의 지체가 도리어 요긴하고, 우리가 몸의 덜 귀히 여기는 그것들을 더욱 귀한 것들로 입혀 주며, 우리의 아름답지 못한 지체는 더욱 아름다운 것을 얻느니라. 그런즉 우리의 아름다운 지체는 그럴 필요가 없느니라. 오직 하나님이 몸을 고르게 하여 부족한 지체에게 귀중함을 더하사, 몸 가운데서 분쟁이 없고 오직 여러 지체가 서로 같이 돌보게 하셨느니라. 만일 한 지체가 고통을 받으면 모든 지체가 함께 고통을 받고, 한 지체가 영광을 얻으면 모든 지체가 함께 즐거워하느니라. 너희는 그리스도의 몸이요 지체의 각 부분이라. (12:21-27)

열등감의 개인주의는 "그들은 내가 필요 없어요!"라고 말하고, 반면에 교만한 독립의 개인주의는 "나는 그들이 필요 없어요!"라고 말한다. 이런 태도는 세상에서 아주 잘못된 것이다. 하나님은 자신의 모든 피조물, 특히 자신의 형상으로 지은 인류를 서로 연결되게 창조하셨기 때문이다. 이런 태도는 교회에서 훨씬 더 잘못된 것이다. 교회 구성원들은 공통된 구주와 주님을 섬기며 공통된 영적 몸을 갖기 때문이다. 교회에서, 그 어느 **눈도 손더러 "내가 너를 쓸 데가 없다" 하거나 또한 머리가 발더러 "내가 너를 쓸 데가 없다"** 말할 권리가 없다. 이런 태도는 고린도교회에서 일반적이었다. 뛰어나고 은사가 출중한 몇 사람이 마치 자신들은 자기 충족적인 것처럼 생활했고, 마치 자신들이 사역과 그리스도인의 일상생활을 완전히 혼자 또는 몇몇 선택된 친구와 함께 수행하고 살아낼 수 있는 것처럼 행동했다. 이들은 자신의 중요성을 과대평가하고 다른 신자들의 중요성을 과소평가했다. 이들은 마태복음 18:10과 로마서 14:1-15:7의 원리에 불순종함으로써, 자신들이 보기에 약하고 덜 중요한 사람들을 업신여겼다.

바울은 계속한다. **그뿐 아니라 더 약하게 보이는 몸의 지체가 도리어 요긴하고.** 몸을 구성하는 뛰어난 몇몇 지체는 중요하더라도, 이것들 없이 살 수 있다. 이것들은 중요하지만 절대적으로 **요긴한(necessary)** 것은 아니다. 한 쪽 눈이나 한 쪽 귀나 한 쪽 손이나 한 쪽 다리를 잃어도 살 수 있다. 그러나 심장이나 간이나 뇌를 잃으면 살 수 없다. 이런 기관들은 다른 것들보다 더 숨겨져 있으나 더 중요하기도 하다. 폐의 호흡과 심장 박동을 감지할 수 있으나 이것들이 하는 일은 손이나 발이 하는 일만큼 분명하지 않다. 이렇게 덜 주목받는 지체들이(내부 기관들이) 나머지 많은 부분(외부의 사지)보다 **더 약하게 보이지만 더 요긴하기도** 하다. 결과적으로, 뼈와 나머지 부분이 이것들을 더 단단히 보호한다. 이것들은 더 중요하고 더 취약하며, 그래서 더 보호받는다. 다리가 없어도 살 수 있지만 폐가 없으면 살지 못한다.

교회에서 가장 중요한 사역들은 늘 분명하지 않은 사역들을 포함한다. 직함이 없지만 신실하게 기도하는 사람들과 섬김에 헌신된 소수 성도들이 교회에서 영적 능력의 가장 믿을만하고 생산적인 통로일 때가 많다. 고린도교회는 예언이나 방언이나 병고침처럼 "눈에 확 띄는" 은사가 없는 사람들을 배려하고 인정하지 못했다. 눈에 덜 띄는 사역을 하는 사람들은 때로 오해받기 쉽고 무시당하거나 인정을 못 받기 일쑤다. 몸이 중요한 기관들을 보호하듯, 동료 신자들이 이들을 보호해야 한다.

바울은 유비를 계속하며 우리에게 일깨운다. **우리가 몸의 덜 귀히 여기는 그**

---

83 새번역: 우리가 덜 명예스러운 것으로 여기는 지체들에게 더욱 풍성한 명예를 덧입히고, 볼품없는 지체들을 더욱더 아름답게 꾸며 줍니다.
공동번역 개정판: 우리는 몸 가운데서 별로 중요하게 여기지 않는 부분을 더욱 조심스럽게 감싸고 또 보기 흉한 부분을 더 보기 좋게 꾸밉니다.

것들을 더욱 귀한 것들로 입혀 주며, 우리의 아름답지 못한 지체는 더욱 아름다운 것을 얻느니라.[83]

덜 귀히 여기는(less honorable)은 몸의 지체들 중에 특별히 매력적이지 않은 부분을 가리킬 것이다. 이것이 몸통 전체—옷을 걸치는 부분—를 가리킨다고 보는 게 가장 좋겠다. 이것은 늘어진 허벅지나 배를 포함할 수도 있겠으나 대개 가려지고 덜 매력적이라 여겨진다. 동사 '페리티떼미'(*peritithēmi*, **bestow, 입혀주며**, 문자적으로 "둘러주다, to put around")를 사용했는데, 몸 전체에 옷을 입힌다는 것을 암시한다. 우리는 몸에서 (얼굴과 손처럼) 좀 더 내놓을만한 부분들보다 이러한 부분들을 입히는 데 더 많은 시간과 돈을 쓰며, 이렇게 함으로써 **그것들을 더욱 귀한 것들로 입혀 준다.**

아름답지 못한(unseemly, *aschēmōn*)은 수치스러운(shameful), 꼴사나운(indecent), 내놓을만하지 못한(unpresentable)이란 뜻이며, 여기서는 몸에서 은밀하다고 여겨 가리는 부분을 가리킨다. 역사를 보면, 소수 원시 부족을 제외하고 사실상 모든 사회에서, 몸의 이 부분들을 조심스럽게 다뤘다. 오늘날 많은 사람이 이런 자연스러운 조심성을 버리고 전통적으로 은밀한 부분을 드러내는데, 이것은 현대 사회가 얼마나 타락했는지 보여준다.

사람들이 **아름답지 못한 지체**를 신중하고 조심스럽게 대할 때, **더욱 아름다운 것을 얻는다.** 아름답지 못하고 수치스러운 것은 이 부분들 자체가 아니라 이 부분들을 드러내는 것이다. 적절하게 다뤄질 때, 이 부분들은 품위를 더한다. 덜 귀히 여기는 부분들이 적절하게 다루어지면 매력을 더하듯이 말이다.

빼어난 은사로 잘 알려진 그리스도인이 뚜렷한 은사가 없는 그리스도인들을 낮잡아보고 자신을 위해 큰 영예를 구하는 것은 가치관이 비뚤어졌기 때문이다. 이러한 태도는 몸의 특징인 배려의 원리와 직접적으로 모순된다. 몸에서 겉보기에 훨씬 아름답고 기능적 능력도 뛰어난 지체들이 그다지 잘 갖춰져 있지 않더라도 삶에 필수적인 지체들의 안녕에 헌신한다면, 이것은 자기 보존과 훨씬 더 일치한다. 지각이 있다면 누구라도 머리카락보다 심장에 더 관심을 갖는다.

지도자의 자리나 돋보이는 자리에 있는 사람들은 돋보이지 않는 은사를 가진 사람들을 낮잡아보지 말아야 할 뿐 아니라 이들의 진가를 인정하고 필요할 때 특별히 주의를 기울여 이들을 보호해야 한다. 특별한 은사를 가진 그리스도인들은 "마음이 약한 자들을 격려하고 힘이 없는 자들을 붙들어 주며 모든 사람에게 오래 참으라" 권면해야 하는 특별한 책임이 있다(살전 5:14).

돋보이고 매력적인 은사를 가진 사람들은 격려와 보호가 필요 없는 **아름다운 지체(seemly members)**다. 이들에게 당연히 영예가 따르면, 이들은 이 영예를 은사와 기질이 덜 매력적이고 무시당하기 십상인 지체들과 나누어야 한다. 이들은 **아름답지 못한 지체**에게 **더욱 아름다운 것을(more abundant honor,** 더 풍성한 영예를) 주어야 한다.

내가 믿기로, 그리스도인들이 하게 될 가장 놀라운 경험은 주님이 '베마'(bēma), 곧 그리스도의 심판대에서 상 주시는 모습을 보는 것이다. 거기서 모든 신자는 "각각 선악 간에 그 몸으로 행한 것을 따라 받을" 것이다(고후 5:10). 천국에 충격이란 게 있다면, 비밀이 드러날 때 우리들 대다수가 느낄 충격일 것이다(참조. 고전 4:3-5). 예수님은 이생에서 첫째가 되려는 자들은 내세에서 말째가 될 것이며(마 19:30), 영적으로 얼마나 큰지 결정하는 것은 높은 지위나 인상적인 성취가 아니라 섬기는 마음이라고 하셨다(마 20:27). 예수님이 야고보와 요한의 어머니의 요청에 답해 하신 답변은 성공보다 고난이 상과 더 관련이 있음을 보여준다(마 20:20-23).

바울이 이 본문에서 하는 말에서 분명히 드러나듯이, 하늘의 상은 우리 자신의 은사와 사역으로 무엇을 하느냐 뿐 아니라 다른 신자들의 은사와 사역에 어떤 태도를 취하고 어떻게 지원하느냐에 기초한다.

상호 지원과 격려는 자신감 부족과 지나친 자신감 양쪽 모두 피하는 데 꼭 필요하다. **몸 가운데서 분쟁**을 피하는 데도 꼭 필요하다. 하나님의 눈에 그렇듯이, 우리의 눈에도 모든 신자가 더없이 중요하고 모든 사역이 더없이 중요해야 한다(참조. 빌 2:1-4). 성숙하고 영적인 교회에서, 신자들은 **서로 같이 돌볼 (have the same care for one another)** 것이다. 우리는 목회자에게 관심을 기울이는 만큼이나 유아를 돌보는 교사에게도 관심을 기울여야 하며, 교회학교 책임자에게 관심을 기울이는 만큼이나 교회 관리인에게 관심을 기울여야 한다.

하나님이 자신의 자녀들을 위해 계획하신 순종하며 사랑하는 교회에서, **만일 한 지체가 고통을 받으면 모든 지체가 함께 고통을 받고, 한 지체가 영광을 얻으면 모든 지체가 함께 즐거워한다.** 이러한 상호 사랑과 관심만이 분쟁을 막거나 치유하고 일치를 유지할 수 있다. 상처 입은 사람을 위로하고 복을 받은 사람과 함께 기뻐한다. 서로 업신여기지 않고, 서로 경쟁하지 않으며, 서로 시기하거나 악의를 품지 않고, 서로 열등감이나 우월감이 없으며, 오직 사랑만 있다. 오래 참고, 온유하며, 시기하지 않고, 자랑하지 않으며, 교만하지 않는 사랑만 있다. 무례히 행하지 않고, 자기의 유익을 구하지 아니하며, 성내지 않는 사랑만 있다. 불의를 기뻐하지 않고, 진리와 함께 기뻐하는 사랑만 있다(고전 13:4-6).

이렇게 사랑하고 하나 될 수 있는 사람들은 그리스도인들, **그리스도의 몸이요 지체의 각 부분인** 사람들뿐이다. 오직 그리스도의 사랑만 이런 사랑을 낳을 수 있다.

바울은 고린도 신자들에게 일깨운다. 개인으로서 그리고 공동체로서, 이들은 그리스도의 몸이며, 그리스도께서 자신의 생명을 내어주신 교회다. 이들은 그리스도 안에서 하나'였으며', 따라서 서로 하나여야 한다. 이들은 "모든 은사에 부족함이 없었고"(1:7), 주님을 대변하고 섬길 준비가 완벽하게 갖춰져 있었다. 지교회로서, 이들은 축소된 그리스도의 교회였고, 모든 고린도 주민에게 예수 그리스도의 표현이었다. 모든 지교회는 주님을 섬길 준비가 완전히 갖춰져 있다. 모든 신자가 그분을 섬길 준비가 완전히 갖춰져 있듯이 말이다. 모든 부족과 결핍은 언제나 그분이 우리에게 이미 주신 것을 알아채지 못하고 사용하지 못하는 데 있다.

완벽한 공급

하나님이 교회 중에 몇을 세우셨으니, 첫째는 사도요, 둘째는 선지자요, 셋째는 교사요, 그 다음은 능력을 행하는 자요, 그 다음은 병 고치는 은사와 서로 돕는 것과 다스리는 것과 각종 방언을 말하는 것이라. 다 사도이겠느냐? 다 선지자

이겠느냐? 다 교사이겠느냐? 다 능력을 행하는 자이겠느냐? 다 병 고치는 은사

를 가진 자이겠느냐? 다 방언을 말하는 자이겠느냐? 다 통역하는 자이겠느냐?

(12:28-30)

바울은 고린도 신자들에게 그분의 교회를 준비시키시는 하나님의 주권과 완벽한 공급을 다시 일깨운다. 하나님의 교회는 일치되며 다양하다. "이 모든 일은 같은 한 성령이 행하사 그의 뜻대로 각 사람에게 나누어 주시는 것이니라"(12:11). 12:8-10에서 했던 것과 달리, 여기서 바울은 은사 목록을 상세하게 제시하지 않고, 주님이 자신의 백성을 불러 자신의 일을 조화롭게 하도록 준비시키시는 다양한 방식을 보여주려고 은사들을 설명할 뿐이다. 어떤 것들은 반복하고, 어떤 것들은 빼고, 어떤 것들은 추가한다. 바울은 주권, 일치, 다양성이라는 동일한 세 가지 핵심 사항을 계속 강조한다.

28절에서, 바울은 은사를 가진 특정한 사람들을 언급하고 뒤이어 특정한 영적 은사들을 언급한다. 하나님이 은사를 가진 사람들을 **세우셨다 (appointed).** 교회에서 지체들이 하나님의 계획대로 배치되거나 세워지듯이 말이다(18절, 여기서 동일한 헬라어 동사 *tithēmi*가 사용된다). 이 용어는 기본적으로 놓거나 배치하다(to set or place)라는 뜻이지만, 이 두 구절에서처럼, 흔히 어떤 직무에 공식적으로 임명하는 것을 말할 때 자주 사용된다(참조. 요 15:16; 행 20:28, "삼고, made"; 딤전 1:11). 하나님이 **첫째는 사도요, 둘째는 선지자요, 셋째는 교사**를 주권적으로 세우셨다. 그 외에 하나님이 세우신 직무는 복음 전하는 자와 목사 또는 목사-교사(pastor-teacher)이다(엡 4:11).[84]

28절에 언급된 첫째와 둘째 직무, 곧 사도의 직무와 선지자의 직무는 세 가지 기본 책임을 포함한다. (1) 교회의 기초를 놓아야 한다(엡 2:20). (2) 하나님

---

[84] 저자는 에베소서 주석에서 이 부분을 이렇게 설명한다: "에베소서 4장 11절에서, 목사 (*poimēn*)는 '교사'라는 단어와 함께 사용된다. 여기서 헬라어 구문은 두 용어가 함께 간다는 것을 보여주며, 따라서 두 용어를 하이픈으로 연결해 목사-교사(pastor-teacher)로 적을 수 있겠다. 목사의 가르치는 사역이 강조된다."(『MNTC 맥아더 신약주석 에베소서』, 234)

의 말씀의 계시를 받고 선포해야 한다(행 11:28; 21:10-11; 엡 3:5). (3) "표적과 기사와 능력"으로 하나님의 말씀을 확증해야 한다(고후 12:12; 참조. 행 8:6-7; 히 2:3-4).

신약성경의 교회에서 은사를 받은 사람들 중 **첫째**는 사도들이었으며, 예수 그리스도 자신이 첫 사도였다(히 3:1). **사도**(apostolos)의 기본 의미는 사명을 띠고 보냄을 받은 자다. 일차적이고 가장 전문적인 의미에서, '사도'는 신약성경에서 유다를 대신한 맛디아를 포함해 열둘에게(행 1:26), 그리고 특별히 이방인의 사도로 구별된 바울에게만 사용된다(갈 1:15-17; 참조. 고전 15:7-9; 고후 11:5). 사도의 자격을 갖추려면 그리스도에 의해 직접 선택받고 부활하신 그리스도를 보았어야 했다(막 3:13; 행 1:22-24). 바울은 이런 자격을 갖춘 마지막 사람이었다(롬 1:1 등). 그러므로 어떤 사람들의 주장과 달리, 오늘의 교회에는 사도가 있을 수 없다. 어떤 사람들은 사도들이 헌법제정회의(constitutional convention)[85]에 참석한 대표단 같다고 보았다. 회의가 끝났을 때, 지위가 만료되었다. 신약성경이 완결되었을 때, 사도의 직무가 그쳤다.

'사도'라는 용어는 초기 교회에서 바나바(행 14:4), 실라와 디모데(살전 2:6), 그 외에 빼어난 지도자들에게(롬 16:7; 고후 8:32; 빌 2:25) 더 일반적 의미로 사용된다. 고린도후서 11:13이 말하는 거짓 사도들은 이런 부류의 사도직을 위조했던 게 틀림없다. 나머지 사도들은 열세 명에 국한되었고 잘 알려져 있었기 때문이다. 둘째 그룹의 참 사도들은 "여러 교회의 사자들(messengers, apostoloi)"이라 불렸고(고후 8:23), 반면에 열세 명은 예수 그리스도의 사도들이라 불렸다(갈 1:1; 벧전 1:1 등).

두 그룹의 사도들은 모두 "표적과 기사와 능력"을 행함으로써 진짜임이 입증되었으나(고후 12:12), 어느 그룹도 영구적이지 않았다. 사도행전 16:4 이후로, '사도'라는 용어는 둘 중 어느 의미로도 사용되지 않는다. 그 뿐 아니라, 신약성경에 두 그룹 중 어느 쪽에서도 사도가 죽으면 다른 사도로 대체되었다

---

85 필라델피아 제헌회의 또는 필라델피아 대회의라고도 불리며, 1787년 5월 25일부터 9월 17일까지 펜실베이니아 필라델피아에서 열렸다.

는 기록이 없다.

이 본문은 **선지자(prophets)**도 하나님이 특별한 은사를 가진 자로 세우셨으며, 예언의 은사를 가진 신자들과(12:10) 달랐다고 단언한다. 이런 신자들이 모두 선지자로 불릴 수 있었던 것은 아니다. 선지자의 직무는 전적으로 지교회 내부로 국한된 것으로 보인다. 반면에, 사도의 직무는 훨씬 넓은 사역이었으며, '아포스톨로스'("사명을 띠고 보냄을 받은 자")라는 단어가 암시하듯 한 지역에 국한되지 않았다. 예를 들면, 바울은 안디옥교회에서 지역적으로 사역할 때 선지자라 불리지만(행 13:1) 다른 곳에서는 늘 사도라 불린다.

선지자들은 때로 하나님의 계시를 말했고(행 11:21-28) 때로 이미 주어진 계시를 단순히 설명했다(행 13:1에 암시되듯이, 여기서 선지자들은 교사들과 연결된다). 선지자들은 늘 하나님을 대언했으나 늘 하나님이 새롭게 계시하시는 메시지를 전하지는 않았다. 선지자들은 사도에 이어 **둘째**였으며, 따라서 사도들의 메시지를 기준으로 이들의 메시지를 판단해야 했다(고전 14:37). 두 직무의 또 다른 차이는 사도들의 메시지가 좀 더 일반적이고 교리적이었던 반면 선지자들의 메시지는 좀 더 개인적이고 실제적이었다는 것이겠다.

그러나 사도들처럼, 선지자들의 직무도 신약성경이 완결되면서 끝났다. 구약성경의 선지자들이 구약성경이 완결되었을 때, 그리스도께서 태어나기 약 400년 전에 사라졌듯이 말이다. 교회는 "사도들과 선지자들의 터 위에 세우심을 입었다"(엡 2:20). 기초("터")가 세워지자, 사도들과 선지자들의 일이 끝났다. 이제 기록된 말씀을 해석하고 선포하는 일은 전도자들("복음 전하는 자"), 목사-교사들, 교사들에게 맡겨졌다. 사도들과 선지자들의 목적은 교회가 바른 교리(right doctrine, 바른 가르침)를 갖추게 하는 것이었다. 전도자들과 목사-교사들과 교사들의 목적은 효과적으로 사역하도록 교회를 준비시키는 것이다. 고린도전서 이곳에서 직무들이 연대기적 구별이나 지속 기간에 대한 언급 없이 제시된 것은 당시에 이것들이 모두 작동했기 때문이다.

셋째 직무는 **교사(teacher)**인데, 목사-교사의 직무와 같을 것이다(엡 4:11, 행 13:1을 보라). 그러나 나는 이들이 분리되었다고 보는 쪽이다. 교사는 가르치는 은사를 가졌을 뿐 아니라 가르치라는 하나님의 부르심을 받았다. 그는 하나님의 말씀을 연구해 교회에게 해석해주라는 소명과 은사를 받았다. 가르치는 직무를 가진 자는 누구나 가르치는 은사도 가졌다. 그러나 가르치는 은사를 가진 자가 모두 가르치는 직무를 가진 것은 아니다.

28절 후반부는 대표적인 영적 은사를 열거하는데, 일시적 은사도 있고 영구적 은사도 있다. 일시적 표적 은사(temporary sign gifts), 곧 **능력(miracles)**을 행하고 **병 고치는(healings)** 은사는 12:9-10에서 논의된다. 다양한 방언은 이어지는 몇 장에서 살펴보겠다. 나머지 둘은 영구적인 섬김의 은사다.

돕는(helps) 은사는, 흔히 눈에 띄지 않게, 날마다 사람들을 돕고 지원하는 가장 넓은 의미의 섬김을 위한 은사다. 거기서는 다른 헬라어 단어가 사용되지만, 이것은 섬김의 은사와 같다(롬 12:7).**86** **돕는(helps,** 도움들, *antilēmpseis*)은 특히 아름다운 단어이며, 다른 사람의 짐을 벗겨 자신에게 지운다는 의미다. 이 은사는 의심할 여지없이 가장 널리 분포된 은사 중 하나이며, 다른 은사들을 가진 사람들을 지원하는 데 더없이 중요한 은사다. 바울은 체포될 게 확실한데도 예루살렘으로 향하면서 밀레도에서 에베소 장로들을 만나 마지막 말을 남길 때 같은 단어를 사용했다. "범사에 여러분에게 모본을 보여준 바와 같이 수고하여 약한 사람들을 '돕고' 또 주 예수께서 친히 말씀하신 바 주는 것이 받는 것보다 복이 있다 하심을 기억하여야 할지니라"(행 20:35).

바울은 빌립보 신자들에게 에바브로디도를 가리켜 이렇게 말한다. "그는 나의 형제요 함께 수고하고 함께 군사된 자요 너희 사자로 내가 쓸 것을 돕는 자라…그가 그리스도의 일을 위하여 죽기에 이르러도 자기 목숨을 돌보지 아니한 것은 나를 섬기는 너희의 일에 부족함을 채우려 함이니라"(빌 2:25, 30). 다른 어떤 은사를 가졌던 간에, 에바브로디도는 돕는 은사를 가졌던 게 분명하며 그 은사를 성실하게 사용했다.

돕는 은사는 화려하거나 눈에 잘 띄지 않으며, 고린도교회에서처럼, 크게 칭찬받거나 인정받지 못하기 일쑤다. 그러나 이것은 하나님의 은사이며, 이

---

86 여기서 사용되는 헬라어 단어는 *antilēmpseis*이며(신약성경에서 이곳에만 나온다) 로마서 12:7에서 사용되는 헬라어 단어는 *diakonia*이다.

은사를 성실하게 활용한 사역은 하나님이 높이 평가하실 뿐 아니라 뒤에서 사람들을 지원하는 일의 가치를 아는 지도자라면 누구라도 높이 평가한다.

다스리는(administrations) 은사는 리더십의 은사다. 이것은 '쿠베르네시스'(*kubernēsis*)의 번역으로, 문자적으로 배를 "조종하거나 몰다"(to steer or pilot)라는 뜻이며, 사도행전 27:11에서 이렇게 사용된다("선장"[87]). 이것은 정확한 목적지를 향해 배가, 또는 교회가 항로를 유지하며 나아가게 하는 사람을 가리킨다. 70인역(헬라어로 번역된 구약성경)에서, 이 용어가 여러 차례 사용되며, 그 때마다 지혜와 연결된다. 잠언 12:5에서, 이 단어는 "조언"(counsels, 개역개정은 "도모")으로 번역되었고, 에스겔서에서 지혜로운 자들은 "선장"(pilots)에 비유된다(27:8).

"지혜의 말씀"의 은사는(고전 12:8) 하나님의 말씀에 담긴 진리를 이해하고 실제적으로 적용하는 것과 관련이 있다. 다스리는 은사를 가진 사람들의 지혜는 지혜로운 결정을 내리고 사람들이 목적을 향해 움직이도록 동기를 부여하고 이들을 이끌어가는 능력에 있다. 목회자는 거의 대부분 다스리는 은사가 있으며, 이것은 목회자가 교회를 잘 이끌려면 반드시 갖춰야 하는 능력이다(참조. 딤전 5:17; 히 13:7, 17, 24). 선장처럼, 목회자는 주인이 아니라 청지기다. 교회는 주 예수 그리스도의 것이다. 다스리는 은사를 가진 사람은 그분의 청지기다. 이 은사가 목회자들에게 국한된다는 암시는 전혀 없다. 이 은사는 주님이 다양한 방식으로 리더십을 맡기신 많은 사람에게서 발견된다.

"모든 은사에 부족함이 없기" 때문에, 우리는 고린도교회에도 은사가 있는 지도자들이 있었다는 것을 안다. 이 지도자들이 자신들의 일을 "품위 있게 하고 질서 있게" 하지 못했던 것이 분명하며(14:30; 참조. 33절), 따라서 우리는 이들이 자신들의 은사를 활용하지 않았거나 다른 사람들이 이들의 리더십을 따르길 거부했다는 것도 안다.

바울이 12:28에서 직무와 은사를 열거하는 주된 목적은 하나님이 그분의 교회에게 주시는 사역의 다양성을 거듭 강조하기 위해서였다("직분은 여러 가지

나, varieties of ministries," 5절). 바울은 직무들과 대다수 은사를 다시 언급하면서, 각각에 관해 수사학적으로 묻는다. 모두가 사역이 다르지 않느냐? 모두가 은사가 다르지 않느냐? 하나님은 모두가 같은 은사를 갖길 원치 않으시며, 모두가 눈에 잘 띄는 은사를 갖길 원하지도 않으신다. 하나님은 직무와 은사를 자신의 주권적 목적에 따라 "그의 뜻대로" 배분하신다(12:11). 신자들의 책임은 맡겨진 사역을 감사함으로 받아들이고 성실하게 사용하는 것이다.

28절에 언급되지만 29-30절에 언급되지 않는 두 은사가 돕는 은사와 다스리는 은사라는 것은 흥미롭다. 이 둘은 고린도 신자들이 가장 낮게 평가했을 테지만, 이들에게 가장 필요했던 은사였던 게 분명하다.

신자들의 적절한 반응

너희는 더욱 큰 은사를 사모하라. 내가 또한 가장 좋은 길을 너희에게 보이리라.

(12:31)

지금까지 12장 전체에서 바울은 은사를 배분하시는 하나님의 주권과 그 은사에 만족해야 하는 신자들의 책임을 강조했다. 이에 비춰볼 때, 어떤 사람들처럼 31절을 방언처럼 더 화려한 은사를 구하라는 호소로 해석하는 것은 불가능해 보인다. 바울의 거듭된 핵심은 우리가 은사를 선택하거나 구하는 게 아니라는 것이었다. 그는 또한 은사의 가치와 중요성은 그 은사가 두드러지거나 인간의 본성에 매력적인 데 있지 않다는 것도 분명히 했다.

'젤로오'(zēloō, **earnestly desire**, 사모하라)는 대개 질투하거나 시기하며 탐낸다는 부정적 의미를 내포하기 때문에(고후 11:2과 대조적으로), 그리고 이 헬라어 단어의 직설법과 명령법의 형태가 같기 때문에, 이 구절의 전반부를 "그러나 너희는 더욱 큰 은사들을 진심으로 갈망하라"로 옮길 수 있다. 이 표현은 전후 문맥 모두에 훨씬 더 적절해 보인다. 이 표현이 이 편지의 어조 및 고린도 신자들의 죄와 분명히 일치한다. 이들은 더 화려한 은사를, 겉보기에 **더욱 큰 은사**를 높이 샀던 게 분명하기 때문에, 이들이 이미 열심히 하고 있는 것을 바울이 이들에게 하라 명하는 게 어리석어 보였을 것이다.

고린도 신자들은 은사를 구하길 그쳐야 했다. 은사를 구한다는 것은 주제 넘을 뿐더러 목적이 없기 때문이다. 모든 신자는 하나님이 계획하셨고 그분을 위한 자신의 사역에 가장 적합한 방식으로 은사를 이미 완벽하게 받았다. 이들이 구해야 하는 것은 **가장 좋은 길(a still more excellent way)**, 바울이 12장에서 권하는 만족과 조화의 길, 그가 13장에서 **보일** 사랑의 길이었다. 이것들은 이들이 갖지 못했으나 이들에게 절실히 필요했다.

(참고: 이 장들에서 다룬 주제들에 관해 좀 더 많은 통찰을 원한다면, 필자가 쓴 *The Charismatics*[Grand Rapids: Zondervan, 1978]과 참고 문헌에 제시된 자료들을 보라.)

33

사랑이 제일이다

(13:1-3)

내가 사람의 방언과 천사의 말을 할지라도 사랑이 없으면 소리 나는 구리와 울리는 꽹과리가 되고, 내가 예언하는 능력이 있어 모든 비밀과 모든 지식을 알고 또 산을 옮길 만한 모든 믿음이 있을지라도 사랑이 없으면 내가 아무 것도 아니요, 내가 내게 있는 모든 것으로 구제하고 또 내 몸을 불사르게 내줄지라도 사랑이 없으면 내게 아무 유익이 없느니라. (13:1-3)

성경에서 하나님에 관한 가장 단순한 묘사, 그러므로 하나님이 자신을 그리시는 가장 단순한 묘사는 이것이다. "하나님은 사랑이시라"(요일 4:16). 사랑은 하나님의 성품의 가장 복된 표현이다. 요한은 뒤이어 이렇게 말한다. "사랑 안에 거하는 자는 하나님 안에 거하고 하나님도 그의 안에 거하시느니라"(16b절). 그러므로 그리스도인의 성품을 그리는 가장 단순하고 심오한 묘사도 사랑이다.

안타깝게도, 고대 고린도교회처럼 많은 교회에서, 그리스도인의 기본 성품인 사랑이 교인들이나 교회 사역의 특징이 되지 못한다. 고린도교회에서 사랑이 사라지고 있었다. 영적 은사들이 있었다(1:7). 대부분의 경우 바른 교리(right doctrine, 바른 교훈)도 있었다(11:2). 그러나 사랑이 없었다. 역사 내내, 교회는 사랑하기 어려웠던 것 같다. 사랑하기보다 정통파가 되기 쉬우며, 사랑하기보다 교회에서 적극적으로 활동하기가 쉽다. 그러나 하나님이 자신의 백성에게 요구하시는 최고의 성품은 사랑이다. 이 사랑에 맞서, 교회의 원수는 나름대로 더없이 노력한다.

고린도전서 13장은, 문학적 관점에서 보면, 바울이 쓴 가장 훌륭한 단락일 것이다. 다른 이름으로도 많이 불리지만, 고린도전서 13장은 사랑의 찬송, 산상수훈과 팔복을 음악에 맞춘 서정적 해석이라 불린다. 고린도전서 13장 연구는 꽃을 분해하는 것과 비슷하다. 요소들을 따로 떼어놓으면 아름다움이 사라진다. 그러나 모든 성경에서 그렇듯이 고린도전서 13장에서도, 성령의 주된 목적은 덕을 세우는 것이다. 각 부분을 좀 더 분명하게 이해하면 전체가 훨씬 아름다워질 수 있다.

고린도전서 13장은 신선한 공기를 호흡하는 것이며, 문제들로 넘쳐나는 사막에 자리한 오아시스다. 이것은 하나님이 제정하신 의식 및 하나님이 주시는 은사와 관련된 잘못된 이해와 잘못된 태도와 잘못된 행동과 잘못된 사용을 거의 계속 책망하고 바로잡는 맥락에서 등장하는 긍정적 어조다. 바울의 구술을 받아쓰는 사람은 바울이 성령의 영감을 받은 이 아름다운 말을 할 때 안도와 놀라움의 한숨을 내쉬었을 게 틀림없다.

그러나 이 보석을 그 정황에서 떼어내면 제대로 이해할 수 없다. 고린도전서 13장의 메시지는 바울이 앞뒤에서 말하는 내용에 필수다. 고린도전서 13장을 따로 떼어내면 이것이 담고 있는 진리의 영향과 깊이를 온전히 알 수 없다. 이 단락을 문맥에서 떼어내 연구하고 적용하면, 이 단락의 능력 중에 많은 부분을, 심지어 이 단락의 목적과 아름다움 중에 많은 부분을 놓치게 된다.

13장은 바울이 영적 은사를 길게 논하는 맥락에서(12-14장) 중심에 자리한다. 12장은 은사를 주심과 받음, 은사의 상호연결성을 논한다. 이 가운데 장은 적절한 태도와 분위기, 적절한 동기와 능력, 하나님이 모든 은사가 작동하도록 계획하신 "가장 좋은 길"(more excellent way, 더 훌륭한 길, 12:31)을 말한다. 더 화려하고 겉보기에 더 중요한 은사들을 갖지 못했기 때문에 분노와 열등감을 느끼는 것보다 사랑은 분명히 더 훌륭하다(more excellent). 사랑이 이러한 은사들을 가졌기 때문에 우월감과 독립심을 느끼는 것보다 훌륭한 것도 분명하다. 그리고 사랑은 영적 은사들을 자신의 힘으로, 성령으로가 아니라 육신적으로, 하나님의 목적이 아니라 이기적 목적으로 사용하려는 것보다 훌륭하다.

진정한 영적 삶은 성령의 은사가 작동할 수 있는 유일한 삶이다. 영적 삶의 건강은 영적 은사가 아니라 영적 열매로 나타나며, 영적 열매 중에서 사랑이 첫째이자 가장 중요하다(갈 5:22). 성령의 열매가 없으면, 성령의 은사는 육신적으로밖에 작동할 수 없다. 육신적으로 작동할 때, 성령의 은사는 위조품이 되고 역효과를 낸다. 성령의 열매를 통해, 하나님은 성령의 은사를 사용할 동기와 힘을 주신다. 모든 영적 삶처럼, 성령의 열매도 오직 성령으로 행하는(walking in Spirit) 데서 비롯된다(갈 5:16, 25). 영적 은사를 가졌다고 영적인 사람이 되는 게 아니다. 심지어 성령의 열매를 맺는다고 영적인 사람이 되는 것도 아니다. 성령의 열매를 맺는다는 것은 영적인 사람'이라'는 증거일 뿐이다. 오직 성령으로 행할 때, 신자는 영적인 사람이 된다. 성령으로 행함은 바울이 날마다 하나님의 말씀에 순종하고 주님에게 복종하는 삶을 정의하는 방식이다(골 3:16).

고린도 그리스도인들은 성령으로 행하지 않았다. 이들은 이기적이었고, 자신을 설계했으며, 자기 의지가 강했고, 스스로 동기를 부여했으며, 자신의 이익과 안녕을 증진하려고 가능한 모든 것을 다 했다. 모두가 자신의 일을 자신의 이익을 위해서 했으며, 다른 사람들을 거의 또는 전혀 배려하지 않았다. 고린도 신자들은 은사가 조금도 부족하지 않았으나 영적 열매가 몹시 부족했다. 은사와 열매의 근원과 능력을 따라 행하지 않았기 때문이다. 고린도 신자들은 많은 것이 부족했으나 특히 사랑이 가장 부족했다. 에베소교회처럼, 고린도 신자들은 주님을 향한 첫 사랑을 버렸다(계 2:4). 사랑의 근원에서 멀어질 때, 사랑하기란 불가능하다.

'아가페'(*agapē*, **사랑**)는 고대 헬라 문학에서 가장 드물게 사용되는 단어들에 속하지만 신약성경에서는 가장 흔하게 사용되는 단어들에 속한다. 영어의 'love'와 달리, '아가페'는 결코 낭만적 사랑이나 성적 사랑을 가리키지 않는다. 낭만적 사랑이나 성적 사랑을 가리킬 때는 '에로스'(*erōs*)가 사용되었으나 이 단어는 신약성경에서 사용되지 않는다. 그 뿐 아니라, '아가페'는 단순한 감정, 무언가 혹은 누군가를 향한 유쾌한 느낌을 가리키지도 않는다. '아가페'는 친밀한 우정이나 형제애를 의미하지 않으며, 이것을 가리킬 때는 '필리아'(philia)라는 단어가 사용된다. 그 뿐 아니라, '아가페'는 자선(charity)을 의미하지도 않는다. 자선이란 단어는 KJV 번역자들이 라틴어역에서 가져왔으며, 영어에서 오랫동안 오로지 도움이 필요한 사람들에게 베푸는 행위와 연결되었다. 고린도전서 13장 자체가 '아가페'에 대한 최고의 정의다.

유명한 정신과 의사이자 메닝거 클리닉의 설립자 칼 메닝거(Karl Menninger, 1893-1990)는 이렇게 썼다. "사랑은 병들고 늙은 세상의 치료약이다. 사람들이 사랑을 주고받는 법을 배울 수 있다면, 대개 자신들의 육체적 질병이나 정신적 질병에서 회복될 것이다." 그러나 문제는 진정한 사랑이 무엇인지 아는 사람이 거의 없다는 것이다. 많은 그리스도인을 비롯해, 대다수 사람들이 사랑을 그저 좋은 느낌, 따뜻한 애정, 로맨스, 욕망의 견지에서 생각하는 것 같다. 우리가 "사랑해"라고 말할 때, 이 말은 흔히 "나를 사랑하고 너를 원해"라는 뜻이다. 물론, 이것은 가장 나쁜 종류의 이기심이며, '아가페' 사랑과 정반대다.

앨런 레드패스(Alan Redpath)는 이런 이야기를 들려준다. 어느 젊은 여성이 낙담과 실의에 빠져 담임 목사를 찾아갔다. 그녀는 이렇게 말했다. "한 남자가 있습니다. 그는 저를 너무너무 사랑하기에 제가 그와 결혼하지 않으면 자살하겠다고 합니다. 제가 어떻게 해야 할까요?" 목사는 이렇게 답했다. "아무것도 하지 마세요. 그 사람은 당신을 사랑하지 않습니다. 그는 자신을 사랑해요. 그런 위협은 사랑이 아닙니다. 순전히 이기심일 뿐이에요."

자신을 내어주는 사랑, 자신에게 무언가 요구하는 사랑, 받기보다 주기에 더 마음 쓰는 사랑은 고린도교회에서만큼이나 오늘의 교회에서도 드물다. 물론, 그 이유는 '아가페' 사랑이 인간의 본성에 너무나 부자연스럽기 때문이다. 이 세상은 사랑을 "낭만적 느낌"이나 "끌림"으로 정의해 왔다. 그러나 이것은 하나님이 말씀하시는 참사랑과 전혀 무관하다.

아가페 '사랑'의 최고 척도와 본보기는 하나님의 사랑이다. "하나님이 세상을 이처럼 사랑하사 독생자를 주셨다"(요 3:16). 사랑은 무엇보다도 희생적이다. 사랑은 다른 사람들을 위해, 심지어 우리를 전혀 배려하지 않고 미워하기까지 하는 사람들을 위해 자신을 희생하는 것이다. 사랑은 느낌이 아니라 결단하는 의지의 행위이며, 이것은 언제나 자신을 내어주는 결단의 행위로 이어진다. 사랑은 타인들의 안녕을 자신의 안녕 위에 두려는 의지적이고 기쁨에 겨운 갈망이다. 사랑은 교만, 허용, 오만, 자기 추구(self-seeking), 자기 영광(self-glory, 허영)이 들어설 자리를 허용하지 않는다. 사랑은 심지어 우리의 원수들을 위해 행하라고 명령받은 선택 행위다. "나는 너희에게 이르노니, 너희 원수를 사랑하며 너희를 박해하는 자를 위하여 기도하라. 이같이 한즉 하늘에 계신 너희 아버지의 아들이 되리니"(마 5:44-45). 하나님이 우리를 이렇게 사랑하셨다면, 심지어 "우리가 원수되었을 때에 그의 아들의 죽으심으로 말미암아 하나님과 화목하게 되었"다면(롬 5:10; 엡 2:4-7), '우리의' 원수들을 사랑하는 게 더더욱 마땅하다.

아버지께서 예수님을 세상에 보내신 바로 그 사랑으로, 예수님은 "세상에 있는 자기 사람들을 사랑하시되 끝까지 사랑하셨다"(요 13:1). 좀 더 문자적으로 옮기면, "그분은 이들을 완벽하게 또는 완전하게 사랑하셨다." 예수님은 가장 완전한 수준으로 사랑하셨다. 그분은 사랑의 한계치까지 사랑하셨다.

최후의 만찬 때, 예수님은 겉옷을 벗고 제자들의 발을 씻어주셨다. 스승(Master)과 반대로, 자신들만 생각하던 자들에게 직접 사랑의 본을 보이셨다. 예수님이 십자가를 앞두고 고뇌하실 때, 사랑할 줄 모르는 제자들은 자신들 중에 누가 가장 크냐며 다투었다(눅 22:24). 이들은 인간적으로 매력이 없었고 자격이 없었으며 이기적이었고 둔감했다. 그러나 구원자는 이들을 더없이 사랑하기로 선택하셨고, 이들에게 말이 아니라 행동으로 사랑을 가르치셨다. 자애로운 행위로, 사랑은 감정적 끌림이 아니라 타인의 필요를 이타적이고 겸손하게 섬기는 것임을 이들에게 보여주셨다. 그 섬김이 아무리 보잘 것 없고 섬김 받는 사람이 아무리 자격이 없더라도 말이다.

사랑은 그리스도인의 삶에서 더없이 절대적이다. 그래서 예수님은 제자들에게 이렇게 말씀하셨다. "새 계명을 너희에게 주노니, 서로 사랑하라. 내가 너희를 사랑한 것 같이 너희도 서로 사랑하라. 너희가 서로 사랑하면, 이로써 모든 사람이 너희가 내 제자인 줄 알리라"(요 13:34-35). 예수님은 또한 이렇게 말씀하셨다. "아버지께서 나를 사랑하신 것 같이 나도 너희를 사랑하였으니,

나의 사랑 안에 거하라"(요 15:9). 예수님은 사랑—'아가페' 사랑, 자신을 희생하는 사랑—이 자신의 제자라는 최고의 표식임을 더없이 분명히 하셨다. 예수님은 이것을 가르치셨을 뿐 아니라 제자들의 발을 씻어줌으로써 입증해 보이셨다.

바울은 이렇게 말한다. "남을 사랑하는 자는 율법을 다 이루었느니라. 간음하지 말라, 살인하지 말라, 도둑질하지 말라, 탐내지 말라 한 것과 그 외에 다른 계명이 있을지라도 네 이웃을 네 자신과 같이 사랑하라 하신 그 말씀 가운데 다 들었느니라"(롬 13:8-9). 주님을 향한 모든 불순종 뒤에 사랑하지 않음이 있으며, 모든 참된 순종 뒤에 사랑이 있다.

그리스도인은 모든 것을 사랑으로 해야 한다(고전 16:14). 바른 신학이 사랑을 대신하지 못한다. 바른 행위가 사랑을 대신하지 못한다. 그 무엇도 사랑을 대신하지 못한다. 그리스도인들이 사랑하지 않으면, 그 어떤 핑계도 댈 수 없다. "우리에게 주신 성령으로 말미암아 하나님의 사랑이 우리 마음에 부은 바" 되었기 때문이다(롬 5:5). 우리가 사랑을 만드는 게 아니다. 우리는 받은 사랑을 나눌 뿐이다. 우리는 사람들에게 사랑하는 법을 배울 필요가 없다. 우리 "자신이 하나님의 가르치심을 받아 서로 사랑하기"[88] 때문이다(살전 4:9). 그러므로 성경은 우리에게 "사랑을 추구하라"(고전 14:1), "사랑을 더하라"(put on love, 사랑을 입으라, 골 3:14), "사랑이 더욱 많아 넘치게 하라"(살전 3:12; 빌 1:9), 진실하게 사랑하라(고후 8:8), 사랑으로 하나 되라(빌 2:2), "뜨겁게 서로 사랑하라"(벧전 4:8), 서로 "사랑과 선행을 격려하라"고 명한다(히 10:24).

이러한 가르침들은 사랑과 관련된 다섯 가지 핵심으로 요약될 수 있다. (1) 사랑은 명령이다. (2) 그리스도인들은 이미 사랑을 가졌다. (3) 사랑은 그리스도인의 삶의 규범이다. (4) 사랑은 성령의 일이다. (5) 사랑이 진짜이려면 실천되어야 한다.

---

88 새번역: 여러분이 직접 하나님께로부터 서로 사랑하라고 하시는 가르침을 받아서.

사랑 없는 웅변은 아무것도 아니다

내가 사람의 방언과 천사의 말을 할지라도 사랑이 없으면 소리 나는 구리와 울리는 꽹과리가 되고, (13:1)

1-2절에서, 바울은 상당한 과장법을 사용한다. 자신이 말하려는 핵심을 제시하려고 상상력을 한껏 발휘한다. 다양한 예를 사용하며 말한다. "내가 절대적 극단에 이르기까지 무엇을 할 수 있거나 무엇이 될 수 있더라도 사랑이 없다면, 나는 절대적으로 아무것도 아닐 것입니다." 바울은 이제 사랑을 말하려 하면서 인칭을 1인칭으로 바꾼다. 그는 자신이 한 말이 고린도교회의 모두에게 적용되듯이 자신에게도 온전히 적용된다는 것을 분명히 하고 싶었다.

첫째, 바울은 자신이 가장 유창하게 말할 수 있다고, **사람의 방언**(tongues)**과 천사의 말**을 할 수 있다고 상상한다. '글로싸'(*glōssa*)는 신체의 발성 기관을 의미할 수 있지만, 언어를 의미할 수도 있다. 우리가 어떤 사람의 "mother tongue"(모국어)에 대해 말할 때처럼 말이다. 그러므로 **방언**(tongues)은 적절한 번역이지만, 나는 '언어들'(languages)이 더 유익하고 덜 혼란스러운 번역이라 믿는다.

문맥을 볼 때, 바울이 여기서 방언의 은사를 포함했다는 데는 의심의 여지가 없다(12:10, 28, 14:4-6, 13-14 등을 보라). 이것은 고린도 신자들이 아주 높이 평가하고 아주 크게 오용했던 은사다(이 부분은 14장을 설명할 때 자세히 다루겠다).

그러나 바울이 13:1에서 제시하는 기본 핵심은 온갖 언어를 가장 뛰어난 언어학자나 웅변가를 훨씬 뛰어넘어 아주 능숙하고 유창하게 말할 수 있다는 의미를 내포한다. 바울은 일반적 가정의 견지에서 말하고 있으며, 이것은 **천사의 말**이라는 표현에서 분명해진다. 성경에는 천사들만의 고유하거나 특별한 언어에 관한 가르침이 없다. 성경에는 천사들이 사람들에게 말했다는 기록이 무수하며, 그때마다 천사들은 언제나 듣는 사람의 언어로 말한다. 사람들이 배울 수 있는 천사들만의 하늘 언어가 있다는 암시는 없다. 바울은 자신이 가장 훌륭한 사람들의 기교와 유창함으로, 심지어 천사들의 유창함으로 말하는 능력이 있더라도, **사랑이 없으면 소리 나는 구리와 울리는 꽹과리가 될 뿐**이라고 말하고 있다. 가장 대단한 진리를 가장 대단한 방식으로 말하더라도 사랑으로 말하지 않으면 아무것도 아니다. 사랑이 없으면, 초자연적 유창함으로 말하는 진리라도 소음일 뿐이다.

사랑이 없으면, 방언의 은사는 특히 무의미하다. 바울이 이것을 사랑 없음의 예로 선택한 것은 방언의 은사를 추구하는 경험이 사람들로 교만하게 하기 때문이었다. 고린도 신자들은 자신의 힘으로, 자신의 이기적이고 교만한 목적을 위해 방언의 은사를 사용하려 했고, 따라서 이 은사를 사랑으로 활용하지 못했다. 이들은 성령으로 행하지 못했고, 그래서 성령의 열매를 맺지 못했으며 성령의 은사를 제대로 활용할 수 없었다. 이들은 자신들이 생각했던 가장 중요한 은사에서 사랑을 놓쳤고, 그래서 이들이 사용하는 방언의 은사는 소음에 지나지 않았다.

신약성경 시대에, 키벨레(Cybéle, 대지의 여신), 바쿠스(Bacchus, 로마신화에 나오는 술의 신), 디오니소스(Dionysus, 그리스 신화에 나오는 술의 신) 같은 이방 신들을 높이는 의식들은 황홀경의 소리로 말하기(speaking in ecstatic noises)를 포함했는데, 여기에는 징(gong, **구리**)을 치거나 꽹과리(cymbals)를 두드리거나, 나팔을 부는 행위가 동반되었다. 바울의 청중은 그가 말하려는 핵심을 분명하게 파악했다: 사랑으로 하지 않으면, 방언의 은사를 사용하거나 그 어떤 인간이나 천사의 말을 하더라도 이교도 의식에 지나지 않는다. 기독교로 가장한 의미 없는 횡설수설일 뿐이다.

사랑 없는 예언과 지식과 믿음은 아무것도 아니다

내가 예언하는 능력이 있어 모든 비밀과 모든 지식을 알고 또 산을 옮길 만한 모든 믿음이 있을지라도 사랑이 없으면 내가 아무것도 아니요.(13:2)

사랑 없는 예언

다음 장을 시작하면서, 바울은 예언이 영적 은사 중에서 가장 크다고 말한다. 예언하는 자는 사람들이 알고 이해할 수 있도록 하나님의 진리를 선포하기 때문이다(14:1-5). 바울 자신이 예언자("선지자")였으며(행 13:1), 예언자의 직무와 예언의 은사를 가장 높이 평가했다.

그러나 바울은 과장법을 계속 사용하면서 **예언하는 능력(gift of prophecy,** 예언의 은사)이 크더라도 사랑으로 사용해야 한다고 말한다. 은사가 아주 큰 하나님의 사람이라도 예외 없이 사랑으로 사역해야 한다. 굳이 말하자면, 이런 사람은 사랑으로 사역할 의무가 '가장 크다.' "무릇 많이 받은 자에게는 많이 요구할 것이요"(눅 12:48). 모든 사람 중에, 예언자(선지자)는 사랑으로 진리를 말해야 한다(엡 4:15).[89]

발람은 하나님의 선지자(예언자)였다. 그는 참 하나님을 알았고 하나님의 진리를 알았으나 하나님의 백성을 향한 사랑이 없었다. 그는 모압 왕 발락의 후한 제안에 거의 주저 없이 답해 이스라엘을 저주하는 데 동의했다. 하나님은 이 끔찍한 짓을 하지 말도록 자신의 선지자를 설득하실 수 없었기에 천사를 보내 선지자의 나귀를 멈춰 세우셨다(민 22:16-34). 하나님이 막지 않으셨다면, 발람은 이스라엘을 여러 차례 저주했을 터였다. 그러나 선지자는 이스라엘을 저주함으로써 하려 했으나 하지 못한 일을 그들을 그릇 인도함으로써 성취했다. 발람은 이스라엘을 우상숭배와 음행으로 이끌었기 때문에 죽임을 당했다(민 31:8 16). 발람 선지자는 하나님의 말씀을 알았고, 하나님의 말씀을 말했으며, 자기방어의 한 방편으로 하나님을 두려워했으나 하나님을 향한 사랑과 하나님의 백성을 향한 사랑이 없었다.

몇 년 전, 어느 젊은 교회학교 교사가 나를 찾아와 말했다. "제가 우리 반 아이들을 정말로 사랑한다고 생각했습니다. 수업 준비를 꼼꼼하게 했고 누구도 수업 시간에 겉돌지 않도록 애썼습니다. 그러나 그 아이들을 위해 개인적 희생은 전혀 하지 않았습니다." 그녀는 자신이 성경을 연구하고 수업을 꼼꼼하게 준비하며 반 아이들에게 좋은 감정을 가졌으나 '아가페' 사랑의 핵심 요소, 곧 자신을 내어주고 자신을 희생하는 사랑이 빠졌다는 것을 알아차렸다.

---

89 개역개정: 사랑 안에서 참된 것을 하여. 새번역: 사랑으로 진리를 말하고.

우리의 말과 행동 뒤에 있는 힘이 우리의 동기다. 자기 이익이나 칭찬이나 승진이나 그 어떤 이득이 우리의 동기라면, 주님을 위한 우리의 영향력이 그만큼 줄 것이다. 우리의 말이 아무리 정통적이고 설득력이 있으며 적절하더라도, 또는 우리의 섬김이 아무리 유익해 보이더라도 말이다. 사랑의 동기가 없으면, 하나님이 보시기에 우리는 많은 소란을 일으키고 있을 뿐이다.

예레미야의 사역은 발람의 사역과 극명하게 대조된다. 예레미야는 눈물의 선지자였다. 자신의 문제가 컸기 때문이 아니라 유다 백성의 악 때문이었으며, 이들이 하나님께 돌아가길 거부했기 때문이었고, 그가 이들을 향해 예언해야 하는 벌 때문이었다. 예수님이 나중에 예루살렘을 보며 우셨듯이(눅 19:41-44), 예레미야는 이들을 보며 울었다. 사역 초기, 예레미야는 유다 백성의 영적 곤경에 너무나 마음이 아파 이렇게 부르짖었다. "슬프다, 나의 근심이여, 어떻게 위로를 받을 수 있을까? 내 마음이 병들었도다…딸 내 백성이 상하였으므로 나도 상하여 슬퍼하며 놀라움에 잡혔도다…어찌하면 내 머리는 물이 되고 내 눈은 눈물 근원이 될꼬? 죽임을 당한 딸 내 백성을 위하여 주야로 울리로다"(렘 8:18, 21; 9:1). 예레미야는 상한 마음을 가진 선지자, 사랑하는 마음을 가진 선지자, 영적인 마음을 가진 선지자였다.

바울도 자주 눈물로 사역했으며, 예수 그리스도를 받아들이지 않으려는 동료 유대인들을 위해 그렇게 할 때가 많았다. 바울의 시련은 대부분 이들 때문이었다. 그러나 바울이 "눈물"로 사역한 것은 이들이 그에게 등을 돌렸기 때문이 아니라 복음에 등을 돌렸기 때문이었다(행 20:19). 로마서에서, 바울은 감동적인 증언(간증)을 한다. "내가 그리스도 안에서 참말을 하고 거짓말을 아니하노라. 나에게 큰 근심이 있는 것과 마음에 그치지 않는 고통이 있는 것을 내 양심이 성령 안에서 나와 더불어 증언하노니, 나의 형제 곧 골육의 친척을 위하여 내 자신이 저주를 받아 그리스도에게서 끊어질지라도 원하는 바로라"(9:1-3). 바울이 큰 능력으로 사역했던 것은 큰 사랑으로 사역했기 때문이었다. 당신이 사랑 없이 하나님의 진리를 선포한다면, 마땅히 되어야 하는 수준에 미치지 못하는 게 아니라 '아무것도 아닌' 것이다.

사랑 없는 지식

사랑 없는 예언이 아무것도 아니듯이, **모든 비밀과 모든 지식을 알더**라도 사랑이 없으면 아무것도 아니다. 바울은 이 포괄적 어구를 사용해 인간의 궁극적 이해를 표현한다. **비밀(mysteries)**은 신성한 영적 이해를 상징하고, **지식(knowledge)**은 인간의 사실적 이해를 상징할 것이다. 성경에서 **비밀**이란 용어는 언제나 하나님이 어느 시점에 인간에게는 감춰두신 신성한 진리(divine truth)를 상징한다. 대다수의 경우, 이것은 구약 성도들에게는 감춰졌으나 신약성경에서 계시된 진리를 가리킨다(참조. 엡 3:3-5). 바울은 자신이 계시된 모든 비밀과 더불어 계시되지 않은 신성한 비밀까지 모두 완벽하게 이해할 수 있더라도 여전히 **아무것도 아닐** 수 있다고 주장한다. 최고의 영적 열매인 사랑이 없으면, 이러한 영적 이해가 아무짝에도 쓸모없을 수 있다. 이것은 사랑이 얼마나 중요한지 보여준다. 사랑이 없으면, 하나님이 아시는 만큼 알더라도 여전히 아무것도 아닐 수 있다.

모든 지식을 더하더라도 도움이 되지 않을 것이다. 창조 세계의 관찰할 수 있고 알 수 있는 사실을 모두 알고 사실상 전지(全知)하더라도, 사랑이 없으면 여전히 **아무것도 아닐** 것이다. 달리 말하면, 어떻게든 창조자와 창조 세계를 모두 이해할 수 있더라도 사랑이 없으면 아무것도 아닐 것이다.

사랑이 없으면 이 모든 것이 아무것도 아니다. 그렇다면 사랑이 없으면 성경 및 신학과 관련된 지식과 통찰을 비롯해 아주 제한된 우리의 지적 성취는 더더욱 아무것도 아니지 않겠는가? 아무것도 아닌 것도 '못 된다.' 사랑 없는 이런 지식은 단순한 무지보다 나쁘다. 이런 지식은 영적 속물근성과 교만과 오만을 낳는다. 이것은 바리새인적이고 추하다. 영적 지식은 겸손을 동반하고 사랑으로 사용될 때 선하고 아름다우며 주님의 일에 열매를 맺는다. 그러나 사랑이 빠지면 추하고 비생산적이다. 설령 하나님의 진리를 아는 단순한 지식이라도 "교만하게 한다." 사랑은 덕을 세우는 데 절대적으로 필요한 요소다 (고전 8:1).

바울은 지식을, 특히 하나님의 말씀을 아는 지식을 평가절하하지 않는다. 그는 빌립보 신자들에게 이렇게 썼다. "내가 기도하노라. 너희 사랑을 지식과 모든 총명으로 점점 더 풍성하게 하사"(1:9). 우리가 알지 못하는 것이 우리에게 덕을 세울 수 없으며, 우리는 알지 못하는 것에 순종할 수 없다. 그러나 알면서도 순종하지 않음으로써 힘을 얻지 못할 수 있다. 오직 사랑만이 진정한 "지식과 모든 총명(discernment)"을 가져다준다. 지식이 우리에게 덕을 세우지 못할 수 있다. 사랑이 덕을 세우는 하나님의 도구(divine edifier)다.

사랑 없는 믿음

바울은 지식을 평가절하하지 않았을뿐더러 믿음을 더더욱 평가절하하지 않았다. 그 누구도 믿음, 특히 구원하는 믿음의 필요성을 바울보다 강하게 역설하지 않았다. 그러나 바울은 여기서 구원하는 믿음이 아니라 주님을 향한 확신과 기대의 **믿음**을 말하고 있다. 그는 신자들, 즉 구원하는 믿음을 이미 가진 자들에게 말하고 있다. **산을 옮길 만한 모든 믿음**이란 하나님이 그분의 자녀들을 위해 놀라운 일들을 행하시리라는 하나님을 향한 신뢰를 가리킨다. 이것은 특히 믿음의 은사를 가진 신자들을 가리킨다. 바울은 그리스도인이 불가능을 가능하게 하는 이 놀라운 은사를 하나님에게서 받았더라도 사랑이 없으면 **아무것도 아니라**고 말한다.

바울이 언제나 예수님이 사용하신 비유와 동일한 비유를 사용하는 것은 우연이 아니다. 제자들이 귀신들린 소년을 고치지 못했을 때, 예수님은 이들에게 이렇게 말씀하셨다. "진실로 너희에게 이르노니, 만일 너희에게 믿음이 겨자씨 한 알 만큼만 있어도 이 산을 명하여 여기서 저기로 옮겨지라 하면 옮겨질 것이요"(마 17:20). 예수님은 바울이 고린도전서 13:1-3에서 하듯이 과장해서 말씀하고 계셨다. 주님이 제자들에게 말씀하시려는 핵심은, 그분을 완전히 신뢰함으로써, 그들이 사역에서 "불가능한" 것이 하나도 없다는 것이었다. 바울의 핵심은 설령 사람이 이처럼 놀라운 수준의 기도를 하며 주님을 신뢰하더라도 사랑하지 않으면 **아무것도 아니라**는 것이다.

요나는 큰 믿음이 있었다. 그가 니느웨를 향해 외치길 거부했던 것은 하나님의 말씀이 효능이 있음을 단단히 믿었기 때문이다. 그는 실패가 아니라 성공이 두려웠다. 그는 하나님 말씀의 능력을 분명히 믿었다. 요나의 문제는 그가 악한 니느웨 사람들이 구원받길 원치 않는다는 것이었다. 그는 이들이 구원받길 원치 않았으며, 하나님이 이들을 구원하려 하신다는 데 분개했다. 요나 선지자가 외치자, 왕부터 시작해 니느웨 모든 사람이 회개했다. 심지어 짐승들에게까지 회개의 상징으로 베옷을 입혔다. 하나님이 그렇게 하시리라고 요나가 알았듯이, 하나님이 기적적으로 니느웨를 멸하지 않으셨다. 뒤이어 성경에서 가장 이상하고 비정한 기도 중 하나가 나온다. "요나가 매우 싫어하고 성내며 여호와께 기도하여 이르되 '여호와여, 내가 고국에 있을 때에 이러하겠다고 말씀하지 아니하였나이까? 그러므로 내가 빨리 다시스로 도망하였사오니, 주께서는 은혜로우시며, 자비로우시며, 노하기를 더디하시며, 인애가 크시사 뜻을 돌이켜 재앙을 내리지 아니하시는 하나님이신 줄을 내가 알았음이니이다. 여호와여. 원하건대 이제 내 생명을 거두어 가소서 사는 것보다 죽는 것이 내게 나음이니이다' 하니"(욘 4:1-3). 요나는 하나님이 어떤 분이신지 모두 인정했지만, 정작 자신은 그런 사람이 아니었을뿐더러 그런 사람이 되길 원치도 않았다. 이보다 사랑 없는 하나님의 사람을 상상하기 어렵다. 요나의 믿음은 그에게 니느웨에서 큰 성공이 있으리라고 했지만, 선지자로서 그는 큰 실패자였다. 요나의 외침은 그가 믿었던 대로 큰 기적을 불러왔지만, 정작 그 자신은 **아무것도 아니었다.**

사랑 없는 자선과 순교는 아무것도 아니다

내가 내게 있는 모든 것으로 구제하고 또 내 몸을 불사르게 내줄지라도 사랑이 없으면 내게 아무 유익이 없느니라. (13:3)

'아가페' 사랑은 언제나 자신을 희생하지만, 자기희생이 반드시 사랑에서 비롯되지는 않는다. 교회사 내내, 어떤 그룹들과 운동들은 자기 부인, 자기 비하, 심지어 자기 괴롭힘(고행) 자체가 영적 공로를 가져다준다고 믿었다. 많은 사교(邪敎 cults)와 이방 종교들이 소유 포기, 다양한 희생, 이른바 몰아(沒我)와 자신을 버림과 고행과 수도원 생활 같은 종교 행위를 크게 강조한다. 그러나 그리스도인들에게조차, 사랑이 없으면 이런 것들은 무가치한 것보다 더 나쁘다. 사실, 사랑이 없으면 이것들은 이기적일 뿐이다. 이러한 행위들의 진짜 초점은 하나님이나 타인들이 아니라 자신이다. 이것들을 하지 않는 것에 대한 율법주의적 두려움 때문이든, 이것들을 하는 것에 대한 칭송과 상상하는 복을 받기 위해서든 말이다. 동기는 자신이며 영적이지도 않고 사랑도 아니다.

사랑 없는 자선

구제하다(give)[90]라는 용어는 적은 양을 (반복해서) 나눠준다는 뜻이며, 자신의 모든 소유를 나누어주는 장기적이고 체계적인 프로그램을 의미한다. 이런 궁극적 자선 행위, 곧 자신의 **모든 것으로 구제하는(to feed the poor,** 가난한 자들을 먹이는) 행위가 그 희생이 아무리 크거나 아무리 많은 사람을 먹이더라도 진정한 사랑에서 나온 게 아니라면 영적 행위가 아닐 것이다. 랍비들은 20퍼센트 이상을 구제에 쓸 필요가 없다고 가르쳤다. 그래서 바울의 예는 전례 없이 후한 자선을 암시했다. 그렇더라도, 이런 자선을 받는 사람들이 혜택을 받아 배가 부르겠지만, 구제하는 사람은 **아무 유익이 없을 것이다.** 그의 은행 계좌와 영적 계좌가 텅텅 빌 것이다. 율법주의적 의무에서 하는 구제, 인정받고 칭송받길 바라며 하는 구제, 양심의 가책을 덜려고 하는 구제는 무가치하다. 오직 사랑으로 하는 구제만 영적이다.

가만히 구제하라는 예수님의 명령은(마 6:3) 거짓되고 영적이지 못하며 사랑 없는 이러한 동기들의 유혹을 피하는 데 도움이 된다. 사랑으로 하는 자선은 큰 가치가 있다. 사랑 없는 자선은 아무것도 아니다.

사랑 없는 순교

마지막으로, 바울은 이렇게 말한다. **내 몸을 불사르게 내줄지라도 사랑이 없으면 내게 아무 유익이 없느니라.** 어떤 해석자들은 바울이 노예가 되는 것을 말한

---

90 개역개정이 "구제하다"라고 번역한 부분을 NASB는 "give…to feed the poor"(가난한 자들을 먹이기 위해 주다)라고 옮겼다.

다고 믿는데, 노예에게는 달군 쇠로 표식을 남겼다. 그러나 바울이 이 구절들에서 사용해 온 여러 극단적인 예에 비춰볼 때, 그가 산채로 불타 죽는 것을 가리키고 있다고 추정하는 게 가장 좋다. 많은 그리스도인 순교자가 맞았던 운명, 곧 화형이 로마제국에서 시작된 것은 여러 해 후였다. 그러나 이것이 바울이 가리키는 고난의 형태로 보인다. 이런 형태의 처형이 당시에 일반적이었든 아니었든 이것은 끔찍하고 고통스러운 죽음을 상징했다.

초기 교회를 향한 박해가 심해졌을 때, 어떤 신자들은 실제로 유명해지거나 천국의 특별한 상을 얻는 한 수단으로 순교를 구했다. 그러나 그 동기가 자기 이익과 교만일 때, 희생은 영적 가치를 잃는다. 믿음을 위해 고통스러운 죽음을 받아들이더라도, 하나님을 향한 참사랑에서 비롯된 게 아니라면, **아무 유익이 없다.** 그리스도인으로서 섬김과 증언 때문에 아무리 고난을 겪는다고 해도, 그것이 사랑으로 하는 게 아니라면 영적으로 아무 유익이 없다.

사랑 없는 사람은 아무것도 낳지 못하고, 아무것도 아니며, 아무것도 얻지 못한다.

34

사랑의 특징 1
(13:4-5)

사랑은 오래 참고, 사랑은 온유하며, 시기하지 아니하며, 사랑은 자랑하지 아니하며, 교만하지 아니하며, 무례히 행하지 아니하며, 자기의 유익을 구하지 아니하며, 성내지 아니하며, 악한 것을 생각하지 아니하며, (13:4-5)

앞 단락은(1-3절) 사랑이 없을 때 생기는 공허에 초점을 맞춘다. 4-5절은 성경에서 완전한 사랑을 가장 폭넓게 묘사한다. 바울은 사랑을 프리즘에 투과시켜 사랑의 열다섯 색깔, 곧 사랑의 스펙트럼을 보여준다. 각각의 빛마다 '아가페' 사랑의 한 면, 한 특징을 제시한다. 여러 형용사를 포함하는 대다수 영어 번역과 달리, 헬라어 본문에서는 사랑의 모든 특성이 동사다. 이 특성들은 사랑이 무엇인지가 아니라 사랑이 무엇을 하고 또 무엇을 하지 않는지에 초점을 맞춘다. '아가페' 사랑은 추상적이거나 수동적이지 않고 행동적이다. '아가페' 사랑은 단순히 오래 참아야 한다고 느끼는 게 아니라 오래 참음을 실천한다. '아가페' 사랑은 단순히 온유한 감정을 갖는 게 아니라 온유함을 실천한다. '아가페' 사랑은 단순히 진리를 인식하는 게 아니라 진리를 기뻐한다. 사랑은 행동할 때만 온전히 사랑한다(참조. 요일 3:18).

바울의 프리즘은 그 목적이 사랑을 전문적으로 분석하는 것이 아니라 사랑을 세분해 사랑의 온전하고 풍성한 의미를 더 쉽게 이해하고 적용할 수 있게 하는 것이다. 하나님의 말씀이 모두 그렇듯이, 사랑을 삶에 적용하기 전에는 사랑을 진정으로 이해하지 못한다. 여기서 바울의 주목적은 단순히 고린도 신자들을 가르치는 게 아니라 이들의 생활 습관을 바꾸는 것이다. 바울은 이들이 이러한 사랑의 특징들에 비추어 각자의 삶을 주의 깊고 정직하게 가늠해 보길 원한다.

바울은 은유를 바꾸어 사랑의 초상화를 그리며, 그 초상화 안에 예수 그리스도께서 앉아 계신다. 그분은 이 모든 사랑의 덕목을 완전하게 살아내셨다. 이 아름다운 사랑의 그림은 그분의 초상화다.

사랑은 오래 참는다

사랑은 **오래참음**(being **patient**) 또는 오래견딤(long-suffering), 문자적으로 "느긋함"(long-tempered, *makrothumeō*)을 실천한다. 이 단어는 신약성경에서 자주 사용되며, 환경이나 사건을 오래 참는 것(인내)이 아니라 거의 전적으로 사람들을 오래 참는 것을 가리킬 때 사용된다. 사랑의 오래참음이란 누군가 자신을 거듭 불편하게 하거나 이용하는데도 흥분하거나 화내지 않는 능력이다. 초기교회 교부 크리소스토무스(Chrisostom, 394년경-407년)는 이렇게 말했다. "이것은 부당한 일을 당하고 쉽게 갚아줄 힘이 있으나 절대로 그러지 않는 사람에게 사용하는 단어다." 오래참음은 절대로 앙갚음하지 않는다.

'아가페' 사랑 자체처럼, 신약성경이 말하는 오래참음은 오직 그리스도인들의 덕목이었다. 헬라 세계에서, 자신을 희생하는 사랑과 복수하지 않는 오래참음은 귀족에게 맞지 않는 나약함으로 여겨졌다. 예를 들면, 아리스토텔레스(Aristotle, 주전 384-322)는 모욕이나 상해를 참길 거부하고 아주 작은 공격이라도 갚아주는 것이 헬라인의 큰 덕목이라고 가르쳤다. 복수는 덕목이었다. 세상은 언제나 맞서 싸우는 자들을, 무엇보다도 자신들의 안녕과 권리를 지키려는 자들을 영웅시하는 경향이 있다.

그러나 사랑, 하나님의 사랑은 정반대다. 이 사랑의 주된 관심사는 자신이 아니라 타인들의 안녕이며, 복수하기는커녕 이용하느니 차라리 이용당하려 한다. 사랑은 복수하지 않는다. 그리스도처럼 행동하는 그리스도인이라면 해를 입거나 모욕을 당하거나 학대를 당했더라도 절대로 복수하지 않는다. 그는 "악을 악으로 갚길" 거부하고(롬 12:17), 오른쪽 뺨을 맞으면 왼쪽 뺨을 돌려 댄다(마 5:39).

바울은 오래참음이 자기 마음의 특성이며(고후 6:6), 모든 그리스도인의 특성이어야 한다고 했다(엡 4:2). 스데반의 마지막 말은 오래 참는 용서의 말이었다. "주여, 이 죄를 그들에게 돌리지 마옵소서"(행 7:60). 돌에 맞아 고통스럽게 죽어갈 때, 그의 관심사는 자신이 아니라 자신을 죽이는 자들이었다. 그는 절대적 극단까지 오래 참고 인내했다.

물론, 오래참음의 더없는 예는 하나님 자신이다. 세상이 멸망하지 않는 것은 하나님의 오래 참는 사랑 때문이다. 하나님의 인내와 오래참음이 사람들에게 구원받을 시간을 준다(벧후 3:9). 예수님은 자신이 구원하러 온 자들에게 배척당해 십자가에서 죽어가면서 이렇게 기도하셨다. "아버지, 저들을 사하여 주옵소서. 자기들이 하는 것을 알지 못함이니이다"(눅 23:34).

유명한 20세기 무신론자 로버트 잉거솔(Robert Ingersoll, 1833-1899)은 하나님에게 맞서는 강의를 하다가 자주 멈춰 이렇게 말했다. "내가 이렇게 말했으니, 나를 쳐 죽이도록 하나님에게 5분을 주겠습니다." 그런 후, 자신이 죽지 않은 것을 하나님이 존재하지 않는다는 증거라고 했다. 시어도어 파커(Theodore Parker, 1810-1860)는 잉거솔의 주장에 이렇게 말했다. "그 신사는 영원한 하나님의 인내를 5분 만에 소진할 수 있다고 생각한 것인가?"

아담과 하와가 처음 하나님께 불순종한 이래, 하나님의 형상으로 창조된 자들이 계속해서 하나님을 부당하게 대하고 배척했다. 하나님은 자신의 선민(選民)을 통해 자신의 말씀을 계시하셨는데도(롬 3:2), 이들에게 배척당하고 비웃음을 사셨다. 그러나 수천 년 동안 영원하신 하나님은 영원히 오래 참으셨다. 거룩한 창조자께서 반역하는 피조물들을 그렇게 무한히 오래 참으신다면, 그분의 거룩하지 못한 피조물들은 서로에게 오래 참아야 더더욱 마땅하지 않겠는가?

에이브러햄 링컨(Abraham Lincoln, 1809-1865)의 초기 정적 중에 에드윈 스탠튼(Edwin M. Stanton, 1814-1869)이 있었다. 그는 링컨을 "천하고 교활한 촌

놈"(low cunning clown)과 "오리지널 고릴라"(the original gorilla)라 불렀다. 그
는 이렇게 말하곤 했다. "일리노이즈 스프링필드에 가면 쉽게 찾을 수 있는데,
굳이 아프리카까지 고릴라를 보러 가는 건 웃기는 일이다." 링컨은 이런 비방
에 전혀 대응하지 않았으나 대통령으로서 전쟁 장관(secretary of war)[91]이 필
요했을 때 스탠튼을 선택했다. 친구들이 도저히 못 믿겠다는 듯이 그 이유를
물었을 때, 링컨은 이렇게 대답했다. "그가 최적임자이기 때문입니다." 여러
해 후, 암살당한 대통령의 시신이 안치될 때, 스탠턴은 관을 들여다보고 연신
눈물을 흘리며 말했다. "지금껏 세상에서 가장 위대한 통치자가 여기 잠들었
다." 링컨의 오래 참고 복수하지 않는 마음에, 그의 적대감이 마침내 녹아내
렸다.

사랑은 온유하다

오래참음이 타인들에게서 아무것도 취하려 하지 않듯이, 온유(kindness)는 타
인들에게, 심지어 원수들에게 무엇이든 주려 한다. **온유함**(being **kind**)은 **오래
참음**(being **patient**)의 짝이다. 온유하다(*chrēsteuomai*)는 것은 쓸모 있고 섬기
며 자애롭다(gracious)는 뜻이다. 이것은 행동하는 선의다. 온유함은 단지 너그
러운 감정을 갖는 게 아니라 실제로 너그럽다. 온유함은 단지 타인들의 안녕을
바라는 게 아니라 타인들의 안녕을 위해 노력한다. 예수님은, 우리를 포함해,
제자들에게 원수를 사랑하라고 명하실 때, 단순히 원수들을 향해 온유한 감정
을 가지라는 뜻이 아니라 실제로 그들에게 온유하라는 뜻이었다. "또 너를 고
발하여 속옷을 가지고자 하는 자에게 겉옷까지도 가지게 하며, 또 누구든지 너
로 억지로 오 리를 가게 하거든 그 사람과 십 리를 동행하고"(마 5:40-41). 악한
세상의 힘든 환경은 사랑에게 이러한 온유함을 실천할 기회를 거의 무한히 제
공한다.

---

91 미국 전쟁부(The United States Department of War)는 1789년에 창설되었으며, 1949
년에 미국 국방부(United States Department of Defense)로 이름이 바뀌었다.

이번에도 하나님이 최고의 모델이다. 바울은 우리에게 일깨운다. "혹 네가 하나님의 인자하심이 너를 인도하여 회개하게 하심을 알지 못하여 그의 인자하심(kindness)과 용납하심과 길이 참으심(patience)이 풍성함을 멸시하느냐?"(롬 2:4). 그는 디도에게 이렇게 썼다. "우리 구주 하나님의 자비(kindness)와 사람 사랑하심이 나타날 때에 우리를 구원하시되 우리가 행한 바 의로운 행위로 말미암지 아니하고 오직 그의 긍휼하심을 따라 중생의 씻음과 성령의 새롭게 하심으로 하셨나니, 우리 구주 예수 그리스도로 말미암아 우리에게 그 성령을 풍성히 부어 주사"(딛 3:4-6). 베드로는 이렇게 말한다. "갓난아기들 같이 순전하고 신령한 젖을 사모하라. 이는 그로 말미암아 너희로 구원에 이르도록 자라게 하려 함이라. 너희가 주의 인자하심(kindness)을 맛보았으면 그리하라"(벧전 2:2-3). 예수님은 제자들에게 이렇게 말씀하셨다. "내 멍에는 쉽고 내 짐은 가벼움이라"(마 11:30). 예수님이 "쉽고"(easy)라고 하실 때 사용하신 단어가 고린도전서 13:4에서 **온유하며(kind)**로 번역된 단어다. 자신에게 속한 자들을 향한 사랑으로, 예수님은 자신의 멍에를 "온유하게"(kind), 즉 가볍게(mind) 하신다. 그분은 자신의 백성이 자신을 위해 감당하도록 요구받는 짐이 감당할만하게 하신다(고전 10:13을 보라).

그리스도인의 온유를 시험하는 첫째 테스트, 그리고 사랑의 모든 면을 시험하는 테스트는 가정이다. 그리스도인답게 행동하는 그리스도인 남편은 아내와 자녀에게 온유하다(kind, 친절하다, 자상하다). 그리스도인 형제자매들은 서로에게, 부모에게 온유하다. 이들은 단지 서로를 향해 온유한 감정을 품는 게 아니라 서로에게 온유하고(kind, 친절하고) 서로를 위해 유익한 것들을 행한다. 필요하다면, 사랑으로 자신을 희생하기까지 한다.

고린도 신자들에게 온유란 이기적이고 시기하며 앙심을 품는 교만한 태도를 버리고, 사랑과 온유(loving-kindness)의 마음을 품는 것을 의미했다. 이런 마음은 무엇보다도 자신들의 영적 은사를 육신 안에서 피상적으로나 비생산적으로 사용하지 않고 성령 안에서 참되고 유효하게 사용하도록 할 것이다.

사랑은 시기하지 않는다

이것은 사랑에 대한 부정적 묘사 여덟 중 첫째다. 사랑은 **시기하지 아니하며(is not jealous)**. 사랑과 시기(질투)는 서로를 배제한다. 하나가 있는 곳에 다른 하나가 있을 수 없다. 셰익스피어는 시기를 "위황병"(green sick, 식물의 잎이 푸른 빛을 잃고 희거나 누런빛을 띠는 병)이라 했다. 질투는 "영예의 원수"(the enemy of honor), "바보들의 슬픔"(the sorrow of fools)이라고도 불렸다. 예수님은 시기를 "악한 눈"(an evil eye)이라고 하셨다(마 20:15, KJV).

시기 또는 질투는 두 가지 형태가 있다. 한 형태는 "나는 다른 사람이 가진 것을 갖고 싶어!"라고 말한다. 다른 사람들이 우리보다 좋은 차를 갖고 있으면 우리는 그것을 원한다. 다른 사람들이 그들이 한 일 때문에 칭찬받으면 우리는 똑같거나 더 많은 칭찬을 원한다. 이런 종류의 시기는 매우 나쁘다. 더 나쁜 시기는 이렇게 말한다. "나는 그들이 가진 것을 그들이 갖지 못했으면 좋겠어!"(마 20:1-16을 보라). 둘째 종류의 시기가 더 이기적이다. 이것은 다른 사람에게 악한 일이 일어나길 바라는 것이다. 가장 깊고 가장 부패했으며 가장 파괴적인 시기다. 솔로몬이 아이 엄마인 척하는 여인에게서 찾아낸 시기다. 갓난 아들이 죽었을 때, 여인은 죽은 자신의 아기와 친구 품에 잠든 아기를 몰래 바꿔치기했다. 진짜 엄마는 무슨 일이 일어났는지 알았다. 이들의 다툼이 결국 왕 앞에까지 이어졌고, 왕은 아기를 반으로 갈라 각 여인에게 절반씩 주라고 명했다. 진짜 엄마는 아기를 가르지 말라고 애원했다. 아들을 잃는다는 뜻인데도 말이다. 그러나 가짜 엄마는 진짜 엄마가 아기를 갖느니 차라리 죽이라고 했다(왕상 3:16-27).

시기에 맞서는 싸움은 그리스도인이 반드시 해야 하는 가장 힘든 싸움에 속하는 게 틀림없다. 우리보다 조금 낫거나 잠재적으로 조금 나은 사람이 언제나 있기 마련이다. 누군가 무엇인가를 우리보다 잘할 때, 우리는 모두 시기하려는 유혹과 마주한다. 육신의 첫 반응은 그 사람이 아프길 바라는 것이다.

'젤로오'(zēloō, **시기하다**)의 기본 의미는 "강한 바람을 갖다"이며, 여기서 열심을 뜻하는 'zeal'이라는 단어가 나왔다. 이 단어는 성경에서 좋은 의미로도 사용되고 안 좋은 의미로도 사용된다. 고린도전서 13:4에서, 이 단어는 안 좋은 의미로 사용된 게 분명하다. 그래서 곧바로 이어지는 문맥의 일부인 12:31을 "더욱 큰 은사를" '구하라는 명령'이 아니라 '사실 진술'("너희는 지금 더 큰 또는 더 화려한 은사를 열심히 갈망하고 있다")로 봐야 한다. 거기서 "열심히 갈망하다"(earnestly desire)[92]로 번역된 헬라어 단어는 여기서 **시기하다(is...jealous)**로 번역된 단어와 같다. 해석학의 기본 원리 중 하나는 동일한 문맥에 나타나는 동일한 용어는 동일하게 번역해야 한다는 것이다.

사랑은 인기 있거나 성공했거나 아름답거나 달란트가 많은 사람을 보면, 그 사람 때문에 기뻐하고 절대로 시기하거나 질투하지 않는다. 바울이 아마도 로마에서 갇혔을 때, 그가 사역했던 곳에서 섬기는 몇몇 젊은 전파자가 질투심에 바울을 능가하려 애썼다. 이들은 바울의 명성과 성취를 너무나 시기해 바울이 감옥에서 고통당할 때 그를 비판했을 뿐 아니라 그에게 "괴로움"을 더하려 했다. 그러나 바울은 이들의 자유나 성공이나 심지어 시기에 분노하지 않았다. 바울은 이들의 죄를 용납하지 않았으나 시기에 시기로 갚으려 하지 않았고, 동기가 무엇이든 복음이 전파되고 있다는 사실에 기뻐할 뿐이었다(빌 1:15-17). 그는 메시지가 메신저보다 강하며, 하나님의 목적을 성취하기 위해 약하고 시기하는 전파자들을 넘어설 수 있다는 것을 알았다.

시기는 온건하거나 무해한 죄가 아니다. 사탄은 하나님을 향한 하와의 시기, 그녀의 교만이 촉발한 시기에 호소해 성공했다. 하와는 하나님처럼 되고 싶었고, 하나님이 가진 것을 갖고 싶었으며, 하나님이 아는 것을 알고 싶었다. 시기는 최초의 큰 죄에서 핵심이었으며, 모든 죄가 여기서 비롯되었다. 창세기에 나오는 그다음 죄는 살인이며, 아벨을 향한 가인의 시기에서 비롯되었다. 형들이 요셉을 시기해 노예로 팔았다. 다니엘이 사자굴에 던져진 것은 바벨론의 동료 관리들의 시기를 샀기 때문이었다. 시기심 때문에, 형은 아버지가 탕자에게 관심을 쏟는 것에 화가 났다. 성경에 이런 예가 아주 많다.

"분은 잔인하고 노는 창수 같거니와 투기(jealousy) 앞에야 누가 서리요?"(잠

---

92 NASB: earnestly desire the greater gifts(더 큰 은사들을 열심히 갈망하라).

27:4). 극단적으로, 시기에는 다른 어떤 죄에도 없는 사악함이 있다. 야고보는 이렇게 말한다. "너희 마음속에 독한 시기와 다툼이 있으면 자랑하지 말라. 진리를 거슬러 거짓말하지 말라. 이러한 지혜는 위로부터 내려온 것이 아니요 땅 위의 것이요 정욕의 것이요 귀신의 것이니, 시기와 다툼이 있는 곳에는 혼란과 모든 악한 일이 있음이라"(약 3:14-16). 시기가 기름을 끼얹는 이기적 야망은 영리하고 성공적일 때가 많다. 그러나 그 "지혜"는 귀신의 것이며, 그 성공은 파괴적이다.

성경에서 시기에 관한 숱한 기사와 극명한 대조를 이루는 이야기가 있다. 요나단이 다윗을 사랑한 이야기다. 다윗은 요나단보다 훌륭하고 인기도 많은 용사였을 뿐 아니라 정상적이라면 요나단이 물려받을 왕좌를 위협하는 인물이었다. 그러나 성경은 요나단이 친구 다윗을 크게 존경하고 사랑했다고만 말한다. 다윗을 위해서라면, 요나단은 왕좌뿐 아니라 목숨까지 기꺼이 희생하려 했다. 요나단이 "자기 생명을 사랑함 같이 그를 사랑함이었더라"(삼상 20:17). 요나단의 아버지 사울은 시기심 때문에, 무엇보다도 다윗을 향한 시기심 때문에 자신의 왕좌와 복을 잃었다. 요나단은 왕좌를 기꺼이 포기하려 했고 더 큰 복을 받았다. 그에게는 시기할 것이 전혀 없었기 때문이다.

아브람에게 아들이 없었으므로 다메섹의 엘리에셀이 그의 상속자였다(창 15:2). 그러나 이삭이 태어나 상속권을 잃었을 때, 엘리에셀은 아브람과 이삭을 향한 사랑이 전혀 흔들리지 않았다(창 24장을 보라). 사랑하는 사람은 절대로 시기하지 않는다. 그는 타인들의 성공을 기뻐하며, 설령 그들의 성공이 자신의 성공에 불리하더라도 말이다.

사랑은 자랑하지 않는다

사랑하는 사람은 성공을 과시하지 않는다. 자랑하지 않는다. '페르페루오마이'(*perpereuomai*, "자랑하다")는 신약성경에서 이곳에만 나오는데, 우쭐대며 말한다는 뜻이다. 사랑은 자신의 성취를 떠벌리지 않는다. 자랑은 시기의 이면이다. 시기는 다른 사람들이 가진 것을 원한다. 자랑은 우리가 가진 것을 다른 사람들이 시기하게 하려 한다. 시기는 다른 사람들을 깎아내린다. 자랑은 자신을 추어올린다. 역설적이게도, 우리는 대부분 다른 사람들의 자랑이 싫은 만큼 자신을 자랑하려는 성향이 강하다.

고린도 신자들은 영적 자랑꾼이었으며 사람들의 주목을 받으려고 끊임없이 경쟁했다. 이들은 가장 특권적인 직무와 가장 화려한 은사를 요구했다. 이들은 모두, 특히 황홀경에 빠져 말할 때, 동시에 말하고 싶어 했다. 이들의 방언은 대부분 가짜였으나 이들의 방언 자랑은 진짜였다. 이들은 조화, 질서, 교제, 덕을 세움을 비롯해 가치 있는 그 무엇에도 관심이 없었다. 이들은 오로지 자신을 과시하는 데만 관심이 있었다. "그런즉 형제들아, 어찌할까? 너희가 모일 때에 각각 찬송시도 있으며, 가르치는 말씀도 있으며, 계시도 있으며, 방언도 있으며, 통역함도 있나니, 모든 것을 덕을 세우기 위하여 하라"(고전 14:26). 각자 다른 사람들이 하는 것은 깡그리 무시한 채 자신만의 것을 최대한 두드러지게 했다.

찰스 트럼벌(Charles Trumbull, 1825-1900)은 언젠가 이렇게 서원했다. "하나님, 제게 힘을 주신다면, 대화의 주제를 제시할 기회가 있을 때마다 늘 예수 그리스도를 주제로 삼겠습니다." 그에게 진정으로 얘기할 가치가 있는 주제는 하나뿐이었다. 그리스도가 우리의 생각에서 첫째라면, 우리는 자랑할 수 없다.

C. S. 루이스(Clive Staples Lewis, 1898-1963)는 자랑을 "가장 큰 악"(the utmost evil)이라 불렀다. 자랑은 교만의 전형이고, 교만은 모든 죄의 뿌리가 되는 죄다. 자랑은 우리 자신을 첫째 자리에 둔다. 그러므로 하나님을 포함한 다른 사람들은 우리보다 덜 중요해야 한다. 다른 사람들을 낮추지 않고 우리 자신을 높이기란 불가능하다. 우리는 자랑할 때, 즉 다른 사람들을 "낮출" 때만 자신을 "높일" 수 있다.

예수님은 성육하신 하나님이지만 어떤 식으로든 절대로 자신을 높이지 않으셨다. "그는 근본 하나님의 본체시나 하나님과 동등됨을 취할 것으로 여기지 아니하시고, 오히려 자기를 비워 종의 형체를 가지사…사람의 모양으로 나타나사 자기를 낮추시고"(빌 2:6-8). 예수님은 자랑할 게 넘쳐났으나 절대로 자랑하지 않으셨다. 그분과 정반대로, 우리는 자랑할 게 전혀 없으면서도 자랑하려 한다. 오직 예수 그리스도에게서 오는 사랑만이 우리로 우리의 지식이나 능력이나 은사나 성취를 실제든 상상이든 과시하지 않게 할 수 있다.

사랑은 교만하지 않다

고린도 신자들은 자신들이 온전함에 이르렀다고 생각했다. 바울은 이미 이들에게 경고했다. "형제들아…기록된 말씀 밖으로 넘어가지 말라 한 것을 우리에게서 배워 서로 대적하여 교만한 마음을 가지지 말게 하려 함이라. 누가 너를 남달리 구별하였느냐? 네게 있는 것 중에 받지 아니한 것이 무엇이냐? 네가 받았은즉 어찌하여 받지 아니한 것 같이 자랑하느냐? 너희가 이미 배부르며 이미 풍성하며 우리 없이도 왕이 되었도다. 우리가 너희와 함께 왕노릇 하기 위하여 참으로 너희가 왕이 되기를 원하노라"(고전 4:6-8). 바울은 더 냉소적으로 말한다. "우리는 그리스도 때문에 어리석으나 너희는 그리스도 안에서 지혜롭고 우리는 약하나 너희는 강하고 너희는 존귀하나 우리는 비천하여"(10절). 몇 절 뒤에서, 바울은 더 직접적으로 말한다. "어떤 이들은 내가 너희에게 나아가지 아니할 것 같이 스스로 교만하여졌으나"(18절).

고린도 신자들이 가진 모든 좋은 것은 주님에게서 왔다. 그러므로 자랑하거나 교만할 이유가 없었다. 그러나 이들은 교리 지식과 영적 은사를, 자신들에게 있었던 유명한 선생들을 자랑하며 우쭐댔다. 교만에 얼마나 깊이 빠졌던지 자신들의 육욕(carnality), 세속성, 우상숭배, 이교도들도 하지 않는 근친상간을 비롯해 음행까지 자랑했다(5:1). 이들은 회개하기보다 교만했다. 애통하기보다 자랑했다(2절). 반대로, 사랑은 **교만하지 않다.**

흔히 현대 선교의 아버지라 불리는 윌리엄 캐리(William Carey, 1761-1834)는 뛰어난 언어학자였으며, 성경 부분 부분을 30여 언어와 방언으로 번역했다. 그는 영국의 소박한 가정에서 자랐으며 어린 시절 구두 수선공으로 일했다. 인도에서, 그는 "비천한" 출신과 전직 때문에 비웃음을 사기 일쑤였다. 어느 저녁 만찬에서 어떤 잘난 체하는 사람이 말했다. "캐리 선교사님, 전에 구두를 만드는 일을 하셨다면서요?" 그러자 캐리가 답했다. "아닙니다. 구두를 만들었던 게 아니라 구두를 수선했을 뿐인걸요."

예수님이 복음을 전파하기 시작하자 세례 요한의 사역이 이내 무색해졌다. 그러나 요한은 그분에 대해 이렇게 말했다. "내 뒤에 오시는 그이라. 나는 그의 신발 끈을 풀기도 감당하지 못하겠노라"(요 1:27). 요한의 제자들이 나중에 예수님의 인기를 시기했을 때, 요한은 이들을 꾸짖으며 말했다. "그는 흥하여야 하겠고 나는 쇠하여야 하리라"(요 3:30).

지혜처럼, 사랑은 말한다. "나는 교만과 거만과 악한 행실과 패역한 입을 미워하느니라"(잠 8:13). 다른 잠언들은 우리에게 일깨운다. "교만이 오면 욕도 오거니와"(11:2). "교만에서는 다툼만 일어날 뿐이라"(13:10). "교만은 패망의 선봉이요 거만한 마음은 넘어짐의 앞잡이니라"(16:18; 참조. 29:23).

교만과 오만은 다툼을 부추기며, 고린도교회는 다툼이 가득했다. 이런 것들에는 사랑의 자리가 없다. 교만은 머리가 크다. 사랑은 마음이 크다.

사랑은 무례히 행하지 않는다

사랑은 **무례히 행하지 아니하며(does not act unbecomingly).** 이 원리는 형편없는 매너, 무례한 행동과 관련이 있다. 무례히 행함은 자랑이나 교만만큼 심각한 잘못은 아니나 똑같이 사랑 없음에서 비롯된다. 자신이 주변 사람들에게 정중한지 아니면 무례한지에 별로 신경 쓰지 않는다. 주변 사람들의 감정과 감성에 신경 쓰지 않는다. 사랑 없는 사람은 부주의하고 고압적이며 흔히 거칠다.

고린도 그리스도인들은 무례한 행동의 표본이었다. 볼썽사나운 행동은 거의 이들의 트레이드마크였다. 이들은 행동이 거의 늘 무례하고 사랑이 없었다. 모여 주의 만찬을 행할 때조차 자기중심적이었고 사람들의 마음을 상하게 했다. "이는 먹을 때에 각각 자기의 만찬을 먼저 갖다 먹으므로 어떤 사람은 시장하고 어떤 사람은 취함이라"(고전 11:21). 예배 중에, 방언을 더 하려고 경쟁했다. 모두 동시에 말했으며 가장 극적이고 두드러지려 했다. 교회는 모든 것을 부적절하고 무질서하게 행했으며, 바울이 이들에게 가르쳤고 지금 그러지 말라고 경고한 것과 정반대였다(14:40).

언젠가 예수님이 바리새인 시몬의 집에서 식사 중이셨다. 그때 한 창녀가 들어와 눈물로 예수님의 발을 씻고 머리카락으로 닦더니 값비싼 향유를 그 발에 부었다. 당혹스럽고 불쾌했던 시몬은 생각했다. "이 사람이 만일 선지자라면 자기를 만지는 이 여자가 누구며 어떠한 자 곧 죄인인 줄을 알았으리라." 그러자 예수님은 두 채무자의 빚, 각각 500데나리온과 50데나리온을 탕감해 준 채권자의 비유를 들려주셨다. 예수님은 시몬에게 어느 채무자가 더 감사하겠느냐고 물었고, 바리새인은 이렇게 답했다.

> "내 생각에는 많이 탕감함을 받은 자니이다"…그 여자를 돌아보시며 시몬에게 이르시되, "이 여자를 보느냐? 내가 네 집에 들어올 때 너는 내게 발 씻을 물도 주지 아니하였으되, 이 여자는 눈물로 내 발을 적시고 그 머리털로 닦았으며, 너는 내게 입맞추지 아니하였으되, 그는 내가 들어올 때로부터 내 발에 입맞추기를 그치지 아니하였으며, 너는 내 머리에 감람유도 붓지 아니하였으되, 그는 향유를 내 발에 부었느니라. 이러므로 내가 네게 말하노니, 그의 많은 죄가 사하여졌도다. 이는 그의 사랑함이 많음이라 사함을 받은 일이 적은 자는 적게 사랑하느니라." (눅 7:36-47)

이 이야기에서 여인의 사랑이 진실하고 아름답기는 하지만 사랑의 주된 본보기는 아니다. 가장 주목할 만하며 시몬의 사랑 없음과 크게 대비되는 것은 예수님의 사랑이다. 비유를 통해서 뿐만 아니라 여인이 보인 사랑의 행동을 사랑으로 받아들임으로써, 예수님은 여인의 행동이나 자신의 반응이 아니라 시몬의 태도가 부적절하다는 것을 그에게 보여주셨다. 여인의 행동과 예수님의 행동은 전적으로 사랑과 관계가 있었다. 시몬의 행동은 사랑과 전혀 무관했다.

윌리엄 바클레이(William Barclay, 1907-1978)는 이 본문을 이렇게 옮겼다. "사랑은 품위 없게 행동하지 않는다." 사랑은 품위가 있다. 품위(graciousness)

는 동료 신자들에게 시작되어야 하지만 거기서 끝나서는 안 된다. 많은 그리스도인이 불신자에게, 그리스도인이 적절하지 못하다고 여기는 습관으로 자신을 불쾌하게 한 불신자에게 무례하게 행함으로써 복음을 전할 기회를 날려버렸다. 시몬의 경우처럼, 때로 우리가 의(義)라는 이름으로 보이는 태도와 행동이 우리가 비판하는 태도와 행동보다 부적절하고 덜 의롭다.

사랑은 품위와 사려 깊음 이상이며 절대로 이보다 못하지 않다. 우리의 삶이 품위 없고 사려 깊지 못하다면, 이는 사랑이 없고 그리스도인에 걸맞지 않은 것이다. 그리스도인의 독선적 무례 때문에, 사람들이 복음을 들을 기회를 얻기도 전에 그리스도에게 등을 돌릴 수 있다. 사람들이 우리에게서 "그리스도의 온유"(gentleness of Christ, 고후 10:1)를 분명하게 보지 못하면, 우리가 전하는 복음에서 그분을 분명하게 볼 가능성이 희박하다.

사랑은 자기의 유익을 구하지 않는다

영국의 어느 작은 마을에 있는 묘비에 이런 글귀가 새겨져 있다. 나는 이 글귀가 이해된다.

> 자신을 위해 살았고 재물 축적에만 신경 썼던 구두쇠
> 여기 잠들다.
> 이제 그가 어디 있고, 어떻게 지내는지
> 아무도 모르고, 아무도 신경 쓰지 않는다.

대조적으로, 런던에 자리한 성 바울 대성당(St. Paul Cathedral, 성공회 성당) 뜰에 있는 소박한 묘비에 이렇게 새겨져 있다. "언제 어디서나 연약한 자들에게 자신의 힘을, 가난한 자들에게 자신의 소유를, 고통당하는 자들에게 자신의 연민을, 하나님에게 자신의 마음을 주었던 찰스 조지 고든(Charles George Gordon) 장군을 기리며."

사랑은 자기의 유익을 구하지 아니하며(does not seek its own). 이것이 모

든 것의 열쇠이겠다. 타락한 인간 본성의 근본악은 자신의 길을 고집하는 것이다. 유명한 성경 주석가 렌스키(R. C. H. Lenski, 1864-1936)는 이렇게 말했다. "이기심을 치료하세요. 그러면 에덴동산을 회복한 겁니다." 아담과 하와는 자신들의 길을 가지려고 하나님의 길을 기뻐하지 않았다. 자신이 하나님을 대신했다. 이것은 의와 정반대이고, 사랑과 정반대다. 사랑은 자신의 것들에 매이지 않고 타인들의 유익을 돌아본다(빌 2:4).

이번에도, 고린도 신자들은 사랑하는 그리스도인들이 어떠하지 '말아야' 하는지 보여주는 본보기였다. 이들은 극단적으로 이기적이었다. 이들은 애찬에서 자신의 음식을 나누지 않았으며, 동료 신자들을 이교도 법정에 세울 만큼 자신의 권리를 지켰고, 자신들이 "가장 좋은" 영적 은사라 생각하는 것을 갖길 원했다. 이들은 영적 은사를 타인들의 유익을 위해 사용하는 대신 자신들의 이익을 위해 사용하려 했다. 그러므로 바울은 이들에게 말한다. "너희도 영적인 것(spiritual gifts)을 사모하는 자인즉 교회의 덕을 세우기 위하여 그것이 풍성하기를 구하라"(14:12). 이들은 자신들의 은사를 교회가 아니라 자신들을 세우기 위해 사용했다.

이런 이야기가 있다. 운전기사가 차를 몰고 어느 묘지에 갔다. 그는 묘지를 관리하는 목사에게 자동차에 함께 가서 도와줄 수 있겠느냐고 물었다. 자신의 고용주가 너무 아파 걸을 수 없기 때문이었다. 자동차에서 기다리는 사람은 여러 해 받은 상처와 아픔으로 눈이 쑥 들어간 노쇠한 부인이었다. 그녀는 자신을 소개했고, 자신이 지난 여러 해 남편의 무덤에 꽃을 놓아달라며 5달러씩 보냈다고 했다. 그녀는 이렇게 말했다. "제가 오늘 이렇게 직접 온 것은 의사들이 제가 몇 주밖에 못 산다고 해서 마지막으로 남편 무덤을 보고 싶어서입니다." 목사는 이렇게 답했다. "부인, 죄송합니다. 부인께서 그런 목적으로 돈을 보내셨군요." 부인은 멈칫하며 물었다. "그게 무슨 뜻인가요?" 목사가 답했다. "제가 일반 병원과 정신 병원에 입원한 환자들을 찾아가는 한 모임의 회원입니다. 환자들이 꽃을 정말 좋아합니다. 그들은 꽃을 볼 수 있고 향기도 맡을 수 있습니다. 꽃은 그들에게 치료제입니다. 그들은 살아 있는 사람들이거든요." 아무 말도 하지 않은 채, 노부인은 운전기사에게 돌아가자고 손짓했다.

몇 달 후, 목사는 똑같은 차가 다시 온 것에 놀랐다. 그러나 이번에는 그 노부인이 운전대를 잡고 있었다. 노부인이 말했다. "제가 지난번에 여기 왔던 날 목사님이 제게 하신 말을 들었을 때 처음엔 화가 났습니다. 그러나 그 말을 생각하면서, 목사님이 옳았다는 결정을 내렸습니다. 이제 제가 직접 꽃을 들고 병원들을 찾아다닙니다. 그랬더니 환자들이 행복해졌고 저도 행복해졌습니다. 의사들은 제가 어떻게 건강해졌는지 도무지 알지 못합니다. 그러나 저는 이제 제가 위해서 살아야 할 다른 누군가가 있다는 것을 압니다."

늘 그렇듯이, 예수님은 우리의 완벽한 본보기다. 그분이 "온 것은 섬김을 받으려 함이 아니라 도리어 섬기기" 위해서였다(마 20:28). 하나님의 아들이 다른 사람들을 위해 사셨다. 성육하신 하나님은 성육한 사랑이었다. 그분은 자신을 내어주는 사랑의 완벽한 성육이었다. 그분은 절대로 자신의 안녕을 구하지 않았고 늘 타인들의 안녕을 구하셨다.

사랑은 성내지 않는다

여기서 **성내다(provoked,** 욱하다)로 번역된 헬라어 '파록수노'(*paroxunō*)는 화를 돋우다(to arouse to anger)라는 뜻이며, 감정이나 행동이 격동하거나 갑자기 폭발함을 뜻하는 영어 단어 'paroxysm'(발작, 경련, 격발)의 어원이다. 사랑은 자신에게 안 좋은 말이나 행동에 짜증내거나 흥분하거나 화내지 않는다. 사랑은 **성내지 않는다(is not provoked,** 욱하지 않는다).

바울은 의로운 분노를 배제하지 않는다. 사랑은 "불의를 기뻐하지 아니한다"(고전 13:6). 불행한 자들이 학대받는 일이나 하나님의 말씀을 비방하고 거스르는 일에 화내는 것은 의로운 분노다. 그러나 우리의 분노가 참으로 의로울 때, 우리는 우리를 향한 안 좋은 말이나 행동에 절대로 분노하지 않을 것이다. 예수님은 성전을 정화하실 때, 예배하는 아버지 집이 더럽혀진 데 분노하셨다(마 21:11-12). 그러나 개인적으로 비난받거나 욕을 들을 때는 한 번도 화내거나 자신을 변호하지 않으셨다.

자신의 주님처럼, 바울은 하나님을 분노하게 하는 일에만 분노했다. 그는 이단, 음행, 영적 은사 오용 같은 것에 강하게 맞섰다. 그러나 자신을 때리거나 가두거나 자신에 관해 거짓말을 하는 자들에게 분노하지 않았다(행 23:1-5 을 보라).

바울이 여기서 말하는 성냄(being provoked)은 우리에게 가해진 일이나 개인적 공격과 관련이 있다. 다른 사람들이 우리에게 불쾌하게 말하거나 행동할 때, 또는 우리가 우리의 길을 고집하지(우리의 유익을 구하지) 못하게 막을 때, 사랑은 이들에게 성내지 않는다(참조. 벧전 2:21-24). 사랑은 절대로 자신을 방어하거나 앙갚음하려고 반응하지 않는다. **성냄**은 자기 유익을 구함의 이면이다. 자기 유익을 구하는 사람은 쉽게 성내고 쉽게 화낸다.

식민지 미국의 위대한 설교자요 신학자였던 조나단 에드워즈(Jonathan Edwards, 1703-1758)는 통제 불가능한 딸이 있었다. 어느 청년이 그의 딸과 사랑에 빠져 에드워즈를 찾아와 딸과 결혼하게 해 달라고 했다. 에드워즈는 이렇게 답했다. "자네는 내 딸을 가질 수 없네." 청년이 항변했다. "그러나 저는 따님을 사랑하고 따님도 저를 사랑합니다." 그래도 아버지는 꿈적도 하지 않았다. "그건 중요하지 않네." 왜냐는 질문에, 에드워즈는 이렇게 답했다. "내 딸이 자네에게 합당하지 않기 때문이라네." "따님이 그리스도인이지 않습니까?" "맞네." 에드워즈가 답했다. "하지만 하나님의 은혜는 그 누구도 함께 살 수 없을 어떤 사람들과 함께 살 수 있다네."

오늘 우리 사회에서 정신 질환과 신체 질환 모두의 첫째 원인은 자신의 권리에 지나치게 집착하고 그 때문에 사랑이 없다는 것이다. 모두 자기 권리를 위해 싸울 때 사실상 아무도 성공하거나 행복할 수 없다. 모두가 움켜잡고 아무도 주지 않으면, 모두가 잃는다. 자신이 원하는 것을 얻을 때라도 다르지 않다. 사랑이 없으면 그 어떤 의미 있고 지속적인 방식으로도 결코 승리할 수 없다. 사랑이 없으면 얻는 것보다 잃는 게 늘 많다.

자신이 갖거나 받길 원하는 특권이나 인정을 다른 사람이 얻거나 받을 때, 우리는 화를 낸다. 그 특권이나 인정이 우리의 "권리"이기 때문이다. 그러나 우리의 권리를 의무보다 앞세우고 사랑으로 타인들을 배려하는 태도보다 앞세우는 것은 자기중심적이며 사랑이 없기 때문이다. 사랑하는 사람은 자신이 생각하는 자기 권리와 몫을 챙기는 것보다 자신이 해야 하는 일과 자신이 도울 수 있는 곳에서 돕는 데 더 관심을 쏟는다. 사랑은 아무것도 자기 권리로 여기지 않고 모든 것을 자기 의무로 여긴다.

아내나 남편의 말이나 행동에 계속 흥분하고 화를 낸다면, 아내나 남편에게 사랑한다고 말하더라도 먹히지 않는다. 자녀가 짜증을 일으키고 우리의 계획을 방해하는 짓을 했다고 걸핏하면 자녀에게 소리를 지른다면, 자녀에게 사랑한다고 말하더라도 먹히지 않는다. 이렇게 항변해 봐도 소용없다. "내가 성질을 자주 부리지만, 몇 분이면 끝날 거야!" 원자폭탄도 그렇다. 아주 짧은 시간이 큰 피해를 입힌다. 성질은 언제나 파괴적이며, 작은 성질 "폭탄"이라도 많은 상처와 피해를 남길 수 있고, 주기적으로 폭발할 때 특히 그렇다. 성질을 부리는 것은 사랑이 없기 때문이며, 사랑만이 유일한 치료약이다.

자신에게서 벗어나 타인들의 안녕에 주의를 집중하게 하는 사랑이야말로 자기중심적 태도를 고치는 유일한 치료약이다.

사랑은 악한 것을 생각하지 않는다 [93]

'로기조마이'(*logizomai*, **take into account, 생각하다**)는 원장(元帳)의 기장을 파악할 때처럼 계산을 의미하는 부기 용어다. 기장의 목적은 언제든 필요할 때 찾아볼 수 있도록 영구 기록을 남기는 것이다. 이것이 비즈니스에서는 필수지만 개인적인 문제에서는 불필요할 뿐 아니라 해롭다. 우리에게 가해진 안 좋은 일을 꼼꼼히 기록하는 것은 분명히 불행에 이르는 길이다. 우리 자신뿐 아니라 우리의 기록에 등장하는 사람들까지 불행하게 만드는 길이다.

동일한 헬라어 단어가 신약성경에서 하나님이 예수 그리스도를 믿는 자들을 용서하시는 행위를 가리키는 데 자주 사용된다. "주께서 그 죄를 '인정하

---

93 NASB: does not take into account a wrong suffered. 의역하자면, "자신이 받은 부당한 대우나 억울한 일을 마음에 담아두지 않는다" 정도이겠다.
새번역은 "원한을 품지 않습니다"로 옮겼다.

지'(take into account) 아니하실 사람은 복이 있도다"(롬 4:8). "하나님께서 그리스도 안에 계시사 세상을 자기와 화목하게 하시며, 그들의 죄를 그들에게 '돌리지'(counting) 아니하시고"(고후 5:19). 그리스도의 피가 죄를 덮으면, 그 죄의 기록은 더는 남지 않는다. 기록이 지워지고 "없어진다"(wiped out, 행 3:19). 하나님의 하늘 기록에서, 구속받은 그분의 백성의 이름들 뒤에 따라붙는 유일한 기재 사항은 "의롭다"이다. 우리는 그리스도 안에서 의롭다고 여겨지기 때문이다. 그리스도의 의가 우리의 대변에 기록된다. 다른 기록은 남지 않는다.

이것이 이를테면 사랑이 자신에게 가해진 잘못을 기록하는 방식이다. 그 어떤 잘못도 나중에 들춰보려고 기록해 두지 않는다. 사랑은 용서한다. 누군가 사랑은 용서하지 않고 잊는다고 했으나, 사랑은 기억하면서도 용서한다. 분노는 꼼꼼하게 기록하고 기록을 읽고 또 읽으며 앙갚음할 기회를 찾는다. 사랑은 기록하지 않는다. 사랑에는 분노나 원한이 들어설 자리가 없기 때문이다. 크리소스토무스는 사랑에게 행한 잘못은 바다에 떨어진 불씨와 같다고 했다. 사랑은 잘못을 기록하기보다 꺼버린다. 사랑은 악에서 기억을 키워내지 않는다. 하나님은 우리가 그분께 지은 숱한 죄의 기록을 완전히, 영원히 지우셨다. 그러니 우리는 누군가 우리에게 행한 훨씬 적은 잘못을 용서하고 잊어야 더더욱 마땅하지 않겠는가?(참조. 마 18:21-35; 엡 4:32)

35

사랑의 특징 2
(13:6-7)

[사랑은] 불의를 기뻐하지 아니하며, 진리와 함께 기뻐하고, 모든 것을 참으며, 모든 것을 믿으며, 모든 것을 바라며, 모든 것을 견디느니라. (13:6-7)

사랑은 불의를 기뻐하지 않는다

자신의 죄든 타인들의 죄든 사랑은 절대로 죄에서 만족을 얻지 않는다. 잘못된 행위는 그 자체로 충분히 나쁘다. 그 행위를 자랑한다면, 그 죄는 훨씬 나빠진다. **불의를 기뻐하는(to rejoice in unrighteousness)** 것은 불의를 정당화하는 것이다. 잘못을 옳게 보이게 하는 것이다. 이사야는 이렇게 경고한다. "악을 선하다 하며 선을 악하다 하며 흑암으로 광명을 삼으며 광명으로 흑암을…삼는 자들은 화 있을진저"(사 5:20). 이것은 하나님의 진리를 거꾸로 뒤집는 짓이다.

가장 인기 있는 잡지와 책과 텔레비전 프로그램 중에 죄를 미화하며 문자 그대로 불의를 기뻐하는 것들이 있다. 이것들은 갈수록 노골적으로 선언한다. 무엇이든 가능하고, 모든 사람은 옳고 그름을 판단하는 자신만의 기준이 있다는 것이다. 옳음이란 자신이 원하는 바를 하는 것이다. 심지어 많은 뉴스가 불의를 기뻐한다. 폭력과 범죄와 부도덕(음행)과 비방 같은 것들이 육에 속한 자의 생각과 마음을 끌기 때문이다. 그리스도인이라고 이런 것들을 즐기는 데서 자유로운 게 아니다. 우리가 이것들을 재미있어 하거나 이것들을 직접 행하지 않기에 스스로 의롭다고 느끼기 때문이다.

우리는 때로 누군가 실수하거나 죄에 빠지길 바람으로써 불의를 기뻐한다. 내가 아는 그리스도인들 중에 배우자에게서 벗어나길 원하거나 이미 이혼한 사람들이 있다. 그러나 이들은 배우자가 부정(不貞)하지 않다면 재혼해서는 안 된다고 믿었다. 그래서 자신들이 성경적으로 자유롭게 재혼할 수 있도록 배우자가 간음하길 바랐다.

죄를 기뻐함이 옳지 않은 것은 무엇보다 죄가 하나님을 모욕하기 때문이다. 우리는 친구나 사랑하는 사람에게 일어난 비극을 기뻐한다는 것을 상상조차 할 수 없다. 그러나 죄를 기뻐할 때, 우리는 우리의 하늘 아버지를 화나게 하고 슬프게 하며 그분께 비극인 것을 기뻐한다. 우리가 하나님을 사랑한다면, 그분을 화나게 하는 것이 우리를 화나게 하고 그분을 슬프게 하는 것이 우리를 슬프게 할 것이다. 다윗은 이렇게 말했다. "주를 비방하는 비방이 내게 미쳤나이다"(시 69:9). 다윗은 하나님이 모욕당하실 때 슬펐다. 자신이 그 누구보다 사랑하는 분이 비방을 받으시기 때문이다. 우리가 직간접적으로 다른 사람들이 죄짓는 것을 보며 죄를 즐길 때, 우리는 하나님을 향한 사랑이 부족하다는 것을 증명한다.

죄를 기뻐하는 가장 흔한 형태 중 하나는 험담이다. 듣는 귀가 거의 없다면, 험담이 해를 거의 끼치지 않을 것이다. 많은 그리스도인이 가볍게 여기는 이 죄가 악한 것은 다른 사람들의 약점과 죄를 무심코 드러내고 이로써 그들을 돕기보다 해치기 때문이고, 그뿐만 아니라 악을 기뻐함이 험담의 중심이기 때문이다. 사실인 험담도 험담이다. 험담이 험담이게 하는 것은 비호의적 진실(unfavorable truth)이 전달되는 '방식'이며, 많은 경우 단순히 그것이 전달된다는 '사실'이다. 험담은 간접적으로 즐기는 악으로 정의되었다. 험담의 본질은 타인의 단점과 죄를 흐뭇해하는 것이며, 이 때문에 험담 자체가 큰 죄다. 한 사람의 죄와 관련된 얘기가 퍼지는 것은 절대로 그에게 도움이 되지 못한다. 그랜빌 워커(Granville Walker)는 이렇게 말했다.

침묵이 비겁함일 때가 있고, 결과에 상관없이 일어나 시대의 큰 악에 맞서야 할 때가 있으며, 그러지 않는 것이 가장 노골적인 비겁함일 때가 있다. 그러나 침묵이 금일 때가 있고, 진실을 말하는 것이 많은 가슴으로 불필요하게 피를 흘리게 할 때가 있으며, 혀를 놀림으로써 아무것도 성취되지 않고 모든 것이 상처를 입을 때가 있다.

둘째, 죄를 기뻐함이 옳지 않은 것은 죄를 짓는 사람에게 미치는 결과 때문이다. 죄는 오로지 해를 끼칠 뿐이다. 구원받지 못한 사람에게, 죄는 그가 잃은 자(lostness)라는 증거다. 신자에게, 죄는 불순종의 증거이자 하나님과의 교제가 끊어졌다는 증거다. 누군가를 사랑한다는 것은 그 사람의 죄를 미워한다는 것이다. 교회 권징(discipline, 징계)은 몸의 정결을 지키기 위해서 뿐 아니라 죄짓는 신자가 자신의 잘못을 마주하고 회개하도록 돕기 위해서도 꼭 필요하다(참조. 마 18:15-20). 바울은 고린도 신자들에게 "만일 어떤 형제라 일컫는 자가 음행하거나 탐욕을 부리거나 우상숭배를 하거나 모욕하거나 술취하거나 속여 빼앗거든 사귀지도 말고 그런 자와는 함께 먹지도 말라"고 했던 자신의 명령을 상기시켰다(고전 5:11). 데살로니가후서에서, 바울은 이렇게 말했다. "형제들아, 우리 주 예수 그리스도의 이름으로 너희를 명하노니, 게으르게 행하고 우리에게서 받은 전통대로 행하지 아니하는 모든 형제에게서 떠나라"(살후 3:6). 바울이 이 원리가 사랑과 완전히 일치한다고, 사실 사랑의 필수 부분으로 여겼다는 것이 앞 절에 나타난다. "주께서 너희 마음을 인도하여 하나님의 사랑과 그리스도의 인내에 들어가게 하시기를 원하노라"(5절). 사랑은 어떤 식으로든 악을 용납하거나 기뻐할 수 없다.

사랑은 진리와 함께 기뻐한다

바울은 사랑의 여덟 가지 부정적 특성, 곧 사랑이 무엇이 아닌지 또는 무엇을 하지 않는지 말한 후, 사랑의 다섯 가지 긍정적 특성을 열거한다(4a절을 보라). 긍정적 특성의 첫째는 부정적 특성의 마지막과 대비된다. 사랑은 **진리와 함께 기뻐하고(rejoice with the truth).**

언뜻 보기에, 불의를 기뻐하지 않음과 진리를 기뻐함을 대비시키는 게 이상해 보일는지 모른다. 그러나 바울이 여기서 말하는 진리는 단지 사실적 진리가 아니다. 그는 하나님의 진리, 계시된 하나님의 말씀을 말하고 있다. 의(義)는 하나님의 진리에 근거하며, 하나님의 진리와 분리되어 존재할 수 없다. 사랑은 언제나 하나님의 진리를 기뻐하고, 절대로 거짓이나 거짓 가르침과 함께할 수 없다. 사랑은 잘못된 교리(가르침)를 용납할 수 없다. 이렇게 말하는 것은 앞뒤가 맞지 않는다: "사람들이 교리에 관해 우리와 일치하지 않더라도 크게 달라질 게 없습니다. 중요한 것은 우리가 그들을 사랑한다는 것입니다." 이것이 흔히 말하는 에큐메니칼 운동의 기본 시각이다. 그러나 우리가 타인들을 사랑한다면, 그들이 믿는 게 옳은지 그른지가 우리에게 크게 중요할 것이다. 그들이 믿는 것은 그들의 영혼에, 그들의 영원한 운명에, 그들이 하나님의 뜻을 나타내는 데 영향을 미치며, 그러므로 우리에게 더없는 관심사여야 한다. 이것은 그들이 영향을 미치는 사람들의 영혼과 운명에도 영향을 미친다.

사랑은 온유(kindness)와 일치하지만 진리에 관한 타협과는 일치하지 않는다. 진리에 관해 타협한다면, 우리가 진리를 굳건히 고수하지 못함으로써 잘못 인도하는 사람들에게 온유하지 못한 것이다. 요한은 이렇게 말한다. "사랑은 이것이니 우리가 그 계명을 따라 행하는 것이요"(요이 6). 예를 들면, 성육신을 의심하는 자들과 타협하는 것은 사랑이 아니며, 상을 잃을 위험이 있다(7-8절). 사랑과 진리와 의는 분리될 수 없다. 하나가 약해질 때 나머지 둘도 약해진다. 하나님의 진리에 관해 거짓을 가르치는 자는 집에도 들이지 말고 인사도 하지 말아야 한다(10절). 그가 가르치는 잘못된 교리를 기뻐해서는 안 되며, 그가 가르치는 잘못된 방식으로 살아서도 안 된다. 사랑은 진리를 기뻐하며, 거짓이나 불의를 절대로 기뻐하지 않는다.

반대로, 사랑은 다른 사람들의 잘못에 초점을 맞추지 않는다. 사랑은 다른 사람들의 잘못을 온 세상이 보도록 드러내지 않는다. 사랑은 거짓과 불의를 모른 채 하지 않지만 참된 것과 옳은 것에 최대한 초점을 맞춘다. 사랑은 선한 것을 찾고, 선한 것을 희망하며, 선한 것을 강조한다. 사랑은 진리를 가르치고 진리를 살아내는 사람들을 기뻐한다.

어느 스코틀랜드 목사가 자신이 섬기는 교회 교인들과 동네 주민들을 사랑하고 격려하기로 소문이 자자했다. 그가 죽었을 때, 누군가 이렇게 말했다. "이제 보통 사람들의 승리를 알아줄 사람이 남아 있지 않습니다." 사랑은 보통 사람들의 승리를 알아준다. 우리가 자녀들의 성취와 순종을 격려할 때, 자녀들은 세움을 받고 힘을 얻는다. 사랑은 거짓이나 잘못을 기뻐하지 않지만 사랑의 주된 일은 허무는 게 아니라 세우는 것이며, 약하게 하는 게 아니라 강하게 하는 것이다.

19세기에 영국 수상을 지낸 윌리엄 글래드스턴(William Gladstone, 1809-1898)이 어느 날 밤늦게 일하고 있었다. 다음날 하원에서 해야 하는 중요한 연설 때문이었다. 새벽 2시 쯤, 어떤 여자가 문을 두드리며 그의 하인에게 부탁했다. 신체장애가 있는 어린 아들이 멀지 않은 공동주택에서 죽어가니 글래드스턴이 와서 위로해주면 좋겠다는 것이었다. 그는 그 밤의 나머지를 소년과 보내면서 소년을 위로했고 소년이 예수 그리스도를 구주로 영접하도록 이끌었다. 소년은 동틀 녘에 죽었고 글래드스턴은 집으로 돌아갔다. 그날 아침, 그는 어느 친구에게 이렇게 말했다. "나는 세상에서 가장 행복한 사람이라네." 글래드스턴의 진정한 위대함은 그의 정치적 위치나 성취가 아니라 그의 큰 사랑, 너무도 힘겨운 상황에 처한 소년에게 그리스도의 사랑을 보여주려고 자신의 정치적 미래가 위험해지는 것까지 감수하는 사랑에 있다. 그날 아침, 그는 또한 역사가들이 그의 평생에 가장 훌륭했다고 말하는 연설을 했다. 그는 이 승리도 얻었다. 그러나 앞서 더 큰 승리를 위해 이 승리를 기꺼이 포기하려 했다. 사랑의 승리가 더 중요했다.

사랑은 모든 것을 참는다[94]

7절에서 말한 사랑의 네 가지 특성은 핵심을 제시하기 위해 과장되었다. 바울은 사랑이 시기, 자랑, 교만, 무례, 이기심, 성냄, 분노, 불의를 거부한다는 것을

---

[94] 새번역: 사랑은 모든 것을 덮어주며.

분명히 했다. 사랑은 거짓말이나 거짓 가르침을 비롯해 무엇이든 하나님과 무관한 것을 참거나(bear, 덮거나), 믿거나, 바라거나, 견디지 않는다. **모든 것(all things)**이란 표현으로, 바울은 하나님의 의와 뜻 안에서 받아들일 수 있는 모든 것, 주님의 거룩한 용납(divine tolerance) 안에 있는 모든 것을 말하고 있다. 여기 열거된 사랑의 네 특성은 서로 밀접하게 연결되며 점증적이다.

'스테고'(stegō, to **bear**, **참다**)는 기본적으로 덮다(to cover) 또는 지원하다(to support)라는 뜻이며, 따라서 보호하다(to protect)라는 뜻이다. 사랑은 다른 사람들을 폭로나 조롱이나 해로부터 보호함으로써 **모든 것을 참는다.** 참사랑은 험담을 하지도 않고 듣지도 않는다. 어떤 죄가 분명할 때라도, 사랑은 당사자가 가능한 한 상처와 해를 입지 않게 하면서 그 죄를 바로잡으려 노력한다. 사랑은 절대로 죄를 보호하지 않고 죄인을 보호하려 한다.

타락한 인간 본성은 성향이 정반대다. 다른 사람의 잘못이나 실패를 드러내는 데는 비뚤어진 즐거움(depraved pleasure)이 있다. 이미 언급했듯이, 이래서 사람들이 험담에 끌린다. 고린도 신자들은 동료 신자들의 감정이나 안녕에는 거의 관심이 없었다. 모두 자신밖에 몰랐다. 바리새인들처럼, 다른 사람들이 실패하거나 죄를 지을 때를 빼고, 다른 사람들에게 거의 관심을 기울이지 않았다. 인간은 비뚤어졌기 때문에 다른 사람들의 비뚤어짐을 기뻐한다. 이러한 비뚤어진 즐거움 때문에, 폭로나 "실토" 같은 것을 싣는 잡지나 신문이 팔린다. 똑같은 즐거움 때문에, 아이들이 형제와 자매를 고자질한다. 다른 사람의 죄를 폭로함으로써 자신이 의롭다고 느끼든 그 죄를 간접적으로 즐기든 간에, 우리는 모두 다른 사람들의 죄에서 일종의 즐거움을 얻으려는 유혹을 받는다. 사랑은 이러지 않는다. 사랑은 폭로하거나 착취하지 않으며, 고소해하거나 정죄하지 않는다. 사랑은 **참는다(bear,** 덮어준다). 사랑은 까발리지(bare) 않는다.

"미움은 다툼을 일으켜도 사랑은 모든 허물을 가리느니라"(잠 10:12). 한 사람의 허물을 얼마나 빨리 덮어주느냐를 보면 그 사람을 얼마나 사랑하는지 가늠할 수 있다. 자녀가 잘못할 때, 우리는 최대한 좋게 생각하려는 경향이 있다. 우리는 이렇게 설명한다. "애가 모르고 그랬을 거예요." "걔가 그렇게 말한

건 진심이 아니었을 거예요." 그러나 좋아하지 않는 사람의 경우, 우리의 설명은 정반대일 것이다. "그 사람은 원래 그래요." "그 여자 같은 사람에게 뭘 기대하겠어요?"

사랑은 죄를 정당화하거나 거짓과 타협하지 않는다. 사랑은 경고하고, 바로잡으며, 타이르고, 꾸짖으며, 징계한다. 그러나 사랑은 실패나 잘못을 폭로하거나 떠벌리지 않는다. 사랑은 덮어주고 보호한다. 헨리 워드 비처(Henry Ward Beecher, 1813-1887)는 이렇게 말했다. "하나님은 잘못을 영원히 잊어버리는 엄마처럼 용서하신다."

대속의 피를 뿌렸던 속죄소(mercy seat, 시은소)는 언약궤 자체 뿐 아니라 백성의 죄를 덮는 덮개(covering)였다(레 16:14). 속죄소는 덮음의 자리였다. 이 덮개는 예수님이 십자가에서 놀라운 화목제물이 되심으로써 완벽하게 최종적으로 죄를 덮으실 것을 예시했다(롬 3:25-26; 히 2:17; 요일 2:2). 십자가에서, 하나님은 자신의 사랑이라는 놀라운 망토를 죄 위에 던지셨고, 자신의 아들을 믿는 자들을 위해 죄를 영원히 덮으셨다. 본질상, 사랑은 구속(救贖)한다. 사랑은 정죄하는 게 아니라 되사길 원하며, 판단하는 게 아니라 구원하길 원한다.

사랑은 사랑하는 사람들의 아픔을 느끼고, 상처받은 사람들의 짐을 진다. 참사랑은 사랑하는 사람들의 죄에서 비롯된 결과를 자신이 기꺼이 감당하기까지 한다. 이사야는 예수 그리스도에 관해 이렇게 썼다. "그는 실로 우리의 질고를 지고 우리의 슬픔을 당하였거늘…그가 찔림은 우리의 허물 때문이요, 그가 상함은 우리의 죄악 때문이라"(사 53:4-5). 베드로가 예수님의 놀라운 인내와 온유에서 직접 알았듯이, "사랑은 허다한 죄를 덮는다"(벧전 4:8).

올리버 크롬웰(Oliver Cromwell, 1599-1658)이 영국에서 호민관으로 다스릴 때, 어느 젊은 병사가 사형선고를 받았다. 약혼녀가 크롬웰에게 사랑하는 사람을 살려달라고 애원했지만 소용없었다. 통행금지 종이 울리면, 병사는 처형될 터였다. 그러나 교회 종지기가 거듭 줄을 잡아당겼는데도 종은 울리지 않았다. 약혼녀가 종루에 올라가 종소리가 울리지 않도록 추를 끌어안았다. 그녀는 몸이 부딪히고 멍들었다. 그러나 종지기가 줄을 놓을 때까지 꿈쩍도 하지 않았다. 멍든 채 피를 흘리며 간신히 종루에서 내려와 처형을 기다리는 사람들을 만났다. 그녀가 자신이 무엇을 했는지 설명하자, 크롬웰은 집행을 취소했다. 어느 시인이 이 이야기를 아름답게 기록했다.

> 그의 발치에서, 그녀는 멍들고 찢긴 손을 보이며, 자신의 이야기를 들려주었고,
> 아름답고 어린 얼굴은 거기 쌓였던 고뇌로 여전히 수척했다.
> 그는 갑작스런 연민에 가슴이 뭉클했고 눈은 촉촉이 빛났다.
> "가라, 네가 사랑하는 사람이 살았다." 크롬웰이 말했다.
> "오늘밤 통행금지 종은 울리지 않으리라."

사랑은 모든 것을 믿는다

모든 것을 참는 외에, 사랑은 또한 **모든 것을 믿는다.** 사랑은 의심하거나 냉소적이지 않다. 사랑은 망토를 던져 어떤 잘못을 덮을 때, 또한 그 잘못을 한 사람에게 가장 좋은 결과가 나오리라 믿는다. 즉 잘못이 고백되고 용서되며, 사랑하는 사람이 회복되어 의에 이르리라 믿는다.

사랑은 또한 모든 것을 다른 방식으로 믿는다. 한 사람의 죄와 동기가 의심된다면, 사랑은 언제나 가장 호의적인 가능성을 선택한다. 사랑하는 사람이 어떤 잘못을 했다고 고발당하면, 유죄가 입증될 때까지 사랑은 그가 무죄라 여길 것이다. 그가 유죄로 밝혀지면, 사랑은 동기가 더없이 좋았다고 믿을 것이다. 사랑은 신뢰한다. 사랑은 확신한다. 사랑은 **믿는다.**

우리 교회는 직원들 간에, 그리고 교인들 전체 간에 상호 신뢰를 높이려는 노력을 계속한다. 우리는 각 사람이 주님께 헌신되었고 주님을 섬기려는 책임 의식이 있다고 믿는다. 각 사람이 주님과 교제하며 살고 있다고 믿는다. 우리 모두가 그러듯이, 누군가 넘어질 때, 우리의 바람은 그 잘못에서 회복되어 바른 길로 돌아오도록 돕는 것이다. 의심이 있을 때마다, 우리는 혹여 잘못을 하더라도 큰 잘못을 피하는 쪽을 선택한다.

욥의 친구들은 사랑의 표식이 거의 없었다. 이들은 욥에 관해 가장 안 좋은

쪽으로 믿을 준비가 되어 있었으며, 욥의 문제는 오로지 그의 죄에 원인이 있을 뿐이라고 철석같이 믿었다. 욥은 왜 자신이 그토록 끔찍하게 고난을 받는지 이해할 수 없었으나, 그 고난이 자신의 죄 때문이 아니라는 것을 알았다. 그는 친구들에게 이렇게 답했다. "내가 너희의 생각을 알고 너희가 나를 해하려는 속셈도 아노라"(욥 21:27). 이들은 욥의 고난을 좋은 쪽으로 생각하지 않았다. 욥을 진정으로 사랑하지 않았기 때문이다. 이들은 욥의 삶이 의로운 것을 알았다. 그러니 이들이 욥을 사랑했다면 그의 단점이 무엇이든 그가 그 단점에 비례해 고난 받는 게 아님을 깨달았을 것이다.

서기관들과 바리새인들은 사랑이 없었다. 이런 사실은 이들이 예수님을 비롯해 다른 사람들에게서 가장 안 좋은 것을 보려는 성향에서 나타난다. 예수님이 어느 중풍병자의 죄를 사하여 주셨을 때, 바리새인들은 곧바로 그분이 하나님을 모독했다고 결론지었다(눅 5:21). 예수님은 자신의 신적 능력을 한층 더 증명하려고 중풍병자를 고쳐주셨다. 대다수 무리가 이 기적에 깜짝 놀라며 하나님께 영광을 돌렸다(26절). 그러나 이들이 나중에 한 말과 행동에서 보듯이, 서기관들과 바리새인들은 예수님이 악하다는 확신을 여전히 고수했다. 미움은 최악을 믿는다. 사랑은 최선을 믿는다.

사랑은 신뢰의 항구다. 신뢰가 깨지면, 사랑의 첫 반응은 치유하고 회복하는 것이다. "형제들아, 사람이 만일 무슨 범죄한 일이 드러나거든 신령한 너희는 온유한 심령으로 그러한 자를 바로잡고 너 자신을 살펴보아 너도 시험을 받을까 두려워하라"(갈 6:1).

사랑은 모든 것을 바란다

사랑하는 사람의 선과 회개에 대한 믿음이 산산 조각날 때라도, 사랑은 여전히 **바란다(hopes, 소망한다)**. 믿음이 소진될 때, 사랑은 소망을 굳게 붙잡는다. 하나님의 은혜가 작동하는 한 인간의 실패는 결코 마지막이 아니다. 하나님은 이스라엘의 실패를 마지막으로 여기려 하지 않으셨다. 예수님은 베드로의 실패를 마지막으로 여기려 하지 않으셨다. 바울은 고린도 신자들의 실패를 마지막으로 여기려하지 않았다. 성경에는 사랑이 소망을 잃지 않게 하는 약속이 차고 넘친다.

신앙을 버린 자녀를 둔 부모, 믿지 않는 배우자를 둔 남편이나 아내, 징계를 받았으나 회개하지 않는 교인들이 있는 교회, 이들은 모두 그 자녀, 그 남편이나 아내, 잘못한 형제나 자매가 구원받거나 회복되길 사랑으로 소망한다. 사랑은 실패를 마지막으로 여기길 거부한다. 사랑의 소망이란 밧줄에는 끝이 없다. 생명이 있는 한, 사랑은 소망을 잃지 않는다. 우리의 소망이 약해졌다면, 우리의 사랑이 약해진 것이다.

어느 개에 관한 이야기를 들었다. 그 개는 어느 큰 도시의 공항에서 5년 넘게 지내면서 주인이 돌아오길 기다렸다. 공항 직원들을 비롯해 사람들이 먹이고 돌봐주었으나 그 개는 주인을 마지막으로 본 자리를 떠나려 하지 않았다. 개는 어느 날 주인을 다시 만나리라는 소망을 버리지 않았다. 주인을 향한 개의 사랑이 이런 소망을 낳을 수 있다면, 우리의 사랑은 훨씬 더 오래가는 소망을 낳아야 마땅하지 않겠는가?

사랑은 모든 것을 견딘다

'후포메노'(hupomenō, "견디다 to endure")는 군대가 어떤 희생을 치르더라도 주요 지점을 사수하는 것을 말할 때 사용하는 군사용어다. 굳건히 사수하려면 모든 어려움과 모든 고난을 견뎌야 했다.

사랑은 사랑하는 사람들을 굳건히 사수한다. 사랑은 어떤 희생을 치르더라도 **모든 것을 견딘다(endures all things).** 사랑은 거대한 반대에 맞서며, 참길 (bearing) 그치거나 믿길 그치거나 소망하길(바라길) 그치길 거부한다. 사랑은 사랑하길 그치길 거부한다.

스데반은 자신이 증언하는 대상들의 조롱과 배척을 사랑으로 참았다. 스데반은 이들의 비웃음에도 불구하고 이들이 믿을 것이라고 믿길 그치려 하지 않았으며, 이들의 돌팔매질에도 불구하고 이들이 구원받을 것이라고 믿길 그치려 하지 않았다. 그는 이렇게 기도하며 죽어갔다. "주여, 이 죄를 그들에게 돌리지 마옵소서"(행 7:60). 자신의 주님처럼, 스데반은 자신을 죽이며 사랑할 줄 모르는 원수들까지 끝까지 사랑했다. 그의 사랑은 모든 것을 견뎠다.

사랑은 사랑이 아니면 참지 못할 것을 참는다. 사랑은 사랑이 아니면 믿을 수 없을 것을 믿는다. 사랑은 사랑이 아니면 바랄 수 없을 것을 바란다. 사랑은 사랑이 아니면 포기할 것을 견딘다. 사랑은 참은 후에 믿는다. 사랑은 믿은 후에 바란다. 사랑은 바란 후에 견딘다. 견딤에는 "후"가 없다. 견딤은 사랑의 끝없는 절정이기 때문이다.

36

사랑은 영원하다

(13:8-13)

사랑은 언제까지나 떨어지지 아니하되, 예언도 폐하고, 방언도 그치고, 지식도 폐하리라. 우리는 부분적으로 알고 부분적으로 예언하니, 온전한 것이 올 때에는 부분적으로 하던 것이 폐하리라. 내가 어렸을 때에는 말하는 것이 어린 아이와 같고 깨닫는 것이 어린 아이와 같고 생각하는 것이 어린 아이와 같다가 장성한 사람이 되어서는 어린 아이의 일을 버렸노라. 우리가 지금은 거울로 보는 것 같이 희미하나 그 때에는 얼굴과 얼굴을 대하여 볼 것이요, 지금은 내가 부분적으로 아나 그 때에는 주께서 나를 아신 것 같이 내가 온전히 알리라. 그런즉 믿음, 소망, 사랑, 이 세 가지는 항상 있을 것인데 그 중의 제일은 사랑이라.

(13:8-13)

고린도전서 13장 마지막 단락의 주제는 **사랑은 언제까지나 떨어지지 않는다** (**love never fails,** 사랑은 절대 실패하지 않는다)[95]이다.

많은 고린도 신자가 계속해서 잘못된 것들에 시선을 고정했다. 이들은 일시적인 것에 지나치게 관심을 쏟고 영원한 것에 거의 관심을 쏟지 않았다. 이

---

95 새번역: 사랑은 없어지지 않습니다.
공동번역개정판: 사랑은 가실 줄을 모릅니다.
현대인의 성경: 사랑은 결코 없어지지 않습니다.

들은 고린도에서 하나님의 소금으로 살지 못했으며 주변 문화의 냄새에 취해 있었다. 이들은 경건의 영으로 고린도를 파고들지 못했으며 오히려 경건하지 못한 고린도의 영이 이들의 교회를 파고들었다. 이들은 하나님의 성령에 순종하지 못했고 성령의 열매를 맺지 못했으며, 도리어 물질주의와 교만과 적대감과 이기심과 타협과 방종과 미움과 음행과 질투와 실질적으로 상상할 수 있는 모든 죄에 영향을 받았다. 이들은 빛으로 살도록 부르심을 받았으나 어둠의 행위들을 했다. 이들은 의롭게 살도록 부르심을 받았으나 죄 가운데 살았다. 고린도가 기독교화되는 대신 교회가 이교도화되고 있었다.

고린도 신자들의 숱한 실패 가운데 가장 큰 실패는 사랑하지 못한 것이다. "사랑은 허다한 죄를 덮는다"(벧전 4:8). 마찬가지로, 사랑이 없으면 허다한 죄를 '일으킨다'. 고린도 신자들은 사랑이 아주 부족했기에 많은 죄를 지었다. 이들에게 가장 필요한 것은 큰 사랑과 큰 의였다. 하나님 자신을 가장 완전하게 특징짓는 것이 그분의 자녀들을 특징지어야 한다.

고린도전서 13:8-13에서, 바울은 증명한다. 사랑은 견디기(endure) 때문에, 하나님의 가장 큰 은사이며 그분이 주시는 모든 은사보다 뛰어난 은사다. 사랑은 영원하지만 영적 은사는 일시적이고 부분적이며 초보적이다.

은사는 일시적이다

사랑은 언제까지나 떨어지지 아니하되, 예언도 폐하고, 방언도 그치고, 지식도 폐하리라. (13:8)

떨어지다(fails, *piptō*에서 왔다)의 기본 의미는 떨어짐(falling)이며, 특히 최종적 떨어짐의 개념을 내포하고, 꽃이나 잎이 바닥에 떨어져 시들고 썩는 것을 가리킬 때 사용되었다. **언제까지나…아니하되(never)**는 빈도가 아니라 시간을 가리키며, 하나님의 **사랑**(divine **love**)은 그 어느 때도 떨어져 시들고 썩지 않으리라는 의미를 내포한다. 본질상 사랑은 영원하다. 사랑은 절대로 폐기되지 않는다.

사랑이 떨어질 수 없는 것은 하나님의 본성과 하나님의 영원을 공유하기 때문이다. 천국에서 우리는 믿음과 소망이 더는 필요 없을 뿐 아니라 가르치는 은사, 돕는 은사, 예언의 은사, 분별의 은사, 지식의 은사, 지혜의 은사, 방언의 은사, 기적(능력)을 행하는 은사, 치유(병 고치는) 은사, 믿음의 은사, 구제의 은사, 리더십의 은사도 더는 필요 없을 것이다. 이러한 은사들 중 어느 하나도 천국에서는 목적이나 자리가 없을 것이다. 그러나 사랑은 지금도 천국의 공기 자체이며 영원히 그러할 것이다.

언제까지나 떨어지지 아니하되(never fails)가 성공을 가리키지 않는다는 데 주목해야 한다. 사랑은 그리스도인들이 모든 기회를 열고 모든 노력의 결과를 보장하려고 사용하는 마법의 열쇠가 아니다. 사랑은 성실하게 적용하면 자동으로 우리의 바람을 실현하고 인간적 성공을 안겨주는 영적 공식이 아니다. 적어도 일반적 의미에서, 사랑이 늘 이기는(win) 것도 아니다. 예수 그리스도는 성육한 사랑이었으나 자신의 완전한 사랑으로 모든 사람을 자신에게 이끌지는(winning) 못 하셨다. 그분은 조롱을 받았고, 비방을 받았으며, 거부당했고, 배척당했으며, 십자가에 못 박히셨다. 바울은 사랑의 사도라 불릴 수 있었으나 어디서 사역하든 완벽한 성공을 거두지는 못했다. 그는 박해를 받았고, 체포당했으며, 매를 맞았고, 옥에 갇혔으며, 주님처럼 사랑으로 했던 말과 행동 때문에 죽임을 당했다.

반면에, 그리스도인들이 언제 어디서나 그들의 삶과 사역에서 성공할 때 늘 사랑으로 이루어진다. 사랑은 인간의 의지를 억누르지 않기에, 아무리 사랑하고 영적이며 이타적이더라도 우리의 목적을 늘 이룰 수는 없다. 그러나 사랑 없이는 어떤 경건한 일도 성취할 수 없다. 성공이 언제나 사랑의 일부는 아니지만 사랑은 언제나 진정한 영적 성공의 일부다.

그러나 바울은 사랑의 성공이나 실패가 아니라 사랑의 지속성을, 사랑이 신의 성품(divine quality)으로서 영원함을 말한다. 그 어떤 실패보다 오래 간다는 의미에서, **사랑은 언제까지나 떨어지지 않는다(love never fails)**. 그리스도인에게 사랑은 생명이며 둘 다 영원하다. 사랑은 하나님이 주시는 생명의 가장 큰 특징이다. 사랑은 하나님 자신의 가장 큰 특징이기 때문이다. "하나님은 사랑이시라. 사랑 안에 거하는 자는 하나님 안에 거하고 하나님도 그의 안에 거하시느니라"(요일 4:16). 이것이 바울이 말하려는 핵심이며, 고린도 신자들이 어떻게든 이해하고 받아들이며 따르길 그가 바랐던 진리다. 그는 고린도 신자들이 사랑에서 성공하고 하나님을 닮는 일에 성공하길 바랐다.

바울은 사랑의 영구성과 세 영적 은사—**예언, 방언, 지식**—의 비영구성을 비교함으로써 사랑이 최고라는 것을 한층 더 강조한다. 각 은사는 결국 떨어지고 사라질 테지만, 사랑은 계속될 것이다.

바울은 여기서 세 은사 모두 어느 날 사라지리라 말하면서 서로 다른 두 동사를 사용한다. **예언**과 **지식**은 **폐할(done away)** 테지만 **방언**은 **그칠(cease)** 것이다.

폐하다(done away)는 "비활성화하다"(to reduce to inactivity) 또는 "폐지하다"(to abolish)를 뜻하는 '카타르게오'(*katargeō*)의 번역이다. 예언의 은사와 지식의 은사는 어느 날 작동을 멈출 것이다. 8절에 사용된 이 동사의 두 형태 뿐 아니라 10절에 사용된 이 동사의 형태도 수동태. 다시 말해, 그 무엇이나 그 누군가 이것들이 멈추게 할 것이다. 아래서 논의하듯이, 이 무엇은 "온전한 것"의 도래다(10절).

그치다(cease)는 "멈추다, 끝나다"(to stop, to come to an end)를 뜻하는 '파우오'(*pauō*)의 번역이다. '카타르게오'와 달리, 이 동사는 여기서 중간태(middle voice)로 사용되는데, 사람에게 사용될 때 중간태는 자신에게 하는 의도적이거나 자발적인 행동을 가리킨다. 무생물에게 사용될 때, 중간태는 재귀적 행위, 스스로 일어나는 행위를 가리킨다. 원인이 내면에 있다. 붙박여 있다. 하나님이 **방언**의 은사에 붙박인 종착지를 주셨다. 바울은 "그 은사는 저절로 멈출 것입니다"라고 말한다. 배터리처럼, 방언은 에너지 공급이 한정되고 수명도 한정된다. 그 한정된 지점에 이르면, 방언의 활동은 자동적으로 끝난다. 예언과 지식은 외부의 것에 의해 멈출 테지만 방언의 은사는 스스로 멈출 것이다. 용어에서 나타나는 이러한 차이는 논쟁의 여지가 없다.

이 은사들이 언제 어떻게 끝날지에 관해 의문이 남는다. 예언과 지식은 "온전한 것이 올 때" 끝날 것이다(9-10). 이 "온전한 것"이 무엇이며 언제 오는지는 뒤에서 살펴보겠다.

그러나 바울은 **방언**의 그침을 온전한 것의 도래와 연결해서 말하지 않는다. 방언은 좀 더 일찍 그칠 것이다. 이런 까닭에, 나머지 두 은사를 멈추는 바로 그것이 방언을 멈추지는 않을 것이다. 12:8-10을 살펴볼 때 자세히 논하게 되듯이, 나는 방언의 은사가 사도 시대와 함께 끝났다고 믿는다.

애초에, 방언은 표적 은사(a sign gift)로 주어졌고, 병 고치는 은사와 능력(기적)을 행하는 은사처럼, 신약성경이 완결되었을 때 작동을 그쳤다. 하나님은 기적을 행하길 그치신 적이 절대 없으며, 지금도 기적으로 계속 치유하시고, 자신의 주권적 뜻에 따라 그 외에 초자연적 방식으로 계속 일하신다. 그러나 성경은 역사에서 사람들이 기적(능력)을 행하는 은사를 받은 시대를 셋만 기록한다. 첫째는 모세와 여호수아가 사역하던 시대이며, 둘째는 엘리야와 엘리사가 사역하던 시대이고, 셋째는 예수님과 사도들이 사역하던 시대다. 각 시대는 약 70년 정도만 지속되다가 갑자기 끝났다. 이 외에 유일한 기적의 시대는 천년왕국 시대일 것이며, 성경은 그 기적의 근원을 "내세의 능력"으로 묘사한다(히 6:5). 신약성경에 기록된 하나님이 인간 도구를 통해 직접 일하신 마지막 기적은 주후 58년경에 일어났다(행 28:8). 그 때부터 요한이 계시록을 완성한 96년경까지 이런 기적은 단 하나도 언급되지 않는다.

신약성경의 기적 시대는 예수님과 사도들이 준 말씀을 확증하고, 이스라엘에게 하나님 나라를 제시하며, 그 나라의 맛보기와 샘플을 제시하는 데 목적이 있었다. 이스라엘이 그리스도와 그분의 나라에 등을 돌렸을 때, "다시 새롭게 하여 회개하게 할 수 없게" 되었으며(히 6:6), 그래서 복음이 이방인들에게 제시되었다. 그리스도와 사도들의 가르침이 "표적들(signs)과 기사들(wonders)과 여러 가지 능력(miracles)과 및 자기의 뜻을 따라 성령이 나누어 주신 것으로써" 이스라엘에게 확증되었다(히 2:3-4). 흥미롭게도, 히브리서가 주후 67년이나 68년에 기록되었는데도, 마치 이 표적들과 기사들과 능력들이 그친 것처럼 저자는 이러한 확증(confirmation, 개역개정은 "증언" *ebebaiōthē*, 부정 과거 수동태 직설법)을 과거 시제로 말한다. 이러한 은사들은 사도들하고만 연결되었다(고후 12:12).

방언의 은사가 사도 시대와 함께 종결되었다는 둘째 증거는 사도 시대가 끝난 후에는 방언이 이스라엘의 심판에 관한 법적 표적(judicial sign)으로 적용되지 않았다는 것이다. 바울은 고린도 신자들에게 상기시킨다. "율법에 기록된 바 '주께서 이르시되 내가 다른 방언을 말하는 자와 다른 입술로 이 백성에게 말할지라도 그들이 여전히 듣지 아니하리라' 하였으니"(고전 14:21; 참조. 사 28:11-12). 바꾸어 말하면, 하나님이 이스라엘에게 분명한 언어로 말씀하실 때 이스라엘이 듣고 믿길 거부했기 때문에, 이들이 하나님을 거부했다는 증거로, 선지자는 하나님이 이들이 이해할 수 없는 언어로 이들에게 말씀하실 날이 오리라고 했다.

방언은 신자들이 아니라 "믿지 아니하는 자들"에게, 특히 믿지 않는 유대인들에게 표적으로 주신 것이다(고전 14:22). 로마 장군 티투스가 주후 70년 예루살렘 성전을 파괴했고, 이로써 유대교는 끝났고 그림자 종교로만 남았다. 성전이 무너졌을 때, 제사 제도가 무너졌고 유대 제사장 제도도 필요 없게 되었다. 그 때부터 옛 언약의 요구들이 성취될 수 없었다. 바울이 이 서신을 쓴 지 15년쯤 후 성전이 파괴되었고, 그 때 방언은 이스라엘을 향한 법적 표식으로서 더는 가치 없게 되었다. 우리 시대에 하나님이 이스라엘에서 세계로 옮겨가고 계신다는 표적이 필요 없다.

방언이 그친 것은 방언이 덕을 세우는 열등한 수단이었기 때문이다. 적절히 통역될 때, 방언은 제한적으로 덕을 세우는 능력이 있었다(고전 14:5, 12-13, 27-28). 그러나 고린도전서 14장의 주목적은 방언이 열등한 소통 수단이며(1-12절), 열등한 찬양 수단이고(13-19절), 열등한 복음전파 수단임을 보여주는 것이었다(20-25절). 방언은 제한적으로 열등하게 덕을 세우는 반면 예언은 모든 면에서 훨씬 우월하다(1, 3-6, 29, 31, 39절). 평범한 언어로 분명하고 알기 쉽게 다섯 마디로 말하는 것이 "일만 마디 방언으로 말하는 것보다" 낫다(19절).

넷째, 방언의 은사가 그친 것은 신약성경이 완결되었을 때 방언이 사도의 권위와 가르침(doctrine)을 확증하는 표적으로서 그 목적이 끝났기 때문이다. 진정한 방언은 하나님이 방언하는 자에게 주시는 직접 계시를 포함했다. 비록 그것이 방언하는 자 자신에게까지 통역이 필요했던 분명하지 않은 계시였더라도 말이다(고전 14:27-28). 그러나 신약성경이 완결되었을 때, 하나님 말씀의 계시가 완결되었고, 여기에 그 무엇도 추가하거나 빼서는 안 된다(계 22:18-19). 확증하는 방언의 목적이 완결되었다.

다섯째, 방언의 사용에 관한 언급은 신약성경의 초기 책들에만 나오며, 따라서 방언이 그쳤다고 믿는 게 합리적이다. 사실, 신약성경의 대다수 책은 방언을 언급하지 않는다. 바울은 이 한 서신에서만 방언을 언급하고, 야고보와 베드로와 요한과 유다는 방언을 전혀 언급하지 않는다. 그뿐 아니라, 사도행전 19:6 이후로는 방언이 언급되지 않는다. 신약성경의 기록 자체에서 보듯이, 사도 시대가 끝나기 훨씬 전에 방언이 더는 이슈가 아니었을 뿐더러 사용되지도 않았던 게 분명해 보인다. 서신서 어디서도, 신자들에게 의무나 영적 활동으로 방언을 명하지 않는다.

마지막으로, 사도 시대 이후 1900년이 넘는 교회 역사에서 방언은 간헐적으로 의심스럽게 다시 나타났을 뿐이며, 따라서 그친 게 분명하다. 방언의 은사는 교부들의 글 어디서도 암시되거나 발견되지 않는다. 로마의 클레멘스(Clement of Rome, 주후 35-99)는 95년에 고린도교회에 편지를 썼는데, 바울이 고린도전서를 쓴 지 40년 정도밖에 지나지 않았을 때였다. 그는 고린도교회의 문제를 논하면서 방언을 전혀 언급하지 않았다. 방언의 은사가 사용되고 또한 잘못 사용되는 일이 그쳤던 게 분명하다. 2세기 위대한 교부인 순교자 유스티노(Justin Martyr)는 당시의 많은 교회를 방문했으나 두툼한 저작들에서 방언을 한 번도 언급하지 않았다. 방언은 그가 여러 차례 제시한 영적 은사 목록에서조차 언급되지 않는다. 3세기 교회의 뻬어난 학자 오리게네스(Origen)도 방언을 전혀 언급하지 않는다. 그는 켈수스(Celsus)를 논박하는 글에서, 사도 시대의 표적 은사들은 일시적이었고 자신이 사는 시대의 그리스도인들은 사용하지 않았다고 분명하게 주장한다. 어쩌면 신약성경 이후 저자들 중에 가장 위대한 크리소스토무스(Chrysostom)는 347년에 태어나 407년에 죽었다. 그는 고린도전서 12장에 관해 쓰면서, 방언을 비롯한 기적(능력)을 행하는 은사들이 그쳤을 뿐 아니라 정확히 정의될 수조차 없다고 했다. 아우구스티누스(Augustine, 354-430)는 사도행전 2:4을 주석하면서 이렇게 썼다. "아주 초기에는 성령께서 믿는 자들에게 임하셨고 이들이 방언으로 말했다. 방언은 그 시대에 맞춘 표적이었다. (하나님의 복음이 장차 모든 언어로 온 땅에 전파되리라는 것을 보여주는) 성령의 전조가 있어야 했기 때문이다. 방언은 전조 역할을 한 후 사라졌다."

초기 교회 역사가들과 신학자들은 하나같이 사도 시대 이후 방언이 그쳤다고 주장했다. 우리가 아는 유일한 예외는 몬타누스(Montanus)가 이끄는 운동이었다. 몬타누스는 2세기 이단으로, 하나님의 계시가 자신을 통해 신약시대 이후에도 계속된다고 믿었다.

17세기와 18세기 유럽에서 여러 로마가톨릭 그룹들(세베놀파 Cevenols와 얀센파Jansenists)과 뉴잉글랜드 쉐이커 교도들(Shakers) 사이에서 나타날 때까지, 기독교에서 방언이 전혀 사용되지 않았던 게 분명하다. 19세기 런던의 어빙파(Irvingites)는 계시에 관한 비성경적 주장과 "방언"이 특징이었다. 1,800년 넘게, 방언의 은사는 기적을 행하는 다른 은사들과 더불어 정통 기독교의 삶과 교리에서 나타나지 않았다. 그런데 20세기가 시작될 무렵, 방언이 현대 오순절주의로 발전한 큰 분파였던 성결 운동(holiness movement) 내에서 크게 강조되었다. 1960년에 시작된 은사주의 운동(charismatic movement)은 방언을 전통적 오순절주의를 넘어 가톨릭과 개신교 양쪽 모두에서 많은 교단과 교회와 그룹으로 옮겨놓았으며, 참된 영적 생활의 빈자리를 거짓 체험으로 채웠다.

많은 은사주의자가 현대의 방언을 요엘이 예언했고(2:28-32) 베드로가 오순절 설교에서 인용한(행 2:17-21) 훗날에 있을 표적 중 하나로 성경적이라고 변호한다. 그러나 이 단락들을 세밀하게 살펴보면, 이 예언은 오순절이나 현대에 적용되지 않는 게 분명하다. 요엘 2장 앞부분을 보면, 여기서 말하는 때란 그리스도의 재림이며(오순절은 그리스도 재림의 예시일 뿐이었다), 그 때 주님이 "북쪽 군대를 너희[이스라엘]에게서 멀리 떠나게 하실" 것이며(20절), 그 직후에 천년왕국이 세워지고 하나님의 선민이 그분께 돌아올 것이다(21-27절; 참조. 겔 36:23-38). "그 후에"야(28절), 하늘과 땅에 기적적인 표적들이 나타날 것이다.

오순절에는 피도 없었고, 연기 기둥도 없었으며, 해가 어두워지지도 않았고, 달이 핏빛으로 변하지도 않았다. 그 뿐 아니라, 현대에 이런 일들 중 어느 하나도 일어나지 않았다. 베드로는 오순절이 요엘의 예언을 완전히 성취했다고 말하고 있었던 게 아니다. 그렇지 않은 게 분명했기 때문이다. 베드로는 자신이 설교를 시작하기 얼마 전에 일어난 제한된 기적적 표적들은 "말세에" 일어날 훨씬 크고 광범위한 표적과 기사들의 맛보기였다고 말하고 있었다(행 2:17). 현대에 방언을 비롯해 기적을 행하는 어떤 은사들이 다시 나타난 것이 성경 예언의 성취라고 설명할 수는 없다.

어떤 은사주의자들은 또한 요엘 2:23의 "이른 비와 늦은 비"가 각각 오순절과 현대에 성령을 부어주심을 가리킨다고 주장한다. 그러나 문자 그대로 이른 비는 가을에 내리는 비였고 늦은 비는 봄에 내리는 비였다. 이어지는 구절이(24-27절) 아주 분명하게 밝히듯이, 요엘의 핵심은 하나님이 그 나라에서 곡식이 풍성히 자라게 하시리라는 것이다.

19세기 성경학자 조지 피터스(George N. H. Peters, 1825-1909)는 이렇게 말했다. "오순절의 세례(The Baptism of Pentecost, 성령 강림)는 미래에 실현될 성취의 보증이며 다가오는 시대에 성령께서 행하실 일을 증거한다." 현대 신학자 헬무트 틸리케(Helmut Thielicke, 1908-1978)는 방언을 비롯해 1세기 기적들을 "하나님 나라 지평선에 번쩍이는 번개"라고 묘사했다.

은사는 부분적이다

우리는 부분적으로 알고 부분적으로 예언하니, 온전한 것이 올 때에는 부분적으로 하던 것이 폐하리라. (13:9-10)

방언이 그친 것은 바울이 이 서신을 쓰고 얼마 후였다. 그러나 예언의 은사와 지식의 은사는 지금까지도 **폐하지(done away)** 않았다. **온전한 것(the perfect)**이 아직 오지 않았기 때문이다. 방언을 비롯한 모든 은사처럼, 예언의 은사와 지식의 은사도 일시적이지만 방언보다 덜 일시적이다. 방언의 은사가 갖는 고유하고 고립된 목적을 보여주는 사실이 있다. 지식의 은사 및 예언의 은사와 달리, 방언의 은사는 사도 시대 이전이나 이후에는 존재하지 않았다는 것이다. 사랑을 논하는 한에서, 바울은 방언이 이미 그쳤다고 본다. 8절 이후에는 방언의 은사가 언급되지 않기 때문이다.

바울이 9-10에서 가장 먼저 강조하는 것은 지식과 예언이 부분적이라는 점이다: **우리는 부분적으로 알고 부분적으로 예언하니.** 두 은사는 모든 은사를 대표하며, **온전한 것이 올** 때 모든 은사가 **폐할(done away)** 것이다. 그 때는 어떤 은사도 더는 존재할 이유가 없을 것이기 때문이다.

하나님의 은사는 완전하지만 그분의 은사를 받는 사람들은 완전하지 않다. 바울은 **우리**에 자신을 포함시켰다. 사도들조차도 **부분적으로** 알았고 **부분적으로** 예언했다. 바울은 고린도 신자들에게 경고했다. "만일 누구든지 무엇을 아는 줄로 생각하면 아직도 마땅히 알 것을 알지 못하는 것이요"(고전 8:2). "그리스도 예수를 아는 지식"이 늘어나는 것이 바울의 삶에서 최고의 목적이자 기쁨이었다. 그러나 바울은 삶의 끝이 더욱 가까웠을 때 이렇게 고백했다. "내가 이미 얻었다 함도 아니요 온전히 이루었다 함도 아니라. 오직 내가 그리스도 예수께 잡힌 바 된 그것을 잡으려고 달려가노라"(빌 3:8, 12).

소발이 욥에게 물었다. "네가 하나님의 오묘함을 어찌 능히 측량하며, 전능자를 어찌 능히 완전히 알겠느냐? 하늘보다 높으시니 네가 무엇을 하겠으며, 스올보다 깊으시니 네가 어찌 알겠느냐? 그의 크심은 땅보다 길고 바다보다 넓으니라"(욥 11:7-9). 얼마 후, 욥 자신이 이렇게 선언한다. "보라. 이런 것들은 그의 행사의 단편일 뿐이요 우리가 그에게서 들은 것도 속삭이는 소리일 뿐이니, 그의 큰 능력의 우렛소리를 누가 능히 헤아리랴?"(26:14). 다윗은 경외심에 싸여 이렇게 노래했다. "여호와 나의 하나님이여, 주께서 행하신 기적이 많고 우리를 향하신 주의 생각도 많아 누구도 주와 견줄 수가 없나이다. 내가 널리 알려 말하고자 하나 너무 많아 그 수를 셀 수도 없나이다"(시 40:5). 하나님은 우리를 완전하게 아신다. 그러나 우리는 그분을 오직 불완전하게 알 수 있을 뿐이다.

여호와여, 주께서 나를 살펴보셨으므로 나를 아시나이다.

주께서 내가 앉고 일어섬을 아시고,

멀리서도 나의 생각을 밝히 아시오며,

나의 모든 길과 내가 눕는 것을 살펴보셨으므로,

나의 모든 행위를 익히 아시오니,

여호와여, 내 혀의 말을 알지 못하시는 것이 하나도 없으시니이다.

주께서 나의 앞뒤를 둘러싸시고 내게 안수하셨나이다.

이 지식이 내게 너무 기이하니

높아서 내가 능히 미치지 못하나이다. (시 139:1-6)

바울은 로마 그리스도인들에게 이렇게 썼다. "깊도다. 하나님의 지혜와 지식의 풍성함이여! 그의 판단은 헤아리지 못할 것이며, 그의 길은 찾지 못할 것이로다! 누가 주의 마음을 알았느냐? 누가 그의 모사가 되었느냐?"(롬 11:33-34).

하나님의 말씀과 성령의 조명을 통해, 우리는 "하나님의 신비, 곧 그리스도 자신을 아는 참 지식을"(NASB)[96] 가질 수 있지만 우리의 참 지식은 여전히 불완전한 지식이다. 오직 그분 안에 "지혜와 지식의 모든 보화가 감추어져 있기" 때문이다(골 2:2-3). 하나님은 우리가 알 '필요가 있는' 모든 진리를 다 주셨다. "또 [우리가] 아는 것은 하나님의 아들이 이르러 우리에게 지각을 주사 우리로 참된 자를 알게 하신 것과 또한 우리가 참된 자 곧 그의 아들 예수 그리스도 안에 있는 것이니"(요일 5:20). 하나님의 "신기한 능력(divine power)으로 생명과 경건에 속한 모든 것을 우리에게 주셨으니, 이는 자기의 영광과 덕으로써 우리를 부르신 이를 앎으로 말미암음이라"(벧후 1:3). 주님은 우리가 그분을 알고 섬기는 데 필요한 지식을 모두 주셨다. 사실, 이제껏 그 누구도 이해할 수 없을 만큼 많이 주셨다. 그러나 기록된 하나님의 말씀은 그분에 관한 진리를 남김없이 다 말하지는 않는다.

---

96 NASB: a true knowledge of God's mystery, that is, Christ Himself
개역개정: 하나님의 비밀인 그리스도를 깨닫게 하려 함이니.

여러 이유에서, 무한한 하나님에 관한 무한한 계시는 터무니없고 쓸모도 없을 것이다. 첫째, 유한 지성은 무한한 진리를 품거나 이해할 수 없다. 둘째, 인간의 지성은 유한할 뿐 아니라 타락했다. 우리의 지성이 온전해질 때에야, "주께서 나를[우리를] 아신 것 같이 내가[우리도 그분을] 온전히 알" 수 있을 것이다(고전 13:12). 그러므로 우리는 온전해질 그 때를 기다린다.

온전한 것이 올 때, 우리는 지식이나 지혜, 전파나 가르침, 예언이나 해석이 더는 필요 없을 것이다. 성경조차 필요 없을 것이다. 기록된 말씀이 더는 필요 없을 것이다. 우리가 살아 있는 말씀 앞에 영원히 있고 그 말씀을 온전히 이해할 터이기 때문이다.

"온전한 것"은 성경의 완결이 아니다

장차 온다는 **온전한 것(the perfect)**이 정확히 무엇인가? 어떤 그리스도인들은 성경이 완결되어 온전한 것이 이미 왔다고 믿는다. 그러나 이런 생각은 고린도 신자들에게 무의미했을 것이다. 이 서신 어디에서도, 바울은 성경의 완결을 말하거나 암시하지 않는다. 고린도 신자들은 바울의 의미를 더없이 분명하고 단순하게 받아들였을 것이다. 영적 · 도덕적 온전함으로, 주님이 그분의 백성 모두에게 요구하시는 온전함으로 받아들였을 것이다: "그러므로 하늘에 계신 너희 아버지의 온전하심과 같이 너희도 온전하라"(마 5:48). 바울은 언젠가 우리가 실제로 하나님이 지금 우리를 여기거나 간주하시는 그런 존재가 되는 완결된 거룩함에 대해 말하고 있었다.

온전한 것이 성경의 완결을 가리킨다면, 예언과 지식이 이미 그쳤을 테고, 그 이후 모든 신자가 성경을 선포하고 해석하며 이해하는 데 가장 중요한 두 은사를 사용하지 못했을 것이다. 예언의 은사는 계시를 위해 부분적으로만 사용되었다. 대부분의 경우, 예언의 은사는 이미 주어진 계시를 선포하고 해석하는 데 사용되었다. 지식의 은사와 예언의 은사가 신약성경의 완결과 함께 그쳤다면, 교회는 지독히 궁핍할 것이다.

더욱이, 우리는 예언이 천년왕국 시대에 활발하리라는 것을 안다. 그 때에 관해, 하나님이 말씀하셨다. "내가 내 영을 만민에게 부어 주리니, 너희 자녀들이 장래 일을 말할 것이며, 너희 늙은이는 꿈을 꾸며, 너희 젊은이는 이상을 볼 것이며"(욜 2:28; 행 2:17). 천년왕국이 오기 전, 대환난(the Tribulation) 때, 하나님은 두 큰 예언자를 증인으로 세우실 테고, 이들이 "굵은 베옷을 입고 천이백육십 일을 예언할" 것이다(계 11:3).

온전한 것이 성경의 완결을 가리키지 않는 또 다른 이유를 "얼굴과 얼굴을 대하여" 보리라는 바울의 말에서 찾을 수 있다(고전 13:12). 성경은 놀랍고 믿을 수 있는 하나님의 그림을 제시하지만 그분을 "얼굴과 얼굴을 대하여" 보도록 허락하지는 않는다. 베드로는 심지어 자신이 사는 시대의 많은 신자가 "예수를…보지 못하였다"고 말한다(벧전 1:8). 성경은 하나님을 "얼굴과 얼굴을 대하여" 보게 해주지 않는다. 신약성경이 완결되기 전이나 완결된 후, 그 어느 그리스도인이라도 주님을 그분이 자신을 "아신 것 같이…온전히" 알지는 못했다(고전 13:12). 우리는 보지 못한 분을 사랑한다.

예언이 신약성경이 완결된 후 그쳤다가 대환난 때와 천년왕국 때 재개된다는 것도 불가능하다. 첫째, '카타르게오'(*katargeō*)라는 동사는 일시적으로가 아니라 완전히, 최종적으로 폐지된다는 뜻이다. 둘째, 예언 중지는 바울이 여기서 제시하려는 핵심, 곧 은사의 일시성보다 사랑의 영원성을 보여주려는 목적에 부합하지 않을 것이다.

"온전한 것"은 휴거가 아니다

많은 해석자가 **온전한 것**의 도래는 교회의 휴거를 가리킨다고 주장한다. 그러나 지식과 예언이 영구적으로 **폐했다**면, 휴거 후에나 대환난 중에나 천년왕국 때 재개될 수 없을 것이다. 바울은 일단 이 은사들이 종결되면 영원히 종결되리라는 것을 분명히 한다. 그러나 이것들은 대환난 때와 천년왕국 때 모두 작동하는 것으로 보인다.

"온전한 것"은 교회의 성숙이 아니다

비교적 새로운 해석은 **온전한 것**이 교회의 성숙이나 완결을 가리킨다는 것이다. 온전한(perfect)이란 단어가 흔히 성숙이나 완결(completion)의 의미를 갖는 것은 사실이다. 그러나 이런 완성은 휴거에 해당할 텐데, 이 견해는 휴거를 배제한다. 주님은 자신의 교회에게 하시는 일이 완결되면 교회를 휴거하실 것이다. 그렇더라도 대환난과 천년왕국 때 예언이 계속될 것이냐는 문제가 여전히 남는다.

"온전한 것"은 재림이 아니다

어떤 사람들은 **온전한 것**이 그리스도의 재림을 가리킨다고 믿는다. 그러나 **온전한(perfect)**은 헬라어(*teleion*)에서 중성이며, 따라서 사람과 연결될 가능성을 배제한다. 게다가, 이 견해는 또한 천년왕국 기간에 예언이 다시 나타나며 말씀이 널리 전파되고 가르쳐진다는 문제를 해결하지 못한다. "물이 바다를 덮음 같이 여호와를 아는 지식이 세상에 충만할 것임이니라"(사 11:9). "그 날에 못 듣는 사람이 책의 말을 들을 것이며 어둡고 캄캄한 데에서 맹인의 눈이 볼 것이며"(29:18; 참조. 32:3-4). 예레미야는 하나님이 그 날에 목자들을 일으켜 자신의 백성을 돌보게 하시리라고 말한다. "그들이 다시는 두려워하거나 놀라거나 잃어버리지 아니하리라. 여호와의 말씀이니라"(렘 23:4). 천년왕국은 전파자들과 가르치는 자들로 넘쳐날 것이다.

"온전한 것"은 영원한 상태다

하나씩 제거해 나가면, **온전한 것**이 가리킬 가능성이 있는 것은 하나, 곧 신자들의 영원한 천상의 상태만 남는다. 바울은 영적 은사들은 오직 잠시뿐이지만 사랑은 영원히 계속되리라 말하고 있다. 핵심은 단순하며 모호하지 않다.

영원한 상태로 보면, **온전한 것**이 중성일 수 있고, 교회 시대와 대환난과 천년왕국 기간에 지식과 예언이 계속될 수 있다. 이것은 바울이 사랑의 영원성을 강조하는 맥락에도 부합한다. 이것은 또한 그 때 우리가 "얼굴과 얼굴을 대하여" 보리라는 바울의 말에도 부합하는데, 이것은 오직 우리의 영화(榮化, glorification)와 함께, 하나님 자신의 영광 자체가 우리를 조명할 때 일어날 것이다(계 21:23). 마침내, 오직 천국에서 우리는 "주께서 나를[우리를] 아신 것 같이 [그분을]…온전히 알" 것이다(고전 13:12).

구약의 신자들에게 영원한 상태는 이들이 일으킴(되살림)을 받아 영원히 그 분과 함께 할 첫째 부활에서 시작된다(단 12:2). 그리스도인들에게 영원한 상태는 죽음, 즉 세상을 떠나 주님과 함께할 때, 또는 휴거, 즉 주님이 자신의 백성을 자신에게로 이끌어 자신과 함께하게 하실 때 시작된다. 대환난과 천년 왕국의 성도들에게 이것은 죽음이나 영화에서 일어날 것이다.

은사는 초보적이다

내가 어렸을 때에는 말하는 것이 어린 아이와 같고 깨닫는 것이 어린 아이와 같고 생각하는 것이 어린 아이와 같다가 장성한 사람이 되어서는 어린 아이의 일을 버렸노라. 우리가 지금은 거울로 보는 것 같이 희미하나 그 때에는 얼굴과 얼굴을 대하여 볼 것이요, 지금은 내가 부분적으로 아나 그 때에는 주께서 나를 아신 것 같이 내가 온전히 알리라. (13:11-12)

바울은 여기서 "온전한 것이 올 때" 일어나는 일을 설명한다. 지상의 삶에서 모든 그리스도인은 천국에서 온전해질 때와 비교하면 어린 아이일 뿐이다.

바울은 자신의 현재 영적 상태를 자신의 어린 시절에, **어렸을 때**에 비유하고 있었을 것이다. 유대인 남자는 바르 미츠바("율법의 아들")[97] 이전에는 소년으로 여겨졌고, 그 후에야 **장성한 사람(a man)**으로 여겨졌다. 어느 순간 소년이었던 그는 다음 순간 남자(a man)였다. 우리가 그리스도 안에서 온전하게 됨은 영적 바르 미츠바의 한 형태이며, 즉각적이고 완전하며 영원한 영적 성인과 성숙에 들어서는 것이다. 그 순간, **어린아이와 같은(childish)** 것이 모두 제거될 것이다. 모든 미성숙, 모든 유치함, 모든 불완전, 지식과 이해의 모든 한계가 영원히 사라질 것이다.

현세에서, 하나님의 말씀이 완결되고 성령께서 우리를 조명하시는데도, **우**

---

97 성년식을 치른 유대인 남자를 가리킨다. 남자는 13세, 여자는 12세에 성년식을 치른다. 성년식을 치른 여자는 바트 미츠바("율법의 딸")라 부른다.

리가 지금은 거울로 보는 것 같이 희미하다. 현재 상태에서, 우리는 더 많이 볼 수 없다. 그러나 주님 앞에 갈 때, 그분을 **얼굴과 얼굴을 대하여(face to face)** 볼 것이다. **지금 우리는 부분적으로 아나 그 때에는 주께서 나를[우리를] 아신 것 같이 내가[우리가 그분을] 온전히 알리라.**

사랑은 영원하다

그런즉 믿음, 소망, 사랑, 이 세 가지는 항상 있을 것인데 그 중의 제일은 사랑이라. (13:13)

바울은 일시적인 것, 그리스도인의 지상 생활로 돌아와 가장 큰 영적 덕목 셋을 말한다. **믿음, 소망, 사랑**이다. 실제로, **사랑**은 **믿음**과 **소망**을 포함하며, "모든 것을 믿으며," "모든 것을 바란다"(7절). 천국에서는 믿음과 소망이 필요 없을 것이다. 천국에서는 모든 참된 것이 드러나고 모든 선한 것이 소유될 터이기 때문이다. 그러므로 믿음과 소망은 사랑과 동등하지 않다.

그 중에 제일은 사랑이라. 사랑이 영원하기 때문일 뿐 아니라 지금 우리가 살아가는 일시적 삶에서도 사랑이 최고이기 때문이다. 사랑이 이미 제일이다. 사랑이 두 덕목보다 오래가고 그 자체로 아름답고 꼭 필요하기 때문일 뿐 아니라 하나님을 가장 닮았기에 본래 두 덕목보다 크기 때문이다. 하나님은 믿음이나 소망이 없다. 그러나 "하나님은 사랑이다"(요일 4:8).

은사, 사역, 믿음, 소망, 오래참음은 모두 어느 날 없어질 것이다. 그 목적과 의미가 사라질 것이기 때문이다. 그러나 그 완전한 날, 우리가 주님을 "얼굴과 얼굴을 대하여" 보는 날, 우리에게 사랑이 막 시작될 것이다. 그러나 우리가 지금 보여주는 사랑, 실천하는 사랑, 살아내는 사랑이 더없이 중요하며, 다른 어느 덕목이나 은사를 갖는 것보다 중요하다. 사랑은 하나님이 영원한 그분과 연결하도록 우리에게 주시는 고리이기 때문이다.

37

방언의 은사, 그 위치
(14:1-19)

사랑을 추구하며, 신령한 것들을 사모하되, 특별히 예언을 하려고 하라. 방언을
말하는 자는 사람에게 하지 아니하고 하나님께 하나니, 이는 알아듣는 자가 없
고 영으로 비밀을 말함이라. 그러나 예언하는 자는 사람에게 말하여 덕을 세우
며 권면하며 위로하는 것이요, 방언을 말하는 자는 자기의 덕을 세우고, 예언하
는 자는 교회의 덕을 세우나니, 나는 너희가 다 방언 말하기를 원하나 특별히 예
언하기를 원하노라. 만일 방언을 말하는 자가 통역하여 교회의 덕을 세우지 아
니하면 예언하는 자만 못하니라. 그런즉 형제들아, 내가 너희에게 나아가서 방
언으로 말하고 계시나 지식이나 예언이나 가르치는 것으로 말하지 아니하면 너
희에게 무엇이 유익하리요? 혹 피리나 거문고와 같이 생명 없는 것이 소리를 낼
때에 그 음의 분별을 나타내지 아니하면 피리 부는 것인지 거문고 타는 것인지
어찌 알게 되리요? 만일 나팔이 분명하지 못한 소리를 내면 누가 전투를 준비하
리요? 이와 같이 너희도 혀로써 알아듣기 쉬운 말을 하지 아니하면 그 말하는 것
을 어찌 알리요? 이는 허공에다 말하는 것이라. 이같이 세상에 소리의 종류가 많
으나 뜻 없는 소리는 없나니, 그러므로 내가 그 소리의 뜻을 알지 못하면, 내가
말하는 자에게 외국인이 되고, 말하는 자도 내게 외국인이 되리니, 그러므로 너
희도 영적인 것을 사모하는 자인즉 교회의 덕을 세우기 위하여 그것이 풍성하기
를 구하라. 그러므로 방언을 말하는 자는 통역하기를 기도할지니, 내가 만일 방
언으로 기도하면 나의 영이 기도하거니와 나의 마음은 열매를 맺지 못하리라.

그러면 어떻게 할까? 내가 영으로 기도하고 또 마음으로 기도하며, 내가 영으로 찬송하고 또 마음으로 찬송하리라. 그렇지 아니하면 네가 영으로 축복할 때에 알지 못하는 처지에 있는 자가 네가 무슨 말을 하는지 알지 못하고 네 감사에 어찌 아멘 하리요? 너는 감사를 잘하였으나 그러나 다른 사람은 덕 세움을 받지 못하리라. 내가 너희 모든 사람보다 방언을 더 말하므로 하나님께 감사하노라. 그러나 교회에서 내가 남을 가르치기 위하여 깨달은 마음으로 다섯 마디 말을 하는 것이 일만 마디 방언으로 말하는 것보다 나으니라. (14:1-19)

바울은 사랑을 모든 사역과 은사보다 "가장 좋은 길"(more excellent way)로 제시한 후, 고린도 신자들이 방언의 은사를 오해하고 오용하면서 사랑하지 못한 죄를 직접적으로 강하게 지적한다. 고린도 신자들은 언어가 혼란해진 바벨탑 사건에 견줄 만큼 방언의 은사를 오용했고, 그래서 바울은 14장 전체에서 이 문제를 다룬다. 이 문제가 그만큼 이들의 죄악을 대변하기 때문이다.

12:10을 살펴보며 말했듯이, 바울 당시 고린도에서 성행한 종교들을 비롯해 숱한 그리스-로마 이방 종교에서 황홀경에 빠져 발언하는 관습이 일반적이었다. 어느 신을 숭배하는 자들은 반의식이나 심지어 무의식에 들어갈 때까지 술을 마시고 춤을 추며 광란에 빠졌다. 이들은 무의식에 들어감을 신과 교감하는 최고의 형태로 여겼다. 이들은 이런 만취 상태에서 영혼이 몸과 분리되어 신과 직접 소통한다고 믿었으며, 바울은 에베소서 5:18에서 이런 의식을 암시한다. 이런 경험에 흔히 수반되며 황홀경에 빠져 내뱉는 말을 신들의 언어로 여겼다.

바울이 14장에서 아주 빈번히 사용하는 '랄레인 글로쎄이/글로싸이스'(lalein glōssēi/glōssais, 방언/방언들로 말하다)는 당시 일반적으로 이교도들이 황홀경에 빠져 하는 말을 묘사할 때 사용되었다. 헬라인들은 이 경험을 묘사할 때 '에로스'(erōs)라는 단어도 사용했다. '에로스'는 일반적으로 성적 사랑을 말할 때 사용되었지만 강렬한 감각적 느낌이나 행동을 말할 때도 사용되었으며, 이교도의 황홀한 광란은 흔히 온갖 난잡하고 변태적인 성행위를 수반했다.

고린도교회에서, 방언의 많은 부분이 이러한 이교도 황홀경의 형태와 풍취를 띠었다. 감정주의는 이들의 이성적 감각을 거의 무력화시켰고, 이기적 과시 행위가 일반적이었으며, 모두가 동시에 자신의 말과 행동을 하려 했다(26절). 모임은 그야말로 난장판이었고, 예배도 덕을 세움도 거의 이루어지지 않았다.

고린도교회의 극단적 육욕(carnality) 때문에, 고린도교회의 방언 중 많은 부분이 가짜였음을 우리는 확신할 수 있다. 신자들은 참된 영적 은사를 제대로 사용하거나 참된 영적 열매를 제대로 맺을만한 영적 상태가 아니었다. 이토록 세상적이고, 독선적이며, 이기적이고, 파벌적이며, 질투하고, 시기하며, 분쟁하고, 다투며, 오만하고, 무질서하며, 속이고, 사려 깊지 못하며, 먹기를 탐하고, 음란하며, 주의 만찬을 더럽히는 회중이 어떻게 성령의 은사를 사용할 수 있겠는가? 이들이 성령의 은사를 사용했다면, 영성에 관한 성경의 원리를 모두 거슬렀을 것이다. 육신을 따라 행하면서 성령을 따라 행할 수는 없다.

이런 거짓 체험들을 배경으로, 바울은 방언의 은사에 관한 기본 진리 셋을 가르친다: 방언의 위치는 예언에 부차적이다(1-19절). 방언의 목적은 불신자들을 향한 표적이었다(20-25절). 방언의 적절한 절차, 또는 사용은 체계적이고 질서 정연했다(26-40절).

첫 단락에서, 바울은 방언의 위치가 예언에 부차적인 이유 셋을 제시한다. 첫째, 예언은 전체 회중에 덕을 세운다. 둘째, 방언은 이해할 수 없다. 셋째, 방언의 효과는 이성적이라기보다 감성적이다.

예언은 전체 회중에 덕을 세운다

사랑을 추구하며, 신령한 것들을 사모하되, 특별히 예언을 하려고 하라. 방언을 말하는 자는 사람에게 하지 아니하고 하나님께 하나니, 이는 알아듣는 자가 없고 영으로 비밀을 말함이라. 그러나 예언하는 자는 사람에게 말하여 덕을 세우며 권면하며 위로하는 것이요, 방언을 말하는 자는 자기의 덕을 세우고, 예언하는 자는 교회의 덕을 세우나니, 나는 너희가 다 방언 말하기를 원하나 특별히 예

언하기를 원하노라. 만일 방언을 말하는 자가 통역하여 교회의 덕을 세우지 아

니하면 예언하는 자만 못하니라. (14:1-5)

'디오코'(*diōkō*, **추구하며**)는 열심히 따르다, 사냥하다, 또는 추적하다는 뜻이며,
고린도후서 4:9에서처럼 때로 박해하다(persecute)로 번역된다. 무엇보다도,
바울이 앞 장에서 강조했듯이, 고린도 신자들은 **사랑을 추구해야** 했다. 사랑 없
음은 단연코 이들의 가장 큰 문제였으며, 이들의 나머지 모든 문제가 어떻게든
이 문제와 연관이 있었다. 이들 중 많은 사람이 유일하게 갖는 강한 애착은 자
기 애착이었다. 바울은 여기서 이들에게 사랑을 추구하라고 명한다.

그러나 사랑이 첫째라는 사실은 다른 모든 것을 무시해야 한다는 뜻이 아
니다. 바울은 계속해서 명한다. **신령한 것을 사모하라(Yet desire earnestly
spiritual gifts)**. 사랑은 다른 덕목들의 대체물이 아니며, 선행의 대체물도 아
니다. 사실, 사랑은 선행의 큰 동기이며, 유일한 참된 동기다. 사랑은 모든 영적
사역의 큰 동기이며, 모든 영적 은사를 적절히 활용하는 큰 동기이기도 하다.

고린도 신자들이 은사를 사모하는(갈망하는) 것은 그 자체로 잘못이 아니었
으나 "더욱 큰 은사"만(12:31), 화려하고 주목받는 은사만을 이기적으로 추구
한 것이 잘못이었다. 이들이 사모하는 영적 은사가 있었다는 것은 옳았다. 그
러나 이들은 다른 사람들이 가진 은사를 질투하며 가지려는 데 관심을 쏟을
게 아니라 이미 자신에게 있는 은사를 활용하는 데 관심을 쏟았어야 했다. 이
들은 자신의 은사를 자랑하려 할 게 아니라 자신의 은사로 다른 사람들을 섬
기려 했어야 했다.

특히 이들은 예언을 추구했어야 했다. **특별히 예언을 하려고 하라**는 복수형
이며, 개개인이 예언을 하려 할 게 아니라 온 교회가 교회 안에서 예언의 은사
를 활용하려 해야 한다는 것을 보여준다. 예언이 더 의미 있는 은사인 것은 방
언이 성취할 수 없는 것을 성취할 수 있기 때문이다.

고린도 신자들이 했던 형태의 방언은 전혀 덕을 세우지 못했다. 방언은 **사
람에게 하지 않았다.** 방언은 사람에게 아무 교훈이나 권면도 줄 수 없었다. 방
언은 오로지 **하나님께** 말할 수 있었다. 그러나 나는 "어느 신에게"(to a god)가

더 나은 번역이라 믿는다. 이 헬라어 단어에는 정관사 없으며,[98] 관사가 없는 이런 형태는 대개 부정관사를 붙여 번역한다(행 17:23을 보라. 여기서 동일한 형태인 *theō*가 "알지 못하는 신"을 가리키는 데 사용된다).

여기서 "어느 신"(a god)이 더 나은 번역임을 뒷받침하는 사실이 있다. 성경에서 신자들이 하나님께 말할 때 정상적이고 이해할 수 있는 언어 외에 다른 것으로 말하는 경우가 전혀 없다는 것이다. 아들이 아버지께 마음을 쏟아놓는 예수님의 대제사장 기도(요 17장)에서도, 신성이 신성과 소통할 때 언어는 아주 단순하고 명료하다. 예수님은 사실 이렇게 경고하셨다. "이방인과 같이 중언부언하지 말라. 그들은 말을 많이 하여야 들으실 줄 생각하느니라"(마 6:7). 그분이 말씀하신 중언부언에는 이교도 방언이 내뱉는 되풀이 되고 이해할 수 없는 횡설수설이 포함되었으며, 이 방언에서는 의미 없는 소리가 계속해서 반복되었다. 흔히 주기도라 불리는 예수님이 가르쳐주신 기도는 단순함과 명료함의 표본이다.

그러나 육적인 고린도 신자들은 단순한 것보다 섬세한 것에, 덕을 세우는 것보다 비밀스러운 것에 훨씬 더 관심을 보였다. 이들은 **알아듣는 자가 없는** 것에, 문자적으로 "아무도 듣지 않는" 것에 개의치 않았다. 이들의 관심사는 **영으로 비밀을 말함**에서 오는 흥분과 자기만족이었다. 이들은 비밀이 자신들이나 그 누구에게도 의미 없다는 것에 개의치 않았다.

바울이 여기서 염두에 둔 **비밀(mysteries)**은 이방 신비 종교들(pagan mystery religions)과 연관된 형태이며, 많은 고린도 그리스도인이 이런 종교들 출신이었다. 복음의 비밀(신비)은 전에 숨겨졌던 것들의 계시다(마 13:11; 엡 3:9 등). 이와 달리, 이교도의 비밀(신비)은 의도적인 비밀로, 오로지 초기 엘리트만 알 특권이 있는 미지의 진리와 원리로 남았다.

바울이 여기서 말하는 **영(spirit)**은 어떤 해석자들의 주장과 달리 성령이 아니라 헬라어에서 암시되고(처소격) NASB의 his에서 나타나듯이[99] 사람의 영이다(참조. 14-16절). 바울은 방언을 옹호하는 게 아니라 방언을 위조하려는

---

98 *theō*(남성 단수 여격).

노력이 쓸데없다고 말하고 있을 뿐이다.

참된 영적 은사를 제대로 활용하는 신자라면, 거짓 신이 아니라 다른 사람들을 섬긴다. 예를 들면, **예언하는 자는 사람에게 말하여 덕을 세우며 권면하며 위로하는 것이다.** 예언의 목적은 **덕을 세우며(edification)**, 권면을 통해 격려하고, **위로하는 것**이다. 영적 은사는 영적으로 실제적으로 가치 있는 것을 성취해야 하며, 신자든 불신자든 간에 늘 다른 사람들에게 유익해야 한다.

반대로, **방언을 말하는 자는 자기의 덕을 세운다.** 여기서 바울은 비꼬는 어조로 요점을 제시한다. (바울은 4:8-10에서도 비꼬는 어조로 말하며, 이것은 14:36 "하나님의 말씀이 너희로부터 난 것이냐?"에서 절정에 이른다.) 참된 방언이라도 이해하려면 통역되어야 한다. 그러므로 통역이 동반되지 않으면, 방언은 말하는 사람을 비롯해 그 누구에게도 덕이 되지 못한다. 그러므로 많은 오순절주의자와 은사주의자가 주장하듯이, 하나님은 방언을 개인 기도에 사용하도록 하셨다. 바울은 여기서 고린도 신자들이 자신들의 방언에 부여한 '이른바' 가치를 말하고 있다. 많은 고린도 신자가 방언을 오용하며 경험한 만족은 '자기'만족이 었고, 이것은 영적으로 덕을 세움에서 비롯된 게 아니라 교만이 일으킨 감정에서 비롯된 것이었다. 이것은 적절치 못한 자기 세움이며, 흔히 영적 교만을 세우는 것에 지나지 않는다.

그러나 **예언하는 자는 교회의 덕을 세운다.** 이 사람은 자신의 은사를 사용해 섬긴다. 모든 은사가 그렇게 되어야 하듯이 말이다. 바울은 은사의 목적이 하나님을 섬기는 것이지 자신을 섬기는 게 아니라고 말하고 있었다. 은사의 목적은 분명히 어떤 고린도 신자들이 방언으로 말하고 있다고 생각했던 것처럼 자신을 이기적으로 섬기는 게 아니다. 우리의 은사로 하나님의 영광을 위해 다른 사람들을 섬겨야 한다. "각 사람에게 성령을 나타내심은 유익하게 하려 하심이라"(12:7).

많은 사람이 궁금해 하듯이, 왜 바울은 **나는 너희가 다 방언 말하기를 원한다**

---

99 NASB: For one who speaks in a tongue does not speak to men, but to God; for no one understands, but in his 'spirit' he speaks mysteries(14:2).

고 했는가? 그는 이들의 방언 오용을 경고해 왔으며, 방언의 열등성을 보여주는 장을 시작하고 있다. 바울이 모두를 참여시킴으로써 문제가 복잡해지길 원할 이유가 어디 있었겠는가?

그러나 바울은 강조를 위해 불가능한 것을 바라고 있었다. 그는 그리스도인마다 은사가 다르다는 것을 알았다. "다 병 고치는 은사를 가진 자이겠느냐? 다 방언을 말하는 자이겠느냐? 다 통역하는 자이겠느냐?"(12:30). 분명하게도, 바울이 자신의 지혜가 "이 모든 일…행하사 그의 뜻대로 각 사람에게 나누어 주시는" 성령의 지혜보다 크다고 주장하고 있지 않다(12:11). 바울이 모든 고린도 신자가 방언의 은사를 갖길 말 그대로 원했다는 것은 그렇게 되면 이들이 성령의 지혜를 더 갖게 되리라고 생각했다는 것이었겠다. 바울은 자신이 진정한 방언의 은사를 경멸하지 않는다는 것을 분명히 하고 있었을 뿐이며, 참된 방언의 은사가 나타나는 것은 하나님에게 달렸다. 바울은 이렇게 말하고 있었다. "성령께서 여러분 모두에게 방언의 은사를 주기로 선택하신다면, 저로서는 좋은 일입니다."

그러나 바울은 모든 고린도 신자가 **예언하기를** 훨씬 더 **원했다.** 그는 이것도 불가능하다는 것을 알았다. 이들 모두가 방언의 은사를 갖는 게 불가능한 것과 같은 이유였다. 바울의 핵심은 이들이 같은 은사를 가지려 고집한다면, 예언하려고 고집하는 게 훨씬 낫다는 것이다. 예언은 교회에 덕을 세우는 데 방언보다 우월할 뿐 아니라 더 오래 지속되는 은사이며, 바울은 방언이 그친 오랜 후에도 주님이 예언을 계속 사용하시라는 것을 알았다.

이 장을 해석하는 열쇠는 2절과 4절의 **방언(tongue)**이 단수이고(참조. 13, 14, 19, 27절), 반면에 5절에서는 바울이 복수(tongues)를 사용한다는 데 주목하는 것이다(참조. 6, 18, 22, 23, 39절).[100] 분명히, 바울은 위조된 은사를 말하기 위해 단수를 사용하고, 참된 은사를 말하기 위해 복수를 사용했다. KJV 번역자들은 이 차이를 인지했기에, 단수 앞에 'unknown'을 붙였을 것이다.[101] 단수가 거짓 은사를 가리키는 데 사용된 것은 횡설수설이 단수이기 때문이다.

---

100 개역개정은 모두 단수 "방언"으로 옮겼다.

횡설수설들이라고 할 수 없다. 이교도가 황홀경에 빠져 내뱉는 말은 종류가 없다. 그러나 진정한 방언의 은사로 말하는 언어에는 종류가 있다. 그래서 여기에는 복수형 **tongues**가 사용된다. 유일한 예외는 27절인데, 여기서는 진정한 단수 언어로 말하는 한 사람을 가리키는 데 단수가 사용된다.[102]

어쨌든, 진정한 **방언**의 은사를 가진 신자라도 **통역하지…아니하면(unless he interprets)** 절대로 방언을 해서는 안 된다. 방언하는 자신이나 다른 사람이(28절) **교회의 덕을 세우기** 위해(헬라어 목적절) 언제나 통역해야 한다. 방언이 사적이고 자신을 세운다면 진정한 은사일 수 없다. 방언은 온 회중이 세워지도록 공개적으로 사용되고 통역될 때에야 그 목적이 실현되기 때문이다.

방언은 이해할 수 없다

그런즉 형제들아, 내가 너희에게 나아가서 방언으로 말하고 계시나 지식이나 예언이나 가르치는 것으로 말하지 아니하면 너희에게 무엇이 유익하리요? 혹 피리나 거문고와 같이 생명 없는 것이 소리를 낼 때에 그 음의 분별을 나타내지 아니하면 피리 부는 것인지 거문고 타는 것인지 어찌 알게 되리요? 만일 나팔이 분명하지 못한 소리를 내면 누가 전투를 준비하리요? 이와 같이 너희도 혀로써 알아듣기 쉬운 말을 하지 아니하면 그 말하는 것을 어찌 알리요? 이는 허공에다 말하는 것이라. 이같이 세상에 소리의 종류가 많으나 뜻 없는 소리는 없나니, 그러므로 내가 그 소리의 뜻을 알지 못하면, 내가 말하는 자에게 외국인이 되고, 말하는 자도 내게 외국인이 되리니, 그러므로 너희도 영적인 것을 사모하는 자인즉 교회의 덕을 세우기 위하여 그것이 풍성하기를 구하라. (14:6-12)

---

101 예를 들면, KJV은 2, 4절을 이렇게 옮겼다.
For he that speaketh in an 'unknown tongue' speaketh not unto men, but unto God : for no man understandeth him; howbeit in the spirit he speaketh mysteries(2절). He that speaketh in an 'unknown tongue' edifieth himself; but he that prophesieth edifieth the church(4절).

102 NASB: If anyone speaks in a tongue, it should be by two or at the most three, and each in turn, and let one interpret(27절).

바울은 방언의 부차적 위치에 관해 중요한 둘째 진리를 제시한다. 방언은 그 자체로 이해할 수 없다는 것이다. 바울은 자신의 요점에 힘을 더하려고 자신을 예로 들면서 **내가 너희에게 나아가서…하면(if I come to you)**이라고 말한다. 사도라 하더라도, 통역 없이 **방언으로 말하는** 것은 아무 **유익**이 없다. 통역을 통해 **계시나 지식**(내적인 것), **예언이나 가르치는 것**(외적인 것)이 듣는 사람들에게 이해될 수 있기 때문이다. 어떤 메시지라도 이해될 수 없다면 쓸모없다. 이번에도 방언의 사적인 활용은 배제된다. 방언은 교회에 덕을 세우지 못하면 쓸모없다.

믿을 수 없게도, 어떤 그리스도인들은 개인이나 집단이 내뱉지만 화자를 비롯해 그 누구도 이해하려고 시도조차 할 수 없는 말에 높은 가치를 부여한다. 어떤 경우에는 해석이라고 주장된 내용이 언표된 말과는 전혀 무관한 것으로 판명되었다. 어떤 사람들은 히브리어나 자신들만 알고 통역은 모르는 언어로 말함으로써 통역을 시험했으며, 이로써 자신들이 한 말이 그 말과 전혀 상응하지 않는 메시지로 "통역되게" 했다. 어떤 고린도 신자들처럼, 이렇게 방언을 오용하는 자들은 교회에 덕을 세움보다 자기 영광을 중시할 뿐 아니라 오용에 속임을 더한다.

혹 피리나 거문고와 같이 생명 없는 것은 감지할 수 있는 소리를 내야 한다. 리듬, 구조, 화음을 비롯해 질서정연한 특징들이 단순히 소음이 아니라 한 그룹의 음으로 구성된 음악을 이룬다. 음악이 음악이려면 음악의 방식으로 이해될 수 있어야 한다. 음악은 음악적 의미가 있어야 한다. 각 음과 화음과 악절은 음악적 목적이 있다. 그리고 목적이란 기쁨, 슬픔, 투지, 평화, 갈등을 비롯해 무엇이든 작곡가의 의도를 전달하는 것이다. **그 음의 분별을 나타내지 아니하면 피리 부는 것인지 거문고 타는 것인지 어찌 알게 되리요?** 음의 변화, 질서, **분별(distinction)**이 없으면, 악기는 소음을 낼 뿐이다. 고린도 신자들은 특히 음악을 예로 든 설명을 잘 이해할 수 있었다. 고린도에는 약 이만 명이 앉을 수 있는 큰 음악 홀이 있었기 때문이다.

비유를 조금 바꾸어, 바울은 이렇게 묻는다. **만일 나팔이 분명하지 못한 소리를 내면 누가 전투를 준비하리요?** 분명한 명령 신호를 전달하지 못한다면, 나팔 소리를 듣는 것이 병사에게 아무 의미가 없다. 공식 나팔수가 가장 좋은 나팔을 불더라도, 나팔이 단순히 음을 낼 뿐이라면 아무 의미가 없다. 병사는 임의적인 음 뭉치에서 아무 메시지도 얻지 못한다. 그는 "전투 준비"나 "장전" 같은 명확한 명령이 나팔 소리로 전달될 때만 전투를 준비한다.

마찬가지로, 우리는 무의미한 소리로 기독교의 진리를 전달할 수 없다. **이와 같이 너희도 혀로써 알아듣기 쉬운 말을 하지 아니하면 그 말하는 것을 어찌 알리요? 이는 허공에다 말하는 것이라.**

고린도 신자들은 육적으로 너무나 자기중심적이어서 소통에 더없이 소홀했다. 이들은 관심이 다른 사람들과 소통하는 데 있지 않고 그들에게 깊은 인상을 주는 데 있었으며, 다른 사람들에게 덕을 세우는 것에는 더더욱 관심이 없었다. 바울은 이러한 그리스도인들을 비음악가가 부는 악기나 소리가 너무 형편없어 도무지 알아들을 수 없는 나팔에 비유한다. 교만과 사랑 없음에서 비롯된 이러한 무능력 때문에, 고린도교회는 혼란스럽고 무질서하며 비생산적인 지금의 모습일 수밖에 없었다(11:21; 14:23 등).

바울은 같은 요점을 계속 되풀이한다. **이같이 세상에 소리의 종류가 많으나 뜻 없는 소리는 없나니.** 그는 분명한 것을 언급할 뿐이다. 의미 없는 언어는 요점이 없다. 의미 없는 언어는 사실상 언어가 아니다. 언어를 언어이게 하는 것은 의미다. **세상에 소리의 종류가 많으나** 모두 소리가 다르다. 그러나 각 소리는 공통된 목적이 있다. 말하는 사람들 간의 소통, 곧 **뜻** 전달이다.

소통하려면 적절한 언어를 사용해야 할 뿐더러 화자와 청자 둘 다 그 언어를 이해해야 한다. 정의하면, 소통은 양면적이어야 한다. 그러지 않으면, **내가 말하는 자에게 외국인이 되고, 말하는 자도 내게 외국인이 된다. 외국인**(barbarian, 야만인)은 쌍둥이 음절 "bar-bar"에서 파생된 의성어다. 언어를 모르는 사람에게, 단어들이 모두 똑같고 의미 없는 것처럼 들리기 일쑤다. 바울 당시 대다수 헬라인에게 헬라어를 모르는 사람은 누구든 야만인이었다. 그의 언어는 이해할 수 없었다.

바울은 말한다. 그러므로 참 방언이라도 통역이 없으면 의미가 없는데 위조품으로 이교도를 닮은 횡설수설은 더더욱 의미가 없지 않겠는가? **그러므**

로 너희도 영적인 것을 사모하는 자인즉 교회의 덕을 세우기 위하여 그것이 풍성하기를 구하라. 바꾸어 말하면, "여러분이 영적 은사를 사용하길 간절히 원한다면, 하나님이 의도하신 대로 사용하십시오. 다시 말해, 교회의 유익을 위해, 구체적으로 교회의 덕을 세우기 위해 사용하십시오." 이번에도 분명한 것은 이 은사는 사적 활용이 아니라 공적 활용과 유익을 위한 것이라는 점이다. '제테오'(zēteō, 구하라)는 현재 시제이며, 지속적이고 몸에 밴 행동을 말한다.

모든 언어의 목적처럼, 방언의 목적도 소통이었다. 방언은 기적적인 표적 은사였지만 소통하는 은사이기도 했다. 오순절에 방언이 처음 있었을 때부터, 주님은 방언을 소통의 수단으로 의도하셨다. 오순절에 일어난 방언의 기적 자체는 참석한 모든 사람이 다양한 나라에서 왔는데도 "각각 자기의 방언으로 제자들이 말하는 것을" 들었다는 것이다(행 2:6; 참조. 8, 11절).

이것이 언제나 진짜 방언의 특징이었다. 오순절의 방언과 그 후 방언이 그칠 때까지 나타난 모든 참 방언은 직접적으로(행 2:6) 또는 통역을 통해(고전 14:27) 이해할 수 있는 것이었다. 하나님은 두 종류의 방언, 즉 이해할 수 없는 방언과 이해할 수 있는 방언을 주신 게 아니다. 성경은 오직 하나의 방언을 말하며, 그 특징과 목적은 변하지 않았다.

방언의 효과는 이성적이라기보다 감성적이다

그러므로 방언을 말하는 자는 통역하기를 기도할지니, 내가 만일 방언으로 기도하면 나의 영이 기도하거니와 나의 마음은 열매를 맺지 못하리라. 그러면 어떻게 할까? 내가 영으로 기도하고 또 마음으로 기도하며, 내가 영으로 찬송하고 또 마음으로 찬송하리라. 그렇지 아니하면 네가 영으로 축복할 때에 알지 못하는 처지에 있는 자가 네가 무슨 말을 하는지 알지 못하고 네 감사에 어찌 아멘 하리요? 너는 감사를 잘하였으나 그러나 다른 사람은 덕 세움을 받지 못하리라. 내가 너희 모든 사람보다 방언을 더 말하므로 하나님께 감사하노라. 그러나 교회에서 내가 남을 가르치기 위하여 깨달은 마음으로 다섯 마디 말을 하는 것이 일만 마디 방언으로 말하는 것보다 나으니라. (14:13-19)

이 단락에서, 바울은 위조된 방언에 관해 계속 가르치며, 따라서 계속 비꼬는 투로 말한다(참조. 4:8-10). 첫째, 이것은 그가 **방언(tongue)**이라고 단수형을 사용한다는 사실에서 나타나는데(앞의 1-5절에 관한 논의를 보라), 단수형 방언은 27절에서 말하는 한 사람을 가리키는 경우를 제외하고 거짓 방언의 은사를 가리킨다. 둘째, 그가 여기서 말하는 것은 대부분 참 방언의 은사에 적용되지 않는다. 만약 바울이 위조된 방언에 관해 비꼬는 투로 말하는 게 아니라면, 고린도 신자들에게 참 통역(해석)의 은사를 구하라고 요구하고 있을 것이다. 그러나 그는 이미 성령께서 은사를 "그의 뜻대로 각 사람에게" 주권적으로 나누어주신다는 것을 분명히 했다(12:11). 은사는 개개인이 구해야 하는 게 아니라 오로지 받아들이고 적절하게 사용해야 하는 것이다.

바울은 육적인 신자들의 미성숙을 비꼬는 투로 꾸짖으며(참조. 20절) 사실상 이렇게 말한다. "여러분은 이해할 수 없는 유사 방언들로 지껄이는 동안, 그것들이 교회에 유익하게 하는 어떤 수단을 달라고 하나님께 적어도 구할 수 있을 것입니다. 그런 방언들로 말할 때, 여러분은 이교도이며 여러분의 말은 무의미합니다."

고린도 신자들이 아주 익숙했던 이교도 의식들에서, 황홀경에 빠져 내뱉는 말을 신들과 영으로 소통하는 것이라고 여겼다. 이런 체험은 지성과 정상적 이해를 넘어서기 위한 것이었다. 앞서 말했듯이, 이것의 비밀(신비)은 비밀로 남아야 했다. 바울은 여기서 '프뉴마'(*pneuma*, "영," "바람," "숨"으로 번역될 수 있다)를 숨(breath)이라는 의미로 사용했을 것이다. 그렇다면, 그는 이렇게 말하고 있었다. **내가 만일 [내가 만들어낸] 방언으로 기도하면 나의 영이[숨이] 기도하거니와 나의 마음은 열매를 맺지 못하리라.**

어떤 은사주의자들의 믿음—그분의 영이 우리의 영을 통해 나타난다—과 달리, 여기서 **영(spirit)**이 성령을 가리키기란 불가능해 보이는 게 분명하다. 모든 그리스도인 안에 성령이 거하신다. 그러나 바울이 성령을 **나의 영**과 연결해 말하고 있었다면, 문법적으로나 신학적으로나 성령을 **나의 마음**과도 연결해 말하고 있는 것이다. 성령께서 사람의 마음을 지나치면서 그 사람을 통해 기도하실 수는 없다. 바울은 분명히 성령의 마음이 때로 열매를 맺지 못할 수 있다고 말한 것이 아니다. 바울은 전적으로 자신에 관해, 그것도 가정해서 말하고 있는 게 분명하다. "제가 사도이긴 하지만 여러분 가운데 많은 사람처럼 횡설수설한다면, 제 마음이 거기 없을 것입니다. 저는 그저 바람 소리를 내고 공기를 내뿜을 뿐입니다(참조. 9절). 제가 하는 말은 여러분이 여러분의 이방 신전들에서 증언하려고 사용했던 황홀경처럼 공허하며 거기에는 마음이 없을 것입니다."

그러면 어떻게 할까?[103] 그 답은 마음 없는 황홀경의 기도를 위한 자리가 없다는 것이다. **영으로(with the spirit)** 기도하기와 찬송하기는 **또 마음으로 (with the mind also)**[104] 기도하기와 찬송하기를 반드시 수반해야 한다. 마음 없이는 덕을 세움(edification)이 분명히 불가능하다. 영성은 마음(지성) 그 이상을 포함하지만 결코 마음을 배제하지 않는다(롬 12:1-2; 엡 4:23; 골 3:10). 성경에서 그리고 분명히 바울 서신들에서, 무지가 장려되지는 않는다. 예수님은 신명기 6:5을 인용하면서 "네 마음(heart)을 다하고 목숨(soul)을 다하고 뜻 (mind)을 다하여 주 너의 하나님을 사랑하라"는 구약의 명령을 강화하셨다(마 22:37).

방언으로 기도하기나 찬송하기가 아무 쓸모없을 수 있었으며, 바울도 이렇게 하지 않을 터였다. **그렇지 아니하면 네가 영으로 축복할 때에 알지 못하는 처지 에 있는 자가 네가 무슨 말을 하는지 알지 못하고 네 감사에 어찌 아멘 하리요?**[105] 나 는 **알지 못하는(ungifted,** 은사가 없는, *idiōtēs*)을 무지하다, 배우지 못하다, 또는 숙련되지 못하다(unskilled) 같은 이 단어의 일반적 의미로 번역하는 게 더 낫 다고 믿는다. 누군가 어떤 언어로 말할 때, 그 언어를 모르는 사람은 듣는 것 을 이해할 수 없다. 예를 들면, 그는 예배 중에 **네가…축복할 때** 언제 **아멘 해야** 하는지 알 수 없다. 이해할 수 없는 소리로 기도하거나 감사의 노래를 부른다

---

103 NASB: What is the outcome then? (그렇다면, 결과는 무엇입니까?)

104 새번역: 또 깨친 마음으로도.

105 새번역: 그렇지 않고, 그대가 영으로만 감사를 드리면, 갓 믿기 시작한 사람은, 그것이 무 슨 뜻인지를 알아듣지 못하므로, 어떻게 그 감사 기도에 "아멘" 하고 말할 수 있겠습니 까?

면, 그 기도나 노래에 아무도 참여할 수 없다.

아멘은 동의와 격려를 나타내는 히브리어 단어이며, "그렇게 되기를"이란 뜻이고, 일반적으로 회당에서 예배자들이 사용했다. 이 관습은 몇몇 초기 교회에 유입되었고, 사실 지금은 많은 교회에서 일반적이다. 그러나 무슨 소린지 알아듣지 못하는 사람은 언제 "아멘"해야 할지 모른다. 방언으로 말하는 사람은 자신이 **감사를 잘하였다**고 느낄지 모르지만, 그 누구도 그가 무슨 말을 하는지 알지 못할 것이다. **다른 사람은 덕 세움을 받지 못한다.** 방언의 은사가 적절히 사용될 때라면 마땅히 받을 텐데 말이다(14:5, 12).

여기서 바울은 복수형(tongues)을 사용한다. 그는 더는 가정해서 말하고 있지 않으며(참조. 6, 11, 14-15절), 더는 위조된 은사를 말하고 있지 않다. 구체적 기록은 없지만, 바울은 그 어느 고린도 신자보다(**너희 모든 사람보다**) 방언 경험이 많았다. 그는 참 은사를 적절히 사용하는 것에 무엇이 포함되고 무엇이 포함되지 않는지 알았다. 확신컨대, 바울은 방언의 은사를 개인적 만족을 위해 그 어떤 비뚤어진 방법으로도 사용하지 않았다. 그는 방언의 은사를, 오순절에 그렇게 사용되었듯이, 하나님이 다가가길 원하시는 사람들에게 초자연적 메시지를 전하기 위해 사용했을 것이며, 복음과 자신의 사도권을 입증하는 기적적 표적으로 사용했을 것이다. 그러나 그는 방언의 은사가 자신의 다른 은사들과 사역들에 비해 가치가 아주 낮다고 보았고, 그래서 자신의 서신들 중 어디에서도 자신이나 다른 어떤 신자가 방언의 은사를 구체적으로 사용했다고 언급하지 않는다.

방언의 은사는 정해진 때 불신자들에게 기적적 확증의 표적(miraculous confirming sign)으로서 합당한 위치를 차지했으며, 통역(해석)을 통해 덕을 세우는 목적을 동반했다. 바울은 계속한다. **그러나 교회에서 내가 남을 가르치기 위하여 깨달은 마음으로(with my mind) 다섯 마디 말을 하는 것이 일만 마디 방언으로 말하는 것보다 나으니라.** 바울은 다시 단수형(tongue)을 사용해 이교도의 횡설수설을 가리키면서, 이해할 수 없는 어조의 헤아릴 수 없는 소리들은 교회에서 설 자리가 없고 쓸모도 없음을 강조한다. 이해할 수 있는 다섯 마디가 훨씬 바람직하다.

바울은 정확한 수학적 비율을 말한 게 아니다. '무리오이'(*murioi*)는 **일만**(참조. 마 18:24), 즉 헬라어에서 구체적 단어로 표현되는 가장 큰 수를 의미할 수 있다. 그렇더라도 '무리오이'는 일반적으로 헤아릴 수 없는 수를 가리키는 데 사용되었다. 영어 단어 'myriad'(무수함)가 '무리오이'에서 왔으며, 그래서 '무리오이'는 때로 'myriad'로 번역된다. 예를 들면, 요한계시록에서 이 용어가 반복되어("만만 myriads of myriads") "천천"에 덧붙여져(5:11) 완전히 셀 수 없는 수를 나타낸다.

이 본문에서 이 용어는 일반적 의미로 사용된다. 바울에게는 **깨달은 마음으로(with my mind)** 다섯 마디로 짧게 말하면서 청중을 교훈하거나 격려하는 것이 이들이 이해할 수 없는 무수한 **방언으로** 말하는 것보다 더 가치 있었다.

바울은 방언의 은사가 몇 년 안에 그치리라는 것을 알았고, 따라서 오늘의 교회에게 방언을 다스림에 관한 가르침을 주고 있는 게 아니었다. 그는 고린도 신자들에게도 이런 가르침을 주고 있는 게 아니었다. 그는 위조된 방언, 자기중심적 감정주의에 기초하며 성령에서 기원하지 않은 방언을 말하고 있었기 때문이다. 그는 고린도 신자들에게, 또한 모든 시대의 그리스도인들에게, 성령의 능력으로 활용하고 성령의 열매를 맺으며 그분의 교회에 복을 끼치고 덕을 세우도록 하나님이 주신 참된 영적 은사의 대체물, 곧 자신을 섬기며, 세상적이고, 육적이며, 유효하지 않고, 하나님을 모독하는 대체물을 경고하고 있었다.

38

방언의 은사, 그 목적과 절차

(14:20-28)

형제들아, 지혜에는 아이가 되지 말고 악에는 어린아이가 되라, 지혜에는 장성한 사람이 되라. 율법에 기록된 바, 주께서 이르시되, "내가 다른 방언을 말하는 자와 다른 입술로 이 백성에게 말할지라도 그들이 여전히 듣지 아니하리라" 하였으니, 그러므로 방언은 믿는 자들을 위하지 아니하고 믿지 아니하는 자들을 위하는 표적이나, 예언은 믿지 아니하는 자들을 위하지 않고 믿는 자들을 위함이니라. 그러므로 온 교회가 함께 모여 다 방언으로 말하면, 알지 못하는 자들이나 믿지 아니하는 자들이 들어와서 너희를 미쳤다 하지 아니하겠느냐? 그러나 다 예언을 하면, 믿지 아니하는 자들이나 알지 못하는 자들이 들어와서 모든 사람에게 책망을 들으며 모든 사람에게 판단을 받고 그 마음의 숨은 일들이 드러나게 되므로, 엎드리어 하나님께 경배하며, 하나님이 참으로 너희 가운데 계신다 전파하리라.

그런즉 형제들아, 어찌할까? 너희가 모일 때에 각각 찬송시도 있으며, 가르치는 말씀도 있으며, 계시도 있으며, 방언도 있으며, 통역함도 있나니, 모든 것을 덕을 세우기 위하여 하라. 만일 누가 방언으로 말하거든 두 사람이나 많아야 세 사람이 차례를 따라 하고 한 사람이 통역할 것이요, 만일 통역하는 자가 없으면 교회에서는 잠잠하고 자기와 하나님께 말할 것이요. (14:20-28)

이 단락에서, 바울은 먼저 방언의 주된 목적을 살펴보고, 뒤이어 방언의 은사를 적절히 사용하기 위한 절차나 지침을 제시한다. 특히 중요한 단락이다. 이 단락은 방언의 은사가 무엇을 하도록 계획되었는지 분명하게 보여주며, 따라서 방언의 은사가 지금도 유효한지 아닌지 판단하는 또 다른 기본 기준을 제시하기 때문이다.

바울은 참 방언의 은사라도 예언과 가르침의 은사보다 못하다고 지적했다. 방언은 해석되거나 통역될 때 교회의 덕을 세우지만, 방언의 주목적은 교회의 덕을 세우는 것이 아니기 때문이었다(14:5). 그러므로 엄밀히 말하면, 방언의 은사와는 뚜렷이 구분되는 통역의 은사가(12:10, 30) 덕을 세우는 은사인 것이 사실이었다.

앞에서 바울은 방언이 성령의 세례를 받았다는 증거가 아니라는 것을 분명히 했다: "우리가…다 한 성령으로 세례를 받아 한 몸이 되었고"(12:13). 모든 그리스도인은 성령으로(by the Holy Spirit) 세례를 받지만 모든 그리스도인이 방언의 은사를 받지는 않는다(12:30). 그 어느 때도, 모든 신자가 방언의 은사를 받았거나 약속받은 적이 없으며, 방언의 은사가 활발했던 사도 시대조차 그런 적이 없었다. 처음이자 가장 극적인 방언의 기적이 일어난 직후, 3천 명이 그리스도를 믿고 성령을 선물로 받았을 때, 단 한 사람도 방언으로 말했다는 기록이 없다! 새내기 회심자들이 사도들의 가르침을 들었고, 서로 교제했으며, 함께 먹었고, 함께 기도했으며, 소유를 나누었고, 성전에서 함께 예배했으며, 하나님을 찬양했다(행 2:37-47). 그러나 이들이 방언으로 말했다는 언급은 전혀 없다.

얼마 후, 베드로와 요한이 몇몇 제자와 함께 모였을 때, 이 그룹은 "다 성령이 충만했다." 이러한 성령 충만의 결과는 방언이 아니라 "담대히 하나님의 말씀을 전하는" 것이었다(4:31).

방언의 목적: 표적

형제들아, 지혜에는 아이가 되지 말고 악에는 어린아이가 되라, 지혜에는 장성한 사람이 되라. 율법에 기록된 바, 주께서 이르시되, "내가 다른 방언을 말하

는 자와 다른 입술로 이 백성에게 말할지라도 그들이 여전히 듣지 아니하리라" 하였으니, 그러므로 방언은 믿는 자들을 위하지 아니하고 믿지 아니하는 자들을 위하는 표적이나, 예언은 믿지 아니하는 자들을 위하지 않고 믿는 자들을 위함이니라. 그러므로 온 교회가 함께 모여 다 방언으로 말하면, 알지 못하는 자들이나 믿지 아니하는 자들이 들어와서 너희를 미쳤다 하지 아니하겠느냐? 그러나 다 예언을 하면, 믿지 아니하는 자들이나 알지 못하는 자들이 들어와서 모든 사람에게 책망을 들으며 모든 사람에게 판단을 받고 그 마음의 숨은 일들이 드러나게 되므로, 엎드리어 하나님께 경배하며, 하나님이 참으로 너희 가운데 계신다 전파하리라. (14:20-25)

바울은 방언의 참 목적을 설명하면서 고린도 신자들에게 먼저 **지혜에는 장성한 사람이 되라**(in your thinking be mature)고 호소한다. 이들의 사랑 없는 미성숙과 육욕(carnality)이 은사의 오용과 위조를 비롯해 이들에게 신학적, 영적, 도덕적 문제를 일으켰다. 바울이 말하려는 것을 이해하려면, 이들은 먼저 **지혜(thinking)**에서 **아이**이길 그쳐야 했다.

고린도 신자들이 **악에는**(in evil) 결코 **어린아이**(babes)가 아니었다. 이들은 온갖 죄에서 매우 진보했다. 이들은 사실상 육신의 모든 면모를 드러냈으나 성령의 열매는 거의 하나도 없었다(갈 5:19-23). 이들은 "사람의 속임수와 간사한 유혹에 빠져 온갖 교훈의 풍조에 밀려 요동하는" 어린아이였다(엡 4:14). 이들은 자신을 세우려고 은사를 이기적으로 사용함으로써, 특히 하나님 가족의 나머지 구성원들을 무시했다.

이들이 가르침을 받을 수 없었던 것은 배움에 관심이 없었기 때문이다. 이들은 오로지 영적 수단과 동료 신자들을 어떻게든 자신들의 목적에 이용하는 데 관심이 있었다. 이들은 진리가 아니라 경험에, 바른 교훈(right doctrine)이나 바른 삶이 아니라 오로지 좋은 느낌에 관심이 있었다. 이들은 주님이나 동료 그리스도인들이 아니라 오로지 자신을 기쁘게 하는 데 관심이 있었다. 경험이 언제나 진리를 이겼고, 감성이 언제나 이성을 이겼으며, 자신의 뜻이 언제나 하나님의 뜻을 이겼다. 베뢰아 사람들과 달리(행 17:11), 고린도 신자들은 자신들이 들은 것을 성경에 비추어 점검하려 하지 않았다. 이들은 "영들이 하나님께 속하였나 분별하려(test)" 하지 않았다(요일 4:1). 이들은 뭔가 좋게 들리면, 그것을 믿었다. 뭔가 좋게 느껴지면, 그것을 했다. 사사시대의 이스라엘처럼 "사람마다 자기 소견에 옳은 대로 행하였다"(삿 17:6; 21:25).

바울은 고린도신자들의 은사 오용을 지적하면서 이들이 부끄러움을 느끼고 정신을 차리길 바라며, 이들에게 은사의 참 목적을 설명한다. 그는 이사야 28:11-12을 자유롭게 번역한 단락으로 시작한다. 그리스도께서 오시기 수백 년 전, 하나님은 이스라엘에게 어느 날 자신이 **다른 방언을 말하는 자와 다른 입술로 이 백성에게 말할** 것이라고 하셨다. 그러나 이 기적적 표적에도 불구하고, 이스라엘은 **여전히 듣지 아니할** 터였다.

바울은 이 **다른 방언(strange tongues)**이 너희가 이제 알고 방언의 은사로 경험하는 것이라고 말한다. 하나님은 이 은사를 **믿는 자들을 위하지 아니하고 믿지 아니하는 자들을 위하는 표적**으로 주셨다. 14장의 중심과 이 현상에 관한 가장 중요한 진리가 여기 있다: 방언은 **표적(a sign)**으로, **믿지 아니하는 자들을 위하는(to unbelievers, 불신자들에게)**, 특히 믿지 않는 유대인들을 위한, **이 백성** 가운데 믿지 않는 자들을 위한 표적으로 주어졌다. '방언의 은사는 믿지 않는 이스라엘에게 순전히 하나의 표적으로 주어졌다.'

표적은 셋이다: 저주의 표적, 축복의 표적, 권위의 표적.

저주의 표적

이사야가 낯선 자들의 입술에서 나오는 낯선 방언들(strange tongues, 다른 방언)에 관해 예언하기 15년쯤 전, 북쪽 이스라엘 왕국이 불신앙과 배교 때문에 앗수르에 정복되었고 백성이 포로로 끌려갔다(기원전 722년). 그러자 이사야 선지자는 남쪽 유다 왕국에게 바벨론에 의한 동일한 심판이 그들을 기다리고 있다고 경고했다. 교만한 유다 종교 지도자들은 이사야의 경고를 들으려 하지 않았다. 그의 가르침은 너무나 단순했다. 이사야는 마치 아기 같은, "젖 떨어져 품을 떠난 자들"인 이들에게 말했다. 그는 이들이 마치 유치원생인 것처럼 이들을 가르쳤다. "대저 경계에 경계를 더하며 경계에 경계를 더하며 교훈에 교훈을 더하며 교훈에 교훈을 더하되 여기서도 조금, 저기서도 조금 하는구나 하는도다"[106](사 28:9-10). 하나님은 실제로 이들에게 단순하게 말씀하셨다. 이들 중에 가장 성숙하지 못한 자라도 이해하고 이스라엘 중에 그 누구도 하나님의 뜻과 약속을 모르는 것에 대해 핑계대지 못하게 하기 위해서였다. 하나님의 약속, 그 본질은 "이것이 너희 안식이요 이것이 너희 상쾌함이니, 너희는 곤비한 자에게 안식을 주라"는 것이었으나 이스라엘은 "듣지 아니하였다"(12절).

이사야가 등장하기 800년쯤 전, 하나님이 이스라엘에게 경고하셨다. "여호와께서 멀리 땅끝에서 한 민족을 독수리가 날아오는 것 같이 너를 치러 오게 하시리니, 이는 네가 그 언어를 알지 못하는 민족이요"(신 28:49). 이스라엘을 정복하는 자들의 낯선 언어는 하나님의 심판을 나타내는 표적일 터였다. 이사야 이후 100년쯤 되었을 때, 하나님이 예레미야를 통해 경고하셨다. "이스라엘 집이여 보라. 내가 한 나라를 먼 곳에서 너희에게로 오게 하리니, 곧 강하고 오랜 민족이라. 그 나라 말을 네가 알지 못하며 그 말을 네가 깨닫지 못하느니라"(렘 5:15). 심판의 표적은 이들이 이해할 수 없는 언어일 터였다.

사도들이 오순절에 말하고 다양한 나라에서 온 유대인들이 자신들의 언어로 들었을 때(행 2:7-11), 이 유대인들은 하나님의 심판이 임박했음을 알았어야 했다. 하나님의 심판이 반역하는 이스라엘에게 임했었고, 뒤이어 반역하는 유다에게 임했었다. 그러니 이제 하나님의 백성 중에 그분의 아들을 십자가에 못 박은 자들에게 임하는 게 더더욱 마땅하지 않겠는가? 주후 70년, 이 큰 심판이 임했고, 예루살렘은 로마 장군 티투스(나중에 황제가 되었다)의 손에 철저히 파괴되었다. 백만이 넘는 유대인이 살육되었다. 수천 명이 포로로 사로잡혔다. 성전이 약탈당하고 더럽혀지며 완전히 무너졌다. 예루살렘이 잿더미가 되었다. 어느 역사가는 예루살렘이 60년 동안 역사가 없었다고 말한다. 예수님이 예루살렘을 보며 우실 때 하셨던 예언처럼 되었다. "날이 이를지라. 네 원수들이 토둔을 쌓고, 너를 둘러 사면으로 가두고, 또 너와 및 그

---

106 새번역: 저 자는 우리에게, 한 자 한 자, 한 절 한 절, 한 장 한 장 가르치려고 한다.

가운데 있는 네 자식들을 땅에 메어치며, 돌 하나도 돌 위에 남기지 아니하리니, 이는 네가 보살핌 받는 날을 알지 못함을 인함이니라"(눅 19:43-44; 참조. 21:20-24).

예루살렘, 특히 성전이 파괴된 후, 방언이 있어야 할 이유가 사라졌다. 방언은 심판의 한 표적이었는데, 그 심판이 임했다. 오순절에 방언이 나타난 후, 베드로는 청중에게 이 심판을 암시적으로 상기시켰다. "그런즉 이스라엘 온 집은 확실히 알지니, 너희가 십자가에 못 박은 이 예수를 하나님이 주와 그리스도가 되게 하셨느니라"(행 2:36; 참조. 22-23절).

축복의 표적

둘째 표적은 첫째 표적의 남은 혜택이다. 방언의 은사는 하나님이 더는 한 민족을 통해 일하지 않고 한 백성을 편애하지 않으시리라는 표적(sign)이었다. 예수 그리스도의 교회는 모든 민족의 모든 족속을 위한 것이었으며, 그 안에 많은 언어가 있지만 장벽이 없는 교회다. "너희는 유대인이나 헬라인이나 종이나 자유인이나 남자나 여자나 다 그리스도 예수 안에서 하나이니라"(갈 3:28).[107]

바울은 동족 유대인들을 향한 큰 연민과 슬픔을 안은 채 로마서에 이렇게 썼다. "그들이 넘어짐으로 구원이 이방인에게 이르러 이스라엘로 시기 나게 함이니라." 그러나 그는 큰 희망의 어조로 뒤이어 이렇게 썼다. "그들의 넘어짐이 세상의 풍성함이 되며 그들의 실패가 이방인의 풍성함이 되거든, 하물며 그들의 충만함이리요!"(11:11-12). 몇 절 뒤에서, 바울은 좀 더 자세히 설명한다. "형제들아, 너희가 스스로 지혜 있다 하면서 이 신비를 너희가 모르기를 내가 원하지 아니하노니, 이 신비는 이방인의 충만한 수가 들어오기까지 이스라엘의 더러는 우둔하게 된 것이라. 그리하여 온 이스라엘이 구원을 받으

---

107 새번역: 유대 사람도 그리스 사람도 없으며, 종도 자유인도 없으며, 남자와 여자가 없습니다. 여러분 모두가 그리스도 예수 안에서 하나이기 때문입니다. (이 구절에서, 새번역이 저자가 사용하는 NASB에 가깝다.)

리라. 기록된 바, 구원자가 시온에서 오사 야곱에게서 경건하지 않은 것을 돌이키시겠고"(25-26절). 유대인 개개인이 그 나라에 들어갈 길은 언제나 열려 있을 것이었다. 우둔하게 된 자들은 일부일 뿐이며, 어느 날 이스라엘 전체가 자신들의 주님께 돌아올 것이다. 사도행전 10:44-46에 기록되었듯이, 방언의 표적은 이방인들이 교회에 포함될 때 되풀이되었다.

권위의 표적

심판을 선포하고 축복을 약속한 사람들은 사도들과 선지자들이었으며, 이들의 권위는 "표적과 기사와 능력"으로 입증되었다(고후 12:12; 참조. 롬 15:19). 진짜를 입증하는 표적 중에 방언의 은사가 있었으며, 바울은 "너희 모든 사람보다" 방언을 더 많이 했다(고전 14:18).

표적(sign)으로서 방언의 목적은 방언이 가리켰던 것이 끝날 때 함께 끝났다. 차를 몰고 로스앤젤레스로 향하는 사람이 300마일쯤 남겨두고 첫 번째 표지판(sign)을 본다. 나중에, 그는 "로스앤젤레스 200마일," "50마일," "10마일"이라고 쓴 표지판을 본다. 그러나 로스앤젤레스를 지나고 나니, 로스앤젤레스까지 남은 거리를 표시하는 표지판이 사라졌다. 표지판의 목적이 사라졌다. 표지판이 가리켰던 도시에 이르렀고 그 도시를 지났기 때문이다. 방언의 은사는 역사의 어느 시점에 불가역적으로 덧붙여졌으며, 그 시점이 지난 지 오래다.

흥미롭게도, 내가 믿기로 아주 의미 깊게도, 방언으로 말했거나 심지어 통역된 단어가 하나도 기록되어 있지 않다. 방언에 관한 모든 언급은 일반적이다. 방언은 언제나 그 목적 및 의미와 연결되어 언급될 뿐 방언의 구체적 내용은 전혀 언급되지 않는다. 방언으로 주어진 메시지는 새로운 계시나 통찰이 아니라, 오순절 때처럼 옛 진리, "하나님의 큰일"의 특별한 표현일 뿐이었다(행 2:11). 방언은 통역될 때 덕을 세울 수 있었지만, 방언의 목적은 가르치는 게 아니라 가리키는 것이었고 하나님의 진리를 계시하는 게 아니라 하나님이 세우신 대언자들이 제시하는 진리를 입증하는 것이었다.

주후 70년 예루살렘이 멸망한 후, 방언이라는 표적 은사의 목적이 사라졌다. 방언이 가리키던 곳에 이르렀고 그곳을 지났기 때문이다. 이스라엘이 밀려 났고 이방인들이 들어왔으며, 사도들은 성도에게 단번에 주신 믿음을 주었다.

바울은 뒤이어 말한다. **예언은 믿지 아니하는 자들을 위하지 않고 믿는 자들을 위함이니라(but prophecy is for a sign, not to unbelievers, but to those who believe).** NASB 본문의 이탤릭체가 보여주듯이, **is for a sign**(표적을 위한 것이다)은 헬라어 본문에는 없으며 번역자들이 추가했다. 헬라어 문법에 따르면, 이런 의미는 가능하지만 필수는 아니다. 예언은 다른 어디서도 표적 (sign)으로 언급되지 않으며, 따라서 나는 이것이 여기서 바울의 의미였다고 믿지 않는다. 그는 방언이 불신자들에게 표적이었듯이 예언이 신자들에게 표적이라고 말한 게 아니다. 예언은 **믿는 자들을 위해(to those who believe,** 믿는 자들에게) 주어지며, 다른 어떤 것을 가리키는 표적으로 주어지지 않고 그 자체로 덕을 세우기 위해 주어진다(4, 31절).

참 방언의 은사가 갖는 제한된 기능을 보여주는 사실이 있다. 역사에서 적합한 때라도, 방언은 오용되고 예배와 복음전파에 방해가 될 수 있었다. 방언의 은사를 가진 사람이 모두 동시에 방언으로 말하면, **알지 못하는 자들(the ungifted men)이나 믿지 아니하는 자들이 들어와서 너희를 미쳤다 하지 아니하겠느냐?** 16절에서 그랬듯이, 나는 '이디오테스'(*idiōtēs*, **ungifted,** 은사가 없는, **알지 못하는**)를 이 단어의 더 일반적 의미, 곧 배우지 못한(unlearned) 또는 무지한 (ignorant)이란 의미로 옮기는 게 더 낫다고 믿는다.

온 교회가 함께 모여 다 방언으로 말하면, 믿지 않는 이방인이 흥미를 잃었을 것이다. 이 표적에서 아무 의미도 찾을 수 없었기 때문이다. 믿지 않는 유대인도 야단법석과 혼란 때문에 흥미를 잃었을 것이다. '마이노마이'(*mainomai,* **mad, 미쳤다**)는 격하게 분노하거나 화가 나서 제정신이 아니라는 뜻이다. 이방인이든 유대인이든, 불신자는 이것이 이교도 의식들과 아주 닮은 또 하나의 거칠고 무의미한 의식일 뿐이라고 생각하며 이런 예배에서 발길을 돌렸을 것이다.

덕을 세우기 위해 주어지지 않았더라도, 방언은 이해되어야 했으며 당혹스러움을 일으켜서는 안 되었다. 오순절에 예루살렘을 찾은 유대인들이 깜짝 놀랐던 것은 사실 제자들이 방언으로 하는 말이 자신들의 "언어"(tongues)로 이해되었기 때문이다(행 2:11).

반대로, **다 예언을 하면, 믿지 아니하는 자들이나 알지 못하는 자들이 들어와서 모든 사람에게 책망을 들으며(is convicted) 모든 사람에게 판단을 받는다.** 법률과 관련된 동사들은 말씀 선포가 사람들로 깨닫게 한다는 것을 나타낸다. 다시 말해, 말씀 선포는 사람들로 이들의 주장이 참이라는 것을 깨닫게 하고, 사람들이 자신들의 반응을 토대로 심판을 받으리라는 것을 깨닫게 한다. 바울은 계속해서 방언과 예언을 대비시키면서 예언의 우월성을 또다시 보여준다. 여기서 **예언**은 하나님의 말씀을 선포한다는 가장 일반적인 의미로 사용된다. 말씀은 선포될 때 사람들의 마음에 말하고 죄를 깨닫게 하는데(conviction of sin), 이것은 믿음에 이르는 첫 단계다. 죄를 깨달은(convicted, **책망을 들은**) 사람은 자신을 실제 그대로 보게 된다. **그 마음의 숨은 일들이 드러나게 되기** 때문이다. 그의 죄악된 의도와 행동이 그에게 드러난다. 그 결과, 그는 **엎드리어 하나님께 경배하며, 하나님이 참으로 너희 가운데 계신다 전파한다.** 교회의 가장 강력한 증언은 황홀경에 빠지는 것이 아니라 강력한 하나님의 말씀을 분명하게 선포하는 것이다(히 4:12).

방언이 오용되었을 때, 혼란과 좌절과 당혹뿐이었다. 불신자들에게 혐오감을 주었고 신자들에게 덕이 되지 못했다. 그러나 예언은 신자들에게 덕이 되고 불신자들에게 복음을 전한다. 하나님의 말씀이 분명하게 선포될 때, 하나님이 높임을 받으시고 사람들이 복을 받는다. 우리의 바람은 모든 예배, 모든 행동, 우리가 주님의 이름으로 말하고 행하는 모든 것이 사람들로 **하나님이 참으로 너희 가운데 계신다**고 말하게 하는 것이어야 한다.

방언의 절차: 체계적

그런즉 형제들아, 어찌할까? 너희가 모일 때에 각각 찬송시도 있으며, 가르치는 말씀도 있으며, 계시도 있으며, 방언도 있으며, 통역함도 있나니, 모든 것을 덕을 세우기 위하여 하라. 만일 누가 방언으로 말하거든 두 사람이나 많아야 세 사람

이 차례를 따라 하고 한 사람이 통역할 것이요, 만일 통역하는 자가 없으면 교회에서는 잠잠하고 자기와 하나님께 말할 것이요. (14:26-28)

신약성경은 늘 그리스도인의 행동을 위한 교리적 기초를 제시한다. 우리가 하도록 부름받은 일을 하는 데에는 신학적 이유가 늘 있다. 바울은 로마서 1-11장에서 12-16장의 권면을 위한 교리적 기초를 놓듯이, 고린도전서 14:1-25절에서 26-40절의 권면을 위한 교리적 기초를 놓는다.

26-40절의 주 된 강조점은 방언을 위한 성경적 절차가 체계적이고 질서정연하며 거룩한 패턴(divine pattern)을 따라야 한다는 것이다. 모든 일에 있어서 고린도 신자들이 했던 것으로 보이는 혼란스러운 방식과는 대조적이다. 고린도 신자들에게 **찬송시, 가르치는 말씀, 계시, 방언, 통역**이 있든지 없든지 간에, 이들은 모두 동시에 참여하기를 원했다. 이들은 섬김이나 배움이나 덕을 세움에 관심이 없었고 오로지 자기표현과 자기 영광에만 관심이 있었다. 모두가 주목받고 뛰어나려고 경쟁했다.

찬송시(a psalm)는 구약 시편 중 하나를 읽거나 어쩌면 노래하는 것을 가리켰다. **가르치는 말씀(a teaching)**은 제시되고 설명되는 좋아하는 교리나 주제를 말할 것이다. 어떤 신자들은 하나님에게서 받았다는 새로운 **계시**가 있었다. 어떤 신자들은, 진짜든 위조든 간에, **방언(a tongue)**으로 말했고, 또 어떤 신자들은 **통역**했다.

위조된 방언을 제외하면, 이 모두는 예배의 선하고 적절한 부분이었다. 문제는 이 모두를 동시에 했다는 것이다. 당혹스러운 소수 방문자를 제외하고 아무도 듣지 않았으며, 방문자들은 의심할 여지 없이 그룹 전체가 미쳤다고 생각했다(23절을 보라). 누구도 이런 야단법석에서 유익을 얻을 수 없었다.

바울은 이런 혼란과 무질서에 비추어 분명하게 명한다. **모든 것을 덕을 세우기 위하여 하라.**

'오이코도메'(*oikodomē*, **edification, 덕을 세움**)는 문자적으로 "집짓기," 곧 주택 건축을 의미한다. 비유적으로, 이것은 성장함이나 향상됨이나 성숙함을 가리킨다. 그리스도인들의 영적 삶은 세워지고 향상되어야 하며, 온전함과 완전함에 이르러야 한다. 서로를 향한 그리스도인들의 주된 책임은 서로를 세워주는 것이다. 덕을 세움은 교회 지도자들의 주요 책임이지만(엡 4:11-12) 모든 그리스도인의 책임이기도 하다. '모든' 신자는 덕을 세우는 자(edifier)가 되라는 부르심을 받았다. "그러므로 피차 권면하고 서로 덕을 세우기를 너희가 하는 것 같이 하라"(살전 5:11). "우리 각 사람이 이웃을 기쁘게 하되 선을 이루고 덕을 세우도록 할지니라. 그리스도께서도 자기를 기쁘게 하지 아니하셨나니"(롬 15:2-3). 예수님은 자신이 "온 것은 섬김을 받으려 함이 아니라 도리어 섬기려 하고 자기 목숨을 많은 사람의 대속물로 주려 함"이라고 하셨다(마 20:28). 우리 주님은 자신에게 유익한 것이 아니라 자신이 섬기러 온 자들에게 유익한 것을 구하셨다.

바울이 고린도전서 14장에서 거듭 지적하듯이, 그리스도인의 사랑 없는 미성숙을 보여주는 큰 증거는 자신들에 대한 이기적 관심이었으며, 이것은 그리스도 안에 있는 형제자매들의 덕을 세우려는 관심이 부족한 것의 이면이다(3-5, 12, 17, 26, 31절). 이들은 바울의 명령과 달리 "화평의 일과 서로 덕을 세우는 일을 힘쓰지" 않았다(롬 14:19). 다른 사람들을 세워주는 것이 조화를 가져다주는 것이기도 하다. 이기적인 것이 부조화를 가져다주는 것이기도 하듯이 말이다.

오직 하나님의 말씀이 그리스도인을 세운다. 하나님의 말씀은 모든 영적 세움의 도구다. "모든 성경은 하나님의 감동으로 된 것으로 교훈과 책망과 바르게 함과 의로 교육하기에 유익하니, 이는 하나님의 사람으로 온전하게 하며, 모든 선한 일을 행할 능력을 갖추게 하려 함이라"(딤후 3:16-17). 하나님의 말씀은 모든 신자를 숙련시켜야 하는 도구다.

방언에 관한 규정

27-28절에서 바울은 방언에 관한 네 가지 규정을 제시한다. (1) 두세 사람만 말해야 한다. (2) 차례로 말해야 한다. (3) 말한 것이 통역되어야 한다. (4) 통역할 사람이 없으면 말하지 말아야 한다.

많은 고린도 그리스도인이 흉내 내고 있었던 이교도 황홀경과 반대로, 성령께서는 자제력을 잃거나 "영으로 죽임을 당한"(slain in the spirit)[108] 사람들을 통해 일하지 않으신다. 성령께서는 자신의 모든 은사를 의식 있고 인지하는 성도들의 마음(지성)을 통해 사용하신다.

첫째, 만일 누가 방언으로 말하거든 두 사람이나 많아야 세 사람이 해야 한다. 어떤 예배에서든 세 사람, 되도록 두 사람까지만 방언으로 말하는 게 허용되었다. 바울은 위조된 은사를 가리킬 때면 늘 단수형(tongue)을 사용하지만 여기서는 진짜 방언을 말하고 있는 게 분명해 보인다. 그가 위조된 방언의 사용을 위한 규정을 제시하지는 않았을 것이다. 여기서 바울은 단수 주어 **누가(anyone)**에 상응하는 단수형(tongue)을 사용한다. 특정한 사람이 특정 시간에 단 한 언어로 말할 것이기 때문이다.

둘째, 이 두세 사람이 익숙한 대로 동시에 말해서는 안 되고, **차례를 따라(in turn)** 말해야 한다. 이 절차에는 질서와 이해와 정중함이 필요하다. 여러 사람이 같은 언어를 동시에 말하면 아주 혼란스러울 테지만 서로 다른 언어로 동시에 말하면 그야말로 야단법석일 것이다.

현대 은사주의운동에 대한 가장 강력한 고발 중 하나는 많은 사람이 동시에 말하고 기도하며 노래하지만 어느 누구도 다른 사람의 행동이나 말에 주목하지 않는다는 것이다. 고린도 신자들처럼, 모두 자신을 위할 뿐 **차례를 따라** 말하라는 바울의 명령을 무시하는 게 분명하다.

셋째, 한 사람이 통역할 것이요(let one interpret). 방언으로 한 말은 모두 통역되어야(interpreted, 해석되어야) 하며, 단 한 사람이 분명하게 통역해야 한다. 헬라어 구문에서, 한 사람은 강조되는 위치에 자리하며, 이것은 한 사람만 관여한다는 것을 말한다. 고린도교회 통역들은 방언으로 말하는 자들만큼이나 자신을 섬겼으며, 서로 더 나으려 애썼다. 26절은 이들이 무엇을 하고 있었든

---

108 slain in the spirit은 오순절교회나 은사주의자들이 말하는 성령이 임할 때 일어나는 한 현상이다. 성령이 압도적으로 임한 사람은 육체가 이를 견디지 못하고 쓰러진다는 것이다. 이런 현상을 가리켜 slain in the spirit(영으로 죽임을 당함, 성령 안에서 죽임을 당함) 또는 rest in the spirit라 한다.

지 모두가 다른 사람들을 소리로 제압하려 했음을 암시한다. 바울은 이들에게, 두세 사람이 차례를 따라 말하는 게 허용되지만 오로지 **한 사람이 통역해야**한다고 말한다.

넷째, 만일 통역하는 자가 없으면 교회에서는 잠잠하게 하라. 방언으로 말하는 일과 이것을 통역하는 일이 두드러진 은사였던 것은 분명하지만 서로가 배제된 채 단독으로 사용되어서는 안 되었다. 방언이 없으면 통역이 자신의 은사를 사용'할 수 없었고', 통역이 없으면 방언으로 말하는 자가 자신의 은사를 사용'하지 말아야' 했다. 바울의 지시는 어느 신자들이 통역의 은사가 있는지 회중이 알았다는 것을 전제한다. 그 자리에 이들 중 하나가 없다면 방언으로 말해서는 안 되었다. 규정은 분명하고 단순했다: 통역이 없으면 방언도 없다. 여전히 방언으로 말해야겠다는 압박을 느끼는 사람은 묵상하고 기도하며, 조용히 **자기와 하나님께** (방언으로) 말해야 했다.

39

예언의 절차
(14:29-40)

예언하는 자는 둘이나 셋이나 말하고 다른 이들은 분별할 것이요, 만일 곁에 앉아 있는 다른 이에게 계시가 있으면 먼저 하던 자는 잠잠할지니라. 너희는 다 모든 사람으로 배우게 하고 모든 사람으로 권면을 받게 하기 위하여 하나씩 하나씩 예언할 수 있느니라. 예언하는 자들의 영은 예언하는 자들에게 제재를 받나니, 하나님은 무질서의 하나님이 아니시요 오직 화평의 하나님이시니라.

성도가 교회에서 함과 같이, 여자는 교회에서 잠잠하라. 그들에게는 말하는 것을 허락함이 없나니, 율법에 이른 것 같이 오직 복종할 것이요, 만일 무엇을 배우려거든 집에서 자기 남편에게 물을지니, 여자가 교회에서 말하는 것은 부끄러운 것이라. 하나님의 말씀이 너희로부터 난 것이냐? 또는 너희에게만 임한 것이냐? 만일 누구든지 자기를 선지자나 혹은 신령한 자로 생각하거든, 내가 너희에게 편지하는 이 글이 주의 명령인 줄 알라. 만일 누구든지 알지 못하면, 그는 알지 못한 자니라.

그런즉 내 형제들아, 예언하기를 사모하며, 방언 말하기를 금하지 말라. 모든 것을 품위 있게 하고, 질서 있게 하라. (14:29-40)

이 단락에서, 바울은 영적 은사("신령한 것들")와 관련된 문제들에 대한 비판적 논의를 매듭짓는다. 그는 남은 몇 가지 권면을 한데 모아, 이전에 바로잡아 말하지 않은 것을 요약한다. 인정하듯이, 이 단락 전체에서 어떤 것들은 분명하긴 하지만 이해하기 어렵다. 고린도 상황을 정확히 재구성할 수 없기 때문이다. 그러나 마지막 몇몇 권면은 그 의미가 명확하다.

> **예언하는 자는 둘이나 셋이나 말하고 다른 이들은 분별할 것이요, 만일 곁에 앉아 있는 다른 이에게 계시가 있으면 먼저 하던 자는 잠잠할지니라. 너희는 다 모든 사람으로 배우게 하고 모든 사람으로 권면을 받게 하기 위하여 하나씩 하나씩 예언할 수 있느니라. 예언하는 자들의 영은 예언하는 자들에게 제재를 받나니, 하나님은 무질서의 하나님이 아니시요 오직 화평의 하나님이시니라.** (14:29-33a)

그러나 목사들과 교사들의 직무와 달리 사도들의 직무처럼, 예언자(prophets, "예언하는 자")의 특별한 직무는 교회가 아직 매우 어릴 때 그쳤다. 바울의 목회서신(디모데전·후서, 디도서)을 토대로 판단컨대, 사도 시대가 끝나기도 전에 교회에서 예언자들의 기능이 그쳤다. 목회서신에서, 바울은 교회 지도자—장로, 집사, 감독—를 상당히 많이 언급하지만 예언자는 전혀 언급하지 않는다. 사도들과 더불어 예언자들은 교회의 기초였으며(엡 2:20), 신약성경의 교회에서 가장 먼저 사라진 직무다.

그러나 바울이 고린도교회에 이 서신을 쓸 때, 예언자들은 그 교회의 일에서 여전히 핵심이었다. 사실, 이 서신 어디에도 목사나 장로나 감독이 언급되지 않는다. 예언자들은 초기 교회에서 핵심 지도자였던 것으로 보인다(참조. 행 13:1). 고린도교회가 이러했던 게 분명하기에, 바울은 예언자들이 따라야 할 몇몇 원칙을 제시하지 않을 수 없었다.

29-33a절에서 바울은 예언에 관한 네 규정을 제시한다. (1) 두세 예언자만 말해야 한다. (2) 나머지 예언자들은 이들이 한 말을 분별해야(judge) 한다. (3) 누군가 계시를 받으면, 말하고 있는 사람이 양보해야 한다. (4) 각 예언자는 차례를 따라 말해야 한다.

어떤 예배에서든 **예언하는 자는 둘이나 셋만 말해야** 한다. 신약성경의 **예언하는 자(prophets,** 예언자들)는 두 가지 방식으로 하나님을 대언했다. 어떤 경우, 이들은 하나님의 새로운 계시를 교회에 전해주었다. 또한, 사도들의 가르침을 되풀이함으로써 앞서 계시된 것을 선포했으며, 이 부분에서 오늘날 말씀을 선포하는 자들 및 가르치는 자들과 흡사했다.

둘째, 예언자들이 어느 모임에서 말할 때, 나머지 예언자들은 **분별해야(pass judgment**, 판단해야, *diakrinō*에서 파생) 했다. 판단하는 예언자들은 분별의 은사(gift of discernment)가 있었거나(참조. 12:10; *diakrisis*, "분별함 distinguishing"), 단순히 다른 예언자가 한 말을 말씀과 하나님의 뜻에 관한 자신의 지식에 비추어 가늠해 보았을 것이다. 어쨌든, 이들은 모든 예언 메시지의 타당성을 집단적으로 평가할 수 있었다. 성령께서 평가하는 예언자들로 "영들이 하나님께 속하였나 분별할(test)" 수 있게 하셨다(요일 4:1). 예언자들은 이따금 새로운 계시를 받았으며, 따라서 이들이 전파하고 가르치는 모든 것이 절대적으로 참되고 일관된 게 특히 중요했다. 이들은 교회의 기초 세우기를 돕고 있었기에, 이들의 가르침이 타당한 게 더없이 중요했다. 어느 예언자도 일방적으로 가르치지 않았다. 모든 예언자가 서로를 돌아볼 책임이 있었다.

셋째, **만일 곁에 앉아 있는 다른 이에게 계시가 있으면 먼저 하던 자는 잠잠할지니라.** 새로운 계시가 이미 가르친 것을 반복하는 일보다 우선이었다. 새로운 계시에 담긴 진리가 선포되고 있는 진리보다 반드시 더 중요한 것은 아니었다. 그러나 그 순간, 새로운 계시가 하나님에게서 오는 신선한 것일 때 들어야 했다. 오늘의 교회에 해당하는 문제는 아니다. 계시와 관련된 예언 사역은 신약성경이 완료되면서 그쳤기 때문이다. 그러나 초기 교회에서 이런 충돌이 이따금 있었던 게 분명하다. 이런 일이 일어나면, 새로운 계시를 받은 예언자에게 멍석을 깔아주어야 했다. 바꾸어 말하면, 하나님이 직접 말씀하실 때는 모두가 들어야 했다.

넷째, 새로운 계시를 주든 앞선 계시를 강화하든 간에, 예언자들은 **하나씩 하나씩 예언해야(prophesy one by one)** 했다. 방언으로 말할 때처럼, **모든 사람으로 배우게 하고 모든 사람으로 권면을 받게 하기 위하여(so that all may learn and all may be exhorted)** 한 번에 한 사람만 예언해야 했다. 이러한 모든 예언의 이중 목적을 표현하기 위해 접속사 '히나'(*hina*, **so that**, 하기 위하여)가 사용된다. 이중 목적이란 배움과 권면이다(참조. 3절).

바울은 예언자들이 서로의 메시지를 분별하는(judge, 판단하는) 원칙을 강화한다(참조. 29절). **예언하는 자들의 영은 예언하는 자들에게 제재를 받는다**(참조. 29절). 예언자들은 다른 예언자들이 하는 말이 진짜인지 판단해야 할 뿐 아니라 각 예언자는 자신의 영을 제어해야 한다. 성경은 영 없는(out-of-spirit) 계시나 마음 없는(out-of-mind) 계시를 전혀 알지 못한다. 하나님이 그분의 말씀을 계시하신 자들은 받은 메시지를 늘 온전히 이해하지는 못했으나 그 메시지가 무엇인지 늘 온전히 알았고 하나님이 그 메시지를 주셨다는 것도 늘 온전히 알았다. 하나님은 자신의 말씀을 계시하거나 가르치려고 인간의 마음(mind, 지성)을 건너뛰지 않으신다. 하나님의 행위나 예언자와 관련된 황홀하거나 기괴하거나 몽환적인 경험, 귀신의 계시와 관련해 일어났고 일어나는 것들 같은 경험은 없었다. 이것은 성령의 역사와 귀신의 역사를 분별하는 분명한 테스트 중 하나였으며, 고린도 신자들이 이런 분별력을 갖는 데 어려움이 있었음을 시사한다(참조. 12:3).

하나님은 무질서의 하나님이 아니시요 오직 화평의 하나님이시니라. 이것이 14장 전체를 이해하는 열쇠다. 우리가 하나님께 드리는 예배는 하나님의 성품과 본성을 반영해야 한다. 그분은 다툼과 **무질서(confusion, 혼란)**의 하나님이 아니라 화평과 조화의 하나님이다(참조. 롬 15:33; 살후 3:16; 히 13:20). 부조화와 무질서가 있는 곳, 경쟁과 광분이 있는 곳, 자신을 섬기고 자신을 영화롭게 하는 곳에서는 하나님이 높임을 받지 못하신다. 교회 모임에 혼돈과 불협화음이 있다면, 하나님의 영이 다스리지 않으신다는 확실한 증거다. 하나님의 성령이 다스리시는 곳에는 늘 **화평**이 있다(참조. 약 3:14-18).

그 외 일반 규정

모든 성도가 교회에서 함과 같이, 여자는 교회에서 잠잠하라. 그들에게는 말하는 것을 허락함이 없나니, 율법에 이른 것 같이 오직 복종할 것이요, 만일 무엇을 배우려거든 집에서 자기 남편에게 물을지니, 여자가 교회에서 말하는 것은 부끄러운 것이라. 하나님의 말씀이 너희로부터 난 것이냐? 또는 너희에게만 임한 것

이냐?

**만일 누구든지 자기를 선지자나 혹은 신령한 자로 생각하거든, 내가 너희에게
편지하는 이 글이 주의 명령인 줄 알라. 만일 누구든지 알지 못하면, 그는 알지
못한 자니라.** (14:33b-38)

33절 후반부는 34절과 가장 잘 맞는 것 같다. **모든 성도가 교회에서 함과 같이(as
in all the churches of the saints,** 성도들의 모든 교회에서 그렇듯이)라는 어구는
하나님이 무질서의 하나님이 아니라는 것과 논리적으로 연결되지 않는다. 오
히려 이 어구는 다음 문장(**여자는 교회에서 잠잠하라. 그들에게는 말하는 것을 허락함이 없
나니**)의 논리적 도입부 역할을 한다. 바울은 여자가 교회 예배에서 말하지 말아
야 한다는 원칙이 논리적이거나 지리적이거나 문화적이 아니라 성도들의 모
든 교회에서(**in all the churches of the saints**) 보편적이라는 사실을 강조했
다. 여기에는 방언도 포함되나 이 문맥에서는 예언을 가리킨다. 여자는 이런
사역들을 하나라도 해서는 안 된다.

바울은 지금껏 무질서한 자기 과시를 정죄했다. 그런데 이렇게 자신을 과
시한 여자들은 혼란을 더했을 뿐 아니라 애초에 말하지 말았어야 했다. 교회
를 향한 하나님의 질서에서, 여자들은 **율법에 이른 것 같이 오직 복종해야** 한다.
이 원칙은 구약성경이 처음 가르쳤고 신약성경에서 재확인된다. 이 원칙의
반영으로, 여자들은 유대 회당에서 말하는 것이 허용되지 않았다.

여자들의 순종은 타락의 주된 결과 중 하나였을 뿐 아니라 창조 계획 중 하
나였다(창 3:16). 바울은 이 원칙을 분명하게 반영해 이렇게 말했다. "여자는
일체 순종함으로 조용히 배우라. 여자가 가르치는 것과 남자를 주관하는 것
을 허락하지 아니하노니, 오직 조용할지니라"(딤전 2:11-12). 바울은 문화적 기
준이 아니라 역사적이며 근본적인 사실에 기초해 논증한다. (1) "아담이 먼저
지음을 받고 하와가 그 후며" (2) "아담이 속은 것이 아니고, 여자가 속아 죄에
빠졌음이라"(13-14절). 남자들은 사랑으로 이끌어야 하고, 여자들은 사랑으로
순종해야 한다. 이것이 하나님의 계획이다.

고린도교회처럼, 오늘날 방언으로 말하고 치유의 은사를 주장하는 숱한 교

회가 여자들이 말하는 사역에 참여하도록 허용하는 것은 우연의 일치가 아니다. 사실, 기독교에서 나온 많은 사교(邪教, cults)를 여자들이 시작했듯이, 많은 은사주의 그룹도 여자들이 시작했다. 하나님이 정하신 남자의 역할을 빼앗을 때, 여자들은 필연적으로 다른 비성경적 행위와 망상에 빠진다.

여자들이 은사가 뛰어난 교사나 지도자일 수 있지만 교회 예배에서 남자들을 상대로 그 은사를 사용해서는 안 된다. 하나님은 창조 세계에 질서를 부여하셨고, 그 질서는 그분의 본성을 반영하기에 그분의 교회에 반영되어야 한다. 그분의 질서 중 일부라도 무시하거나 거부할 때, 그분의 교회는 약해지고 그분은 모독을 받으신다. 무질서하고 혼란한 교회에서 하나님의 성령께서 다스리실 수 없듯이, 하나님이 남자들에게 국한하신 역할을 여자들이 취하는 곳에서도 성령께서 다스리실 수 없다. **여자가 교회에서 말하는 것은 부끄러운**(**improper,** *aischros,* "부끄러운, 수치스러운") **것이라.** 이 말의 의미에 관해서는 의문이 있을 수 없다.

만일 무엇을 배우려거든 집에서 자기 남편에게 물을지니. 이 말은 어떤 여자들이 교회 예배에서 무질서하게 질문했다는 것을 암시한다. 여자들이 배우길 원한다면, 교회는 이들이 예배에 지장을 주면서까지 질문을 쏟아낼 만한 곳이 아니었다. 물론, 바울은 그리스도인 남편들이 말씀을 잘 배워야 한다는 것도 암시한다. 많은 여자가 흔히 남편을 비롯해 하나님이 맡기신 리더의 임무를 책임 있게 수행하지 못하는 그리스도인 남자들에게 실망해 자신의 성경적 역할을 넘어서려는 유혹을 받는다. 그러나 하나님은 교회에서 남녀 역할의 적절한 질서와 관계를 세우셨고, 어떤 이유로도 이 질서와 관계를 깨서는 안 된다. 남자가 자신의 역할을 소홀히 한다고 여자가 남자의 역할을 취한다면 문제가 복잡해질 뿐이다. 여자가 이런 부분들에서 남자를 대체하기란 불가능하다. 하나님은 남자들이 거부한 일을 여자들에게 맡기실 때가 많지만 남자들에게 국한하신 역할을 통해 그 일을 성취하게 하시지는 않는다.

비공식 모임과 성경공부 모임에서, 남자들과 여자들이 동등하게 질문하고 통찰을 나누는 게 더없이 적절할 때가 있다. 그러나 교회가 하나님을 예배하려고 한 몸으로 모일 때, 그분의 기준은 분명하다. 지도자 역할은 남자들에게 국한된다.

많은 고린도 신자가, 여자들 뿐 아니라 남자들도, 이 문제를 두고 바울과 다퉜던 게 분명하다. 바울을 비롯해 성숙한 지도자들이 뭐라고 말하든 간에, 이들은 자신들만의 원칙과 기준을 따르기로 결정했다. 교만과 오만 속에서 고린도교회는 스스로에게 법이 되길 원했고 무엇이 옳고 적절한지 스스로 결정했다. 이들은 마치 자신들이 진리를 독점하고 다른 사람들이 그 진리에 의문을 제기하는 것처럼 행동했다.

고린도 신자들은 자신들을 성경 위에 두었으며, 성경을 무시하거나 자신들의 성향에 맞게 해석했다. 그래서 바울은 전에 없이 날카롭고 신랄한 말로 이들에게 도전한다. **하나님의 말씀이 너희로부터 난 것이냐? 또는 너희에게만 임한 것이냐?** 그는 사실 이렇게 말했다. "여러분이 성경을 쓴 게 아니라면, 성경에 순종하십시오. 오직 여러분만 하나님의 말씀을 받은 게 아니라면, 신실한 하나님의 자녀들로서, 모든 곳의 그리스도인들이 그렇게 해야 할 의무가 있듯이, 그 말씀에 복종하십시오." 그 어느 신자도 하나님의 말씀을 뒤엎거나 무시하거나 바꾸거나 불순종할 권리가 없다. 이렇게 한다면 자신을 하나님의 말씀 위에 두는 것이다.

바울은 계속해서 도전한다. **만일 누구든지 자기를 선지자나 혹은 신령한 자로 생각하거든, 내가 너희에게 편지하는 이 글이 주의 명령인 줄 알라.** 바울이 예언자들과 방언에 관해 지금껏 무엇에 초점을 맞추었는지에 비춰볼 때, 여기서 **신령한 자**는 일차적으로 방언으로 말하는 자들, 곧 고린도 신자들이 아주 높이 샀던 특별한 영적 언어로 말하는 자들을 가리키는 게 틀림없다. 바울의 핵심은 이것이다. "자신이 예언자이거나 방언의 은사나 다른 어떤 영적 은사를 가졌다고 주장한다면, 그의 소명이 진짜이고 그의 사역이 신실한지 보여주는 표식이 있습니다. 그 사람이 제가 사도로서 가르친 것을 하나님의 진리라고 인정한다는 것입니다. 어떤 사람이 정말로 하나님의 부르심이나 은사를 받아 진심으로 그분을 따르고 있다면, 자신의 부르심과 은사를 하나님이 그분의 계명으로 저에게 계시하신 원칙들에 맞게 사용할 것입니다." 바울의 가르침은 선택사항이 아니었다.

다른 한편으로, **만일 누구든지 알지 못하면, 그는 알지 못한 자니라.**[109] 이 언어유희는 말씀을 무시하는 자는 누구든지 그 자신이 무시되리라는 의미를 내포한다. 거짓 예언자나 방언 위조자의 표식, 또는 참 소명이나 은사를 오용하는 자의 표식은 바울의 가르침을 받아들이지 않는다는 것이었다. 이런 사람들은 바울의 가르침을 받아들이지 않았기 때문에, 합당한 하나님의 종으로 받아들여지지 않았다. 성경으로서의 하나님의 계시였기 때문에, 바울의 가르침은 절대적 권위가 있었다(참조. 벧후 3:15-16).

바울이 여기서 권위를 강조하는 것은 적절하다. 너무나 많은 고린도 신자가 방언과 여자에 관한 바울의 말을 무시하려 했기 때문이다. 바울은 교회가 이런 무지하고 고집스런 거부자들(받아들이지 않는 자들)을 무시해야 한다고 말한다.

37-38절에서, 바울은 하나님의 사도가 갖는 권위에 관해 어쩌면 가장 강한 주장을 제시한다. 바울은 개인적 한계와 약점이 있었고, 이것을 거리낌 없이 인정했다(예를 들면, 빌 3:12-14을 보라). 그러나 하나님을 대언할 때, 그의 시각은 문화적 편견이나 개인적 편견에 오염되지 않았다. 예를 들면, 여자들이 교회에서 순종해야 한다고 가르친 것은 그 자신의 유대교 배경 때문이거나 그 어떤 개인적인 남성우월주의에 맞추기 위해서가 아니었다. 바울이 이 진리를 가르친 것은 그 자신이 주님에게서 그렇게 배웠기 때문이었다. 바울은 자신이 전지(全知)하다고 주장하지 않았으나, 자신이 하나님에 관해, 그분의 복음에 관해, 그분의 교회에 관해 가르치는 모든 것은 명백하게 하나님 바로 그분의 가르침, 곧 **주의 명령**이라고 주장했다.

그들의 위치, 훈련, 경험, 전문지식, 달란트가 무엇이든 간에, 바울의 가르침을 받아들이지 않는 그리스도인들은 하나님의 가르침을 받아들이지 않는 것이며, 그분의 교회에서 교사나 지도자로 받아들여져서는 안 된다.

---

109 새번역: 누구든지 이것을 인정하지 않으면, 그 사람도 인정을 받지 못할 것입니다.

요약된 권면

그런즉 내 형제들아, 예언하기를 사모하며, 방언 말하기를 금하지 말라. 모든 것을 품위 있게 하고, 질서 있게 하라. (14:39-40)

바울은 고린도 신자들에게 예배에서 예언을 더 높은 위치에 두되 합당한 방언을 경멸하거나 거부하지 말라는 요약된 권면으로 14장을 마무리한다. 이들이 주님의 이름으로 무엇을 하든 바른 방법으로 해야 한다.

모일 때, 이들은 집단적으로 **예언하길 사모해야(desire earnestly,** 2인칭 복수) 했다. 예언은 크게 덕을 세우며, 훌륭한 선생이자 교사이기 때문이다. 예언이 아주 중요한 것은 덕을 세움이 아주 중요하기 때문이다. 동사 형태가 증명하듯이, 이번에도 바울은 개개인이 예언의 은사를 구해야 한다고 말하는 게 아니다(37장에서 14:1에 관한 설명을 보라).

그러나 예언 다음이긴 하지만, 합당한 **방언**도 주님의 것으로 인정해야 하며 비웃거나 금해서는 안 된다. **금하지 말라**도 복수형이며 개인적인 방언 추구를 지지하지 않지만, 교회가 그룹으로서 적절한 은사들이 사용되도록 허용하는 것을 가리킨다. 방언은 목적과 지속 기간 둘 모두에서 제한된 은사였으나 주님의 선물이었으며, 방언을 할 때 경멸하거나 방해하지 말아야 했다.

바른 계시에 바르게 순종해야 하며, 바른 은사를 바르게 사용해야 한다. '유스케모노스'(*euschēmonōs,* **properly, 품위 있게**)의 기본 의미는 우아하게(gracefully), 어울리게(becomingly), 조화롭게(harmoniously), 아름답게(beautifully)이다. **질서 있게(orderly)**는 "차례로"(in turn) 또는 "차례를 따라"(one at a time)라는 의미를 갖는다(참조. 27절). 하나님은 아름다움과 조화의 하나님, 품위와 질서의 하나님이며, 그분의 자녀들이 하는 **모든 것**은 이 신성한 특징을 반영해야 한다.

40

그리스도의 부활, 그 증거
(15:1-11)

형제들아, 내가 너희에게 전한 복음을 너희에게 알게 하노니, 이는 너희가 받은 것이요 또 그 가운데 선 것이라. 너희가 만일 내가 전한 그 말을 굳게 지키고 헛되이 믿지 아니하였으면, 그로 말미암아 구원을 받으리라. 내가 받은 것을 먼저 너희에게 전하였노니, 이는 성경대로 그리스도께서 우리 죄를 위하여 죽으시고, 장사 지낸 바 되셨다가, 성경대로 사흘 만에 다시 살아나사, 게바에게 보이시고, 후에 열두 제자에게와 그 후에 오백여 형제에게 일시에 보이셨나니, 그 중에 지금까지 대다수는 살아 있고, 어떤 사람은 잠들었으며, 그 후에 야고보에게 보이셨으며, 그 후에 모든 사도에게와 맨 나중에 만삭되지 못하여 난 자 같은 내게도 보이셨느니라. 나는 사도 중에 가장 작은 자라. 나는 하나님의 교회를 박해하였으므로 사도라 칭함 받기를 감당하지 못할 자니라. 그러나 내가 나 된 것은 하나님의 은혜로 된 것이니, 내게 주신 그의 은혜가 헛되지 아니하여, 내가 모든 사도보다 더 많이 수고하였으나, 내가 한 것이 아니요 오직 나와 함께 하신 하나님의 은혜로라. 그러므로 나나 그들이나 이같이 전파하매, 너희도 이같이 믿었느니라. (15:1-11)

대부분의 고린도전서와 달리 15장은 전적으로 교리에, 그것도 단 하나의 교리에 전념한다.

이 58개의 구절에서 바울은 성경 전체 중 부활을 가장 폭넓게 다룬다.

심장 박동이 생명을 주는 피를 몸의 모든 부분에 공급하듯이, 부활의 진리는 생명을 복음의 진리 전체에 공급한다. 부활은 모든 기독교의 중심축이며, 부활이 없으면 나머지 진리 중 어느 하나도 그다지 중요하지 않을 것이다. 부활이 없으면, 기독교는 그저 희망 사항에 지나지 않을 테고, 그 자리는 다른 모든 인간 철학과 종교적 고찰의 옆일 것이다.

부활은 그리스도께서 가르치신 다른 모든 진리의 초점이었다. 그분은 제자들에게 이렇게 가르치셨다. "인자가 많은 고난을 받고 장로들과 대제사장들과 서기관들에게 버린 바 되어 죽임을 당하고 사흘 만에 살아나야 할 것"이다(막 8:31; 참조. 9:9, 31). 그분은 이렇게 말씀하셨다. "나는 부활이요 생명이니, 나를 믿는 자는 죽어도 살겠고"(요 11:25). 오순절 이후의 첫 두 설교는 모두 그리스도의 부활에 초점을 맞추었다(행 2:14-36; 3:12-26). 이 진리 때문에, 십자가에 못 박혀 죽은 랍비의 상심한 추종자들이 용감한 증인과 순교자로 바뀌어, 몇 년 사이에 복음을 로마 제국 전역과 그 너머까지 퍼트렸다. 부활 신앙, 곧 예수 그리스도를 믿는 자들에게 이생은 내세의 전주곡일 뿐이라는 믿음은 비웃음이나 투옥이나 고문이나 심지어 죽음으로도 제거할 수 없었다. 이생의 그 어떤 두려움과 공포도 확실한 내세의 소망과 기쁨을 소멸할 수 없었다.

신약의 참 기독교는 부활의 종교다. 18세기 영국 철학자 존 로크(John Locke, 1632-1704)는 이렇게 말했다. "우리 구주의 부활은 기독교에서 참으로 크게 중요하다. 너무나 중요해서 그분이 메시아냐 아니냐가 여기에 달렸다."

부활은 복음의 모퉁잇돌이기에, 사탄이 교회에 퍼붓는 가장 큰 공격의 대상이었다. 부활을 제거한다면, 생명을 주는 복음의 능력이 제거되고, 그리스도의 신성이 제거되며, 죄로부터의 구원이 제거되고, 영생이 제거된다. "만일 그리스도 안에서 우리가 바라는 것이 다만 이 세상의 삶뿐이면, 모든 사람 가운데 우리가 더욱 불쌍한 자이리라"(고전 15:19). 그리스도께서 무덤에서 살아나지 않으셨다면, 그분을 믿는 자들은 이렇게 되리라고 소망할 수 없는 게 확실하다.

부활이 없었다면 구원이 주어질 수 없었을 것이며, 부활을 믿지 않으면 구원을 받을 수 없다. "네가 만일 네 입으로 예수를 주로 시인하며 또 하나님께서 그를 죽은 자 가운데서 살리신 것을 네 마음에 믿으면 구원을 받으리라"(롬 10:9). 그러므로 그리스도인이면서 예수 그리스도의 부활을 믿지 않는다는 것은 불가능하다.

고린도전서 15장이 초점을 맞추는 교리적 문제는 고린도 신자들이 그리스도의 부활을 믿지 않았다는 게 아니라 자신들의 부활에 관해 혼란스러웠다는 것이다. 바울은 이들에게 그리스도께서 죽은 자 가운데서 다시 살아나셨다는 확신을 주려 했던 게 아니라, 어느 날 이들도 그분과 함께 다시 살아나 영원히 살리라는 확신을 주려 했다. 그런데도 그는 기초를 놓기 위해 1-11절에서 예수님이 부활하셨다는 증거, 곧 자신이 인정하며 이들이 이미 믿는 진리를 뒷받침하는 증거를 살펴본다(1, 11절). 그가 제시하는 다섯 증거 또는 증언은 교회, 성경, 목격자들, 특별한 증인인 사도 바울 자신, 공통된 메시지다.

교회의 증언

형제들아, 내가 너희에게 전한 복음을 너희에게 알게 하노니, 이는 너희가 받은 것이요 또 그 가운데 선 것이라. 너희가 만일 내가 전한 그 말을 굳게 지키고 헛되이 믿지 아니하였으면, 그로 말미암아 구원을 받으리라. (15:1-2)

첫째 증언은 분명하지 않고 암시적이다. 고린도 그리스도인들 자신과 모든 지역의 그리스도인이 복음을 받아들이고 예수 그리스도를 믿어 기적적으로 변화되었다는 사실 자체가 복음의 능력, 곧 그리스도의 부활이 갖는 능력을 뒷받침하는 강력한 증거였다.

바울은 이들을 다시 **형제들**이라 부름으로써(참조. 1:10; 2:1; 3:1; 10:1 등) 편지의 수신자들에게 이들을 동료 그리스도인으로 인정한다는 것을 확인시킨다. 이 용어는 바울과 이들의 영적 일치뿐 아니라 그의 사랑을 표현한다(참조. 15:58).

바울은 이제 하려는 말이 이들에게 새로운 게 아니라 **내가 너희에게 전한 복**

음, 곧 **너희가 받은 것**일 뿐이라고 말한다. 바울은 3-4절에 가서야 복음의 핵심을 명시한다: "그리스도께서 우리 죄를 위하여 죽으시고 장사 지낸 바 되셨다가…사흘 만에 다시 살아나사." 1-2절의 핵심은 고린도 신자들 자신이 이 교리가 참이라는 산 증거였다는 것이다. 이들은 유대교나 이방 종교의 영적 어둠과 죽음에서 벗어나 그리스도의 빛과 생명에 들어갔으며, 이 사실이 복음의 능력을 증언했고, 따라서 부활의 능력을 증언했다. 또한 이들이 그리스도 부활의 진리를 이미 믿는다는 것도 증언했다. 바울이 이들에게 **전한** 것, 이들이 **받은** 것은 예수 그리스도의 부활의 복음이었다. 바울은 이들이 이제 이 복음 가운데 **서 있으며** 이 복음으로 말미암아 **구원을 받고** 죄의 권세와 정죄로부터 해방된다는 것을 확인시킨다. 그리스도의 부활이 사실이고 이들이 이것을 믿기 때문에, 이들은 이제 그분 교회의 일부이고 이로써 부활의 능력을 입증하는 증거였다.

바울이 말하는 조건절—**너희가 만일 내가 전한 그 말을 굳게 지키고**(hold fast, 단단히 붙잡고) **헛되이 믿지 아니하였으면**—은 참 신자들이 구원을 잃을 위험이 있다고 가르치는 게 아니라 구원하지 못하는 믿음(non-saving faith)을 경고한다. 그러므로 "내가 너희에게 전한 것을 너희가 굳게 붙잡으면, 너희의 믿음이 무가치하지 않거나 너희가 효과 없이 믿지 않으면"이 좀 더 분명한 번역이겠다. 고린도 신자들은 바울이 이미 전한 것을(11:2을 보라) 굳게 붙잡았으며, 이 것은 이들이 진정으로 구원을 받은 결과이자 증거였다. 이들의 구원과 새로운 삶이 그리스도의 부활 능력을 뒷받침하는 증거였듯이 말이다. 그러나 어떤 사람들은 구원하는 참믿음이 없었으며, 따라서 하나님의 말씀에 변함없이 순종하지 못했다는 것을 인정해야 한다.

바울이 신자들의 안전에 관해 주는 가르침은 전혀 모호하지 않았다. "하나님이 미리 아신 자들을 또한 그 아들의 형상을 본받게 하기 위하여 미리 정하셨으니, 이는 그로 많은 형제 중에서 맏아들이 되게 하려 하심이니라. 또 미리 정하신 그들을 또한 부르시고, 부르신 그들을 또한 의롭다 하시고, 의롭다 하신 그들을 또한 영화롭게 하셨느니라"(롬 8:29-30; 참조. 35-39절; 5:9-10; 9:23; 고전 2:7 등). 오직 하나님의 능력으로 우리가 구원을 받으며, 오직 하나님의 능력으로 우리의 구원이 유지된다. 우리의 구원이 유지되는 것은 일차적으로 우리가 그리스도를 단단히 붙잡고 있기 때문이 아니라 그리스도께서 우리를 단단히 붙잡고 계시기 때문이다. 우리가 그분을 단단히 붙잡고 있다는 것은 그분이 우리를 단단히 붙잡고 계시다는 증거다.

신앙을 고백하는 그리스도인이(professing Christian) 정통 교리와 삶을 붙잡은 후 이것을 완전히 거부한다면, 그의 구원이 절대로 진짜가 아니었다는 증거다. 그가 하나님의 것들을 놓아버릴 수 있는 것은 그 자신이 붙잡고 있기 때문이다. 그는 하나님께 속하지 않으며, 따라서 하나님의 능력이 그를 붙잡을 수 없다. 이런 사람이 **그 말을 굳게 지키지**(hold fast, 단단히 붙잡지) 않는 것은 **헛되이**(in vain) 믿기 때문이다. 그의 믿음은 절대로 진짜가 아니다. 그는 단단히 붙잡히지 않았기에 단단히 붙잡을 수 없다.

우리 주님은 쓸모없고, 구원하지 못하는 믿음을 가진 가짜 신자들을 거듭 말씀하셨다. 씨뿌리는 자의 비유에서(마 13:1-23), 복음의 씨앗 중 얼마는 얇은 땅이나 잡초가 무성한 땅에 떨어진다. 가라지는 흔히 알곡처럼 보이지만 알곡이 아니다(13:24-30, 34-43). 예수님은 같은 그물에 가득 잡힌 다양한 물고기 중에 나쁜 것은 내버린다고 하셨다(13:47-50). 기초가 허술한 집을 말씀하셨고(7:24-27), 등잔의 기름을 준비하지 않은 처녀들과 달란트를 허비해 "쫓겨난" 종들을 말씀하셨다(25:1-30). 옳게 보이지만 멸망으로 인도하는 문과 길을 경고하셨다(7:13-14).

고린도 신자 중 일부는 지적으로 그리고/또는 겉으로 예수님의 주되심(lordship), 구주되심(saviorhood), 부활을 인정했지만, 그분을 믿거나 그분께 자신을 헌신하지 않았던 것이 분명하다. 이들은 귀신들이 믿듯이 믿었을 뿐이다(약 2:19). 이들은 그리스도를 인정했으나 그분을 **받지**(received, 받아들이지) 않았고, 그분 안에 **서지** 않았으며, 바울이 자신들에게 **전한**(preached) 그분의 말(말씀)을 **굳게 지키지**(hold fast, 단단히 붙잡지) 않았다. 방금 인용한 예화들에서 예수님이 분명히 하셨듯이, 많은 사람이 복음에 이런저런 긍정적 반응을 보지만 예수 그리스도를 믿는 참믿음만 구원에 이르게 한다.

많은 사람의 믿음이 쓸모없다. 심판 날, "많은 사람이…주여, 주여"하겠지만 공허한 가짜 믿음 때문에 쫓겨날 것이다(마 7:22-23; 25:11-12). 그리스도와 그분의 교회를 버리는 자들은 자신이 그분이나 그분의 참 몸에 결코 실제로 속하지 않았다는 것을 증명하는 셈이다(참조. 요일 2:19). 예수님은 "내 말에 거하는" 자들, 곧 **그 말을 굳게 지키는**(단단히 붙잡는) 자들이 "참으로 내 제자가 된다"고 하셨다(요 8:31; 참조. 고후 13:5; 요이 9). 참으로 의롭다함을 얻고 의로운 자들은 믿음으로 구원받을 뿐 아니라 계속해서 "믿음으로 말미암아 산다"(live by faith, 믿음으로 산다, 히 10:38). 순종과 변함없는 신실함은 구속받은 자의 표식이다.

고린도교회는 아주 미성숙하고 약점도 많았다. 그런데도 이 교회가 존속했다는 사실은 복음의 능력을 뒷받침하는 강력한 증언이었다. 부활해 살아계신 그리스도 외에 누가 강탈자, 도둑, 간음자, 간통자, 동성애자, 거짓말쟁이, 우상숭배자, 그리고 철저히 세상적인 이교들을 취해 구속받은 자들의 공동체로 바꾸실 수 있었겠는가? 이들의 단점과 실패에도 불구하고, 이들의 모임에 거짓 추종자들이 있었음에도 불구하고, 그리스도께서 참 성도들 안에서 그리고 이들을 통해 살아계셨다. 바울은 이들이 한 일과 하지 않은 일의 많은 부분이 부끄러웠으나 이들을 **형제들**이라 부르길 부끄러워하지 않았다.

대체로 주관적 증거이기는 하지만, 예수 그리스도의 교회가 2,000년을 존속했다는 것은 그분의 부활이 사실이었다는 증거다. 그분의 교회와 그분의 말씀이 회의주의와 박해와 이단과 불신실과 불순종을 이기고 살아남았다. 비평가들이 부활을 허위와 조작이라며 깎아내렸지만, 이런 조작이 죽은 주님을 사랑하고 따르려고 필요할 때면 자신들의 자유와 생명을 포함해 모든 것을 버리는 사람들을 낳는 능력을 결코 설명하지 못했다. 그분의 살아있는 교회는 그리스도 자신이 살아계신다는 증거다. 그분이 살아계시려면, 죽은 자 가운데서 다시 살아나셨어야 한다.

옥스퍼드 피폰 홀(Ripon Hall)의 학장을 지낸 헨리 메이저(H. D. A. Major, 1818-1891)는 이렇게 썼다.

제자들의 예수님 경험이 그분의 십자가 죽음에서 끝났다면, 어떻게 교회가 생겨날 수 있었는지 알기 어렵다. 교회는 예수님이 메시아라는 믿음에 기초했다. 십자가에 못 박혀 죽은 메시아는 결코 메시아가 아니었다. 그분은 유대교에게 배척당했고 하나님의 저주를 받았다. 바울이 로마서 14장에서 선언하듯이, 예수님이 능력 있는 하나님의 아들이라고 선포한 것은 그분의 부활이었다(*The Mission and Message of Jesus* [New York: Dutton, 1946], 213).

교회 역사가 케니스 스캇(Kenneth Scott, 1900-1993)은 『기독교 확장사』(*History of the Expansion of Christianity*)에서 이렇게 썼다.

> 예수님이 부활하셨다는 확신이 그분의 추종자들을 그분의 죽음이 던져 넣었던 절망에서 건져냈고 그분이 시작한 운동을 지금껏 지속시켰다. 그러나 십자가에 못 박혀 죽은 분이 죽은 자 가운데서 다시 살아나셨다는 심오한 믿음이 이들에게 없었고 이들이 그분을 보지 못했거나 그분과 얘기를 나누지 않았다면, 예수님의 죽음과 예수님 자신까지도 거의 잊혔을 것이다(vol. 1 [New York: Harper & Row, 1970], 59).

부처의 제자가 이 종교 지도자에 관해 이렇게 썼다. "부처의 죽음은 남은 것이라고는 하나도 없는 완전한 죽음이었다." 무함마드는 632년 6월 8일 메디나에서 61세에 죽었으며, 그곳에 자리한 그의 무덤을 매년 수많은 무슬림이 찾아온다. 그러나 이들은 그의 죽음을 애도할 뿐 그의 부활을 축하하지 못한다. 그러나 예수 그리스도의 교회는 부활주일뿐 아니라 세례식 때마다 죽음을 이기신 주님의 승리를 축하한다.

성경의 증언

내가 받은 것을 먼저 너희에게 전하였노니, 이는 성경대로 그리스도께서 우리 죄를 위하여 죽으시고, 장사 지낸 바 되셨다가, 성경대로 사흘 만에 다시 살아나사, (15:3-4)

그리스도께서 부활하셨다는 둘째 증거는 구약성경, 곧 유대교와 초기 교회의 **성경**이다. 구약성경은 그리스도의 죽음과 장사와 부활을 분명하게 예언했다. 바울이 내가 **너희에게 전하였노니(delivered to you)**라고 말할 때, 이것은 그가 자신에게 비롯된 무엇이 아니라 권위 있는 가르침을 '가져다주었다'(brought)는 뜻이다. 바울은 이것을 계획하지(design) 않았고, 하나님이 창작하신(authored) 것을 **전했을** 뿐이다.

예수님은 엠마오로 가는 두 제자에게 "미련하고 선지자들이 말한 모든 것을 마음에 더디 믿는 자들이여! 그리스도가 이런 고난을 받고 자기의 영광에 들어가야 할 것이 아니냐?"고 물으시고, "이에 모세와 모든 선지자의 글로 시작하여 모든 성경에 쓴 바 자기에 관한 것을 자세히 설명하셨다"(눅 24:25-27). 믿지 않는 유대인들이 예수님이 메시아라는 것을 뒷받침하는 표적을 요구했을 때, 그분은 이렇게 답하셨다. "악하고 음란한 세대가 표적을 구하나 선지자 요나의 표적 밖에는 보일 표적이 없느니라. 요나가 밤낮 사흘 동안 큰 물고기 뱃속에 있었던 것 같이 인자도 밤낮 사흘 동안 땅 속에 있으리라"(마 12:39-40).

오순절 설교에서, 베드로는 시편 16편을 인용한다. 그런 후, 이 시편의 저자 다윗이 "미리 본 고로 그리스도의 부활을 말하되, 그가 음부에 버림이 되지 않고 그의 육신이 썩음을 당하지 아니하시리라" 했었다고 했다(행 2:25-31). 바울은 아그립바 왕 앞에서 이렇게 선포했다. "하나님의 도우심을 받아 내가 오늘까지 서서 높고 낮은 사람 앞에서 증언하는 것은 선지자들과 모세가 반드시 되리라고 말한 것밖에 없으니, 곧 그리스도가 고난을 받으실 것과 죽은 자 가운데서 먼저 다시 살아나사 이스라엘과 이방인들에게 빛을 전하시리라 함이니이다"(행 26:22-23).

예수님과 베드로와 바울은 창세기 22:8, 14, 시편 16:8-11, 시편 22편, 이사야 53장, 호세아 6:2 같은 구약성경의 구절을 인용하거나 언급했다. 거듭거듭, 직접 또는 간접적으로, 문자 그대로 또는 비유로, 구약성경은 예수님의 죽음과 장사와 부활을 예언했다. **성경**, 곧 우리가 구약성경이라 부르는 성경을 믿고 이해한 유대인이라면 누구라도 메시아가 죽어 장사된 후 부활하도록 정해졌다는 데 놀랐을 것이다. 바울은 **성경대로(according to the Scriptures)**란 어구를 두 차례 반복해 이것이 새로운 게 아니며 진정한 유대교 신앙과 모순되지도 않는다는 것을 강조한다.

목격자들의 증언

게바에게 보이시고, 후에 열두 제자에게와 그 후에 오백여 형제에게 일시에 보이셨나니, 그 중에 지금까지 대다수는 살아 있고, 어떤 사람은 잠들었으며, 그 후에 야고보에게 보이셨으며, 그 후에 모든 사도에게와 (15:5-7)

역사 내내, 책임 있고 정직한 목격자들의 증언은 법정에서 가장 믿을만한 형태의 증거 중 하나로 여겨졌다. 바울이 그리스도의 부활을 입증한다며 제시하는 셋째 증거가 이런 형태다.

법률가 에드워드 클라크 경(Sir Edward Clarke, 1841-1931)는 이렇게 말했다.

> 변호사로서, 나는 첫 번째 부활절의 사건들을 뒷받침하는 증거들을 오래 연구해 왔다. 내게 그 증거는 결정적이다. 나는 지금까지 고등법원에서 설득력이 그에 훨씬 못 미치는 증거를 바탕으로 거듭거듭 판결을 이끌어냈다. 추론은 증거에 기초하며, 진실한 증인은 언제나 기교부리지 않고 결과를 생각하지 않는다. 부활에 대한 복음의 증거는 이 부류에 속한다. 변호사로서, 나는 이것을 진실한 사람들이 뒷받침할 수 있었던 사실들에 대해 했던 증언으로 조금도 주저 없이 받아들인다.

옥스퍼드의 역사가 토머스 아놀드(Thomas Arnold, 1795-1842)는 이렇게 썼다.

> 우리 주님의 삶과 죽음과 부활의 증거가 만족스럽게 보일 수 있고 종종 그렇게 보였다. 좋은 증거와 나쁜 증거를 구분하는 일반 법칙들에 따르면, 이것은 좋은 증거다. 모든 판사가 중요한 사건을 심리하듯이, 수천 아니 수만 명이 조각조각을 꼼꼼하게 살폈다. 나는 여러 해 다른 시대들의 역사를 연구해 왔고, 그 시대들

에 관해 쓴 사람들의 증거를 살피고 따져보았는데, 인류 역사에서 하나님이 우리에게 주신 표적, 곧 그리스도께서 죽은 후에 죽은 자들 가운데서 다시 살아나신 표적보다 더 완전한 증거로 증명된 사실을 하나도 알지 못한다.

예수님이 베드로에게 보이셨다

바울이 예수님이 부활 후 자신을 본 사람들에게 **보이셨다**(appeared, 나타나셨다)고 말하는 것은 의미심장하다. 예수님이 자신이 누군지 얘기하실 때까지, 막달라 마리아(요 20:14-16), 엠마오로 가던 두 제자(눅 24:15, 31), 부활절 저녁에 한 곳에 모인 제자들조차 그분을 알아보지 못했다(요 20:19-20). 복음서 기사들은 예수님이 부활 후에 자신을 보이거나 나타내셨다고 일관되게 말한다(마 28:9; 막 16:9, 12, 14; 눅 24:31-39; 요 21:1 등). 예수님이 자신을 드러내기로 선택하신 자들만 그분을 알아보았으며, 그분을 따르는 자들 외에 그 누구에게도 자신을 드러내셨다는 기록이 없다.

사도의 자격 요건 중 하나는 부활하신 그리스도를 본 것이었고(행 1:22), 예수님은 자신을 사도들 중에 **게바**, 곧 베드로에게 가장 먼저 **보이셨다.** 예수님이 정확히 언제 어떤 상황에서 게바에게 나타나셨는지는 알 수 없다. 우리가 아는 것이라곤 그분이 마리아에게 나타나신 후 엠마오로 가는 두 제자에게 나타나시기 전 어느 시점이었다는 것뿐이다(눅 24:34). 왜 주님이 베드로에게 처음 또는 따로 나타나셨는지는 알 수 없다. 그러나 아마도 베드로가 주님을 부인한 것을 크게 후회하고 있었기 때문이거나, 베드로가 사도들 중에 지도자였을 뿐 아니라 예루살렘 공의회 때까지 원시 교회의 지도자였기 때문일 것이다(행 15장). 베드로에게 먼저 나타남으로써, 예수님은 자신의 은혜를 강조하셨다. 베드로는 주님을 버렸으나 주님은 베드로를 버리지 않으셨다. 그리스도께서 베드로에게 나타나신 것은 베드로가 그분을 볼 자격이 가장 많았기 때문이 아니라 베드로가 그분을 볼 필요가 가장 컸기 때문일 것이다. 베드로는 오순절에 주님의 대언자였고, 여러 해 교회 성장에 중요하게 쓰임을 받았다. 그렇기에 베드로는 그리스도의 부활을 목격한 최고의 증인이었다.

예수님이 열두 제자에게 보이셨다

예수님은 뒤이어 **열두 제자에게** 자신을 보이셨다. 앞서 말했듯이, 예수님은 부활절 저녁에 두려움에 싸인 채 모여 있던 열한 제자(유다가 대체되기 전에도 흔히 "열둘"이라 불렀다)에게 나타나셨다(요 20:19; 눅 24:36).

사도들은 교회의 기초를 놓았으며(엡 2:20), 교회는 처음부터 사도들의 가르침을 자신의 신앙과 행위의 기초로 삼았다(행 2:42). 예수님이 자신의 지상 교회를 세우는 데 사용하신 사람들은 모두 부활하신 그분의 몸을 보았다(행 1:22). 이들은 역사에서 가장 중요한 사건의 유능하고 정직하며 신뢰할 수 있는 증인이었다.

예수님이 오백여 형제에게 보이셨다

그 후에 오백여 형제에게 일시에 보이셨나니. 구체적 증인들의 질을 사도들이 보여준다. 이들 모두 이름이 알려져 있었고 쉽게 의문이 제기될 수 있었다. 증인들의 양은 부활하신 그리스도를 **일시에 본 오백여 형제**에서 나타난다. 성경은 이들이 누구였는지 또는 예수님이 어디서 이들에게 나타나셨는지 말하지 않지만, 이들은 초기 교회에 잘 알려져 있었던 게 확실하며, 열두 제자처럼 부활하신 구주를 본 것에 대해 종종 질문을 받았을 것이다. 20년도 더 지난 후, 바울이 이 서신을 쓸 때까지도, 대다수 증인이 여전히 살아 있었다. 그는 이렇게 덧붙인다. **그 중에 지금까지 대다수는 살아 있고, 어떤 사람은 잠들었다.**

동시에, 같은 장소에서, 오백 명의 증인이 부활하신 예수님을 보았다!

예수님이 야고보에게 보이셨다

예수 그리스도께서 **그 후에 어느 야고보에게 보이셨다**는 말은 없다. 두 사도의 이름이 야고보였다. 하나는 세베대의 아들 야고보였고 하나는 알페오의

---

110 예수님은 성령으로 잉태되어 동정녀 마리아에게서 태어나셨으나 그분의 동생들은 요셉을 통해 육신으로 마리아에게서 태어났기 때문에 이들을 예수님의 반형제(half brother)라 부른다.

아들 야고보였다(막 3:17-18). 그러나 나는 이 야고보가 주님의 반동생(half-brother)[110], 야고보서 저자이자 예루살렘교회 핵심 지도자 야고보를 가리킨다고 믿는 쪽으로 기운다(행 15:13-21).

야고보는 본래 회의주의자였다. 형제들처럼 야고보도 처음에 예수님이 메시아라고 믿지 않았다(요 7:5). 그러나 이제 예수님의 가족 구성원이, 여러 해 예수님을 그리스도로 인정하지 않았던 사람이 그분의 부활을 목격한 증인, 강력하고 설득력 있는 증인이었다. 베드로의 경우처럼, 마침내 **야고보**를 구원하는 믿음으로 인도한 것은 부활하신 그리스도를 본 경험이었을 것이다. 어쨌든, 가족 구성원이자 이전에 믿지 않았던 자의 설득력 있는 증언이 사도들과 오백 명의 증언에 추가되었다.

부활 후 승천까지 "사십일 동안"(행 1:3), 예수님은 이 외에 특정되지 않은 여러 경우에 **모든 사도에게** 나타나셨다(요 21:2-14을 보라).

특별한 증인의 증언

맨 나중에 만삭되지 못하여 난 자 같은 내게도 보이셨느니라. 나는 사도 중에 가장 작은 자라. 나는 하나님의 교회를 박해하였으므로 사도라 칭함 받기를 감당하지 못할 자니라. 그러나 내가 나 된 것은 하나님의 은혜로 된 것이니, 내게 주신 그의 은혜가 헛되지 아니하여, 내가 모든 사도보다 더 많이 수고하였으나, 내가 한 것이 아니요 오직 나와 함께 하신 하나님의 은혜로라. (15:8-10)

그리스도께서 부활하셨다는 중요한 넷째 증언은 사도 바울 자신의 증언이었다. 그는 부활하신 주님을 본 특별하고 독특한 증인이었다. 바울은 예수님의 지상 사역 때 모두 그분의 제자였던 첫 사도들에 들지 않았다. 바울은 부활하신 그리스도를 본 오백 여 신자들에 들지도 않았다. 오히려 그는 여러 해 불신자였고 교회의 주된 박해자였다.

그러나 그는 부활하신 그리스도를 보도록 **맨 나중에(last of all)** 허락받았다. 주님이 바울에게 나타나신 것은 부활하신 후였을 뿐 아니라 승천하신 후였다. 그래서 바울의 증언이 더욱 특별했다. 주님이 바울에게 나타나신 것은 나머지 모두에게 나타나셨던 40일 동안이 아니라 여러 해 후였다. 아마도 야고보를 제외하고, 그리스도께서 나타나셨던 사람들은 모두 신자였다. 반면에, 다메섹으로 가는 그에게 주님이 직접 나타나셨을 때, 바울(당시에는 사울)은 포학하고 증오에 찬 불신자였다(행 9:1-8). 주님은 이 외에도 그에게 나타나셨다(행 18:9-10; 23:11; 참조. 고후 12:1-7).

예수님은 **만삭되지 못하여 난 자 같은** 바울에게 나타나셨다. '에크트로마'(*ektrōma*, **untimely born, 만삭되지 못하여 난**)는 일반적으로 낙태나 유산이나 조산(早産)—스스로 살아남을 수 없는 생명—을 가리켰다. 바울의 비유에서, 이 용어는 하나님이 개입 없이는 생명을 유지할 희망이 없음을 의미할 수 있고, 그가 그리스도를 만날 희망 없이 태어났다는 의미를 내포할 수 있다. 그러나 적절치 않은 때, 너무 일찍 또는 너무 늦게 태어났다는 의미에서 이 용어를 사용했다고 보는 게 바울의 생각에 가장 잘 맞는 것 같다. 바울은 열둘에 들기에는 너무 늦었다. 미숙한(unformed), 죽은, 쓸모없는 등의 의미를 내포하기에, 이 용어는 조롱으로도 사용되었다. 바울은 부활하신 주님을 본 순간 회심했으며, 회심 전에는 영적으로 미숙했고 죽었으며 쓸모없었고 하나님이 비웃으시는 사람이었다. 그가 다시 태어났을 때조차, 때가 적절하지 못했다. 그리스도는 이미 이 땅에 없었다. 그가 어떻게 사도가 될 수 있겠는가? 바울은 그러나 특별한 섭리로 그분이 **내게도 보이셨느니라**고 증언한다.

바울은 자신의 사도직을 결코 의심하지 않았을 뿐 아니라 사도직에 따른 권위를 주저 없이 행사했다. 그렇더라도 바울은 그리스도께서 모든 사람 중에서 자신을 불러 사도의 직분을 맡기신 것에 놀라지 않은 적이 없었다. 그는 자신을 **사도 중에 가장 작은 자**로 여겼을 뿐 아니라 **하나님의 교회를 박해하였으므로 사도라 칭함 받기를 감당하지 못할 자**로 여겼다.

바울은 자신이 모든 죄를 용서받았음을 알았고, 그래서 전에 하나님의 백성에게 했던 짓 때문에 죄책감에 시달리지도 않았다. 그러나 자신이 무엇을 용서받았는지 잊을 수 없었고, 이것은 그에게 **내가 나 된 것은 하나님의 은혜로 된 것**임을 늘 일깨웠다. 그는 하나님의 용서를 받을 자격이 전혀 없었고, 이 사실은 그에게 그분의 은혜가 얼마나 큰지 늘 일깨웠다.

　바울이 **하나님의 교회를 박해하였던** 기억은 **그의 은혜가 헛되지 아니하게** 하겠다고 결심하는 강력한 동기였을 것이다(딤전 1:11-17에 나오는 그의 증언과 비교해 보라). 신약성경에서 분명하게 뒷받침되듯이, 바울은 **내가 모든 사도보다 더 많이 수고하였다**고 진심으로 말할 수 있었다. (고후 11:23-12:12에 시간별로 나열된 그의 헌신과 비교해보라.) 그러나 그는 자신의 영성이나 능력이 아니라 하나님의 능력을 자랑하고 있었다. 그가 서둘러 덧붙이듯이, **내가 한 것이 아니요 오직 나와 함께 하신 하나님의 은혜**이기 때문이었다. 그가 자신의 부르심에 충실할 수 있었던 것도 그를 부르신 바로 그 은혜 때문이었다. 하나님은 주권적으로 바울을 사도로 세우셨고, 주권적으로 그의 사도 사역에 복을 주셨다. 바울은 주님의 인도와 뜻을 믿었고, 여기에 반응했으며 순종했고 계속해서 민감했다. 그러나 선행하는 하나님의 은혜가 없었다면, 바울은 자신이 한 모든 일이 헛되고 가치 없었으리라는 것을 알았다(참조. 엡 4:15-16; 골 1:28-29 등).

　부활하신 그리스도의 진리와 능력이 바울에게 세 가지 큰 변화를 가져다주었다. 첫째는 죄를 깊이 깨달은 것이었다. 처음으로, 바울은 자신의 외적인 종교 생활이 내적 경건과 얼마나 동떨어져 있는지 깨달았다. 그는 자신을 있는 그대로 보았다. 그는 하나님의 원수였고, 그분의 교회를 박해하는 자였다. 둘째, 바울은 혁명적 자기 변화를 경험했다. 교회를 박해하는 자가 교회의 가장 큰 변호자로 바뀌었다. 독선으로 가득한 증오의 삶이 자신을 내어주는 사랑의 삶으로 바뀌었다. 그는 압제자에서 종으로, 가두는 자에서 해방하는 자로, 판단하는 자에서 친구로, 생명을 취하는 자에서 생명을 주는 자로 바뀌었다. 셋째, 바울은 에너지의 극적인 방향 전환을 경험했다. 그는 구속받은 하나님의 사람들을 반대했던 그 열정으로 이제 이들을 섬겼다.

공통된 메시지의 증언

그러므로 나나 그들이나 이같이 전파하매, 너희도 이같이 믿었느니라. (15:11)

그리스도께서 부활하셨다는 마지막 증언은 모든 참 사도와 예언자와 목사가 선포한 공통된 메시지의 증언이었다. **그러므로 나나 그들이나**—베드로, 열두 제자, 오백 명, 야고보, 그 외 누구든—**이 같이 전파하매, 너희도 이같이 믿었으니라.** 예외 없이, 초기 교회의 전파와 가르침은 그리스도의 죽음과 장사와 부활이 중심이었다. 그리스도가 전파되는 곳마다, 그분이 전파되는 대상마다, 그분의 부활이 중심 메시지였다. 부활의 진리나 부활 교리에 관해서는 어떤 논쟁도 없었다. 부활이 조작이었다면, 절대로 이렇지 않았을 것이다.

소수 이단을 제외하고, 그리스도 부활의 교리에 관해 현대의 회의주의와 인본주의 시대 이전에는 교회 안에서 아무런 의문이 제기되지 않았다. 신약 성경의 기독교는, 고대든 현대든 간에, 부활하신 주님이요 구원자이신 예수 그리스도가 중심이 아닌 복음을 전혀 알지 못한다.

41

몸의 부활, 그 중요성
(15:12-19)

그리스도께서 죽은 자 가운데서 다시 살아나셨다 전파되었거늘, 너희 중에서 어떤 사람들은 어찌하여 죽은 자 가운데서 부활이 없다 하느냐? 만일 죽은 자의 부활이 없으면, 그리스도도 다시 살아나지 못하셨으리라. 그리스도께서 만일 다시 살아나지 못하셨으면, 우리가 전파하는 것도 헛것이요, 또 너희 믿음도 헛것이며, 또 우리가 하나님의 거짓 증인으로 발견되리니, 우리가 하나님이 그리스도를 다시 살리셨다고 증언하였음이라. 만일 죽은 자가 다시 살아나는 일이 없으면, 하나님이 그리스도를 다시 살리지 아니하셨으리라. 만일 죽은 자가 다시 살아나는 일이 없으면, 그리스도도 다시 살아나신 일이 없었을 터이요, 그리스도께서 다시 살아나신 일이 없으면, 너희의 믿음도 헛되고, 너희가 여전히 죄 가운데 있을 것이요, 또한 그리스도 안에서 잠자는 자도 망하였으리니, 만일 그리스도 안에서 우리가 바라는 것이 다만 이 세상의 삶뿐이면, 모든 사람 가운데 우리가 더욱 불쌍한 자이리라. (15:12-19)

바울이 1-11절에서 고린도 그리스도인들에게 상기시켰듯이, 이들은 이미 그리스도의 부활을 믿었으며, 그러지 않았다면 그리스도인이 아니었을 것이다. 부활이 사실이라는 이러한 단언은 그가 15장에서 제시하는 양날 논증의 기초다: 그리스도께서 다시 살아나셨기 때문에 부활이 분명히 가능하다. 다른 한편으로, 사람들이 모두 부활할 수 없다면, 그리스도께서 다시 살아나셨을 수 없다. 두 부활이 함께 서거나 함께 넘어진다. 하나 없이 다른 하나가 있을 수 없다. 더욱이, 부활이 없다면 복음은 무의미하고 무가치하다.

이상하게도, 어떤 신자들은 이 진리를 한쪽만 받아들이고 한쪽은 받아들이지 않을 수 있었다. 이들의 다른 숱한 문제처럼, 이러한 혼란의 원인도 이들이 전에 속했던 이교 철학들과 종교들의 지속적 영향이었다. 바울 당시의 철학적·유심론적 사상은 우리 시대처럼 죽은 후 인간에게 일어나는 일에 관해 잘못된 생각을 많이 제시했다.

어떤 종교들은 영이 잠잔다고 가르쳤다. 몸은 죽어 해체되지만 혼이나 영은 쉰다는 것이다. 유물론자들은 철저한 소멸, 곧 완전한 멸절을 믿는다. 육체든 무엇이든, 인간적인 것은 하나도 사후에 살아남지 못한다. 죽음이 모든 것의 끝이다. 어떤 종교들은 환생을 가르친다. 혼이나 영이 끊임없이 한 형태에서 다른 형태로, 심지어 인간에서 동물로 또는 동물에서 인간으로 윤회한다는 것이다. 어떤 종교들은 일반적으로 흡수(absorption)로 묘사되는 것을 믿는다. 영이, 적어도 영의 어떤 부분이 자기 근원으로 돌아가 궁극적인 신적 지성이나 존재에 흡수된다는 것이다. 이러한 믿음이 현대 철학자 레슬리 웨더헤드(Leslie Weatherhead, 1983-1976)의 말에서 나타난다: "내가 바다에 떨어진 물방울처럼 사라질 것인지, 내가 어떤 영원한 바다의 해변에 더없이 반짝이며 완벽히 아름답게 부서지는 영광스런 파도의 빛나는 한 입자일 수 있느냐가 정말 중요할까?"

이 모든 시각에서는 인간의 인성과 개별성이 죽음과 함께 영원히 사라진다. 무엇이라도 남는 게 있다면, 더는 사람이 아니며, 더는 개인이 아니고, 더는 유일무이한 존재가 아니다.

많은 고대 헬라 철학의 기본 사상은 이원론(dualism)이며, 일반적으로 플라톤을 이원론의 출발점으로 본다. 이원론은 영적인 것은 무엇이든 본질적으로 선하고 물질적인 것은 무엇이든 본질적으로 악하다고 보았다. 누구든지 이 시각을 견지하는 사람에게, 몸이 부활한다는 생각은 혐오스러웠다. 이들에게, 내세에 들어가는 목적 자체가 모든 물질적인 것에서 벗어나기 위해서였다. 이들은 몸을 이생에서 혼이 갇혀 있는 무덤이나 송장으로 여겼다. 이러한 헬라인들에게, 몸은 이들이 내세에 절대로 갖길 원치 않는 것이었다. 이들은 혼의 불멸을 믿었으나 몸이 부활한다는 생각에 강하게 반대했다. 바울이 아레오바고에서 전할 때 경험했듯이 말이다: "그들이[아테네 철학자들이] 죽은 자의 부활을 듣고, 어떤 사람은 조롱도 하고"(행 17:32). 세네카(Seneca, 주전 4-주후 45)는 전형적인 이원론을 표현했다: "지금 내가 여기서 보는 신과 인간의 혼합이 분리될 날이 오면, 나는 내 몸을 떠나 신들에게 돌아가리라."

심지어 고린도교회 유대인들 중에도 부활을 의심하는 자들이 있었을 수 있다. 구약성경은 부활을 가르친다. 그런데도 사두개인들 같은 유대인들은 부활을 믿지 않았다.

고대에 기록된 욥기에 이런 구절이 있다. "내 가죽이 벗김을 당한 뒤에도, 내가 육체 밖에서 하나님을 보리라"(욥 19:26; 참조. 시 17:15). 에스겔이 본 마른 뼈들의 환상은(37:1-14) 회복된 이스라엘 민족을 그리지만 하나님의 백성이 경험할 몸의 부활을 암시하기도 한다. 다니엘의 부활 예언은 분명하며, 구원받은 자들 뿐 아니라 잃은 자들의 부활도 말한다. "땅의 티끌 가운데에서 자는 자 중에서 많은 사람이 깨어나 영생을 받는 자도 있겠고 수치를 당하여서 영원히 부끄러움을 당할 자도 있을 것이며"(단 12:2).

그러나 부활에 관한 구약의 예언이 제한적이고 불완전한 반면에 신약의 가르침은 광범위하다. 복음서는 아직 없었다. 그렇더라도 예수님의 삶은 잘 알려져 있었고, 고린도 신자들이 바울을 비롯한 사람들에게서 그분의 가르침을 배웠으리라는 데는 의심의 여지가 없다. 갈릴리 호수 근처에서, 예수님은 자신을 비판하는 유대인들에게 이렇게 선포하셨다. "나를 보내신 아버지께서 이끌지 아니하시면 아무도 내게 올 수 없으니, 오는 그를 내가 마지막 날에 다시 살리리라"(요 6:44). 예수님은 마르다에게 이렇게 말씀하셨다. "나는 부활이요 생명이니, 나를 믿는 자는 죽어도 살겠고"(요 11:25).

사도들의 가르침을 지탱하는 기초는 그리스도께서 죽은 자 가운데서 다시 살아나셨고 그분을 믿는 모든 자도 다시 살아나리라는 것이었다. 베드로와 요한이 오순절 직후 예루살렘에서 전파할 때, "제사장들과 성전 맡은 자와 사두개인들이 이르러 예수 안에 죽은 자의 부활이 있다고 백성을 가르치고 전함을 싫어"했다(행 4:1-2). 바울은 고린도전서를 쓰기 여러 해 전 데살로니가 신자들에게 이렇게 썼다. "주께서 호령과 천사장의 소리와 하나님의 나팔 소리로 친히 하늘로부터 강림하시리니, 그리스도 안에서 죽은 자들이 먼저 일어나고"(살전 4:16). 그는 의심할 여지없이 고린도 신자들에게도 동일한 진리를 가르쳤으며, 이들에게 쓴 그 다음 편지에서 이렇게 말한다. "주 예수를 다시 살리신 이가 예수와 함께 우리도 다시 살리사 너희와 함께 그 앞에 서게 하실 줄을 아노라"(고후 4:14).

신자들의 부활은 구약성경이 가르쳤고, 예수님이 지상 사역에서 주신 가르침에 나오고 사도들의 가르침에도 나온다. 그런데도 많은 고린도 신자들이 신자들의 부활에 관한 심각한 의심에 물들었다. 바울은 고린도전서 15장에서 이러한 의심을 강하게 논박한다.

바울의 첫 논증은 단순하고 논리적이다. **그리스도께서 죽은 자 가운데서 다시 살아나셨다 전파되었거늘, 너희 중에서 어떤 사람들은 어찌하여 죽은 자 가운데서 부활이 없다 하느냐?** 여기서 구문은(*ei* + 직설법) 참인 조건을 암시한다. 고린도 신자들은 그리스도의 부활을 믿었고(고전 15:1, 11), 그분이 지금 살아계신다는 것을 믿었다(*egeirō*의 완료형,[111] **has been raised, 살아나셨다**가 이를 강조한다). 그런데 이들이 어떻게 부활의 일반적 진리를 논리적으로 부정할 수 있단 말인가? 그리스도께서 다시 살아나셨다면 부활은 분명히 가능하다.

13-19절에서, 바울은 부활이 없다면 일어날 처참한 결과 일곱을 제시함으로써 부활이 가능할 뿐 아니라 믿음에 필수라는 것을 입증한다. 넷은 신학적이고 셋은 개인적이다. 부활이 없다면, (1) 그리스도께서 다시 살아나지 못하셨을 것이다. (2) 복음 전파가 무의미할 것이다. (3) 그리스도를 믿는 믿음이 무가치할 것이다. (4) 부활의 모든 증인과 전파자가 거짓말쟁이일 것이다. (5) 모든 사람이 여전히 자신의 죄 가운데 있을 것이다. (6) 이전 모든 신자가 영원히 멸망했을 것이다. (7) 그리스도인들이 세상에서 가장 불쌍할 것이다.

---

111 *egēgertai*, 현재 완료 수동태 직설법 3인칭 단수

부활이 없으면 뒤따를 신학적 결과들

만일 죽은 자의 부활이 없으면, 그리스도도 다시 살아나지 못하셨으리라. 그리스도께서 만일 다시 살아나지 못하셨으면, 우리가 전파하는 것도 헛것이요, 또 너희 믿음도 헛것이며, 또 우리가 하나님의 거짓 증인으로 발견되리니, 우리가 하나님이 그리스도를 다시 살리셨다고 증언하였음이라. 만일 죽은 자가 다시 살아나는 일이 없으면, 하나님이 그리스도를 다시 살리지 아니하셨으리라. (15:13-15)

그리스도께서 다시 살아나지 못하셨을 것이다

부활이 없다면 뒤따를 첫째이자 가장 분명한 결과는 이것이다: **그리스도도 다시 살아나지 못하셨으리라.** 바울은 이렇게 주장한다. "누구라도 쉽게 추론하듯이, 죽은 자가 다시 살아날 수 없다면, 그리스도께서도 다시 살아나지 않으신 것입니다."

믿지 않는 고린도 신자들이 그리스도는 실제로 사람이 아니었다거나 완전한 사람은 아니었다고 주장함으로써 이 문제를 피해 갔을 것이다. 앞서 논의했듯이, 이들은 이원론적 성향이 있었고, 그래서 그리스도는 신이었으므로 인간이었을 수 없었고 인간으로 보였을 뿐이라고 생각했다. 결과적으로, 그리스도는 실제로 죽지 않았고 죽은 것으로 보였을 뿐이었다. 이 견해에 따르면, 그리스도께서 십자가 죽음(환영)과 승천 사이에 나타나신 것은 단지 몸으로 '보이는' 지속적 현시(manifestations)일 뿐이었다.

물론, 이 견해는 복음서 기자들과 예수님 자신과 사도들의 가르침과 일치할 수 없다. 예수님의 지상 생활과 사역을 기록한 복음서 기자들은 완전히 사람이었던 분에 관한 것이다. 그분은 인간 어머니에게서 태어났으며, 먹고, 마시며, 자고, 피곤해 하며, 십자가에 못 박히고, 창에 찔리며, 피를 흘리고, 돌아가셨다. 십자가에 달려 죽은 후, 처음 열두 제자에게 나타나셨을 때, 예수님은 제자들에게 자신을 만져보라고 하셨다. 자신이 단지 "살과 뼈가 없는" 영이 아니라 "너희 보는 바와 같이" 살과 뼈가 있는 존재라는 것을 증명하시기 위해서였다. 뒤이어, 먹을 것을 좀 달라고 하신 후 "받으사 그 앞에서 잡수셨다"(눅

24:39-43).

오순절에, 베드로는 "하나님께서…너희 앞에서 그[나사렛 예수]를 증언하셨느니라"고 선포했고, 또한 "그가 하나님께서 정하신 뜻과 미리 아신 대로 내준 바 되었거늘 너희가 법 없는 자들의 손을 빌려 못 박아 죽였다"고 선포했다(행 2:22-23). 나중에 같은 메시지에서, 베드로는 예수님이 단지 영으로가 아니라 몸으로 여전히 살아계신다고 선포했다. 그는 다윗이 "그리스도의 부활을 말하되, 그가 음부에 버림이 되지 않고 그의 육신이 썩음을 당하지 아니하시리라 하더니, 이 예수를 하나님이 살리신지라"라고 했다(행 2:31-32). 로마서를 여는 말에서, 바울은 자신이 "하나님의 복음"을 위하여 구별되었는데, 이 복음은 "그의 아들에 관한" 것으로 그분은 "육신으로는 다윗의 혈통에서 나셨고 성결의 영으로는 죽은 자들 가운데서 부활하사 능력으로 하나님의 아들로 선포되셨다"고 했다(롬 1:1-4). 예수님의 부활은 그분의 인성과 신성 둘 다 증명한다.

그리스도께서는 밧모섬의 요한에게 주신 환상에서 이렇게 선언하셨다. "나는 처음이요 마지막이니, 곧 살아 있는 자라. 내가 전에 죽었었노라. 볼지어다. 이제 세세토록 살아 있어, 사망과 음부의 열쇠를 가졌노니"(계 1:17-18). 요한이서에서, 요한은 예수님이 태어났고, 살았으며, 죽었고, 다시 살아나신 인간 존재임을 믿는 게 아주 중요하다고 강조한다. "미혹하는 자가 세상에 많이 나왔나니, 이는 예수 그리스도께서 육체로 오심을 부인하는 자라. 이런 자가 미혹하는 자요 적그리스도니"(요이 7).

고린도 신자들은 그리스도가 인간으로 보였을 뿐이라는 이교의 사고로 되돌아가서는 안 되었다. 그분은 완전히 인간이셨다. 그분은 육체로 살았고, 죽었으며, 다시 살아나셨다. 그러므로 육체의 부활이 없다면, **그리스도도 다시 살아나지 못하셨으리라.**

복음 전파가 무의미할 것이다

부활이 없다면 뒤따를 둘째 결과는 복음 **전파가 헛것**이요 완전히 무의미하리라는 것이다. 바울이 방금 말했듯이, 복음의 핵심은 그리스도께서 우리를 대신해 죽고 부활하셨다는 것이다. "내가 받은 것을 먼저 너희에게 전하였노니, 이는 성경대로 그리스도께서 우리 죄를 위하여 죽으시고, 장사 지낸 바 되셨다가, 성경대로 사흘 만에 다시 살아나사"(15:3-4). 부활이 없으면, 예수님은 죄나 죽음이나 지옥을 정복하실 수 없었을 것이고, 이 큰 세 악이 영원히 인간의 정복자로 남을 것이다.

부활이 없으면 좋은 소식은 나쁜 소식이 될 것이고, 복음 전파가 아무 가치도 없을 것이다. 부활이 없으면 복음은 의미 없는 난센스의 공허하고 희망 없는 메시지일 것이다. 우리 주님이 죄와 죽음을 정복하지 않으셨다면, 인간이 이 승리를 이어받을 길을 내지 않으셨다면, 선포할 복음이 없을 것이다.

그리스도를 믿는 믿음이 무가치할 것이다

부활이 없으면 그리스도를 전하는 것이 무의미하듯, 부활이 없으면 그리스도를 믿는 것도 무가치하다. 이런 복음을 믿는 것은 **헛것**(vain, kenos, 공허한, 열매 없는, 효과 없는, 목적 없는)일 것이다. 죽은 구원자는 생명을 줄 수 없다. 죽은 자가 다시 살아나지 않으면, 그리스도께서 다시 살아나지 않으셨을 테고 우리도 다시 살아나지 못할 것이다. 그러면 우리는 시편 기자처럼 "내 손을 씻어 무죄하다 한 것이 실로 헛되도다"고 말하거나(시 73:13) 이사야에 나오는 종(the Servant)처럼 "내가 헛되이 수고하였으며 무익하게 공연히 내 힘을 다하였다"고 말할 수 있을 뿐이다(사 49:4).

부활이 없다면, 히브리서 11장에 나오는 믿음을 지킨 자들의 전당이 어리석은 자들의 전당으로 바뀔 것이다. 아벨, 에녹, 노아, 아브라함, 사라, 모세, 라합, 다윗, 선지자들을 비롯해 모두가 헛되이 믿음을 지킨 꼴이 될 것이다. 이들이 조롱받고, 채찍에 맞으며, 갇히고, 돌에 맞으며, 고난을 당하고, 학대를 당하며, 죽임을 당했던 것이 완전히 **헛것**이었을 것이다. 모든 시대의 모든 신자가 헛되이 믿고, 헛되이 살며, 헛되이 죽은 꼴이 될 것이다.

부활의 모든 증인과 전파자가 거짓말쟁이일 것이다
또 우리가 하나님의 거짓 증인으로 발견되리니, 우리가 하나님이 그리스도를 다

시 살리셨다고 증언하였음이라. 만일 죽은 자가 다시 살아나는 일이 없으면, 하나님이 그리스도를 다시 살리지 아니하셨으리라. 죽은 자의 부활이 없다면, 바울을 비롯한 사도들(우리)을 포함해 부활하신 그리스도를 보았다고 주장하는 모든 사람과 부활하신 그리스도를 전파하는 모든 사람이 거짓말쟁이일 것이다. 이들은 하나님으로부터 왔다고 거짓으로 주장하고 하나님이 그리스도를 살리셨다고 거짓으로 증언하는 거짓 증인들일 것이다.

부활을 부정하는 것은 사도들을 비롯해 신약 교회의 모든 지도자를 단순히 실수한 게 아니라 고의로 실수한 자들, 즉 거짓말쟁이라고 부르는 것이다. 많은 자유주의자의 주장과 달리, 이런 실수가 무죄하거나 순진했을 가능성은 없다. 이 증인들은 자신도 모르게 나쁜 조언을 한 정직한 사람들이었을 수 없다. 그리스도께서 죽은 자 가운데서 다시 살아나지 않으셨다면, 이들은 하나님의 메시지와 함께 하나님에 의해 보냄을 받지 않았을 뿐 아니라 자신들의 거짓말이 아주 일관되고 조화롭도록 공모해야 했던 거짓말쟁이였다.

사도들과 선지자들(예언자들)과 신약성경 저자들이 복음의 핵심에 관해 거짓말을 했다면, 다른 무엇에 관해서라도 이들을 믿을 이유가 어디 있겠는가? 이들이 예수님의 부활에 관해 그렇게 노골적으로 조작해서 가르쳤다면, 이들의 도덕적 가르침이 영감되었다고 여길 이유가 어디 있겠는가? 신약성경의 모든 진리는 부활의 기초 위에 함께 서거나 함께 무너진다.

그 뿐 아니라, 이 증인들은 거짓말을 증언하고 전파하며 가르친 셈이었을 테고, 그 거짓말을 위해 비방 받고 매 맞으며 감옥에 갇히고 많은 경우 순교한 셈이었을 것이다. 그러나 사기꾼들은 이런 희생을 하지 않는다. 사람들은 거짓말을 지키려고 목숨을 버리지 않는다.

바울이 구체적으로 언급하지 않지만, 부활이 없다면 그리스도 자신이 거짓말을 했거나 기껏해야 비극적 실수를 한 것이 분명하다. 어느 쪽이든, 그분은 하나님의 신적 아들 또는 세상의 구원자와 주님으로서 자격이 거의 없었을 것이다. 예수님은 승리자가 아니라 희생자였을 것이다. 또는 신약성경 저자들이 그리스도와 사도들의 가르침을 완전히 잘못 해석했다면, 신약성경은 이성적인 사람이라면 아무도 믿지 않을 무가치한 문헌일 것이다.

부활이 없으면 뒤따를 개인적 결과들

> 만일 죽은 자가 다시 살아나는 일이 없으면, 그리스도도 다시 살아나신 일이 없
> 었을 터이요, 그리스도께서 다시 살아나신 일이 없으면, 너희의 믿음도 헛되고,
> 너희가 여전히 죄 가운데 있을 것이요, 또한 그리스도 안에서 잠자는 자도 망하
> 였으리니, 만일 그리스도 안에서 우리가 바라는 것이 다만 이 세상의 삶뿐이면,
> 모든 사람 가운데 우리가 더욱 불쌍한 자이리라. (15:16-19)

다음으로, 바울은 죽은 자의 부활이 없다면 뒤따를 개인적 결과 셋을 제시한
다. 나머지 넷처럼, 이 결과들은 심각한 신학적 의미를 갖지만, 신자들이 어떻
게 영향을 받는지 훨씬 더 직접적으로 말해주기도 한다.

모든 사람이 여전히 자신의 죄 가운데 있을 것이다

16절에서, 바울은 자신의 주된 논증을 거듭 제시한다. **만일 죽은 자가 다시
살아나는 일이 없으면, 그리스도도 다시 살아나신 일이 없었을 터이요.** 죽은 그리
스도가 가장 처참한 결과일 테고, 여기서 나머지 모든 결과가 초래할 것이다.

바울이 말하는 그 다음 결과는 개인적이며 심각하다. **그리스도께서 다시 살
아나신 일이 없으면, 너희의 믿음도 헛되고, 너희가 여전히 죄 가운데 있을 것이요.**
바울은 신자들의 믿음이 **헛되거나(worthless)** 헛것(vain)이리라고 거듭 말한
후(14절), 신자들이 영적으로 불신자들보다 나을 게 없으리라는 추가적 결과를
지적한다. 가장 악하고 믿지 않는 이교들과 마찬가지로, 그리스도인들도 **여전
히** 그들의 **죄** 가운데 있을 것이다. 예수님이 "너희가…너희 죄 가운데서 죽겠
고"라고 하셨던 불신자들처럼(요 8:21), 우리 모두 같은 배를 탄 셈일 것이다.

예수님이 죽은 자 가운데서 다시 살아나지 않으셨다면, 죄가 그리스도를
이겼고, 따라서 계속해서 모든 인간을 이긴다. 예수님이 죽은 그대로 계셨다
면, 우리도 죽은 후 여전히 죽고 저주받은 상태로 있을 것이다. "죄의 삯은 사
망이요"(롬 6:23). 우리가 죽은 그대로 있다면, 오로지 죽음과 영원한 형벌이
신자와 불신자를 똑같이 기다릴 것이다. 그리스도를 믿는 목적은 죄 용서다.

우리는 죄로부터 구원받아야 하기 때문이다. "그리스도께서 우리 죄를 위하여 죽으시고 장사 지낸 바 되셨다가…사흘 만에 다시 살아나사"(고전 15:3-4). 그리스도께서 다시 살아나지 않으셨다면, 그분의 죽음은 헛것이었고, 그분을 믿는 우리의 믿음도 헛것이며, 우리의 죄가 여전히 우리에게 돌려진다. 우리는 여전히 허물과 죄로 죽었으며, 영원히 영적으로 죽고 죄악된 상태로 남을 것이다. 그리스도께서 다시 살아나지 않으셨다면, 그분은 죄 용서나 구원이나 화해나 영적 생명을 지금 또는 영원히 주지 못하신 것이다.

그러나 하나님이 "예수 우리 주를 죽은 자 가운데서 살리"셨으며, "예수는 우리가 범죄한 것 때문에 내줌이 되고 또한 우리를 의롭다 하시기 위하여 살아나셨다"(롬 4:24-25). 그리스도께서 살아 '계시기' 때문에 우리도 살아 있을 것이다(요 14:19). "너희가 나무에 달아 죽인 예수를 우리 조상의 하나님이 살리시고, 이스라엘에게 회개함과 죄 사함을 주시려고, 그를 오른손으로 높이사 임금과 구주로 삼으셨느니라"(행 5:30-31).

이전 모든 신자가 영원히 멸망했을 것이다

부활이 없다면, **그리스도 안에서 잠자는 자도 망하였으리라.** 잠자는(fallen asleep)은 흔히 말하는 영혼 수면(soul sleep)[112]이 아니라 죽음을 가리키는 일반적 완곡어법이다(참조. 6, 20절; 마 27:52; 행 7:60; 벧후 3:4). 죽은 성도, 구약의 성도나 신약의 그리스도인은 모두 **망하였을(perished)** 것이다. 분명히, 같은 결과가 바울이 이 서신을 쓴 이후에 죽은 모든 성도에게 적용될 것이다. 바울 자신을 비롯한 사도들, 아우구스티누스, 칼뱅, 루터, 웨슬리, D. L. 무디, 그리고 모든 시대의 모든 그리스도인이 하나님 없이, 소망도 없이 고통 가운데 영원을 보낼 것이다. 이들의 믿음은 헛되었을 것이며, 이들의 죄는 용서되지 않았을 것이고, 이들의 운명은 영벌이었을 것이다.

---

112 영혼 수면설(soul sleep): 사람이 죽으면 영혼이 잠들어 있다가 그리스도의 재림 때 깨어난다는 견해.

그리스도인들이 세상에서 가장 불쌍할 것이다

다른 결과들에 비춰볼 때, 마지막 결과는 상당히 분명하다. **만일 그리스도 안에서 우리가 바라는 것이 다만 이 세상의 삶뿐이면**[그리고…뿐이다; *ei* + 직설법][113], **모든 사람 가운데 우리가 더욱 불쌍한 자이리라.** 부활이 없으면, 그리고 부활이 주는 구원과 복이 없으면, 기독교는 무의미하고 불쌍할 것이다. 부활이 없으면 우리는 구원자가 없고, 용서가 없으며, 복음이 없고, 의미 있는 믿음이 없으며, 생명이 없고, 이것들 중 어느 하나를 향한 소망도 없을 것이다.

그리스도 안에서 우리가 바라는 것이 다만 이 세상의 삶뿐이면, 가르치고 전파하며 고난 받고 희생하며 일하는 것이 전혀 헛될 것이다. 그리스도께서 여전히 죽어있다면, 그분은 오는 삶(내세)에 관해 우리를 도우실 수 없을 뿐 아니라 지금도 우리를 도우실 수 없다. 그리스도께서 우리에게 영생을 주실 수 없다면, 이 땅에서 우리의 삶도 개선하실 수 없다. 그분이 살아계시지 않다면, '지금' 우리의 평안이나 기쁨이나 만족의 근원이 어디 있겠는가? 그리스도인의 삶은 조롱거리이자 가식덩어리이며 비극적 농담일 것이다.

그리스도인에게 그리스도 외에 구주가 없고, 그리스도 외에 구속자가 없으며, 그리스도 외에 주님이 없다. 그러므로 그리스도께서 다시 살아나지 않으셨다면, 지금 살아계시지 않고 우리 그리스도인의 삶은 생명이 없다. 우리의 믿음, 성경공부, 전파나 증언, 그분을 섬기거나 예배함, 이생이나 내세를 향한 소망을 정당화할 게 전혀 없을 것이다. 어리석은 자들을 위한 동정 외에 그 무엇도 우리에게 합당하지 않을 것이다.

그러나 우리는 불쌍히 여김을 받아서는 '안 된다'. 바울이 곧바로 뒤이어 이렇게 말하기 때문이다. "그러나 이제 그리스도께서 죽은 자 가운데서 다시 살아나사 잠자는 자들의 첫 열매가 되셨도다"(15:20).

---

113 **If we have hoped in Christ in this life only**[and we have; *ei* + 직설법]

42

부활 계획
(15:20-28)

그러나 이제 그리스도께서 죽은 자 가운데서 다시 살아나사 잠자는 자들의 첫 열매가 되셨도다. 사망이 한 사람으로 말미암았으니, 죽은 자의 부활도 한 사람으로 말미암는도다. 아담 안에서 모든 사람이 죽은 것 같이, 그리스도 안에서 모든 사람이 삶을 얻으리라. 그러나 각각 자기 차례대로 되리니, 먼저는 첫 열매인 그리스도요, 다음에는 그가 강림하실 때에 그리스도에게 속한 자요, 그 후에는 마지막이니, 그가 모든 통치와 모든 권세와 능력을 멸하시고 나라를 아버지 하나님께 바칠 때라. 그가 모든 원수를 그 발아래에 둘 때까지 반드시 왕 노릇 하시리니, 맨 나중에 멸망 받을 원수는 사망이니라. 만물을 그의 발아래에 두셨다 하셨으니, "만물을 아래에 둔다" 말씀하실 때에 만물을 그의 아래에 두신 이가 그 중에 들지 아니한 것이 분명하도다. 만물을 그에게 복종하게 하실 때에는 아들 자신도 그 때에 만물을 자기에게 복종하게 하신 이에게 복종하게 되리니, 이는 하나님이 만유의 주로서 만유 안에 계시려 하심이라. (15:20-28)

신학자 에리히 사우어(Erich Sauer, 1898-1959)는 이렇게 썼다. "현 세대는 부활절 시대다. 현 세대는 구속주의 부활에서 시작해 구속받은 자의 부활로 끝난다. 둘 사이에 그리스도를 통해 생명으로(into life) 부르심을 받은 자들의 영적 부활이 있다. 그러므로 우리는 두 부활절 사이에 살며, 첫 부활절의 능력으로 마지막 부활절을 맞을 것이다."

물론, 사우어가 말하는 마지막 부활절은 구원받은 자들이 맞게 될 몸의 부활이다. 성경은 의인들의 부활을 말하며(계 20:6; 살전 4:13-18; 고후 5:1-5; 눅 14:14; 요 5:29), 이것을 첫째 부활이라 부른다. 둘째 부활은 불의한 자들의 부활이다(요 5:29). 바울이 고린도전서 15장에서 말하는 것은 첫째 부활이다.

바울은 고린도 신자들에게, 이들이 이미 그리스도의 부활을 믿었고(15:1-11) 논리적으로 자신들의 부활과 모든 성도의 부활도 믿어야 한다는 것을 상기시켰으며, 이들이 다시 살아나지 않으면 뒤따를 처참하고 황당한 결과 일곱 가지를 제시했다(12-19절). 바울은 20-28절로 넘어와 의인의 부활이 갖는 세 측면을 논한다. (1) 구속자, (2) 구속받은 자들, (3) 회복이다. 첫째와 셋째는 그리스도에게, 둘째는 신자들에게 초점을 맞춘다.

구속자

그러나 이제 그리스도께서 죽은 자 가운데서 다시 살아나사 잠자는 자들의 첫 열매가 되셨도다. 사망이 한 사람으로 말미암았으니, 죽은 자의 부활도 한 사람으로 말미암는도다. 아담 안에서 모든 사람이 죽은 것 같이, 그리스도 안에서 모든 사람이 삶을 얻으리라. (15:20-22)

첫째, 바울은 그리스도의 부활을 재차 확인한다: **그러나 이제 그리스도께서 죽은 자 가운데서 다시 살아나사.** 이것은 그의 독자들이 이미 인정했고 믿은 진리다(1-2절). "그리고 되셨다"(and become)가 몇몇 번역에서 나타나는데(예를 들면, KJV[114]), 원문에는 없으며 오해의 여지가 있다. 그리스도께서 부활 후 어느 시점에 **첫 열매**가 되신 게 아니라 부활하신 순간에, 자신의 부활이라는 바로 그 사

---

114 KJV: But now is Christ risen from the dead, 'and become' the first fruits of them that slept(그러나 이제 그리스도께서 죽은 자들로부터 살아나셨고, '그리고' 잠자는 자들의 첫 열매가 '되셨다').
NASB: But now Christ has been raised from the dead, the first fruits of those who are asleep(그러나 이제 그리스도께서 죽은 자들로부터 살아나셨고, 잠자는 자들의 첫 열매이셨다).

실에 의해 첫 열매가 되셨다. 그분은 다시 살아나심으로써 다시 살아날 모든 자의 첫 열매가 되셨다.

이스라엘은 추수하기 전에 첫 열매라 불리는 표본을 하나님께 드리는 제물로 제사장에게 가져가야 했다(레 23:10). 첫 열매를 드린 후에야 전체를 수확할 수 있었다. 이것이 바울이 여기서 사용하는 비유의 핵심이다. 그리스도 자신의 부활은 믿고 죽은 자들의 부활 "추수"의 **첫 열매**였다. 그리스도께서는 자신의 죽음과 부활로 우리를 대신해 자신을 아버지께 제물로 드리셨다.

그러나 첫 열매의 의미는 첫 열매가 추수에 선행한다는 것뿐 아니라 추수의 첫 회분이라는 것이었다. 그러므로 그리스도가 **첫 열매**라는 사실은 다른 무엇, 즉 나머지 곡식의 추수가 따라야 한다는 것을 말한다. 바꾸어 말하면, 그리스도의 부활은 우리의 부활과 분리될 수 없다. 그리스도의 부활은 우리의 부활을 '요구한다'. 그리스도의 부활은 하나님이 구속하신 자들이 맞을 더 큰 부활의 일부였기 때문이다.

바울이 여기서 말하는 부활은 영구적 부활이다. 구약성경과 신약성경 둘 다 죽었다가 기적적으로 되살아난 사람들의 이야기를 들려준다(왕상 17:22; 왕하 4:34-36; 13:21; 눅 7:15; 요 11:44). 그러나 이 사람들 모두 다시 죽었다. 나인성 과부의 아들, 야이로의 딸, 나사로 등 예수님이 되살리신 사람들까지도 마침내 다시 죽었다. 그러나 그리스도 자신은 다시 살아나 결코 다시 죽지 않을 첫 사람이었다.

15:6, 18에서처럼(참조. 마 27:52; 행 7:60; 벧후 3:4), **잠자는 자들**은 죽은 자들을 가리키며, 이 경우 죽은 의인들을 가리키는데, 이들의 영이 몸을 떠나 주님과 함께 있지만(고후 5:8; 참조. 빌 1:23) 이들의 나머지는 무덤에서 재구성과 부활을 기다린다.

첫 **사람** 아담을 통해 **사망**이 왔듯이, 한 **사람** 그리스도를 통해 **죽은 자의 부활**이 왔다. 여기서 바울의 핵심은 예수님의 인성(humanness)이 그분의 부활 및 우리의 부활과 떼려야 뗄 수 없는 관계라는 것이다. 예수님은 한 **사람**으로서 죽어 장사된 후 다시 살아나셨기 때문에, 다시 살아나 영광에 이를 모든 사람의 **첫 열매**가 되실 수 있었다. 이미 말했듯이, 첫 열매와 추수는 같은 곡식에서 비롯되었다.

22절에서, 바울은 그리스도의 부활이라는 위대한 진리가 어떻게 신자들에게 영향을 미치는지 계속 설명한다. 그는 첫 사람에게서 설득력 있는 유비를 도출한다: **아담 안에서 모든 사람이 죽은 것 같이, 그리스도 안에서 모든 사람이 삶을 얻으리라.** 아담이 죽는 모든 자의 시초이었듯이, 그리스도는 다시 살아날 모든 자의 시초다. 어느 쪽이든, 한 사람이 어떤 행동을 하면 그 행동의 결과들이 생겨나 그와 동일시되는 모든 사람에게 적용된다. 아담과 동일시되는 자들, 곧 태어난 모든 사람은 아담의 죄악된 행위 때문에 죽는다. 마찬가지로, 그리스도와 동일시되는 자들, 곧 그분 안에서 거듭난 모든 사람은 그리스도의 의로운 행위 때문에 영원한 생명으로 부활한다. **아담 안에서 모든 사람이** 죄의 본성을 물려받았고, 따라서 **죽을** 것이다. **그리스도 안에서 모든 사람**, 곧 그분을 믿는 모든 사람이 영생을 물려받았으며, 영 뿐 아니라 몸으로, **삶을 얻으리라(shall be made alive).** "한 사람이 순종하지 아니함으로 많은 사람이 죄인 된 것 같이, 한 사람이 순종하심으로 많은 사람이 의인이 되리라"(롬 5:19).

성경의 다른 무수한 구절을 통해, 우리는 22절의 **모든 사람**이 몇몇 부분에서 같지만 동등할 수 없다는 것을 안다. 보편구원론(universalism, 만인구원론)을 집어넣어 이 단락을 읽으려한다면, 영벌을 가르치는 다른 구절들과 모순될 수밖에 없다(마 5:29; 10:28; 25:41, 46; 눅 16:23; 살후 1:9; 계 20:15 등). **모든 사람**은 둘 다 후손들에게 적용된다는 점에서 같다. 모든 인간은 아담의 후손이며, 따라서 첫째 **모든 사람**은 보편적이다. 하나님이 직접 데려가 자신과 함께 있게 하신 에녹과 엘리야를 제외하고, 휴거될 성도들을 제외하고, 태어난 사람은 모두 죽을 것이다.

그러나 예수 그리스도를 믿는 자들만 '그분의' 후손이며(요 8:44이 설명하듯이), 그러므로 둘째 **모든 사람**은 구원받은 자들에게만 적용된다. 오직 하나님의 **모든** 자녀와 예수 그리스도와 함께한 상속자들만(갈 3:26, 29; 4:7; 엡 3:6; 참조. 행 20:32; 딛 3:7) **삶을 얻을 것이다. 아담 안에**는 단지 사람이 되는 것, 한 번 태어나는 것이 있을 뿐이다. **그리스도 안에**는 영생을 얻는 것, 거듭나는 것이 있다. 아담의 육체적 후손이라면 그의 죄를 물려받았기에, **모든 사람이 죽는다.**

그리스도의 초자연적 후손이라면, 그분의 의를 물려받았기에, **모든 사람이 삶을 얻는다.**

두 경우 모두 유산은 영 뿐 아니라 몸과 관련이 있지만, 여기서 바울은 주로 몸과 관련된 부분을 강조한다. 아담의 죄를 통해, 인간은 영적으로 죽었고 몸도 죽을 수밖에 없게 되었다. 마찬가지로 그리스도를 통해, 신자들은 영적으로 생명을 얻었고 몸이 다시 살아날 것이다. 그러나 우리의 영은, 우리가 죽을 때 떠나 주님과 함께하기 때문에, 부활을 기다리지 않을 것이다. 우리의 몸만 부활할 것이며, 이것이 여기서 강조하는 진리다.

구속받은 자들

> **그러나 각각 자기 차례대로 되리니, 먼저는 첫 열매인 그리스도요, 다음에는 그가 강림하실 때에 그리스도에게 속한 자요.** (15:23)

부활 계획에서, **그리스도**는 **첫 열매**이며 **그가 강림하실 때에 그리스도에게 속한 자**들은 완전한 추수다. 그러나 곡식 추수와 달리, 부활 추수는 시간적으로 **첫 열매**로부터 아주 멀다. 우리는 언제 주님이 오셔서 그분의 백성을 다시 살려 휴거시키고 그분의 나라를 세우실지 알지 못한다. 사실, 예수님은 우리가 그 때를 알 수 없다고 하셨다(마 24:36, 42, 44, 50; 25:13). 우리는 그 때를, 구체적 세대나 순간을 알지 못하지만 그 **차례(order)**는 안다.

가장 분명한 것은 그리스도가 **첫 열매**였고 우리의 부활이 그분의 **강림**에 이어지리라는 것이다. 성경 다른 부분에서 알 수 있듯이, 그 "추수"조차 단번에 이뤄지지 않고 **차례,** 곧 순서가 있을 것이다. 신자들, 곧 **그리스도에게 속한 자**들의 첫째 부활은 세 단계로, 서로 다른 신자들의 그룹을 따라 이뤄질 것이다.

첫째는 교회의 부활이다. 다시 말해, 오순절부터 휴거 때까지 구원하는 믿음으로 나아오는 신자들이 부활할 것이다. "주께서 호령과 천사장의 소리와 하나님의 나팔 소리로 친히 하늘로부터 강림하시리니, 그리스도 안에서 죽은 자들이 먼저 일어나고"(살전 4:16). 이들은 살아 있는 성도들과 합류해 공중에서 주님을 만나 천국에 올라갈 것이다.

다음으로 대환난 성도들(Tribulation saints)이 부활할 것이다. 대환난 기간에, 많은 사람이 그리스도를 믿게 될 것이다. 대환난은 7년간 계속되는 상상도 못할 무서운 고난이다. 이 때 많은 경건한 사람이 믿음 때문에 죽임을 당할 것이다. 그러나 대환난이 끝나면, 그리스도를 믿은 자들이 모두 다시 살아나 그분과 함께 천 년 동안 다스릴 것이다(계 20:4).

다니엘 선지자가 약속했듯이, 그 뒤에 구약의 성도들이 부활할 것이다. "땅의 티끌 가운데에서 자는 자 중에서 많은 사람이 깨어나 영생을 받는 자도 있겠고 수치를 당하여서 영원히 부끄러움을 당할 자도 있을 것이며"(단 12:2; 참조. 사 26:19-20). 나는 이 부활이 대환난 성도들의 부활과 동시에 일어나리라고 믿는다.

그 다음으로, 천년왕국 기간에, 그 기간에 죽는 자들이 필연적으로 부활할 것이다. 이들이 죽자마자 다시 살아난다고 생각하면 재미있다. 장례가 필요없을 것이다. 따라서 천년왕국 기간에 신자의 죽음은 그의 영원한 몸과 영으로 즉시 변모하는 것일 뿐이다.

이제 불의한 자들의 부활만 남았다. 이들은 그리스도의 천년 통치가 끝나는 시점에 다시 살아나 심판과 영원한 형벌을 받을 것이다(요 5:29). 구원받은 자들은 다시 살아나 영생하겠지만 구원받지 못한 자들은 다시 살아나 영원한 죽음을, 둘째 사망을 맞을 것이다(계 21:8; 참조. 2:11).

회복

그 후에는 마지막이니, 그가 모든 통치와 모든 권세와 능력을 멸하시고 나라를 아버지 하나님께 바칠 때라. 그가 모든 원수를 그 발아래에 둘 때까지 반드시 왕 노릇 하시리니, 맨 나중에 멸망 받을 원수는 사망이니라. 만물을 그의 발아래에 두셨다 하셨으니, "만물을 아래에 둔다" 말씀하실 때에 만물을 그의 아래에 두신 이가 그 중에 들지 아니한 것이 분명하도다. 만물을 그에게 복종하게 하실 때에는 아들 자신도 그 때에 만물을 자기에게 복종하게 하신 이에게 복종하게 되리

니, 이는 하나님이 만유의 주로서 만유 안에 계시려 하심이라. (15:24-28)

바울은 여기서 부활 계획의 셋째 측면을 논하며, 이것은 회복(restoration)이라 부를만한 것이다. 바울은 마지막 때 일어날 일들을 요약한다.

그 후에는(then, eita)은 그리스도의 재림 때 일어날 부활부터 그분의 나라가 세워질 때까지의 시간적 간극을 암시할 것이다. 이것은 주님이 마태복음 24, 25장에서 주신 가르침과 일치할 텐데, 거기서 주님은 그분의 나라가 임하기 전에 있을 모든 징조(signs), 하늘에서 보일 인자의 징조까지 말씀하시고 택함을 받은 자들이 한 데 모일 것이라고 말씀하신다(24:30-31).

'텔로스'(telos, **end, 마지막**)는 최종적인 것뿐 아니라 완결되거나 완성되거나 성취된 것을 가리킬 수 있다. 세대들이 최종 완결될 때, **그가…나라를 아버지 하나님께 바칠 때**, 만물이 하나님이 본래 계획하고 창조하신대로 회복될 것이다. 마지막에, 만물이 처음과 같을 것이다. 더는 죄가 없을 것이며, 하나님이 원수도 도전도 없이 최고로 다스리실 것이다. 여기서 우리는 하나님의 구속 계획에 관한 큰 통찰을 얻는다. 이것이 절정이다: 그리스도께서 회복된 세상을 자신의 아버지 하나님께, 세상을 회복하도록 자신을 보내신 분께 넘기신다.

그리스도의 최종 행동은 하나님의 모든 **원수**를, 그분에게 맞서는 모든 **통치**와 **권세**와 **능력**을 영원히 정복하는 것이다. 이들은 영원히 멸망당해 결코 다시 존재하지 못할 것이며, 결코 다시 하나님을 대적하지 못할 것이고, 결코 다시 그분의 백성을 속이거나 오도하거나 위협하지 못할 것이며, 결코 다시 그분의 창조 세계를 조금이라도 더럽히지 못할 것이다.

세상을 자신의 아버지께 넘기시는 그리스도의 마지막 행동은 천년 동안, 그리스도께서 땅에서 천년 동안 다스리실 때 이루어질 것이다. 요한계시록 5-20장에서 상징들과 진술들로 생생하게 극적으로 묘사되었듯이, 그리스도께서 자신이 창조했으며 마땅히 자신의 것인 땅을 되찾으실 것이다. 요한계시록 5장의 장면은 아들이 땅의 권리 증서를 마땅히 취하는 모습을, 그것을 강탈자에게서 되찾아 아버지께 드리는 모습을 묘사한다. 이렇게 하면서, 그분은 모든 반역을 진압하고 모든 원수를 굴복시키실 것이다. **그가 모든 원수를 그**

발아래에 둘 때까지 반드시 왕 노릇 하시리니. 그분이 다스리시는 것이 필수다.

원수를 그 발아래에 둔다는 비유는 고대 왕들과 황제들이 늘 신하들 위에 자리한 보좌에 앉았고 따라서 신하들은 절할 때 문자 그대로 주권자의 발아래 또는 발밑에 있었던 일반적 관습에서 왔다. 왕은 원수들과 더불어 정복된 왕이나 장수의 목을 흔히 밟음으로써 이들에 대한 완전한 정복을 상징했다. 그분의 천년 통치 때, 하나님의 주권적 계획이 성취되도록 그리스도의 모든 **원수**가 완전히 정복되어 그분의 **발아래** 놓일 것이다.

천년왕국 기간에, 그 어떤 공개 반란도 용납되지 않을 테지만 그리스도의 원수들은 여전히 반란을 마음에 품을 것이다. 그리스도의 원수들이 그분께 자발적으로 복종하지 않을 것이며, 따라서 그리스도께서 "친히 그들을 철장으로 다스리"셔야 할 것이다(계 19:15). 그러나 이들은 '다스려질 것이다'. 천년의 끝에, 사탄이 잠시 풀려나 하나님과 그분의 나라에 맞서 마지막 반란을 주도할 것이며(20:7-9), 그 후에 자신에게 속한 모두와 함께 지옥에 던져져 불못에서 영원히 고통당할 것이다(계 20:10-15).

하나님과 사람의 **맨 나중…원수는 사망**인데, 사망이 다른 모든 원수와 함께 **멸망 받을** 것이다. 그리스도께서 "죽음의 세력을 잡은 자"(히 2:14) 사탄의 권세를 십자가에서 깨뜨리셨으나 사탄과 죽음(사망)은 천년왕국 끝에 가서야 영원히 **멸망 받을** 것이다. 승리는 갈보리에서 얻었으나 그 승리가 보장하는 영원한 평화와 의는 정복당한 원수들이 지옥에 던져지고 **멸망 받을** 때에야 완성되고 완결될 것이다. 그러면 자신의 최종 사역이 성취되었기에, 그리스도께서 **나라를 아버지 하나님께 바치신다.**

그리스도께서는 아버지로부터 구원 임무를 받으셨을 때, 몸으로 땅에 오셔서 사람들 틈에서 한 사람으로 살고 성장하셨다. 그분은 가르치고, 전파하며, 치료하고, 이적을 행하셨다. 죽고, 장사되며, 다시 살아나고, 아버지께로 올라가셨으며, 거기서 자신의 백성을 위해 중보하신다. 다시 오실 때, 그분은 싸우고, 정복하며, 다스리고, 심판하실 것이다. 그런 후, 아버지를 대신해 마지막 일을 하실 것인데, 하나님의 원수들을 영원히 정복하고 최종적으로 심판하며(계 20:11-15), 땅과 하늘을 다시 창조하고(계 21:1-2), 마지막으로 **나라를 아버**

지 하나님께 넘기실 것이다.

그 **나라** 곧, 그리스도께서 **바치시는** 나라는 구속된 그분의 백성, 그분을 믿음으로써 영원한 나라의 영원한 백성이 된 자들이 거하는 구속받은 환경일 것이다. 바울이 고린도전서 15장에서 제시하는 주요 논증에 비춰볼 때, 그가 여기서 말하는 핵심은 이것이 분명하다: 부활이 없다면, 영원한 하나님 나라의 백성도 없을 것이며, 다스릴 주님도 없을 것이다. 그분이 다시 살아나지 않으셨고 그분의 백성도 다시 살아나지 않는다면, 하나님의 백성은 영원히 죽을 것이며 그것으로 끝일 것이다. 이들의 끝이고, 그 나라의 끝일 것이다. 그러나 성경은 "그 나라가 무궁하리라"고(눅 1:33), 그분과 그분의 백성에게 끝이 없으리라고 우리에게 확신시킨다.

독자들 중에 누구라도 오해하지 않도록, 바울은 분명한 것을 계속 설명한다. **"만물을 아래에 둔다" 말씀하실 때에 만물을 그의 아래에 두신 이가 그 중에 들지 아니한 것이 분명하도다.** 아버지 하나님은 그리스도께 복종하지 않으실 예외다. 아들에게 통치와 권세를 주신 분이 바로 아버지이고(마 28:18; 요 5:27), 아들이 성실하고 완전하게 섬기는 분이 바로 아버지이기 때문이다.

성육신 때부터 나라를 아버지께 드리실 때까지, 그리스도는 종의 역할을 하시며 아버지께서 맡기신 신성한 과제(divine task)를 수행하신다. 그러나 마지막 일이 성취될 때, 그분은 전에 앉으셨던 자리, 곧 완전하고 영광스러우며 삼위일체가 완전히 조화를 이루는 자리에 앉으실 것이다. **만물을 그에게 복종하게 하실 때에는 아들 자신도 그 때에 만물을 자기에게 복종하게 하신 이에게 복종하게 되리니, 이는 하나님이 만유의 주로서 만유 안에 계시려 하심이라.** 그리스도께서 계속 다스리실 것이다. 그분의 통치는 영원하기 때문이다(계 11:15). 그러나 그분은 아버지와 함께 삼위일체의 영광으로 다스리실 것이며, 자신을 위해 영원히 계획된 방식으로 삼위일체께 복종하실 것이다.

하나님은 사람을 창조하실 때, 완벽하고 의로우며 선하고 복종하도록 창조하셨다. 타락 때, 하나님의 최고 피조물이 그분의 나머지 피조물 전체와 함께 부패하고 망가졌다. 그러나 하나님이 자신의 아들을 통해 창조하시는 새로운 사람들은 절대로 부패하거나 망가지지 않을 것이다. 이들은 다시 살아나 그분의 나라에서 그분의 영원한 아들과 함께 살며 영원히 다스릴 것이다.

43

부활이 부여하는 동기

(15:29-34)

만일 죽은 자들이 도무지 다시 살아나지 못하면, 죽은 자들을 위하여 세례를 받는 자들이 무엇을 하겠느냐? 어찌하여 그들을 위하여 세례를 받느냐? 또 어찌하여 우리가 언제나 위험을 무릅쓰리요? 형제들아, 내가 그리스도 예수 우리 주 안에서 가진 바 너희에 대한 나의 자랑을 두고 단언하노니, 나는 날마다 죽노라. 내가 사람의 방법으로 에베소에서 맹수와 더불어 싸웠다면, 내게 무슨 유익이 있으리요? 죽은 자가 다시 살아나지 못한다면, 내일 죽을 터이니 먹고 마시자 하리라. 속지 말라. "악한 동무들은 선한 행실을 더럽히나니," 깨어 의를 행하고 죄를 짓지 말라. 하나님을 알지 못하는 자가 있기로, 내가 너희를 부끄럽게 하기 위하여 말하노라. (15:29-34)

부활을 믿지 않는 사두개인들이 예수님께 위선적이며 조롱 섞인 질문을 던졌다. 어떤 여인이 부활 때 누구의 아내가 되겠냐는 것이었다. 예수님은 먼저 사두개인들에게 이들이 성경도 모르고 하나님의 능력도 모른다고 하셨다. 천국에는 결혼이 없다고 선언하신 후, 이렇게 말씀하셨다. "죽은 자의 부활을 논할진대, 하나님이 너희에게 말씀하신 바 '나는 아브라함의 하나님이요, 이삭의 하나님이요, 야곱의 하나님이로라' 하신 것을 읽어 보지 못하였느냐? 하나님은 죽은 자의 하나님이 아니요 살아 있는 자의 하나님이시니라"(마 22:23-32; 출 3:6). 예수님의 말씀에서 동사의 시제가 강조된다("나는…이로라, I am"). 아브라함과 이삭과 야곱은 예수님이 말씀하실 때 영적으로 살아있었으며, 언젠가 부활하여 영화롭게 된 자신의 몸과 재결합할 것이다. 예수님은 사실 이렇게 말씀하고 계셨다. "현재, 바로 지금, 나는 아브라함과 이삭과 야곱의 하나님이다." 사실이었다. 죽음 후에 생명이 있기 때문이다.

성경은 이론적이거나 비실제적이거나 현실과 동떨어진 것이 아니다. 사두개인들은 부활을 부정했다. 그래서 그리스도의 삶과 일에 보인 반응에서 분명하게 나타나듯이, 이들은 바르게 생각하거나 살 수 없었다. 바른 교리는 바른 도덕적 행위와 분리될 수 없다. 바른 원리를 주심은 바른 행동으로 이어지게 하기 위해서다. 하나님의 진리는 살아내야 할 뿐 아니라 적절히 반응해야 하는 것이다. 우리는 즐겨 부르는 찬송처럼 살아야 한다. "의지하고 순종하는 길은 예수 안에 즐겁고 복된 길이로다." 성경의 진리는 하나님이 그저 신학자들이 토론하고 신조로 기록하라고 주신 게 아니다. 성경의 진리는 살아내라고 주신 것이다. 성경의 진리를 부정할 때, 무서운 도덕적·영적 결과들이 따른다.

로마서 1-11장은 거의 순전한 교리, 곧 순전한 신학이다. 12장은 이렇게 시작한다. "그러므로 형제들아, 내가 하나님의 모든 자비하심으로 너희를 권하노니, 너희 몸을 하나님이 기뻐하시는 거룩한 산 제물로 드리라. 이는 너희가 드릴 영적 예배니라"(1절). 로마서 12장부터, 바울의 가르침은 주로 실제적이며, 앞서 제시한 진리에 기초한 일련의 권면이다. "그러므로"는 "때문에"라는 뜻이다. "제가 방금 말한 것 때문에, 여러분은 이렇게 살아야 합니다." 바울은 시편 기자의 말을 되울린다. "내게 주신 모든 은혜를 내가 여호와께 무엇으로 보답할까?"(시 116:12). 성경 전체에서 그렇듯이, 바울 서신들에서도 신자들의 행위와 도덕은 하나님의 구속 사역이라는 기초 위에 세워진다. '하나님이' 하신 일은 그분이 우리에게 원하시는 일을 '우리가' 하는 가능한 가장 큰 동기다. 부활을 부정하는 것은 사실 의로운 행위의 필요성을 부정하는 것이다.

15:29-34에서, 바울의 요지는 이것이다: 부활을 제거한다면, 하나님의 구속 사역의 놀랍고 핵심적인 진리를 부정한다면, 그리스도께 나아가고 그리스도를 위해 살도록 주님이 우리에게 주신 가장 큰 동기 중 하나를 제거하는 것

이다. 그러므로 바울은 부활이 부여하는 강력한 세 동기를 말한다: (1) 구원을 위한 동기, (2) 섬김을 위한 동기, (3) 성화를 위한 동기. 첫째는 불신자들을 위한 것이고, 둘째와 셋째는 신자들을 위한 것이다.

구원을 위한 동기

만일 죽은 자들이 도무지 다시 살아나지 못하면, 죽은 자들을 위하여 세례를 받는 자들이 무엇을 하겠느냐? 어찌하여 그들을 위하여 세례를 받느냐? (15:29)

이것은 성경에서 가장 어려운 구절 중 하나이며, 여러 타당한 해석이 가능하다. 그러나 많은 이단이 자신들의 사상을 뒷받침하는 데 이 구절을 이용했다. 세밀하고 정직한 해석자라면 제시된 수십 가지 해석을 살피고 이 구절의 의미를 독단적으로 못 박지 않을 것이다. 그러나 우리는 성경의 다른 부분들의 분명한 가르침을 토대로 이 구절이 의미하지 않는 것들에 대해 '아니다'라고 못박을 수 있다. 이 구절의 의미는 추측할 수 있을 뿐이다. 역사가 이것을 모호함 속에 가두었기 때문이다.

예를 들면, 마르시온(Marcion, 85년경-160년경) 같은 고대 영지주의 이단 및 현대 몰몬교의 주장과 달리, 우리는 이 구절이 죽은 자들을 위한 대리 세례를 가르치지 않는다고 확신할 수 있다. 바울은 누군가 죽은 사람을 대신해 세례를 받음으로써 죽은 사람이 구원받거나 어떻게든 도움받을 수 있다고 가르치지 않았다. 세례를 통한 중생(baptismal regeneration), 곧 세례를 받음으로 구원을 받는다거나 세례가 어떤 면에서 구원에 필수라는 생각은 성경적이지 않다. 대리 세례를 통한 중생(vicarious baptismal regeneration)은 성경의 가르침에서 훨씬 더 멀다. 세례를 받음으로써 자신을 구원할 수 없다면, 대신 세례를 받음으로써 누군가를 구원할 수 없는 것은 분명하다. 구원은 오직 예수 그리스도를 믿음으로써 얻는다. "너희는 그 은혜에 의하여 믿음으로 말미암아 구원을 받았으니, 이것은 너희에게서 난 것이 아니요 하나님의 선물이라"(엡 2:8; 참조. 롬 3:28 등). 이것은 구약성경과 신약성경의 거듭되고 일관된 가르침이다.

바울은 창세기 15:6을 인용하며 말한다. "성경이 무엇을 말하느냐? 아브라함이 하나님을 믿으매 그것이 그에게 의로 여겨진 바 되었느니라"(롬 4:3). 누구라도 하나님께 나오는 길은 단 하나, 자신의 믿음이다.

한 사람의 믿음이 다른 사람을 구원할 수 없다면, 한 사람의 세례가 다른 사람을 구원할 수 없는 게 분명하다. 세례는 그리스도와 하나 되었음을 선포하는 순종하는 믿음의 행위일 뿐이다(롬 6:3-4). 그 누구도 세례로 구원받지 않는다. 죽은 사람은 고사하고 살아있는 사람도 세례로 구원받지 않는다. "한번 죽는 것은 사람에게 정해진 것이요 그 후에는 심판이 있으리니"(히 9:27). 죽으면 구원받을 기회와 그 어떤 것이든 영적 도움을 받을 기회가 모두 사라진다.

신약성경에서, 세례는 구원과 밀접하게 연결되며 구원의 외형적 증거 중 하나다. 세례를 받아야 그리스도인이 되는 것은 아니다. 그렇더라도 순종하는 그리스도인이려면 세례를 받아야 한다. 죽기 전에 세례받을 기회가 전혀 없는 신자라면 분명히 예외다. 세례는 그리스도의 대위임(Great Commission)에서 중요한 부분이다(마 28:19). 초기 교회에서, 세례를 받은 사람은 구원을 받았다고 보았다. 교회는 구원받았다는 확신이 들지 않는 사람에게는 세례를 주지 않았다. 어떤 사람이 세례를 받았느냐고 묻는 것은 그가 구원받았느냐고 묻는 것과 같았다.

바울이 '세례를 받다'(baptized)라는 용어를 이런 의미로 사용했으리라고 보면, **세례를 받은 자들**은 자신이 그리스도인이라고 증언하는 자들을 가리킬 수 있다. 바꾸어 말하면, 바울은 **세례를 받은 자들**이란 호칭으로 특별한 세례 행위가 아니라 신자들을 가리켰을 뿐이다. **죽은 자들**도 그리스도인들, 즉 그 삶이 **세례를 받은 자들**의 구원으로 이어지는 증언이었던 고인이 된 신자들을 가리킬 수 있다. 이것은 본문이나 문맥을 해치지 않는 합리적 견해로 보인다.

29절에서 **위하여(for)**로 번역된 헬라어 '후페르(huper)'는 문법 구조나 문맥에 따라 십 수 가지 의미와 뉘앙스를 갖는다. 즉 "위하여"(for), "위에"(above), "대하여"(about), "걸쳐"(across), "너머"(beyond), "대신"(on behalf of, instead of), "때문에"(because of), "관하여"(in reference to) 등을 포함한다. **위하여(for)**는 여

기서 완벽하게 타당한 번역이다. 그렇더라도 문맥과 바울이 다른 곳에서 제시하는 가르침에 비추어볼 때, "때문에"(because of)도 적절한 번역일 수 있다.

추론과 해석에 비춰볼 때, 바울이 죽은 신실한 신자들의 모범적 삶과 증언 때문에 사람들이 구원을 받고 있다(세례가 그 표징이다)고 말할 뿐이라고 추측할 수 있다. 이것이 이 구절의 바른 해석인지는 확신할 수 없다. 그러나 자신이 본받길 바라는 사람들의 증언 때문에 구원에 이르는 경우가 많다는 것은 확신할 수 있다.

몇 년 전, 우리 교회의 한 청년이 삶이 얼마 남지 않았다는 말을 의사들에게서 들었다. 그는 슬픔과 비탄에 빠진 게 아니라 곧 구주와 함께하게 되리라는 기대에 기쁨이 넘쳤다. 죽음을 눈앞에 둔 그 청년의 확고한 믿음과 만족 때문에, 내가 알기로 한 사람이, 어쩌면 더 많은 사람이 그리스도를 아는 구원하는 지식을 갖게 되었다.

핀란드-소련 전쟁[115] 중에, 소련 병사 일곱 명이 핀란드군에 포로로 잡혀 사형 선고를 받았다. 이들이 총살당하기 전날 밤, 한 병사가 "주 예수 넓은 품에"(Safe in the Arms of Jesus)라는 찬송을 부르기 시작했다. 왜 그 찬송을 부르느냐는 질문에, 병사는 눈물을 흘리며 답했다. 불과 3주 전, 한 무리의 구세군 "병사들이" 이 찬송을 부르는 것을 들었다고 했다. 어린 시절, 그는 어머니가 자주 들려주고 불러주던 예수님 얘기와 노래를 들었으나 어머니의 구주를 자신의 구주로 영접하려 하지 않았다. 전날 밤, 그는 누워서 자신의 처형을 생각하고 있을 때, 환상 중에 어머니 얼굴을 보았고 그 때문에 최근에 들은 그 찬송이 떠올랐다. 그가 오래전 들었던 그 찬송의 가사와 성경 구절들이 떠올랐다. 그는 동료 포로들과 자신을 포로로 잡은 핀란드 군인들 앞에서 증언했다. 그리스도께서 자신의 죄를 용서하고 자신의 영혼을 씻어 자신이 하나님 앞에 설 준비가 되게 해 주시길 기도했다는 것이었다. 모든 사람이, 포로들과 간수들이 똑같이, 깊이 감동했고 대부분이 기도하고 울며 영적인 것들을 얘기하

---

115 제2차 세계대전 중, 1939년 11월 30일 소련이 핀란드를 침공해 일어난 전쟁으로 겨울전쟁이라고도 한다.

고 찬송하며 밤을 샜다. 아침에, 소련 병사 일곱은 총살당하기 직전에 "주 예수 넓은 품에"를 한 번 더 부르게 해달라고 부탁했고, 허락을 받았다.

소련 병사 중에 적어도 또 한 명이 그날 밤 그리스도를 고백했다. 게다가, 이들을 관리하는 핀란드 장교가 말했다. "다른 사람들의 마음에 무슨 일이 일어났는지는 나도 모르겠습니다. 그러나 저는 그때부터 새 사람이었습니다. 저는 그리스도의 가장 사랑스럽고 가장 어린 제자 중 하나에게서 그분을 만났고 너무나 많은 것을 보았기에 저도 그분의 제자일 수 있음을 깨달았습니다."

젊은 바울(당시는 사울)은 스데반의 죽음을 목격했고 그가 죽어가면서 사랑으로 외치는 확신에 찬 증언을 들었다. 이러한 스데반의 증언을 통해, 믿음의 첫 씨앗이 바울의 마음에 뿌려졌을 것이다(행 7:59-8:1).

고린도전서 15:29에서, 바울은 기쁨과 소망으로 죽음을 맞는 그리스도인들이 강력한 증거라는 진리를 단언하는 것으로 보인다. 영생, 부활 생명, 사랑하는 사람들과의 재결합에 대한 기대가 복음을 듣고 받아들이는 강한 동기다. 부활은 하나님이 그분의 아들을 믿는 자들에게 주시는 가장 큰 보증 가운데 하나다. 예수 그리스도를 믿는 자들에게 무덤은 끝이 아니다. 죽으면, 우리의 영혼은 어떤 우주적인 신적 마음(cosmic divine mind)으로 다시 흡수되는게 아니다. 우리는 죽으면 즉시 개인적이며 인격적인 존재로서 주님과 함께하게 된다. 그뿐 아니라, 어느 날 우리의 영화롭게 된 몸이 우리의 영과 재결합하고, 우리는 완전체(whole)로서, 완결된 인간 존재로서, 하나님을 사랑하고 예배한 모두와 함께 영원히 살 것이다.

믿고 **죽은** 자들이(the believing **dead**) 구원의 수단으로 사용되는 또 다른 방법은 재회(reunion, 재결합)의 소망을 통해서다. 많은 신자가 먼저 떠나 주님과 함께하는 사랑하는 사람과의 연합을 간절히 바랐기 때문에 구주께 이끌렸다. 나는 장례식을 집례할 때마다 이런 호소를 빼놓지 않았다. 나는 아내가 죽은 후에야 그리스도께 나온 남편을 보았다. 그는 아내를 다시 보지 못하리라는 생각에 견딜 수 없었고, 그래서 자신의 삶과 영원을 자신이 아내의 주님으로 아는 분에게 맡기는 데 더욱 마음이 끌렸다. 나는 어머니가 죽은 후 부분적으로는 어느 날 어머니를 다시 만나고픈 바람 때문에 그리스도께 나온 자녀들을 보았다. 어머니의 호소와 기도가 할 수 없었던 것을 어머니의 죽음이 성취했다.

물론, 부활이 이미 신자인 사람들에게 큰 재회의 소망을 주는 것도 사실이다. 갓난 아들이 죽은 후 다윗을 지탱한 것은 "그는 내게로 돌아오지 아니하"겠지만 "나는 그에게로 가리라"는 소망이었다(삼하 12:23). 다윗은 어느 날 아들과 재회하리라는 것을 알았다.

고린도교회에 만연했던 것과 동일한 이교 철학이 데살로니가 신자들을 혼란스럽게 했고, 그래서 이들은 걱정에 잠겼다. 믿고 죽은 사랑하는 사람들과 친구들에게 미래의 삶에 대한 소망이 없다고 생각했기 때문이다. 바울은 이들에게 이렇게 썼다. "형제들아, 자는 자들에 관하여는 너희가 알지 못함을 우리가 원하지 아니하노니, 이는 소망 없는 다른 이와 같이 슬퍼하지 않게 하려 함이라. 우리가 예수께서 죽으셨다가 다시 살아나심을 믿을진대, 이와 같이 예수 안에서 자는 자들도 하나님이 그와 함께 데리고 오시리라"(살전 4:13-14). 그는 이들에게 이렇게 단언했다. "여러분처럼, 그들도 부활할 것입니다. 주님이 다시 오시면, 주님께서 여러분 모두 재회하게 하실 것입니다."

바울은 이렇게 물었다. 부활이 없다면, 미래의 삶에 대한 소망이 없다면, 사람들이 죽은 신자들의 증언 때문에 그리스도께 올 이유가 어디 있겠습니까? **만일 죽은 자들이 도무지 다시 살아나지 못하면···어찌하여 그들을 위하여**[고인이 된 신실한 신자들의 증언 때문에] **세례를 받느냐**[현재의 많은 그리스도인이 신자가 될 이유가 어디 있겠는가]?

섬김을 위한 동기

또 어찌하여 우리가 언제나 위험을 무릅쓰리요? 형제들아, 내가 그리스도 예수 우리 주 안에서 가진 바 너희에 대한 나의 자랑을 두고 단언하노니, 나는 날마다 죽노라. 내가 사람의 방법으로 에베소에서 맹수와 더불어 싸웠다면, 내게 무슨 유익이 있으리요? 죽은 자가 다시 살아나지 못한다면, 내일 죽을 터이니 먹고 마시자 하리라. (15:30-32)

부활 소망이 부여하는 둘째 동기는 섬김을 위한 것이다. 부활이 없다면, 신자들이 그렇게 많이 견디고 희생할 이유가 어디 있겠는가? 이생이 끝이라면, 바울을 비롯한 사도들이 **언제나 위험을 무릅쓸** 이유가 어디 있겠는가?

믿고 죽은 자들의 부활이 없다면, 복음을 위한 고난과 죽음이 마조히즘, 즉 고난을 위한 고난일 것이다. 바울이 이미 지적했듯이, "만일 그리스도 안에서 우리가 바라는 것이 다만 이 세상의 삶뿐이면 모든 사람 가운데 우리가 더욱 불쌍한 자이리라"(15:19).

그리스도인들이 그리스도의 일을 하면서 기꺼이 열심히 하고, 기꺼이 고난을 받으며, 기꺼이 학대와 조롱을 당하고, 기꺼이 견디는 이유는 단 하나다. 그리스도께서 성취하신 최고의 일, 곧 죄인들의 구속이 현세에서 끝나지 않을 것이기 때문이다(참조. 롬 8:18). 결코 그리스도를 얼굴을 마주하고 보지 못할 거라면, 그분을 위해 고난받는 목적이 무엇이겠는가? 결코 그리스도를 얼굴을 마주하고 보지 못할 것이라면, 사람들을 그리스도께 인도하는 목적이 무엇이겠는가? 이러한 복음에 좋은 소식이 어디 있겠는가? 이러한 복음을 전파하거나 믿을 동기가 어디 있겠는가?

이생이 전부라면, 왜 이생이 비참한가? 우리가 고대할 안전이 없다면, **언제나 위험을 무릅쓸** 이유가 어디 있는가? 죽음이 끝이라면, **날마다 죽을** 이유, 목숨을 걸고 자기를 부인할 이유가 어디 있는가? 바울은 격하게 **단언한다**(protest, 항변한다). "부활을 부정하는 여러분은 그리스도인의 섬김을 난장판으로 만듭니다. 부활이 없다면, 아무것도 의미가 없습니다." 어떤 그리스도인들이 믿듯이, 부활절 아침에 일어난 그리스도의 부활이 유일한 부활이라면, 그분이 다시 살아나신 것은 우리를 위한 승리가 아니었다. 그렇다면, 그분은 죽음을 이기신 게 아니라 그분을 믿는 자들을 위해 죽음을 더 큰 조롱거리로 만드신 것일 뿐이겠다.

내가 사람의 방법으로 에베소에서 맹수와 더불어 싸웠다면, 내게 무슨 유익이 있으리요? 바울이 어떤 **사람의 방법(human motives)**으로 자신의 안전과 생명을 잃을 위험을 계속 감수할 수 있었겠는가? 바울이 문자 그대로 **에베소에서 맹수와 더불어 싸웠다**고 확신할 수는 없다. 그러나 이런 경우가 있었을 가능성은 충분해 보이며, 전승이 이러한 해석을 뒷받침한다. 에베소에서 은장색 데메드리오가 바울을 대적해 거친 무리를 선동했고, 바울은 이것을 은유적으로 말했을 것이다(행 19:23-34). 어쨌든, 바울은 자신의 생명을 위협했던 숱한 경험 중 하나를 말하고 있었다.

바울의 유일한 목적과 희망이 인간적이고 일시적일 뿐이었다면, 이런 일들을 그때껏 견뎠고 앞으로도 견딜 이유가 어디 있겠는가? 우리가 죽어 죽은 상태 그대로 있을 뿐이라면, **내일 죽을 터이니 먹고 마시자**고 말하는 게 더 이치에 맞다. 바울은 타락한 이스라엘의 절망적이고 쾌락주의적인 시각을 반영한 이사야 22:13을 직접 인용한다. 이것은 전도서가 거듭 표현하는 음울한 헛됨도 반영한다: "헛되고 헛되며 헛되고 헛되니 모든 것이 헛되도다! 해 아래에서 수고하는 모든 수고가 사람에게 무엇이 유익한가?"(전 1:2-3).

헬라 역사가 헤로도투스(Herodotus, 주전 484년경-주전 425년경)는 재미있는 이집트 관습을 들려준다. "부자들의 사교 모임에서 연회가 끝날 때, 흔히 종이 관을 들고 손님들 사이를 다녔다. 관에는 나무를 조각하고 색을 칠해 죽은 사람과 최대한 비슷하게 만든 시체 형상이 누워 있었다. 종은 이것을 손님들에게 보이며 말했다. '이것을 보며 먹고 즐기십시오. 여러분도 죽으면 이렇게 됩니다.'"

이생이 전부라면, 감각의 지배를 받지 않을 이유가 어디 있겠는가? 움켜잡을 수 있다면 무엇이든 움켜잡고, 할 수 있다면 무엇이든 하며 살지 않을 이유가 어디 있겠는가? 우리가 죽어 죽은 채로 남을 뿐이라면, 쾌락주의가 완벽하게 이치에 맞는다.

이치에 맞지 '않을' 것은 다음과 같은 사람들의 경건한 자기희생이다. "그들은 믿음으로 나라들을 이기기도 하며, 의를 행하기도 하며, 약속을 받기도 하며, 사자들의 입을 막기도 하며, 불의 세력을 멸하기도 하며, 칼날을 피하기도 하며…광야와 산과 동굴과 토굴에 유리하였느니라"(히 11:33-34, 38). "더 좋은 부활을 얻고자" 하는 이들의 소망은(35절) 헛되고 공허했을 것이다.

"믿음의 주요 또 온전하게 하시는 이인 예수를 바라보자. 그는 그 앞에 있는 기쁨을 위하여 십자가를 참으사 부끄러움을 개의치 아니하시더니, 하나님

보좌 우편에 앉으셨느니라"(히 12:2). 우리 주님께 우리를 위해 죽을 동기를 부여한 것은 부활에 대한 고대, 다시 살아나서 다시 아버지와 함께하리라는 고대였다. 그분이 우리를 위해 기꺼이 죽으려 하셨던 것은 우리를 위해 다시 살아나리라는 것을 아셨기 때문이다.

성화를 위한 동기

속지 말라. "악한 동무들은 선한 행실을 더럽히나니," 깨어 의를 행하고, 죄를 짓지 말라. 하나님을 알지 못하는 자가 있기로, 내가 너희를 부끄럽게 하기 위하여 말하노라. (15:33-34)

부활 소망이 부여하는 셋째 동기는 성화를 위한 것이다. 부활을 고대한다면, 더 경건하게 살고 영적으로 더 성숙해져야 한다. 32절과 33절은 밀접하게 연결된다. 부활을 부정하면, 섬김을 위한 동기와 성화를 위한 동기가 사라진다. 그러면 왜 성가시게 주님을 섬기거나 그분의 이름으로 다른 사람들을 섬기고, 왜 성가시게 거룩하고 순전하려 하겠는가?

바울은 고린도 신자들에게 경고했다. **악한 동무들**의 위험에 **속지 말라**는 것이었다. '호밀리아'(*homilia*, **company**, 동무들)는 기본적으로 사람들의 어울림 (association of people)을 의미하지만, 강의나 설교의 의미도 내포할 수 있다. 그러므로 고린도 신자들이 잘못된 가르침을 듣고 악한 사람들과 어울렸을 가능성이 보인다. 공식 메시지든 아니든 간에, 그 가르침은 **악하고(bad)** 부패를 일으켰다.

잘못 생각하는 사람들은 필연적으로 잘못 행동한다. 잘못된 행동은 잘못된 생각, 잘못된 신념, 잘못된 기준에서 비롯된다. 악한 사람들과 빈번하게 어울리면서 이들의 생각과 습관에 물들지 않기란 불가능하다. 문맥은 **악한 동무들**이 죽은 자의 부활이 없다는 이단 신학을 가르쳤고 이 악한 신학이 **선한 행실 (good morals)**을 더럽혔다는 것을 암시한다.

부활 소망이 순종과 거룩의 동기이듯, 부활을 믿지 않는 것은 불순종과 부도덕의 동기다. 바울이 바로 앞에서 지적했듯이, 부활이 없다면 **내일 죽을 터이니 먹고 마시는** 편이 나을 것이다. 죽음이 끝이라면, 우리가 무엇을 하든 크게 달라질 게 있겠는가?

고린도 신자 중에 **하나님을 알지 못하는**, 그러므로 그분의 진리를 알지 못하는 자들이 있었다. 이들의 악한 신학은 특히 이들이 부활을 부정했기 때문에 악한 행실로 이어지고 있었다.

헬라 역사가 투키디데스(Thucydides, 주전 460년경-주전 400년경)는 아테네에 심각한 전염병이 돌았을 때 "사람들이 온갖 부끄러운 범죄를 저지르고 모든 음탕한 쾌락을 추구했다"고 썼다. 이들은 삶이 짧고 부활은 없으며, 따라서 자신들의 악에 대해 값을 지불할 필요가 없으리라 믿었다. 로마 시인 호라티우스(Horace, 주전 65년-주전 8년)는 이렇게 썼다. "환경과 나이와 세 자매[116]의 운명의 검은 실이 아직 우리에게 허락하는 동안, 그들에게 포도주와 향유와 생명이 짧은 아름다운 장미꽃을 가져오라고 전하라." 또 다른 로마 시인 카툴루스(Catullus, 주전 84년경-주전 54년경)는 이렇게 썼다. "나의 레스비아(Lesbia)여[117] 우리 함께 살며 사랑해요. 고루한 노인네들의 이야깃랑 반 푼짜리로 여겨요. 태양은 지면 다시 돌아올 수 있어요. 하지만 우리의 짧은 빛이 지면 영원한 밤이 찾아오고 우리는 그 밤 내내 잠들어야 해요."

부활을 향한 기대가 없고 이에 수반되는 책임이 없다면, 우리가 지금 여기서 하고 싶은 일 외에 그 무엇도 할 동기가 없다. 행위에 보상이나 정죄가 따르지 않는다면, 통제가 불가능하다.

깨어 의를 행하고, 죄를 짓지 말라(become sober-minded as you ought, stop sinning, 마땅히 정신을 바짝 차리고, 죄짓기를 그쳐라). 바울은 명령형으로 호소한다. "여러분 중에 부활을 믿는 사람들은 명심하십시오. 부활을 믿지 않는 사

---

116 그리스 로마 신화에 등장하는 운명을 관장하는 세 자매(모이라이). 이들은 인간의 생명을 관장하는 실을 관리한다. 클로토가 실을 잣고, 라키시스가 그 실을 감으며, 인간의 생명이 다 하면 아트로포스가 그 실을 끊는다.

117 카툴루스는 연상의 귀부인 클로디아와 사랑에 빠졌으며, 이 여인이 카툴루스의 시집에서 레스비아로 등장한다.

람들의 이단과 부도덕이 여러분을 잘못된 길로 인도하고 부패하게 하지 말고 여러분이 그들을 인도해 참으로 **하나님을 알게** 해야 합니다." 바울은 이들을 **부끄럽게 하기 위하여** 이 말을 했다. 이들은 진리가 있었으나 그 진리를 온전히 믿지 않았고, 그래서 그 진리를 온전히 따르지 않았다. 바울은 이들에게 이들이 짓는 죄를 더는 짓지 말라고 명한다.

부활은 참으로 엄청난 능력이 있고, 참으로 놀라운 소망을 준다! 예수님이 죽은 자 가운데서 다시 살아나셨다. 그분은 살아계신다. 우리도 다시 살아날 것이다. 어느 날, 그분이 우리를 다시 살려 그분과 영원히 함께하게 하실 것이기 때문이다. 우리가 그분께 나오고 그분을 섬기며 그분을 위해 사는 데 이것보다 큰 동기가 있을 수 있겠는가?

44

우리의 부활체
(15:35-49)

누가 묻기를, "죽은 자들이 어떻게 다시 살아나며, 어떠한 몸으로 오느냐?" 하리니, 어리석은 자여, 네가 뿌리는 씨가 죽지 않으면 살아나지 못하겠고, 또 네가 뿌리는 것은 장래의 형체를 뿌리는 것이 아니요, 다만 밀이나 다른 것의 알맹이 뿐이로되, 하나님이 그 뜻대로 그에게 형체를 주시되, 각 종자에게 그 형체를 주시느니라. 육체는 다 같은 육체가 아니니, 하나는 사람의 육체요, 하나는 짐승의 육체요, 하나는 새의 육체요, 하나는 물고기의 육체라. 하늘에 속한 형체도 있고, 땅에 속한 형체도 있으나, 하늘에 속한 것의 영광이 따로 있고, 땅에 속한 것의 영광이 따로 있으니, 해의 영광이 다르고, 달의 영광이 다르며, 별의 영광도 다른데, 별과 별의 영광이 다르도다. 죽은 자의 부활도 그와 같으니, 썩을 것으로 심고 썩지 아니할 것으로 다시 살아나며, 욕된 것으로 심고 영광스러운 것으로 다시 살아나며, 약한 것으로 심고 강한 것으로 다시 살아나며, 육의 몸으로 심고 신령한 몸으로 다시 살아나나니, 육의 몸이 있은즉 또 영의 몸도 있느니라. 기록된 바 "첫 사람 아담은 생령이 되었다" 함과 같이, 마지막 아담은 살려 주는 영이 되었나니, 그러나 먼저는 신령한 사람이 아니요 육의 사람이요, 그 다음에 신령한 사람이니라. 첫 사람은 땅에서 났으니 흙에 속한 자이거니와, 둘째 사람은 하늘에서 나셨느니라. 무릇 흙에 속한 자들은 저 흙에 속한 자와 같고, 무릇 하늘에 속한 자들은 저 하늘에 속한 이와 같으니, 우리가 흙에 속한 자의 형상을 입은 것 같이 또한 하늘에 속한 이의 형상을 입으리라. (15:35-49)

바울이 15장에서 다루는 주요 문제 중 첫째는 일반 부활(general resurrection, 보편 부활)[118]을 부정하는 것이다. 고린도 신자 중에 그리스도께서 부활하셨다는 진리는 받아들이지만 다른 사람들이 부활하거나 부활할 수 있다고 믿길 거부하는 사람들이 있었다. 12-34절은 이러한 부정(거부)의 오류와 위험을 보여준다. 이제 바울은 골치 아픈 문제를 또 하나 다룬다. 이것은 실제로 첫째 문제의 일부이며, 일반 부활이 어떻게 가능할 수 있는지에 대한 문제다. 인류 전체의 부활은 복잡하고 엄청난 능력이 요구되므로 생각할 수 없어 보인다.

누가 묻기를, "죽은 자들이 어떻게 다시 살아나며, 어떠한 몸으로 오느냐?" 하리니, (15:35)

고린도교회에서 어떤 사람들이 부활을 부정한 것은 무엇보다 몸은 본래 악하고 영만 선하다는 영지주의 철학의 영향 때문이었다. 그러므로 이들은 몸의 부활이 '바람직하지 않다'고 믿었다. 바울은 이제 부활이 '불가능하기'도 하다는 생각에 도전한다. 이들은 이렇게 주장했다. "설령 부활이 선하더라도 어떻게 부활이 가능하겠는가?"

어떤 헬라인들이 겪는 문제의 일부는 당시 많은 랍비가 가르친 잘못된 부활관에서 비롯되었을 것이다. 이들은 욥기 19:26같은 구절을("내가 육체 밖에서 하나님을 보리라") 잘못 해석함으로써 부활체가 모든 면에서 땅의 몸과 일치하리라고 결론지었다. 예를 들면, 유대 외경 바룩서는 이렇게 기록했다. "그 때 [부활 때], 땅이 죽은 자들을 틀림없이 회복시킬 것이다. 형태가 조금도 바뀌지 않을 것이며, 받았던 그대로 회복될 것이다." 영지주의자들에게 이런 시각은 부활을 훨씬 '덜' 바람직하고 훨씬 '덜' 가능한 것으로 보이게 했다.

그러나 창조자 하나님을 인정하는 자라면 누구라도 그분이 몸을 회복시키는 것이 어떤 방식으로든 그 몸을 애초에 만드신 것보다 조금이라도 더 어려

---

118 그리스도께서 재림하실 때 신자들과 불신자들이 모두 부활한다. 이 부활이 전자에게는 생명의 부활이고, 후자에게는 심판의 부활이다.

울 거라 생각할 이유가 어디 있겠는가? 바울이 아그립바 왕 앞에서 물었듯이, "당신들은 하나님이 죽은 사람을 살리심을 어찌하여 못 믿을 것으로 여기나이까?"(행 26:8). 어떤 그리스도인들을 비롯해, 왜 지금도 사람들은 하나님이 바다에서 실종되었거나 폭발로 죽었거나 화장한 사람들의 몸을 어떻게 회복하실 수 있을지에 관해 당혹해하고 걱정하는가? 왜 하나님이 이들의 몸을 회복시키는 일이 우주를 창조하신 일보다 더 기적적이고 믿을 수 없는가? 게다가, 방부처리를 아무리 잘 했더라도, 죽은 몸은 예외 없이 결국 분해된다.

그러나 부활이 불가능해 보인다는 것이 부활이 없다는 주장들의 근거 중 하나였고 지금도 그렇다. 바울은 자신의 경험을 토대로 예상한다. **누가 묻기를, "죽은 자들이 어떻게 다시 살아나며…?" 하리니.** 하나님이 역사의 모든 시대마다 모든 죽은 사람의 몸을 어떻게 다시 맞출 수 있겠는가? 아주 밀접하게 연결되는 질문이 있었다. **어떠한 몸으로 오느냐?**

36-49절에서, 바울은 35절의 질문에 네 가지로 답한다. (1) 그는 자연에서 예를 들어 설명한다. (2) 그는 부활체가 어떠할지 말한다. (3) 그는 땅의 몸과 부활의 몸을 대비한다. (4) 그는 이들에게 이들이 이미 믿은 부활의 전형을 상기시킨다.

부활의 한 예

> **어리석은 자여, 네가 뿌리는 씨가 죽지 않으면 살아나지 못하겠고, 또 네가 뿌리는 것은 장래의 형체를 뿌리는 것이 아니요, 다만 밀이나 다른 것의 알맹이 뿐이로되, 하나님이 그 뜻대로 그에게 형체를 주시되, 각 종자에게 그 형체를 주시느니라.** (15:36-38)

부활이 바람직하지 못해 보여 부활을 부정하는 것처럼, 부활이 불가능해 보여 부활을 부정하는 것도 이교 철학의 회의주의에서 비롯되었다. 이것은 정직한 의심이나 무지에서 비롯되지 않았으며, 바울은 이에 맞게 반응한다. **어리석은 자여.** 이 표현은 이해력을 사용하지 않거나 이해력이 아예 없는 자를 가리킬 때 조롱조로 사용되었다.

35절의 질문들은[119] 알고 싶어 하는 자의 질문이 아니라 이미 안다고 생각하는 자의 비웃음이었다. 서기관들과 바리새인들과 사두개인들이 예수님에게 대다수 질문을 던졌을 때처럼, 목적은 진리를 찾는 게 아니라 함정에 빠뜨리고 곤란하게 만드는 것이었다.

부활이 없다는 주장의 어리석음을 지적하려고, 바울은 자연에서 평범한 예를 가져와 제시한다. 중요한 세 부분에서, 부활은 파종 및 성장과 비슷하다. 원래 형태는 사라지며, 원래 형태와 최종 형태의 종류가 다르지만, 두 형태가 연속성을 갖는다. 부활은 불가능하지 않다. 부활은 식물 세계에서 조금씩 계속해서 일어나기 때문이다.

사멸

첫째 유사성은 사멸 또는 죽음이다. **네가 뿌리는 씨가 죽지 않으면 살아나지 못하겠고.** 땅에 뿌려진 씨는 죽으며 실제로 분해된다. 다시 말해, 씨는 씨라는 원래 형태로 존재하길 그쳐야 한다. 그러지 않으면 식물이라는 최종 형태로 **살아나지** 못한다.

예수님은 같은 비유를 적용해 이렇게 말씀하셨다. "내가 진실로 진실로 너희에게 이르노니, 한 알의 밀이 땅에 떨어져 죽지 아니하면 한 알 그대로 있고, 죽으면 많은 열매를 맺느니라"(요 12:24). 그리스도께서 죽어야 했고, 그런 후에야 우리를 위해 구원의 열매를 맺으실 수 있었다. 마찬가지로, 우리도 죽어야 하며, 그런 후에야 그분의 부활의 열매에 참여하거나 그분을 섬기는 일에서 열매를 맺을 수 있다. "자기의 생명을 사랑하는 자는 잃어버릴 것이요 이 세상에서 자기의 생명을 미워하는 자는 영생하도록 보전하리라"(25절).

예수님이 십자가에 달리셨을 때 땅의 몸이 죽었다. 그 몸은 땅의 몸으로서

---

119 개역개정에서는 질문이 하나이지만 NASB에서는 질문이 둘이다. "How are the dead raised? And with what kind of body do they come?"(죽은 자들이 어떻게 다시 살아날 수 있느냐? 그리고 그들이 어떤 몸으로 오느냐?).

존재하길 그쳤다. 자라나는 식물처럼, 새로운 것이 시작되려면 먼저 옛 것이 끝나야 했다. 사람의 경우, 한 몸이 죽어 다른 몸에 생명을 줄 것이다.

차이

둘째, 식물의 성장과 몸의 부활 모두에서 원래 형태와 최종 형태 사이에 차이가 있다. 씨는 씨로서 자기 정체성을 잃고 식물로서 점점 성숙한다. 그러나 씨 자체, **네가 뿌리는 씨** 자체는 **밀이나 다른 것**이든 간에 성숙한 식물, 곧 **장래의 형체(the body which is to be)**를 전혀 닮지 않았다. 씨는 씨이길 그친 후에야, 농부가 수확하는 성숙한 식물이 된다.

예수님이 죽은 자 가운데서 다시 살아나셨을 때, 그분의 영화롭게 된 몸은 그분의 죽은 몸과 전혀 달랐다. 무덤에서 나온 몸은 무덤에 안치된 몸과 달랐다. 그 몸은 더는 시공간과 물질의 제약을 받지 않았다. 예수님은 부활 후 나타나실 때, 그 어떤 물리적 방법으로 여행하지 않고 한 곳에서 다른 곳으로 이동하셨다. 그분은 마음대로 나타났다가 사라지셨고, 문을 열지도 않은 채 방에 들어가셨다(눅 24:15, 31, 36; 요 20:19 등). 땅의 몸을 가지셨을 때는 이것들 중 하나도 하지 않으셨다. 부활은 예수님의 몸을 놀랍고도 철저하게 바꾸어 놓았으며, 그분이 다시 오실 때 '모든' 부활체가 놀랍고도 철저하게 달라질 것이다.

연속성

셋째, 옛 몸과 새 몸 사이에 차이점에도 불구하고 연속성이 있다. **하나님이 그 뜻대로 그에게 형체(body)를 주시되, 각 종자에게 그 형체를 주시느니라.** 씨는 완전히 바뀌지만 동일한 생명의 형태를 유지한다. 밀 씨가 보리가 되지 않으며, 아마 씨가 옥수수가 되지 않는다. 하나님은 각 형태의 씨에게 **그 형체(a body of its own,** 그 자신만의 몸)를 주셨고, 그 정체성은 씨가 자라 식물이 되어도 변하지 않는다.

예수님이 다시 살아나신 후, 자신이 누군지 밝히지 않으시면 아무도 그분을 알아보지 못했다. 그러나 예수님이 자신을 밝히시자, 사람들이 그분을 알아보았다. 제자들은 그분의 얼굴을 알아보았고, 그분의 상처 입은 옆구리와 못 박혔던 손을 알아보았다. 이와 비슷하게, 신자로서 우리의 부활체는 지금 우리의 몸과 연속성이 있을 것이다. 우리의 몸이 죽어 형태가 바뀔 테지만 여전히 '우리의' 몸일 것이다. 하나님은 자신이 창조하신 식물 세계에서 오랜 세월 날마다 이 과정을 계속해 오셨다. 그러므로 하나님이 사람들도 이렇게 하실 수 있다고 믿기란 확실히 어려운 일이 아니다.

부활체의 형태

육체는 다 같은 육체가 아니니, 하나는 사람의 육체요, 하나는 짐승의 육체요, 하나는 새의 육체요, 하나는 물고기의 육체라. 하늘에 속한 형체도 있고, 땅에 속한 형체도 있으나, 하늘에 속한 것의 영광이 따로 있고, 땅에 속한 것의 영광이 따로 있으니, 해의 영광이 다르고, 달의 영광이 다르며, 별의 영광도 다른데, 별과 별의 영광이 다르도다. 죽은 자의 부활도 그와 같으니, (15:39-42a)

이 단락은 바울이 앞서 제시한 핵심, 즉 우리의 부활체는 지금 우리에게 있는 땅의 몸과 다르리라는 논점을 확대한다. 우리는 하나님의 창조 세계에서 거대한 차이들을 본다. 따라서 다르지만 연속적인 몸을 창조하시는 하나님의 능력을 의심해서는 안 된다.

육체는 다 같은 육체가 아니니. 이것은 하나님이 지으신 땅의 몸들이 놀랍도록 다양하다는 것을 말한다. 주변만 둘러보더라도 사실상 무한한 종류의 피조물을 볼 수 있다. 생물 세계에서, 인간의 육체는 **짐승의 육체, 새의 육체, 물고기의 육체**와 절대적으로 다르다. 육체마다 종류가 다르다.

아미노산의 조합이 약 600옥토데실리온(octodecillion)에 이른다는 글을 읽었다. 1옥토데실리온은 10의 108제곱, 즉 1 뒤에 0이 108개 붙은 숫자다. 아미노산은 모든 생명체의 벽돌이다. 각 형태의 식물과 동물은 고유한 아미노산 패턴을 가질 뿐 아니라, 식물과 동물과 사람 하나하나가 자신만의 고유한 아미노산 그룹을 갖는다. 두 개의 꽃이나 눈송이나 씨나 풀잎이나 사람도—

쌍둥이라도—정확히 같은 경우는 없다. 그러나 각각은 고유한 종이나 종류와 정확히 일치한다.

두 사실은 진화론을 반박하는 아주 강력한 과학적 증거를 형성한다. 우리가 무엇을 먹든, 우리의 식사가 아무리 특별하거나 균형을 이루지 못하든, 우리의 환경이 어떻든 간에, 우리는 절대로 다른 형태의 생명체로 바뀌지 않는다. 더 건강해지거나 더 병약해질 수 있고, 더 무거워지거나 더 가벼워질 수 있지만, 결코 사람 아닌 다른 것이 되지는 않으며, 결코 우리 아닌 다른 사람이 되지는 않는다. 생물학적 암호는 구속력이 있고 고유하다. 한 형태의 생명체가 다른 형태의 생명체로 바뀌었거나 바뀔 수 있다는 증거, 되풀이될 수 있거나 입증될 수 있는 과학적 증거는 없다.

하늘에 속한 형체(heavenly bodies, 하늘의 몸, 천체)**도 있고.** 하늘에 속한 형체는 그 **영광**이, 다시 말해 그 본성과 현시(manifestation)와 형태가 **땅에 속한 형체(earthly bodies,** 땅의 몸)와 분명히 크게 다르다. 하늘의 몸은 땅의 몸과 크게 다를 뿐 아니라 서로와도 크게 다르다. **해**가 **달**과 크게 다르고, 둘 다 **별**들과 크게 다르다. 천문학을 통해 알듯이, 대개 별이라 불리는 것들 중에 다수가 실제로는 행성이며 따라서 지구(earth, 땅)와 달하고 비슷하고, 진짜 별들은 (스스로 빛을 내는) 해다. 그러나 바울은 과학의 시각이 아니라 일반적인 인간의 관점에서 말했다. 그러나 어느 시각에서 보든, 그의 기본 핵심은 참이다. 별들은 그 자체로 빛을 내지만 행성들과 달들은 그 별들이 내는 빛을 반사할 뿐이다. 이런 면에서, 두 형태의 천체는 **영광**이, 특징과 현시가 크게 다르다.

심지어 **별과 별의 영광이 다르다.** 도널드 피티(Donald Peattie, 1898-1964)는 이렇게 썼다.

꽃들처럼, 별들도 자신만의 빛깔이 있다. 처음 하늘을 언뜻 올려보면, 모두 서리 결정처럼 하얗게 빛나지만 하나하나를 잘 살펴보면 별들에서 세밀한 스펙트럼이 보인다. 별들의 빛깔은 각 별의 온도가 결정한다. 12월의 하늘에서, 알데바란은 옅은 장미색으로 보이고 리겔은 푸른빛이 도는 흰색으로 보이며 베텔게우스는 오렌지색에서 황옥 빛 노란색에 이르는 색으로 보인다.

모든 행성이 다르고 모든 동물이 다르며 모든 인간이 다르듯이, 모든 별이 다르다. 하나님은 무한한 다양성을 만드실 능력을 비롯해 창조 능력이 무한하다. 누구라도 하나님이 어떤 형태가 되었든 인간의 몸을 재창조하고 부활시키시리라 생각하기 어려울 이유가 어디 있겠는가?

죽은 자의 부활도 그와 같으니. 하늘에 속한 형체(heavenly bodies, 하늘의 몸, 천체)가 땅의 몸과 완전히 다르듯이, 부활한 몸도 땅의 몸과 다를 것이다. 부활한 몸은 하나님이 지으신 다른 모든 피조물의 형태처럼 개별적이고 저마다 고유할 것이다.

모세와 엘리야는 변화산에 나타났을 때 땅에 살았을 때처럼 서로 뚜렷이 구분되는 개개인이었다. 이들은 그때 부활한 몸을 입지 않았으나 뚜렷한 하늘의 존재들이었고, 어느 날 뚜렷한 하늘의 몸을 입을 터였다. 하나님은 아브라함과 이삭과 야곱의 하나님, 곧 죽은 자의 하나님이 아니라 산 자의, 하나님이셨다가 아니라, 하나님이다(마 22:32). 이 족장들은 단지 하늘에 살아있는 게 아니라 땅에 있을 때와 같은 사람으로 살아있다. 예수님은 자신의 양들이 하늘에 있든 여전히 땅에 있든 간에 이들의 이름을 모두 아신다(요 10:3). 우리의 부활한 몸은 우리의 영과 우리의 이름만큼 고유하게 우리의 것일 것이다.

부활의 대비(對比)

> 썩을 것으로 심고 썩지 아니할 것으로 다시 살아나며, 욕된 것으로 심고 영광스러운 것으로 다시 살아나며, 약한 것으로 심고 강한 것으로 다시 살아나며, 육의 몸으로 심고 신령한 몸으로 다시 살아나나니, 육의 몸이 있은즉 또 영의 몸도 있느니라. (15:42b-44)

바울은 여기서 부활체에 더 직접적으로 초점을 맞추면서, 영화롭게 된 우리의 몸이 우리의 땅의 몸과 구체적으로 어떻게 다른지 네 가지 대비를 통해 말한다.

썩는다/썩지 않는다

첫째 대비는 내구성과 관련이 있다. 인간의 생명을 비롯해 자연의 모든 생명이 갖는 가장 분명한 특징 중 하나는 **썩는다(perishable)**는 것, 쇠약해지고 마침내 죽는다는 것이다. 건강한 아기에게도 노화와 퇴화 과정이 이미 시작되었다. "다 흙으로 말미암았으므로 다 흙으로 돌아가나니"(전 3:20). "이는 그가 우리의 체질을 아시며, 우리가 단지 먼지뿐임을 기억하심이로다. 인생은 그 날이 풀과 같으며, 그 영화가 들의 꽃과 같도다. 그것은 바람이 지나가면 없어지나니, 그 있던 자리도 다시 알지 못하거니와"(시 103:14-16).

아주 건강한 사람이라도 나이가 들수록 약해지고 질병을 비롯해 다양한 신체 문제에 더 쉽게 굴복한다. 물론, 죽음은 부패가 더 빠르게 일어나게 한다. 마르다는 나사로의 무덤을 여는 데 반대했다. "죽은 지가 나흘이 되었으매 벌써 냄새가 나기" 때문이었다(요 11:39). 방부 처리는 시신의 퇴화를 최대한 늦추려는 조치다. 그러나 그 유명한 이집트의 미라 기술도 생명을 되살리기는커녕 퇴화를 막지 못했다.

아담의 타락(the Fall)이 낳은 비극적 결과들이 있다. 그 중 하나는 그 순간부터 인간의 몸이 되돌릴 수 없게 유한해져 죽을 수밖에 없게 되었다는 것이다. 예외 없이, 모든 인간은 **썩을 것**(a perishable body, 썩을 몸)으로 **심겨진다(sown)**. 다시 말해, 태어난다.

그러나 신자들의 부활체는 **썩지 아니할 것(imperishable body)으로 다시 살아날** 것이다. "우리 주 예수 그리스도의 아버지 하나님을 찬송하리로다. 그의 많으신 긍휼대로 예수 그리스도를 죽은 자 가운데서 부활하게 하심으로 말미암아 우리를 거듭나게 하사 산 소망이 있게 하시며, 썩지 않고 더럽지 않고 쇠하지 아니하는 유업을 잇게 하시나니, 곧 너희를 위하여 하늘에 간직하신 것이라"(벧전 1:3-4). 우리의 새로운 몸은 병이나 썩음이나 퇴화나 죽음을 모를 것이다. "이 썩을 것이 썩지 아니함을 입고 이 죽을 것이 죽지 아니함을 입을 때에는 '사망을 삼키고 이기리라'고 기록된 말씀이 이루어지리라"(고전 15:54).

욕되다/영광스럽다

둘째 대비는 가치 및 잠재력과 관련이 있다. 아담의 타락 때, 하나님을 기쁘게 하고 섬길 인간의 잠재력이 철저히 줄었다. 인간의 마음과 영혼 뿐 아니라 몸까지 그가 하도록 하나님이 계획하신 일을 하는 부분에서 가치가 측량할 수 없을 정도로 줄었다. 완벽하게 창조자의 형상으로 창조된 피조물은 자신의 모든 일에서 자신의 창조자를 드러내야 했다. 그러나 죄를 통해, 하나님을 높이도록 창조된 존재가 오히려 **욕됨(dishonor)**이 특징인 존재가 되었다.

창조 때 하나님이 주신 것을 온전히 이용하지 못함으로써, 우리는 하나님을 욕되게 한다(dishonor). 하나님은 우리가 우리의 몸을 통해 그분을 높이고(honor) 섬기길 바라신다. 그러나 우리는 그 몸을 오용하고 남용함으로써 하나님을 욕되게 한다. 가장 신실한 신자라도 욕된 상태의 몸으로, 불완전과 미완성 상태의 몸으로 죽는다.

그러나 불완전하고 욕된(dishonored) 몸이 어느 날 **영광스러운 것으로 다시 살아날 것이다(raised in glory).** 영원히, 새롭고 불멸하는 우리의 몸은 고결한(honorable) 몸, 자신을 지으신 창조자와 자신을 회복시키신 구속자를 기쁘게 하고 찬양하며 누리기에 완벽한 몸이기도 할 것이다.

약하다/강하다

셋째 대조는 능력과 관련이 있다. 우리의 현재 몸은 **약함(weakness)**이 특징이다. 우리는 신체적 힘과 인내력뿐 아니라 질병과 해로움에 저항하는 능력도 약하다. 인간의 몸은 놀라운 자연방어 체계를 갖추었다. 그렇더라도 절대로 뼈가 부러지지 않고 다리가 잘리지 않으며 바이러스에 감염되지 않고 마침내 죽지 않는 사람은 없다. 우리는 우리의 몸에 해를 끼칠 불필요한 위험을 최소화할 수 있고 최소화해야 한다. 신자들에게, 몸은 성령의 전이기 때문이다(고전 6:19-20). 그러나 우리의 몸을 죽음은 고사하고 유해한 것으로부터 완전히 보호할 수는 없다. 우리의 "땅의"(earthly) 전은 필연적으로 일시적이며 허약하다.

그러나 우리의 새로운 몸은 그렇지 않다. 우리의 새로운 몸은 **강한 것으로**

다시 살아날 것이다(raised in power). 이 강함(power, 능력)이 무엇을 수반할는지 알 수 없지만, 지금 우리가 소유한 것과는 비교할 수도 없을 것이다. 우리가 더는 "마음에는 원이로되 육신이 약하도다"라고 말할 필요가 없을 것이다(마 26:41). 우리의 하늘의 영(heavenly spirits)이 무엇이든 하기로 결정하면, 우리의 하늘의 몸(heavenly bodies)이 성취할 수 있을 것이다.

마르틴 루터는 이렇게 말했다. "[신자들이 가진 인간의 몸이] 무덤에 안치될 때 아무런 힘과 능력이 없는 더없이 약한 상태지만, 그 때가 이르면 마침내 아주 강해져 그 몸이 마음만 먹으면 불가능한 일이 없을 것이며, 아주 밝고 민첩해져 눈 깜짝할 사이에 이 땅에서 저 위 하늘로 올라갈 수 있을 것이다."

육적이다/영적이다

넷째 대비는 존재의 영역과 관련이 있다. 우리의 땅의 몸은 엄격히 **육적이다(natural,** 자연적이다). 이것이 우리의 땅의 몸이 살고 기능할 수 있는 유일한 영역이다. 육체적 몸(physical body)은 육체적 세계(physical world, 물리적 세계)에 적합하며 이 세계에 국한된다. 아담의 타락(the Fall)에서 비롯된 불완전과 한계가 있더라도, 우리의 현재 몸은 땅 위의 삶을 위해 놀랍고 오묘하게 지어졌으며, 땅 위의 삶에 놀랍고 오묘하게 맞춤하다. 그러나 이것이 우리의 현재 몸을 위한 유일한 영역이자 유일한 삶이다.

그러나 신자의 새로운 몸은 **신령한 몸으로 다시 살아날 것이다(raised a spiritual body).** 우리의 영은 지금 땅의 몸에 거하지만 어느 날 신령한 몸(영적인 몸)에 거할 것이다. 그 때, 우리는 모든 면에서 영적 존재일 것이다. 영과 몸 양쪽 모두에서, 하늘의 삶에 완벽하게 맞춤할 것이다.

예수님은 이렇게 말씀하셨다. "이 세상의 자녀들은 장가도 가고 시집도 가되, 저 세상과 및 죽은 자 가운데서 부활함을 얻기에 합당히 여김을 받은 자들은 장가가고 시집가는 일이 없으며, 그들은 다시 죽을 수도 없나니, 이는 천사와 동등이요 부활의 자녀로서 하나님의 자녀임이라"(눅 20:34-36).

부활 때, 우리는 모든 것이 영원히 완벽해질 것이다. 우리는 천사들과 똑같지는 않을 테지만 영적이고 초자연적인 하늘의 삶을 위해 완벽하게 준비되고 적합하리라는 점에서 천사들과 "동등할"(like, 같을) 것이다.

부활의 원형

> **기록된 바 "첫 사람 아담은 생령이 되었다" 함과 같이, 마지막 아담은 살려주는 영이 되었나니, 그러나 먼저는 신령한 사람이 아니요 육의 사람이요, 그 다음에 신령한 사람이니라. 첫 사람은 땅에서 났으니 흙에 속한 자이거니와, 둘째 사람은 하늘에서 나셨느니라. 무릇 흙에 속한 자들은 저 흙에 속한 자와 같고, 무릇 하늘에 속한 자들은 저 하늘에 속한 이와 같으니, 우리가 흙에 속한 자의 형상을 입은 것 같이 또한 하늘에 속한 이의 형상을 입으리라.** (15:45-49)

"죽은 자들이 어떻게 다시 살아나며 어떠한 몸으로 오느냐?"는 질문에(35절) 바울이 답하는 넷째 방식은 부활의 원형을 보여주고, 육적인 몸과 신령한/영적인 몸의 차이를 한층 더 설명하는 것이다.

바울은 창세기 2:7을 인용하며 시작하고, 여기에 **첫(first)**과 **아담**이란 두 단어를 추가한다. **기록된 바 "첫 사람 아담은 생령이 되었다."** 아담은 육적인 몸 (natural body)을 가진 존재로 창조되었다. 그 몸은 영화롭게 되지는(glorified) 않았으나 모든 면에서 완벽하고 "좋았다"(창 1:31).

아담과 하와는 처음에 시험 기간을 거쳤다. 이들이 불순종하지 않고 신실함을 증명했다면, 그 때 이들이 먹을 수 있었을 생명나무 열매를 먹음으로써 (창 2:9을 보라) 이들의 몸은 영화롭게 되고 불멸하게 되었을 것이다. 그러나 이들은 죄를 지었기에 에덴동산에서 쫓겨났다. 이들이 생명나무 열매를 먹고 죄의 상태에서 영원히 살지 못하게 하기 위해서였다(3:22).

그러나 **마지막 아담은 살려 주는 영이 되었나니. 마지막 아담(the last Adam)**은 예수 그리스도다. "한 사람이 순종하지 아니함으로 많은 사람이 죄인 된 것 같이, 한 사람이 순종하심으로 많은 사람이 의인이 되리라⋯이는 죄가 사망 안에서 왕 노릇 한 것 같이 은혜도 또한 의로 말미암아 왕 노릇 하여 우리 주 예수 그리스도로 말미암아 영생에 이르게 하려 함이라"(롬 5:19, 21; 참조. 12, 15

절). 아담을 통해, 우리는 육적인 몸을 받았다. 그리스도를 통해, 우리는 부활 때 신령한/영적인 몸을 받을 것이다.

아담의 몸은 우리의 육적인 몸(natural bodies)의 원형이었다. 반면에, 그리스도의 몸은 우리의 신령한/영적인 몸의 원형이었다. 아담의 후손은 모두 육적인 몸을 가졌고, 그리스도의 후손은 모두 신령한/영적인 몸을 가질 것이다. 그러므로 그리스도의 부활은 이어지는 모든 부활의 원형이었다.

46절에서, 바울은 분명한 것을 지적한다. **그러나 먼저는 신령한 사람(the spiritual)이 아니요 육의 사람(the natural)이요, 그 다음에 신령한 사람이니라.** 아담부터 시작하고 그리스도를 포함해, 모든 인간은 자연적이고 육체적인 몸으로 인간의 삶을 시작했다. 부활절 아침에 죽은 자 가운데서 살아난 몸은 그 전에 육적인 몸(natural body), 그리스도께서 태어나 살고 죽은 성육한 몸이었다. 부활 때, 그것은 신령하고/영적이고 영원한 몸이었다.

첫 사람 아담, 곧 육적인 인류(natural race)의 시조는 땅에서 기원했으며, 사실 직접 **땅에서(from the earth, 흙에서)** 창조되었다(창 2:7). 모든 면에서, 그는 **흙에 속한 자(earthy)**였다. 그러나 영적 인류를 낳았기 때문에 **둘째 사람**이라 불리는 그리스도는 사람이 되기 전에 영원히 존재하셨다. 그분은 육적인 몸으로 이 땅에 사셨으나 **하늘에서(from heaven)** 오셨다. 아담은 땅에 묶였다. 그리스도는 하늘에 묶이셨다.

우리는 아담의 육적인 후손이므로 **흙에 속한 자들(those who are earthy)**이다. 그러나 우리는 그리스도 안에 기업이 있으므로 또한 **하늘에 속한 자들(those who are heavenly)**이 되었다. 아담 안에서, 우리는 **흙에 속한 자(earthy)**이다. 그리스도 안에서, 우리는 **하늘에 속한 자(heavenly)**가 되었다. 어느 날, 아담에게서 비롯된 우리의 육적인 몸이 그리스도에게서 비롯된 우리의 하늘의 몸으로 바뀔 것이다.

우리가 흙에 속한 자의 형상을 입은 것 같이 또한 하늘에 속한 이의 형상을 입으리라(And just as we have borne the image of the earthy, we shall also bear the image of the heavenly). 우리는 아담의 육적인 몸을 그리스도의 영적인 몸과 맞바꾸게 되듯이, 아담의 **형상**을 그리스도의 형상과 맞바꿀 것이다.

예수님이 부활 후에 나타나신 장면들에서, 우리 자신의 부활체가 어떠할지에 관해 위대함과 능력과 경이라는 개념을 얻는다. 예수님은 마음대로 나타났다 사라지셨고, 멀리 떨어진 곳에 다시 나타나셨다. 그분은 벽이나 닫힌 문을 관통하실 수 있었으나 또한 먹고 마시며 앉고 얘기하며 자신을 보길 바라셨던 자들에게 보이셨다. 그분은 놀랄 만큼 같았으나 훨씬 더 놀랄 만큼 다르셨다. 그분이 승천하신 후, 놀란 제자들에게 천사가 말했다. "너희 가운데서 하늘로 올려지신 이 예수는 하늘로 가심을 본 그대로 오시리라"(행 1:11). 제자들이 예수님의 부활 후에 본 몸은 그분이 다시 오실 때 볼 바로 그 몸이다.

주님의 경우처럼, 지금은 썩고 욕되며 약하고 육적인 우리의 몸이 썩지 않고 영화로우며 강하고 신령한/영적인 몸으로 다시 살아날 것이다. 우리가 하나님을 섬기고 그분을 나타내는 데 방해되었던 것이 이제 놀라운 성취의 통로가 될 것이다. 우리는 그분의 능력을 갖게 되어 그 능력으로 그분을 찬양하며, 그분의 영광을 갖게 되어 그 영광으로 그분을 나타내고 드높일 것이다. "그 때에 의인들은 자기 아버지 나라에서 해와 같이 빛나리라"(마 13:43). 하늘에서, 우리는 해처럼, 주님이 그분의 백성과 자애롭게 나누실 강렬하고 장엄한 영광으로 빛날 것이다. 그리스도께서 "만물을 자기에게 복종하게 하실 수 있는 자의 역사로 우리의 낮은 몸을 자기 영광의 몸의 형체와 같이 변하게 하시리라"(빌 3:21).

우리가 정확히 무엇과 같을지 상상이 안 간다. 지금 우리의 영적인 눈이라도 우리가 가질 영적인 몸을 그려볼 수 없다. "사랑하는 자들아, 우리가 지금은 하나님의 자녀라. 장래에 어떻게 될지는 아직 나타나지 아니하였으나, 그가 나타나시면 우리가 그와 같을 줄을 아는 것은 그의 참모습 그대로 볼 것이기 때문이니"(요일 3:2). 우리는 먼저 그리스도의 부활체를 볼 것이며, 그 후에야 자신의 부활체를 보거나 심지어 갖게 될 것이다. 에리히 사우어(Erich Sauer, 1898-1959)가 아름답게 말했다. "인간의 무덤은 부활의 모판이 되며, 하나님의 백성의 묘지는 하늘의 이슬을 통해 밭, 곧 약속된 완전함이 자라는 부활의 밭이 된다."

다가오는 부활은 교회와 모든 신자의 소망이자 동기다. 우리의 현재 몸은 거기에 무슨 일이 일어나든 간에—건강하든 건강하지 못하든, 아름답든 추하든, 단명하든 장수하든, 방종하든 고난을 받든 간에—우리의 영원한 몸이 아니기에 이것을 너무 소중히 여겨서는 안 된다. 우리의 복된 소망과 확신은 이 창조된 육신의 몸이 어느 날 영적 몸으로 재창조되리라는 것이다. 우리는 그 새로운 몸이 어떠할지 얼핏 볼 뿐이지만 "우리가 그와 같을 줄" 아는 것으로 충분해야 한다.

45

죽음을 이기는 승리
(15:50-58)

형제들아, 내가 이것을 말하노니, 혈과 육은 하나님 나라를 이어 받을 수 없고, 또한 썩는 것은 썩지 아니하는 것을 유업으로 받지 못하느니라. 보라. 내가 너희에게 비밀을 말하노니, 우리가 다 잠 잘 것이 아니요, 마지막 나팔에 순식간에 홀연히 다 변화되리니, 나팔 소리가 나매, 죽은 자들이 썩지 아니할 것으로 다시 살아나고, 우리도 변화되리라. 이 썩을 것이 반드시 썩지 아니할 것을 입겠고, 이 죽을 것이 죽지 아니함을 입으리로다. 이 썩을 것이 썩지 아니함을 입고, 이 죽을 것이 죽지 아니함을 입을 때에는 "사망을 삼키고 이기리라"고 기록된 말씀이 이루어지리라. "사망아, 너의 승리가 어디 있느냐? 사망아, 내가 쏘는 것이 어디 있느냐?" 사망이 쏘는 것은 죄요, 죄의 권능은 율법이라. 우리 주 예수 그리스도로 말미암아 우리에게 승리를 주시는 하나님께 감사하노니, 그러므로 내 사랑하는 형제들아, 견실하며, 흔들리지 말고, 항상 주의 일에 더욱 힘쓰는 자들이 되라. 이는 너희 수고가 주 안에서 헛되지 않은 줄 앎이라. (15:50-58)

누군가 이렇게 썼다.

구닥다리 전파자가 있었다. 그러나 그는 늘 담대하게 말한다. 세상은 그의 교구이고, 그는 세상 구석구석을 다니며 모든 언어로 말한다. 그렇지만 그는 인기가 없다. 그는 가난한 자들을 찾아가고, 부자들을 방문하며, 종교가 없는 사람들이든 있다면 종교가 무엇이든 간에 모든 사람에게 전하고, 그의 설교 주제는 언제나 똑같다. 그는 유창한 전파자이며, 흔히 다른 어느 전파자도 자극하지 못하는 감정을 자극하고, 전혀 울지 않는 사람들의 눈에 눈물이 흐르게 한다. 그의 논증은 그 누구도 논박할 수 없고, 그의 호소력에 움직이지 않는 마음이 없다. 그는 자신의 메시지로 삶을 흔들어 놓는다. 대다수 사람은 그를 미워한다. 모든 사람이 그를 두려워한다. 그의 이름은? 죽음이다. 모든 묘비가 그의 강단이며, 모든 신문이 그의 글을 싣고, 어느 날 여러분 모두 그의 설교가 될 것이다.

토마스 그레이(Thomas Gray, 1716-1771)는 이렇게 썼다. "자랑스러운 문장(紋章), 화려한 권세, 모든 아름다움, 모든 재물은 늘 하나같이 피할 수 없는 시간을 기다린다. 영광의 길은 오직 무덤으로 이어진다." 인간의 권력과 아름다움과 재물과 영광에 관한 한, 이 진리는 여느 사람과 마찬가지로 그리스도인들에게도 적용된다. 그러나 그리스도인의 소망은 이런 것들에 있지 않으며, 그리스도인은 이런 것들이 무덤에서 끝난다는 것을 안다. 그리스도인의 소망은 벤자민 프랭클린(Benjamin Franklin, 1706-1790)이 자신을 위해 썼으며 필라델피아 크라이스트처치(Christ's Church)의 묘지에 안치된 그의 묘비에 새겨진 글귀로 표현된다. "인쇄공 프랭클린의 몸은 오래된 책의 표지처럼 목차가 찢겨나가고 글자가 지워지며 금박이 벗겨진 채 벌레의 먹이로 여기 누워 있다. 그러나 그 작품은 사라지지 않으리니, 저자께서 개정하고 수정하신 새롭고 더 멋진 판으로 다시 나올 것이기 때문이다."

이것이 그리스도인의 소망이며 고린도전서 15장의 메시지다. 고린도의 회의주의자들과 마찬가지로 모든 세대의 회의주의자들에게 성령께서 바울을 통해 몸의 부활을 부정하는 것을 꾸짖으시고(15:12, 35) 이렇게 선포하신다. "그러나 이제 그리스도께서 죽은 자 가운데서 다시 살아나사 잠자는 자들의 첫 열매가 되셨도다. 사망이 한 사람으로 말미암았으니, 죽은 자의 부활도 한 사람으로 말미암는도다. 아담 안에서 모든 사람이 죽은 것 같이, 그리스도 안에서 모든 사람이 삶을 얻으리라"(20-22절).

고린도전서에서 가장 긴 15장에서, 바울은 그리스도께서 부활하셨다는 증

거(1-11절), 몸의 부활을 부정함이 내포하는 의미(12-19절), 부활의 계획(20-28
절), 부활이 부여하는 동기(29-34절), 우리의 부활체에 관한 묘사와 설명을 제
시했다(35-49절). 이 단락을 마무리하면서, 바울은 부활이 그리스도의 백성에
게 안겨줄 놀라운 승리를 선포한다.

바울이 마무리하며 부르는 "승리의 노래"는 헨델의 「메시아」와 브람스의
「레퀴엠」 같은 대작에 사용되었으며, 여러 면에서 설교하는 것보다 노래하는
것이 더 적절하다. 부활을 고대하며 하나님을 찬양하면서, 바울은 하나님의
성도들이 다시 살아날 때 일어날 큰 변화, 큰 승리, 큰 감사를 선포하며, 그런
후에 그 날이 올 때까지 거룩하게 살라고 강하게 권면한다.

큰 변화

**형제들아, 내가 이것을 말하노니, 혈과 육은 하나님 나라를 이어받을 수 없고, 또
한 썩는 것은 썩지 아니하는 것을 유업으로 받지 못하느니라. 보라. 내가 너희에
게 비밀을 말하노니, 우리가 다 잠잘 것이 아니요, 마지막 나팔에 순식간에 홀연
히 다 변화되리니, 나팔 소리가 나매, 죽은 자들이 썩지 아니할 것으로 다시 살아
나고, 우리도 변화되리라. 이 썩을 것이 반드시 썩지 아니할 것을 입겠고, 이 죽
을 것이 죽지 아니함을 입으리로다.** (15:50-53)

바울은 독자들에게 다시금 일깨운다. 부활체는 **혈과 육(flesh and blood)**이 아
니다. 혈과 육은 땅에 놀랍도록 적합하지만, 하늘에는 전혀 적합하지 못하며,
따라서 **하나님 나라를 이어받을 수 없다.** 여기서 **하나님 나라**는 하나님이 우주를
다스리심을 가리키는 우주적 의미나 하나님이 사람의 마음에서 다스리심을
가리키는 영적 의미로 사용되지 않았고, 오히려 영원한 상태, 곧 하늘(heaven,
천국)을 체현하고 또 가리키는 완성적 의미(consummate sense)로 사용되었다.
"우리가 흙에 속한 자의 형상을 입은 것 같이 또한 하늘에 속한 이의 형상을 입
으리라"(49절).

그리스도 자신의 땅의 몸도 "혈과 육"이었으며(히 2:14), 그 몸이 변화된 후

에야 그리스도께서 아버지께 돌아가실 수 있었다. 인간의 몸은 7년마다 새롭게 되지만, 이것이 몸의 노화와 퇴화와 죽음을 막지는 못한다. 인간의 몸은 **썩는다(perishable)**. 인간의 몸은 **썩지 아니하는 것을 유업으로 받기에(inherit the imperishable)** 적합하지 못하며 이것을 받을 수 없다. 천국을 유업으로 받으려면 반드시 달라져야 하고, '달라질 것이다'. "썩을 것으로 심고 썩지 아니할 것으로 다시 살아나며, 욕된 것으로 심고 영광스러운 것으로 다시 살아나며, 약한 것으로 심고 강한 것으로 다시 살아나며, 육의 몸으로 심고 신령한 몸으로 다시 살아나나니"(고전 15:42-44). 뿌려진 씨처럼, 몸은 자신의 정체성을 지속하지만 철저히 놀랍도록 다른 형태로 지속된다.

그러나 그리스도께서 다시 오실 때 살아있는 신자들은 어떻게 되는가? 바울은 이 질문을 예상하며 말을 이어간다. **보라. 내가 너희에게 비밀을 말하노니, 우리가 다 잠잘 것이 아니요.** 앞서 여러 차례 지적했듯이, 신약성경에서 **비밀(mystery)**은 전에는 숨겨져 알려지지 않았으나 이제 계시되는 것을 가리킨다. 바울은 이제 주님이 다시 오실 때 살아있는 그리스도인들이 죽지(잠자지) 않고 그 몸이 변화되리라는 것을 계시한다. "그 후에 우리 살아남은 자들도 그들과 함께 구름 속으로 끌어 올려 공중에서 주를 영접하게 하시리니, 그리하여 우리가 항상 주와 함께 있으리라"(살전 4:17). 신자들은 부활하거나 공중으로 끌려 올라갈 때 **다 변화될 것이다.** 신자들이 죽든지 휴거되든지 간에, 이들의 몸은 썩을 것에서 썩지 않을 것으로, 육신의 것에서 영적인 것으로 변화될 것이다. 썩을 것은 썩지 않을 것을 유업으로 받지 못한다. 그래서 에녹과 엘리야는 휴거된 신자들이 변화될 것과 같은 방식으로 변화되었던 것이 틀림없다. 어쨌든, 신자들은 **다** 천국에 들어갈 준비를 똑같이 하게 될 것이다(참조, 빌 3:20-21).

부활한 자들과 휴거된 자들 모두에게, 변화는 **순식간에 홀연히** 일어날 것이다. 이것은 하나의 과정, 곧 초자연적 탈바꿈이 아닐 것이다. 이것은 한 형태로부터 다른 형태로, 땅에 속한 자(the earthy)에서 하늘에 속한 자(the heavenly)로 바뀌는 즉각적 재창조일 것이다. **순식(moment)**은 '아토모스'(*atomos*)의 번역이며, 아토모스는 'atom'(원자)이란 단어의 어원으로 자르거나 나눌 수 없는 것, 생각할 수 있는 가장 작은 양을 의미한다. 가능한 가장 짧은 시간에, 우리의 썩을 몸이 썩지 않을 몸이 될 것이다. 변화의 속도를 한층 더 강조하고 설명하려고, 바울은 이 변화가 **홀연히(in the twinkling of an eye,** 눈 깜짝할 사이에) 일어나리라고 말한다. '리페'(*rhipē*, twinkling, 깜빡임)는 문자적으로 던지다(to hurl)라는 뜻이며, 빠른 움직임을 가리키는 데 사용되었다. 눈은 보이는 어느 신체 기관보다 훨씬 빠르게 움직일 수 있으며, 바울의 핵심은 변화가 더없이 빨리, 눈 깜짝할 사이에 일어나리라는 것이었다.

이 변화는 **마지막 나팔에(at the last trumpet,** 마지막 나팔 소리가 날 때) 일어날 것이다. 나는 이 나팔이 꼭 **마지막** 하늘 나팔 소리일 거라고는 생각지 않는다. 그러나 이것은 살아있는 그리스도인들과 관련해서는 마지막 나팔 소리일 것이다. 이 나팔은 교회 시대의 끝, 곧 모든 신자가 땅에서 끌어 올려질 때를 알릴 것이기 때문이다. "주께서 호령과 천사장의 소리와 하나님의 나팔 소리로 친히 하늘로부터 강림하시리니, 그리스도 안에서 죽은 자들이 먼저 일어나고, 그 후에 우리 살아남은 자들도 그들과 함께 구름 속으로 끌어올려 공중에서 주를 영접하게 하시리니, 그리하여 우리가 항상 주와 함께 있으리라"(살전 4:16-17). 이 나팔 소리로, 하나님은 자신의 백성을 모두 자신에게 불러 모으실 것이다(참조. 출 19:16; 사 27:13).

남북전쟁 때, 병사들이 천막도 없이 야외에서 겨울밤을 보내야 했다. 그날 밤, 눈이 몇 인치나 내렸고, 동틀 무렵 군종 목사가 이상한 광경을 보았다고 했다. 눈 덮인 병사들이 막 조성된 무덤처럼 보였고, 나팔이 울리자 병사들이 저마다 눈 더미에서 곧바로 일어났으며, 군종 목사는 이 광경을 보면서 고린도전서의 이 단락이 극적으로 떠올랐다.

예수님은 다가오는 부활의 날을 이렇게 말씀하셨다. "내가 다시 와서 너희를 내게로 영접하여 나 있는 곳에 너희도 있게 하리라"(요 14:3). 예수님이 승천하실 때, 천사들이 지켜보던 제자들에게 말했다. "너희 가운데서 하늘로 올려지신 이 예수는 하늘로 가심을 본 그대로 오시리라"(행 1:11). 바울과 함께, 모든 신자가 "복스러운 소망과 우리의 크신 하나님 구주 예수 그리스도의 영광이 나타나심을 기다"려야 한다(딛 2:13).

땅의 몸, 육적인 몸은 영원한 나라에 들어갈 수 없다. 그러므로 이런 날, 이런 순간이 있어야 한다. 그래야 이 **썩을 것이 반드시 썩지 아니할 것을 입겠고, 이 죽을 것(mortal)이 죽지 아니함(immortality)을 입을 것이기** 때문이다. 입다(put on)로 번역된 단어는 일반적으로 옷을 입는 것을 가리키는 데 사용되었으며, 구속받은 우리의 영혼이 구속받은 몸을 입는 모습을 그려낸다(참조. 고후 5:1-5).

큰 승리

> 이 **썩을 것이 썩지 아니함을 입고, 이 죽을 것이 죽지 아니함을 입을 때에는** "사망을 삼키고 이기리라"고 기록된 말씀이 이루어지리라. "사망아, 너의 승리가 어디 있느냐? 사망아, 네가 쏘는 것이 어디 있느냐?" 사망이 쏘는 것은 죄요, 죄의 권능은 율법이라. (15:54-56)

그리스도의 부활이 그리스도를 믿는 자들을 위해 사망의 권세를 깨뜨렸고, 사망이 더는 이들을 주장하지(master) 못한다. "사망이 다시 그[그리스도]를 주장하지 못하기" 때문이다(롬 6:9). 그러나 죽음(사망)은 여전히 사람의 원수다. 그리스도인들에게까지, 죽음은 하나님의 창조 세계에 대한 우리의 지배권을 침해하고, 사랑의 관계를 깨뜨리며, 가정을 파괴하고, 우리에게 소중한 사람을 잃는 큰 슬픔을 일으킨다. 우리는 죽음을 더는 두려워할 필요가 없다. 그러나 우리가 죽을 존재인 한, 죽음이 여전히 우리를 침범하고 우리를 괴롭힌다.

그러나(but, 개역개정에는 없음) 어느 날, 그리스도께서 다시 오실 때, "'반드시' 썩지 아니함을 입을"(53절) 이 **썩을 것이 썩지 아니함을 입고,** "[반드시] 죽지 아니함을 입을" 이 죽을 것이 **죽지 아니함을 입을 것이다.** 그 때 이사야가 예언한 큰 승리가 있고, **사망을 삼키고 이길 것이다**(death is swallowed up in victory, 사망이 승리에 삼켜진다). 이사야 본문은 이렇게 되어 있다. "그분이[만군의 여호와께서] 사망을 영원히 삼키실 것이다"(사 25:8; 참조. 6절).**120** 큰 변화가 일어날 때, 큰 승리가 있을 것이다.

유명한 주석가 렌스키(R. C. H. Lenski, 1864-1936)는 이렇게 썼다.

> 죽음을 멸하신 것은 단지 죽음이 지금껏 하나님의 자녀에게 끼친 모든 해를 그 대로 둔 채 더는 이들에게 해를 끼칠 수 없게 하기 위해서가 아니다. 토네이도를 억제하는 것은 단지 부서진 집들을 여전히 폐허로 남겨둔 채 추가로 집들이 부서지지 않게 하기 위해서가 아니다. 죽음과 죽음이 거둔 모든 분명한 승리가 하나님의 자녀들에게 취소되었다. 우리의 몸이 죽어 썩을 때 죽음에게 승리로 보이고 우리에게 패배로 보이는 것이 완전히 뒤바뀌어 죽음은 절대적 패배 가운데 죽고 우리의 몸은 절대적 승리 가운데 다시 살아난다(*The Interpretation of St. Paul's First and Second Epistles to the Corinthians* [Minneapolis: Augsburg, 1963], pp. 744-745).

바울은 다른 선지자를(호 13:14) 인용하면서 죽음을 비웃는다. **사망아, 너의 승리가 어디 있느냐? 사망아, 네가 쏘는 것이 어디 있느냐?** 바울은 이 비유를 계속 사용하면서, 벌이 침으로 누군가를 쏘듯이 **사망**이 그 **쏘는 것**(sting, 침)으로 그리스도를 쏘았음을 암시한다. 우리가 전혀 그럴 필요가 없도록 그리스도께서 사망의 침을 모두 감당하셨다.

핵심을 제시하려고, 바울은 독자들에게 **사망이 쏘는 것은 죄**라는 것을 상기시킨다. 죽음이 해를 끼치는 것은 죄 때문이다. 사실, 죽음 자체의 원인이 죄다. "그러므로 한 사람으로 말미암아 죄가 세상에 들어오고 죄로 말미암아 사망이 들어왔나니, 이와 같이 모든 사람이 죄를 지었으므로 사망이 모든 사람에게 이르렀느니라"(롬 5:12). 죄가 있는 곳에서만 죽음이 치명타를 날릴 수 있다. 죄가 제거된 곳에서는 죽음이 땅 위의 삶을 끝내고 하늘의 삶이 시작되게 할 수 있을 뿐이다. 이것이 그리스도께서 자신을 믿는 자들을 위해 하신 일이

---

120 이것은 NASB(He will swallow up death for all time)를 번역한 것이며, 개역개정은 "[주 여호와께서] 사망을 영원히 멸하시리라"라고 옮겼다.

다. 우리의 "죄가 그의 이름으로 말미암아 사함을 받았다"(요일 2:12). 죽음은 사라지지 않았으나 죽음이 쏘는 것, 곧 죄는 사라졌다. "한 사람의 범죄로 말미암아 사망이 그 한 사람을 통하여 왕 노릇 하였은즉, 더욱 은혜와 의의 선물을 넘치게 받는 자들은 한 분 예수 그리스도를 통하여 생명 안에서 왕노릇 하리로다"(롬 5:17).

물론, 그리스도인들이라고 더는 죄를 짓지 않는 게 아니지만, 그리스도의 대속의 죽음이 우리가 짓는 죄를 이미 덮었고, 그래서 죄의 영향이 영구히 치명적이지 않다. "그 아들 예수의 피가 우리를 모든 죄에서 깨끗하게 하실 것이요"(요일 1:7). 그러나 믿지 않는 자들에게는 비극적이게도 죽음의 쏘는 것이 영원히 그대로 남는다.

바울은 **죄의 권능은 율법(the power of sin in the law)**이라고 말함으로써 죽음으로 이어지는 흐름을 계속 설명한다. 하나님의 율법은 하나님의 기준들을 드러내며, 이 기준들이 깨질 때 인간의 죄가 드러난다. 율법이 없다면, 분명히 범법도 있을 수 없다. "율법이 없는 곳에는 범법도 없느니라"(롬 4:15). 그러나 인간은 이 율법을 어기기 때문에 죽는다.

하나님의 율법을 알지 못하는 자들, 그분의 말씀을 읽어보기는커녕 들어보지도 못한 자들은 어떻게 되는가? 바울은 로마서에서 이렇게 말한다. "율법 없는 이방인이 본성으로 율법의 일을 행할 때에는 이 사람은 율법이 없어도 자기가 자기에게 율법이 되나니, 이런 이들은 그 양심이 증거가 되어 그 생각들이 서로 혹은 고발하며 혹은 변명하여 그 마음에 새긴 율법의 행위를 나타내느니라"(롬 2:14-15). 그러므로 누구든지 자신의 양심을 거스르는 자는 알면서 십계명 중 하나를 범하는 자만큼이나 분명하게 하나님의 율법을 거스르는 것이다. 이것이 사람이 죽을 수밖에 없는 이유다(롬 3:23; 6:23).

큰 감사

우리 주 예수 그리스도로 말미암아 우리에게 승리를 주시는 하나님께 감사하노니,(15:57)

예수님이 율법에 완벽하게 순종하셨고(롬 5:19) 율법의 희생자들을 대신해 율법의 요구를 충족하셨다. 그래서 그분을 믿는 자들은 "[율]법 아래에 있지 아니하고 은혜 아래에 있다"(롬 6:14; 7:6). 예수님은 율법뿐 아니라 의를 성취하셨다. 그분의 삶은 죄가 없었기에 율법을 성취했으며, 그래서 그분의 죽음이 죄를 이겼다.

바울은 우리 몸에 큰 변화를 일으키실 분, 죄와 죽음에게 큰 승리를 거두신 분에게 감사한다. 우리가 절대로 스스로 할 수 없는 것을 **하나님이** 우리를 위해 **우리 주 예수 그리스도 말미암아** 하셨다. 우리는 죄를 짓지 않고 살 수 없으며, 따라서 율법을 성취할 수 없다. 그뿐 아니라, 우리는 일단 죄를 지으면 죄 또는 죄의 결과를 제거할 수도 없다. 그런데 죄의 결과는 죽음이다. 그러나 우리를 대신해, 예수 그리스도께서 죄 없는 삶을 살아 율법을 성취하셨고, 우리의 죗값을 직접 지불함으로써 우리의 죄를 제거하셨으며, 완전한 희생으로 하나님을 만족시키셨고, 죽은 자 가운데서 다시 살아남으로써 죽음을 이기셨다. 그분은 이 모든 큰 **승리**를 우리를 위해 성취하셨고 **우리에게 주신다.** "그리스도께서 우리를 위하여 저주를 받은 바 되사 율법의 저주에서 우리를 속량하셨으니"(갈 3:13). 그분은 우리의 저주와 정죄를 자신이 받으셨고 그 대신에 우리에게 승리를 주신다.

그분이 우리를 위해 하신 일에 대해, 우리가 하나님께 감사하고 하나님을 찬양하는 외에 무엇을 할 수 있겠는가? 그분은 우리에게 썩고 욕되며 약한 육적인 몸을 대신할 썩지 않고 영광스러우며 강한 영적 몸을 약속하셨다. 그분은 우리에게 땅에 속한 것을 대체할 하늘에 속한 것을, 죽을 것을 대체할 죽지 않을 것을 약속하신다. 우리는 이런 약속들이 확실하다는 것을 안다. 그분이 죄와 죽음을 이긴 승리를 우리에게 이미 주셨기 때문이다.

그리스도인들에게 죽음은 이제 아무 힘이 없다(히 2:14-15). 하나님이 우리의 죄를 제거하셨기 때문이다. 그리스도인들에게 죽음은 우리의 영혼이 이생에서 내세로 넘어가는 것, 이 땅을 떠나 그리스도와 함께하게 되는 것일 뿐이다. 바울이 이 땅에 남길 원하는 이유는 하나뿐이었다. 다른 사람들을 위해 그리스도의 사역을 계속하는 것이었다. 그러나 그 자신의 유익과 기쁨을 위해서라면, 그에게는 오직 한 가지 바람뿐이었다. "세상을 떠나서 그리스도와 함께 있는 것이 훨씬 더 좋은 일이라"(빌 1:23-24).

그리스도께서 죽음을 이기셨으므로, 죽음의 쏘는 것이 제거되었다. 죽음은 발톱이 제거되었고, 엄니가 뽑혔으며, 무장이 해제되었고, 멸망당했다. "사망과 음부도 불못에 던져지니, 이것은 둘째 사망 곧 불못이라⋯모든 눈물을 그 눈에서 닦아 주시니, 다시는 사망이 없고 애통하는 것이나 곡하는 것이나 아픈 것이 다시 있지 아니하리니"(계 20:14; 21:4).

큰 권면

그러므로 내 사랑하는 형제들아, 견실하며, 흔들리지 말고, 항상 주의 일에 더욱 힘쓰는 자들이 되라. 이는 너희 수고가 주 안에서 헛되지 않은 줄 앎이라. (15:58)

우리의 부활은 확실하며, 우리는 썩고 욕되며 약하고 육적이며 죽을 땅의 몸에서 썩지 않고 영광스러우며 강하고 신령하며/영적이며 죽지 않는 하늘의 몸으로 변화될 것이다. 우리가 이것을 실제로 믿고 이 때문에 정말로 감사한다면, **그러므로** 우리의 확신과 감사를 **견실하며, 흔들리지 말고**[부정], **항상 주의 일에 더욱 힘쓰는**[긍정] **자들이 됨**으로써 증명해야 한다.

'헤드라이오스'(*hedraios,* **steadfast, 견실하며**)는 문자적으로 앉아있음(being seated)을 가리키며, 따라서 정착되어 견고히 자리를 잡음을 가리킨다. '아메타키네토스'(*ametakinetōs,* **immovable, 흔들리지 말고**)도 기본적으로 동일하지만 더 강한 의미를 내포한다. 이것은 전혀 움직일 수 없고 꿈쩍도 하지 않음을 가리킨다. 분명히 바울은 우리가 하나님의 뜻 '안에서'(within) 옮겨짐이 아니라 하나님의 뜻'으로부터 멀리' 옮겨짐(being moved away from)을 말하고 있다. 하나님의 뜻 안에서, 우리는 **항상 주의 일에 더욱 힘쓰는 자들이 되어야** 한다. 그러나 털끝만큼도 하나님의 뜻에서 멀어져서는 안 되며, "사람의 속임수와 간사한 유혹에 빠져 온갖 교훈의 풍조에 밀려 요동하지" 않도록 늘 조심해야 한다(엡 4:14).

고든 클라크(Gordon Clark, 1902-1985)가 이 구절을 유익하게 풀어썼다. "그러므로 우리는 감정을 억제하고, 견실하며, 변하지 말고, 변덕을 부리거나 산만하지 말고, 쉽게 낙담하지 않으며, 주님이 우리를 더욱 유익하게 하실 것을 알고 선행에 더욱 힘써야 합니다."

부활을 확신하는 소망이 흔들리면, 세상의 방법과 기준에 넘어갈 수밖에 없다. 우리가 이생에서 하는 일의 영원한 결과가 없다면, 이타적 섬김과 거룩한 삶의 동기가 사라진다.

반대로, 부활 소망이 분명하고 확실하다면, **주의 일에 더욱 힘쓰는 자들이 될** 큰 동기가 생긴다. '페리쑤오'(*perisseuō*, **abounding**, 풍성하다, **더욱 힘쓰는**)는 요구 조건을 넘어섬, 넘침, 과하게 함(overdoing)이라는 의미를 내포한다. 에베소서 1:7-8에서, 이 단어는 하나님의 "은혜의 풍성함"이(풍성한 은혜가) 우리에게 '넘침'(lavishing)을 가리키는 데 사용된다. 하나님이 그분에게서 아무것도 받을 자격이 없는 우리를 위해 친히 풍성하도록 과하게 하셨기 때문에, 우리는 그분을, 우리에게 모든 것을 주신 분을 섬길 때 과하게 하겠다고(그게 가능하다면) 결심해야 한다.

바울은 최대한 적게 일하고 기도하며 베풀고 고난받는 무수한 그리스도인들에게 아주 적절하게 말했다. 어떻게 우리가 이 세상의 사소하고 하찮으며 오래가지 못할 것들에 만족할 수 있겠는가? 주변에서 그렇게 많은 사람이 영적으로 죽어 있고 그렇게 많은 동료 신자가 세워줌과 격려와 온갖 도움이 필요할 때, 어떻게 우리가 "편안할" 수 있겠는가? 언제 그리스도인이 이렇게 말할 수 있겠는가? "나는 내 시간을 내어 섬겼고 내 몫을 했어요. 이제 다른 사람들이 그 일을 하게 하세요."

합리적 쉼은 중요하고 필요하다. 그러나 바울은 우리가 만약 실수한다면 주님을 위해 덜 일하는 게 아니라 더 일하는 쪽이어야 한다고 말한다. 여가생활과 휴식은 현대인에게 큰 두 우상이며, 많은 그리스도인이 이들에게 아주 기꺼이 절하는 것으로 보인다. 적절한 비율의 오락과 기분 전환은 에너지를 회복하고 효율을 높이는 데 도움이 될 수 있다. 그러나 이것들이 그 자체가 목적이 되고, 우리의 주의와 관심과 시간과 에너지를 갈수록 더 요구하기 쉽다. **주**

의 일에서 완전히 벗어나 휴식하며 취미생활을 즐기는 신자가 한둘이 아니다.

가장 신실하고 열매가 풍성한 하나님의 성도 중에 늙어서도 마지막까지 활발하게 생산적으로 그분을 섬기며 사는 사람들이 있다. 그러나 그리스도를 **더욱 힘써(abounding)**, 넘치도록, 지칠 줄 모르고 섬긴 바로 그 이유 때문에 수명이 짧아진 성도들도 많다. 영국 출신으로 인도와 페르시아에서 선교사로 활동한 헨리 마틴(Henry Martyn, 1781-1912)은 "하나님을 위해 자신을 불태우기로" 결심했고, 서른다섯 살이 되기 전에 그렇게 되었다. 아메리카 인디언을 섬겼던 초기 선교사 중에 데이비드 브레이너드(David Brainerd, 1718-1747)는 서른이 되기 전에 죽었다. 에바브로디도에 관해서는 바울의 "형제요 함께 수고하고 함께 군사된 자"이며 "그리스도의 일을 위하여 죽기에 이르러도 자기 목숨을 돌보지 아니한" 자라는 것 외에 알려진 게 거의 없다(빌 2:25, 30). 그는 경건한 섬김에 전력한 나머지 말 그대로 그 때문에 병이 들어 죽게 되었다.

주님이 다시 오실 때까지, 다가가야 할 영혼들과 성취해야 할 온갖 사역이 있다. 모든 그리스도인은 주님이 은사를 주고 인도하는 대로 타협을 모른 채 일해야 한다. **주의 일**에 기여하지 않는 그 어떤 것에도 우리의 돈, 시간, 에너지, 달란트, 은사, 몸, 마음, 영혼을 어떤 식으로든 투자해서는 안 된다. 우리의 찬양과 감사에 손과 발이 있어야 한다. 야고보는 이렇게 말한다. "영혼 없는 몸이 죽은 것 같이 행함이 없는 믿음은 죽은 것이니라"(약 2:26).

우리가 주님을 위해 하는 일은, 그 일이 참으로 그분을 위한 일이고 그분의 능력으로 하는 일이라면, 그분이 성취되길 원하시는 것을 성취하지 않을 수 없다. 신자들이 이생에서 하는 모든 선한 일은 주님이 친히 보장하시는 영원한 유익이 있다. 예수님은 이렇게 말씀하신다. "보라. 내가 속히 오리니, 내가 줄 상이 내게 있어 각 사람에게 그가 행한 대로 갚아 주리라"(계 22:12). 우리에게는 우리의 **수고**(소진하기까지 하는 노동)**가 주 안에서 헛되지 않다**는 하나님의 약속이 있다.

46

연보에 관하여
(16:1-4)

성도를 위하는 연보에 관하여는 내가 갈라디아 교회들에게 명한 것 같이 너희도 그렇게 하라. 매주 첫날에 너희 각 사람이 수입에 따라 모아 두어서, 내가 갈 때에 연보를 하지 않게 하라. 내가 이를 때에 너희가 인정한 사람에게 편지를 주어 너희의 은혜를 예루살렘으로 가지고 가게 하리니, 만일 나도 가는 것이 합당하면 그들이 나와 함께 가리라. (16:1-4)

16장에 들어서면서, 바울은 초점을 교리적인 부분에서 실제적인 부분으로 완전히 전환한다. 부활을 아주 자세히 논한 후(15장 전체에서), 헌금(giving, 구제, 기부)[121], 주님의 일 하기, 신실한 삶, 그리스도인의 교제 안에서 사랑하기에 관한 여러 권면으로 편지를 끝맺는다. 그는 미래의 삶에서 현재의 삶으로 꽤 갑작스럽게 되돌아온다.

그러나 내세는 절대로 현세와 동떨어져 있지 않다. 하나님이 우리에게 마지막 때 또는 천국을 얼핏 보여주실 때마다, 목적은 우리가 땅에서 더 신실하게 살도록 돕는 것이다. 베드로는 정신이 번쩍 드는 종말 그림을 보여준 후,

---

121 이 장에서, 저자는 giving을 납세, 헌금, 예물, 구제, 나눔 등 다양한 의미로 사용한다. 우리말로는 상응하는 단어를 찾기 어렵다. 상황에 맞게 헌금(드림), 세금(납세), 구제, 나눔 등으로 옮기고 필요한 경우 괄호 안에 giving이라고 표시했다.

이렇게 말한다. "그러므로 사랑하는 자들아, 너희가 이것을 바라보나니, 주 앞에서 점도 없고 흠도 없이 평강 가운데서 나타나기를 힘쓰라"(벧후 3:14; 참조. 11절).

우리 앞에 놓인 부활의 영광은 우리에게 현재의 삶에 관해 큰 책임을 안긴다. 우리는 이 세상을 떠나고 우리의 몸은 어느 날 변화되어 우리의 영과 완벽하게 연합해 하나님과 영원히 살 것이다. 이것을 진정으로 믿는다면, 우리의 관심사는 이 땅에 사는 동안 하늘에 보화를 쌓는 것이어야 한다(마 6:20).

바울이 16장에서 논하는 그리스도인의 삶에서 실제적인 첫째 문제는 헌금이다. 1-4절에서, 바울은 그리스도인의 헌금과 관련해 목적, 원리, 보호, 시각을 제시한다.

헌금의 목적

성도를 위하는 연보에 관하여는 내가 갈라디아 교회들에게 명한 것 같이 너희도 그렇게 하라. (16:1)

바울은 '그' **연보('the' collection)**를 말한다. 이것은 그의 독자들이 이미 이 연보를 알고 있다는 뜻이다. 이 예물은 고린도 신자들이 그에게 쓴 편지에 언급되었을 터인데(7:1), 고린도전서는 이 편지의 답장이다. 이 **연보**는 **성도를 위한**, 특히 예루살렘 성도들을 위한 것이었다(3절). 동일한 연보를 위해, 바울은 1년이나 그 이상 "마게도냐와 아가야" 교회들 뿐 아니라 **갈라디아 교회들**에게도 "예루살렘 성도 중 가난한 자들을 위하여" 기부하라고 요청했다(롬 15:26; 참조. 고후 8:1-5). 이 연보는 바울의 3차 선교여행 중에 이뤄졌고, 그가 예루살렘에 갈 때 그곳 교회에 전달될 것이었다(행 24:17).

극한 가난은 현대 세계의 많은 지역에서처럼 고대 세계에도 일반적이었다. 종교적 · 전략적 중요성에도 불구하고, 신약 시대 예루살렘은 가난한 도시였다. 예루살렘은 유대인들에게 종교 중심지였으므로, 특히 특별한 절기 때면, 사람들로 넘쳐나기 일쑤였다. 예루살렘은 늘 물자가 부족했고, 상당 부분이 로마 전역에 흩어져 사는 부유한 유대인들의 기부로 유지되었다. 설상가상으로, 몇 년 전 심한 기근이 있었고(행 11:28), 아직도 그 여파가 가시지 않았다.

예루살렘 그리스도인들은 여러 해 박해를 받았고, 그래서 경제적 곤경이 훨씬 심해졌다. 이들 중에 집에서 쫓겨나거나 소유를 빼앗기거나 가장 하찮은 것 외에는 그 어떤 일자리도 얻지 못하거나 심지어 감옥에 갇히는 사람들이 적지 않았다(행 8:1-3; 살전 2:14). 예루살렘 신자들은 대다수가 유대인이었으며, 이들 중에 회당의 구제 혜택을 받는 사람은 혹 있더라도 아주 드물었다. 기독교로 넘어온 초기 유대인 회심자 중에 순례자들이 많았으며(참조. 행 2:5), 따라서 이들 중에 예루살렘 그리스도인 공동체의 일원이 되려고 돌아가지 않고 예루살렘에 남기로 선택한 사람들이 있었을 것이다. 신자들이 자신의 모든 소유를 궁핍한 사람들과 공유했고 "또 재산과 소유를 팔기"까지 했는데도(행 2:44-45; 4:34), 이들의 자원이 무한하지 않았던 게 분명하다.

바울은 이 연보가 예루살렘 신자들의 경제적 필요를 채우는 외에 교회의 영적 하나됨을 표현하길 바랐다. 예루살렘 신자들은 대부분 유대인이었고, 연보에 참여한 교회들의 신자들은 대부분 이방인이었다. "구원이 유대인에게서 남이라"(요 4:22). 구원이 먼저 유대인들에게, 유대인들을 통해 주어졌다. 그러므로 이방인들은 유대인들에게 특별한 빚을 졌다. 바울은 동일한 **연보**에 관해 쓰면서, 로마 신자들에게 이렇게 말한다. "만일 이방인들이 그들의[유대인들의] 영적인 것을 나눠 가졌으면, 육적인 것으로 그들을 섬기는 것이 마땅하니라"(롬 15:27). 이방인들이 유대인들을 위해 헌금한다면, 두 그룹 간의 영적 유대가 강화될 터였다(참조. 엡 2:11-18). 사랑으로 주고받음을 통해, 언제나 주는 자와 받는 자 사이에 유대가 형성된다. 선물을 나누면 교제가 형성된다. 바울은 그리스도인의 경제적 나눔과 개인적 나눔이 아주 밀접하게 연결된다고 생각했고, 그래서 '코이노니아'(*koinōnia*, 일반적으로 "교제"로 번역된다)라는 용어를 세 차례 사용해 이 연보를 표현한다(롬 15:26; 고후 8:4; 9:13).

신약 성경이 가르치듯이, 헌금(giving)의 주목적은 **성도**들, 즉 교회를 지원하는 것이다. 그리스도인의 첫째 의무는, 개인적으로 그리고 단체로, 동료 신자들을 지원하는(support, 부양하는) 것이다. 교회의 재정적 책임 가운데 첫째는 자신의 삶과 자신의 사람들에게 투자하는 것이다(참조. 고후 8:1-5; 9:12-15; 빌 4:14-16).

이것이 우리의 유일한 경제적 의무가 아닌 것은 분명하다. 선한 사마리아인의 비유에서 분명히 알 수 있듯이, 종교나 문화나 환경과 상관없이 도움이 필요하다면 '누구라도' 인격적으로, 경제적으로 섬겨야 한다(눅 10:25-37). 바울도 "모든 이에게 착한 일을 하라"고 가르친다(갈 6:10). 그러나 그는 같은 구절에서 뒤이어 이렇게 말한다. "더욱 믿음의 가정들에게 할지니라"(참조. 요일 3:17). 고린도후서 9:13에서, 바울은 "모든 사람"에게 후하게 나눠주라고 요구한다. 세상에서 가난하고 궁핍한 사람들을 주님의 이름으로 지원하는 것은 성경의 기준에서 우선순위가 높은 그리스도인의 행위다.

이것은 예루살렘의 첫 그리스도인들처럼 단순히 어느 한 교회가 자신의 교인들과 일을 지원하는 게 아니라 모든 교회가 도움이 필요한 모든 신자와 교회를 지원하는 것이다. 다른 경우들에서 그렇게 했듯이(행 11:29-30; 참조. 갈 2:10), 바울은 한 그룹의 교회들에게 다른 교회나 다른 그룹의 교회들이 직면한 필요를 채우기 위해 연보하라고 독려했다.

헌금의 원리

매주 첫날에 너희 각 사람이 수입에 따라 모아 두어서, 내가 갈 때에 연보를 하지 않게 하라. (16:2)

이 구절에서 바울은 기간, 참여자들, 장소, 비율을 비롯해 그리스도인의 헌금과 관련된 몇몇 원리를 명시하거나 암시한다. 이 원리들은 어느 시대나 그리스도인의 헌금을 위한 좋은 기초를 형성한다.

기간

헌금하는 가장 적절한 기간은 매주 하는 것, **매주 첫날에** 하는 것이다. 이것은 우리에게 두 가지를 확인시킨다. 교회가 일요일에 모였다는 것과 예배에 정기 헌금 시간이 포함되었다는 것이다. 헌금을 즉흥적으로, 하고 싶을 때나 "성령께서 인도하실" 때만 해서는 안 된다. 물론, 성령께서 특별한 때, 특별한 방식으로 헌금하도록 우리를 이끄실 수도 있다. 그러나 다른 모든 것에서처럼, 헌금에서도 성령께서는 무엇보다도 성경을 통해 인도하시며 성경은 여기서 **매주** 헌금하라고 말한다. 바울은 우리가 달마다 급여를 받더라도 일요일마다 헌금할 수 있게 돈을 배분하라며 율법주의적 요구를 하는 게 아니다. 핵심은 헌금이 예배와 교제의 일부이며, 특정 일요일에 헌금할 게 없더라도, 교회의 필요와 그 필요를 채우는 부분에서 우리의 몫에 민감해야 한다는 것이다. 일요일 헌금은 예배의 필수 요소, 곧 하나님께 "신령한 제사"를 드리는 새 언약의 제사장이 갖는 의무의 한 부분으로 보인다(벧전 2:5).

우리는 이따금 감정이 동하거나 가외 수입이 있을 때 헌금하는 게 아니라 우리의 소유를 정기적으로, 기꺼이, 감사함으로 주님께, 그분의 백성에게, 그분의 일에 드려야 한다. 이렇게 한다면, 모든 신자는 매주 청지기직과 헌금의 제사를 생각지 않을 수 없다. 매주 헌금하면, 돈을 더 세심하게 관리하며 헌금을 지속적이고 정기적인 영적 책임으로 보게 된다.

참여자들

너희 각 사람(each one of you)은 포괄적이다. 어느 그리스도인도 예외이거나 면제되지 않는다. 주님이 무엇을 주셨든 간에, 그것이 경제적 의미에서 아무리 하찮더라도, 우리는 그것의 청지기다. 예수님은 성전 헌금함에 돈을 넣는 사람들을 보시면서, 과부가 "두 렙돈 곧 한 고드란트"를 넣는 것을 막지 않으셨을 뿐 아니라, 성전 관리들이 그렇게 가난한 사람에게서 돈을 받는다며 꾸짖지도 않으셨다. 예수님은 과부의 후함을 영적 드림의 모범으로 사용하셨다. "내가 진실로 너희에게 이르노니, 이 가난한 과부는 헌금함에 넣는 모든 사람보다 많이 넣었도다. 그들은 다 그 풍족한 중에서 넣었거니와 이 과부는 그 가난한 중에서 자기의 모든 소유 곧 생활비 전부를 넣었느니라"(막 12:41-44).

우리가 과연 주님의 일에 후한지 그러지 못한지는 가진 게 거의 없을 때 드리는 것에서 가장 잘 드러난다. 경제적으로 부유한 사람은 생활방식이나 안

넝에 영향을 받지 않으면서도 많이 드릴 여유가 있다. 그러나 가난한 사람은 뭐라도 다른 사람들에게 주려면 자신이 그만큼 포기해야 한다. 예수님은 우리가 드릴 게 거의 없을 때 후하지 않다면, 많이 가졌을 때도 후하지 않으리라고 하셨다. 우리가 드리는 금액은 늘어날지 몰라도 후함은 늘어나지 않을 것이다. "지극히 작은 것에 충성된 자는 큰 것에도 충성되고, 지극히 작은 것에 불의한 자는 큰 것에도 불의하니라"(눅 16:10).

바울은 마게도냐 교회들에 관해 이렇게 썼다. "환난의 많은 시련 가운데서 그들의 넘치는 기쁨과 극심한 가난이 그들의 풍성한 연보를 넘치도록 하게 하였느니라"(고후 8:2). 이들이 이렇게 후했던 이유는 "먼저 자신을 주께 드리고 또 하나님의 뜻을 따라 우리에게 주었기" 때문이었다(5절). 이들은 하나님을 위해, 그분의 종들을 위해 사랑으로 드렸다. 하나님을 향한 사랑과 그분의 백성을 향한 사랑이 없다면, 후함은 불가능하다. 그러나 이런 사랑이 '있다면', 후함은 가능할 뿐만 아니라 필연이다.

장소

헌금은 주로 교회를 '위한' 것이듯, 주로 교회'에게', 그리고 교회를 '통해' 하는 것이기도 하다. **매주 첫날**이란 표현에서 분명하게 나타나듯이, 바울은 헌금이 예배의 일부임을 보여준다. 신약성경의 교회는 일요일, 매주 첫날 정기적으로 예배를 드렸다. 초기의 많은 전파와 증언은 유대인들이 유대인들에게 하는 것이었고, 따라서 토요일, 즉 안식일에 이루어졌다(행 13:14; 17:2). 그러나 부활 후 첫 예배는 부활절 저녁에, 부활하신 주님이 두려움과 낙담에 휩싸인 제자들에게 나타나셨을 때 드려졌다. "이 날, 곧 안식 후 첫날 저녁 때에, 제자들이 유대인들을 두려워하여 모인 곳의 문들을 닫았더니, 예수께서 오사 가운데 서서 이르시되, 너희에게 평강이 있을지어다…제자들이 주를 보고 기뻐하더라"(요 20:19-20). 예수님이 그다음에 나타나신 것은 "여드레를 지나서"(그러므로 또 다른 일요일에), 도마와 다른 제자들과 함께 있을 때였다(26절). 결과적으로, 많은 유대인 신자가 계속 안식일에 회당과 성전에서 예배했지만, 일요일이 그리스도인들이 그리스도인으로서 함께 예배하는 시간이 되었다

(행 20:7). 안식일 대신 부활의 날을 선호하게 되었다. 요한이 계시록을 쓸 무렵(1세기 마지막 10년), **매주 첫날**을 가리켜 "주의 날"이라 했다(계 1:10).

그리스도인의 헌금에 관한 첫 기사에서, 오순절 직후 교회가 막 생겨나 조직을 채 갖추지 못했을 때, 필요가 생기면 회심자들은 그저 모든 물건을 공유했다(행 2:44-45). 그러나 얼마 후, 신자들은 예물을 사도들에게 가져왔고 사도들이 이것을 배분하기 시작했다(4:35, 37; 5:2). 그러므로 기본 패턴은 예물을 교회에 가져오고 지도자들이 적절하게 지출하는 것이었다.

너희 각 사람이 … 모아 두어서(each one of you put aside and save)를 좀 더 문자적으로 옮기면 이렇게 될 것이다. "여러분 각자가 스스로 쌓거나 비축하시오." 여기서 **따로 모아 두어서(put aside and save)**로 번역된 '떼사우리조'(*thēsaurizō*, 사전, 보고를 뜻하는 'thesaurus'라는 단어가 여기서 파생했다)의 명사형은 창고, 보고(寶庫), 궤 등 귀중품 보관소를 말한다. 때로 보물 자체를 가리키는 은유적 표현으로도 사용되었다(마 2:11; 19:21; 막 10:21; 눅 6:45). 신약성경 시대의 이교도 문화와 유대인 문화 양쪽 모두에서, 보고는 신전이나 성전과 관련이 있었다. 많은 헬라 신전의 보고는 신전에 바친 예물의 저장소였을 뿐 아니라 시민들이 개인적인 돈을 비롯해 귀중품을 안전하게 보관하는 은행 역할도 했다. 바울이 보고를 뜻하는 이 용어의 동사형을 사용했다는 것은 따로 모아 두는 곳, 일종의 예물 저장소가 교회 안에 있어야 했음을 암시한다. **각자** "스스로" 자진해서 그곳에 두어야 했다. 교회에 예물을 안전하게 보관하고 나누어주는 곳인 보고가 있었다.

바울이 여기서 그리스도인들이 각자의 예물을 개인적으로 집에 보관하는 것을 말했다면, 이 구절 끝에서 **내가 갈 때에 연보를 하지 않게 하라(that no collections be made when I come)**고 말한 것은 앞뒤가 맞지 않을 것이다. 예물을 집에 보관했다면, 바울이 도착했을 때 가장 먼저 해야 할 일은 연보(collection)를 해서 그 돈을 한 데 모으는 것이었으리라. 바울이 이렇게 지시하는 목적은 정기적 헌금을 가르칠 뿐 아니라 이 연보를 최대한 지체 없이 예루살렘으로 가져갈 수 있게 준비시키는 것이었다.

한 주의 첫날은 예배의 날이며, 신자들이 각자의 돈을 어떻게 관리하느냐는 이들이 드리는 예배의 깊이와 떼려야 뗄 수 없다. 일요일마다 헌금을 하든 안하든 간에, 매주 드리는 예배를 통해 스스로에게 일깨워야 할 게 있다. 우리는 언제나 주님이 맡기신 소유의 청지기다. 헌금을 올바르게 하지 않으면, 예배를 올바르게 드릴 수 없다. 예수님은 이렇게 말씀하셨다. "지극히 작은 것에 충성된 자는 큰 것에도 충성되고, 지극히 작은 것에 불의한 자는 큰 것에도 불의하니라. 너희가 만일 불의한 재물에도 충성하지 아니하면, 누가 참된 것으로 너희에게 맡기겠느냐?"(눅 16:10-11).

최고의 설교자들이나 훌륭한 행정가들이나 신실한 목회자들 중에 개인적으로 돈에 무책임해서 물러난 사람들이 적지 않다. 이들은 물질에서 신뢰할 만하지 못했고, 그래서 주님은 무한히 더 가치 있는 일, 곧 그분의 백성을 돌보는 일을 이들에게 더는 맡기실 수 없었다.

성경은 어디서도 주님의 일을 위해 드리는 전부를 먼저 교회 지도자들에게 주어야 한다고 말하지 않는다. 우리가 따로 떼어둔 것 중에 일부를 주님의 이름으로 도울 기회가 있는 사람들의 긴급 상황을 해결하거나 이들의 개인적 필요를 채워줄 수 있도록 집이나 특별 계좌에 보관할 수도 있다. 이런 방식으로, 우리는 교회를 거칠 시간이 없거나 당사자가 자신의 필요를 알리길 원치 않을 때 즉시, 직접 도울 준비를 갖춘다. 그러나 헌금의 일차적 장소는 교회이며, 헌금은 하나님의 백성과 하나님이 세우신 지도자들 및 하나님의 일을 지원하는 데 사용되어야 한다. 우리의 예물을 경건한 사람들의 손에 맡겨 그들이 지혜롭게 사용하게 하는 게 가장 좋다.

비율

바울은 여기서 그리스도인이 **수입에 따라**(as he may prosper) 헌금하라며 권면하는데, 이것은 완전히 재량껏 하라는 권면이다. 수입 중 얼마를 주님의 일에 드려야 하느냐를 두고 그리스도인들 사이에 의견이 분분하다. 전통적이며 일반적인 대답은 10퍼센트이지만, 이것은 구약 십일조의 성격과 목적에 관한 오해에 기초한다.

십분의 일을 드리는 관습은 많은 고대 문화에서 일반적이었다. 아브라함은 자기 소유의 십분의 일을 "지극히 높으신 하나님의 제사장" 멜기세덱에게 주었다(창 14:18-20). 야곱은 하나님이 자신을 보호하고 번성하게 하시면 자기 모든 소유의 십분의 일을 드리겠다고 약속했다(창 28:20-22). 그러나 어느 경우도, 하나님은 이 비율이나 그 어떤 비율도 요구하지 않으셨다. 아브라함과 야곱의 예물은 전적으로 자발적이었고, 분명히 일회적이었다. 성경에서 모세 시대 이전 하나님의 백성 중에 누구라도 정기적으로 10퍼센트를 드렸다는 암시는 전혀 없다. 창세기에서 하나님이 구체적으로 규정하신 유일한 비율은 애굽의 기근과 관련이 있다. 요셉은 바로의 꿈을 해석했고, 이 꿈 해석을 통해 하나님은 7년 풍년에서 생산된 모든 곡물의 5분의 1, 즉 20퍼센트를 7년 흉년을 위해 비축하라고 명하셨다(창 41:34-35). 그러나 이 비율을 하나님이 정하셨지만 정기적 예물이 아니라 정부가 걷는 일종의 복지세였고 기근이 닥치면 백성을 위해 사용될 터였다.

모세 율법에서, 하나님은 처음으로 10퍼센트를 정하신다. "그 땅의 십분의 일, 곧 그 땅의 곡식이나 나무의 열매는 그 십분의 일은 여호와의 것이니, 여호와의 성물이라"(레 27:30). 이 십분의 일은 "레위 자손에게 기업으로 다 주어서, 그들이 하는 일, 곧 회막에서 하는 일을 갚는" 데 써야 했다(민 18:21). 레위 자손은 백성에게 십일조를 받아 그 십분의 일, 곧 "십일조의 십일조"를 하나님께 드려야 했다(26절). 신명기 14장에 언급된 십일조, 번제물, 희생제물, 거제물, 서원제물, 자원제물, 짐승의 맏물은 둘째 10퍼센트로 나라의 절기를 지원하는 데 사용해야 했다. 3년마다 셋째 10퍼센트를 드려 "레위인…객과 및 고아와 과부들"을 지원해야 했다(신 14:28-29). 이것들을 비롯해 관련 세금을 세밀하게 살펴보면, 매년 이스라엘이 신정(神政)에 내는 비율은 약 23퍼센트에 이르렀고, 이것은 본질적으로 세금이었으며 이스라엘 정부 운영에 사용된 게 분명해진다. 여기에는 자의적이고 자발적으로 하나님께 드리는 예물이 전혀 포함되지 않았다. 말라기 3:8-10의 정죄는 국가를 운영하는 제사장들을 지원하는 데 필요한 세금을 내지 않은 것 때문이다.

구약성경에서 자발적 드림의 기본 원리가 잠언에 나온다. "네 재물과 네 소산물의 처음 익은 열매로 여호와를 공경하라. 그리하면 네 창고가 가득히 차고 네 포도즙 틀에 새 포도즙이 넘치리라"(3:9-10). 하나님께 후하게 드리고 하나님께 먼저 드려야 한다는 것이었다. 잠언은 또한 이렇게 말한다. "흩어 구제하여도 더욱 부하게 되는 일이 있나니, 과도히 아껴도 가난하게 될 뿐이니라"(잠 11:24). 다시 말해, 돈을 더 많이 갖고 싶다면 후하게 나누어라. 돈을 잃고 싶다면 쌓아두어라.

성막을 세우기 위한 모금과 관련해, 하나님은 모세에게 이렇게 말씀하셨다. "이스라엘 자손에게 명령하여 내게 예물을 가져오라 하고 기쁜 마음으로 내는 자가 내게 바치는 모든 것을 너희는 받을지니라"(출 25:1-2; 참조. 35:5, 21). 기준은 마음이 이끄는 후함이며, 그 기초는 하나님이 하신 일과 주신 것에 대해 그분께 드리는 감사다. 백성이 이 원리에 기초해 성막을 세우기 위한 예물을 너무나 많이 드렸기에, 모세는 백성에게 이제 그만 드리라고 말해야 했다 (36:6). 의무적 드림(required giving)은 납세였다. 자발적 드림(freewill giving)은 마음에서 나와야 했으며, 얼마를 드리느냐는 예배자에게 달렸다. 다윗은 값을 치르지 않은 것을 하나님께 드리지 않겠다고 했을 때 이러한 중요한 생각을 갖고 있었다(삼하 24:24).

그리스도인의 드림(giving, 납세, 기부, 헌금)은 고대 이스라엘의 드림에 상응한다. 이스라엘이 자신들 위에 있으며 하나님이 세우신 체제를 지원하기 위해 십일조를 내야 했듯이(마 17:24-27; 22:15-21), 우리는 우리 위에 있는 정부를 지원하기 위해 세금을 납부해야 한다(롬 13:6). 이스라엘이 마음에서 우러나와 하나님께 드렸듯이, 우리도 무엇이든 마음에 뜻한 것을 주님께 드리되 "인색함으로나 억지로" 드려서는 안 된다. "하나님은 즐겨 내는 자를 사랑하시기" 때문이다(고후 9:7). 하나님은 즐겁게, 희생적으로 드리는 자를 '늘' 사랑하셨다.

구약성경은 얼마 또는 몇 퍼센트를 드리라고 요구하지 않는다. 오히려, 각 신자가 마음으로 드려야 한다. 예수님은 이렇게 말씀하셨다. "주라. 그리하면 너희에게 줄 것이니, 곧 후히 되어 누르고 흔들어 넘치도록 하여 너희에게 안겨 주리라. 너희가 헤아리는 그 헤아림으로 너희도 헤아림을 도로 받을 것이니라"(눅 6:38). 바울도 같은 원리를 이렇게 표현했다. "적게 심는 자는 적게 거두고 많이 심는 자는 많이 거둔다"(고후 9:6). 우리가 자원해 즐겁게 하나님께 드릴 때 얻는 유익은 영적인 복과 물질적 복이다. "하나님이 능히 모든 은혜를 너희에게 넘치게 하시나니, 이는 너희로 모든 일에 항상 모든 것이 넉넉하여 모든 착한 일을 넘치게 하게 하려 하심이라"(8절).

헌금 관리

내가 이를 때에 너희가 인정한 사람에게 편지를 주어 너희의 은혜를 예루살렘으로 가지고 가게 하리니, (16:3)

주님의 일에 드리는 사람들은 자신이 드린 예물이 적절하고 지혜롭게 사용되리라 기대할 권리가 있다. 바울은 고린도교회에게, 존경받는 사람, **너희가 인정한 사람**, 그 자신이 인정하며 설명의 **편지**를 맡겨 **예루살렘** 성도들에게 보낼 사람을 몇몇 정하라고 했다.

모든 교회는 교회 재산과 재정을 경건하고 책임감 있는 사람들에게 맡겨야 한다. 초기 그리스도인들의 예물은 먼저 사도들이 맡았다(행 4:35). 그러나 사도들은 책임이 늘면서 가난한 과부들을 먹이는 일 같은 기금 지출 사역에서 손을 떼야 했다. 그러므로 이들이 "모든 제자를 불러…너희 가운데서 성령과 지혜가 충만하여 칭찬 받는 사람 일곱을 택하라. 우리가 이 일을 그들에게 맡기"겠다고 했다(행 6:2-3). 자격 요건은 재정적이거나 상업적이지 않고 도덕적이고 영적이었다. 하나님의 기금은 교회에서 가장 경건한 사람들, 하나님의 백성이 가져온 예물을 바치는 제사장들처럼 기도하며 성령의 능력으로 그 기금의 운용을 감독할 사람들에게 맡겨야 한다.

헌금을 보는 시각

만일 나도 가는 것이 합당하면 그들이 나와 함께 가리라. (16:4)

내가 믿기로, 여기서 바울의 핵심은 [고린도 신자들이 드리는] 이 연보가 진정한 후함의 예물로 드러나고 자신의 동행이 일행에게 당혹스럽지 않다고 분명하게 드러날 때에야 이 예물을 예루살렘에 전달하는 일에 자신도 동행하리라는 것이다. 그는 고린도 신자들에게 사랑과 관심을 쏟는 마음으로 자유롭게 드리라고 독려하고 있다.

하나님은 자신의 모든 피조물을 지으실 때 이들이 주도록 지으셨다. 하나님을 해와 달과 별과 구름과 땅과 식물을 지으실 때 이들이 주도록 지으셨다. 하나님은 또한 자신의 최고 피조물인 사람을 지으실 때 그가 주도록 지으셨다. 그러나 타락한 인간은 하나님의 피조물 중에서 가장 주기 싫어하는 존재다.

재창조된 사람, 구원받고 구속받은 사람의 가장 확실한 표식 중 하나는 기꺼이 준다는 것이다. 아테네 정치가 아리스티데스(Aristides)는 2세기 그리스도인들의 삶에 관해 이렇게 썼다.

> 이들은 겸손하고 친절하며, 이들 사이에서 거짓을 찾아볼 수 없으며, 이들은 서로 사랑한다. 이들은 과부를 멸시하지 않으며, 고아의 마음을 아프게 하지 않는다. 가진 자는 못가진 자에게 후하게 나눈다. 나그네를 보면, 집에 들여 마치 형제처럼 기쁘게 대접한다. 이들은 자신들을 형제, 곧 육신을 따라 된 형제가 아니라 성령을 따라 하나님 안에서 된 형제라 부른다. 그러나 이들 중에 가난한 자가 세상을 떠났을 때 누구라도 이것을 보면, 자신의 능력에 따라 장례비용을 댄다. 자신들 중 누구라도 자신들의 메시아의 이름 때문에 감옥에 갇혔거나 억압을 받는다는 소식을 들으면, 이들 모두 나서서 그 사람의 필요를 채워준다. 그를 구해내는 게 가능하면, 구해낸다. 자신들 중에 가난하고 궁핍한 사람이 있으나 자신들도 넉넉하지 못하면, 이들은 이틀이나 사흘을 굶어 마련한 양식을 그 사람에게 공급한다.

"누가 이 세상의 재물을 가지고 형제의 궁핍함을 보고도 도와 줄 마음을 닫으면 하나님의 사랑이 어찌 그 속에 거하겠느냐?"(요일 3:17).

47

주님의 일을 주님의 방식으로
(16:5-12)

내가 마게도냐를 지날 터이니, 마게도냐를 지난 후에 너희에게 가서, 혹 너희와 함께 머물며 겨울을 지낼 듯도 하니, 이는 너희가 나를 내가 갈 곳으로 보내어 주게 하려 함이라. 이제는 지나는 길에 너희 보기를 원하지 아니하노니, 이는 만일 주께서 허락하시면 얼마 동안 너희와 함께 머물기를 바람이라. 내가 오순절까지 에베소에 머물려 함은 내게 광대하고 유효한 문이 열렸으나 대적하는 자가 많음이라. 디모데가 이르거든, 너희는 조심하여 그로 두려움이 없이 너희 가운데 있게 하라. 이는 그도 나와 같이 주의 일을 힘쓰는 자임이라. 그러므로 누구든지 그를 멸시하지 말고, 평안히 보내어 내게로 오게 하라. 나는 그가 형제들과 함께 오기를 기다리노라. 형제 아볼로에 대하여는 그에게 형제들과 함께 너희에게 가라고 내가 많이 권하였으되, 지금은 갈 뜻이 전혀 없으나 기회가 있으면 가리라.

(16:5-12)

편지 말미에 자리한 이 단락은 디모데를 받아들임에 관한 조언(11절) 외에 분명한 가르침이나 권면을 담고 있지 않다. 그래서 이 단락은 설명에 더 가깝다. 그러나 이 여덟 절에서 많은 것을 알 수 있다. 바울이 여기서 하는 말은 주님의 일과 관련이 있으며, 바울과 디모데가 그랬듯이(16:10), 모든 그리스도인이 주님의 일에 힘써야 한다(15:58).

　　주님의 일은 기본적으로 둘로 구성된다. 복음 전파하기(evangelizing)와 덕

세우기(edifying)인데, 이 둘은 예수님 사역의 두드러진 표식이었다. "인자가 온 것은 잃어버린 자를 찾아 구원하려 함이니라"(눅 19:10). 이 땅에서 사역하는 3년 내내, 예수님은 또한 제자들을 주의 깊게 가르치셨다. 승천하기 직전까지 예수님은 이들에게 "하나님 나라의 일"을 가르치셨다(행 1:3). 예수님은 자신을 알지 못하는 자들에게 복음을 전하셨고, 자신을 아는 자들을 가르치셨다. 예수님은 사역 내내 잃은 자들에게 복음을 전하고 구원받은 자들을 가르치는 일을 번갈아 하셨다. 이 두 일은 대위임의 핵심이다: "그러므로 너희는 가서 모든 민족을 제자로 삼아 아버지와 아들과 성령의 이름으로 세례를 베풀고[복음전파] 내가 너희에게 분부한 모든 것을 가르쳐 지키게 하라[덕을 세움]"(마 28:19-20).

바울이 15장 끝에서 분명히 했듯이, 진정으로 주님의 일을 할 때 우리의 "수고가…헛되지 않다"(고전 15:58). 우리의 수고는 공허하거나 쓸모없거나 비생산적이지 않을 것이다. 그러나 바울이 여기서 말하는 "수고"(toil, kopos)는 그저 바쁜 게 아니다. 이것은 캠벨 모건(Campbell Morgan, 1863-1945)이 말한 고된 일이다: "바울은 희생의 붉은 피가 담긴 과정에서 지치고 약해지게 하는 그런 수고를 염두에 두고 있다."

하는 일이 많은데도 정작 주님의 일은 제대로 못하기 십상이다. 우리가 하는 일이 거의 중요하지 않을 때, 또는 그 일을 육신으로 하거나 건성으로 할 때, 주님을 위한 열매가 절대로 맺히지 못한다. 이런 일은 주님의 이름으로 하더라도 "헛되다."

건물을 지을 때, 건축가의 설계와 건축법대로 지어야 한다. 건물을 사용하려면, 먼저 건축법대로 지었는지 확인하는 준공검사를 통과해야 한다. 교회가 주님을 위해 하는 일도 다르지 않다. 진정으로 주님의 일을 하려면, 성경에 계시된 그분의 계획과 법대로 해야 하며, 성령의 감독과 검사를 늘 받아야 한다. 우리는 "부끄러울 것이 없는 일꾼으로 인정된 자로 자신을 하나님 앞에 드리기를 힘써야" 한다(딤후 2:15). 주님의 일을 주님의 방식으로 하는 것은 "금이나 은이나 보석"으로 집을 짓는 것이다(고전 3:12). 바울은 이 단락에서 주님을 향한 이러한 헌신되고 영적인 섬김을 말하며, 주님의 일을 제대로 할 때 적용되는 몇몇 암시적 원리를 제시한다.

비전이 있어야 한다

내가 마게도냐를 지날 터이니, 마게도냐를 지난 후에 너희에게 가서, (16:5)

주님의 일꾼은 미래를 향한 비전이 있어야 한다. 하나님의 사랑에 뭉클하고 그 사랑으로 불타는 그리스도인이라면 아직 채워지지 않은 필요와 아직 만나지 못한 기회를 볼 것이다. 그는 앞으로 더 많은 방법으로 섬기고 더 많은 문을 열기 위해 미리 계획을 세우지 않을 수 없다.

바울은 3년을 에베소에서 지내는 말미에 이 편지를 썼으며, 아마도 디모데 편에 전달했을 것이다(16:10). 바울은 본래 곧 디모데를 뒤따라가서(4:19), 마게도냐에 가는 길과 오는 길에 고린도를 방문할 계획이었다(고후 1:15-16). 그러나 계획을 바꿔야 했고, 나중에 **마게도냐를 지난 후에** 고린도를 방문하기로 결정했다. 그는 계획을 바꿔야 했으나 바꿀 계획이 '있었다'. 그는 에베소에서 바쁠 때도, 사역의 다음 단계, 즉 마게도냐, 고린도, 예루살렘에서 할 일을 계획했다.

주님의 신실한 일꾼은 계획하고 전략을 세우며, 비전과 기대감을 품고 앞을 내다본다. 어느 저자의 말처럼, 바울은 먼 지역들에 마음을 빼앗겼으며, 정박한 배가 전혀 보이지 않는데도 바다 건너 사람들에게 좋은 소식을 전하기 위해 배에 오르고 싶어 했고, 산이 전혀 보이지 않는데도 산을 넘어 성도들을 세우고 싶어 했다. 자신의 안녕과 만족에 관해, 바울은 "어떠한 형편에든지…자족하기를 배웠다"(빌 4:11). 그러나 이미 성취한 것에 안주하는 데 만족하지 않았다. 그의 눈에는 이뤄지길 기다리는 더 많은 일이 보였고, 구원을 기다리는 더 많은 영혼이 보였으며, 세움과 격려를 기다리는 더 많은 신자가 보였다.

바울은 고린도전서를 쓴 지 여러 해 후, 로마교회에 편지를 썼다. 그는 그 편지 말미에서, 로마를 방문한 후 스페인(서바나)에 갈 계획이라고 두 차례 언급했다(롬 15:24, 28). 당시, 스페인은 로마제국의 번성하고 영향력 있는 지역이었고, 세 황제와 유명한 철학자 겸 정치가 세네카를 배출했다. 그러나 우리가 알기로, 아직 복음이 스페인에 전파되지 않았고, 바울은 그곳에 복음을 전하려는 마음이 간절했다. 그는 고린도에서 고린도전서 16:1-4에 언급된 연보 모으기를 마무리하면서 로마 그리스도인들에게 편지했다. 이번에도 우리가 알다시피, 바울은 자신이 있는 곳에서 성실히 일하면서도 다음에 할 일을 계획하며 준비했다. 장군이 다음 전투지를 결정하려고 지도를 세밀하게 살피듯이, 바울은 주님을 위한 다음 노력을 어디서 시작해야 할지 알아보려고 주변 지역을 계속 살폈다.

느헤미야는 아닥사스다 왕에게 나아가 예루살렘에 가도록 허락해주길 구했을 때, 구체적 목적과 계획이 있었다. 느헤미야는 이미 하나님께 회개하며 뜨겁게 기도했다. 자신이 이 일을 하도록 하나님이 허락해주시고 왕의 마음도 열어 승낙하게 해 달라는 것이었다. 그런 후, 느헤미야는 왕에게 예루살렘 성벽과 성문을 다시 세울 필요가 절실하다고 설명했다. 느헤미야는 첫 요청이 받아들여졌을 때, 목재를 비롯해 필요한 재료를 확보하려고 추가로 간청했다(느 1:1-2:8). 비전과 세밀한 계획 덕분에, 예루살렘 재건자로서 그의 성공은 바사(페르시아)를 떠나기 오래 전에 시작되었다.

윌리엄 캐리(William Carey, 1761-1834)는 영국에서 구두수선공으로 일할 때, 세상 다른 지역들의 큰 영적 필요에 마음이 움직였다. 그는 세계 지도를 작업대 앞에 펼쳐놓은 채 일하면서 그 필요를 채우기 위해 해야 할 일이 무엇이며 주님이 자신을 어떻게 사용하실 수 있을지 생각했고, 이를 위해 눈물로 기도했다. 그래서 마침내 첫 선교지 인도에 도착했을 때, 일을 시작할 준비가 되어 있었다. 그는 가르치기, 전하기, 번역, 기독교 문서 인쇄를 통한 뛰어난 기여에 직접 쓰임을 받았을 뿐 아니라 이후 그곳에서 섬기는 모든 선교를 위한 길을 닦았다. 그는 기도하고 계획하며 준비했기에, 기회가 왔을 때 준비되어 있었다.

주님에게는 그분의 사람들이 해야 할 일이 아주 많지만 비전을 품고 준비된 사람은 드물다. 사실, 우리가 지금 필요를 분석하고 준비하려고 무엇을 하고 있는지를 보면 정말로 주님을 위해 기꺼이 일할 준비가 되어 있는지 가늠할 수 있다. 설령 정확히 무엇을 어디서 해야 하는지 알지 못하더라도 말이다.

유연성이 있어야 한다

혹 너희와 함께 머물며 겨울을 지낼 듯도 하니, 이는 너희가 나를 내가 갈 곳으로 보내어 주게 하려 함이라.[122] (16:6)

우리는 비전을 품어야 하고 무엇을 어떻게 해야 할지 미리 계획해야 하지만 유연하기도 해야 한다. 우리의 계획은 늘 주님의 수정을 따라야 한다. 미래가 늘 우리 생각대로 다가오지는 않는다. 우리를 향한 하나님의 뜻에 관한 우리의 첫 이해가 완전히 옳거나 완벽하지 않을 수 있으며, 우리를 향한 주님의 계획이 바뀔 수도 있다. 어쨌든, 야고보가 조언하듯, 늘 우리의 계획을 수정해야 한다. "주의 뜻이면 우리가 살기도 하고 이것이나 저것을 하리라"(약 4:15).

성령께서 일으키시는 우리의 바람뿐 아니라 우리의 영적 은사와 달란트도 주님이 우리가 하도록 준비하신 일의 유형에 관해 실마리를 줄 수 있다. 그러나 주님은 우리가 우리의 은사를 우리가 상상하지 못한 방식으로 사용하길 원하실 수도 있다. 하나님이 우리가 무엇을 하길 원하시는지 우리가 아주 확고하게 미리 확신한다면, 그분이 구체적 사역으로 우리를 부르실 때 그분의 인도에 둔감할 수 있다. 아무리 진지하고 주의 깊게 생각해낸 것이라도, 우리의 비전은 절대로 틀릴 수 없는 게 아니다. 경직성은 주님의 일을 알고 행하는 데 큰 방해물일 수 있다. 유연성은 약함이 아니라 겸손의 표식이다.

바울은 "마게도냐를 지난 후에" 고린도를 방문하려는 좋은 목적이 있었고, 그러려는 바람도 강했다(5절). 그러나 그는 뒤이어 **혹(perhaps)** 그곳 신자들과 **함께 머물며, 겨울을 지낼 듯도 하니**라고 했다. **혹(perhaps)**과 **듯도(even)** 둘

---

[122] NASB: And perhaps I shall stay with you, or even spend the winter, that you may send me on my way wherever I may go(어쩌면 제가 여러분과 함께 머물거나, 겨울을 보내기까지 할 텐데, 제가 어디로 가게 되든지 여러분이 저를 보내주시게 하기 위해서입니다).

다 곳(wherever)과 "주께서 허락하시면"(7절)과 함께 바울의 관심, 곧 자신의 계획과 생각이 주제넘고 경직되지 않길 바라며 자신의 계획과 생각을 그분이 보기에 적합하게 바꾸시는 주님의 권한을 빼앗지 않길 바라는 그의 관심을 표현한다(참조 잠 16:9).

바울은 나중에 고린도 신자들에게 비난받은 것처럼 변덕스럽거나 우유부단했던 것이 아니라 현실적이고 겸손했다. 그가 현실적이었던 것은 그 누구도 "자기 운명의 선장과 주인"일 수 없음을 알기 때문이었다. 삶에는 우리의 통제를 완전히 벗어난 것이 너무나 많다. 바울이 겸손했던 것은 하나님이 주권적이며 그 누구의 계획이든 그분이 선택하는 때 그분이 선택하는 방식으로 바꾸실 능력과 권리가 있음을 알기 때문이었다. 그는 나중에 이렇게 설명했다. "이렇게 계획할 때에 어찌 경솔히 하였으리요? 혹 계획하기를 육체를 따라 계획하여 예 예 하면서 아니라 아니라 하는 일이 내게 있겠느냐?"(고후 1:17). 우리는 동기가 아무리 진실하고 이타적이며 영적이더라도 늘 자신이 가고 싶은 곳에 가거나 자신이 하고 싶은 일을 할 수는 없다. 사도들도 예외가 아니었다.

바울의 고린도 여정이 수정되었다. 이것은 하나님이 바울의 계획을 수정하신 첫 사례가 아니었다. 2차 선교여행 때, 바울은 "주의 말씀을 전한 각 성으로 다시 가서 형제들이 어떠한가" 알아보려고 계획했다(행 15:36). 바울과 그 일행은 계획한 곳을 대부분 방문할 수 있었으나 성령께서 이들이 "아시아에서 말씀을 전하"거나 "비두니아로 가는" 것을 구체적으로 금하셨다(16:6-7). 바울과 실라가 새로운 동료 디모데와 함께 첫 일정표에 포함된 교회들 중 '몇몇'을 재방문하는 것은 이들을 향한 주님의 뜻이었다. 그러나 이들이 이 교회들을 다 방문하기 전, 하나님은 이들을 완전히 새로운 선교지 마게도냐로 보내셨고(9-10절), 그곳에서 이들은 유럽에 최초로 복음을 전했다.

데이비드 리빙스턴(David Livingstone, 1813-1873)은 평생 중국 선교사가 되길 원했다. 늙어서도, 중국에서 사역할 기회가 있길 바랐다. 그러나 하나님은 그를 아프리카로 보내셨고, 그는 아프리카에서 사역하면서 그 큰 대륙에서 선교의 문을 열었고 거기서 죽었다. 윌리엄 캐리(William Carey, 1716-1834)가

인도에서 그렇게 했듯이 말이다. 그는 개인적으로 가고 싶었던 곳에 결코 가지 못했으나 하나님이 자신을 보내신 곳에서 기꺼이 거리낌 없이 섬기며 열매를 맺었다. 그는 중국을 향해 큰 비전을 품었으나 그 무엇보다 주님의 뜻을 행하길 원했기에 유연했다. 그는 무엇으로든 하나님이 기뻐하시는 대로 빚어지고 다시 빚어지려고 토기장이 손에 들린 유순한 진흙이었다(롬 9:21).

바울은 자신이 **갈 곳**이 어디든 간에(wherever I may go) 고린도 신자들의 지원을 원했다. **너희가 나를…보내어 주게 하려 함이라**(that you may send me on my way, 여러분이 저를 파송하게 하려는 것입니다)는, 하나님이 무엇을 염두에 두셨던 간에, 이들이 선교하는 바울을 후원하고 격려하리라는 것을 암시한다.

현재의 섬김에 철저해야 한다

> **이제는 지나는 길에 너희 보기를 원하지 아니하노니, 이는 만일 주께서 허락하시면 얼마 동안 너희와 함께 머물기를 바람이라. 내가 오순절까지 에베소에 머물려 함은**(16:7-8)

주님의 일을 주님의 방법으로 하려면 또한 지금 하는 일에 철저해야 한다. 바울은 다음에 고린도에 머물 때 뭐라도 가치 있는 일을 하려면, 그저 **지나가는 길에** 고린도를 방문해서는 안 된다는 것을 알았다. 그러므로 그는 **만일 주께서 허락하시면 얼마 동안** 이들과 **함께 머물길** 바랐다. 피상적인 것과 일시적인 것은 바울의 사역에 발붙일 수 없었다. 바울은 자신이 하는 모든 일이 견고하고 영구적이며, 가치 있고 오래 가길 원했다.

철저함에 못 미친다면 그 무엇으로도 대위임을 이행할 수 없다. 복음전파, 곧 "모든 민족을 제자로 삼는" 일은 시작일 뿐이다. 새로운 회심자들을 가르쳐 예수님이 "분부한 모든 것을…지키게 하는" 일은(마 28:19-20) 길고 힘든 과정이다. 이 일은 재빨리, 부주의하게, 피상적으로 이루어질 수 없다.

바울은 고린도교회에서 1년 반을 목회하며 이 교회를 세웠다. 그는 자신이 쓰는 편지가 고린도 신자들의 심각한 문제들이 해결되도록 돕는 첫 걸음일 뿐임을 알았다. 가능하면, 적어도 이들과 함께 "겨울을 지낸" 후(6절) 예루살렘에 가길 원했다.

바울은 기회 있을 때마다 모든 그리스도인에게 가르칠 수 있는 모든 것을 가르치길 원했다. "우리가 그를 전파하여 각 사람을 권하고 모든 지혜로 각 사람을 가르침은 각 사람을 그리스도 안에서 완전한 자로 세우려 함이니, 이를 위하여 나도 내 속에서 능력으로 역사하시는 이의 역사를 따라 힘을 다하여 수고하노라"(골 1:28-29). 그는 데살로니가 신자들에게 이렇게 썼다. "주야로 심히 간구함은 너희 얼굴을 보고 너희 믿음이 부족한 것을 보충하게 하려 함이라"((살전 3:10). 그는 밀레도에서 에베소 장로들을 만나 이렇게 말할 수 있었다. "내가 꺼리지 않고 하나님의 뜻을 다 여러분에게 전하였음이라"(행 20:27).

철저함은 특정 사역을 하면서 특정한 곳에 쏟는 시간의 길이에만 달려 있지 않다. 주님의 지상 사역 자체가 3년에 불과했으나 그분은 이 짧은 시간의 말미에 이렇게 말씀하실 수 있었다. "아버지께서 내게 하라고 주신 일을 내가 이루어 아버지를 이 세상에서 영화롭게 하였사오니"(요 17:4). 바울은 에베소에서 약 3년을 보냈고, 고린도에서 모두 합쳐 2년이 채 안 되게 보냈으며, 데살로니가에서 보낸 시간은 몇 주에 불과했다. 그러나 그가 각 도시에서 보낸 시간의 특징은 자신에게 주어진 시간을 최대치로 사용한 철저함이었다. 그는 늘 자신의 조언을 따랐다. 자신이 에베소 신자들에게 한 말을 자신에게 숱하게 했던 게 분명하다. "세월을 아끼라. 때가 악하니라"(엡 5:16).

바울은 데살로니가교회 신자들 중에 "게으르게 행하여 도무지 일하지 아니하고 일을 만들기만 하는 자들이 있다"고 했다(살후 3:11). 헬라어 본문은 언어유희를 사용하며 "바쁜 일꾼들이 아니라 바쁜 참견꾼들"로 번역될 수 있다. 이 참견꾼들은 무엇보다도 그리스도의 재림에 관해 기막힌 억측을 퍼트렸다(참조. 2:1-5). 이들은 다른 교회 구성원들을 오도하고 혼란스럽게 했을 뿐 아니라 경제적으로 그들에게 빌붙었다. 이들은 온갖 생산적인 일을 포기했고, 행동에서 신학적 분위기가 풍기는데도 주님의 일을 하고 있지 않았던 게 분명하다.

우리가 주님의 일이라고 아는 경우라도, 철저히 준비하고 일하려는 마음이 없다면 절대로 그 일을 맡지 말아야 한다. 성경에 단단히 기초하지 않으며 철저히 기도해보지도 않은 메시지를 전하거나 가르치려 해서는 안 된다. 필요한 시간을 기꺼이 쏟으려 하지도 않으면서 누군가를 제자로 삼으려 해서는 안 된다. 좋은 목적과 의도와 계획이라도 성실하게 시행하지 않으면 아무 가치가 없다.

바울은 꼭 해야 할 일이 아직 남았기에 **오순절까지 에베소에 머물려** 했다. 주님에게는 바울이 있는 곳에서 그가 하길 원하시는 일이 있었다. 바울은 그 일을 완수할 때까지 다른 일을 할 수 없었다.

나는 거의 매일 교회나 기독교 단체로부터 유망한 목회자나 사역자를 추천해달라는 편지나 전화를 받는다. 하나같이 이들은 이력이 증명된 사람, 자신이 해온 일에 성공한 사람을 원한다. "지극히 작은 것에 충성된 자"만이 "큰 것에도 충성되다"(눅 16:10). 주님은 이런 사람에게 말씀하신다. "잘하였도다. 착하고 충성된 종아! 네가 적은 일에 충성하였으매 내가 많은 것을 네게 맡기리니"(마 25:23). 지금 주님을 위해 하는 일을 철저하고 성실하게 하는 그리스도인만 자신의 사역이, 주님의 나라에서까지, 성장하고 확대되리라 기대할 수 있다. 천국에서 영원히 하나님을 섬기는 범위는 이곳 아래에서 섬기며 쏟은 힘과 헌신이 결정한다. 달란트 비유가 가르치듯이 말이다(마 25:14-30).

이미 주님이 우리를 위해 열어두신 문으로 들어가지 않았다면, 주님이 시간 속에서나 영원 가운데서 더 큰 사역의 문을 우리에게 열어주시리라 기대해서는 안 된다. 바울은 이방인들에게 복음이 전파되도록 하나님이 열어두신 문으로(행 14:27), 그분이 드로아로 향하여 열어둔 문으로(고후 2:12), 그 외에 여러 곳을 향해 열어두신 문으로 성실하게 들어갔다. 그래서 그는 골로새 형제들에게 하나님이 더 많은 문을 열어주셔서 자신이 계속해서 "그리스도의 비밀을 말하게" 해주시길 기도해 달라고 부탁할 권리가 있었다(골 4:3). 사역의 문을 열고 닫는 것은 전적으로 하나님의 일이다(계 3:7). 우리의 일은 그분이 우리에게 여시는 문으로, 오직 그 문으로 들어가는 것이다.

나의 소중한 친구이며 신학생인 어느 청년이 있었다. 그는 수술이 불가능한 뇌종양 때문에 앞으로 6개월에서 길어야 2년밖에 살지 못한다는 것을 알게 되었다. 그는 UCLA에 다닐 때 여러 성경공부를 시작했고, 모두 매우 성공적이었다. 그가 제자삼은 학생들이 다른 성경공부들을 인도하며 다른 학생들을 제자삼기 시작했다. 그가 주님께 인도한 학생 중에 얼마는 그와 같이 신학교에 갔다. 그는 자신의 병을 알고 난 후에도 사역을 계속했으며, 가능한 모든 방법으로 주님을 위해 일했다. 그는 미래를 향한 선교의 비전과 계획이 많았으며, 심히 아픈데도 늘 한결같이 성실하고 철저하게 자신의 일을 했다. 그는 신학교를 졸업하기 전에 죽었고, 사후에 학위를 받았다. 그의 젊은 미망인이 잃어버린 세상에 다가가려는 남편의 꿈을 이어받아 홀로 선교 현장으로 떠났다.

스데반과 빌립은 집사로 시작해, 예루살렘교회 과부들을 먹이는 실제적이고 현실적인 일을 했다. 사도들이 "오로지 기도하는 일과 말씀 사역에 힘쓸" 수 있도록 이들의 잡무를 덜어주기 위해서였다(행 6:2-5). 이들은 웨이터로 시작해 뛰어난 전도자가 되었다. 스데반과 빌립이 "덜 중요한"(lesser) 일을 함으로써 사도들이 그들의 사역에 더 집중할 수 있었을 뿐 아니라 두 집사도 자신만의 전파 사역에 준비되었다(행 6:8-8:40). 스데반의 능력 있고 성령충만한 전파와 순교는 주님이 바울의 마음을 부드럽게 하고 그를 회심으로 이끄시는 데 사용되었던 게 거의 분명하다(8:1을 보라). 빌립은 사마리아 많은 지역에 복음을 전했으며, 에디오피아 내시의 증언을 통해 간접적으로 아프리카에 복음을 심었다.

성실한 주님의 종이 되는 일은 큰 기회에서 시작되지 않고 일상에서 그분을 위해 가능한 가장 좋은 일을 하는 데서 시작된다. 지금 있는 자리에서 하나님께 최선을 다하지 않으면, 다른 자리에서 그분께 최선을 다하리라는 보장이 없다. 확신할 수 있는 유일한 기회는 지금 우리가 가진 기회뿐이다.

반대를 도전으로 받아들여야 한다

내게 광대하고 유효한 문이 열렸으나 대적하는 자가 많음이라. (16:9)

주님의 일을 주님의 방법으로 하기 위해 필요한 넷째 원리는 반대를 방해가 아니라 도전으로 받아들이는 것이다. 현세에서, 진정한 사역은 일종의 문제나 반대가 따르기 마련이다. 사탄의 짓이다. 사탄이 이끄는 적대 세력의 반대가 거의 없다면, 거의 주님을 위해 일하고 있지 않는 것이다. 캠벨 모건은 이렇게 말했다. "지금 섬기는 자리에서 전혀 반대에 부딪히지 않는다면, 엉뚱한 자리에서 섬기고 있는 것이다."

바울은 반대에 굴하지 않았다. 오히려 반대에 부딪힐수록 번성하는 것 같았다. 마귀란 놈은 주님의 가장 큰 일을 가장 크게 반대한다는 것을 깨달았기 때문이겠다. 에베소에 **복음을 대적하는 자가 많았다**는 사실은(참조. 엡 6:12) **광대하고 유효한 문이 열렸다**는 뜻일 뿐이었다.

바울은 사탄이 하나님의 백성에게 가할 수 있는 해에 무관심하지 않았고, 그래서 **대적하는 자**들과 싸우려고 "오순절까지 에베소에 머물"기로 결심했다 (8절). 에베소는 강력한 우상숭배가 조직적이고 체계적이었으며 그 중심에 유명한 디아나(Diana), 즉 아데미 신전이 있었다. 신전 매춘과 성도착이 용납되었을 뿐더러 종교의 이름으로 장려되었다. 게다가, 예수의 이름으로 악한 영들을 쫓아낸다고 주장하며 돌아다니는 유대인 축귀사들이 있었다(행 19:13-14). 에베소는 온갖 주술과 마술을 행하는 자들로 넘쳐났다(17-19절). 이방 종교, 우상숭배, 밀교(密敎, occultism), 축귀, 미신, 성적 악, 인종차별, 종교적 적대감—그리스도인들을 향한 이교도들의 적대감, 그리스도인들을 향한 유대인들의 적대감, 서로를 향한 이교도들과 유대인들의 적대감—이 팽배했고 정상으로 여겨졌다. 신약성경의 어느 교회도 에베소교회만큼 직접적인 반대에 직면하지 않았을 것이다.

바울에게 큰 반대는 큰 기회를 의미했다. 그는 에베소에 도착해 몇몇 새신자의 신학을 바로잡으며 사역을 시작했다(행 19:1-7). 그런 후, 회당에서 세 달을 가르쳤고, 두란노 서원에서 2년을 가르쳤다(8-10절). 이적을 행했고, 악한 영들을 쫓아냈으며, 거짓 축귀사들을 꾸짖었다(11-19절).

바울은 나중에 에베소 경험을 이렇게 썼다. "형제들아, 우리가 아시아에서 당한 환난을 너희가 모르기를 원하지 아니하노니, 힘에 겹도록 심한 고난을 당하여 살 소망까지 끊어지고, 우리는 우리 자신이 사형 선고를 받은 줄 알았으니, 이는 우리로 자기를 의지하지 말고 오직 죽은 자를 다시 살리시는 하나님만 의지하게 하심이라. 그가 이같이 큰 사망에서 우리를 건지셨고, 또 건지실 것이며, 이 후에도 건지시기를 그에게 바라노라"(고후 1:8-10).

바울이 반대를 대수롭지 않게 여겼던 게 아니다. 바울은 그렇게 순진하지 않았다. 자신을 대적하는 자들의 힘이나 이들이 끼칠 잠재적 위험을 과소평가하거나 무시하지 않았다. 거의 날마다, 반대 때문에 아픔과 고통을 직접 느꼈다. "우리가 사방으로 욱여쌈을 당하여도 싸이지 아니하며, 답답한 일을 당하여도 낙심하지 아니하며, 박해를 받아도 버린 바 되지 아니하며, 거꾸러뜨림을 당하여도 망하지 아니하고, 우리가 항상 예수의 죽음을 몸에 짊어짐은 예수의 생명이 또한 우리 몸에 나타나게 하려 함이라. 우리 살아 있는 자가 항상 예수를 위하여 죽음에 넘겨짐은 예수의 생명이 또한 우리 죽을 육체에 나타나게 하려 함이라"(고후 4:8-11).

강렬한 반대에도 불구하고—사실, 부분적으로 강렬한 반대 때문에, 강렬한 반대를 통해—에베소에서 "주의 말씀이 힘이 있어 흥왕하여 세력을 얻었다"(행 19:20). 바울은 이런 경험을 한 후 고린도전서를 썼으며, 예루살렘에 가는 길에 (아가야에 자리한) 고린도를 방문하기로 결심했다(21절).

그러나 그는 에베소에서 끝장나지 않았다. 새로운 기회나 문제가 생겨난 게 분명하며, 바울은 이것을 **광대하고 유효한 문**이라 표현한다. 바울은 여전히 한동안 필요한 사람이었고, 자신이 다른 곳에서 사역하는 것이 주님의 뜻이라고 확신할 때까지 에베소를 떠나지 않을 터였다. 바울은 에베소에 큰 투자를 했으며, 그 투자가 헛되지 않길 원했다.

주님을 섬길 곳을 찾을 때 문제 있는 곳, 낙담한 교회, 자신의 교회에서 하나님의 말씀을 더 잘 이해해야 하는 그룹, 하나님의 말씀을 전혀 들어보지 못했거나 왜곡되고 치우친 형식으로밖에 들어보지 못한 사람들을 찾아야 한다. 그곳이 주님이 참으로 우리를 사용하실 수 있는 곳이다.

존 페이튼(John Paton, 1824-1907)이 스코틀랜드에서 대학을 다닐 때, 하나님이 그를 뉴헤브리디스 제도(New Hebrides) 선교사로 부르셨다. 졸업 후, 그는 아내와 함께 배를 타고 남서 태평양으로 향했고, 타나(Tanna)라는 섬에서 식인종을 대상으로 사역을 시작했다. 아내와 어린 아기는 몇 달 후 죽었고, 식인종이 시체를 파먹지 못하도록 페이튼은 여러 날 밤 무덤을 지켰다. 거의 4년을 성실하게 사역한 후, 회심자를 하나도 못 얻은 채 그곳을 떠났다. 여러 해 후, 그의 아들 부부가 타나에서 사역을 재개했고 마침내 섬 전체가 그리스도께 돌아왔다. 늙은 페이튼이 그 섬을 다시 찾았을 때, 식인종이었던 추장이 물었다. 그가 처음 그 섬에 왔을 때 밤마다 그의 오두막을 에워쌌던 큰 군대가 도대체 누구였느냐고 했다. 하나님의 천사들이 그를 보호했던 것이다. 그와 아들의 성실한 사역으로 인해 다른 섬에서도 사역을 마치고 뉴헤브리디스 제도를 마지막으로 떠날 때 그는 눈물을 흘리며 이렇게 말했다고 한다. "제가 알기로 이 섬에서 예수 그리스도를 믿는다고 고백하지 않은 원주민은 하나도 없습니다."

팀 의식을 가져야 한다

디모데가 이르거든, 너희는 조심하여 그로 두려움이 없이 너희 가운데 있게 하라. 이는 그도 나와 같이 주의 일을 힘쓰는 자임이라. 그러므로 누구든지 그를 멸시하지 말고, 평안히 보내어 내게로 오게 하라. 나는 그가 형제들과 함께 오기를 기다리노라. (16:10-11)

바울은 팀으로 일하는 사람이었다. 그는 사도였고 주님께 큰 계시를 받는 특권을 누렸지만 무엇을 하든 늘 다른 그리스도인들과 긴밀하게 합력했다. 그는 결코 "아래" 사람들 위에 군림하는 교회의 슈퍼스타가 아니었다.

바울은 **디모데**와 에라스도를 마게도냐에 보냈고(행 19:22), 아마도 이 편지를 가지고, 디모데는 고린도까지 내려가 고린도 신자들에게 "그리스도 예수 안에서 나의[바울의] 행사[123]"(ways which are in Christ)를 상기시켜야 했다(고전 4:17). 바울은 디모데가 무시당하거나 홀대받지나 않을까 걱정이었다. 고린도 신자들은 교만했고, 스스로 부족함이 없다고 여겼으며, 고집불통이었다.

---

123 새번역: 생활 방식

이들이 바울의 권위에 아주 강하게 저항했으니, 디모데에게는 주의를 훨씬 덜 기울이기에 십상이었다.

바울은 **디모데로 두려움이 없이 하라**(두렵게 하지 말라)며 고린도 신자들에게 권면했다. 디모데는 하나님의 종이었고, 바울의 신뢰받고 존경받는 동역자였다. **그도 나와 같이 주의 일을 힘쓰는 자임이라.** 고린도 신자들은 디모데를 존경으로 대하고, 디모데가 그들 가운데서 하는 일을 위협하거나 좌절시켜서는 안 되었다. 바울은 사도였고, 디모데에게 믿음의 아버지였다. 그러나 그는 자신의 젊은 친구를 **나와 같이** 주님의 신실한 일꾼으로 여겼다. 이들은 믿음 안에서 동등했다. **주의 일**을 하고 있었기 때문에, 디모데도 바울처럼 존중과 존경을 받을 자격이 있었다. 어느 누구도 **그를 멸시하지** 말아야, 다시 말해, 그를 하찮게 생각하지 말아야 했다. 반대로, 디모데를 **평안히** 혼자가 아니라 [지명된] **형제들과 함께** 바울에게 돌려보내야 했다. 바울은 주님의 모든 종이 자신처럼 대우받길 원했다.

바울은 감옥에 갇히고 빌립보교회 지도자들이 그를 비방하고 자신들의 영광을 구할 때에도 분노하거나 질투하지 않았다. 그의 큰 관심사는 "겉치레로 하나 참으로 하나 무슨 방도로 하든지 전파되는 것은 그리스도"라는 것이었고, "이로써 나는[그는] 기뻐하고 또한 기뻐하리라"고 했다(빌 1:15-18).

사도행전의 선교여정 보고를 보면, 바울과 바나바, 바울과 실라, 바울과 누가, 바울과 아리스다고, 바울과 마가, 바울과 디모데에 관한 기록이 나온다. 감옥에 갇혀 그럴 수 없을 때를 제외하고, 바울은 언제나 공동 사역을 했다. 가장 깊고 신학적인 편지인 로마서에서, 바울은 마지막 장 전체를 할애해 자신과 함께 주님의 일을 한 여러 동역자를, 개인 24명과 두 가족 전체를 칭찬한다. 신자이자 지도자로서, 바울은 다른 그리스도인들과 긴밀하게 하나가 되었다. 그는 세상적이며 육적인 고린도 신자들을 형제라 부르거나(고전 1:10; 2:1; 3:1 등) 젊고 소심한 디모데를 **나와 같이 주의 일을 힘쓰는 자**라 부르길 부끄러워하지 않았다. 그는 디모데가 하는 일의 영광 때문에 그를 자신과 동등하게 여겼다.

바울은 자신이 주님을 의지할 뿐 아니라 다른 그리스도인들을 의지한다는 것을 인정했다. 바울은 결코 자신이 부족함이 없다고 생각하지 않았다. 바울에게 에바브로디도는 "나의 형제요, 함께 수고하고 함께 군사된 자요, 너희 사자로 내가 쓸 것을 돕는 자"였다(빌 2:25). 바울이 한 때 크게 실망했던 마가 요한은(행 15:37-39) 나중에 바울이 특히 "나의 일에 유익하니라"(useful to me for service)라고 평하는 사랑하는 친구가 되었다(딤후 4:11). 도망친 노예였으며 바울이 감옥에 있을 때 그리스도께 인도한 오네시모까지도 "나[바울]와 네게 [오네시모의 주인인 빌레몬에게] 유익"하게 되었다. 바울은 오네시모가 너무나 소중했기에 그를 빌레몬에게 보내면서 "그는 내 심복이라. 그를 내게 머물러 있게 하여 내 복음을 위하여 갇힌 중에서 네 대신 나를 섬기게 하고자 한다"고 했다(몬 12-13).

하나님은 어떤 사람들은 지도자가 되라고 부르시고 어떤 사람들은 지도자를 섬기라고 부르신다. 지도자를 섬기는 사람들이 평생 지도자를 섬기는 경우도 있다. 그러나 하나님은 흔히 이들 자신이 지도자가 되도록 이들을 준비시키고 계신다. 그러나 일꾼들의 역할이 무엇이든 간에, 주님의 일을 주님의 방식으로 할 때, 늘 하나 되는 마음과 팀 의식을 갖고 서로 의지하며 해야 한다.

다른 사람들을 향한 성령의 인도에 민감해야 한다

형제 아볼로에 대하여는 그에게 형제들과 함께 너희에게 가라고 내가 많이 권하였으되, 지금은 갈 뜻이 전혀 없으나 기회가 있으면 가리라. (16:12)

이 단락에서, 주님의 일을 주님의 방식으로 하기 위한 마지막 원리는 다른 신자들을 향한 성령의 인도에 민감해야 한다는 것이다. 바울은 **아볼로가**(행 18:24-28을 보라) 다른 **형제들**, 곧 디모데와 에라스도와 함께 고린도에 가야 한다는 생각이 강했다. 바울은 이것이 아볼로가 해야 하는 바른 일이라고 확신했다. 아볼로는 디모데에게 부족한 지도자 자질을 갖췄으며, 그가 있으면 팀이 완성될 것 같았다. 얼마간의 고린도 신자들과 함께, 바울은 아볼로야말로 고린도교회에 꼭 필요한 사람이라고 생각했다. 그러나 아볼로는 주님은 자신이 한

동안 에베소에 더 머물길 원하신다고 확신했다. 바울이 그 자신에 관해 그렇게 확신했듯이 말이다(8절). 그래서 아볼로가 반대했을 때(지금은 갈 뜻이 전혀 없으나), 바울은 그의 확신을 존중했다. 바울은 사도라도 하나님과 다른 그리스도인들 사이의 중재자라는 것을 알았다. 하나님은 다양한 사람들을 사용해 우리에게 자신의 뜻을 보여주실 수 있지만, 기본적으로 그분의 인도는 늘 직접적이다.

적절한 때가 오면, **기회가 있으면**, 주님이 그렇게 인도하시면, 아볼로는 고린도에 갈 것이었다. 그동안 아볼로는 주님이 지금 그를 원하시는 곳에서 계속 섬길 터였다. 아볼로는 의심할 여지없이 바울의 지혜와 판단을 크게 신뢰했지만, 그가 가장 신뢰하는 것은 주님 자신과 그분의 직접적 인도였다. 바울은 이러한 아볼로의 신뢰에 절대로 끼어들려 하지 않았다.

하나님의 일꾼들이 팀으로 일하는 것은 절대 필수다. 하나됨이란 바로 이것이다. 우리가 그리스도 안에서 하나라면, 서로 하나다. 교회의 모든 참된 일이 주님의 일이라면, 우리는 그분 안에서 함께 일해야 한다. 우리는 그분 안에서 하나이기 때문이다. 이 팀의 주장이자 주도자는 성령이라는 것은 말할 필요도 없다. 이 본문은 성령의 주관적 인도에 관해 많은 통찰을 제시한다.

48

능력 있는 삶을 위한 원리
(16:13-14)

깨어 믿음에 굳게 서서 남자답게 강건하라. 너희 모든 일을 사랑으로 행하라.

(16:13-14)

고린도전서의 대부분은 꾸짖음과 바로잡음이라는 형식을 띤다. 1-14장은 주로 잘못된 행위를 다루고, 15장은 잘못된 신학을 다룬다. 사랑을 노래하는 아름다운 13장도 고린도교회의 큰 특징, 곧 사랑 없음을 바로잡기 위해 쓴 것이다. 꾸짖음과 바로잡음 자체가 깊은 사랑에서 나왔다. 바울은 하나님의 사랑에 깊이 잠겼으며, 주님이 그분의 자녀들을 꾸짖으실 때처럼, 늘 사랑으로 꾸짖었다. "주께서 그 사랑하시는 자를 징계하시고 그가 받아들이시는 아들마다 채찍질하심이라"(히 12:6).

고린도전서 16:13-14에서, 바울은 고린도 신자들에게 최종적으로 다섯 가지를 명령한다. 깨어 있어라. 굳건하라. 성숙하라. 강건하라. 사랑하라. 이 명령들은 여러 면에서 바울이 앞 장들에서 고린도 신자들에게 하지 '말라'고 했던 것의 긍정적 측면이다. 각 명령은 이 서신을 되돌아보는 출발점 역할을 할 수 있다.

깨어 있어라

바울이 고린도 신자들에게 하는 첫 번째 명령은 이것이다. **깨어 있어라(be on alert).** 한 단어 '그레고레오'(*grēgoreō*)의 번역으로, "주시하다"(to watch), "깨어 있다"(be wake), "경계하다"(be vigilant), 비유적으로 "살아 있다"(be alive, "깨어 있든지 자든지"가 살아 있든지 죽었든지를 가리키는 살전 5:10에서처럼)를 의미할 수 있다. 이 용어는 신약성경에서 약 24회 사용되는데, 흔히 그리스도인이 영적으로 깨어 있어 경계하는 것을 가리키며, 영적 무관심이나 무기력과 반대다.

고린도 신자들은 대개 영적·도덕적으로 혼미해 보였고, 때로 주의 만찬에서 취할 때처럼(고전 11:21) 육체적으로도 혼미해졌다. 이들은 도무지 가치 있는 방식으로 **깨어 있지** 못했다. 이교도로 살 때 배웠던 생각과 습관이 삶에 다시 들어와 주님을 향한 자신들의 충성과 동료 신자들 간의 교제를 무너뜨리는데도 그대로 두었다. 이들은 인간의 지혜로 하나님의 지혜를 대체했고 (1:18-2:16), 분쟁했으며(1:10-17; 3:9 등), 음행했고(5:1-13), 고발을 일삼았으며 (6:1-8), 결혼과 이혼과 독신에 관한 개념을 혼란스럽게 왜곡했고(7:1-40), 방종했으며(10:1-13), 다른 사람들의 안녕에 무관심했고(10:23-33), 자신들의 영적 은사를 오해하고 오용했으며(12-14장), 무엇보다도 사랑하지 않았으며, 사랑은 이런 것들이 아님을 전형적으로 보여주었다(13:1-6).

신약성경은 우리가 경계해야 하며 **깨어 있어** 주의해야 하는 중요한 것을 적어도 여섯 가지 제시한다. 첫째, 우리는 깨어 있어 사탄을 경계해야 한다. "근신하라. 깨어라. 너희 대적 마귀가 우는 사자 같이 두루 다니며 삼킬 자를 찾나니, 너희는 믿음을 굳건하게 하여 그를 대적하라"(벧전 5:8-9). 우리는 사탄의 전략을 간파해야 한다. 사탄의 전략은 포착하기 쉽지 않지만 기본적으로 세 부분으로 나눌 수 있다. "육신의 정욕과 안목의 정욕과 이생의 자랑"이다 (요일 2:16).

둘째, 우리는 깨어 있어 유혹을 경계해야 한다. 예수님은 "시험에 들지 않게 깨어 있어 기도하라"고 하셨다(막 14:38). 우리가 깨어 기도하고 주님의 도움을 구하지 않으면, 유혹이 닥칠 때 알아채지도 못하기 일쑤다. 우리는 영적 눈이

닫혀 있거나 졸릴 때, 더 쉽게 죄에 빠진다.

셋째, 우리는 깨어 있어 냉담과 무관심을 경계해야 한다. 이 죄는 그 본성 때문에 간파하기 어렵다. 냉담하고 무관심한 사람은 당연히 둔감하며, 따라서 깨어 있을 수 없다. 사대교회는 자신이 "살았다 하는 이름을 가졌기" 때문에 영적 생명이 있다고 생각했으나 주님의 뜻에 너무나 무관심해 자신이 "죽은" 것을 깨닫지 못했다. 주님은 사대교회에 이렇게 말씀하셨다. "너는 일깨어 그 남은 바 죽게 된 것을 굳건하게 하라. 내 하나님 앞에 네 행위의 온전한 것을 찾지 못하였노니, 그러므로 네가 어떻게 받았으며 어떻게 들었는지 생각하고 지켜 회개하라. 만일 일깨지 아니하면, 내가 도둑 같이 이르리니, 어느 때에 네게 이를는지 네가 알지 못하리라"(계 3:1-3).

그리스도인들이 주님의 말씀을 무시하고도 무사할 수는 없다. 성경을 소홀히 여기는 것은 성경을 무시하고 아무 의미도 없는 것처럼 성경을 대하는 것이다. 오래 못가서, 우리는 받고 들은 것을 기억하지 못하고, 주님의 길이 점점 모호하고 애매해진다. 그분의 말씀이 우리에게 애매해질 때, 우리는 그 말씀에 무관심해진다. 이럴 때, 우리는 그 말씀을 "지켜 회개하기" 시작해야 한다. 우리가 이렇게 하지 않으면, 하나님이 사랑으로 우리를 벌하실 것이다. 우리가 예상치 못한 때, 어쩌면 우리가 예상치 못한 방법으로 그렇게 하실 것이다.

넷째, 그리스도인들은 깨어 있어 거짓 선생들을 경계해야 한다. 이들에 관해, 신약성경은 숱하게 경고한다. "너희 중에도 거짓 선생들이 있으리라. 그들은 멸망하게 할 이단을 가만히 끌어들여 자기들을 사신 주를 부인하고 임박한 멸망을 스스로 취하는 자들이라"(벧후 2:1). 많은 사람이, 심지어 교회에서, 실제로 거짓 선생들을 불러들일 것이다. 사람들이 "귀가 가려워서 자기의 사욕을 따를 스승을 많이 둘" 것이다. 이들은 "진리"에 만족하지 못하고 "돌이켜 허탄한 이야기를 따를" 것이기 때문이다. 그러므로 바울은 "모든 일에 신중하라"고, 성경에 부합하지 않는 가르침을 경계하라고 경고한다(딤후 4:3-5).

이 네 가지 깨어 있음은 부정적인 것으로, 우리에게 해를 끼칠 것이기에 피하기 위해 계속해서 경계해야 하는 것들을 가리킨다. 그러나 신약성경은 깨어 있어야 하는 긍정적인 것들, 우리에게 힘을 주고 우리를 도와줄 것들도 제시한다. 이미 앞에서 언급했듯이, 예수님은 우리에게 시험에 들지 않도록(유혹을 피할 수 있도록) 깨어 기도하라고 하신다(막 14:38). 기도는 사탄의 방법에 '맞서'(against) 우리를 보호하듯이, 하나님의 방법 '으로'(in) 우리에게 힘을 더한다. 기도는 신실한 그리스도인들이 의무적으로 참여해야 하는 임의적 의식이 아니다. 기도는 영적 생명의 심장박동이다. "모든 기도와 간구를 하되, 항상 성령 안에서 기도하고, 이를 위하여 깨어 구하기를 항상 힘쓰며"(엡 6:18).

그리스도인들은 깨어 있어 주님의 재림을 기다려야 한다. 우리가 그리스도를 위해 신실하게 사는 두 가지 큰 동기는 그분이 십자가에서 우리를 위해 하신 일을 기억하는 것과 그분의 재림을 고대하는 것이다. "그러므로 깨어 있으라. 어느 날에 너희 주가 임할는지 너희가 알지 못함이니라"(마 24:42; 참조. 25:13). 베드로는 이렇게 말한다. "그러나 주의 날이 도둑 같이 오리니…너희가 어떠한 사람이 되어야 마땅하냐? 거룩한 행실과 경건함으로 하나님의 날이 임하기를 바라보고 간절히 사모하라"(벧후 3:10-12).

굳게 서라

능력 있는 그리스도인의 삶을 위한 둘째 원리는 **믿음에 굳게** 서는 것이다. 훌륭한 신학자 찰스 하지(Charles Hodge, 1797-1878)가 우리에게 상기시켰듯이, 우리는 교리의 모든 부분을 개방형 질문(open question, 정답이 정해지지 않은 질문)으로 여겨서는 안 된다. 많은 에베소 신자처럼, 고린도 신자들도 "온갖 교훈(doctrine)의 풍조에 밀려 요동"했다(엡 4:14). 이들은 많은 것에서 굳게 서려 하지 않았다. 확실하고 절대적인 게 거의 없었다. 많은 것이 상대적이고 임시적이었다.

바울이 여기서 말하는 **믿음**은 신뢰하는 믿음이 아니라 진리, 곧 복음의 내용을 믿는 믿음이다. 이것은 "성도에게 단번에 주신 믿음"이며(유 3), "내가 너희에게 전한 복음…너희가 받은 것이요 또 그 가운데 선 것"이다(고전 15:1). 이것은 우리가 그 안에서 "선한 싸움을 싸워야" 하는 믿음이다(딤전 6:12). 바울은 빌립보 신자들에게 "너희가 한마음으로 서서 한 뜻으로 복음의 신앙을 위하여 협력하는 것"을 기대한다고 했다(빌 1:27). 바울은 여기서 교리를 염두에 둔다.

사탄은 우리에게서 구원하는 믿음을 빼앗을 수 없지만, 흔히 그러듯이, 우리가 가진 믿음의 내용, 즉 하나님 말씀의 건전한 교리들을 모호하게 할 수 있다. 우리가 바른 성경 해석을 굳게 붙잡지 않으면, 잘못된 생각, 잘못된 신앙, 잘못된 행동에 빠질 게 분명하다. 많은 고린도 신자가 믿지 않는 친구들과 이웃들의 영향으로 부패해 하나님의 진리 자체를 미련한 것으로 보게 되었던 게 분명하다(고전 1:18-21). 인간의 철학과 지혜가 하나님의 말씀을 보는 이들의 눈을 거의 닫아버렸다. 인간의 지혜와 하나님의 지혜를 결합하려 애씀으로써, 이들은 계시된 하나님의 진리가 갖는 특별함과 권위를 훼손했다. 바울은 이들에게 이렇게 경고했다. "아무도 자신을 속이지 말라. 너희 중에 누구든지 이 세상에서 지혜 있는 줄로 생각하거든 어리석은 자가 되라. 그리하여야 지혜로운 자가 되리라. 이 세상 지혜는 하나님께 어리석은 것이니"(고전 3:18-19). 오늘날 자신이 그리스도인이라고 공언하는 많은 사람처럼, 이들은 성경이란 하나님을 보는 시각들에 관해 저작 당시에 존재했던 인간의 한 주석일 뿐이라고 여겼다. 이들은 하나님의 진리를 알 수 있다면, 인간의 지식과 지혜의 필터를 통해서만 알 수 있다고 믿었다.

고린도 신자들은 성경관이 확고하지 못했을 뿐 아니라 주 예수 그리스도를 보는 시각도 심하게 뒤틀려 있었다. 이교도 신앙이 이들의 생각에 다시 강하게 들어왔기 때문에, 이들 중 어떤 사람들은 "하나님의 영으로 말한다"고 주장하면서 예수님을 "저주할 자"라고 했다(12:3). 이들은 하나님의 말씀에 굳게 서지 못했기 때문에, 그리스도를 버리고 그분을 저주할 자라고 부름으로써 복음의 핵심을 공격할 만큼 부패하고 비뚤어졌다. 이들은 "자기들을 사신 주를 부인하고" 있었다(벧후 2:1).

그러므로 바울은 이들이 '반드시' **믿음에 굳게 서야** 한다고 명한다. 바울이 데살로니가 신자들에게 명했듯이, 이들은 반드시 "굳건하게 서서…가르침을 받은 전통을 지켜야" 한다(살후 2:15). 우리가 믿음에 굳게 서려면, 말씀으로 가르침을 잘 받아야 하며, 하나님의 진리와 기준으로 모든 것을 보고 모든 것을 판단해야 한다. 에바브라가 골로새 신자들을 위해 기도했듯이, 우리는 자신과 오늘의 교회가 "하나님의 모든 뜻 가운데서 완전하고 확신 있게 서기를" 기도해야 한다(골 4:12).

성숙하라

능력 있는 그리스도인의 삶을 위한 셋째 원리는 성숙하기이며, 바울은 여기서 이것을 **남자답게**(act like men, 남자답게 행동하라)로 표현한다. 기본 개념은 성숙한 용기다. 성숙한 사람은 미숙하거나 어린애 같은 사람에게 없는 절제력과 확신과 용기가 있다. 이번에도 바울의 명령은 고린도 신자들이 그들의 일반적 모습과 정반대가 되어야 한다는 것이다. 성숙은 결코 이들의 특징이 아니었다.

바울은 이미 이들에게 이렇게 간청했었다. "형제들아, 지혜에는 아이가 되지 말고 악에는 어린 아이가 되라. 지혜에는 장성한 사람이 되라(be mature)"(14:20). 고린도 신자들은 성장해야 했다. 바울은 이들을 직접 목양할 때조차 "신령한 자들을 대함과 같이 너희[이들]에게 말할 수 없어서 육신에 속한 자, 곧 그리스도 안에서 어린아이들을 대함과 같이 했다." 그가 고린도를 떠난 후, 이들은 여전히 성숙하지 못했다. 그는 뒤이어 "너희가 감당하지 못한다"고 말한다(고전 3:1-2). 바울은 부모가 고집불통 아이를 징계해야 하듯이 자신도 이들을 징계하겠다며 위협해야 한다. "너희가 무엇을 원하느냐? 내가 매를 가지고 너희에게 나아가랴…?"(4:21).

성숙은 사랑의 표식 가운데 하나인데(고전 13:11), 사랑은 고린도 신자들이 특히 부족했던 덕목이었다. 사랑은 모든 좋은 것—교리, 영적 통찰력, 정서적 안정과 통제, 개인적인 관계, 도덕적 정결, 성령의 모든 열매(갈 5:22-23)—에서 성숙하려 노력한다. 무엇보다도, 우리는 "우리 주 곧 구주 예수 그리스도의 은혜와 그를 아는 지식에서 자라 가야" 하고(벧후 3:18), "우리가 다 하나님의 아들을 믿는 것과 아는 일에 하나가 되어 온전한 사람을 이루어 그리스도의 장성한 분량이 충만한 데" 이를 때까지 자라가야 하며, "오직 사랑 안에서 참된 것을 하여 범사에 그에게까지 자라야" 하는데, "그는 머리니, 곧 그리스도"

이다(엡 4:13, 15).

신자가 어떻게 성장하고 성숙하는가? "순전하고 신령한 젖을 사모함"으로 가능하며, 이것은 우리가 "구원에 이르도록 자라게 하려 함"이다(벧전 2:2). 성경은 영적 · 도덕적 자양분을 공급한다. "모든 성경은 하나님의 감동으로 된 것으로, 교훈과 책망과 바르게 함과 의로 교육하기에 유익하니, 이는 하나님의 사람으로 온전하게 하며, 모든 선한 일을 행할 능력을 갖추게 하려 함이라"(딤후 3:16-17).

강건하라

바울이 제시하는 능력 있는 그리스도인의 삶을 위한 넷째 원리는 **강건하라(be strong)**는 것이다. 여기서처럼, 헬라어 '크라타이오오'(*krataioō*)는 신약성경에서 내적 · 영적 성장을 말할 때 빈번하게 사용된다. 이 동사는 수동태이며, 문자적으로 "강건해지다"(be strengthened)라는 뜻이다. 우리는 스스로 강건해질 수 없다. 이것은 주님의 일이다. 우리의 몫은 그분이 우리를 강건하게 '하실 수 있도록' 그분께 복종하는 것이다. 우리는 "주 안에서와 그 힘의 능력으로 강건하여지고"(엡 6:10), "그리스도 예수 안에 있는 은혜 가운데서 강해"질 수 있을 뿐이다(딤후 2:1).

강한 영혼만이 육신과 싸워 이길 수 있다. 이번에도 고린도 신자들은 이 부분이 약했다. 바울은 이들에게 이렇게 말했다. "너희는 아직도 육신에 속한 자로다. 너희 가운데 시기와 분쟁이 있으니, 어찌 육신에 속하여 사람을 따라 행함이 아니리요?"(고전 3:3). 그러나 이들은 스스로 속아 자신들은 지혜롭고 강하다고 생각했다. "너희 중에 누구든지 이 세상에서 지혜 있는 줄로 생각하거든 어리석은 자가 되라. 그리하여야 지혜로운 자가 되리라"(3:18). 바울은 이들에 관해 비꼬는 투로 말한다. "우리는 그리스도 때문에 어리석으나 너희는 그리스도 안에서 지혜롭고, 우리는 약하나 너희는 강하고"(4:10). 이들은 영적으로 약했기 때문에, 주의 만찬을 비롯해 가장 거룩한 것들을 경시하고 모독했다. 이러한 모독 때문에, 이들 중에 "약한 자와 병든 자가 많고 잠자는 자도

[즉, 죽은 자도] 적지 아니하였다"(11:30).

자신이 강하다고 생각하는 사람이야말로 넘어질 위험이 가장 크다(10:12). 바울은 언젠가 사역을 하다가 바로 이런 위험을 만났다. "그가 낙원으로 이끌려 가서 말로 표현할 수 없는 말을 들었으니, 사람이 가히 이르지 못할 말이로다…여러 계시를 받은 것이 지극히 크므로, 너무 자만하지 않게 하시려고 내 육체에 가시, 곧 사탄의 사자를 주셨으니, 이는 나를 쳐서 너무 자만하지 않게 하려 하심이라." 바울이 주님에게서 직접 배운 교훈은 이것이었다. "여러 계시를 받은 것이 지극히 크므로, 너무 자만하지 않게 하시려고 내 육체에 가시, 곧 사탄의 사자를 주셨으니, 이는 나를 쳐서 너무 자만하지 않게 하려 하심이라"(고후 12:4, 7, 9).

자기 수련 없이 육체적으로 강할 수 없듯이, 훈련 없이 영적으로 강할 수 없다. "이기기를 다투는 자마다 모든 일에 절제하나니, 그들은 썩을 승리자의 관을 얻고자 하되, 우리는 썩지 아니할 것을 얻고자 하노라"(고전 9:25). 영적 힘은 자기희생과 자기 부인과 자기 수련에서 나온다.

우리는 자신의 힘을 사용할수록 강해진다. "주님께 합당하게 살아감으로써, 모든 일에서 그분을 기쁘게 해 드리고, 모든 선한 일에서 열매를 맺고, 하나님을 점점 더 알아"갈 때, 이로써 우리는 "하나님의 영광의 권능에서 오는 모든 능력으로 강하게 된다"(골 1:10-11, 새번역).

물론, 모든 영적 힘의 최고 근원은 그리스도다. 바울은 이렇게 선언했다. "내게 능력 주시는 자 안에서 내가 모든 것을 할 수 있느니라"(빌 4:13). "나를 능하게 하신 그리스도 예수 우리 주께 내가 감사함은 나를 충성되이 여겨 내게 직분을 맡기심이니"(딤전 1:12). 나는 바울이 시편 27:14을 자주 암송했으리라 상상할 수 있다. "너는 여호와를 기다릴지어다. 강하고, 담대하며, 여호와를 기다릴지어다."

우리는 주님을 기다릴 때, 우리의 영혼을 그분의 영혼에 맡길 때, "그의 성령으로 말미암아 너희 속사람을 능력으로 강건하게" 된다(엡 3:16).

사랑하라

능력 있는 그리스도인의 삶을 위한 다섯째 원리는 가장 포괄적이며, 이것이 없다면 나머지 원리들이 우리를 무뚝뚝하고 호전적이며 거칠게 할 수 있다. 그래서 바울은 말한다. **너희 모든 일을 사랑으로 행하라.** 사랑은 다른 모든 것을 칭찬하고 균형 있게 만든다. 사랑은 아름다우며, 부드럽게 하는 원리다. 사랑은 우리의 굳건함이 거침이 되지 않게 하고, 우리의 강건함이 횡포가 되지 않게 한다. 사랑은 우리의 성숙이 온화함과 배려를 잃지 않게 한다. 사랑은 우리의 바른 교리가 완고한 교조주의가 되지 않게 하고, 우리의 바른 삶이 우쭐대는 자기 의가 되지 않게 한다.

사랑은 고린도 신자들에게 가장 필요한 것이었고, 모든 시대 신자들에게 가장 필요한 것이기도 했다. 베드로는 이렇게 말한다. "무엇보다도 뜨겁게 서로 사랑할지니, 사랑은 허다한 죄를 덮느니라"(벧전 4:8). 영적 힘처럼, 사랑도 주님에게서 온다. "사랑하는 자들아, 우리가 서로 사랑하자. 사랑은 하나님께 속한 것이니, 사랑하는 자마다 하나님으로부터 나서 하나님을 알고"(요일 4:7). 우리는 서로 사랑해야 한다. "그가 먼저 우리를 사랑하셨기" 때문이다(19절).

49

사랑의 교제, 그 표식
(16:15-24)

형제들아, 스데바나의 집은 곧 아가야의 첫 열매요 또 성도 섬기기로 작정한 줄
을 너희가 아는지라. 내가 너희를 권하노니, 이 같은 사람들과 또 함께 일하며 수
고하는 모든 사람에게 순종하라. 내가 스데바나와 브드나도와 아가이고가 온 것
을 기뻐하노니, 그들이 너희의 부족한 것을 채웠음이라. 그들이 나와 너희 마음
을 시원하게 하였으니, 그러므로 너희는 이런 사람들을 알아주라.

아시아의 교회들이 너희에게 문안하고, 아굴라와 브리스가와 그 집에 있는 교회
가 주 안에서 너희에게 간절히 문안하고, 모든 형제도 너희에게 문안하니, 너희
는 거룩하게 입맞춤으로 서로 문안하라.

나 바울은 친필로 너희에게 문안하노니, 만일 누구든지 주를 사랑하지 아니하
면 저주를 받을지어다. 우리 주여, 오시옵소서. 주 예수 그리스도의 은혜가 너
희와 함께 하고, 나의 사랑이 그리스도 예수 안에서 너희 무리와 함께 할지어다.

(16:15-24)

여러 면에서 15-24절은 14절의 "너희 모든 일을 사랑으로 행하라"는 명령에
서 나오며 예를 들어가며 이 명령을 설명한다. 바울의 맺음말은 그가 편지 말
미에서 단순히 관습이나 예의로 던지는 덕담이 아니다. 성경의 여느 부분과
마찬가지로, 이 부분도 하나님의 말씀이며 거룩한 목적에서 우리에게 주신
것이다.

이 열 구절에서 직간접적으로 바울은 교회의 교제와 관련된 사랑을 말한다. 고린도 신자들에게 가장 필요한 것은 편만한 사랑이었고, 그래서 바울은 마지막에 이들에게 이 사랑을 호소했다. 이 단락은 사랑하라는 명령으로 시작되고(14절), 이들 자신이 사랑받고 있다는 단언으로 끝난다(24절).

바울이 건네는 끝인사의 표면 아래에서, 그리스도인의 교제에 투영된 사랑의 일곱 가지 표식을 볼 수 있다: 복음을 전한다. 서로 섬긴다. 경건한 신자들에게 복종한다. 동료애를 보인다. 신실한 일꾼들을 존경한다. 환대한다. 애정을 표현한다. 따라서 바울이 고린도 신자들이 가지기를 바라는 사랑의 태도를 설명하듯이, 이러한 "느슨한 결말들"은 하나의 조화로운 주제를 이룬다.

복음을 전한다

형제들아, 스데바나의 집은 곧 아가야의 첫 열매요 (16:15a)

스데바나의 집 식구들은 고린도의 첫 회심자들에 속했을 뿐 아니라 바울이 아덴(아테네)과 고린도가 위치한 **아가야** 전체, 즉 그리스 남부 지역에서 했던 복음 전파 사역의 **첫 열매**에 속하기도 했다.

바울이 복음을 전했던 아덴 사람들은 대부분 복음에 회의적이었고 복음을 받아들이지 않았으나, 그래도 몇 사람이 믿었다(행 17:34). 바울은 아덴에서 고린도로 이동해 첫 몇 주 동안 주로 유대인들에게 복음을 전했다. 그러나 유대인들은 복음을 거부했다. "그들이 대적하여 비방하거늘, 바울이 옷을 털면서 이르되, '너희 피가 너희 머리로 돌아갈 것이요 나는 깨끗하니라. 이후에는 이방인에게로 가리라' 하고"(18:6). 그리스보 같은 몇몇 유대인이(8절) 그리스도를 믿었으나 고린도 회심자들의 대다수는 이방인이었으며, 이들 중에 **스데바나**와 그의 **집(household, 가솔)**이 있었다. 유대인에게든 이방인에게든, 바울은 복음을 전하길 결코 멈추지 않았다. 사랑은 잃은 자들에게 다가가길 절대로 멈추지 않기 때문이다.

스데바나는 바울이 고린도에서 직접 세례를 준 몇 안 되는 사람 중 하나였다(고전 1:16). 스데바나는 바울이 이 편지를 쓰고 있을 때 브드나도와 아가이고와 함께 에베소로 그를 방문했으며(16:17), 7:1에 언급된 편지, 곧 고린도에서 가져온 편지를 바울에게 전달했을 것이다. 그의 **집**은 가족뿐 아니라 종과 노예까지 모두 포함했을 것이다.

첫 열매는 가장 먼저 심은 작물의 일부였으며, 따라서 가장 먼저 익어 수확한 것이었다. 첫 열매의 모양은 농부에게 나머지 작물도 곧 수확할 준비가 되리라는 신호였다. 스데바나와 그의 집이 회심한 것은 하나님이 고린도와 **아가야**의 나머지 지역에서 영혼들을 훨씬 크게 수확하실 준비가 되었다는 신호였다. 바울이 이 편지를 쓰는 신자들은 모두 이 수확의 일부였다.

초기 교회는 복음전파로 자신의 사랑을 표현했다. 데살로니가 신자들의 "믿음의 역사와 사랑의 수고와 우리 주 예수 그리스도에 대한 소망의 인내" 때문에 "주의 말씀이 너희[이들]에게로부터 마게도냐와 아가야에만 들릴 뿐 아니라 하나님을 향하는 너희[이들의] 믿음의 소문이 각처에 퍼졌다"(살전 1:3, 8). 바울이 이들과 함께하면서 사역한 것은 "세 안식일"에 지나지 않았다(행 17:2). 그런데도 이 교회의 증언이 로마 세계 전역에 알려지게 되었다. 우리가 하나님이 사랑하시듯이 사랑한다면, 바울이 사랑했고 초기 교회가 사랑했듯이 사랑한다면, 그리스도를 알지 못하는 사람들에게 복음을 들고 다가갈 것이다.

우리가 사랑으로 살고 증언하는 이유는 단 하나, 하나님이 그 사랑을 우리에게 주셨기 때문이다(요일 4:19). 바울이 사랑했던 것은 그리스도의 사랑이 그를 강권했기 때문이다(고후 5:14). 복음을 전하는 사랑 또는 그리스도인의 사랑을 드러내는 그 어떤 표현도 육신이나 우리의 인성(humanness)이 만들어 낼 수 있는 게 아니다. 우리의 사랑을 낳고 이끌며 그 사랑을 통해 하나님을 위해 열매 맺게 하는 것은 성령의 일이다.

회심 전, 바울은 교회를 핍박하는 유대인 중에 으뜸이었다. 회심 후, 바울 자신이 유대인들에게 박해를 받았다. 그가 다메섹에 있을 때였다. "유대인들이 사울 죽이기를 공모하더니…그들이 그를 죽이려고 밤낮으로 성문까지 지키거늘"(행 9:23-24). 그러므로 바울은 믿지 않는 유대인들을 사랑한다는 확신을 누구에게든 심어주기 어려웠던 게 틀림없다. 바울은 로마교회에게 이 사랑을 확신시키고 싶을 때 살을 붙여 단언했다. "내가 그리스도 안에서 참말을 하고 거짓말을 아니하노라. 나에게 큰 근심이 있는 것과 마음에 그치지 않는 고통이 있는 것을 내 양심이 성령 안에서 나와 더불어 증언하노니, 나의 형제 곧 골육의 친척을 위하여 내 자신이 저주를 받아 그리스도에게서 끊어질지라도 원하는 바로라"(롬 9:1-3). 이것은 복음을 전하는 사랑의 최고봉이었다.

누군가 이렇게 말했다. "복음전파는 하나님의 흐느낌이다. 복음전파는 멸망 받을 예루살렘을 향한 그리스도의 애절한 부르짖음이다. 복음전파는 모세의 기도다: '이 백성이 범죄했으나 당신께서 원하시면 저들을 용서해 주십시오. 그러지 않으시려면, 저를 당신이 쓰신 책에서 지워주십시오.' 복음전파는 가슴을 찢는 바울의 부르짖음이다: '내 자신이 저주를 받아….' 복음전파는 존 낙스(John Knox, 1514-1572)의 부르짖음이다: '내게 스코틀랜드를 주소서. 아니면 죽음을 주소서.' 복음전파는 구원받지 못한 자녀의 부모가 밤새 토해내는 흐느낌이다." 우리는 이런 사랑을 하나님께 구해야 한다.

사람들이 우리가 전하는 복음에 저항할 때, 우리는 이들을 너무 쉽게 포기하기 일쑤이며 이로써 우리의 사랑이 얕음을 드러낸다.

서로 섬긴다

또 성도 섬기기로 작정한 줄을 너희가 아는지라. 내가 너희를 권하노니, (16:15b)

사랑의 둘째 표식을 스데바나와 그의 집이 동료 신자들을 보살핀 데서 볼 수 있다. 이들은 **성도 섬기기로 작정했다**(They have devoted themselves for ministry to the saints, 이들은 성도를 섬기는 데 헌신했다).

'타쏘'(tassō, **devoted, 작정한**)의 기본 의미는 "정돈하다"(to set in order)이다. 빈번하게, 이 단어는 구체적인 사람이나 한 그룹의 사람들을 구체적인 일이나 직무에 배치하거나 지명하거나 임명한다는 뜻이다. 로마서 13:1에서, 이 단어는 인간 정부를 "하나님께서 '정하셨다'(established, 세우셨다)"고 말할 때 사용된다. 사도행전 13:48에서, 이 단어는 예수 그리스도를 믿는 자는 누구든 지 "영생을 주시기로 '작정된'(appointed, 지명된) 자"라는 것을 가르치는 데 사용된다.

작정했다(devoted themselves, 헌신했다)는 헬라어에서 강조 형태이며,[124] 스데바나와 그의 집이 완전히 자발적으로 섬겼다는 것을 강조한다. 초기 예루살렘교회가 그렇게 했듯이, 교회가 구성원들에게 사역과 책임을 맡기는 것은 더없이 적절하다. 사도들은 기도하고 하나님의 말씀을 전파하는 일에 더 전념하려고, 예루살렘교회가 자격을 갖춘 사람들을 집사로 세워 교인 중에 가난한 과부들에게 양식을 공급하는 일을 감독하게 했다(행 6:2-4).

그러나 스데바나와 그의 가족과 종들은 지명될 때까지 기다리지 않았다. 이들은 동료 신자들 **섬기기**(ministry)에 스스로 뛰어들었다. 이들은 **성도들**에게 필요한 것이 눈에 띄면 자발적으로 그 필요를 채워주었다. 이들의 섬김은 자발적이고 자율적이었다. 앞서 언급한 집사들을 세울 때처럼, 초기 교회가 일을 맡겨야 할 때도 있었지만, 대다수 일은 필요가 눈에 띄면 그 필요를 채우는 사람들을 통해 이루어졌고 지금도 그러하다.

윌리엄 바클레이(William Barclay, 1907-1978)는 이렇게 썼다. "초기 교회에서, 자발적 섬김이 공식 직무의 시작이었다. 한 사람이 교회 지도자가 된 것은 사람이 그를 지도자로 임명했기 때문이 아니라 그가 자신의 삶과 일을 통해 모두가 존경해야 할 사람으로 드러났기 때문이다. 복음을 위해 일하고 수고하는 모든 사람이 존경받아야 하는 것은 사람이 그들을 그 자리에 임명했기 때문이 아니라 그들이 그리스도의 일을 하고 있기 때문이다."

섬기기(ministry, 사역)로 번역된 '디아코니아'(*diakonia*)는 "섬김"(service)이란 뜻이다. 이 일을 하는 사람이 '디아코노스'(*diaknos*)인데, 'deacon'(집사, 부제)이란 단어가 여기서 파생했다. 이 용어는 본래 식사 시중을 드는 자들과 집안의 다양한 종들을 가리키는 데 사용되었다. 첫 그리스도인 집사들의 의무

---

124 *etaxan heautus*(they have devoted themselves). 동사에 인칭대명사가 붙어 주어를 강조하는 형태다.

는 문자 그대로 식사 시중을 드는 것이었으나(행 6:2), 이 두 단어는 곧 교회에 대한 또는 교회를 위한 모든 섬김과 연결되었고, 그러므로 흔히 각각 "사역"(ministry) 또는 "사역자"(minister)로 번역된다. 두 단어 모두의 기본 개념은 단순히 직무나 특정 기능이 아니라 언제나 겸손하고 순종적이며 개인적인 섬김과 관련이 있었다.

고린도전서 12:5은 우리의 영적 은사를 사용하는 "직분"(ministries, *diakonia*)에 관해 말한다. 사도행전 11:29("부조 relief"[125])과 고린도후서 8:4("섬기는 일 support"[126])은 경제적으로 돕는 '디아코니아'에 관해 말한다(참조. 롬 15:31). 첫 집사들은 사도들이 "말씀 사역(*diakonia*)"에 집중할 수 있도록(행 6:4) "접대"하라(serve [*dianoneō*] tables)고 임명되었다(2절). 오네시보로는 바울에게 큰 힘이 되었다. "그가 나를 자주 격려해 주고, 내가 사슬에 매인 것을 부끄러워하지 아니하고…또 그가 에베소에서 많이 봉사한 것(*diakonia*)을 네가 잘 아느니라"(딤후 1:16, 18). 예수님은 이렇게 말씀하셨다. "사람이 나를 섬기려면(*diakoneō*) 나를 따르라. 나 있는 곳에 나를 섬기는 자(*diakonos*)도 거기 있으리니, 사람이 나를 섬기면(*dianokeō*) 내 아버지께서 그를 귀히 여기시리라"(요 12:26). 바울이 아킵보에게 한 말은 우리 모두에게 한 말일 수 있다. "주 안에서 받은 직분을 삼가 이루라"(골 4:17).[127] 모든 그리스도인은 섬기도록 주님에게 부름을 받았으며, 우리가 그리스도를 섬길 수 있는 가장 확실한 방법 중 하나는 그분을 대신해 **성도**를 섬기는 것이다(마 25:34-40).

'타쏘'(*tassō*, **devoted, 작정한**)의 인상적인 번역 중 하나는 KJV에서 보듯이 "중독된"(addicted)이다. 스데바나의 집은 "성도들을 섬기는 일에 중독되었다"(addicted themselves to the ministry of the saints, KJV). 이들은 히브리서 저자가 칭찬하는 영구히 섬기는 신자들의 전형이었다. "하나님은 불의하지 아니하사 너희 행위와 그의 이름을 위하여 나타낸 사랑으로 이미 성도를 섬긴 것

---

125 새번역: 구제금
126 새번역: 구제하는 특권
127 새번역: 주님 안에서 받은 직분을 유의하여 완수하라

과 이제도 섬기고 있는 것을 잊어버리지 아니하시느니라"(히 6:10).

약물 중독은 세 가지 주된 특징이 있다. 첫째, 약물 중독은 강한 습관성, 곧 특정 약물에 대한 아주 강한 욕망과 강박을 포함한다. 둘째, 약물 중독은 해당 약물에 대해 점점 커지는 내성을 포함하며, 따라서 바라는 효과를 유지하려면 투여량을 점점 늘려야 한다. 셋째, 약물 중독은 의존성이 있으며, 의존성이란 중독자가 생활하기 위해 약물을 '반드시' 투여해야 하는 상태를 말한다.

'중독'(addiction)이란 말은 마약과 관련되기 때문에 요즘은 안 좋은 의미를 내포한다. 그러나 중독이란 용어는 바울이 여기서 말하는 섬김의 유형에 적합하다. 바울 자신이 주님의 일에 중독되었고, 자신처럼 되라며 모든 신자를 강하게 독려했다. 바울은 습관적으로(몸에 밴 상태로), 강력하게 자신을 몰아가는 강제력에 떠밀려 주님의 일을 했다. 그는 사역을 할수록 더 많이 해야 한다는 압박을 강하게 느꼈다. 그는 경건한 일에 대한 내성 때문에 자신이 한 일은 고사하고 하고 있는 일에도 절대 만족하지 못했다. 그는 살기 위해 주님의 일에 의존했다. 그는 자신의 주님을 위해, 주님의 사람들을 위해, 또는 구원받지 못한 사람들을 위해 필요한 섬김에 참여하지 않으면 정상적으로 살 수 없었다. 확신컨대, 바울이 주님의 일을 "쉬엄쉬엄하려" 하고 얼마라도 휴식하려 했다면, "금단증상"을 겪었을 것이다. 그는 일을 위해 일하는 일 중독자가 아니었다. 그는 사랑을 위한 사역에 중독되었다.

복종한다

이 같은 사람들과 또 함께 일하며 수고하는 모든 사람에게 순종하라. (16:16)

그리스도인의 교제에서 나타나는 사랑의 셋째 표식은 복종이다. 우리는 임명된 교회 지도자들뿐 아니라 주님의 일을 성실하게 수행하는 모두에게 복종해야 한다. '모든' 경건한 사람을 존경하고 이들에게 복종해야 한다.

적절한 복종은 성령이 충만한 삶의 핵심 주제다. 모든 신자는 서로 복종해야 한다(엡 5:21). 아내는 남편에게 복종해야 한다(엡 5:22). 자녀는 부모에게 복종해야 한다(엡 6:1-3). 신자들은 정부의 법령에 복종해야 한다(롬 13:1; 벧전 2:13). 젊은이들은 나이든 사람들에게 복종해야 한다(벧전 5:5a). '모든' 신자는 하나님이 정하신 방법으로 복종해야 한다. 복종과 관련해, 주된 관심사는 우리가 누구 '위에' 있어야 하는지가 아니라 누구 '아래에' 있어야 하는지에 관한 것이어야 한다. 겸손은 복종하는 사람이 부담스럽지 않게 하고 복종 받는 사람이 거만하지 않게 한다. "다 서로 겸손으로 허리를 동이라. 하나님은 교만한 자를 대적하시되, 겸손한 자들에게는 은혜를 주시느니라"(벧전 5:5b). 겸손하면, 하나님은 우리가 인도할 때 은혜를 베푸시고 우리가 따를 때도 은혜를 베푸신다.

예수님은 자신에게 속한 사람들에게 이렇게 말씀하셨다. "너희 중에 누구든지 크고자 하는 자는 너희를 섬기는 자가 되고, 너희 중에 누구든지 으뜸이 되고자 하는 자는 너희의 종이 되어야 하리라. 인자가 온 것은 섬김을 받으려 함이 아니라 도리어 섬기려 하고, 자기 목숨을 많은 사람의 대속물로 주려 함이니라"(마 20:26-28). 신자들과의 관계에서, 어떻게 적절하게 복종할 수 있는가가 우리의 첫째 관심사여야 한다.

실제적으로, 이것은 주님의 뜻과 주님의 일에 중독된 경건한 사람을 찾아 그리스도인의 삶을 위한 표본으로 삼아야 한다는 뜻이다. 우리가 복종하고 배우며 성장하고 성숙할 때, 우리의 삶은 다른 사람들이 본받을 수 있는 삶이 될 것이다. 바울은 고린도 신자들에게 "내가 그리스도를 본받는 자가 된 것 같이 너희는 나를 본받는 자가 되라"고 말할 수 있었다(고전 11:1; 참조. 4:16). 또한 데살로니가 신자들에게 이렇게 말할 수 있었다. "이는 우리 복음이 너희에게 말로만 이른 것이 아니라 또한 능력과 성령과 큰 확신으로 된 것임이라. 우리가 너희 가운데서 너희를 위하여 어떤 사람이 된 것은 너희가 아는 바와 같으니라. 또 너희는 많은 환난 가운데서 성령의 기쁨으로 말씀을 받아 우리와 주를 본받은 자가 되었으니"(살전 1:5-6). 히브리서 저자는 이렇게 말했다. "하나님의 말씀을 너희에게 일러 주고 너희를 인도하던 자들을 생각하며, 그들의 행실의 결말을 주의하여 보고, 그들의 믿음을 본받으라"(히 13:7). 이것이 주님이 그분의 교회에게 의도하시는 제자훈련 사이클이다. "제자가 그 선생

보다 높지 못하나, 무릇 온전하게 된 자는 그 선생과 같으리라"(눅 6:40).[128]

바울은 자신이 그리스도께서 친히 보이신 모범에 끊임없이 복종했듯이, 이기적이고 복종하지 않는 고린도 신자들도 자신이 보인 모범에 복종하길(모범을 따르길) 바랐다. 우리는 모두 그리스도께 복종한 사람들에게 복종해야 한다. 우리가 복종해야 하는 그 사람이 누구인가? 누구든지 하나님의 말씀을 신실하게 그려내고 선포하거나 하나님의 일을 하며 섬기는 사람, 곧 **함께 일하며 수고하는 모든 사람(everyone who helps in the work and labors)**이다.

그리스도의 사람들은 자신의 권리와 특권을 위해, 존경받기 위해 싸워서는 안 되고, 자신들이 그리스도 안에서 복종할 수 있는 사람들, 자신들의 선생이요 본보기일 수 있는 사람들을 찾아 따라야 한다. 진정한 사랑은 진정한 복종을 낳는다. 진정한 복종은 그 자체만으로 하나님의 가정 안에서 무수한 갈등과 다툼을 줄여주고 상처받은 감정을 치유할 것이다. 진정한 복종은 하나님의 자녀들을 더 행복하게 하고, 이들이 아버지의 일에 더 생산적이게 할 것이다.

동료애를 보인다

내가 스데바나와 브드나도와 아가이고가 온 것을 기뻐하노니, 그들이 너희의 부족한 것을 채웠음이라. 그들이 나와 너희 마음을 시원하게 하였으니,(16:17-18a)

사랑이 넘치는 교제의 또 다른 놀라운 표식은 동료애(companionship)다. 동료애는 우리가 직접 하거나 주는 무엇이 아니다. 동료애는 다른 것들의 부산물, 곧 어려움을 당하나 아픈 사람과 함께하는 것처럼 단순한 것들이나, 상호 사역(mutual ministry)처럼 복잡한 것들의 부산물이다. 동료애의 핵심은 함께함이다. 동료애는 멀리서 또는 간접적으로 경험할 수 있는 게 아니다.

바울은 자신의 세 친구 **스데바나와 브드나도와 아가이고**가 고린도에서 와서

---

128 새번역: 제자는 스승보다 높지 않다. 그러나 누구든지 다 배우고 나면, 자기의 스승과 같이 될 것이다.

자신과 함께 있음에 감사했다. 이들은 구체적으로 바울을 섬겼었다. 이들은 동료 고린도 신자들과 관련해 **부족한 것을 채웠다.**[129] 그러나 여기서 더 나아가, 이들은 바울과 함께 있고, 그를 격려하고, 그의 사역을 자신들의 사역으로 여기면서 진정으로 바울의 친구가 되었다. 이렇게 함으로써, 이들은 바울과 자신들을 보낸 고린도교회의 **마음을 시원하게 했다**(refreshed...spirit).

우리가 받을 수 있는 최고의 칭찬 중 하나는 그리스도인 친구들이 우리가 옆에 있으면 마음이 시원해진다고 말하는 것이다. 동료애가 진정한 사랑의 한 표식이듯, 이것은 진정한 동료애의 한 표식이다. 동료애는 하나님의 가정을 세운다. 동료애는 우리의 상처를 친구들이 알아채기도 전에 치료할 수 있다. 동료애는 주변 사람들이 우리의 슬픔을 알기도 전에 우리를 위로할 수 있다. 동료애는 자신이 낙담했다는 사실을 우리가 거의 깨닫지 못했을 때조차 우리를 위로할 수 있다.

동료애는 방어막이기도 하다. 우리는 사랑이 많은 그리스도인 친구와 함께 있는 것만으로도 상처받지 않거나, 죄에 빠지지 않거나, 낙담하지 않을 수 있다. 우리가 영적 어려움에 빠지는 아주 확실한 방법은 다른 신자들과 교제하길 소홀히 하는 것이다. 고린도 신자들은 분쟁하고, 동료 신자를 고발하고, 성적인 죄를 범하고, 은사를 교만하게 오용하고, 그리스도인이 나누는 최고의 교제인 주의 만찬을 더럽힘으로써, 교제를 깨뜨렸다.

하나님은 그분 자신뿐 아니라 서로를 위해 우리를 지으셨다. 고린도에서 온 세 친구가 바울을 위해 한 일은 예수님이 자신을 따르는 이들을 위해 하겠다고 약속하신 것이다. 바울은 이 단락에서 예수님이 자신을 믿는 자들에게 "쉼"을 약속하실 때 사용하신 바로 그 헬라어 단어(*anapauō*, **refreshed, 시원하게 했다**)를 사용했다: "수고하고 무거운 짐 진 자들아 다 내게로 오라 내가 너희를 쉬게 하리라"(마 11:28). 바울의 친구들은 강하게 압박받는 사도가 쉼을 얻고 마음이 시원해지도록(기운을 회복하도록) 도왔다. 이들은 그저 바울과 함께

---

129 새번역: 그것은, 여러분을 만나지 못해서 생긴 아쉬움을, 이 사람들이 채워주었기 때문입니다. 공동번역 개정판: 그들은 여러분을 보고 싶어 하던 내 허전한 마음을 충족시켜 주었습니다.

있음으로써 그의 짐이 가벼워지도록 도왔다. 이 세 사람은 사랑이나 동료애를 잘 모르는 교회에서 왔고, 그래서 바울은 이들에게서 특별한 영적 활력을 얻었던 게 틀림없다. "먼 땅에서 오는 좋은 기별은 목마른 사람에게 냉수와 같으니라"(잠 25:25). **스데바나와 브드나도와 아가이고** 자신이 고린도에서 바울에게 온 좋은 소식, 곧 지친 그의 **마음**을 시원하게 하는 냉수였다.

하나님은 우리를 직접 위로하실 수 있지만, 흔히 다른 사람들을 통해 우리를 위로하는 쪽을 선택하신다. "낙심한 자들을 위로하시는 하나님이 디도가 옴으로 우리를 위로하셨으니"(고후 7:6). 바울은 다른 사람들을 섬기며 격려하는 일에 삶을 바쳤다. 이런 바울도 삶이 끝날 날이 가까웠을 때 격려와 도움이 절실히 필요했다. 그는 디모데에게 "너는 어서 속히 내게로 오라"고 했으며, 올 때 "그가 나의 일에 유익하니" 마가를 데리고 오라고 했다. 데마는 바울을 버렸고, 두기고는 바울이 에베소로 보냈다. 누가만 바울 곁에 남아 있다. 누가가 소중하고 유익한 친구지만, 바울은 더 많은 동료애(교제)가 필요하다고 느꼈다(딤후 4:9-12).

이들이 보여준 동료애는 관련된 모든 사람의 마음을 시원하게 했다. 고린도에서 세 친구가 왔다는 사실은 바울뿐 아니라 고린도 신자들의 마음도, **나와 너희 마음을** 시원하게 했다. 디도는 고린도교회가 마음을 돌이켜 거역을 회개했다는 좋은 소식을 바울에게 직접 전했다. 이 때 바울은 고린도교회에 편지를 써서 자신의 기쁨을 전했다. 이제 고린도교회도 그들의 교제로 다른 사람들의 마음을 시원하게 하고 있어 기쁘다는 것이었다. "이로 말미암아 우리가 위로를 받았고 우리가 받은 위로 위에 디도의 기쁨으로 우리가 더욱 많이 기뻐함은 그의 마음이 너희 무리로 말미암아 안심함을 얻었음이라"(고후 7:13).

신실한 일꾼들을 존경한다

그러므로 너희는 이런 사람들을 알아주라. (16:18b)

바울은 고린도 신자들에게 스데바나와 브드나도와 아가이고 같은 **사람들을 알**

아주라고 지시한다(15절). '에피기노스코'(*epiginōskō*, **acknowledge,** 인정하다, **알 아주다**)는 실제 그대로 알아줌(recognition)을 뜻한다. 14:37에서, 바울은 이 용어를 사용해 고린도 신자들에게 "내가 너희에게 편지하는 이 글이 주의 명령인 줄 알라(recognize)"고 말한다. 이제 바울은 이들에게 신실하고 경건한 일꾼들을 실제 그대로 알아주라고 말한다.

바울은 사람들의 이름을 새겨 넣은 화려한 명판이나 조각상을 세우라고 말하는 게 아니다. 단지 존경하고 감사하라고, 때로 공적으로 때로 사적으로 그렇게 하라고 요구할 뿐이다. 교회에서 그럴 자격이 있는 사람들에게 적절히 감사하는 것은 잘못이 아닐뿐더러 주님이 기뻐하신다.

전형적으로, 고린도 신자들은 존경할 줄 모르고 감사할 줄도 몰랐다. 신자들 하나하나가 자신의 특권과 자신이 인정받는 데 몰두했다. 서로를 칭찬하기보다 비판하는 데 몰두했다. 이들은 "나는 바울에게, 나는 아볼로에게, 나는 게바에게, 나는 그리스도에게 속한 자"라고 주장하기에 바빴으나(고전 1:12), 이 이름들을 감사가 아니라 교만(자랑)에 이용했다. 많은 고린도 신자에게, 마치 그가 다시 가서 이들의 잘못을 직접 바로잡을 일이 없을 것처럼 교만해진 사람들에게, 바울은 존경받지 못했다(4:18). 고린도 신자 중에 바울의 사도권에 의문을 품고, 과연 바울이 자신들을 가르칠 권위가 있고 자신들의 후원을 받을 자격이 있는지 의심하는 사람들이 있었던 게 분명하다(9:1-6). 바울은 이 편지에서 적어도 네 차례 고린도 신자들이 교만하다고 말하거나 암시한다 (4:6, 18; 8:1; 13:4).

고린도교회에 디오드레베 같은 지도자가 있었는데, 요한은 그가 "으뜸 되기를 좋아"했고 "우리를 맞아들이지 아니했다"고 썼다(요삼 9). 디오드레베는 온화하고 사랑이 많은 사도 요한을 질투하기까지 했다. 요한뿐 아니라 요한이 자신을 대신해 보낸 대표자들까지 비웃고 비방했다(10절). 이런 지도자는 인간적으로 아무리 달란트가 많고 능력이 뛰어나더라도 경건하지 못하며, 따

---

130 새번역: 모든 사람들에게 좋은 평을 받았고, 또 바로 그 진실한 삶으로 그러한 평을 받았습니다.

라서 본받지 말아야 한다(11절). 반대로, 데메드리오는 "뭇 사람에게도, 진리에게서도 증거를 받았다"(12절).[130] 그는 우리가 "진리를 위하여 함께 일하는 자가 되기" 위해 본받고 존경하며 지원해야 하는 부류의 그리스도인이다(8절).

교회 지도자를 위한 하나님의 패턴에서, 경건한 사람들이 자신들의 경건—바른 신앙, 바른 삶, 사랑으로 타인들을 돌봄—덕분에 정상에 오른다. 우리는 이런 사람들을 **알아주고(acknowledge)** 존경하며 본받아야 한다. 단지 어떤 사람들의 돈이나 특권이나 교육이나 영향력이나 달란트 때문에 그들을 지도자로 선택한다면, 하나님의 기준이 아니라 세상의 기준을 따르는 것이다. 지도자에 대한 하나님의 기준은 정결과 성숙이다. 교회가 경건하고 성숙한 신자들을 따르고 존경할 때, 그리스도의 몸은 교제와 섬김과 사랑이 강해진다.

에바브라디도는 본받고 알아주어야 할 부류의 경건한 사람이었다. 바울은 빌립보 신자들에게 "이러므로 너희가 주 안에서 모든 기쁨으로 그를 영접하고 또 이와 같은 자들을 존귀히 여기라"고 말한다(빌 2:29). 에바브로디도는 이타적이고 희생적인 종의 전형이었다. 스데바나와 브드나도와 아가이고가 고린도교회를 대신해 바울을 섬겼듯이, 에바브로디도는 빌립보교회를 대신해 바울을 섬겼다. 그는 사실 거의 문자 그대로 죽도록 일했다. "그가 그리스도의 일을 위하여 죽기에 이르러도(risking his life, 생명의 위험을 무릅썼다)"(30절).

방금 인용한 구절에서 "위험을 무릅쓰다"(risking)로 번역된 '파라볼루오마이'(paraboleuomai)는 "던지다, 포기하다, 주사위를 던지다, 모든 것을 걸다"라는 뜻이다. 초기 교회에, 줄곧 최전선에서 증언하고 섬기는 신실한 그리스도인들을 가리켜 파라볼라니(Parabolani), 즉 "위험을 무릅쓰는 자들"(The Riskers)이라 불렀다. 이들은 병자들을 돌보고 죽은 자들을 묻어줌으로써 치명적 질병에 고스란히 노출되었다. 이들은 늘 목숨을 걸고 주님의 일을 했다.

하나님의 말씀에 충실하고 예수 그리스도의 일에 삶을 바치는 사람을 본다면, 최선을 다해 본받아야 한다. 더없이 존경해야 한다. 그러면, 그리스도의 교회가 단순히 하나의 조직이 아니라 유기체, 곧 살아 있는 몸으로 기능할 것이다.

영예(honor)를 얻어 마땅한 사람들은 영예를 구하지 않는다. 이들을 영예롭게 하는 것은 주님을 위해 섬기면서 그분 앞에서 보이는 겸손이다. 그러나 이들이 영예를 바라지 않더라도, 이들이 가르치고 섬기는 자들은 이들에게 영예를 주려 해야 한다. 이런 영예를 주는 것은 하나님을 기쁘게 한다. "너희 가운데서 수고하고 주 안에서 너희를 다스리며 권하는 자들을 너희가 알고 그들의 역사로 말미암아 사랑 안에서 가장 귀히 여기며"(살전 5:12-13).[131] 바울은 디모데에게 쓴 편지에서 이렇게 말한다. "잘 다스리는 장로들은 배나 존경할 자로 알되, 말씀(preaching)과 가르침에 수고하는 이들에게는 더욱 그리할 것이니라"(딤전 5:17).

교회를 향한 하나님의 계획은 단순하다. 경건한 사람들이 지도자가 되는 것이다. 이들이 다스리고 가르치며 훈계하고 모범을 보인다. 이들이 선택되는 것은 특히 주님께 복종하기 때문이다. 그러므로 교회의 나머지 사람들은 존경과 경의(영예)와 사랑으로 이들에게 복종해야 한다. 이들은 자신의 지도력에 대해 주님께 책임을 지며, 나머지 사람들은 이들의 지도력에 복종하고 그 지도력을 존중하는 것에 대해 주님께 책임을 진다. "너희를 인도하는 자들에게 순종하고 복종하라. 그들은 너희 영혼을 위하여 경성하기를 자신들이 청산할(give an account) 자인 것 같이 하느니라. 그들로 하여금 즐거움으로 이것을 하게하고 근심으로 하게 하지 말라. 그렇지 않으면 너희에게 유익이 없느니라"(히 13:17). 교회에서 합당한 지도력을 가진 사람들을 따르고 존중하지 않는다면, 그들뿐 아니라 우리 자신도 열매를 맺지 못하게 하는 것이다. 경건한 지도자들을 제대로 존경하지 않는다면, 주님을 제대로 섬길 수 없다.

환대한다

아시아의 교회들이 너희에게 문안하고, 아굴라와 브리스가와 그 집에 있는 교

---

131 공동번역개정판: 여러분과 함께 있으면서 수고하고, 주님의 명령을 받들어 여러분을 지도하고 훈계하는 사람들을 존경하십시오. 그들이 하는 일을 생각해서 그들을 사랑하고 극진히 공경하십시오.

회가 주 안에서 너희에게 간절히 문안하고, 모든 형제도 너희에게 문안하니,

(16:19-20a)

이 단락이 암시하듯, 사랑은 늘 환대(hospitality, 손대접), 곧 낯선 사람들을 향한 사랑을 낳는다. 바울은 독자들에게 감명을 주려고 진실을 왜곡하기는커녕 근거 없는 말을 하지도 않는다. **아시아의 교회들이** 고린도교회에 꼭 공식적으로 문안했던 게 아니라 바울이 진심어린 인사를 전하고 있는 것이다. 아시아의 교회들은 고린도의 동료 신자들을 솔직히 걱정했으며, 이들의 지도자들이 기회가 되면 인사를 전해달라고 바울에게 부탁했었다. 여기 포함된 사람들은 대부분 서로 모르는 사이지만, 그렇다고 표현된 사랑이 덜 진실하지는 않았다.

하나님의 백성이 순전한 교리(pure doctrine, 순전한 가르침)와 순전한 삶에 집중할 때, 거리가 멀고 문화와 환경이 크게 달라 서로 떨어져 있더라도, 개인과 회중으로서, 사랑으로 하나로 이어진다. 이러한 환대 정신은 직접 환대할 기회가 없을 때라도 서로 사랑하는 그리스도인들 사이에 넘쳐난다. 우리는 주 안에 있는 형제자매들을 집에 직접 초대할 기회가 전혀 없더라도 기도와 격려로 이들을 응원할 수 있다.

아굴라와 브리스가 또는 브리스길라는 바울이 고린도에서 첫 번째 사역을 하면서 자신들의 집에 머물 때 좋은 친구가 되었다(행 18:1-3). 바울은 1년 반 전체를 이들의 집에 머물렀을 수 있다. 이들은 천막제조자였으며, 바울에게 크게 존경받았고, 그의 사역에 소중한 존재였다. 이들은 바울과 함께 에베소에 갔고, 그곳에 도착한 지 얼마 후, 은사가 있는 아볼로를 따로 불러 "하나님의 도를 더 정확하게 풀어" 설명함으로써 복음에 대한 깊은 이해를 보여주었다(행 18:18-19, 24-26). 현재 본문에서 보듯이, 이들은 또한 **그 집에**(자신들의 집에) 교회를 세웠다.

초기 교회에서, 신자들의 가정은 그리스도인들이 하는 거의 모든 형태의 활동에 사용되었다. 이들은 집에서 함께 떡을 떼었고(행 2:46), 집에서 가르치고 전도했으며(5:42), 집에서 복음전파를 준비하고(preevangelism, 전도 이전의 전도) 복음을 전파했으며(10:23, 27-48), 집에서 예배하고 강론했으며(20:7), 집에서 증언하고 강론했다(28:23). 흔히, 신자의 집은 예배와 교제를 위한 정기 모임 장소였다. 바울은 **아굴라와 브리스가**의 가정 교회, 즉 **그 집에 있는 교회**를 대신해 고린도교회에 문안했다.

신약성경 시대에 그리스도인들은 이곳저곳을 여행할 때 동료 그리스도인들이 큰 보살핌과 사랑으로 맞아 주리라고 거의 예외 없이 기대할 수 있었다. 신자들 사이에 낯선 사람이란 없었다(행 2:42-46). 환대는 제1의 천성이었으며, 물론 그리스도와 그분께 속한 모든 사람을 향한 이들의 사랑이 낳은 자연스러운 결과였다. 오늘날 모든 그리스도인 가정은 환대가 필요한 사람들에게 열려 있고 투명하며 사랑이 넘치는 천국이어야 한다.

초기부터(행 6:1을 보라), 교회에 과부가 아주 많았다. 교회의 공식 과부 명부에 등록되려면 60세가 넘고 선한 일을 하며 좋은 어머니이고 "나그네를 대접한다"(나그네를 환대한다)는 평판이 있어야 했다. 바울은 뒤이어 염두에 둔 환대를 설명한다. 과부의 자격을 갖추려면 "성도들의 발을 씻으며", "환난 당한 자들을 구제하며", "모든 선한 일을 행한 자"라야 했던 게 분명하다(딤전 5:9-10). 환대는 그리스도인에게 우연한 덕목이나 선택적 덕목이 아니다.

선한 사마리아인의 두드러진 표식은 환대였다. 그는 강도를 만나 두들겨 맞은 사람을 도우려고 할 수 있는 모든 일을 직간접적으로 했다. 그는 강도 만난 사람을 "불쌍히 여겼기" 때문에, 그에게 이렇게 했다. "가까이 가서, 기름과 포도주를 그 상처에 붓고 싸매고, 자기 짐승에 태워 주막으로 데리고 가서 돌보아 주니라. 그 이튿날, 그가 주막 주인에게 데나리온 둘을 내어 주며 이르되, '이 사람을 돌보아 주라. 비용이 더 들면 내가 돌아올 때에 갚으리라'"(눅 10:33-35). 그리스도인 이웃이라는 최고의 표식은 환대다. 환대는 그리스도인의 사랑을 잘 보여주는 표식이다.

애정을 표현한다

너희는 거룩하게 입맞춤으로 서로 문안하라. (16:20b)

마지막으로, 교제에서 사랑은 겉으로 드러나고 눈에 보이는 애정(affection, 친근감)으로 표현될 것이다.

성경에서, 남녀 간의 로맨틱한 입맞춤은 단 두 번, 잠언(7:13)과 아가서에서 언급된다(4:11). 다른 언급은 모두 남자와 남자, 여자와 여자 간의 애정 표현과 관련이 있다. 입맞춤은 뺨이나 이마에 했고, 본질적으로 오늘의 허그나 따뜻한 포옹이 상징하는 것을 상징했다. 오늘 우리는 개인적으로 더 고립되고 단절되어 있어서, 안타깝게도 이러한 동성 간의 애정 표현이 일반적이지 않다.

초기 교회에서 **거룩하게 입맞춤**을 하는 관습이 아름답고 순수하며 의미 깊은 형제애의 표현이었더라도(참조. 롬 16:6; 고후 13:12; 살전 5:26; 벧전 5:14), 후대에 오용되었다. 예를 들면, 이것이 너무나 무분별하게 행해졌기에 교회 공의회는 6세기에 시신에 입 맞추는 것을 금했다.

바울은 형제 사랑 또는 자매 사랑의 참되고 자발적 표현을 말하고 있었으며, 이것은 당시에 흔히 입맞춤으로 표현되었다. 따뜻하고 애정 어린 악수나 한 팔로 어깨를 감싸는 행위로 이와 동일한 애정을 표현할 수 있다. 오늘날 대다수 교회에서의 위험은 애정을 너무 많이 표현하는 게 아니라 너무 적게 표현하는 데 있다.

대형 교회들이 마주하는 위험 중 하나는 낯선 사람들이 낯선 사람들로 남도록 쉽게 허락한다는 것이다. 내성적인 사람은 눈에 띄지 않기에 십상이고, 안타깝게도 어떤 그리스도인들은 교제에 참여하길 원치 '않는다'. 그러나 진정한 사랑이 있는 곳에서, 그리스도인들은 낯선 사람들과 친구가 되고 그리스도인 형제자매들에게 애정을 표현하는 방법을 찾을 것이다.

끝맺는 말

나 바울은 친필로 너희에게 문안하노니, 만일 누구든지 주를 사랑하지 아니하면 저주를 받을지어다. 우리 주여, 오시옵소서. 주 예수 그리스도의 은혜가 너희와 함께 하고, 나의 사랑이 그리스도 예수 안에서 너희 무리와 함께 할지어다.

(16:21-24)

지금까지 대필자가 바울의 구술을 받아쓰었다. 이제 편지를 마무리하는 시점에서, **바울은 친필로** 직접 쓴다. 끝맺는 말은 짧은 추신이며, 편지의 권위를 세우려고 친필로 직접 썼을 것이다.

끝맺는 말은 뚜렷하게 두 부분으로 나뉜다. 엄한 경고와 애정 어린 사랑의 단언이다.

경고는 **누구든지 주를 사랑하지 않는** 자를 향한다. 이런 사람은 의심할 여지 없이 주님께 속하지 않으며, 따라서 하나님의 백성의 교제에서도 속하지 않는다는 것을 증명한다. 바울이 여기서 **사랑하지**라고 말할 때 사용하는 헬라어는 "부드러운 애정을 갖다"라는 뜻의 '필레오'(phileō)다. 이 단어는 '아가페'(agapē, 최고의 사랑) 만큼 강하지 않으며, 하나님을 이렇게 사랑하라는 명령은 전혀 주어지지 않는다. 그러나 이 구절에 함축된 의미는 이런 최소한의 애정이 하나님이 받아들이실만한 사랑의 한 요소라는 것이다. 예수님은 베드로에게 "네가 나를 사랑하느냐?"고 세 번째 물으실 때, '필레오'를 사용하셨다. 베드로가 다시 예라고 답했을 때, 예수님은 그 사랑을 받아들이셨다. 베드로는 자신이 '아가페' 사랑으로 주님을 사랑한다고 주장하지 않았으나,[132] 그의 인정어린 애정도 예수님에 대한 그의 신뢰를 증명했다. 이 단락에서, 바울은 애정을 강조하는 쪽으로 단어들을 선택했다.

어떤 사람이 부드러운 애정으로 **주를 사랑하지** 않는다면, 그에게는 그분을 향한 최고의 사랑이 없으며, 따라서 전혀 그분과 관계가 없는 게 분명하다. 이런 사람은 "그리스도의 교훈 안에 거하지 아니하는 자"로서 "하나님을 모시지 못하는"(하나님이 없는) 자이고, 따라서 그리스도인의 교제에 받아들이지 말아야 한다(요이 9-10). 이런 사람에게는 인사도 하지 말아야 한다. 인사를 한다면, 그의 "악한 일에" 참여하는 것이기 때문이다(11절). 이런 사람은 **저주를 받았다**(accursed, anathema)고, 멸망 받을 자로 여겨야 한다.

---

132 요한복음 21:17에서, 베드로는 예수님의 세 번째 질문에 "내가 주님을 사랑하는 줄 주님께서 아시나이다"라고 답할 때, philō(phileō의 3인칭 단수 현재능동태 직설법)라고 말한다.

바울의 끝맺음에서 서로 부합하지 않아 보이는 두 부분이 동일한 진리, 곧 이 서신 자체의 주제인 **사랑**과 연결된다. 주님을 사랑하지 않는 자들에 대한 경고는 이들이 잃은 자(their lostness)라는 것을 증명한다. 따뜻한 애정이 바울과 함께 주님을 사랑하고 서로 사랑'하는' 사람들에게 표현된다.

나는 이 문맥에서 아람어 마라나타(**maranatha, 우리 주여, 오시옵소서**)가 바울의 호소, 곧 주님이 오셔서 **저주받은** 자들, 참 교회에 늘 큰 위협이 되는 이름뿐인 거짓 그리스도인들을 제거해 달라는 호소라고 믿는다. 저들이 더 많은 해를 끼치기 전에 "하나님, 오셔서 저들을 제거해 주세요"라는 의미다. 따라서 마라나타는 잃은 교회 구성원들(lost church members)에게 하나님이 그들을 제거하시고 구원의 기회가 영원히 사라지기 전에 그리스도를 받아들이라는 암시적 초대를 담고 있다.

바울은 주님을 사랑하는 자들을 위한 **은혜**와 **사랑**이란 말로 끝을 맺는다. 바울이 고린도 신자들에게 주는 메시지와 주님이 모든 신자에게 주시는 메시지가 이 두 단어로 요약된다.

참고 문헌

Barclay, William. *The Letters to the Corinthians*. Philadelphia: Westminster, 1956. 『바클레이 성경주석, 로마서 · 고린도전후서』(기독교문사, 2009).

Clark, Gordon H. *First Corinthians*. Nutley, N. J.: Presbyterian and Reformed, 1975.

Godet, F. L. *The First Epistle to the Corinthians*. Grand Rapids: Zondervan, 1971.

Grosheide, F. W. *The First Epistle to the Corinthians*. The New International Commentary on the New Testament. Grand Rapids: Eerdmans, 1953.

Hodge, Charles. *An Exposition of the First Epistle to the Corinthians*. Grand Rapids: Eerdmans, 1974.

Lenski, R. C. H. *The Interpretation of St. Paul's First and Second Epistles to the Corinthians*. Minneapolis: Augsburg, 1963. 『고린도전서』, 문창수 옮김(백합출판사, 1982).

Morgan, G. Campbell. *The Corinthian Letters of Paul*. Old Tappan, N. J.: Revell, 1946.

Morris, Leon. *The First Epistle of Paul to the Corinthians*. The Tyndale New Testament Commentaries. London: The Tyndale Press, 1958. 『틴델 신약주석 시리즈 7, 고린도전서』, 정일오 옮김(기독교문서선교회, 1994).

Robertson, A. T, and Plummer, Alfred. *A Critical and Exegetical Commentary on the First Epistle of St. Paul to the Corinthians.* Edinburgh: T. & T. Clark, 1914.

헬라어 색인

아가모스 *agamos*, 250, 279

아가파오 *agapaō*, 183

아가페 *agapē*, 484-485, 487, 490, 494, 497-498, 708

아가또스 *agathos*, 138

아그노에오 *agnoeō*, 420

아이오노스 *aiōnos*, 105

알라 *alla*, 222

아메타키네토스 *ametakinetōs*, 651

아나크리노 *anakrinō*, 163, 305

아날로기아 *analogia*, 449

아낭케 *anankē*, 273

아나파우오 *anapauō*, 700

아나떼마 *anathema*, 404, 708

안뜨로피네스 헤메라스 *anthrōpinēs hēmeras*, 163

안뜨로피노스 *anthrōpinos*, 346

안티렘프세이스 *antilēmpseis*, 478

아파고 *apagō*, 422

아페크데코메누스 *apekdechomenous*, 46

아피에미 *aphiēmi*, 254

아포노스 *aphōnos*, 423

아포스톨로이 *apostoloi*, 476

아포스톨로스 *apostolos*, 20, 476 477

아포로스코포스 *aproskopos*, 375

아르키테크톤 *architektōn*, 131

아르콘톤 *archontōn*, 105

아스케몬 *aschēmōn*, 472

아토모스 *atomos*, 645

바프티조 *baptizō*, 458

베마 *bēma*, 130, 473

보울레 *boulē*, 166

카리스 *charis*, 30, 33, 44

카리스마 *charisma*, 44, 430

카리스마타 *charismata*, 44

페르페루오마이 *perpereuomai*, 504

페트라 *petra*, 334

페트로스 *petros*, 333

파네로시스 *phanerōsis*, 436

파울로스 *phaulos*, 138

필레오 *phileō*, 708

필리아 *philia*, 183, 485

필로소피아 *philosophia*, 70

푸시오오 *phusioō*, 172, 190

푸시스 *phusis*, 394

피프토 *piptō*, 527

프뉴마 *pneuma*, 553

프뉴마티, 엔 헤니 *pneumati, en heni*, 459

프뉴마티코스 *pneumatikos*, 420

포르네이아 *porneia*, viii, 12, 194

프로페튜오 *prophēteuō*, 448

리페 *rhipē*, 646

사르키노스 *sarkinos*, 119

스케마 *schēma*, 276

스키스마타 *schismata*, 58, 399

소피아 *sophia*, 72, 440

소피아 로구 *sophia logou*, 72

소포스 *sophos*, 132

스테고 *stegō*, 310, 520

숨페로 *sumpherō*, 228

숨페론 *sumpheron*, 436

순아나미그누미 *sunanamignumi*, 205

순그노메 *sungnōmē*, 246

순코이노노스 *sunkoinōnos*, 323

수제테테스 *suzētētēs*, 81

타쏘 *tassō*, 694, 696

텔레이온 *teleion*, 539

텔레이오스 *teleios*, 104

텔로스 *telos*, 611

떼오 *theō*, 546

뜰리프시스 *thlipsis*, 275

티떼미 *tithēmi*, 475

톨마오 *tolmaō*, 213

젤로오 *zēloō*, 480, 502

히브리어 색인

1:11	345	133:1	62	1:2-3	623
5:19	347	139:1-6	536	3:20	635
11:7-9	535	147:9	307		
19:26	596, 628			**아가**	
21:27	523	**잠언**		4:11	707
26:14	535	3:9-10	663		
31:24-28	353	3:12	190	**이사야**	
38:7	390	5:3	228	3:12	382
38:41	307	5:4-6	228	5:20	515
		5:8	229	11:9	539
시편		5:9-11	229	14:13	116
16:8-11	586	5:18-19	229, 242	19:12	81
22	586	6:29	240	19:14	81
24:1	372	7:13	707	22:13	623
27:14	689	8:13	507	25:8	647
29:1-2	368	9:17-18	229	28:9-10	560
40:5	535	10:12	520	28:12	561
50:23	368	11:2	507	29:14	79
51	230	11:24	663	29:18	539
69:9	516	11:30	320	33:18	81
73:13	600	12:5	479	37:36	79
94:10	292	13:10	507	37:36-38	343
103:14-16	635	14:12	80	44:17	356
106:28-29	357	16:18	342. 507	49:4	600
106:37	364	25:25	701	53:4-5	521
110:1	428	27:4	504	53:46	586
113-118	406	27:6	209	64:4	106
115:4-7	295	27:8	479	64:6	34
116:12	616			65:2	358
119:18	111	**전도서**		65:17	106

10:1	444	18:10	390, 471	23:13-33	202
10:28	608	18:15-17	198	24	274, 611
11:11	93	18:15-19	130	24:6	401
11:19	440	18:15-20	182	24:30-31	611
11:25	42, 91	18:18-20	199	24:36	609
11:28	700	18:21-22	217	24:42	609, 685
11:29	169, 184	19:5-6	253	24:44	609
11:30	501	19:8-9	254	24:45-46	162
12:38-40	86	19:9	258	24:50	609
12:39-40	586	19:10	283	25	611
13:1-23	583	19:12	247	25:1-30	583
13:11	546	19:21	660	25:11-12	583
13:24-30	130	19:27-30	126	25:13	609
13:33	202	19:28	177, 214	25:14-30	674
13:34-43	583	19:30	473	25:21	129
13:43	640	20:1-16	126, 501	25:23	129, 674
13:47-50	583	20:15	501	25:31-46	457
13:54	440	20:20-23	473	25:34-40	696
15:2-6	379	20:22-23	458	25:41	608
16:18	414	20:26-28	698	25:46	608
16:22	78	20:27	473	26:26	359
16:23	78	20:28	511, 567	26:29	408
16:27	428	21:11-12	511	26:30	406
17:5	428	21:31-32	34	26:41	637
17:20	442, 493	22:15-21	663	26:64	428
17:24-27	663	22:23-32	615	28:9	588
18	198	22:30	276	28:18	380. 428,
18:5	457	22:32	634		613
18:6-14	292	22:37	554	28:19	186, 397,
18:7	401	23:6-7	202		458, 618

5:26-27,	428	13:1	486	17:21-22	66
5:36-38	428	13:34-35	486	17:21-23	53, 153
5:27	613	14:3	646	17:22	150
5:29	606, 610	14:6	94	18:4-9	347
5:30	382	14:13	368	18:10-11	78
5:37-39	111	14:16	54	18:36	262
5:39	134	14:16-17	236	19:33	406
5:45-47	111	14:19	457, 603	19:36	361
6:38	382	14:21	293	20:14-16	588
6:44	596	14:23	151	20:19	589, 631
7:5	590	14:26	44	20:19-20	588, 659
7:37-39	459	14:27	26	20:22	236
7:38-39	236	14:30	47	20:26	659
7:43	58	15:5	457	20:28	428
8:11	28	15:7-15	459	20:30-31	446
8:21	602	15:8	368	21:1	588
8:31	584	15:9	487	21:2-14	590
8:31-32	94, 287	15:20	112		
8:44	450, 608	15:26	54, 236,	**사도행전**	
9:2-3	200		428	1:3	590, 667
9:9	86	16:2	273	1:5	459
10:3	634	16:7	54	1:8	37, 38, 186
11:11	410	17	546		207
11:25	580, 596	17:1	37	1:11	640, 646
11:39	635	17:4	673	1:12-15	391
11:44	607	17:4-5	37	1:21-22	304
12:24	630	17:9-10	153	1:21-26	18
12:25	630	17:11	53	1:22	18, 588
12:26	696	17:15	207	1:22-24	476
12:28	37	17:18	207	1:26	476

13:6-12	447	17:10	100	19:14-16	447
13:14	659	17:11	450, 559	19:17-19	676
13:46	100	17:13-14	100	19:20	677
13:48	695	17:18	177	19:22	678
14:3	446	17:18-21	77	19:23-24	623
14:4	476	17:21	86	19:26	295
14:8-18	172	17:23	84, 546	20:7	660
14:27	674	17:29	354	20:19	156, 169,
15	588	17:32	77, 100,		491
15:1	287		596	20:20	370
15:2	62	17:34	692	20:20-21,27	159
15:6-30	62	18:1-11	305	20:21	38
15:13-21	590	18:3	310	20:27	100. 673
15:19	287	18:4-7	133	20:28	56
15:20	287	18:8	13, 21, 67	20:31	184
15:29	287	18:9-10	304, 591	20:32	369
15:31	62	18:11	13, 100,	20:33-35	315
15:36	671		188	20:34	310
15:37-39	680	18:12-17	21	20:35	478
16:4	476	18:12-22	13	21:9	385
16:6-7	671	18:18	322	21:10-11	476
16:7	190	18:18-19	705	21:20-26	332
16:9-10	671	18:24-26	392, 705	22:11-15	18
16:11-17:13	309	18:24-28	680	22:17-18	304
16:11-18:1	12	18:24—19:1	13	22:18	38
16:16-17	451	19:1-7	676	23:1-5	512
16:22-24	100	19:8	100	23:11	38. 591
16:40	392	19:8-10	676	24:16	288
17:1-4	133	19:11-19	676	24:17	655
17:2	659, 693	19:13-14	676	26:8	629

8:37-39	151	12:19	47	1:8-10	677
9:1	694	13:1	694, 698	1:15-16	668
9:1-3	491	13:6	663	1:17	671
9:2-3	694	13:8	322	2:5-11	201
9:3	321	13:8-9	487	2:7	209
9:6	331	13:10	322	2:12	674
9:8	331	13:11	78	2:17	160
9:20-21	465	14:1-15:7	471	3:5	169
9:21	672	14:10	130	3:13	387
10:1	321	14:10-12	130	3:17	287
10:9	581	14:19	567	3:18	96, 163
10:9-10	428	14:23	297	4:1-2	160
10:13	428	15:2-3	567	4:2	98
11:11-12	562	15:5-7	63	4:6	42, 94
11:14	321	15:17	316	4:8-11	677
11:25	292, 420	15:18	132	4:9	545
11:25-26	562	15:24	668	4:14	597
11:29	476	15:26	655	4:15	150
11:33-34	536	15:27	656	5:1-5	606
12-16	565	15:28	668	5:8	607
12:1	244, 554	16:1-2	392	5:9	129
12:3	433	16:7	476	5:10	130, 473
12:5	66, 234, 456	16:13	250	5:14	129, 693
		16:17	59, 155	5:15	129
12:6	430, 449	16:23	67, 273	5:17	115, 219, 223
12:6-8	431, 440	16:25	441		
12:7	478			5:19	514
12:15	278	**고린도후서**		5:20	20
12:17	499	1:1	16	5:21	96
12:18	258	1:8	292	6:4-7	158

				빌립보서	
	136, 223	4:15	188, 293,		
2:11-18	656		380, 490,	1:6	28, 119
2:16	456		688	1:9	487, 493
2:20	18, 475, 477,	4:16	456	1:10	375
	571, 589	4:17-18	423	1:12-18	149
2:22	421	4:24	387	1:15-17	503
3:3	441	4:29	370	1:15-18	679
3:5	476	4:30	197	1:21	151, 457
3:6	608	5:3	197	1:23-24	46, 151, 651
3:7-8	132	5:5	358	1:27	59, 686
3:8	35, 169	5:11	197	2:1	360
3:9	546	5:16	673	2:2	63, 487
3:9-10	390	5:18	417	2:3	63
3:10	37	5:21	697	2:3-4	371
3:12	100	5:22	697	2:4	294, 510
3:16	689	5:22-23	242	2:5	28
3:21	37	5:22-25	277	2:6-8	169, 505
4:2	499	5:28, 33	277	2:7	361
4:3	63	5:23-32	242	2:7-8	376
4:4	456	5:26-27	49	2:9-11	428
4:4-6	66, 460	6:1-3	698	2:10	47
4:11	64, 475,	6:4	182	2:10-11	380
	477	6:5	100	2:12	100, 463
4:11-12	21, 113, 566	6:5-8	266	2:15	207
4:11-13	22, 421	6:10	688	2:25	476, 478,
4:12	370, 436,	6:12	368, 420		653, 680
	456	6:18	685	2:27	445
4:13	688	6:19	40, 100, 132	2:29	703
4:14	559, 651,	6:20	20	2:30	476, 703
	685			3:8	535

3:11	673	5:19-21	163	4:20	445
3:14-15	201	5:20	155		
		5:23	445	**디도서**	
디모데전서		6:12	685	1:4	186
1:1	17			1:5ff.	62
1:2	17	**디모데후서**		1:7	159
1:3	133	1:1	17	2:3	320
1:12	689	1:8	38	2:11-14	204
1:12-13	106	1:11	64	2:13	646
1:12-17	592	1:12	46	2:14	36
1:15	35	1:16	696	3:3	423
1:18	326	1:18	696	3:4-6	501
1:20	199	2:1	688	3:8	36
2:11-12	574	2:2	133	3:10-11	402
2:12	385	2:15	41, 113, 160,		
2:13-14	574		165, 667	**빌레몬서**	
2:15	292	2:20-21	137	1-2	267
3:1ff.	62	2:21-22	335	9	55
3:4-5	187	2:24-25	41	10	186, 267
4:1-2	98	3:6	422	10-13	680
4:3	278	3:16	110, 159,	16	267
4:4	298		370		
4:4-5	372	3:16-17	182, 567,	**히브리서**	
4:12	301		688	1:4-2:18	389
4:13	98	4:1-2, 3	99	1:24	23
4:14	448	4:3-5	684	1:26	23
5:8	280	4:7-8	140	2:3-4	476, 530
5:9-10	706	4:8	325	2:8	380
5:17	171, 308,	4:9-12	701	2:11	23
	704	4:11	680	2:14	612, 644

1:21	448		693	6	215
2:1	684, 686	5:1	293	12	398
2:4	215	5:2-3	221	20	449
2:13	398	5:6-8	428		
3:9	499	5:11	38	**요한계시록**	
3:10-12	685	5:12	457	1:10	660
3:14	655	5:19	150	1:17-18	599
3:15	440	5:20	536	2-3	136
3:18	369, 687	5:21	337	2:4	484
				2:19-23	196
요한1서		**요한2서**		2:26-27	214
1:7	649	6	518	3:1-3	343, 684
1:9	411	7	599	3:7	674
2:1	54	7-8	518	3:10	415
2:2	521	9-10	708	3:17	174
2:6	300	10	518	3:21	214
2:12	130, 649	10-11	364	4:11	47
2:15	14, 277	11	708	5:9	380
2:16	683			5:11	556
2:17	277	**요한3서**		5:12	47
2:27	112	4	181	6:9-10	47
3:2	640	8	703	9:20	357
3:10-11	216	9	702	11:3	538
3:17	665	10	702	11:15	613
4:1	450, 559	11	703	11:18	126
4:7	690	12	703	17:1	415
4:8	541			17:5	415
4:10	34	**유다서**		17:13	415
4:16	482, 529	3	360, 449,	17:14	47, 79
4:19	293, 690,		685	19:10	357, 449

주제 색인

MNTC 맥아더 신약주석 _고린도전서

초판 1쇄 인쇄 2022년 7월 5일
초판 1쇄 발행 2022년 7월 12일

지은이 존 맥아더
펴낸이 정선숙

펴낸곳 협동조합 아바서원
등록 제 274251-0007344
주소 경기도 고양시 덕양구 삼원로51 원흥줌하이필드 606호
전화 02-388-7944 **팩스** 02-389-7944
이메일 abbabooks@hanmail.net

ⓒ 협동조합 아바서원, 2022

ISBN 979-11-90376-54-9 (94230)

"너희는 다시 무서워하는 종의 영을 받지 아니하고 양자의 영을 받았으므로
우리가 아빠(아바) 아버지라고 부르짖느니라"(로마서 8:15)

잘못 만들어진 책은 구입한 곳에서 교환해 드립니다.